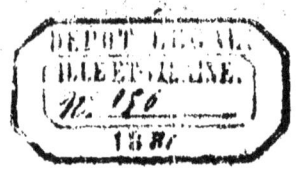

HISTOIRE DE CHARLES VII

HISTOIRE DE CHARLES VII

HISTOIRE

DE

CHARLES VII

PAR

G. DU FRESNE DE BEAUCOURT

TOME I

LE DAUPHIN

1403-1422

PARIS

LIBRAIRIE DE LA SOCIÉTÉ BIBLIOGRAPHIQUE

MAURICE TARDIEU, DIRECTEUR

RUE DE GRENELLE, 35

1881

HISTOIRE DE CHARLES VII

PAR

G. DU FRESNE DE BEAUCOURT

Cette *Histoire de Charles VII* est le fruit de trente-cinq années de travail. On peut dire qu'aucune source d'information n'a été négligée par l'auteur, et que rarement un livre historique s'est présenté avec de telles garanties d'exactitude. Malgré l'érudition qui apparaît à toutes les pages, dans ces notes précises et abondantes qui seront appréciées des travailleurs, le récit n'est point surchargé, et le grand public y trouvera un exposé clair, lucide, agréable des faits Pour la première fois, on voit apparaître bien nettement sur la scène le personnage dont la figure, mal dessinée jusqu'ici, a été l'objet d'appréciations si diverses et si contradictoires. Le lecteur pourra donc arriver à débrouiller par lui-même cette énigme historique qui s'appelle *le caractère de Charles VII.*

Dès le début, l'ouvrage fut l'objet des appréciations les plus favorables.

M. Léopold Delisle, dont l'autorité est si grande en pareille matière, disait, le 25 novembre 1881, en présentant le premier volume à l'Académie des inscriptions et belles-lettres, que l'*Histoire de Charles VII* serait « l'une des publications historiques les plus importantes de notre époque. »

De son côté, M. Vuitry disait, le 3 décembre 1881, à l'Académie des sciences morales et politiques : « L'*Histoire de Charles VII* sera une œuvre de patiente et savante érudition. Mais, à en juger par ce premier volume, l'érudition a sa place dans des notes multipliées au bas des pages; elle constate des faits et ne dispense pas l'auteur d'étudier les événements dans leur ensemble, dans leur enchaînement, dans leurs conséquences ; elle ne ralentit pas et n'embarrasse pas le récit, dont l'intérêt est toujours vivant, dont la clarté fait le charme, dont la précision fait la force. On pourra ne pas partager toutes les opinions du publiciste sur les choses et sur les personnes ; on ne pourra s'empêcher de rendre hommage à la science de l'historien et au talent de l'écrivain. »

« Rien n'a été négligé, disait le *Contemporain*, pour produire la lumière : richesse d'informations inouïe, précision dans les faits, clarté dans l'exposition, consciencieuse et impartiale appréciation, récit plein de charme qui satisfait à la fois la curiosité de l'homme du monde, la science de l'homme d'étude. »

« Ce sera, a dit un recueil peu suspect, la *Revue critique d'histoire et de littérature*, un monument grandiose et qui, pendant plusieurs siècles, ne sera vraisemblablement pas remplacé. »

« Il faut ouvrir avec respect le livre de M. de Beaucourt, a dit M. Luchaire. C'est le fruit d'un travail de vingt-cinq années, l'œuvre méditée et consciencieuse à laquelle l'auteur a consacré toute sa jeunesse et une partie de son âge mûr. D'immenses recherches patiemment poursuivies dans toutes les bibliothèques et archives de France et d'Europe lui ont permis de renouveler un sujet que semblait avoir épuisé la laborieuse érudition de Vallet de Viriville. Il a placé sous son vrai jour la grande figure de Charles VII et rendu enfin justice au roi intelligent et énergique qui a contribué, plus que personne, à la défense et à la réorganisation de la patrie française au xve siècle. »

« Ce livre est une œuvre considérable, a dit M. Jules Loiseleur dans le *Temps*. L'auteur n'a pas consacré à sa préparation moins d'un quart de siècle, et l'ouvrage justifie pleinement les longs efforts qu'il a coûtés. Ils sont rares dans tous les temps, et particulièrement dans le nôtre, les érudits qui se dévouent ainsi à une entreprise de longue haleine, qui s'assignent la noble tâche de fixer pour jamais l'idée qu'on doit se faire d'une époque ou d'un personnage illustre. Cette tâche, M. de Beaucourt l'a comprise de la manière la plus large. Toutes les sources historiques, tant imprimées que manuscrites, il les a interrogées ; sa patiente analyse n'a reculé devant aucun détail, si infime qu'il fût, et cette abondance de détails, jointe à la précision, arrive à nous donner la physionomie vraie de l'époque, l'impression même de la réalité. »

« L'infatigable travailleur poursuit sa tâche, disait M. G.-A. Heinrich en 1883 dans la *Revue lyonnaise*, et bientôt il sera possible d'apprécier dans son ensemble cette étude magistrale d'un des règnes les plus importants de notre histoire. Ce sera l'œuvre capitale de toute une existence, l'exemple noblement donné de la recherche du vrai poursuivie sans relâche, avec une conscience et un scrupule qui mériteraient qu'on donnât pour épigraphe à cet ouvrage l'adage : *Vitam impendere vero*. Le style sobre et ferme, d'une simplicité et d'une lucidité singulières, n'est pas un indice moins certain de cette préoccupation toute désintéressée qui anime l'écrivain. »

« Son érudition, a dit M. Henri Beaune dans la *Gazette des tribunaux*, si sûre et si abondante qu'elle apparaisse, si précise et si universelle qu'elle soit, ne ralentit ni n'écrase son récit, qui s'avance partout sans embarras, avec netteté. Les événements, minutieusement étudiés dans leurs détails, restent enchaînés dans leur ensemble ; pas un seul fait n'a échappé à l'auteur, pas un seul document n'a été passé sous silence ; on ferait une bibliothèque de tous ceux qu'il a fouillés, analysés, et dont il s'est approprié la substance ; ses notes si claires et si multipliées en font foi ; et pourtant rien n'est lumineux comme son exposé, rien n'est mieux coordonné ni plus méthodique que ses chapitres, rien n'est plus sobrement mais plus fortement motivé que ses arrêts : nul, dans la distribution nécessaire du blâme et de l'éloge, n'a mieux appliqué la parole de La Bruyère : « Ce sont les faits qui louent et la manière de les raconter. »

Voici comment M. Gaston Paris, dans le discours prononcé par lui à l'Académie des inscriptions et belles-lettres le 19 novembre 1886, appréciait l'ouvrage, dont trois volumes avaient paru.

« Nous avons sans hésitation attribué le premier prix (Gobert) à M. du Fresne de Beaucourt pour les trois premiers volumes de sa belle *Histoire de Charles VII*. M. de Beaucourt a consacré sa vie entière à cette œuvre, et pour l'exécuter comme il l'avait conçue, il n'a épargné ni temps ni peine. Il a fouillé toutes les archives et toutes les bibliothèques, interrogé tous les historiens français et étrangers, pesé tous les témoignages, étudié de près toutes les questions. Le résultat auquel il est arrivé est digne de tant d'efforts et le sujet auquel il les a appliqués en valait la peine. La période qu'il a fait revivre, dans une forme simple, claire, attachante par la plénitude et la précision des renseignements, est à la fois une des plus saisissantes et des plus importantes de nos annales. Elle a vu la reconstitution de la France sur de nouvelles bases : diplomatie, administration, finances, institutions politiques, société, tout a subi une transformation dont l'historien a pu saisir et exposer le caractère, à la suite d'études aussi serrées que pénétrantes, malgré leur complexité. »

Enfin, dans la séance publique annuelle de l'Académie des inscriptions et belles-lettres du 18 novembre 1892, le président, M. Alexandre Bertrand, a fait connaître en ces termes le résultat du concours de l'année 1892 :

« Le prix Gobert, prix annuel, est le plus éclatant de tous nos concours par la valeur du prix, qui est de 9,000 fr., le plus national par le caractère de l'œuvre récompensée qui doit être : *Le travail le plus savant, le plus profond, sur l'histoire de France et les études qui s'y rattachent.*

« Le premier prix est décerné, à l'unanimité, à M. du Fresne de Beaucourt, pour son histoire, aujourd'hui terminée, de *Charles VII le Victorieux*, dont le tome VI et dernier a paru en 1891.

« Cet ouvrage considérable, commencé il y a plus de vingt-cinq ans, est l'œuvre de toute une vie de travail assidu. Entreprendre, après Vallet de Viriville, une histoire de Charles VII, était tâche ardue. *La Vie de Charles VII*, par ce savant érudit, que l'Académie a récompensée jadis, était une excellente étude. Il fallait faire mieux : suivre Charles VII de plus près, dans ses luttes courageuses comme dans ses défaillances, connaître plus complètement chacune de ses campagnes, entrer plus avant dans les secrets de sa diplomatie, dans les détails de son administration, jeter plus de lumière sur ses projets de réforme ; fouiller d'un esprit plus pénétrant ces archives du xve siècle, déjà étudiées avec tant de soin par Vallet de Viriville, mais dont la richesse est vraiment comme inépuisable. Le long effort, l'admirable persévérance dont a fait preuve M. de Beaucourt, ont été récompensés. La nouvelle histoire de Charles VII est une œuvre plus profondément étudiée, plus complète, plus pénétrante que celle de ses devanciers. — Le prix Gobert est le digne couronnement de cette œuvre qui paraît définitive. »

L'*Histoire de Charles VII* forme six forts volumes in-8° cavalier, du prix de 8 fr. le volume en papier ordinaire, et 15 fr. en grand papier vergé de Hollande (dont 25 seulement sont mis en vente). — Un album a été publié avec le dernier volume, au prix de 3 fr.

BESANÇON. — IMPR. ET STÉR. PAUL JACQUIN.

PORTRAIT DE CHARLES VII

Ce portrait, arrivé aux mains de l'auteur depuis la rédaction du tome IV, n'a pu, par conséquent, y être décrit. On peut le rapprocher du portrait du Louvre et de celui de la galerie de Gaignières décrit à la page 81. Il est peint sur bois et est reproduit ici dans la dimension des deux cinquièmes du tableau original.

[illegible]

[illegible]
[illegible]
[illegible]
[illegible]
[illegible]

INTRODUCTION

« C'est une admirable prérogative de l'historien, a dit un savant académicien, que la faculté qu'il a d'instruire de grands procès de révision, et de faire casser, après plusieurs siècles, des sentences dictées par l'iniquité ou l'erreur [1]. »

Nous venons user de cette prérogative, en présentant au public un livre qui est le fruit de plus de vingt-cinq années de recherches.

Jamais Roi n'a, autant que Charles VII, donné lieu à des appréciations contradictoires de la part des historiens.

Prince médiocre, livré aux plaisirs, faible et insouciant, égoïste et apathique, disent les uns; — prince doué d'éminentes qualités, courageux, persévérant, vrai sauveur de la monarchie, selon d'autres, qui ont pleinement accepté son titre de *Victorieux*. Mais l'opinion la plus accréditée nous montre en Charles VII un roi sans caractère, sans valeur personnelle, amolli dès l'enfance par l'abus des vo-

1. M. Charles Lenormant, dans un rapport présenté au nom de la commission des antiquités nationales, dans la séance de l'Académie des Inscriptions et Belles-Lettres du 9 août 1844 (à propos du mémoire de H. Géraud sur Ingeburge).

luptés[1], livré tout d'abord à d'indignes favoris, bientôt abandonné à l'influence souveraine d'Agnès Sorel, laissant tout faire sous son nom sans rien diriger, et, après un réveil momentané, retombant, aux derniers jours de son long règne, dans l'inaction et dans l'apathie qui avaient signalé ses premières années. Les grandes choses accomplies de son temps n'auraient eu en lui qu'un spectateur inerte et indifférent. « Charles VII a été le témoin des merveilles de son règne : » cette parole du président Hénault, répétée à satiété, a été comme l'arrêt de l'histoire. Un autre mot a servi à caractériser la période des infortunes et des revers, c'est le mot attribué à La Hire : Charles VII *perdait son royaume on ne peut plus gaiement.*

En faut-il davantage pour être condamné sans appel? Un roi sans royaume qui s'étourdit dans les plaisirs ; un roi restauré qui oublie ses devoirs au sein d'une molle oisiveté, tel est apparu Charles VII aux yeux de la postérité. Ajoutez la part qu'il eut au meurtre de Jean sans Peur, assassiné sous ses yeux, et, prétend-on, par son ordre ; ses torts si graves à l'égard de Jeanne d'Arc, trahie avant d'être prise, lâchement abandonnée après ; l'ingratitude témoignée à Jacques Cœur, dont les services furent payés par la confiscation et l'exil, et vous aurez tout le personnage royal. Indolence, insouciance, oisiveté, faiblesse, égoïsme, défiance, volupté, ingratitude, voilà — à entendre ces voix bourdonnantes qui redisent toujours le même écho, sans seulement s'inquiéter d'où est venu le premier son — quels seraient les attributs du caractère de Charles VII. On a été plus loin : on a osé parlé de sa *couardise*[2] ; on a dit qu'il était « dénué de sens moral[3] ; »

1. C'est ce que dit encore le dernier historien de Charles VII, M. Vallet de Viriville, dans son *Histoire de Charles VII et de son époque* (Paris, 1862-1865, 3 vol. in-8), t. I, p. 203, 236, 463, etc.

2. « On n'entendait qu'un cri à Paris contre la « couardise » de Charles VII. » M. Henri Martin, *Histoire de France*, t. VI, p. 401. Il est bon de faire remarquer que le mot que l'auteur place entre guillemets, comme s'il l'avait emprunté à un auteur contemporain, lui appartient en propre.

3. « Vive et infatigable intelligence, » dit M. Henri Martin, à la date de 1440, en parlant du dauphin Louis, « il ne tenait de son père que la sécheresse d'âme et le goût du liberti-

et, recueillant un bruit dont un contemporain s'est fait l'écho, on a prétendu qu'il n'était point exempt de la folie de son père[1]. Enfin, quittant le terrain de l'histoire pour aborder celui de la physiologie, n'a-t-on pas été jusqu'à nous montrer, de Charles VI à Louis XI, trois générations de rois sous l'influence de ce mal funeste, devenu en quelque sorte héréditaire dans la maison royale[2] ?

Avant d'aborder l'histoire de Charles VII, il convient de rechercher l'origine de ces jugements, de remonter à la source de ces accusations sans cesse renouvelées. Suivons donc le cours des âges, pour contempler la destinée historique de ce Roi dont la mémoire a eu de si étranges vicissitudes.

Nous étudierons ensuite les monuments historiques qu'il faut interroger, si l'on veut arriver à des résultats précis et décisifs.

Enfin nous exposerons le but que nous nous sommes proposé dans le présent travail, et la façon dont nous avons compris notre tâche.

I

« Certes, a dit Montaigne, c'est un subject merveilleusement vain, divers et ondoyant que l'homme : il est malaysé d'y fonder jugement constant et uniforme[3]. » La Bruyère fait à son tour cette remarque : « Quelques

nage; aussi défiant, *aussi dénué de sens moral*, etc. » *Histoire de France*, t. VI, p. 388.

1. « En examinant de très près la vie entière du fils de Charles VI, en considérant avec attention les images authentiques qui nous sont restées, on doute si la terrible maladie du père ne transmit point au fils quelque trace héréditaire. » Vallet de Viriville, *Histoire de Charles VII*, t. I, p. 422.

2. *De la maladie de Charles VI, roi de France, et des médecins qui ont soigné ce prince*, par M. le docteur A. Chereau, dans l'*Union médicale*, n^{os} des 20 et 27 février, 6 et 13 mars 1862. « Chose remarquable, dit-il, et qui n'échappera pas à la sagacité de nos confrères, c'est que Charles VI, enlevé ainsi avant l'heure par une terrible et lamentable affection cérébrale, devait être suivi sur le trône de France par trois rois, ses successeurs en ligne directe, qui tous succombèrent à des désordres ayant leur siège principal dans les centres nerveux. »

3. *Essais*, livre I, ch. I.

hommes, dans le cours de leur vie, sont si différents d'eux-mêmes par le cœur et par l'esprit, qu'on est sûr de se méprendre si l'on en juge seulement par ce qui a paru d'eux dans leur première jeunesse [1]. » Et Bossuet nous dit « qu'il semble quelquefois qu'il y ait plusieurs hommes dans un seul homme, tant ces sentiments différents sont véritables et vifs des deux côtés [2]. » On se trompe en effet quand on prétend imposer à un personnage historique un moule unique et uniforme. On oublie que « le changement est la loi des hommes, comme le mouvement est la loi de la terre [3] ; » on oublie surtout que l'homme est un composé de bien et de mal, et que chez lui les contradictions abondent [4]. A la longue ces divergences peuvent s'effacer ou s'atténuer : l'homme moral apparaît alors sous ses traits définitifs. Mais sous l'empire des événements, courbé par l'adversité ou bercé par une fortune prospère, quel est celui qui, dans le cours d'une longue existence, demeure constamment fidèle à lui-même ? Quel est celui qui n'a pas donné un démenti aux promesses de sa jeunesse, ou, par un revirement soudain, fait évanouir les craintes qu'avaient inspirés les débuts de sa carrière ?

Ainsi en a-t-il été pour Charles VII. On pourrait presque dire qu'il y a chez lui autant d'hommes différents qu'il y eut de périodes dans son règne. Ne serait-ce pas là une des causes des appréciations si diverses dont il a été l'objet? Faute d'avoir étudié le Roi dans ses transformations successives, faute d'avoir fait des distinctions nécessaires, les uns ont été trop absolus dans le blâme, les autres ont pu être exagérés dans la louange.

Une autre source d'erreur — et à coup sûr la plus fréquente, — c'est d'apporter, dans l'appréciation d'une époque

1. *Caractères*, éd. Servois, t. II, p. 46.

2. *Méditations sur l'Évangile. La Cène*, 1re partie, 16e jour. Bossuet a dit encore, dans son sermon pour la profession de Louise de La Vallière : « O Dieu, qu'est-ce donc que l'homme? est-ce un prodige? est-ce un composé monstrueux de choses incompatibles? ou bien est-ce une énigme inexplicable? »

3. Vauvenargues, *Essai sur quelques caractères*, dans les *Œuvres*, éd. Gilbert, p. 350.

4. « Ils ont des passions contraires et des faibles qui les contredisent. » La Bruyère, *l. c.*, t. II, p. 69.

ou d'un personnage, les préoccupations du temps où l'on vit. Comme l'a très bien dit M. Villemain, « c'est un préjugé, et ce n'est pas le moins ridicule des préjugés, de vouloir apprécier tous les temps avec l'esprit du nôtre et mesurer tous les hommes à la taille des hommes de nos jours [1]. » On a trop oublié cette loi de l'histoire, rappelée justement par une autre grande illustration de notre époque : « C'est aux contemporains à juger les choses et les hommes de leur temps [2]. »

Comment l'opinion sur Charles VII s'est-elle formée? Pour nous en rendre compte, nous allons ouvrir nos historiens, et rechercher quelles ont été leurs appréciations depuis la fin du quinzième siècle jusqu'à nos jours.

Le premier, par la gravité du caractère comme par l'autorité de l'expérience personnelle, c'est Robert Gaguin, général des Mathurins, investi de missions importantes par Louis XI et Charles VIII. C'est lui qui fut chargé de réunir et de publier les *Grandes Chroniques de Saint-Denis*. On lui doit un *Compendium de origine et gestis Francorum*, publié en 1497, cinq ans avant sa mort, et qui eut de nombreuses éditions latines ou françaises [3]. Nous empruntons le passage suivant à la première traduction française, qui porte la date de 1514 :

« Cil Roy certes estoit contre lequel au commencement de son regne fortune tres asprement se rebella : comme se elle se fust appliquee a l'exterminer et mectre hors de son royaulme... Puis doulcement le traictant, le fist glorieux victeur : et par la grace de Dieu restituteur du pays... Au courtoys pere tres victorieux Roy, plain de mansuetude, succeda le filz Loys, etc. [4]. »

1. *Vue générale de l'Europe au quinzième siècle*, dans les *Études d'histoire moderne* (Paris, 1847, in-12), p. 10.

2. *Mémoire pour le rétablissement en France de l'ordre des Frères prêcheurs*, par le P. Lacordaire, p. 161.

3. Quinze éditions latines, de 1497 à 1586; huit françaises, de 1514 à 1538.

4. *Les grandes croniques : excellens faitz et vertueux gestes des tres illustres, tres chrestiens, magnanimes et victorieux Roys de France*, etc. Imprimé a Paris pour Galliot du Pré, 1514, in-fol., f. CLXXXVI et CLXXXVII. — Voici le texte latin : « Rex procul dubio in quem fortuna asperrime primum deservit tanquam exterminare eum regno statuisset. Deinde blande illum attollens victorem gloriosum atque Dei benignitate patriæ restitutorem effecit... Seni et mansueto patri asper et vehemens filius successit Ludo-

Robert Gaguin est encore, en quelque sorte, un chroniqueur. Nicole Gilles, notaire et secrétaire du roi Charles VIII, mort en 1503, marque la transition entre les chroniqueurs et les annalistes. Ses *Tres elegantes, tres veridiques et copieuses annales*[1], revues et corrigées par Denis Sauvage et Belleforest, ont eu une grande vogue au seizième siècle[2], et on l'a appelé « le premier de nos historiens[3]. » Gaguin enregistre des faits; Nicole Gilles formule un jugement :

« Charles VIIe de ce nom fut tres victorieux et debonnaire... Au commencement de son regne trouva son dit royaulme fort brouillé de toutes pars et occupé de ses adversaires..., et luy fut fortune fort contraire. Mais par son sens, bonne conduicte et moyennant bon conseil, qu'il creut toute sa vie, la bonne justice qu'il fist faire et administrer à ses subjectz, il subjugua ses ennemys et laissa à son filz Loys le royaulme paisible, et le dilata et eslargit grandement... Aussi durant son regne il releva justice et la remit en nature qui de long temps avoit esté abaissée et obmise; il osta toutes pilleries du royaulme, pourveut à expeller la division et scisme de l'eglise universelle, tellement que par son pourchas bonne paix, union et concorde y ont esté mis[4]. »

Les deux auteurs que nous venons de citer ont vécu au quinzième siècle[5] : ce sont presque des contemporains de Charles VII. En tête des historiens du seizième siècle, se

vicus, » etc. *Compendium Roberti Gaguini super Francorum gestis*, éd. de 1528, in-8°, f. CCL v° et CCLI.

1. Brunet (*Manuel du libraire*) cite une édition de Paris, 1492. Il en mentionne deux autres de 1498 et 1510. Mais la première que possède la Bibliothèque nationale est de 1525.

2. Le *Catalogue de l'Histoire de France*, à la Bibliothèque nationale, cite une douzaine d'éditions.

3. M. Vallet de Viriville, dans la *Nouvelle Biographie Générale*.

4. *Les tres elegantes, tres veridiques et copieuses annalles des tres preux, tres nobles... moderateurs des belliqueuses Gaules*. Depuis la triste desolation... de Troyes jusques au regne du tres vertueux roy Francois a present regnant. Compilees par feu... maistre Nicole Gilles, etc. Paris, Galliot du Pré, 1525, 2 tomes LXXVIII et CXV v° en un volume in-folio, f...

5. Nous ne parlons ici que pour mémoire d'un Italien, Paul-Émile, fixé à la cour de France dès le temps de Charles VIII, et nommé par lui *orateur* ou *chroniqueur* du Roi, charge qu'il exerça aussi sous Louis XII, auquel on doit un ouvrage intitulé : *De Rebus Gestis Francorum*, qui n'a pas eu moins de treize éditions, de 1517 à 1601 ; car Paul-Émile n'a formulé aucun jugement sur Charles VII, à la suite du récit très succinct qu'il donne des événements accomplis sous le règne de ce prince.

place François de Belleforest [1], auteur de l'*Histoire des neuf Roys Charles de France*, — ouvrage qui parut en 1568 et lui valut la charge d'historiographe de France, — et des *Grandes annales et histoire generale de France*, publiées en 1579. Belleforest nous montre, par le ton même de son éloge, que Charles VII était déjà fort en défaveur auprès du public :

« Le peuple perdit en Charles Septiesme un des meilleurs, plus sages et excellens Roys que jamais la France ait veu luy donner loix et escrire ordonnance. En ce Roy ont plus monstré vertu, le sort et fortune leurs forces qu'en nul autre, veu que son cours est venu presque d'un rien... Et m'esbahis que ceux qui admirent les gestes des anciens tant Grecs que Romains, qui se plaisent à lire les poëmes escrits en leurs louanges et qui scavent faire aussi bien ou mieux que plusieurs des mieux disans du temps jadis, qu'ils n'estendent icy le vol de leur plume : non pour acheter un Hector ou Achille, ou pour louer un Alexandre combatans les hommes nuds, prenant les villes peu fortes, mais bien pour magnifier un Charles abaissé et soudain remis sus par sa vertu : un prince victorieux des plus braves et hardis combatans de l'Europe. Un Roy qui mesprisé des autres, a fait abaisser la gloire et caquet des plus grands et plus puissans princes de chrestienté. Somme verront en luy un miracle du ciel et chef d'œuvre de nature : et en ce le jugeront admirable qu'il a laissé tel hoir et si sage successeur que ceux qui l'ont suivy ont trouvé en ses faits de quoy se prevaloir pour le maintenement de leur puissance [1]. »

Belleforest n'eut qu'un succès éphémère ; il fut bien vite dépassé par un rival heureux, qui publia en 1570 un petit

1. *L'Histoire des neuf Roys Charles de France : contenant la fortune, vertu et heur fatal des Roys qui sous ce nom de Charles ont mis a fin des choses merveilleuses*, par Francois de Belle-Forest, Comingeois, Paris, à l'Olivier de P. L'Huillier, 1568, in-fol., p. 344. — Dans ses *Grandes annales et histoire generale de France* (Paris, Gabriel Buon, 1579, 2 vol. in-fol., t. II, f. 1185 v°-1186), Belleforest porte le jugement suivant : « Ce Roy fut loüé de plusieurs grandes vertus entre lesquelles sa loyauté semble emporter l'advantage, veu que le Bourguignon avoit telle fiance en icelle qu'il luy voulut fier toutes ses seigneuries lors qu'il se resolut d'aller contre les Turcs : et de fait si, et son conseil, et la necessité du temps ne l'eussent forcé, il n'y eut one Roy plus liberal, magnifique, courtois, affable et recognoissant, comme celui qui ne laissa one sans recompense, homme qui luy eut fait quelque service... Il fut adonné aux femmes... En somme je ne voy rien en ce prince qui ne soit louable, qui ne soit grand et royal et plein de majesté et où la pieté ne soit conjointe : et telle voy-je que je souhaiteroy que tous luy ressemblassent et en bon-heur et en la poursuite et la vengeance des injures faictes à la couronne, et en la police mise en son Royaume : ainsi qu'en font foy tant de belles ordonnances qu'il a faites. »

volume intitulé : *De l'estat et succez des affaires de France.* Nous voulons parler de Bernard de Girard, seigneur du Haillan [1], secrétaire du duc d'Anjou, nommé historiographe à la place de Belleforest. Dans son ouvrage, qui fit beaucoup de bruit, il trace le portrait suivant de Charles VII :

« Il estoit homme aymant ses plaisirs et qui n'apprehendoit pas le mal, et la ruine de son royaume, s'amusant à faire l'amour à sa belle Agnes, et à faire de beaux parterres et jardins, cependant que les Anglois avec la craye en la main se pourmenoient par son royaume. Et Dieu, qui regardoit en pitié la France, avoit fait naistre tout à propos un Jean bastard d'Orleans, un Poton de Xaintrailles, un La Hire, et autres chevaliers, qui par leur vaillance et vertu, supleans à l'imbecilité du Roy, la conserverent. Sur tout elle doibt beaucoup au bastard d'Orleans... Car desia commençant la maiesté du Roy a esté mesprisee par ses malheurs, ce subtil homme la releva en honneur, par une ruse de religion, soit qu'elle fust vraye ou faulse [2]. »

Il n'y a guère plus de cent ans que Charles VII est mort, et nous sommes déjà en pleine légende [3].

Pourtant nous trouvons, en 1583, l'appréciation suivante chez un auteur dont les œuvres furent alors très populaires, le célèbre libraire Gilles Corrozet :

« Charles septiesme fut prince de bon esprit, de sens aigu, et de seure conduitte, croyant bon conseil, observateur de justice envers ses subjects, et victorieux de ses ennemis [4]. »

1. Né en 1535, à Bordeaux; mort en 1610.

2. *De l'estat et succez des affaires de France*, etc., par Bernard de Girard, seigneur du Haillan. Paris, à l'Olivier de L'Huillier, 1570, in-8°, f. 68 v°.

3. Dans son *Histoire de France*, publiée en 1576, et où il se déclare, *sans vanterie*, « le premier qui ait encore mis en lumière l'histoire entière de France en discours et fil d'histoire continu, » du Haillan parle en ces termes de Charles VII (t. III, f. 513-14) : « Après sa mort il rapporta le nom de Charles le tres victorieux pour avoir conquis sur les Anglois tout ce qu'ils tenoient en France hormis Calais. Et bien que sur le milieu de son regne il fut fort nonchallant et adonné à ses plaisirs et voluptez tant à la chasse et à faire de beaux jardins qu'aux amours des Dames, mesmement de la belle Agnes, si est-ce que s'esvertuant puis apres, tant à la suscitation de la Pucelle d'Orleans que pour la remonstrance de ses bons et fidelles serviteurs, et par l'obiect et le spectacle du piteux estat des ses affaires qui est un piquant aguillon pour s'esvertuer, il print le frein aux dents et ne cessa qu'il n'eut rencogné les Anglois au coing de la ville de Calais. En quoy se monstra la bonne fortune de la France envoyée du ciel et respandue de la main du souverain Dieu, et la fidelité de plusieurs princes et seigneurs françois qui la relleverent des calamitez qui la menassoient. »

4. *Le Thresor des histoires de France*, par Gilles Corrozet. Paris, chez Galiot Cor-

Il ne faut pas négliger non plus un auteur peu répandu, mais fort estimé, Nicolas Vignier, qui publia en 1579 un *Sommaire de l'Histoire des François* :

« Charles septiesme mourut le 22e jour de juillet, au grand regret de ses subjets qui l'estimoient, prisoient et honoroient, pour avoir mis son royaume de toutes parts en paix, après l'avoir victorieusement retiré de la main et subjection des Anglois, en consideration de quoy le surnom de tres glorieux et victorieux luy fut donné : nonobstant que l'amour deshonneste qu'il porta à une damoiselle nommee Agnes (contre la loyauté qu'il devoit à sa femme) ait grandement maculé la gloire de beaucoup d'autres grandes vertus qu'il avoit en luy [1]. »

Mais le plus considérable parmi les auteurs du quinzième siècle, c'est sans contredit Étienne Pasquier [2]. Or, dans son livre des *Recherches de la France*, publié en 1596, oubliant que, quelques pages plus haut, il a qualifié Charles VII d'« un de nos plus grands rois [3], » il formule contre lui un véritable réquisitoire :

« Si nous considerons Charles septiesme, sous le regne duquel advint ce grand restablissement, quelque chose que l'on se persuade de luy, ce n'estoit un subjet capable pour cet effect. Premierement il estoit au milieu de ses afflictions du tout addonné à ses voluptez, faisoit l'amour à une belle Agnes, oubliant par le moyen d'elle toutes les choses necessaires à son Estat... Outre cette particularité vicieuse, il avoit, si je ne m'abuse, une foiblesse de sens non vrayement telle que son pere, mais ayant esté paistry d'une paste d'homme foible d'entendement, il en portoit quelque quartier en son esprit [4]. »

Ce n'étaient pas les éloges décernés à Charles VII par

rozet, 1588, pet. in-8o, f. 34. Cet ouvrage a eu dix éditions dans l'espace de soixante ans.

1. *Sommaire de l'histoire des François*. Paris, 1579, in-folio, f. 386.

2. Né en 1520, mort en 1615.

3. « Dieu restitua plus par miracle que par main d'homme tout le Royaume à Charles septiesme. De façon que despuis ce Roy prospera tousjours au contentement de tout le monde, s'estant rendu recommandé à la posterité comme l'un des plus grands Roys de la France (livre III, ch. XXX). »

4. *Les Recherches de la France*, d'Estienne Pasquier, conseiller et advocat general du Roy en la Chambre des Comptes de Paris. Paris, 1621, in-fol., livre VI, ch. IV.

Jean de Serres [1], par Mathieu [2] et par P. Aubert [3], qui pouvaient atténuer pour la postérité l'effet du jugement de Pasquier. Il serait trop long de nous arrêter à ces témoignages. Citons seulement Jean de Serres, dont l'*Inventaire général de l'histoire de France* n'a pas eu moins de dix-neuf éditions en soixante ans :

« Prince qui a autant apporté de bien à la Monarchie Françoise que Roy qui ait commandé : car trouvant le Royaume ruiné, il l'a restauré. Ses ancêtres avoient mis les Anglois dans les entrailles de l'Estat : il les en a chassés. A ramené la paix civile, après la guerre intestine de Cent ans. Amy de la justice, de l'ordre, du peuple. Resolu aux grandes affaires. Capable de conseil. Prudent, courageux, heureux en l'execution des bons conseils. Heureux en serviteurs qui l'ont utilement servy jusques à la fin de l'œuvre de la Restauration auquel Dieu l'avoit destiné. Mais ces grandes et heroïques vertus et graces ont esté affoiblies par des vices, qui ont plus paru en sa prosperité qu'en son adversité : car l'affliction le retenoit, mais la joye de ses heureux succès luy leva le cœur et lascha les mœurs : pour le rendre soupçonneux et amoureux, au detriment de ses affaires, et au deshonneur de sa personne [4]. »

Scipion Dupleix, nommé historiographe de France par

1. Né vers 1540, mort en 1598.

2. Auteur d'une *Histoire de Louys XI, Roy de France*, publiée en 1610, un vol. in-folio. Voici le passage en question (p. 47-48). « Charles VII a esté le restaurateur de la France, d'une ville de Bourges il en feit tout un Royaume, chassa les Anglois qui de toute la pièce qu'ils tenoient n'en garderent que Calais. Il a eu la gloire d'avoir appaisé ce grand et funeste schisme, contre lequel furent tenus les conciles de Constance et de Basle..... Il ordonna par l'advis des Prelats de France, et fit confirmer et passer au concile de Basle la Pragmatique Sanction. Du mesme zèle qu'il travailla au repos de l'Église, il desira de venger l'injure qu'elle avoit receu en l'Asie et en l'Europe par les armes d'Amurath et de Mahometh. Les Papes Nicolas V et Pie II exhortoient ce Prince, comme Elizee Joas de tirer ses flesches contre l'Orient ; mais il estoit si fort empesché à sa juste deffence contre ses voisins, qu'il n'eust moyen de penser à cela. On donne encores à ce Prince la gloire d'avoir policé sa Gendarmerie... Les deffauts que l'on a remarqué en la vie de ce Prince, comme les regrets des Roys ne rencontrent pas tousjours les issues semblables aux commencements. Ses amours et ses divertissements n'ont peu faire que la France ne luy ayt donné le tiltre bien merité de VICTORIEUX. »

3. Auteur d'une *Histoire ou recueil des gestes, meurs, aages et regnes des Roys de France*. Paris, veuve Ch. Chastellain, 1622, in-4°. Il copie textuellement Jean de Serres, dans le portrait de Charles VII que nous trouvons aux pages 238-39.

4. *Inventaire general de l'histoire de France depuis Pharamond jusques a present, illustré par la conference de l'Eglise et de l'Empire* (Paris, 1600, 3 vol. in-8°, t. II, p. 303-304). — Jean de Serres s'était arrêté au règne de Charles VI ; c'est Jean de Montlyard, ministre protestant, qui continua l'ouvrage, lequel paraît avoir été pendant longtemps le seul livre élémentaire où l'on pût étudier notre histoire.

Louis XIII [1], entreprit, dans son *Histoire générale de France*, de réfuter le jugement porté par le célèbre auteur des *Recherches de la France* :

« Pour quelle raison, dit-il, peut-on appeler foible d'entendement ce Roy, lequel par ses artifices prit au piège Jan, duc de Bourgogne, la terreur de la France, et separa de l'Anglois, Philippe, fils de mesme Jan?... Qui par sa bonne conduite jointe à la force des armes, extermina l'étranger de Normandie et de Guienne? Qui avec une providence singulière fit dresser la Pragmatique sanction pour la conservation des libertés de son roiaume? Qui par un soin et vigilance nompareille, fit de si beaux reglemens touchant la gendarmerie? Qui assembla plus grande quantité d'artillerie, avec tout l'attirail nécessaire, que nul autre monarque de l'Europe? Qui par son autorité porta Amedée, duc de Savoye, à renoncer à son pretendu pontificat pour faire cesser le schisme qui renaissoit en l'Église? D'ailleurs pourquoy lui desrober toute la gloire de ses exploits d'armes pour la donner à ses capitaines, et neantmoins l'histoire fait foy qu'il se trouvoit aussi bien à l'execution qu'au conseil [2]? »

Mézeray [3], qui succéda à Dupleix comme historiographe, le fit bientôt oublier. Dans sa grande *Histoire de France*, après avoir montré comment Charles VII « ramena le bonheur à la France » par l'expulsion des Anglais, par l'ordre et la prospérité rendus au royaume; après avoir loué l'attitude du Roi envers l'Église, la magistrature et l'armée, il trace le portrait suivant, qui mérite à coup sûr d'être reproduit [3] :

« La vaillance luy estoit commune avec ses ancestres, et il se jettoit souvent à corps perdu dans les dangers; l'expérience ny la pré-

1. Né à Condom en 1569, mort en 1661.

2. *Histoire générale de France, avec l'estat de l'Eglise et de l'Empire*. Paris, Laurent Sonnius, 1621-43, 5 vol. in-fol., t. II, p. 893.

3. Né en 1610, mort en 1683.

4. M. Sainte-Beuve, dans son intéressante étude sur Mézeray (*Causeries du Lundi*, t. VIII, p. 157), cite cette appréciation d'un écrivain de notre temps (M. Frantin), qui avait beaucoup lu Mézeray et qui était un bon juge : « De saint Louis à Louis XIII, je ne crois pas qu'aucun de nos historiens égale Mézeray pour l'exactitude, le profond jugement et la vivacité de la narration. » M. Frantin sollicitait une réimpression de notre vieil historien. Ignorait-il donc qu'une édition en 18 volumes in-8° avait été imprimée à Paris, en août 1830, « aux frais du Gouvernement, pour procurer du travail aux ouvriers typographes, » et qu'en 1839 on avait donné l'*Histoire de France* de Mézeray, sous forme d' « édition *populaire et permanente*, entièrement revue, corrigée, annotée, et sans aucune omission de faits? » (Paris, au Bureau central, rue Vivienne, 16, gr. in-8° à 2 col. de 962 pages.)

voyance ne luy manquèrent pas; et le duc de Bourgongne eut si bonne opinion de sa loyauté, qu'ayant le dessein d'aller contre les Turcs, il luy voulut fier toutes ses terres. Avec cela il estoit sobre, patient, liberal, splendide, affable, clément, remply de douceur et de tendre affection pour son peuple, oubliant aisément les injures et jamais les bienfaits. En un mot très grand Prince, si toutes ces vertus eussent été sousteniies par un esprit fort et capable de se conduire : mais comme il estoit foible, facile et credule, il ne joüissoit pas de soy-mesme, et se laissoit tomber entre les mains du premier qui avoit l'addresse de l'approcher du costé de son foible... Et tant plus il approchoit du tombeau, tant plus il avoit de Favoris, tant qu'enfin à force d'en avoir trop il n'en eut plus, et tomba dans une mortelle deffiance, autre marque d'un esprit imbecille. La mesme foiblesse le plongea dans la volupté plustost que ne fit l'incontinence, et le laissa enchainer aux femmes; specialement depuis qu'il se vit un peu au-dessus de ses affaires... Tellement que ce qu'il avait pris pour divertissement de ses travaux se tourna en une habitude peu honneste qui luy fit mespriser sa legitime espouse et sousmettre sa personne, ses affaires et ses anciens serviteurs à l'esclavage d'une maistresse [1]. »

Mais c'est dans l'*Abrégé chronologique*, bien plus répandu que la grande *Histoire*, car il n'a pas eu moins de dix-neuf éditions [2], qu'il faut chercher le jugement définitif de Mézeray. Voici comment le grand siècle envisageait, avec son historien le plus illustre, celui qu'on appelait justement le *Restaurateur de la France* :

« Jamais prince n'eut de plus grandes traverses et ne les surmonta plus glorieusement. Après avoir chassé de la France ceux qui attentoient à sa couronne, il en trouva de plus dangereux dans sa maison qui attentèrent à sa vie. On eust pu le nommer *Heureux* s'il avoit eu un autre père et un autre fils. Il fut affable, debonnaire, libéral, équitable; il ayma tendrement ses peuples, et les espargna tant qu'il luy fut possible, recompensa largement ceux qui le servoient, eut un soin très particulier de la justice et de la police de son royaume, travailla puissamment à la réformation de l'Église, et fut si religieux qu'il ne voulut point la charger d'aucunes décimes.

1. *Histoire de France*, par François de Mézeray, tome II, 1646, in-fol., p. 82-83. — Il y a ici une réminiscence d'un passage de Belleforest dans ses *Grandes annales*. Voir ci-dessus, p. XI, note.

2. De 1668 à 1755, sans parler des contrefaçons et des traductions. Voir le pasteur Scipion-Combet, *Notice sur Mézeray* (34 p.), en tête du *Règne de Henri III*, réimprimé par ses soins (Alais, 1844-46, 3 vol. in-8°).

Mais estant de trempe un peu molle, il se laissa trop gouverner à ses favoris et à ses maistresses; et sur la fin de ses jours, il devint appréhensif, défiant et soupçonneux au dernier point[1]. »

L'année 1697 vit paraître une *Histoire de Charles VII*[2]. Elle était l'œuvre d'un jeune homme de dix-neuf ans[3], Nicolas Baudot de Juilly, qui gardait l'anonyme. Malgré les qualités qu'on a bien voulu reconnaître à cet ouvrage, avec une indulgence qui nous semble excessive[4], le peu d'autorité de son auteur ne permet pas de s'y arrêter.

Après Mézeray, le premier historien qui s'offre à nous est le jésuite Daniel, dont le grand ouvrage, trop oublié de nos jours, parut en 1713, et eut pendant longtemps une juste célébrité. Le nouvel historien, comme l'a dit un maître, révélait au public ce qu'on pourrait appeler le vrai sentiment de l'histoire[5]. C'était le premier travail scientifique entrepris sur nos annales. Or voici comment le P. Daniel apprécie Charles VII :

« En repassant sur toute la suite de la vie de ce Roi telle qu'elle est rapportée par les historiens contemporains, il me paroît que quelques-uns de nos modernes ne lui ont pas fait assez de justice. Ils nous le représentent comme un prince d'un génie et d'une valeur médiocre, négligent et sans application, toujours occupé de ses amours, absolument gouverné par ses maitresses et par ses ministres, gourmandé par les grands de son État qui le contrai-

1. *Abrégé chronologique de l'Histoire de France* (éd. d'Amsterdam, 1696, 6 vol. in-12), t. III, p. 284.

2. *Histoire de Charles VII*. Paris, 1697, 2 vol. in-12. Nouvelle édition en 1754, 2 vol. in-12.

3. Et non de vingt et un ans, comme le dit M. Vallet, t. I, p. VII. Baudot était né le 17 avril 1678.

4. Voir M. Vallet, *l. c.*

5. Augustin Thierry, *Lettres sur l'Histoire de France*, quatrième lettre. — Voltaire, au siècle précédent, avait dit du P. Daniel : « Il est instruit, exact, sage et vrai; et, s'il n'est pas dans le rang des grands écrivains, il est dans celui des meilleurs historiens, et l'on n'a pas d'histoire de France préférable à la sienne. » — Nous avons trouvé un bien joli mot dans la préface placée par M. Henri Martin en tête de son *Histoire de France par les principaux historiens*, en 1834 (p. 5) : « Quant au P. Daniel, son histoire, qui n'est point achevée, doit être distinguée des autres par la nouveauté des recherches et la simplicité de la rédaction; *il n'a manqué à l'écrivain que de n'être pas jésuite*. » — M. G. Monod a dit tout récemment : « Le P. Daniel, dont l'*Histoire de France* est supérieure non seulement à toutes celles qui avaient été composées avant lui, mais encore à la plupart de celles qui ont été composées depuis... » *Revue historique*, t. I, p. 18.

gnoient à leur sacrifier ses favoris. Comme ils ne peuvent disconvenir des grandes choses qui se firent sous son regne, ils lui en ôtent la gloire, en attribuant tant de succès si heureux à la sagesse de son Conseil et à la valeur et à l'habileté de ses généraux d'armée. Il y a dans ce caractere qu'on fait de Charles VII quelque chose de vrai et beaucoup de faux. Il faut convenir de ses dereglemens... Mais il est faux qu'il se livrât absolument à celles à qui il donnoit son cœur... Charles immédiatement après la mort du Roi son pere, paroît dans une continuelle inaction, et on ne le voit point à la tête des armées : retiré au delà de la Loire, il semble n'y mener qu'une vie oisive, et tout se fait sans lui par ses généraux : mais ces généraux étaient les hommes les plus sages et les plus expérimentés du royaume et il ne pouvoit mieux faire que de suivre en tout leurs conseils. Ils voyoient que le salut de l'Etat consistoit dans la conservation de ce prince, et c'étoient eux qui l'éloignoient sagement des périls... Mais quand ils lui virent un successeur âgé déjà de quatorze à quinze ans, alors ils lui laissèrent suivre les mouvemens de sa valeur et travailler à sa gloire... Les reproches d'abandonner ses ministres ne sont pas beaucoup mieux fondés. On les lui enleva malgré lui, dans un temps où il ne lui étoit pas encore permis d'agir en maître... Quand on l'accuse au contraire de s'être trop livré à ses ministres, on n'a pas peut-être fait réflexion que cette accusation n'étoit quelquefois qu'un artifice de quelques seigneurs et de quelques princes brouillons... La prétendue médiocrité de génie de ce prince pour le gouvernement, et son inapplication ne s'entendent gueres avec les grands événements de son regne. On a beau, par je ne sai quelle malignité, relever son bonheur pour rabaisser son mérite, un prince chassé de son throne, dépouillé de la meilleure partie de ses Etats, traversé à tous momens par les factions des grands de sa cour, sans argent, sans ressource pour en avoir, parvient difficilement au point de grandeur et de puissance où celui ci arriva, si son habileté et son application ne suppléent aux autres moyens, pour surmonter tant d'obstacles. On ne peut au moins lui refuser l'éloge d'un grand discernement, pour bien choisir les personnes qui le servoient : mais ceux qui sur le préjugé de ses amours lui attribuent un si grand éloignement des affaires, n'ont pas vu sans doute le détail de la conduite de ce prince dans un ouvrage qui est à la tête de la collection des historiens de son regne, et qui doit être d'autant moins suspect, qu'il fut publié après sa mort, et au commencement du regne de son fils, à qui on ne faisoit pas bien sa cour par l'éloge du gouvernement de son père[1]..... Une apologie aussi bien fondée

1. Notons que le P. Daniel n'a connu ni le témoignage de Thomas Basin, ni celui de

que celle là... est du devoir d'un historien, quand il ne peut faire connaître la vérité que par la réfutation du mensonge, ou en confondant la témérité de ceux, qui sur l'idée peu exacte qu'ils se forment d'un prince, en font des portraits si peu ressemblans et si injurieux. C'est faire injustice à Charles VII que de ne le pas regarder comme un des grands princes qui ayent porté la couronne de France [1]. »

On voit ici apparaître les premiers résultats de cette méthode, justement vantée par Augustin Thierry, qui, s'écartant des sentiers battus et évitant avec soin les lieux communs, place l'historien en présence des sources originales et lui permet de ne rien affirmer qu'en connaissance de cause.

Mais l'ornière, en ce qui concerne Charles VII, était trop profonde pour qu'il fût possible d'en sortir. Les annalistes du dix-huitième siècle, tels que l'abbé Le Gendre et le sieur de Limiers, subissent l'influence des idées préconçues [2]. Pourtant l'abbé Lenglet du Fresnoy ne craignait pas d'écrire,

Georges Chastellain, qui confirment ce que dit l'auteur anonyme, lequel, comme on le verra plus loin, n'est autre que Henri Baude.

1. *Histoire de France depuis l'établissement de la Monarchie françoise dans les Gaules* (nouv. édition, publiée par le P. Griffet. Paris, 1755-57, 17 vol. in-4°), t. VII, p. 327 et suiv.

2. Voici l'appréciation de ces deux historiens :

Le Gendre : *Nouvelle Histoire de France depuis le commencement de la Monarchie jusques à la mort de Louis XIII*. Paris, Claude Robustel, 1718, 3 vol. in-fol., t. II, p. 536 et 540 : « Les historiens l'ont surnommé *le Victorieux*, à cause que son règne ne fut qu'une suite de triomphes. Selon l'avis de bien des gens, ils eussent mieux fait de l'appeler *l'Heureux et le bien servi*; parce qu'il n'eut pas beaucoup de part aux grands événements de son règne, et que la gloire principale en est deuë à ses capitaines... A la bravoure près, il n'avoit pour un Roy que des qualitez médiocres, peu de génie, nulle application aux affaires, une passion effrenée pour les plaisirs, une complaisance aveugle tant pour ses favoris que pour ses maîtresses. Sa bonne fortune lui tint lieu de mérite; et le zèle de ses capitaines, leur valeur, leur habileté en fit un conquérant et un triomphateur. »

Limiers : *Annales de la Monarchie Françoise depuis son établissement jusques à présent* (Amsterdam, 1724, 3 parties en 1 vol. in-fol.), 1re partie, p. 211 et 214 : « Ce Prince fut nommé *le Victorieux* parce qu'il avoit reconquis le Royaume; ou plutôt, comme il arrive d'ordinaire, la bravoure de ses capitaines lui fit donner un titre qu'il avoit moins mérité qu'eux. Ce n'est pas qu'il manquât de courage; mais il n'avoit d'ailleurs que des qualitez médiocres; peu de génie, peu ou point d'application aux affaires; beaucoup de penchant au plaisir et de foiblesse à se laisser gouverner par ses favoris. » L'auteur dit plus haut : « Sa fermeté à lutter contre la mauvaise fortune, le fit enfin triompher de ses ennemis. »

en 1729, que Charles VII fut « l'un des plus grands de nos rois[1]. »

Nous voici arrivés au moment où ce qu'on pourrait appeler l'*arrêt de l'histoire* va être rendu, et c'est le président Hénault qui s'est chargé de le formuler. Dans son *Nouvel abrégé chronologique*, publié en 1744, il s'exprime en ces termes :

« Charles VII ne fut en quelque sorte que le témoin des merveilles de son règne ; on eût dit que la fortune, en dépit de l'indifférence du Monarque, et pour faire quelque chose de singulier s'étoit plu à lui donner à la fois des ennemis puissans et de vaillans défenseurs, sans qu'il semblât avoir part aux événemens : ce n'est pas que ce prince n'eût beaucoup de courage, s'il paroissoit à la tête de ses armées, c'étoit comme guerrier et non comme chef. Sa vie étoit employée en galanteries, en jeux et en fêtes. Un jour La Hire étant venu lui rendre compte d'une affaire importante, le Roi, tout occupé d'une fête qu'il devoit donner, lui en fit voir les apprêts et lui demanda ce qu'il en pensoit : *Je pense*, dit La Hire, *que l'on ne sçauroit perdre son royaume plus gaiment* : cependant quelques historiens, trompés aux prodiges de son regne, n'ont pu imaginer qu'il n'y ait point eu de part, et lui ont donné le titre de *Victorieux*[2]. »

Un an après, Duclos publiait son *Histoire de Louis XI*. Sous une forme plus académique, le jugement qu'il porte ne s'écarte guère de celui du président Hénault :

« Charles étoit doux, facile, généreux, sincère, bon père, bon maître, digne d'être aimé et capable d'amitié. Il avoit toutes les qualités d'un particulier estimable, peut-être étoit-il trop foible pour un roi. Uniquement livré aux plaisirs, il étoit moins sensible à l'éclat du trône, qu'importuné des devoirs qu'il impose. Il redoutoit les fatigues de la guerre, quoiqu'il fut intrépide dans le péril. Avec toute la valeur des héros, il manquoit de ce courage d'esprit si

1. « Le règne de Charles VII doit passer pour un prodige par les étranges révolutions auxquelles il s'est vu exposé. Ce prince plein de courage fut pour ainsi dire le jouet de la Fortune... » (Suit un court exposé du règne de Charles VII.) « Charles VII, dit plus loin l'abbé Lenglet, fut l'un des plus grands de nos rois. » *Méthode pour étudier l'histoire* (Nouv. édit., revue par Drouet. Paris, 1772, 15 vol. in-12), t. VII, p. 275 et 278.

2. *Nouvel abrégé chronologique de l'Histoire de France*, etc. Paris, 1744, in-8°, p. 177. — Ce titre de *Nouvel abrégé* vient sans doute de ce que, en 1735, le comte de Boulainvilliers avait donné son *Abrégé chronologique de l'Histoire de France*. L'ouvrage du président Hénault a eu une vingtaine d'éditions, jusqu'en 1853.

nécessaire dans les grandes entreprises, et supérieur à tous les événemens, parce qu'il donne cette fermeté d'âme qui faisant envisager les malheurs de sang froid, en fait appercevoir les ressources. Ce prince ne prenoit presque jamais de parti de lui-même, et n'avoit d'autres sentimens que ceux que lui inspiroient ses favoris et ses maîtresses. La valeur et la conduite de ses généraux suppléèrent à son indolence naturelle. Il fut assez heureux pour les trouver et assez sage pour s'en servir[1]. »

Villaret, continuateur de l'abbé Velly, dont l'*Histoire de France* fut un moment fort à la mode, n'avait pas le sens critique du P. Daniel ; mais ce n'était point un historien sans valeur, et son appréciation du caractère de Charles VII est remarquable. Nous la trouvons dans le tome XVI de l'édition originale, publié en 1765 :

« On pourroit dire de ce prince qu'il avoit plus vécu qu'un homme ordinaire... Obligé de lutter sans cesse contre l'adversité, également en butte aux persécutions de ses ennemis et de sa famille, presque toujours contredit, souvent réduit aux extrémités les plus cruelles et les plus désespérées, n'aplanissant un obstacle que pour en rencontrer de nouveaux, n'obtenant des succès qu'à la pointe de son épée ; telles furent les pénibles occupations qui remplirent sa destinée. De longues disgraces, des combats multipliés, des victoires sanglantes, les soins pénibles du gouvernement, poids immense pour un monarque jaloux de ses devoirs ; tant de fatigues et de dangers, en le couvrant d'une gloire immortelle, avoient usé les ressorts de sa vie. Un goût immodéré pour des plaisirs dont il auroit dû s'interdire l'abus, achevoit encore de le précipiter vers la fin de sa carrière. Ce défaut que la vérité de l'histoire ne permet pas de dissimuler, est le seul peut-être qu'on puisse reprocher à ce grand prince. Il s'y livroit sans ménagement, surtout dans les dernières années de son regne. Il s'imaginoit, en alliant à l'embarras des affaires, l'ivresse momentanée des passions, pouvoir se soustraire aux chagrins dévorants qui l'assiégeoient sans relâche : mais cette courte illusion ne les rendoit que plus cuisants. Il avoit surmonté l'infortune, raffermi le trône de ses ancêtres, rétabli la monarchie, rendu les peuples heureux. Il ne voyoit dans ses sujets qu'une multitude d'enfans pénétrés de la plus sincère reconnaissance. Il n'y a point ici d'exagération, la France l'idolâtroit....

« Nous ne comptons point au nombre de ses grandes qualités son intrépide valeur ; il y a peu de nos rois dont on puisse soup-

1. *Histoire de Louis XI* (Paris, 1745, 3 vol. in-12), t. I, p. 7.

çonner le courage, mais ce qui se rencontre plus rarement dans les guerriers, l'habitude de verser du sang ne le rendit point cruel... Il sçut vaincre son orgueil, et ce que depuis longtemps on ignoroit en France, il apprit à ses soldats à ne combatre que les ennemis, et à respecter leurs compatriotes. C'est à lui que nous sommes redevables de cette discipline exacte qui regne dans nos troupes. Si l'on se rappelle dans quelles circonstances il introduisit une réforme que personne jusqu'alors n'avoit osé même imaginer, on conviendra qu'un semblable projet ne pouvoit être que l'ouvrage d'un grand homme.... Ses exploits héroïques ne forment que la plus foible partie de son éloge. S'il faut admirer et chérir sa mémoire, c'est principalement par la sagesse et la douceur de son administration. Il rendit à nos lois leur ancienne vigueur, il en ajouta de nouvelles. Il n'y a qu'à consulter les édits salutaires publiés pour la réforme de l'ordre observé dans la distribution de la justice ; une multitude de sages réglemens pour restituer les divers degrés des tribunaux, harmonie interrompue et presqu'oubliée pendant un demi-siècle d'anarchie ; l'autorité des lois confiée à des magistrats d'une prudence et d'une intégrité reconnue... Charles avoit toutes les perfections nécessaires sur le trône ; on auroit seulement desiré que ceux qui l'environnoient eussent eu moins d'empire sur lui : mais ces reproches ne peuvent guere tomber que sur les premieres années de son regne. Trompé par les courtisans avides, il les croyoit ses amis et non ses favoris. L'expérience le désabusa, et l'on peut dire qu'il fut alors véritablement Roi. Il lui resta de cette facilité de caractere une affabilité, une douceur, une humanité qui prêtoient encore un nouveau lustre à ses autres vertus. Il pardonnoit facilement, et cette clémence n'étoit point en lui un témoignage d'insensibilité. Il sçavoit oublier les injures et jamais les services. Il ne considéroit point ses sujets comme une multitude d'esclaves destinés à prodiguer leurs biens et leurs vies pour cimenter l'édifice de sa grandeur : il avoit pour eux l'affection la plus tendre ; un père de famille n'eut jamais plus d'amour pour ses enfans [1]. »

Nous ne citerons que pour mémoire l'abbé de Mably (1765), qui répète tous les lieux communs de ses devanciers [2], et

1. *Histoire de France depuis l'établissement de la Monarchie jusqu'à Louis XIV* (Paris, 1755-1786, 30 vol. in-12), t. XVI, pages 297-98, 308-312.

2. Dans ses *Observations sur l'histoire de France* (nouv. édit., revue par M. Guizot. Paris, Brière, 1823, 3 vol. in-8°), t. II, p. 243 : « Charles VII avait des qualités estimables, mais aucune de celles qui lui étaient nécessaires pour ramener ses sujets de leur erreur, et conquérir son royaume presque entièrement occupé par ses ennemis. Ce ne fut point lui qui sauva la France du joug des Anglais, et les força à se renfermer dans leur île ; ce

l'académicien Gaillard (1774), qui entreprit de réagir contre *l'arrêt* du président Hénault[1]. Si l'on veut suivre le courant de l'opinion dans les années qui précédèrent la Révolution, il faut ouvrir les *Portraits des Rois de France*, de Mercier[2], et la *France sous les cinq premiers Valois* de Levesque[3]. Mais autant le premier est dépourvu d'originalité, autant le second se montre indépendant et judicieux dans son appréciation, qui tout en n'étant point exempte d'erreurs, repose sur une étude attentive des faits[4] :

« Charles VII fournit à l'histoire l'exemple rare d'un monarque foible dans l'infortune, respectable dans la prospérité. Il eut, comme Henri IV, son royaume à conquérir; il aima, comme lui, son peuple; il fit, comme lui, chérir sa clémence, et mérita comme lui le reproche de n'avoir pu vaincre dans l'une et l'autre fortune, son penchant pour l'amour et le plaisir. Il se distingue encore de la foule des Rois, parce qu'ayant du courage, sachant faire la guerre, et s'étant préparé pour la soutenir des moyens supérieurs à ceux de ses voisins, il sentit que la gloire véritable et le devoir des souverains est

furent les Français qui lui étaient affectionnés, et qui, à force de constance et courage, placèrent leur prince sur le trône, et si j'ose le dire, sans qu'il daignât les seconder. La licence des temps, la faiblesse de son père, ses propres malheurs et ses disgrâces n'avaient encore développé en lui aucun talent quand Charles VII mourut. Rien n'est capable de donner des qualités héroïques à une âme commune. Après une vaine inauguration, l'oisiveté et les douceurs d'une vie privée semblaient seules en droit de le toucher; une maîtresse et des favoris qui le gouvernaient, lui tenaient lieu d'un empire. Heureusement, ils eurent plus de courage et d'élévation d'âme que lui, et il leur importait de relever sa fortune. »

1. « M. le Président Hénault, si souvent cité pendant sa vie et si digne de l'être après sa mort, a porté sur ce prince un jugement sévère. « Charles VII, dit-il, ne fut en quelque sorte que le témoin des merveilles de son règne. » Ce mot paraît autorisé à quelques égards par un des surnoms qui furent donnés à ce prince : on l'appela *le bien servi;* on l'appela aussi *le victorieux*, et il nous semble qu'il eut part à ses victoires; il nous semble qu'il mérita les services de ses sujets et qu'il sut les récompenser. On peut lui reprocher des moments, de longs moments de découragement et de langueur, la mollesse trop souvent mêlée aux travaux de la guerre et de la politique, des fêtes déplacées, parmi les plus importantes affaires et les périls les plus pressants; La Hire put lui dire : *on ne sauroit perdre son royaume plus gaiement :* mais tout fut réparé, et il était toujours aisé de rappeler ce grand roi à la gloire et au devoir. » *Histoire de la querelle de Philippe de Valois et d'Édouard III, continuée sous leurs successeurs* (Paris, Moutard, 1774, 4 vol. in-12), t. III, p. 442. Cf. p. 282 et 462. — Cet ouvrage, qui est la suite de l'*Histoire de la rivalité de la France et de l'Angleterre*, forme la seconde partie de cet ouvrage, dans la réimpression qui en fut faite en 1818 (Paris, J.-J. Blaise, 6 vol. in-8°).

2. Neufchatel, 1783, 4 vol. in-8°. L'ouvrage eut dans l'année trois éditions. Voir l'appréciation du caractère de Charles VII, t. III, p. 27.

3. Paris, de Bure, 1788, 4 vol. in-12.

4. Levesque est le premier qui se soit élevé contre plusieurs des fables accréditées de son temps.

de travailler au bonheur de leurs peuples, et non de porter la terreur chez les autres nations...

« Il finit le grand ouvrage commencé par Louis le Gros, en élevant sur des bases solides l'autorité des Rois au-dessus de la puissance des seigneurs; il affranchit les peuples des tributs arbitraires; il obligea les guerriers à respecter les citoyens, et à ne plus répandre la terreur que dans l'âme des ennemis; il rendit sa domination plus formidable à ses voisins, en l'appuyant d'une force militaire toujours subsistante; enfin il éleva la puissance royale bien au-dessus de l'autorité dont avoient joui ses prédécesseurs, et il peut être regardé comme l'auteur de la constitution actuelle de notre monarchie [1]. »

Le dernier survivant du dix-huitième siècle [2] est Anquetil, bien qu'il n'ait entrepris et publié son travail que dans les premières années de ce siècle, quand déjà il était octogénaire. C'est en 1805 que parut cette *Histoire de France* qui pendant longtemps devait être la seule qu'on lût, et qui a eu jusqu'à nos jours l'honneur de nombreuses réimpressions et

1. *La France sous les cinq premiers Valois, ou Histoire de France depuis l'avénement de Philippe de Valois jusqu'à la mort de Charles VII* (Paris, de Bure, 1788, 4 vol. in-12), t. IV, p. 521-23.

2. Nous ne parlerons guère que pour mémoire d'une *Histoire de Charles VII*, restée inédite, et qui fut écrite au siècle dernier par Gaspard-Moïse de Fontanieu. Cette œuvre historique, conservée parmi les manuscrits de la Bibliothèque nationale (ancien Supplément français 1805, aujourd'hui Fr. 10149), a le mérite d'avoir été composée sur les documents originaux, et en particulier sur les titres rassemblés dans une grande collection formée par l'auteur, laquelle existe encore sous le titre de *Portefeuilles Fontanieu*; mais, comme l'a constaté M. Vallet de Viriville (t. I, p. VIII), le sens critique y fait défaut. Elle ne peut être utilisée qu'à titre de renseignement. Voici d'ailleurs l'appréciation de Fontanieu :

« Je distingue deux princes dans Charles VII. Je ne vois point en lui le mesme homme dans ses malheurs et dans sa prospérité. Proscrit par les deux tiers de ses sujets, en commençant de régner, la fortune entasse sur lui disgraces sur disgraces, et le réduit à n'attendre que d'un prodige la conservation de son sceptre. Alors, si je ne lui trouve qu'une insensibilité honteuse, je l'attribue à l'excès de son accablement. Il se plonge pour s'étourdir dans la molesse, qui fut en effet son vice dominant... Il n'est en quelque sorte que le témoin oisif des événemens qui le menacent sans cesse. Le tableau change par une révolution qui tient du miracle... La France n'est pas encore eschapée aux perils, mais elle respire, et c'est alors que je vois son Roy s'arracher aux plaisirs pour venir lui mesme la secourir. La politique peut excuser jusques là son indifférence apparente : le salut de l'Etat dépendoit de la conservation de son maître (*sic*). Ses guerriers mesme les plus intrépides avoient tremblé de l'exposer. Je le vois depuis à la teste de ses armées donner à ses généraux et à ses soldats des exemples d'une valeur peut-être téméraire; substituer une milice redoutable aux bandits aussy inconstans que barbares auxquels il avoit été obligé de confier le sort du royaume; vaincre partout et assurer ses victoires par les places qu'il fait construire; toujours en mouvement, courir de provinces en provinces, confirmer par sa présence l'amour des peuples qu'il a mérité...; laisser enfin son royaume dans une splendeur où ses plus illustres prédécesseurs n'avoient pu parvenir. »

continuations [1]. Bien que favorable à Charles VII, le jugement d'Anquetil ne devait guère avoir d'influence sur l'opinion.

« Jugeons sévèrement Charles VII. Les grands événements de son règne, auxquels il est impossible qu'il n'ait pas eu une part principale, l'absoudront. Reprochons-lui d'avoir plusieurs années laissé les Dunois, les La Hire et autres guerriers de son âge, se couvrir de gloire pour sa cause, pendant qu'éloigné des périls de la guerre il languissait dans le repos et s'abandonnait aux plaisirs; de s'être livré sans réserve à ses ministres, que Mézeray appelle ses *gouverneurs;* d'avoir par ses préférences causé entre les courtisans avides de sa faveur des cabales qui ont retardé le succès de ses armes et prolongé les malheurs des peuples; mais louons-le d'avoir réparé dans l'âge mûr les fautes de la jeunesse. S'il continua d'avoir des ministres privilégiés, même des favoris, il ne s'en occupa pas moins lui-même, selon le témoignage d'un écrivain contemporain, des détails de l'administration... Charles VII a mérité de l'histoire le titre de *Victorieux* et de *Restaurateur de la France.* Il la trouva envahie, et la reconquit ; en proie aux gens de guerre, et il les contint par la discipline; mal pourvue de magistrats, et il mit de l'ordre dans les tribunaux. La religion souffrait des abus introduits dans le clergé; le prince convoqua des assemblées majestueuses qui corrigèrent les mœurs, et, par l'établissement de la *pragmatique,* il rappela les anciens canons, garants des *libertés de l'église gallicane.* Enfin, ce qui met le sceau à la gloire de son administration, c'est le régime des impôts, qui est la pierre de touche d'un bon gouvernement. Le premier de nos rois, il en établit sans le secours des états généraux, mais non sans le conseil des grands et l'assentiment des principaux du peuple qui devait payer. Aussi les leva-t-il sans éprouver de contradictions, parce qu'on était persuadé de la nécessité de l'imposition et de la justice dans l'emploi. Charles VII était civil, affable, accueillant, majestueux dans la représentation. Il aimait la magnificence, goûtait singulièrement le repos et le plaisir. On doit lui savoir gré d'avoir été un grand roi, car vraisemblablement il aurait préféré d'être un particulier heureux [1]. »

Dans les premières années de ce siècle, nous rencontrons encore deux appréciations élogieuses : l'une est due à Antoine Ferrand, auteur de *l'Esprit de l'histoire,* ouvrage

1. *Histoire de France* (édit. de Léonard Gallois. Paris, Beauvais, 1836, 3 vol. gr. in-8°), t. I, p. 400.

publié en 1802 [1], l'autre à M. de Flassan, qui fit paraître en 1809 une *Histoire de la diplomatie française* [2].

Nous ne nous arrêterons, dans cette longue énumération, ni au fougueux Dulaure [3], ni au placide Royou [4], ni à bien d'autres dont les témoignages n'ont pas assez d'importance

1. « On a voulu reprocher à Charles VII de n'avoir été que le témoin des merveilles qui s'opérèrent pendant sa vie. On ne peut au moins lui refuser d'avoir su choisir et ses généraux et ses magistrats. C'est déjà beaucoup pour un souverain de connaître les hommes et de savoir les employer; et si cette science était héréditaire, les monarchies ajouteraient à tous leurs avantages celui de n'avoir jamais aucune de ces maladies auxquelles les corps politiques sont sujets comme les corps physiques. Si ce fut là, en effet, le seul mérite de Charles VII, ce mérite ne se démentit jamais chez lui. Il n'y a point de rois qui, après avoir commencé à régner dans des circonstances aussi difficiles et avec aussi peu de moyens, aient fait ou fait faire d'aussi grandes choses et qui les aient soutenues aussi constamment. La haine des deux maisons d'Orléans et de Bourgogne, les intrigues du duc d'Alençon, la *Praguerie* formée par le Dauphin, la révolte ouverte ou secrète dans laquelle il se tint jusqu'à la mort de son père, devaient mettre perpétuellement le gouvernement dans des entraves dont on ne pouvait se débarrasser qu'avec une profonde sagesse. Si cette sagesse n'appartient pas exclusivement à Charles, il lui appartient au moins d'avoir suivi les conseils qu'elle lui donnait, et le bonheur dont la France jouit sous son règne n'en reste pas moins son ouvrage... Son règne fut un des plus glorieux de la monarchie. » — *L'esprit de l'histoire, ou lettres politiques et morales d'un père à son fils*, par le comte Ferrand (Paris, 1803, 4 v. in-8°), t. III, p. 145.

2. « Ce prince releva le trône dont, étant Dauphin, il avait ébranlé les fondements par une conduite imprudente et ses démêlés avec le duc de Bourgogne. Trois choses contribuèrent au rétablissement de ses affaires : le mérite de ses généraux, l'enthousiasme excité par la Pucelle d'Orléans, et surtout le traité d'Arras, de 1435. Cet acte, s'il fut conçu par lui, honore sa politique, car il décida la querelle avec l'Angleterre.

« Ce prince qui, dans sa jeunesse, avait été livré à l'indolence, et subjugué par les femmes et les favoris, devint, dans un âge plus avancé, laborieux, appliqué, lisant toutes les dépêches et mémoires qu'on lui adressait et ne signant rien qu'il ne l'eût lu. Mais ce qui est plus digne d'éloge, il se montra fidèle à ses engagements. *Sa parole*, dit un historien presque contemporain, *était parole de roi et tenue pour telle*.

« Le règne de ce monarque offre de grandes choses, et, en particulier, le commencement d'un nouvel ordre de choses, non seulement pour la France, mais pour l'Europe..... La suite assez nombreuse d'actes diplomatiques, conclus sous le règne de Charles VII, atteste la création d'un système d'alliances étrangères, non pas en vue de conquérir, mais plutôt pour conserver l'intégrité de l'État.

« Ce prince, par l'effet de la position extrême où il s'était vu réduit, ayant créé des impôts fixes et établi une milice permanente, il en résulta une révolution dans la manière d'être des différents états. Pour se garantir d'invasions subites de la part de ceux qui avaient toujours des troupes prêtes à marcher, les autres princes en établirent de semblables. Alors se développèrent des combinaisons plus profondes pour l'offensive et la défensive; alors se formèrent des relations plus actives, plus inquiètes entre les divers états; et tout prit graduellement la marche établie de nos jours. » — *Histoire générale et raisonnée de la Diplomatie française depuis la fondation de la Monarchie jusqu'à la fin du règne de Louis XVI*, par le comte de Flassan (Paris, Lenormant, 1809, 6 v. in-8°), t. I, p. 205-208.

3. *Histoire de Paris*. Paris, 1821-22, 7 vol. in-8°. Voir tome II, p. 495-96.

4. *Histoire de France depuis Pharamond jusqu'à la vingt-cinquième année du règne de Louis XVIII*. Paris, 1819, 6 vol. in-8°. Voir tome III, p. 372.

pour être consignés ici [1]. Nous avons hâte d'arriver à cette période de renaissance historique, signalée par les travaux des Mignet, des Barante, des Augustin Thierry, des Villemain et des Guizot.

Les débuts de M. Mignet dans la carrière littéraire furent signalés par la composition d'un *Éloge de Charles VII*, couronné en 1820 par l'Académie royale du Gard. En insérant ce travail dans son recueil [2], l'Académie disait : « Cet ouvrage a rempli en très grande partie l'attente de l'Académie et décèle un talent très distingué, propre à honorer la carrière que l'auteur doit parcourir [3]. » M. Mignet va jusqu'à placer Charles VII au-dessus de Louis XI et de Richelieu : « Il montra, dit-il, bien plus de cette supériorité qui répare les abus sans blesser les intérêts. Il changea les choses et ménagea les hommes [4]. » Voici son appréciation du caractère du Roi :

« Arrêtons-nous sur cette glorieuse époque du règne de Charles VII. Disons la sagesse de son gouvernement, l'utilité de ses institutions et tâchons d'acquitter par nos éloges la dette de nos aïeux : heureux d'avoir à célébrer un bienfaiteur de la Patrie, surtout quand ce bienfaiteur est un Roi, car alors la louange n'est pas perdue; elle est un encouragement donné aux princes et un service rendu aux peuples !

« A peine sur le trône Charles montra les vues d'un législateur et les vertus d'un Roi. Tout se ressent de ses réformes et de ses bienfaits. En peu de temps l'anarchie cesse, l'ordre est rétabli ; le peuple soulagé dans ses misères, obtient la protection à défaut de la liberté ; l'armée arrêtée dans ses rapines, est soumise à une organisation régulière et à une discipline sévère ; l'Église est pacifiée et son indépendance assurée ; la justice est dans les tribunaux,

1. Parmi eux, nous citerons M. Berriat Saint-Prix (*Histoire de Jeanne d'Arc, ou coup d'œil sur les révolutions de France au tems de Charles VI et de Charles VII*. Paris, 1817, in-8°), et M. Lebrun de Charmettes (*Histoire de Jeanne d'Arc, surnommée la Pucelle d'Orléans*. Paris, 1817, 4 vol. in-8°), dont les jugements sont favorables à Charles VII.

2. *Eloge de Charles VII, Roi de France*, dans *Notice ou aperçu analytique des travaux les plus remarquables de l'Académie royale du Gard*, depuis 1812 jusqu'en 1822, par M. Phélip, Médecin, Secrétaire. Seconde partie. A Nismes, chez P. Durand-Belle, 1822, in-8°, pages 53-82.

3. *Notice*, etc., p. 52.

4. *Éloge de Charles VII*, p. 80.

l'économie dans les finances; deux grandes provinces sont reconquises; on a le bonheur pendant la paix, la gloire pendant la guerre. Enfin sur les débris de l'ancienne monarchie s'élève la monarchie nouvelle, et cette grande révolution qui d'une royauté presque sans puissance fait une royauté presque sans limite, s'accomplit et par le concours de la noblesse dont elle doit réduire la tyrannie, et de la nation dont elle doit amener l'affranchissement...

« Si quelquefois son esprit trop confiant et son caractère trop facile laisse accès aux flatteurs et le porte à des faiblesses, du moins ne se souillera-t-il jamais par des cruautés ni des perfidies; toujours bon, compatissant, loyal, il donnera par son humanité un spectacle inconnu aux guerres civiles, dans un temps surtout où la vengeance était un besoin et le crime une habitude [1]. »

Le jugement porté par l'auteur des *Ducs de Bourgogne*, qui a su fondre si habilement dans son travail les récits des contemporains, et qui écrit résolument *ad narrandum*, et non *ad probandum*, [2] mérite d'être reproduit en entier :

« Jamais roi de France n'avait inspiré à ses peuples de tels regrets et si bien mérités; ce fut une lamentation universelle, et chacun disait que c'était grande pitié et dommage. On repassait toutes les circonstances de son règne si long et si plein de choses diverses. Il avait trouvé la plus belle part du royaume envahie par les Anglais; leur roi se disant roi de France d'après la volonté de Charles VI, son propre père; une guerre civile désolant cruellement le pays depuis beaucoup d'années et divisant la maison royale; les peuples dans la dernière misère; plus de négoce, plus de labourage; nulle justice; les bois remplis de brigands qui ne respectaient ni le bien, ni la vie des hommes; les gens de guerre devenus pires que les brigands; la puissance du roi détruite et méprisée de tous les grands, même de ceux qui ne l'étaient pas. Il avait supporté avec patience et douceur cette mauvaise fortune, jamais n'avait perdu courage, s'était fié à la bonté de Dieu et à la vaillance de ses sujets. La Providence l'avait en effet secouru; son armée s'était tout à coup animée, et voyant dans l'arrivée de la Pucelle une marque évidente de la protection divine, avait redoublé ses efforts. Ses ennemis s'étaient troublés et effrayés; le désordre

1. *Éloge de Charles VII*, pages 70 et 58.

2. Voir la curieuse préface, sur la manière d'écrire l'histoire, placée en tête des *Ducs de Bourgogne* (t. I, p. I-XCII, 1824). « Je n'ai mêlé d'aucune reflexion, d'aucun jugement les évenemens que je raconte... Ce sont les jugemens, ce sont les expressions des contemporains qu'il fallait exprimer; c'est en voyant ce qu'ils éprouvaient, c'est en apercevant l'effet que les actions produisaient sur leur propre théâtre, qu'on peut se faire une idée juste du temps passé (p. XLI). »

et le mauvais gouvernement les avaient tour à tour privés de la sagesse dans les conseils et du bon ordre dans les entreprises. Puis le duc de Bourgogne s'était lassé de faire la guerre au chef de sa race... Le roi et ses conseillers, cédant à la nécessité des temps, avaient traité de façon à contenter l'ambition et la fierté de ce prince... Le royaume avait été reconquis pied à pied. Si le roi n'avait pas lui-même conduit ses armées, du moins il s'était montré mainte fois vaillant et téméraire chevalier.

« Mais le désordre durait toujours; les calamités des peuples devenaient plus effroyables; les gens de guerre leur étaient aussi funestes que les ennemis. Dans ce temps, le roi, malgré son courage et sa bonté, était loin de posséder le cœur de ses sujets; sa mollesse, sa négligence, le scandale qu'il donnait à sa cour, excitaient de grands murmures. Après avoir souvent changé de conseillers, après les avoir tour à tour abandonnés aux complots et aux cabales, après s'être montré trop faible et trop docile à leurs conseils, il s'était vu entouré de gens sages; il avait écouté leurs avis et les gémissemens du peuple. Ne cédant plus aux volontés des princes et seigneurs, qui voulaient maintenir le trouble, il avait su les réprimer. C'était de la sorte, mais non pas sans de longs délais et d'extrêmes difficultés, que s'était faite cette merveilleuse réforme des gens de guerre; c'était là surtout ce qui faisait bénir sa mémoire par ses sujets, et répandait sa renommée dans les pays étrangers. Dès lors il avait régné comme sur un royaume nouveau, car jamais rien de pareil n'avait été vu... Il avait aussi mis fin aux désordres de l'Église par la pragmatique sanction, et en respectant le pape, il avait établi les libertés du clergé de France. Les finances avaient été mieux réglées; de sages ordonnances sur la manière d'administrer la justice avaient été rendues.

« Se trouvant ainsi plus fort que jamais n'avait été aucun roi de France, il avait entrepris de chasser les Anglais du royaume. Alors avait paru, dans tout son jour, la puissance d'un pays sagement réglé et bien gouverné contre un peuple divisé et mal conduit. Il n'avait presque fallu que faire avancer les nouvelles compagnies d'ordonnance et cette armée si bien disciplinée et payée, pour recouvrer aussitôt la Normandie et la Guyenne.

« La gloire des armes du roi avait ensuite tourné tout entière à l'avantage de ses peuples. Après ses conquêtes, pendant les dix dernières années de sa vie, il avait gouverné noblement et sagement. Jamais homme n'avait été moins vindicatif; durant tout son règne, il ne s'était pas souvenu d'une offense. Mais il voulait que justice fût faite, et même forte justice. Aussi les princes avaient été punis selon les lois du royaume; les rébellions des grands seigneurs avaient été domptées; le fils même du roi n'avait pas pu lui désobéir impunément. La paix avait été maintenue avec le duc de Bourgogne, non plus par soumission, mais par puissance. Le Parlement et les officiers de justice avaient toujours procédé avec fermeté contre la violence et le désordre. Les crimes n'avaient pas trouvé, comme dans les domaines du duc Philippe, une protection assurée dans les seigneurs, et malgré quelques iniquités accomplies par voie de commission, en somme la justice n'avait pas été en leurs mains un moyen de contenter leurs vengeances et leur avidité...

« Il n'y avait donc qu'une voix dans tout le royaume pour raconter toutes ces louanges du roi, qu'on venait de perdre et qu'on pleurait avec tant de regret du passé et de crainte de l'avenir[1]. »

Le jugement suivant de M. Villemain ne saurait être passé sous silence.

« Charles VII, sous les jeux et les faiblesses d'un caractère frivole, cache un esprit adroit, ferme et patient... On lui a donné le nom de *Victorieux,* que méritent ses généraux ; il a droit à celui de *Réparateur*. Cette gloire est moins visible. Tacite le disait : les remèdes sont plus lents que les maux. L'indolence et le goût des plaisirs, naturels à Charles, ralentissaient encore son pouvoir, mais n'en interrompaient jamais les bienfaits successifs et sagement amenés ; sous ce rapport, sa frivolité servait presque sa prudence. Pour gagner des seigneurs puissants, il leur accordait sur lui-même une influence utile à l'État. En se faisant aimer des peuples avant même de pouvoir les soulager, il leur ôta d'abord la plainte et le murmure, qui ne sont pas le moindre de leurs maux... Jamais on ne vit un peuple sortir si promptement de l'excès des maux par un calme plein de force et de bonheur... L'histoire, souvent aussi peu sage que les contemporains, n'a point assez admiré ce régime politique qui laisse pour ainsi dire les États d'un tempérament vigoureux se rétablir eux-mêmes. On a cru que Charles agissait peu parce que sa main était douce et légère ; mais cette main touchait partout des blessures : le repos les guérit ; et la France, ranimée par des progrès insensibles, s'aperçut un jour enfin qu'elle était unie, forte, paisible, sous un roi qu'elle aimait[2]. »

Dans l'appréciation qui suit, due à M. Guizot, l'illustre historien s'occupe du règne plutôt que du Roi.

1. *Histoire des ducs de Bourgogne de la maison de Valois*, par M. de Barante (Paris, Ladvocat, 1824-26, 12 vol. in-8°), t. VIII, p. 271-76.

2. *Vue générale de l'Europe au XVe siècle*, dans les *Mélanges historiques et littéraires* de M. Villemain (Paris, Ladvocat, 1827, 3 vol. in-8°), t. I, p. 438, 441, 442.

« Jamais le gouvernement n'avait été plus dépourvu d'unité, de lien, de force que sous le règne de Charles VI et pendant la première partie du règne de Charles VII. A la fin de ce règne, toutes choses changent de face. C'est évidemment un pouvoir qui s'affermit, s'étend, s'organise ; tous les grands moyens de gouvernement, l'impôt, la force militaire et la justice, se créent sur une grande échelle et avec quelque ensemble. C'est le temps de la formation des milices permanentes, des compagnies d'ordonnance comme cavalerie, des francs-archers comme infanterie. Par ces compagnies, Charles VII rétablit quelque ordre dans les provinces désolées par les désordres et les exactions des gens de guerre, même depuis que la guerre avait cessé. Tous les historiens contemporains se récrient sur le merveilleux effet des compagnies d'ordonnance. C'est à la même époque que la taille, l'un des principaux revenus du roi, devint perpétuelle, grave atteinte portée à la liberté des peuples, mais qui a puissamment contribué à la régularité et à la force du gouvernement. En même temps, le grand instrument du pouvoir, l'administration de la justice, s'étend et s'organise ; les Parlements se multiplient.... Ainsi, sous les rapports de la force militaire, des impôts et de la justice, c'est-à-dire dans ce qui fait son essence, le gouvernement acquiert en France, au XV° siècle, un caractère jusque-là inconnu d'unité, de régularité, de permanence ; le pouvoir public prend définitivement la place des pouvoirs féodaux [1]. »

C'est avec le protestant Sismondi que s'ouvre la série de nos modernes historiens. On ne peut méconnaître le soin laborieux, la sagacité et quelquefois l'indépendance de jugement dont a fait preuve l'auteur de *l'Histoire des Français*. Mais Sismondi ne possède pas cette hauteur de vues et cette gravité qui sont l'apanage du véritable historien. On s'en apercevra à la lecture de son portrait de Charles VII.

« Au moment de la mort de son père, Charles VII était âgé de dix-neuf ans et neuf mois. S'il avait été doué d'énergie de caractère et d'activité d'esprit, il auroit pu dès lors se mettre à la tête du parti qui soutenoit ses droits ; mais le fils de Charles VI et de la pesante Isabeau avoit hérité de ses parens l'amour du plaisir, l'indolence et la mollesse. Quoiqu'il ne manquât pas de courage, il n'avoit aucun goût pour la guerre, parce qu'elle obligeoit à trop de fatigue et de corps et d'esprit. Ses dispositions étoient bienveil-

1. *Histoire de la Civilisation en Europe*, XI° leçon.

lantes, et avant la fin de son long règne, il eut occasion de montrer que ses affections et ses compassions pouvoient s'étendre des individus aux masses, en sorte qu'il répandit ses bienfaits sur les peuples, comme il les avoit répandus d'abord sur les courtisans; mais pendant longtemps sa douceur ne parut procéder que de foiblesse et de nonchalance. Cédant moins à l'amitié qu'à l'habitude, il s'abandonnoit à un favori, par qui il se laissoit gouverner, à qui il ne savoit rien refuser, et qu'il ne paroissoit cependant pas regretter un seul jour, quand il le perdoit. Exilé de sa capitale, il ne cherchoit point à la remplacer par quelques autres des grandes villes de ses états; il les évitoit toutes; il fixoit son séjour dans quelque château, dans quelque site champêtre; il s'y déroboit tant qu'il pouvoit, avec ses maîtresses, aux yeux de sa noblesse, à ceux des bourgeois, à ceux des soldats, et il y oublioit les affaires publiques et les troubles de son royaume.... A ce goût du plaisir et à cette indolence, Charles avoit joint, en avançant en âge, une grande jalousie de son autorité, une grande impatience contre toute opposition, tout partage de son pouvoir, un grand désir de rapporter tout à lui seul. Cependant il étudioit peu les affaires par lui-même, il se mêloit peu du gouvernement, et il n'exerçoit sa volonté que dans le choix de ses ministres et de ses serviteurs. Il le faisoit avec un grand discernement, et depuis qu'il avoit triomphé de la Praguerie, il avoit réussi, avec un singulier bonheur, à ne s'entourer presque que de gens habiles; mais s'il les laissoit faire ensuite les choses qu'ils paraissoient entendre, et s'il ne contrarioit pas leurs mesures, il ne s'en montroit pas moins accessible à leur égard à une continuelle défiance. Il croyoit aisément aux complots ou contre son autorité ou contre sa personne, et aucun de ses favoris ne garda au delà d'un petit nombre d'années le crédit dont il jouissoit auprès de lui... Le plus grand mérite de Charles VII fut peut-être d'avoir apporté dans la pratique de la guerre une douceur, une courtoisie, des égards pour les vaincus, dont la génération précédente ne lui avoit point laissé d'exemple [1]. »

1. *Histoire des Français*, par J.-C.-L. Simonde de Sismondi (Paris, Treuttel et Wurtz, 1821-1844, 31 vol. in-8°), t. XIII (1831), p. 9-11, 462, 489-90. — Il faut comparer ce jugement avec ce que l'auteur dit au début du tome XIV (p. 2) : « Sans avoir de talens distingués dans aucun genre, sans avoir ni force de volonté, ni caractère, Charles VII avoit reconquis la France, qui étoit presque en entier soumise au joug étranger à l'époque de la mort de son père. Alors on ne le distinguoit que sous le nom du petit roi de Bourges; en 1456 on le reconnaissoit universellement pour le plus grand roi de la chrétienté. Il réunissoit sous sa domination un plus grand nombre de provinces françaises que n'en avoit gouverné aucun de ses prédécesseurs de la race capétienne. Favorisé par les circonstances, par l'incapacité ou les querelles de ses rivaux, par les talens qui s'étoient développés chez ses sujets au milieu des guerres civiles, talens qui lui firent donner à bon droit le surnom de Charles le bien servi, il avoit marché à un agrandissement progressif, à un affermisse-

De Sismondi nous passons à M. Henri Martin. C'est en 1833 que M. Henri Martin, de concert avec M. Paul Lacroix, avait commencé la publication d'une *Histoire de France depuis les temps les plus reculés jusqu'en juillet 1830, par les principaux historiens.* L'ouvrage, publié chez Mame, dans le format in-18, devait avoir quarante volumes : le premier seul vit le jour [1]. L'année suivante, reprenant son projet, l'auteur fit paraître l'ouvrage dans le format in-8°, et seize volumes furent publiés de 1834 à 1836. Dans cette *Histoire de France,* où l'auteur a la prétention de s'effacer devant les « nombreux chroniqueurs qui, dit-il, servent de fanal au milieu des phases les plus ténébreuses de notre histoire [2], » Charles VII est représenté, à ses débuts, comme un « esprit léger, amoureux des plaisirs, redoutant toute fatigue, tout travail de corps ou de tête, gouverné par les chefs d'une faction généralement détestée, incapable de défendre ce qui lui restait du royaume paternel. » Mais plus tard « il semble être devenu un autre homme, à voir l'activité qu'il déploie désormais en toute chose : ce n'était plus là le prince égoïste et indolent qui avait laissé périr la libératrice de la France sans s'arracher un moment à ses plaisirs. » L'auteur suppose qu'il faut attribuer, « au moins en partie, » l'honneur de ce changement à la belle Agnès Sorel, « bien digne d'être distinguée des vulgaires favorites royales. » Enfin, dans sa conclusion, l'auteur dit : « Jamais prince n'aida moins sa fortune et ne dut de plus

ment de son pouvoir, qu'il n'auroit jamais eu lui-même ni la force de désirer, ni la capacité de prévoir. La réunion du Dauphiné, qu'il enlevoit à son fils, fut la dernière de ses conquêtes. Considéré dans ses motifs, ce n'étoit pour lui qu'un acte de foiblesse et de favoritisme; mais dans ses effets elle élargissoit ses frontières, elle affermissoit son autorité, elle avertissoit toujours plus que toute résistance viendroit se briser contre la puissance royale, qu'il avoit rendue absolue. »

1. Paris, chez Mame (imprimerie de Lachevardière), 1833, in-18 de 171 pages. Ce premier volume est annoncé dans le *Journal de la Librairie* du 26 octobre 1833, sous le n° 5746.

2. Tome I, p. 8, *Avertissement.* Voici comment M. Henri Martin apprécie ici le rôle de l'historien (p. 7) : « L'histoire n'est pas une toile à barbouiller au service de telle prévention particulière; l'histoire, pour ainsi dire, n'est pas un seul homme avec sa vue myope et ses humeurs fantasques. De quel droit un historien viendra-t-il nous opposer l'infaillibilité de ses arrêts? L'histoire ne doit être qu'un miroir d'optique où se peignent les hommes et les choses, de loin comme de près, etc. »

éclatants succès à des circonstances indépendantes de sa volonté, à des hommes que ne secondaient presque jamais ni sa tête ni son bras [1]. »

En suivant l'ordre des dates, nous rencontrons M. Théophile Lavallée, dont l'*Histoire des Français* a eu de très nombreuses éditions et trouve encore des lecteurs. Quand il l'écrivit, l'auteur était loin de ces idées de modération et de justice à l'égard du passé que nous lui avons connues à la fin de sa carrière. Voici comment il s'exprime :

« Telle est la merveilleuse destinée de la France et les incroyables ressources qu'elle a dans son sein que de la prostration la plus complète elle s'était relevée plus forte et compacte qu'auparavant. C'était à elle-même qu'elle devait cette rapide rénovation ; jamais la nation n'avait paru plus agissante, plus vivante, plus confiante en elle-même ; elle était sauvée et son roi avec elle, malgré tous les obstacles, malgré son roi lui-même. Charles VII avait joué dans ce grand travail un rôle presque tout passif ; il avait été *bien servi*, et le surnom lui en resta : bien servi par le peuple qui se dévoua pour lui avec une admirable constance [2] ; bien servi par Jeanne d'Arc et Jacques Cœur ; bien servi par ses capitaines qui croyaient travailler pour eux-mêmes ; bien servi par ses soldats qu'il envoya mourir sur la Birse ; bien servi par ses vices mêmes, son astucieuse indolence, son égoïsme, son ingratitude. De roi de Bourges, il était devenu le plus puissant monarque chrétien, et la royauté des Valois, assurée maintenant de sa couronne si longtemps chancelante, allait reprendre et finir la vieille guerre des rois capétiens contre la grande vassalité [3]. »

Un auteur peu connu, M. Ferdinand Leroy, publia en

1. *Histoire de France depuis les temps les plus reculés jusqu'en juillet 1830*, par les principaux historiens et d'après les plans de MM. Guizot, Augustin Thierry et de Barante (Paris, L. Mame, éditeur, 1834-36, 15 vol. in-8°), t. IX, p. 2, 170, 201. — A partir du tome XI, on lit : *d'après les historiens originaux*, par HENRY MARTIN. La première livraison (d'un quart de feuille) de cette édition est annoncée dans le *Journal de la Librairie* du 23 novembre 1833, sous le n° 5285 ; elle devait alors former 12 vol. in-8°. Il y eut une seconde édition (Paris, Mame, 15 vol. in-8°) sans changements. La première livraison du premier volume de ce nouveau tirage est annoncée dans le *Journal de la Librairie* du 16 décembre 1837, sous le n° 6248. De 1838 à 1853, M. H. Martin donna chez Furne une nouvelle édition en 18 vol. in-8°.

2. M. Th. Lavallée donne quelques pages plus haut (p. 170) l'explication de cette « admirable constance, » en disant : « Pas une plainte ne s'élevait contre ce pouvoir protecteur, qui donnait à la nation le bien-être et la sécurité qu'elle ne connaissait pas depuis plus de cent ans. »

3. *Histoire des Français depuis le temps des Gaulois jusqu'en 1830* (Paris, Paulin et Hetzel, 1838, 4 vol. in-8°), t. II, p. 184.

1839 un *Tableau général de l'Europe vers l'année 1453*[1]. Après avoir fait ressortir le contraste entre la situation florissante de la France et la situation précaire de la plupart des États européens, l'auteur donne de Charles VII le portrait suivant :

« Tous ces grands, ces glorieux résultats ne peuvent certainement pas être attribués à Charles VII, lui seul ; cependant, ce prince, doué de qualités rares, ne saurait être traité avec le dédain que certains historiens ont affecté à son égard ; et dans le tableau que nous venons de tracer, au milieu des personnages qui jouèrent un rôle important dans les affaires de l'Europe, Charles VII occupe, sans contredit, le premier rang, soit par ses qualités personnelles, soit à cause des événements qui s'accomplirent sous ce règne, et auxquels il me semble avoir eu plus de part qu'on ne lui en attribue généralement.

« Charles VII sut être malheureux avec patience, heureux sans orgueil, courageux sans forfanterie, victorieux avec clémence, intelligent des vrais intérêts de ses sujets. La France lui dut d'importantes réformes financières et judiciaires, et d'utiles institutions. Dans les conjonctures les plus difficiles, après la paix d'Arras qui enrichissait le duc de Bourgogne des successions de Hollande, Hainaut, Namur et Brabant, Charles VII fut habile autant que courageux. Bientôt, en effet, Montereau et Meaux était repris, Dieppe échappait aux Anglais, et la famille des Armagnac subissait le pouvoir du roi de France. On ne vit jamais ce prince désespérer de son salut, même aux époques les plus funestes de son règne... Son courage approcha souvent de l'intrépidité.... En réorganisant l'armée et les finances, Charles VII fit ce qu'aucun prince n'avait osé avant lui... Son amour pour la justice fut célébré par ses contemporains... Enfin, pour qu'aucune gloire ne manque à ce règne, nous dirons que, malgré les guerres intestines et étrangères qu'eut à soutenir Charles VII, son amour pour les lettres n'en fut pas moins vif. »

Tandis que Sismondi poursuivait laborieusement son *Histoire des Français* et que M. Henri Martin recommençait son œuvre sous une forme plus personnelle, M. Michelet donnait, avec une sage lenteur, une *Histoire de France* dont le premier volume avait paru en 1833, et M. Laurentie

1. Dans les *Actes de l'Académie royale des sciences, belles-lettres et arts de Bordeaux*, t. I, p. 697-720. Ce *Tableau* fut publié à part l'année suivante.

publiait, lui aussi (1839), une *Histoire de France*. L'année 1841 vit paraître les volumes consacrés par ces deux historiens au règne de Charles VII.

Si M. Michelet consacre à la période comprise de 1422 à 1461 tout son tome V, — rempli, comme les précédents, de recherches érudites, d'aperçus originaux, de remarques judicieuses, et aussi d'étranges fantaisies, de longues digressions, — on y chercherait vainement une appréciation raisonnée du caractère de Charles VII. Chose étrange, M. Michelet, qui remonte si volontiers aux sources, qui a la passion de l'inédit, n'a pas su bannir la légende de l'histoire de Charles VII. Et il renchérit même sur la légende, en osant dire qu'Agnès Sorel fut donnée à Charles VII par la reine Yolande, sa belle-mère[1]. Il nous parle de la « figure peu royale[2] » du « bonhomme Charles VII[3], » qui « aimait les femmes et qui fut sauvé par les femmes[4]. » En revanche, M. Michelet sait rendre justice à certains actes personnels du Roi : l'affaire de la *Praguerie*, la reprise de Pontoise, les répressions féodales, la réforme militaire, la création des francs-archers, la lutte diplomatique avec la Bourgogne, la réhabilitation de Jeanne d'Arc ; de telle sorte que, malgré les lacunes et les inexactitudes, Charles VII apparaît ici sur la scène bien mieux que dans beaucoup d'autres histoires.

M. Laurentie, se conformant à l'usage classique, a tracé un portrait de Charles VII.

« Charles VII, fidèle comme monarque, avait été mal édifiant comme chrétien. Nul frein ne retint son amour des lâches plaisirs et c'est une flétrissure pour cette vie pleine de gloire... Après la condamnation de cette triste incontinence, l'histoire montre ce

1. T. V, p. 224-226.
2. *Id.*, p. 226.
3. *Id.*, p. 374.
4. « Une femme héroïque lui sauve son royaume. Une femme, bonne et douce, qu'il aima vingt années, fit servir cet amour à l'entourer d'utiles conseils, à lui donner les plus sages ministres, ceux qui devaient guérir la pauvre France. Cette excellente influence d'Agnès a été reconnue à la longue; la Dame de beauté, mal vue, mal accueillie du peuple, tant qu'elle vécut, n'en est pas moins restée un de ses plus doux souvenirs. » *Id.*, p. 374-75.

règne comme l'un des plus éclatants qui aient passé sur la France. Charles VII ne fut pas, comme on l'a trop dit, étranger au grand mouvement national qui déracina l'Angleterre de la France. La Pucelle donna le signal de l'affranchissement, et tant qu'elle parut aux armées le roi se tint comme immobile. On eût dit qu'il sentait sa mission royale transférée en d'autres mains. Ce ne lui fut pas d'ailleurs un honneur vulgaire de savoir confier alors ses armées à des hommes de valeur et de génie. La plupart des rois ne périssent que par le défaut de ces choix; mais une fois qu'il fallut paraître en personne dans les guerres et dans les affaires, Charles VII y apporta du courage et surtout de la suite, qualité meilleure peut-être. Dans ce mouvement il semble presque avoir oublié ses voluptés, et l'histoire le voyant mêlé à tout ce qui se fait de grand et d'utile par les armes, par le conseil, par les lois, par la réforme de la discipline, par les armées, par les négociations politiques, par l'agrandissement successif de l'État, par la répression des désordres, par tout ce travail de restauration sociale, l'histoire voyant cette activité, cette application, cette ténacité du prince, se souvient à peine des désordres privés de sa vie. Ce n'est qu'à la réflexion qu'elle reprend sa sévérité. D'ailleurs, peu de fautes politiques furent commises par Charles VII; son règne est exempt de violences et de réaction. Et pourtant son indulgence ne fut point de la faiblesse; mais sa justice ne fut point de la vengeance. Les peuples l'aimaient à cause de sa bonté; il était compatissant, et il épargna les supplices, comme il évita les impôts. On l'appela *le Victorieux*, et ce nom doit lui rester, car la victoire ce fut la liberté. On l'appela aussi le *bien servi*, et ce surnom n'est pas sans honneur, car l'affection des serviteurs atteste l'amour du maître. Il a été quelque temps de mode en France de déprécier son règne. Il était juste de le montrer dans son jour de patriotisme. Charles VII a brisé le sceptre d'Angleterre, et il a refait la monarchie de France; c'est là un titre pour quiconque croit à la liberté et à la gloire [1]. »

Nous rencontrons ici une nouvelle et très remarquable appréciation des résultats du règne de Charles VII, due à la plume de M. Mignet. Elle se trouve dans son savant mémoire sur la *Formation territoriale et politique de la France,* lu à l'Académie des sciences morales et politiques, et publié en 1843 :

« Charles VII joua, dans la seconde période des guerres anglaises, le même rôle qu'avait joué Charles V dans la première... Charles VII

1. *Histoire de France* (Paris, Lagny frères, 1839-43, 8 vol. in-8°), t. IV, p. 355.

répara par son habileté et par ses succès militaires la désastreuse défaite d'Azincourt et les suites non moins funestes du traité de Troyes. Il conquit le royaume sur les Anglais, et il termina comme elle devait l'être cette grande question territoriale agitée depuis près de trois siècles, de la conquête de la France par les rois d'Angleterre ou de l'expulsion des Anglais du continent par les rois de France... La monarchie ayant surmonté, sous Charles VII, la double réaction politique et territoriale qu'avaient essayés contre elle le parti bourguignon et le parti anglais, dut renforcer sa constitution. Ce fut alors, en effet, que l'ordre judiciaire fondé par saint Louis fut étendu, que le système financier créé dans le quatorzième siècle fut complété et rendu permanent par l'institution des tailles perpétuelles, enfin qu'une organisation militaire appropriée à la monarchie prit naissance et remplaça l'organisation militaire de la féodalité[1]. »

Un inspecteur général de l'Université, M. Ozaneaux, publia, en 1846, un précis en deux volumes, qui a eu plusieurs éditions, et où il fait preuve d'un remarquable sens historique. Son appréciation ne saurait être passée sous silence :

« Qui l'eût dit alors (1422) que ce roi de dix-neuf ans, étourdi, insouciant, chassé de son royaume, repoussé par une loi en apparence nationale, privé de toutes ressources, errant de ville en ville, et n'ayant rien de ce qui inspire l'enthousiasme, rien que des formes aimables et une bonté facile..., remonterait au trône de ses pères par la force des armes, s'y maintiendrait par l'amour de son peuple, réparerait les maux de la France par sa sagesse, lierait le temps moderne au moyen âge en affermissant les belles institutions de l'un et préparant les améliorations de l'autre, et léguerait à son fils, après trente-neuf ans de règne, la plus puissante monarchie de la chrétienté !.. Longtemps jeune et insouciant, longtemps étourdi par ce mouvement général qui n'était ni son ouvrage ni celui d'aucun homme, Charles finit par le sentir, par s'y associer, par le diriger lui-même. Alors il fut un grand roi; l'élu de Dieu, l'élu du pays se tint à la hauteur de sa mission et sut l'accomplir. Dans sa vie privée, il eut des faiblesses, et il est fâcheux que les traditions populaires aient associé à sa mémoire le nom d'Agnès Sorel... Gardons-nous de chercher, sur la foi de quelques historiens,

1. *Formation territoriale et politique de la France*, dans les *Notices et Mémoires historiques* (Paris, Paulin, 1843, 2 vol. in-8°). Voir *Mémoires historiques*, 3e édition, 1854, in-12, p. 222-24. — Plus loin (p. 24), l'éminent académicien dit, en parlant de Louis XI, qu'il fut « le continuateur de Charles VII. »

une époque précise de la vie de Charles VII où il devient tout à coup un homme supérieur; gardons-nous d'accepter la romanesque tradition qui ferait sortir ce miracle d'une parole d'Agnès Sorel; c'est de plus loin que viennent les leçons qui instruisent les chefs des nations; c'est de plus haut que descendent les voix qui les inspirent[1]. »

Deux savants éminents de notre temps, successivement directeurs de l'École des chartes, MM. B. Guérard et J. Quicherat, ont fait entendre leurs voix dans cet ensemble où il y a tant de notes discordantes. Leurs appréciations portent la date de 1850.

Voici comment s'exprime le grave éditeur du *Polyptique d'Irminon* :

« Le pouvoir royal pénétra et triompha partout sous le règne de Charles VII. A partir de ce prince, auquel les écrivains modernes n'assignent pas, je crois, un rang assez élevé dans l'histoire, les deux principaux fondements de la puissance, les finances et les armes, furent assurés à la royauté par l'institution des impôts publics et des armées permanentes... La France eut des revenus considérables et une organisation financière qui suffisaient à tous ses besoins. Elle fut également redevable à Charles VII d'une armée permanente, régulière et soldée, qui acheva la défaite de la féodalité, et mit à la disposition du pays des forces toujours prêtes, soit pour l'attaque, soit pour la défense[2]. »

M. J. Quicherat, dont l'hostilité à l'égard de Charles VII est connue, a fait preuve ici d'impartialité :

« Charles VII fut du petit nombre des princes qui s'améliorèrent sur le trône. Il ne faudrait pas le peindre au commencement de son règne avec les vertus qu'il montra plus tard; car bien qu'il en possédât le germe, elles étaient offusquées en lui par des vices de nature et surtout d'éducation. Georges Chastellain, qui peut passer pour le plus grand observateur du XVe siècle, prétend qu'il y avait dans son âme un fond d'envie; il est incontestable qu'il manqua toujours du don si précieux de la magnanimité. Cela joint à une grande défiance de lui-même et à la terreur des crimes commis

1. *Histoire de France depuis l'origine de la nation jusqu'à nos jours.* Paris, 1840, 2 vol. in-8°. — Je suis l'édition de 1850, 2 vol. in-12, t. I, p. 483-84 et 512. Voir p. 511 le jugement formulé par l'historien sur tout le règne.

2. *De la formation de l'état social, politique et administratif de la France*, par M. Guérard, dans la *Bibliothèque de l'École des chartes*, t. XII (1850), p. 35 et 37.

en son nom, le rendit indolent, malgré son aptitude au travail; inintelligent des situations, malgré la rectitude de son esprit; ombrageux et dur, malgré la douceur de son caractère[1]. »

Dans le jugement suivant, formulé pourtant par Augustin Thierry à la fin de sa carrière, on retrouve encore la trace d'opinions préconçues : c'est l'appréciation du règne plutôt que celle du Roi, relégué à ce rang de *témoin* que lui a assigné le président Hénault :

« Du long et pénible travail de la délivrance nationale sortit un règne dont les principaux conseillers furent des bourgeois, et le petit-fils de Charles V reprit et développa les traditions d'ordre, de régularité, d'unité qu'avaient créées le sage gouvernement de son aïeul. Charles VII, roi faible et indolent par nature, occupe une grande place dans notre histoire, moins par ce qu'il fit de lui-même que par ce qui se fit sous son nom; son mérite fut d'accepter l'influence et de suivre la direction des esprits les mieux inspirés en courage et en raison. Des âmes et des intelligences d'élite vinrent à lui et travaillèrent pour lui, dans la guerre avec toutes les forces de l'instinct patriotique, dans la paix avec toutes les lumières de l'opinion nationale... L'esprit de réforme et de progrès modela sur un plan nouveau toute l'administration du royaume : les finances, l'armée, la justice et la police générale. Les ordonnances rendues sur ces différents points eurent leur plein effet, et elles se distinguent, non comme les précédentes par une ampleur un peu confuse, mais par quelque chose de précis, de net, d'impérieux, signe d'un talent pratique et d'une volonté sûre d'elle-même parce qu'elle a le pouvoir... La forme de la monarchie moderne, de ce gouvernement destiné dans l'avenir à être à la fois un et libre, était trouvée; ses institutions fondamentales existaient; il ne s'agissait plus que de le maintenir, de l'étendre et de l'enraciner dans les mœurs. Le règne de Charles VII fut une époque d'élan national; ce qu'il produisit de grand et de nouveau ne venait pas de l'action personnelle du prince, mais d'une sorte d'inspiration publique d'où sortirent alors en toutes choses le mouvement, les idées, le conseil[2]. »

La même année, un écrivain distingué, bien connu par ses beaux travaux sur Colbert et l'administration sous le règne de Louis XIV, consacrait deux volumes à Jacques

1. *Aperçus nouveaux sur l'Histoire de Jeanne d'Arc* (Paris, Jules Renouard, 1850, in-8°), p. 24.
2. *Essai sur l'Histoire de la formation et des progrès du Tiers-État* (Paris, Furne, 1853, gr. in-8°), p. 63-64.

Cœur. En retraçant l'histoire du célèbre argentier, M. Pierre Clément se plaçait à son tour en face de cette figure royale, si diversement jugée, et se demandait ce qu'il faut en penser.

« Peu de princes ont été jugés d'une manière plus différente et plus contradictoire que Charles VII. Frappés uniquement de ses défauts, la plupart des historiens lui ont refusé tout mérite personnel... Si j'ai bien compris cette physionomie, elle a été souvent sacrifiée contre toute justice... Il y a dans la vie de de Charles VII deux parts distinctes à faire. Pendant les douze ou quinze premières années de son règne, il se montra faible, sans volonté, sans confiance en lui-même, se laissant diriger par des favoris qu'on lui imposait violemment. Puis, rendu plus habile et plus prudent par ses fautes mêmes, car le *métier de roi*, suivant l'expression de Louis XIV, a, plus que tout autre, besoin des leçons de l'expérience, il finit par acquérir cette volonté, cet esprit politique et de suite qui lui manquaient d'abord, et poussé, sinon par la nature même, du moins par les nécessités de sa position, il se battit vaillamment, chassa les Anglais du royaume, fit adopter des réformes capitales, et assura, par un acte célèbre, les libertés de l'Église gallicane. Je ne parle pas de la fermeté qu'il déploya contre son indigne fils et contre quelques princes du sang. Ce n'est donc point dans le roi, mais dans l'homme, qu'il faut chercher les défauts de Charles VII. Ces défauts sont principalement l'ingratitude, l'oubli complet des plus grands services, et des faiblesses étranges, scandaleuses, qui le rendirent, surtout vers la fin de sa vie, indifférent à toute pudeur...

« Charles VII réforma la justice, organisa l'armée, publia d'excellents règlements sur les finances, rétablit l'ordre dans les monnaies, fonda l'administration et porta le premier coup à la féodalité... On peut le dire avec vérité : sous le rapport politique et administratif, la France sortait en quelque sorte du chaos ; une ère nouvelle commençait... Pour quiconque examine attentivement l'ensemble des travaux de cette époque, il est constant que là se trouve le véritable point de départ de la société nouvelle... On devine, on sent, en étudiant les chroniqueurs contemporains, qu'aucun roi de France n'a été, de son vivant, plus aimé et plus populaire [1]. »

Nous arrivons à l'apparition du tome VI de la nouvelle *Histoire de France* de M. Henri Martin, qui, après ses

1. *Jacques Cœur et Charles VII, ou la France au quinzième siècle* (Paris, Guillaumin, 1853, 2 vol. in-8°), t. I, pages VIII, XLV-XLVII, 100, 132; t. II, p. 231.

quinze volumes de 1834-36 et ses dix-huit volumes de 1838-53, avait commencé, en 1855 [1], une quatrième édition, entièrement refondue, qui constitue un ouvrage absolument différent des deux précédents. Nous avons ici la dernière manière de l'historien et son jugement définitif sur Charles VII :

« Charles VII, à la fois mobile et obstiné, léger et « songeur, » soupçonneux envers les bons et crédule aux méchants, amolli dès l'adolescence par ce précoce abus des voluptés qui avait coûté la raison à son père et la vie à son frère, ne montrait en rien l'activité d'esprit et de corps, ni les passions énergiques de son âge. Il n'était pas lâche : quand il fut obligé de payer de sa personne, il le fit honorablement ; mais il craignait les fatigues et le tumulte des camps : il n'était ni cruel ni absolument insensible; mais sa sensibilité toute physique, pour ainsi dire, était sans profondeur et sans durée ; sa vie morale était toute dans la sensation présente ; si son esprit était capable de réflexion et de souvenir, jamais homme n'eut moins que lui la mémoire du cœur ; il était ingrat, moins par perversité réfléchie que par impuissance morale... ; toujours à la merci du premier intrigant qui s'emparait de son esprit en flattant son humeur défiante et ses goûts de paresse et de volupté... Son épicuréisme pratique s'éloignait, tant qu'il pouvait, de la vue du mal, pour échapper à toute impression pénible... Plus tard, beaucoup plus tard, la maturité de l'âge exerça sur ses facultés une favorable influence ; sa rectitude d'esprit ne demeura plus stérile; l'aptitude au travail et à l'action, la volonté, la personnalité, à un certain degré, se manifesta en lui. Cette modification fut bien lente, et il ne se défit jamais d'ailleurs du vice des petites âmes, la défiance jalouse contre tout ce qui était grand ; la haine ou la peur des trop éclatants services... Il ne faut pas être injuste cependant... Le mérite passif qu'on est obligé de reconnaître à Charles VII, c'est d'avoir accepté le mouvement qui portait la bourgeoisie intelligente aux affaires et qui sortait du fond même de la France... Il avait au moins, pour vertu négative, l'antipathie des excès des gens de guerre... Il avait aussi les avantages négatifs de son vice, la « méconnoissance » et ne gardait guère plus de mémoire des offenses que des bienfaits [2]. »

1. Le premier volume porte le millésime de 1855. L'avertissement est daté de juillet 1854.

2. *Histoire de France depuis les temps les plus reculés jusqu'en 1789*, 4e édition (Paris, Furne, 1855-60, 17 vol. gr. in-8o), t. VI, pages 90, 91, 109, 323, 365, 368, 385. Notons ici que M. H. Martin s'est empressé d'adopter l'assertion de Michelet sur Yolande donnant Agnès Sorel pour maîtresse à son gendre : « Elle ne pouvait, dit-il

Le tome VI de l'*Histoire de France* de M. Henri Martin souleva, à son apparition, une polémique que nous ne pouvons passer sous silence, car elle n'a point été sans influence sur le mouvement de l'opinion. Il faut si peu de chose pour former un courant dans un sens ou dans un autre! Un critique distingué, qui fut mêlé à ce débat, ne nous dit-il pas que l'appréciation sévère du caractère de Charles VII, faite par M. Quicherat, avait, en raison de l'autorité de l'auteur et de la discrétion même de ses vues, semblé « déterminer l'histoire contre Charles VII, » et que, comme tout le monde, il avait été entraîné à se ranger à ce sentiment [1]? Il n'était donc point inutile qu'en présence du véritable réquisitoire formulé par M. Henri Martin, s'élevât une protestation, appuyée sur ces documents originaux que l'historien invoquait à ses débuts, et dont il faisait ici si bon marché. C'est ce que tenta de faire, avec quelque audace, un écrivain fort jeune alors et très inexpérimenté [2]. Par bonheur, il ne fut pas seul à soutenir l'attaque : M. Émile Chasles, dans la *Revue contemporaine* [3], M. Alfred Nettement, dans l'*Union* [4], intervinrent dans le débat, et combattirent avec autorité la thèse de l'historien. M. Henri Martin dut prendre la plume à son tour pour répondre aux critiques dont son livre avait été l'objet [5], ce qui lui attira une réplique assez vive [6].

Le résultat de cette polémique, pour tout juge non prévenu, fut le sentiment unanime que l'historien avait dépassé les bornes et fait preuve, dans ses appréciations,

(p. 331), l'empêcher d'avoir des maîtresses; elle lui en donna une de sa main et le gouverna par cet étrange intermédiaire. »

1. M. Émile Chasles, dans l'article cité ci-dessous.

2. *Le règne de Charles VII d'après M. Henri Martin et d'après les sources contemporaines*, par G. du Fresne de Beaucourt. Paris, Durand, mars 1856, in-8° de 115 p.

3. *Une question de justice historique : le caractère de Charles VII*, par M. Émile Chasles, dans la *Revue contemporaine* du 30 juin 1856 (t. XXII, p. 310-328).

4. *D'une polémique récente à l'occasion de Charles VII et de Jeanne d'Arc*, par M. Nettement, dans l'*Union* des 2 et 16 juillet 1856.

5. *Des récentes études critiques sur Jeanne Darc (sic)*. *Revue de Paris* du 15 septembre 1856.

6. *Un dernier mot à M. Henri Martin*, par G. du Fresne de Beaucourt. Paris, Durand, janvier 1857, in-8° de 60 p.

d'une singulière partialité. « Il nous paraît, écrivait M. Émile Chasles, que M. Henri Martin a manqué de justice en accablant de mépris Charles VII. A supposer que l'on doive demeurer dans l'incertitude sur le vrai caractère de ce roi, le livre de M. Henri Martin reste en dehors de l'esprit moderne de l'histoire [1]. » Et M. Nettement, allant au fond de la question, qu'il résumait en maître, après avoir montré le peu de fondement du système de M. Henri Martin, faisait toucher du doigt chez l'historien la passion politique à laquelle il avait cédé et qui l'avait égaré : « C'est, disait-il, un libéral de l'école de 1827, qui veut prouver que le roi du quinzième siècle a régné et n'a point gouverné; il ne juge point Charles VII, il fait de l'opposition contre lui [2]. »

De même que, dans cette revue des historiens, nous avons négligé Genoude [3], de même nous passerons sous silence les travaux de M. Amédée Gabourd [4], l'abbé Pierrot [5], Auguste Trognon [6], aussi bien que les multiples abrégés parus de nos jours [7]. Trois auteurs seulement doivent encore fixer notre attention : M. Hippolyte Dansin, M. Dareste, M. Vallet de Viriville [8].

1. *Revue contemporaine*, *l. c.*, p. 328.

2. *Un dernier mot sur une polémique récente à propos de Jeanne d'Arc*, dans l'*Union* du 5 mars 1857.

3. *Histoire de France*, 1844-1850, 30 vol. in-8° (16 jusqu'à la Révolution).

4. *Histoire de France*, 1855-62, 20 vol. in-8°.

5. *Histoire de France*, 1857-60, 15 vol. in-8°.

6. *Histoire de France*, 1863-64, 5 vol. in-8°.

7. Nous indiquerons ceux de MM. Émile de Bonnechose (1834, 2 vol. in-12, 14 éditions jusqu'en 1869), Mazas (1834-36, 4 vol. in-8°, 4e éd. en 1846), Henrion (1837-40, 4 vol. in-8°), Am. Gabourd (1839-40, 3 vol in-12, nouv. éd. en 1843, 1846, 1851), Mennechet (1840, 4 vol. in-12, nouv. éd. en 1863), Théod. Burette (1840, 2 vol. gr. in-8°, nouv. éd. en 1842 et 1859). Achmet d'Héricourt (1844-46, 2 vol. in-8°), l'abbé Mury (1860, 2 vol. in-12, nouv. éd. en 1875-76, 4 vol. in-12), Henri Abel (1861, 5 vol. in-12), Edmond Demolins (1878-80, 4 vol. in-12). — Nous devons distinguer des simples abrégés l'*Abrégé de l'Histoire de France* de M. Victor Duruy, parce qu'il a eu, outre l'édition en 2 vol. in-12 de 1855, une édition illustrée, revue et très augmentée, publiée en 1862 par Lahure, sans nom d'auteur, sous ce titre : *Histoire populaire de la France* (2 vol. gr. in-8°). Dans cet ouvrage, M. Duruy dit qu'au début de son règne, et pendant de longues années, Charles VII « ne montra de vivacité que pour les plaisirs et une sorte d'hébétement en face des affaires et des périls » (t. II de l'*Histoire populaire*, p. 2); il est vrai qu'il lui rend justice plus loin, en parlant de la dernière partie de son règne.

(8) Nous ne croyons pas devoir faire une mention spéciale de l'*Histoire de France*

M. Dansin, alors professeur d'histoire au lycée de Strasbourg, mort depuis prématurément à Caen, où il avait été nommé professeur d'histoire à la faculté des lettres, est l'auteur d'une thèse pour le doctorat, soutenue en Sorbonne en octobre 1856, au moment même où venait de paraître le tome VI de l'*Histoire de France* de M. Henri Martin, et qui fut publié la même année à Strasbourg[1]. Ce travail fut réimprimé deux ans plus tard avec quelques développements[2]. Dans son livre où, comme on l'a remarqué justement, les actes du gouvernement de Charles VII sont mis dans un jour si nouveau, M. Dansin condamne ce roi avec une sévérité qui lui attira d'ailleurs des observations pleines de justesse[3] :

« Il y aurait quelque naïveté à ressentir le moindre enthousiasme pour ce prince. L'apathie, la défiance et l'égoïsme ont été le fond de son caractère et n'ont cessé de le dominer à toutes les époques de sa vie et dans les situations si diverses où la fortune s'est fait comme un jeu de le placer. On a bien essayé de réclamer quelquefois[4] pour Charles VII les qualités morales que nous lui refusons, et de rapporter même à son activité et à son esprit d'initiative toutes les grandes mesures de gouvernement dont son règne a été rempli. Malheureusement pour ceux qui poursuivent cette réhabilitation de bonne foi, les documents contemporains qui concernent la vie et les actes de ce prince, ne peuvent laisser aucun doute sur l'incurable faiblesse de son caractère. Sa vie n'est qu'une succession des défaillances les plus déplorables[5]... Quand on a parcouru les

racontée à mes petits-enfants, par M. Guizot (Paris, Hachette, 1872-76, 5 vol .gr. in-8°), car le jugement formulé sur Charles VII est dépourvu d'originalité : « Prince indolent et frivole, adonné à ses seuls plaisirs, dont rien ne faisait pressentir la capacité, et de qui, hors de sa cour, la France ne se préoccupait guère (t. II, p. 286). » L'historien reconnaît le changement survenu, en 1437, dans l'attitude et les dispositions du Roi, mais il en fait honneur à Agnès Sorel, dont il « n'a garde de contester la part d'influence dans le réveil politique et guerrier de Charles VII, après le traité d'Arras (p. 319). » Il lui rend pourtant plus loin (p. 367-69) un hommage mérité.

1. *Essai sur le gouvernement de Charles VII.* Thèse présentée à la Faculté des lettres de Paris, par Hippolyte Dansin. Strasbourg, 1856, gr. in-8°.

2. *Histoire du gouvernement de la France pendant le règne de Charles VII.* Paris, A. Durand, 1858, in-8°.

3. M. Léopold Monty, dans un article remarquable. *Constitutionnel* du 28 août 1859.

4. M. Dansin fait ici allusion à la polémique soulevée par l'apparition du volume de M. Henri Martin.

5. Dans sa thèse, M. Dansin avait dit, plus brièvement, mais plus sévèrement encore : « On doit fort peu de sympathie à cette figure triste et indolente, à cette âme apathique et

chroniques du temps, n'est-on pas convaincu que jusqu'à sa trentième année Charles VII ne s'est pas appartenu même un seul jour?... Trouverons-nous dans l'homme mûr plus de virilité?... On ne peut nier qu'à cette époque le caractère de Charles VII n'ait paru reprendre par instants un peu de ressort et de vigueur; malheureusement ces lueurs d'énergie n'avaient pas plutôt brillé qu'elles allaient s'éteindre dans l'incurable indolence qui faisait le fond de sa nature morale... Naturellement nous n'irons pas demander à la vieillesse de Charles VII la vigueur morale et la force d'âme qui manquaient à sa jeunesse et à son âge mûr... Ce qui occupe sa vie, ce sont les soupçons et les frayeurs qui ont désolé sa jeunesse. Assiégé d'inquiétudes horribles, il évite les yeux du peuple et le séjour des villes, où pourtant il est aimé; il se tient caché au fond de ses châteaux, et quand il meurt, il y avait déjà quelques années qu'il ne donnait plus guère que son nom au gouvernement de l'État... Charles VII n'a que bien peu participé au maniement des affaires, et il est même fort probable que plusieurs des réformes qui honorent la seconde moitié de son règne ont dû s'accomplir presque à son insu[1]. »

M. Dareste, longtemps professeur à la faculté des lettres de Lyon et doyen de cette faculté, puis recteur à Nancy et à Lyon[2], a fait paraître une *Histoire de France,* à laquelle l'Académie française a décerné deux fois le grand prix Gobert, et qui, par la sûreté des recherches comme par la modération des jugements, est sans contredit la meilleure publiée dans ce siècle. Voici comment le savant correspon-

lâche qui, pendant tant d'années, n'a échappé à ses langueurs que pour la débauche, l'ingratitude ou le crime (p. 4). »

1. *Histoire du gouvernement de la France pendant le règne de Charles VII,* pages 6-13. — « Pour ne pas m'attirer la confusion d'être classé par M. Dansin au premier rang des naïfs, dit à ce propos M. Leop. Monty, dans l'article cité, je lui déclare que je me défends à merveille de tout enthousiasme pour Charles VII, même de celui que pourrait m'inspirer l'historien de son gouvernement, mais je dois lui déclarer aussi que je ne saurais souscrire à cette appréciation, qui est aux antipodes de l'enthousiasme... La présence de certaines qualités rend nécessairement impossible l'absence complète de certaines autres, et je ne parviens pas à m'expliquer comment le roi Charles VII, possédant, selon M. Dansin, un grand tact naturel, un jugement solide, un sens droit et profond, le don admirable de comprendre le bien de l'État et de deviner les hommes capables de l'accomplir, se trouve être, au demeurant, l'un des plus tristes princes que la France ait jamais eus. » — Chose curieuse, un écrivain du *Siècle*, dans un autre article sur cet ouvrage, reproche justement à M. Dansin son enthousiasme pour le règne de Charles VII (6 juillet 1858, article de M. L. Cuzon).

2. On se souvient de la révocation injuste et brutale, si honorable pour M. Dareste, prononcée contre lui par le gouvernement de la République en 1878.

dant de l'Institut apprécie Charles VII, dans son tome III, publié en 1865 :

« Il avait commencé par être un des rois les moins obéis que la France eût eus jamais ; il finit par être un de ceux qui le furent le mieux. Il avait trouvé partout l'indépendance et l'insubordination, et il en triompha partout. Il avait trouvé le pays mécontent et découragé ; il le releva, lui rendit la confiance et lui inspira l'énergie nécessaire. Les auteurs contemporains attestent à l'envi l'un de l'autre la joie que la France éprouva de se revoir libre, maîtresse d'elle-même, développant désormais sans entraves ses forces et ses ressources. Charles VII ne fut assurément pas l'auteur unique de ces grands résultats. Une part en revient aux hommes éminents dont il avait su s'entourer, et à l'esprit public, qui se réveilla avec une singulière énergie. Mais il sut accomplir cette tâche laborieuse avec une habileté et une persévérance rares... Il mourut ayant chassé l'Anglais, rétabli l'ordre, réduit les princes à l'obéissance, réformé l'armée et la justice, effacé un demi-siècle de calamités, léguant enfin à son successeur un pouvoir assis sur les bases les plus solides[1]. »

Nous arrivons enfin au récent historien de Charles VII qui, après avoir apporté un contingent aussi important que nouveau à l'étude de l'histoire du quinzième siècle par la publication de nombreuses et érudites dissertations sur des points de détails, par d'intéressants travaux sur Jeanne d'Arc, Agnès Sorel, Isabeau de Bavière, Jacques Cœur, etc., par un grand nombre de biographies de personnages du temps insérées dans la *Biographie Didot*, enfin par des éditions de plusieurs chroniques contemporaines, a donné, de 1862 à 1865, une *Histoire de Charles VII et de son époque*, en trois volumes.

Il semblerait que, par la patience des investigations comme par l'abondance des matériaux, M. Vallet de Viriville eût dû nous donner sur Charles VII le dernier mot de l'histoire. Et pourtant, que de lacunes dans cette œuvre inégale ! quelle fantaisie dans certaines appréciations ! surtout quelle absence de plan et de méthode ! A vrai dire,

1. *Histoire de France depuis les origines jusqu'à nos jours* (Paris, H. Plon, 1865-1873, 8 vol. in-8°), t. III, p. 200. — Un neuvième volume, qui reprend à fond l'histoire de la Restauration et résume celle des gouvernements depuis 1830, a été publié en 1879.

on doit envisager ce vaste travail comme un immense répertoire où l'on peut utilement puiser, mais qui s'adresse plutôt aux hommes d'étude qu'au grand public. Nous le reconnaissons avec empressement, les travaux de M. Vallet de Viriville nous ont été du plus grand secours. Ayant eu d'ailleurs personnellement à nous louer, à nos débuts dans la carrière, de la bienveillance et de l'aménité qui faisaient le fond de son caractère et rendaient si agréables les rapports entretenus avec lui, nous en gardons un profond souvenir et un vif sentiment de gratitude. Mais, tout en rendant à sa mémoire l'hommage qui lui est si légitimement dû, la vérité nous oblige de reconnaître que le sujet qu'il a abordé n'est pas traité à fond dans ses trois volumes, et qu'après lui la véritable *Histoire de Charles VII* reste à écrire.

Voyons comment M. Vallet de Viriville a apprécié le Roi dont il avait si longuement étudié le règne.

Charles VII lui apparaît tout d'abord comme l' « enfant de la démence[1]. » « Doué d'un tempérament débonnaire et timide, » le développement de ses facultés avait été retardé par diverses causes[2]. « La nature, pour la fougue et la violence de certaines passions, l'avait créé très ressemblant à son père[3]... Sa complexion physique et morale se composait d'un fonds de sensualité remarquable. Sa vie paraît avoir été, sous certains rapports, une longue carrière d'immoralité[4]... En examinant de très près la vie entière du fils de Charles VI, en considérant avec attention les images authentiques de ses traits qui nous sont restées, on doute si la terrible maladie du père ne transmit point au fils quelque trace héréditaire[5]. » Au début de son règne, Charles VII disparaît dans « de licencieuses et inaccessibles retraites, au sein d'un demi-jour sans gloire et

1. « Yolande eut pour Charles VII, enfant de la démence, de maternels et nécessaires ménagements (t. I, p. 405). »
2. T. I, p. 159.
3. T. I, p. 203.
4. T. I, p. 250.
5. T. I, p. 422.

probablement sans vertu : tout au plus parvient-il à voiler, à dérober les scandales d'une lascivité *(sic)*, qui semble avoir été, chez lui, comme un vice congénial et héréditaire... L'histoire n'a guère pu que sonder le vide obscur de cette retraite et ne peut attester de ce prétendant que son inertie [1]. » Pendant sa jeunesse, Charles s'abandonne au plaisir : l'historien préfère ici aux témoignages authentiques, qu'il n'ignore point pourtant, la tradition, qu'il prétend à tort être d'accord avec « les notions historiques les plus positives [2]. » Plus tard, en 1437, le Roi apparaît comme « un homme nouveau. » Ce prince, « jusque-là timide, éloigné du péril et même de l'activité, » conduit toutes les opérations du siège de Montereau et y paie bravement de sa personne [3]. Peu à peu, il se révèle par des « succès politiques et militaires qui font de lui l'un des princes les plus considérables et les plus influents de la chrétienté [4]. » L'historien vante alors sa sagesse, sa générosité, sa haute raison, son affabilité, l'adresse et la modération de sa politique, la prudence unie à la hardiesse dont il fit preuve en plus d'une occasion [5]. « Peut-être, dit-il en manière de conclusion, dans la balance d'un juge sévère, ses défauts et ses torts l'emporteront-ils sur ses bonnes actions et ses louables qualités. Observé sous ce rapport, il ne restera de lui qu'une assez médiocre figure. Mais, quels que soient les droits de la morale, l'homme privé, chez un prince, disparaît jusqu'à un certain point derrière l'homme public. La face royale est celle que la critique doit principalement envisager. Placé de cette manière, le personnage que nous avons devant nous, inspire déjà plus d'estime ; et la postérité peut, en ce sens,

1. T. I, p. 256, 361.

2. La tradition du XVIe siècle relative au ballet qui aurait occupé le Roi pendant le siège d'Orléans, et lui aurait attiré un mot piquant de La Hire, « ne s'accorde que trop, dit M. Vallet (t. II, p. 39), avec les notions historiques les plus positives qui nous sont parvenues sur l'état moral où végétait encore à cette époque le roi de France. »

3. T. II, p. 382.

4. T. III, p. 130.

5. T. III, p. 44, 49, 94, 102, 376, 387, 428 et *passim*. « Jamais, dit-il (p. 102), plus grande sagesse n'avait eu pour résultat plus de succès et de prospérité. »

adhérer au témoignage que portaient sur Charles VII quelques-uns de ses contemporains, témoignage suivant lequel « sa vertu estoit trop plus grande sans comparaison que son vice. » L'homme et ses actions passent ; les œuvres d'un roi, ses institutions restent[1]... Il avait beaucoup souffert : l'adversité fut pour lui mère de la sagesse ; et sa bravoure, l'effort, l'héroïsme même dont on le vit par instants capable, étaient chez lui le fruit de la volonté réfléchie, plus que le jeu d'un ressort naturel et spontané[2]. »

Mais l'historien croit voir dans la transformation opérée chez Charles VII l'influence de la dame de Beauté. Dès 1855, il s'était fait le champion de la *Belle Agnès,* et il est curieux de voir ses efforts désespérés pour concilier sur ce point la légende avec l'histoire. Il parle sans cesse de « l'influence active, permanente, absolue » de la « deuxième compagne du Roi, » de la « douce et généreuse conseillère, » de la « conseillère toute-puissante, » de « l'empire qu'elle exerçait sur la volonté du Roi et sur ses actions, » et il finit par accepter, comme le dernier mot de la science, le fameux quatrain de François Ier, lequel offrirait, « sous cette garantie d'autant plus sûre peut-être, que la forme en est familière et enjouée, un *sérieux témoignage historique*[3]. »

Nous n'insisterons pas sur cette appréciation, où les contradictions abondent, et nous nous bornerons à faire observer combien sont peu précises les conclusions du dernier historien de Charles VII. Avions-nous tort de dire que le sujet n'a point été par lui suffisamment élucidé et que le procès reste encore à instruire ?

II

Après cet aperçu des jugements formulés par les historiens, qui nous montre quelle a été la destinée historique

1. T. III, p. 461.
2. T. III, p. 75.
3. T. III, p. 20 et suiv., 76 ; 140, 142, 177, 191, 362.

de Charles VII, il nous faut procéder à l'examen critique des sources du règne. Nous étudierons d'abord les chroniques, en suivant l'ordre chronologique de publication; nous examinerons ensuite les documents, en joignant aux renseignements sur ce qui a été imprimé quelques indications sur les nombreux matériaux restés inédits.

§ 1er. — *Les Chroniques.*

Le premier récit original qui ait été livré au public, par la voie de l'impression, ce sont les *Grandes Chroniques*, réunies par Robert Gaguin, et publiées en 1476-77, en trois volumes in-folio [1]. Nous ne nous arrêterons pas à ce monument historique si précieux; il nous suffira de dire que la partie consacrée au règne de Charles VII était l'œuvre de frère Jean Chartier, grand chantre de l'abbaye de Saint-Denis, pourvu en 1437 de la charge de chroniqueur ou historiographe du Roi [2]. C'est par erreur, disons-le en passant, qu'on a fait du moine de Saint-Denis le frère d'Alain et de Guillaume Chartier, avec lesquels il n'a de commun que la similitude du nom [3]. La *Chronique de Charles VII* fut insérée sans nom d'auteur dans le recueil précité [4]; elle fut réimprimée en 1517-18 dans la *Mer des histoires et croniques de France* [5], et donnée pour la première fois sous

1. L'ouvrage, en trois volumes in-folio, est sans titre, faux-titre ni frontispice, et débute par ces mots : *Prologue des Croniques de France.* A la fin du troisième volume on lit : « Cy finist le tiers volume des Croniques de France... et pareillement les deux volumes precedens. Fait à Paris en lostel de pasquier bon homme lung des quatre principaux libraires de luniversité de Paris ou pend pour enseigne limage saint Christofle le xvie jour de janvier l'an de grace mil cccc LXXVII. » Bibl. nationale, Réserve, L^{35}, n° 6). On sait que cet ouvrage est le premier livre français connu, imprimé à Paris avec date. Voir Brunet, *Manuel du libraire*, t. I, col. 1867 et suiv.

2. C'est ce qui ressort d'un passage du fragment de la *Chronique latine* publié par M. Vallet de Viriville (dans l'édition dont il va être parlé ci-dessous), t. I, p. 2.

3. Cette erreur, répétée par tous les biographes, a été réfutée dans notre mémoire intitulé *Les Chartier. Recherches sur Guillaume, Alain et Jean Chartier*, publié dans le t. XXVIII des *Mémoires de la Société des Antiquaires de Normandie* (tirage à part : Caen, 1869, in-4° de 59 p.).

4. Elle commence au fol. 166 du troisième volume. — D'autres éditions des *Grandes Chroniques* furent faites en 1493 et 1514 (voir Brunet).

5. Paris, 1517-1518, 4 vol. in-folio (Bibl. nationale, L^{35}, n° 9). Elle commence au fol. 111 v° du tome IV.

le nom de Jean Chartier par Denis Godefroy, en 1661, en tête de son recueil des historiens de Charles VII [1]. Enfin M. Vallet de Viriville en a publié de nos jours, en 1858-59, une nouvelle édition, revue sur les manuscrits [2], dans la *Bibliothèque Elzevirienne* de P. Jannet [3]. Il y a joint la traduction d'un essai de chronique latine, composé par Jean Chartier, et retrouvé dans un manuscrit de la Bibliothèque nationale [4]. L'œuvre de Jean Chartier n'est pas entièrement originale : on y constate des emprunts fréquents à d'autres auteurs. Commencée seulement en 1437 [5], elle offre de graves lacunes et est souvent inexacte pour la première partie du règne, mais elle contient un certain nombre de documents, et elle a des parties instructives [6].

Après la chronique de Jean Chartier, nous rencontrons une œuvre poétique, intitulée : *les Vigilles de la mort du feu Roy Charles septiesme, à neuf pseaulmes et neuf leçons, contenans la cronique et les faitz advenuz durant la vie dudit feu Roy*. Cette œuvre, due à un jeune procureur au Parlement et notaire au Châtelet de Paris, qui s'appelait Martial d'Auvergne [7], fut composée pendant le règne de Louis XI; le

1. *Histoire de Charles VII, Roy de France, par Jean Chartier, sous-chantre de Saint-Denys; Jacques le Bouvier, dit Berry, Roy d'armes, Mathieu de Coucy, et autres autheurs du temps.* Qui contient les choses les plus memorables, advenuës depuis l'an 1422. Jusques en 1461. Mise en lumière et enrichie de plusieurs Titres, Memoires, Traittez, et autres Pièces historiques, par Denys Godefroy, Conseiller et Historiographe ordinaire du Roy. A Paris, de l'imprimerie royale, 1661, in-fol. — C'est cet ouvrage qui sera cité, dans notre travail, sous ce titre : *Historiens de Charles VII*, par Godefroy.

2. Le meilleur manuscrit est, d'après M. Vallet, le ms. fr. 5051 de la Bibl. nationale.

3. *Chronique de Charles VII, roi de France*, par Jean Chartier. Nouvelle édition, revue sur les manuscrits, suivie de fragments inédits. Publiée avec Notes, Notices et Éclaircissements, par Vallet de Viriville. Paris, chez P. Jannet, 1858-59, 3 vol. in-16. — C'est cette édition qui sera seule citée dans notre travail.

4. Ms. lat. 5959. Le morceau occupe les pages, 1 à 24 du tome I. Le texte original a été donné, par M. Vallet, dans le *Bulletin de la Société de l'histoire de France*, ann. 1857-58, p. 212 et 229. Un manuscrit de la chronique latine de Jean Chartier a été signalé par M. Kervyn de Lettenhove comme se trouvant dans la bibliothèque de feu sir Thomas Philipps.

5. Édition de M. Vallet, t. I, *notice*, p. XXX.

6. Voir sur Jean Chartier, *Les Chartier*, etc., p. 20-26 et p. 38-42; M. Vallet, notice, *l. c.*; Quicherat, *Procès de condamnation et de réhabilitation de Jeanne d'Arc*, t. IV, p. 51.

7. Sa famille était sans doute d'Auvergne; il s'intitule dans son livre : *Martial de Paris, dit d'Auvergne.*

manuscrit original, dédié au jeune roi Charles VIII, est conservé à la Bibliothèque nationale et porte la date de 1484 [1]. Les *Vigilles de Charles VII* furent aussitôt très répandues, et ne tardèrent pas à avoir les honneurs de l'impression [2]. Très élogieuses pour le Roi dont elles racontaient les exploits, dont elles vantaient la clémence, la bonté, toutes les royales vertus, elles apparaissaient au moment où une réaction se manifestait en faveur de Charles VII, et où le mouvement de l'opinion, comprimé par la politique intéressée et tyrannique de Louis XI, éclatait avec une irrésistible puissance. Aussi l'œuvre de Martial d'Auvergne obtint-elle une immense popularité : un auteur du seizième siècle nous apprend que les *Vigilles* étaient répétées et chantées jusque dans les campagnes. Si Martial d'Auvergne n'a point prétendu faire un récit original, s'il s'est inspiré principalement du héraut Berry, dont il suit fidèlement la *chronique*, il n'offre pas moins un témoignage personnel qui a surtout sa valeur quand il parle du caractère de Charles VII et qu'il constate les regrets unanimes causés par la mort de ce prince. Les *Vigilles de Charles VII* ont été l'objet d'une réimpression, faite en 1724, par Coustelier, dans sa Collection des poètes français [3].

Un chroniqueur dont l'œuvre est bien plus étendue et d'une toute autre importance que celle de Jean Chartier, eut comme lui les honneurs de l'impression avant la fin du quinzième siècle : nous voulons parler du bourguignon Enguerrand de Monstrelet, né en 1390, mort en 1453. Sa chronique, qui commence en 1400 et s'étend jusqu'en 1444,

1. Ms. fr. 5054, un volume in-folio, magnifiquement enluminé et terminé par une miniature représentant l'auteur offrant son livre au roi.

2. La première édition que cite Brunet porte : « Imprimé à Paris par Jehan du Pré, demourant aux deux cynes le XVIII jour de may mil CCCC IIIIXX et XIII. » M. Vallet pense (art. MARTIAL DE PARIS dans la *Nouvelle Biographie générale*) que l'édition sans date de Pierre le Caron, mentionnée en second lieu par Brunet, est la première : elle aurait donc paru au plus tard en 1492. Il y a une troisième édition, donnée par Robert Bouchier (après 1500), et plusieurs autres des premières années du seizième siècle. Voir *Manuel du Libraire*, t. III, col. 1481-83.

3. *Les Poësies de Martial de Paris, dit d'Auvergne, procureur au Parlement*. Paris, de l'imprimerie d'Antoine Urbain Coustelier, 1724, 2 vol. in-12. — L'ouvrage contient uniquement *les Vigilles de Charles VII*.

fut imprimée par Antoine Verard, qui en donna successivement deux éditions [1]. Réimprimée plusieurs fois au seizième siècle, avec des additions qui ne sont point à négliger [2], la *Chronique de Monstrelet* a été publiée de nos jours, à deux reprises, par M. Buchon [3], et M. Douët-d'Arcq en a donné, pour la Société de l'histoire de France, une édition [4] qui malheureusement laisse à désirer sous plus d'un rapport [5]. Monstrelet a été, au seizième siècle, la principale source qu'on possédât pour la période embrassée dans sa chronique, et c'est ainsi que, sur beaucoup de points — notamment pour le meurtre de Montereau — la version bourguignonne s'est emparée de l'histoire. En effet, si nous trouvons dans l'œuvre de Monstrelet un récit historique présenté avec clarté et avec méthode, des informations très sûres, une certaine exactitude chronologique, et bon nombre de documents intercalés dans le texte ; si, comme on l'a dit, Monstrelet est un homme sincère, il est impossible de ne pas reconnaître, avec M. Quicherat, que « chez lui l'amour de la vérité ne fait taire ni l'intérêt ni la passion [6]. » Sujet des ducs de Bourgogne, attaché à la maison de Luxembourg, il est avant tout le panégyriste

1. *Le premier* (le second et le tiers) *volume de Enguerran de Monstrelet. En suyvant froissart nagueres imprime a Paris Des croniques de France, d'Angleterre, Descoce, despaigne, de bretaigne, de gascogne De Flandres Et lieux circonvoisins.* On lit à la fin : « Imprimez a paris pour Anthoine verard libraire demourant a Paris a petit pont » (s. d.), 3 tomes en 2 vol. in-fol. (Bibl. nationale, La[14], n° 1). Voir la description de Brunet, *Manuel du Libraire*, t. III, col. 1831 et s.

2. Éditions de 1512, 1518, 1572, 1595 et enfin 1603. Voir *Catalogue de l'Histoire de France* à la Biblioth. nationale, t. I, p. 135, et Brunet, *l. c.*

3. Dans les tomes XXVI à XXXII de sa collection des *Chroniques nationales françaises* (Paris, 1826, 7 vol. in-8°), et dans le *Panthéon littéraire* (Paris, 1839, gr. in-8°).

4. *La Chronique d'Enguerran de Monstrelet*, en deux livres, avec pièces justificatives, 1400-1444, publiée pour la Société de l'histoire de France, par L. Douët-d'Arcq. Paris, 1857-62, 6 vol. gr. in-8°.

5. Les meilleurs manuscrits de Monstrelet sont les mss. fr. 2684 (livre I), 2681 et 82 (livres I et II). M. Douët-d'Arcq reproduit le ms. fr. 2683, pour le livre I, et le texte de l'édition Verard pour le second livre, qu'il a comparé avec le ms. 8346, dont la version picarde aurait juré avec le texte du 1er livre. — Sur Monstrelet, voir outre la préface de M. Douët-d'Arcq, qui est par trop succinte (t. I, p. I-XXIII), le *Mémoire* de Dacier, dans les *Mémoires de l'Académie des Inscriptions*, t. XLIII, p. 535-62, et la notice de M. Vallet, dans le tome XXXVI de la *Nouvelle Biographie générale*.

6. *Procès de Jeanne d'Arc*, t. IV, p. 360.

de ses maîtres, et, en particulier, il ne perd pas une occasion de vanter les exploits de Jean de Luxembourg, le célèbre lieutenant de Philippe le Bon. C'est assez dire avec quelle réserve on doit consulter cette chronique, qui demeure pourtant une des meilleures sources pour la partie du règne qui s'étend jusqu'en 1444 [1].

On imprima en 1528 une chronique, bien supérieure à celle de Jean Chartier, qu'on attribuait à Alain Chartier, « homme bien estimé en son temps, » secrétaire de Charles VII [2]. Réimprimée en 1594, puis en 1617, dans les *Œuvres d'Alain Chartier* données par André du Chesne, cette chronique fut publiée pour la première fois avec le nom de son véritable auteur par Denis Godefroy, dans ses deux recueils des historiens de Charles VI et de Charles VII [3]. Elle est due à Gilles le Bouvier, dit Berry, roi d'armes de France, né en 1386, et qui fut témoin oculaire de beaucoup des événements qu'il raconte. C'est un exposé historique qui s'étend de 1403 à 1455 ; sans être exempt d'erreurs, il est plus exact et plus précis que les autres chroniques, et sa valeur est considérable. Il est fâcheux que nous n'en possédions pas un texte soigneusement revu sur les manuscrits [4], et entouré de tous les compléments d'une bonne édition. Chartier a fait à cette chronique de nombreux emprunts. Berry est en outre l'auteur

1. M. Vallet est trop indulgent, quand il dit, dans son article MONSTRELET (*Nouvelle Biographie générale*) : « Monstrelet manifeste, en général, une équité de jugement qu'il serait injuste de méconnaître. Il supplée d'ailleurs à la justice de ses appréciations par une abondance de notions et de témoignages qui lui tiennent lieu d'impartialité. »

2. *Les croniques du feu roy Charles septiesme de ce nom que dieu absoulle, contenans les faitz et gestes dudit seigneur, lequel trouva le royaulme en grant desolation et neantmoins le laissa paisible. Ladvenement de la pucelle, faitz et gestes dicelle et autres choses singulieres advenues de son temps.* Redigees par escript par feu maistre Alain Chartier homme bien estime en son temps, secretaire dudit feu roy Charles VIIe. A la fin : « Imprime nouvellement a Paris pour Francois regnault libraire... Et furent acheves d'imprimer le iiie iour de Decembre mil cinq cens XXVIII. »

3. *Historiens de Charles VI*, 1653 (voir plus bas, p. LVI), p. 441-444 ; *Historiens de Charles VII*, 1661, p. 369-474, avec une continuation de 1455 à 1461, p. 474-80. — La partie qui s'étend de 1403 à 1429 avait été donnée, sans nom d'auteur, par Théod. Godefroy, à la suite de son édition de l'*Histoire de Charles VI*, par Jean Jouvenel des Ursins (Paris, 1614, in-4°, p. 502-570).

4. Les meilleurs manuscrits sont ceux du F. franç. 23144 (anc. N. D. 137), et 23283 (anc. Sorb. 435), à la Bibliothèque nationale.

d'un récit développé du *Recouvrement de la Normandie*, qui n'a été publié que de nos jours [1].

Un chroniqueur bourguignon, Olivier de la Marche, eut à son tour, au seizième siècle, la bonne fortune d'être mis en lumière. Ses *Mémoires*, imprimés en 1562, par Denis Sauvage [2], ne commencent qu'en 1435 et s'étendent jusqu'en 1488. Olivier de la Marche, né vers 1426, mort en 1502, a plus d'importance pour le règne de Louis XI que pour celui de Charles VII. Il ne commença à écrire qu'en 1471. Serviteur dévoué de la maison de Bourgogne, attaché à la personne du comte de Charolais, son témoignage ne saurait être accepté sans contrôle ; il est l'écho de toutes les traditions bourguignonnes [3].

La science historique s'enrichit, au dix-septième siècle, de nouvelles sources, grâce aux savants historiographes Godefroy.

Théodore Godefroy publia, en 1614 [4], l'*Histoire de Charles VI,* écrite par Jean Jouvenel des Ursins, successivement évêque de Beauvais et de Laon, et archevêque de Reims, d'après les renseignements fournis par son père, mort en 1431 président au Parlement de Poitiers. C'est un monument historique d'une grande valeur et la source la plus importante pour la régence du Dauphin. Denis Godefroy, fils de Théodore, réimprima le texte de Jouvenel en tête de son recueil des historiens de Charles VI [5].

C'est encore à Denis Godefroy qu'on doit la publication des textes suivants :

1. Voir plus loin, p. LXIX.

2. A la suite de la *Chronique de Flandres* (Lyon, Roville, 1562, in-4°). La seconde édition, publiée séparément, que possède la Bibliothèque nationale, est de Gand, 1566, in-4°.

3. Les *Mémoires d'Olivier de la Marche*, réimprimés en 1616 et 1645, ont été publiés de nos jours par Petitot (tomes IX-X), Michaud et Poujoulat (t. III), et Buchon (*Panthéon littéraire*). Deux érudits très distingués, MM. H. Beaune et J. d'Arbaumont, en préparent une nouvelle édition, qui paraîtra, nous l'espérons, sous les auspices de la Société de l'histoire de France, et dont nous souhaitons vivement la prochaine publication.

4. Paris, Abraham Picard, 1614, in-4°.

5. *Histoire de Charles VI, Roy de France,* et des choses memorables advenuës durant 42 années de son Regne, depuis 1380 jusques à 1422, par Jean Juvenal des Ursins, archevesque de Rheims, augmentee en cette seconde Edition de plusieurs Memoires, Iournaux,

1° Un abrégé chronologique [1], dû à un auteur anonyme, s'étendant des années 1400 à 1467, qui, bien que très succinct, ne doit pas être dédaigné [2].

2° Un journal, écrit par un bourgeois de Paris, fougueux Bourguignon, qui comprend les années 1405 à 1449, et offre une peinture des plus saisissantes de cette époque. Ce journal, dont le texte a été donné d'une façon plus ample par La Barre, en 1729 [3], et qui a été reproduit de nos jours dans les différentes collections de mémoires [4], vient d'être l'objet d'une publication nouvelle, faite sur les manuscrits de Rome et de Paris, avec le plus grand soin, par M. A. Tuetey, archiviste aux Archives nationales [5]. Des savantes recherches de l'éditeur, il résulte que le *Journal d'un bourgeois de Paris* doit être attribué à Jean Chuffart, chanoine et chancelier de Notre-Dame et recteur de l'Université [6].

3° Une chronique de 1407 à 1422 [7] qui, bien que n'étant pas, selon toute apparence, de Pierre de Fenin, pannetier de Charles VI, mort en 1433, auquel Godefroy l'attribuait, mais d'un autre Pierre de Fenin, sire de Grincourt, lequel vécut jusqu'en 1506 [8], n'est point dépourvue d'intérêt pour

Observations Historiques, etc., par Denys Godefroy, Conseiller et Historiographe ordinaire du Roy. A Paris, de l'imprimerie royale, 1653, in-fol. — Cet ouvrage sera cité dans notre travail, sous ce titre : *Historiens de Charles VI*, par Godefroy. — La réimpression faite par Buchon, dans le *Panthéon littéraire*, et par Michaud et Poujoulat, dans leur *Collection*, est trop tronquée pour qu'il y ait lieu d'y renvoyer.

1. *Historiens de Charles VI*, p. 401-410; *Historiens de Charles VII*, p. 327-363.

2. *Historiens de Charles VI*, p. 497-527.

3. *Mémoires pour servir à l'Histoire de France et de Bourgogne*, contenant un journal de Paris sous les règnes de Charles VI et de Charles VII, l'histoire du meurtre de Jean sans Peur, duc de Bourgogne, avec les preuves, etc., etc. (Recueilli par D. des Salles, bénédictin, et publié par La Barre). Paris, 1729, deux tomes en un vol. in-4°, t. I, p. 1-208.

4. Buchon, *Chroniques nationales*, t. XL, et *Panthéon* (avec Mathieu d'Escouchy et autres); Michaud et Poujoulat (t. II et III).

5. *Journal d'un bourgeois de Paris*, 1405-1449, publié d'après les manuscrits de Rome et de Paris, par Alexandre Tuetey. Paris, H. Champion, 1881, gr. in-8° (Publication de la Société de l'histoire de Paris et de l'Ile de France). — Un fragment inédit, de l'année 1438, a été ajouté ici au texte primitif, et le travail personnel de l'éditeur double le prix de ce précieux document.

6. Voir *Introduction*, p. IX-XLIV : *L'auteur du Journal parisien*.

7. *Historiens de Charles VI*, p. 415-496.

8. C'est ce qui a été très bien établi par Mlle Dupont, dans la *Notice sur Pierre de Fenin* placée en tête de l'édition indiquée ci-dessous.

l'histoire de la période si obscure des premières années de Charles VII. Cette chronique, réimprimée dans la collection Petitot[1], a été, en 1837, l'objet d'une édition nouvelle, donnée par Mlle Dupont, sous les auspices de la Société de l'histoire de France, avec beaucoup de soin et d'érudition[2]. Mlle Dupont y a ajouté une partie inédite, qui s'étend de 1422 à 1427.

4° Une chronique d'un « autheur inconnu, » dite *de la Pucelle d'Orléans*[3], qui s'étend de 1422 à 1429, et qui est incontestablement la source principale pour cette partie du règne. La *Chronique de la Pucelle*, reproduite dans les diverses collections de mémoires[4], a été de nos jours l'objet d'une édition donnée par M. Vallet de Viriville, et dont nous parlerons plus loin.

5° Une chronique domestique[5], dont l'auteur est un écuyer du connétable de Richemont, Guillaume Gruel, qui commence avec la naissance de ce prince, en 1393, et se termine avec sa mort, en 1457. Cette chronique, qui doit être consultée avec réserve, à cause de son caractère de panégyrique, fournit pour les premiers temps du règne de Charles VII des renseignements qui ne se trouvent point ailleurs[6].

6° Une chronique[7] qui fait suite à celle de Monstrelet, et s'étend de 1444 à 1461. L'auteur est Mathieu d'Escouchy, né au Quesnoy en Hainaut vers 1420, mort en 1483, au ser-

1. Tome VII, p. 237-370. — Buchon, dans le *Panthéon littéraire* (vol. de Math. d'Escouchy), et Michaud et Poujoulat (t. II), ont ajouté la partie inédite publiée par Mlle Dupont.

2. *Mémoires de Pierre de Fenin*, comprenant le récit des événements qui se sont passés en France et en Bourgogne sous les règnes de Charles VI et de Charles VII (1407-1427). Nouvelle édition, publiée d'après un manuscrit, en partie inédit, de la Bibliothèque royale, avec annotations et éclaircissements, par Mlle Dupont. Paris, 1837, gr. in-8°.

3. *Historiens de Charles VII*, p. 481-530.

4. *Collection des Chroniques nationales* de Buchon, t. XXXIV, et *Panthéon littéraire* (avec Mathieu d'Escouchy); collection Petitot, t. VIII; collection Michaud et Poujoulat, t. III.

5. *Historiens de Charles VII*, p. 741-792. — Le premier éditeur avait été Théodore Godefroy, en 1622.

6. Le texte en a été reproduit par Petitot (t. VIII); Buchon (*Panthéon littéraire*) et Michaud et Poujoulat (t. III).

7. *Historiens de Charles VII*, p. 531-738.

vice de Jean de Bourgogne, comte d'Étampes, et son œuvre a une réelle valeur. Il ne fait pas, comme son prédécesseur Monstrelet, passer la passion ou l'intérêt avant la vérité; il se distingue par son impartialité et par la sûreté de ses informations. Ses récits pourraient suffire à eux seuls pour donner une idée précise et complète des dix-sept dernières années du règne de Charles VII. La chronique de Mathieu d'Escouchy, reproduite de nos jours par Buchon[1], a été l'objet, en 1863, d'une nouvelle édition, publiée sous les auspices de la Société de l'histoire de France[2].

7° Denis Godefroy a donné enfin, en tête de sa publication, un éloge anonyme de Charles VII, sur lequel nous reviendrons plus loin.

Presque au moment où Godefroy publiait ses précieux recueils des historiens de Charles VI et de Charles VII, Jean Le Laboureur donnait la traduction d'une chronique latine du règne de Charles VI, de 1380 à 1415, rédigée par un moine de l'abbaye de Saint-Denis[3]. Mais c'est seulement de nos jours que le texte original a été publié, accompagné du complément jusqu'à 1422, par les soins de M. Bellaguet, dans la *Collection des documents inédits*, avec une nouvelle traduction[4]. Cette importante chronique, que Jouvenel des Ursins paraît avoir mis beaucoup à contribution pour une partie de son *Histoire de Charles VI*, est la source principale pour le règne de ce prince, avec Froissart et Monstrelet. Écrite à un point de vue bourguignon, elle se distingue

1. *Chroniques nationales*, t. XXXV et XXXVI; *Panthéon littéraire*, vol. publié en 1838.

2. *Chronique de Mathieu d'Escouchy*. Nouvelle édition, revue sur les manuscrits et publiée avec notes et éclaircissements, pour la Société de l'histoire de France, par G. du Fresne de Beaucourt. Paris, 1863, 2 vol. gr. in-8°. — Nous parlerons plus loin du volume de *Preuves*, qui forme le tome III de cette édition, mais qui peut en être détaché.

3. *Histoire de Charles VI, Roy de France*, escrite par les ordres et sur les memoires et les avis de Guy de Monceaux et de Philippe de Villette Abbez de Sainct-Denys, par un Autheur contemporain Religieux de leur Abbaye... Traduite sur le Manuscrit Latin tiré de la Bibliothèque de M. le President de Thou, par Mre I. Le Laboureur, prieur de Juvigné, Conseiller et Aumosnier du Roy, Historiographe de France. Paris, chez Louis Billaine, 1663, 2 vol. in-folio.

4. *Chronique du religieux de Saint-Denys*, contenant le règne de Charles VI de 1380 à 1422, publiée en latin pour la première fois et traduite par M. L. Bellaguet, précédée d'une introduction par M. de Barante. Paris, Crapelet, 1839-1852, 6 vol. in-4°.

néanmoins par une grande modération et par une hauteur de vue très remarquable.

C'est aussi à Le Laboureur qu'on doit la publication partielle de l'œuvre d'un chroniqueur bourguignon, Jean Le Fèvre, seigneur de Saint-Remy[1], connu de son temps sous les noms de *Charolais* et de *Toison d'Or*, parce qu'après avoir été l'un des hérauts du duc Philippe le Bon, il fut le roi d'armes de l'ordre de chevalerie fondé par ce prince en 1430. Cette chronique s'étend de 1408 à 1435; bien qu'elle ne soit le plus souvent qu'une reproduction de celle de Monstrelet, elle contient certaines additions fort intéressantes. Réimprimée de nos jours, avec un fragment inédit, par Buchon[2], elle vient d'être l'objet d'une nouvelle édition, donnée par M. Morand sous les auspices de la Société de l'histoire de France[3].

Pour rencontrer de nouvelles sources originales sur le règne de Charles VII, il faut franchir tout le dix-huitième siècle et arriver à la période de la Restauration qui, en même temps qu'elle rendit à la France la paix et la liberté, donna le signal d'une renaissance historique aussi bien que littéraire. Nous ne devons pas oublier que Louis XVIII a été le fondateur de notre École des chartes[4].

C'est un Belge, le baron de Reiffenberg, qui ouvre la série, avec un chroniqueur bourguignon dont un fragment avait été donné par Perrin, en 1785, dans la *Collection universelle des mémoires particuliers relatifs à l'histoire de France*[5]. Il s'agit de Jacques du Clercq, seigneur de

1. *Histoire de Charles VI, Roy de France*, par Jean Le Fevre, dit de Saint-Remy, dans le tome II de l'ouvrage précité, à la fin de la Chronique du Religieux. Ce morceau est paginé de 1 à 167, et s'arrête à l'année 1423.

2. Dans les tomes XXII et XXIII de ses *Chroniques nationales*, et dans le *Panthéon littéraire*.

3. *Chronique de Jean Le Fèvre* (sic), *seigneur de Saint-Remy*, transcrite d'un manuscrit appartenant à la Bibliothèque de Boulogne-sur-Mer, et publiée pour la Société de l'Histoire de France, par François Morand. Paris, 1876-81, 2 vol. gr. in-8° (le tome II n'a point encore paru au moment où j'écris ces lignes).

4. Voir l'ordonnance royale du 22 février 1821, portant création d'une École des chartes, dans la *Notice historique sur l'École royale des chartes*, insérée en tête de la *Bibliothèque de l'École des chartes*, t. I (1839-40), p. 1-12.

5. Tome IX, p. 363-501. — Nous n'avons pas renvoyé à cette collection, qu'on ne consulte

Beauvoir en Ternois[1], né à Arras vers 1420, mort en 1501[2], dont la chronique commence en 1448 et se termine en 1467. Cette chronique a été reproduite par Buchon et par Michaud et Poujoulat dans leurs collections[3]. Bien inférieur aux autres chroniqueurs du temps, Jacques du Clercq offre surtout un intérêt local; il fait de fréquents emprunts à d'autres auteurs. C'est ainsi que son récit de la campagne de Normandie ne contient absolument rien d'original.

En 1819 avait paru le premier volume de la *Collection complète des mémoires relatifs à l'histoire de France,* entreprise par Claude-Bernard Petitot, et continuée après lui par Monmerqué[4]. Cinq ans plus tard, en même temps que M. Guizot inaugurait sa grande collection, qui s'arrête, on le sait, au treizième siècle, Jean-Alexandre Buchon commençait sa *Collection des chroniques nationales françaises,* écrites en langue vulgaire, du treizième au seizième siècle[5].

Quelles que fussent les lacunes et les défauts de ces deux collections, elles devaient puissamment contribuer à la vulgarisation des sources de notre histoire. Une *Nouvelle Collection des mémoires pour servir à l'histoire de France* fut entreprise en 1836 par MM. Michaud et Poujoulat[6]; indépendamment de quelques additions de textes, elle avait le mérite d'être plus compacte. De son côté, Buchon reprit la même année sa collection en sous-œuvre : en créant le *Panthéon littéraire,* il y inséra de nouveaux textes des auteurs du quinzième siècle déjà publiés par lui, révisés

plus aujourd'hui, et où l'on trouve, avec la *Chronique de la Pucelle*, les textes de Fenin, de Gruel et d'Olivier de la Marche. Elle fut publiée, de 1785 à 1789, pour les tomes I à LXV, et de 1806 à 1807, pour les tomes LXVI à LXX.

1. *Mémoires de J. du Clercq*, imprimés sur les manuscrits du Roi, et publiés pour la première fois par Frederic Baron de Reiffenberg. Bruxelles, 1823, 4 vol. in-8°.

2. Voir sur Jacques du Clercq une courte notice de Mlle Dupont, dans le *Bulletin de la Société de l'histoire de France*, années 1857-58, p. 101-107.

3. Buchon, *Chroniques nationales*, t. XXXVII-XL, et *Panthéon littéraire;* Michaud et Poujoulat, t. III. — Petitot n'avait donné en 1820, dans son tome XI, que le fragment de Perrin.

4. 1re série. Paris, Foucault, 1819-26, 52 vol. in-8°; 2e série. Paris, Foucault, 1820-29, 78 vol. in-8°.

5. Paris, Verdière, 1824-29, 47 vol. in-8°.

6. Paris, 1836-39, 32 vol. gr. in-8°, à 2 col.

parfois sur les manuscrits, mais sans cette rigoureuse exactitude devenue une nécessité de l'érudition moderne [1].

C'est dans cette collection nouvelle que parurent des fragments d'un auteur qui, après avoir joui d'une grande vogue au seizième siècle, était tombé complètement dans l'oubli. Nous voulons parler de Georges Chastellain, historiographe ou plutôt *indiciaire* des ducs Philippe le Bon et Charles le Téméraire, dont on ne connaissait qu'un ouvrage de peu d'étendue, intitulé *Recollection de merveilles avenues en nostre temps*, publié pour la première fois vers 1531 [2]. Déjà Buchon avait donné, en 1827, dans les tomes XLI à XLIII de ses *Chroniques nationales*, la *Vie de Jacques de Lalaing*, qu'il attribuait à Chastellain, et un fragment de la *Chronique* pour les années 1464 à 1470 [3]. De nouvelles recherches l'ayant mis en possession d'autres morceaux, Buchon donna en 1837 un volume contenant, outre la partie déjà publiée par lui, un fragment s'étendant de septembre 1418 à octobre 1422 [4], et les premières années du règne de Louis XI jusqu'en juillet 1464 [5]. Mais on savait que Chastellain avait écrit un récit suivi de tout le règne de Charles VII, et il restait par conséquent une immense lacune à combler. Malgré ses laborieuses investigations, Buchon n'avait pu y parvenir. M. le major (depuis général)

1. *Choix de Chroniques et Mémoires sur l'histoire de France*, avec notices biographiques. Il y a dix-huit volumes, qui furent publiés de 1836 à 1838. Le *Catalogue de l'Histoire de France*, à la Bibliothèque nationale, n'en donne que dix-sept, mais il omet le volume consacré à Mathieu d'Escouchy et autres auteurs. De nouveaux tirages furent faits, pour quelques volumes, en 1842. La collection ayant été clichée, on la réimprime encore aujourd'hui.

2. « Commence par tres elegant orateur messire Georges Chastelain, chevalier, indiciaire et historiographe de tres illustre prince monseigneur le duc de bourgoigne et continuee jusques a present Par maistre Jehan Molinet. » Anvers, s. d. petit in-4° de 22 f. Voir Brunet, au mot CHASTELAIN. Potthast, dans sa *Bibliotheca medii ævi*, dit que cette plaquette fut imprimée en 1531.

3. Avec de nombreuses lacunes, comme l'a constaté M. J. Quicherat, dans la *Bibliothèque de l'École des chartes*, t. IV, p. 64.

4. Ce fragment remplit les pages 5 à 116, et débute par le *Proesme* et l'introduction de Chastellain à sa vaste chronique. C'est à tort que Buchon lui donne le titre de *Chronique du duc Philippe*.

5. Ce fragment remplit les pages 117 à 304, et débute par un nouveau *Proesme*. On voi à la p. 164 que ce morceau, mal intitulé par Buchon : *Chronique des derniers ducs de Bourgogne*, était le début de son *sixième volume*. On peut constater encore que second volume contenait le récit de la paix d'Arras (p. 120).

Renard découvrit en 1842, dans la Bibliothèque des ducs de Bourgogne, à Bruxelles, deux autres morceaux importants, se rapportant aux années 1451-52 et 1454-58, qu'il signala dans le *Trésor national*, et dont il publia des fragments [1]. De son côté, M. Quicherat avait trouvé à Arras un fragment relatif aux années 1430-31, qui se trouvait complété par un manuscrit de la Bibliothèque Laurentienne à Florence. M. Quicherat en donna une partie dans la *Bibliothèque de l'École des chartes* [2], et reproduisit le morceau relatif à Jeanne d'Arc dans son recueil des *Procès de la Pucelle* [3]. Tous ces fragments ont été réunis par M. le baron Kervyn de Lettenhove, dans une édition complète des *Œuvres de Georges Chastellain* [4]. Le savant éditeur s'est efforcé en vain d'ajouter aux découvertes de ses devanciers de nouveaux morceaux de la *Chronique* [5].

Chargé dès 1455, par Philippe le Bon, de « mettre par escript choses nouvelles et morales, et aussi mettre en fourme par manière de cronique les fais notables, dignes de memoire [6], » Georges Chastellain employa vingt années à dresser ce remarquable monument, où il se montre à la fois narrateur consciencieux et fidèle, « grand et éloquent

1. Tome I, p. 91-156, et t. III, p. 190. Voir *Nouvelles observations historiques à propos du 4° volume inédit de la grande chronique de Georges Chastelain*, par M. Renard, major d'état-major. Bruxelles, 1843, in-8° de 70 p. — Les morceaux en question se trouvent dans les mss. 16881 et 15843 de la Bibliothèque de Bruxelles.

2. Tome IV (1842-43), p. 67-78. Le curieux portrait de Charles VII, qui était à lui seul toute une révélation, se trouve là. — M. Quicherat annonçait la publication prochaine du fragment de la Laurentienne, par Buchon, laquelle ne fut point faite.

3. Tome IV, p. 440-47.

4. Bruxelles, 1863-1866, 8 vol. gr. in-8° (Publication de l'Académie royale de Belgique). Le tome I contient les fragments de la *Chronique* pour les années 1419-22; le tome II, ceux de 1430-31, d'après le ms. de Florence comparé avec le ms. d'Arras, et de 1452-53, d'après le ms. 16881 de Bruxelles; le tome III celui (inédit) de 1454-58, d'après le ms. 15843 de Bruxelles; le tome IV, celui de 1461-64, revu sur un ms. du château de Belœil, en laissant subsister une lacune pour la fin de 1462 et les premiers mois de 1463; le tome V, les autres fragments jusqu'en 1470; le tome VI, divers morceaux en vers et l'*Exposition sur vérité mal prise*, déjà publiée par Buchon; le tome VII d'autres morceaux inédits ou déjà publiés, en prose et en vers; le tome VIII, le *Livre des faits de Jacques de Lalaing*, attribué à tort à Chastellain, et d'autres pièces d'une attribution douteuse.

5. M. Kervyn de Lettenhove pense que l'on pourrait retrouver en Espagne le texte intégral de cette œuvre historique si importante.

6. *Compte de la recette générale de Hainaut*, cité par M. Kervyn, t. I, p. XXVIII.

historien, » — c'est le jugement de M. Michelet, — et où, à travers une phraséologie fatigante et une emphase trop habituelle, on trouve des appréciations judicieuses, des récits circonstanciés et fort curieux, des portraits tracés de main de maître. On peut dire que, si nous n'avions pas Chastellain, le quinzième siècle serait imparfaitement connu. Certaines parties de son œuvre sont toute une révélation. Admirateur passionné des ducs de Bourgogne, il est d'autant moins suspect quand il rend hommage aux royales qualités de Charles VII. A coup sûr, c'est le chroniqueur bourguignon le plus impartial et le mieux renseigné sur la personne du Roi : il a résidé pendant plus de dix années en France, étant au service de Pierre de Brézé (1435-46), et il a pu voir la Cour de près [1]. Combien il est regrettable que nous en soyons réduits à ne posséder que des fragments de cette *chronique*, dont le secours serait inappréciable pour l'histoire !

De nos jours, M. Vallet de Viriville a rendu de très importants services pour l'étude du quinzième siècle.

Indépendamment du texte de Jean Chartier, cité plus haut, il a donné, dans son édition de ce chroniqueur : 1° une brève chronique de 1403 à 1429, attribuée par lui à Jean Raoulet, capitaine au service de Charles VII [2]; 2° un fragment d'une version française des *Grandes chroniques de Saint-Denis* (nous la citerons sous la rubrique : *Abrégé français du religieux de Saint-Denis*), qui n'est pas sans intérêt [3]; 3° deux courts morceaux se rapportant aux années 1428-1431 [4].

En dehors de cette publication, où se trouvent également des extraits de comptes sur lesquels nous revien-

1. Voir t. I, p. XIV-XV.

2. Publié dans la *Chronique de Charles VII*, par Jean Chartier. Voir t. III, p. 142-199, et notice, t. I, p. XLVII-LIII. — Aux renseignements donnés par M. Vallet sur Jean Raoulet, nous pouvons ajouter le suivant : il était écuyer d'écurie du Dauphin dès le 10 juillet 1420. Mais est-ce bien le capitaine mêlé aux événements de ce temps qui a pu écrire une chronique rédigée, selon M. Vallet, entre 1401 et 1407 ?

3. *Id.*, *ibid.*, p. 212-251, et notice, t. I, p. LVI-LIX.

4. *Id.*, *ibid.*, p. 200-211, et notice, t. I, p. LIII-LV.

drons, nous devons à M. Vallet de Viriville une édition partielle de la *Geste des nobles* de Guillaume Cousinot, chancelier du duc d'Orléans, comprenant la partie qui s'étend de 1380 à 1429, et, dans le même volume, une réimpression de la *Chronique de la Pucelle*, dont, avec beaucoup de sagacité, il a attribué la paternité à Guillaume Cousinot, seigneur de Montreuil, neveu du précédent, attaché au service du Roi comme conseiller et maître des requêtes[1]. Le neveu reproduit souvent, pour la période de Jeanne d'Arc, le texte de l'oncle, en l'amplifiant. Les chroniques des deux Cousinot ont une très grande valeur historique, et l'on ne peut que regretter vivement la perte d'une *Chronique des Roys Charles VIIe, Loys XIe et Charles VIIIe*, qu'écrivit Cousinot de Montreuil, et dont Jean Le Feron possédait le texte au seizième siècle. La partie consacrée à la Pucelle est incontestablement la source la plus importante pour l'histoire de la vierge inspirée : les renseignements très précis fournis par le savant éditeur, la discussion minutieuse à laquelle il s'est livré, ne permettent plus de soutenir qu'elle n'offre que le récit amplifié de la *Chronique de Jean Chartier* et du *Journal du siège d'Orléans*[2]; c'est, au contraire, la version originale, où l'on a puisé. La *Geste des nobles* était en quelque sorte un mémorial domestique de la maison d'Orléans; la *Chronique de Cousinot*, dont nous n'avons peut-être, dans ce fragment de 1422 à 1429, venu jusqu'à nous, qu'une première ébauche[3], a une bien autre importance. La découverte du texte complet fournirait sans contredit la source d'information la plus précieuse du règne. Espérons que, grâce aux investi-

1. *Chronique de la Pucelle, ou Chronique de Cousinot...*, publiée par M. Vallet de Viriville. Paris, Ad. Delahays, 1859, in-16 (*Bibl. Gauloise*). La notice placée en tête avait fait l'objet d'une double publication, l'une dans les *Mémoires présentés par divers savants à l'Acad. des Inscr. et Belles-lettres*, 1re série, t. V, 1re partie, et *Notice des manuscrits*, t. XIX, 2e partie (tiré à part, 2 br. in-4o de 8 et de 20 p.); l'autre dans la *Bibliothèque de l'École des chartes* (t. XVIII, p. 1 et 105), sous ce titre : *Essais critiques sur les historiens originaux de Charles VII, roi de France* (tiré à part : Paris, J.-B. Dumoulin, 1857, gr. in-8o de 42 p.).
2. M. J. Quicherat, *Procès de Jeanne d'Arc*, t. IV, p. 203.
3. Cette conjecture est faite par M. Vallet, *Notice historique*, p. 55.

gations qui se poursuivent de toutes parts, nous pourrons un jour posséder l'œuvre historique complète des deux plus éminents parmi les auteurs de ce temps : l'*Orléanais* Cousinot et le *Bourguignon* Chastellain.

Nous devons encore à M. Vallet de Viriville la publication d'une *Chronique normande* inédite, comprenant les années 1408 à 1430, due à Pierre Cochon, notaire apostolique à Rouen, et dont il a donné le texte à la suite de la *Geste des nobles* et de la *Chronique de Cousinot*[1]. Ce récit historique a été depuis l'objet d'une publication intégrale, faite avec beaucoup de soin par M. Ch. de Beaurepaire, le savant archiviste de la Seine-Inférieure, pour la Société de l'histoire de Normandie[2]. M. de Beaurepaire a distingué du texte de Pierre Cochon une *Chronique rouennaise*, qu'il donne à la suite[3] ; on lui doit aussi une érudite notice sur Cochon et son œuvre[4].

Enfin, M. Vallet de Viriville, dans son zèle infatigable à mettre à la disposition du public tous les moyens d'information, n'a point négligé un curieux document intitulé : *Éloge ou portrait historique de Charles VII*, que Denis Godefroy avait publié en 1661, en tête de son Recueil des historiens de Charles VII. En même temps qu'il nous en donnait le texte intégral[5], il le restituait à son auteur, lequel n'est autre que Henri Baude, né, selon toute apparence, de 1415 à 1420, et qui, à la fin du règne, remplissait, tout en résidant à Paris, les fonctions d'élu des aides pour le

1. Pages 341-470. L'éditeur a publié en outre la déposition de Michel de Berry sur les événements accomplis à Beaugency et dans les environs, en 1422 et 1423 (p. 471-476).

2. *Chronique normande de Pierre Cochon, notaire apostolique à Rouen*, publiée pour la première fois en entier, par Ch. de Robillard de Beaurepaire. Rouen, 1870, gr. in-8°. Le texte commence à 1408 et finit à 1430.

3. Cette *Chronique rouennaise* comprend les années 1371 à 1434. M. Vallet en avait intercalé des passages dans le texte de P. Cochon.

4. *Introduction*, p. I-XXXIX. — M. de Beaurepaire avait donné en 1860 une *Notice sur Pierre Cochon*, publiée dans le *Précis de l'Académie des Sciences, Belles-Lettres et Arts de Rouen*, et tirée à part en une broch. in-8° de 33 p.

5. *Nouvelles recherches sur Henri Baude, poète et prosateur du XV° siècle*, suivies du *Portrait* et des *Regrets et complaintes de la mort du Roi Charles VII°*, par M. Vallet de Viriville. Paris, 1855, gr. in-8° de 22 pages. — Le texte du *Portrait* est reproduit, avec une *Notice sur Henri Baude*, dans l'édition de Jean Chartier donnée en 1857-58 par M. Vallet (t. III, p. 127-140).

Bas-Limousin [1]. Ce document emprunte une importance plus grande à son attribution à un personnage du temps. Henri Baude a gardé la mémoire des bienfaits du Roi, mais son langage est celui de l'attachement reconnaissant, non de la complaisance intéressée. « C'est un panégyrique, nous dit le savant éditeur, mais un panégyrique honnête; un portrait flatté, mais ressemblant ou vraisemblable... Les détails intimes et piquants dans lesquels est entré l'auteur de ce morceau lui communiquent un intérêt fort élevé au point de vue de l'histoire [2]. »

Après M. Vallet de Viriville, auquel l'histoire du quinzième siècle est redevable de si nombreux et si précieux travaux, il faut nommer M. Jules Quicherat. Indépendamment de l'admirable recueil des *Procès de la Pucelle*, où un volume entier, le tome IV, est consacré à la reproduction des textes d'auteurs contemporains relatifs à Jeanne d'Arc, textes donnés avec une version revue sur les meilleurs manuscrits et accompagnés de notices pleines d'intérêt [3], on doit à M. Quicherat la publication d'une œuvre considérable, restée jusque-là inédite, et faussement attribuée par la plupart des historiens au Liégeois Amelgard : il s'agit de l'*Histoire de Charles VII et de Louis XI*, par Thomas Basin, évêque de Lisieux [4]. Signalée à plusieurs reprises par des érudits qui en avaient publié des fragments [5], utilisée par

1. On a sur Henri Baude un article de M. J. Quicherat : *Henri Baude, poète ignoré du temps de Louis XI et de Charles VIII*, dans la *Bibl. de l'École des chartes* (1849), t. X, p. 93-133, reproduit et amplifié dans une élégante plaquette, publiée en 1856 chez Aug. Aubry : *Les vers de maistre Henri Baude, poète du XVe siècle*, recueillis et publiés avec les actes qui concernent sa vie, par M. J. Quicherat (pet. in-8° de 128 p.). M. Quicherat fait naître Henri Baude vers 1430, mais la conjecture de M. Vallet, qui place sa naissance entre 1415 et 1420, me paraît plus vraisemblable, puisqu'il est établi que, lors de la Praguerie, en 1440, Baude avait l'âge d'homme.

2. *Notice sur Henri Baude*, dans l'édition de Jean Chartier, t. I, p. XLV.

3. *Procès de condamnation et de réhabilitation de Jeanne d'Arc, dite la Pucelle*, publiés pour la première fois, d'après les manuscrits de la Bibliothèque royale, par Jules Quicherat. Paris, J. Renouard, 1841-1849, 5 vol. gr. in-8° (Publication de la Société de l'histoire de France).

4. *Histoire des règnes de Charles VII et de Louis XI*, par Thomas Basin, évêque de Lisieux, jusqu'ici attribuée à Amelgard, rendue à son véritable auteur et publiée pour la première fois, avec les autres ouvrages historiques du même écrivain, pour la Société de l'histoire de France. Paris, 1855-1859, 4 vol. gr. in-8°.

5. Ces extraits se trouvent dans les ouvrages de Meyer (1561), Camuzat (1610), Du

quelques historiens[1], l'*Histoire* latine de Thomas Basin avait été, dès 1842, l'objet d'une étude attentive de la part de l'éminent érudit[2]. L'évêque de Lisieux n'est point toujours bien informé, surtout pour les premières années de Charles VII; sa chronologie est souvent peu exacte; ses appréciations ne sauraient être acceptées sans réserve; sa personnalité éclate à toutes les pages de ses récits. Aussi, nous dit M. Quicherat, Thomas Basin se place, par ses récits historiques, « derrière Philippe de Commines et derrière Georges Chastellain, à un rang que personne ne lui dispute quand il parle de lui-même, et, dans les autres parties, au-dessus des chroniqueurs par le sentiment, au-dessous d'eux par la sûreté de l'information[3]. » C'est dans le tableau des malheurs du peuple, dans la peinture de l'état social des pays qu'il avait observés que Thomas Basin est surtout original et vraiment intéressant[4].

Un autre auteur du quinzième siècle, qui a été l'objet de deux notices fort dignes d'attention, publiées en 1851-52 par M. Vallet de Viriville[5], n'avait point eu jusqu'à nos jours les honneurs de l'impression. Ici la France s'est laissée devancer par l'Angleterre : c'est un érudit fort distingué d'outre-Manche, le Révérend Joseph Stevenson, alors archiviste au *Record Office* et ministre anglican, aujourd'hui

Chesne (1624), Labbe (1650), Du Puy (1651), Mathæus (1696), et D. Martène (1729). Une analyse détaillée a été donnée par M. de la Porte du Theil, dans le tome I des *Notices et Extraits des manuscrits de la Bibliothèque du Roi*, en 1787.

1. MM. de Barante, de Sismondi, Michelet, etc. — M. de Barante, dès 1842, avait signalé l'ouvrage comme étant de Thomas Basin. *Bull. de la Société de l'histoire de France*, année 1841-42, p. 206.

2. *Bibliothèque de l'École des chartes*, livr. de mars-avril 1842, t. III, p. 313-370.

3. *Notice*, t. I, p. LXXXIX.

4. On nous permettra peut-être de renvoyer, au sujet de la valeur historique de l'œuvre de l'évêque de Lisieux, à une étude intitulée : *Charles VII et Louis XI d'après Thomas Basin*, publiée par nous en 1860 (gr. in-8° de 63 p.), et dont la 1re partie a paru dans le *Correspondant* du 25 décembre 1858.

5. *Notice sur Robert Blondel, poète, historien et moraliste*, dans les *Mémoires de la Société des Antiquaires de Normandie*, t. XIX, pages 161-220 (publiée à part : Caen, 1851, in-4° de 60 p.); — *Nouvelles recherches sur la vie et les écrits de Robert Blondel*, dans *Notices et extraits des manuscrits de la Bibl. du Roi*, t. XVII, 2e partie, pages 406-411 (publiées à part : Paris, 1852, in-4° de 8 p.). Il faut consulter aussi le mémoire de Bréquigny, publié en 1801 : *Conquête de la Normandie par Charles VII*, examen des mss. de Robert Blondel cotés 6197, 6198 et 5964. *Notices et extraits des manuscrits*, t. VI, p. 92-105.

membre de la Compagnie de Jésus, qui a donné au public une partie de son œuvre historique. Il s'agit de Robert Blondel, chapelain de la reine Marie d'Anjou et précepteur du duc de Berry, second fils de Charles VII, auquel on doit un récit circonstancié de la campagne de Normandie de 1449-1450, et une *Complainte des bons François*, ainsi que d'autres écrits restés inédits [1].

Il faut mentionner encore la publication des *Anchiennes cronicques d'Angleterre*, par Jean de Wavrin, seigneur du Forestel, compilation où l'on trouve quelques renseignements originaux [2], et du *Journal du prieur Jean Maupoint* qui, bien que d'un intérêt secondaire pour le règne de Charles VII, n'est point à négliger [3].

Si notre époque a fourni, comme on le voit, un important contingent à l'étude des sources du règne de Charles VII, il reste pourtant beaucoup à faire à cet égard. Outre la publication d'éditions critiques de Berry, de Jouvenel des Ursins, et d'autres chroniqueurs d'un ordre inférieur; outre la reconstitution des œuvres historiques de Cousinot et de Chastellain, il y a encore d'autres textes à mettre au jour ou à faire sortir de la poussière des Bibliothèques. M. Vallet de Viriville avait projeté la publication d'une *Chronique des ducs d'Alençon*, attribuée à Perceval de Cagny, dont M. Quicherat a donné, dans la *Bibliothèque de l'École des chartes* [4] et dans le recueil précité [5], la portion relative à Jeanne d'Arc : la mort l'a empêché de réa-

1. *Narratives of the expulsion of the English from Normandy*. 1449-50. Robertus Blondelli : *de Reductione Normanniæ*; — *Le Recouvrement de Normandie*, par Berry, hérault du Roy; — Conferences between the ambassadors of France and England. Edited from mss. in the Imperial Library at Paris, by the Rev. Joseph Stevenson, M. A., of University College, Durham. — London, 1863, gr. in-8°.

2. *Anchiennes cronicques d'Engleterre*, par Jehan de Wavrin, seigneur du Forestel. Choix de chapitres inédits, annotés et publiés, pour la Société de l'histoire de France, par Mlle Dupont. Paris, 1858-1863, 3 vol. gr. in-8°; — *Recueil des croniques et anchiennes istories de la grant Bretaigne a present nomme Engleterre*, par Jehan de Waurin. Edited by William Hardy. London, 1864-1879, 3 vol. gr. in-8° (allant jusqu'à 1431). Un 4e volume est sous presse.

3. Publié par M. G. Fagniez dans le tome IV (1877) des *Mémoires de la Société de l'histoire de Paris et de l'Ile de France*, pages 1-114.

4. Livr. de novembre-décembre 1845, tome VII, p. 143-171.

5. *Procès de Jeanne d'Arc*, t. IV (1847), p. 1-37.

liser ce dessein [1]. On conserve à la Bibliothèque nationale une chronique anonyme, écrite par un fougueux bourguignon, qui s'étend de la création du monde à l'année 1431, et dont M. Douët-d'Arcq a publié, à la suite de son édition de Monstrelet, la partie relative au règne de Charles VI [2]. La *Cronique Martinienne*, si intéressante pour les règnes de Charles VII et de Louis XI, dont le récit est dû à Sébastien Mamerot, mériterait d'être extraite de l'édition *princeps*, qui est fort rare [3], et de faire l'objet d'une publication partielle pour la partie offrant une valeur originale. Le *Jouvencel* de Jean de Beuil devrait aussi être mis à la portée du public dans une édition plus complète que celles qui ont paru à la fin du quinzième siècle [4], et l'on y joindrait utilement le précieux commentaire de Jean Trigaut, qui donne à ce document une valeur historique incontestable [5]. Les opuscules historiques d'Alain Chartier, qu'on ne consulte guère dans le volume des *Œuvres* publié par André du Chesne [6], et les épîtres de Jouvenel des Ursins, dont on ne connaît que quelques fragments [7], mériteraient aussi d'être tirés de l'oubli. Enfin il y aurait à rechercher certains textes, aujourd'hui disparus, d'auteurs du quinzième siècle, tels que Jean Domer, *cronizeur* du

1. Cette édition devait paraître sous les auspices de la Société de l'histoire de France. Une autre édition avait été projetée auparavant par M. G. Servois, et devait paraître dans la *Bibliothèque elzevirienne*.

2. *Extrait d'une Chronique anonyme pour le règne de Charles VI*, 1400-1422, tome VI, pages 191-327; cette chronique se trouve dans le ms. Cordeliers 16 (actuellement Fr. 23018).

3. *La Cronique martiniane de tous les papes qui furent jamais et finist jusques au pape Alexandre, derrenier decede, mil cinq cens et trois*, etc. Paris, Anth. Verard, 2 vol. in-fol.

4. *Le Livre de Jouvencel, traictant de diverses matières bellicques et munitions, tant pour assieger forteresse que autre gens au faict de guerre.* — La première édition fut donnée par Antoine Verard, en 1493; il y en a d'autres de 1520 et 1529. Voir Brunet, *Manuel du Libraire*, t. III, col. 581-82.

5. M. le duc de Bisaccia possède de ce *Commentaire* un précieux manuscrit, qu'il a bien voulu mettre à notre disposition.

6. Paris, 1617, in-4°. — Voir la thèse de M. D. Delaunay, professeur au lycée de Rennes : *Étude sur Alain Chartier*. Rennes, 1876, in-8°, de xx-268 p.

7. Voir la thèse de M. l'abbé P.-L. Péchenard, professeur d'histoire au collège de Charleville : *Jean Juvénal des Ursins, étude sur sa vie et ses œuvres*. Paris, 1876, in-8° de 472 p.

roi Charles VII [1], et Noël de Fribois, historiographe du même prince [2].

Les chroniques provinciales et locales fournissent aussi une source d'informations qui n'est point à dédaigner, et qui doit exciter le zèle des érudits dans nos diverses provinces. Aux *Chroniques de Normandie*, dont le texte vient d'être si heureusement restitué par M. Hellot [3], il faut joindre les chroniques bretonnes, angevines, alençonnaises, bordelaises, bourguignonnes, lorraines, etc., dont plusieurs attendent encore des éditeurs [4]. Les pays étrangers offrent aussi un vaste champ aux investigations. Sans vouloir aborder ce domaine, qui s'écarte un peu de notre cadre, déjà assez vaste, nous devons mentionner les chroniques flamandes [5] et les chroniques belges [6], très riches en informations pour notre histoire au quinzième siècle. C'est là une mine qui est loin d'être épuisée : qui sait les trésors que renferment, à cet égard, certaines bibliothèques de l'Europe, encore imparfaitement explorées ?

§ 2. — *Les documents.*

Si des *chroniques* nous passons aux *documents*, la moisson ne sera pas moins abondante.

1. Voir la notice de M. Vallet de Viriville. *Nouvelle Biographie générale*, t. XIV : DOMER.

2. Voir la notice du même, *l. c.*, t. XVIII : FRIBOIS. — Il n'est pas démontré cependant que ces auteurs aient laissé un récit des événements accomplis sous le règne de Charles VII.

3. *Les Croniques de Normendie* (1223-1453), réimprimées pour la première fois, d'après l'édition rarissime de Guillaume le Talleur (mai 1487), avec variantes et additions tirées d'autres éditions et de divers manuscrits, et avec une introduction et des notes, par A. Hellot, notaire honoraire, etc. Rouen, 1881, gr. in-8°.

4. Mentionnons, parmi celles qui sont imprimées : Les *Grandes Croniques de Bretaigne* par Alain Bouchard (Paris, 1514, in-fol.); *L'ystoire agregative des annalles et croniques d'Anjou*, par Jean de Bourdigné (Paris, 1529, in-fol.), réimprimées par le comte Th. de Quatrebarbes (Angers, 1842, 2 vol. gr. in-8°); la *Chronique bourdeloise*, écrite en latin par Gabriel de Lurbe (1589) et traduite par le même (Bordeaux, 1594, in-4°, réimpr. à diverses reprises, avec continuation, jusqu'en 1703) ; les *Chroniques de la ville de Metz*, recueillies, mises en ordre et publiées par J.-F. Huguenin (Metz, 1838, gr. in-8° à 2 vol.), etc.

5. *Corpus chronicorum Flandriæ*, edidit. J.-J. De Smet, Bruxelles, 1837-1865, 4 vol. in-4°.

6. *Chroniques relatives à l'Histoire de la Belgique sous les ducs de Bourgogne*, publiées par M. le baron Kervyn de Lettenhove. Bruxelles, 1870-1877, 4 vol. in-4°. — *Chro-*

Les anciens recueils d'ordonnances publiés au seizième siècle[1], aussi bien que ceux imprimés, d'abord par Fontanon[2], puis par Pierre Guenois[3], n'offraient aux érudits, pour la période qui nous occupe, qu'un bien faible secours; et jusqu'à la publication de la belle collection des *Ordonnances des Rois de France de la troisième race*[4], on n'avait à sa disposition que de rares textes, auxquels ne pouvait suppléer l'utile *Compilation chronologique* due à Guillaume Blanchard[5]. C'est de 1763 à 1777 que parurent les tomes X à XII des *Ordonnances*, dus à Vilevault et Bréquigny, qui conduisaient le recueil jusqu'à la fin du règne de Charles VI. Le tome XIII, qui s'étend de 1422 à 1447, parut en 1782, et le tome XIV, comprenant les années 1448 à 1461, en 1790. Mais, dans les volumes suivants, publiés depuis le commencement de ce siècle[6], bien des ordonnances, insérées dans des lettres postérieures de nos rois, sont venues s'ajouter à celles contenues dans les volumes précités. Une *Table chronologique*, rédigée par M. Pardessus, qui forme à elle seule un volume, a vu le jour en 1847[7].

Les collections diplomatiques publiées au dix-septième siècle par Léonard[8] et Leibniz[9]; au dix-huitième par Du Mont et Rousset[10], et par Rymer[11] nous offrent le texte des traités les plus importants.

niques de Brabant, par Edmond de Dynter, avec la traduction de Jehan Wauquelin, publiées par le chanoine de Ram. Bruxelles, 1854-57, 3 vol. in-4°.

1. Voir le *Manuel du Libraire*, par Brunet, t. IV, col. 212.

2. *Les edicts et ordonnances des Roys de France*. Paris, 1611, 4 vol. in-fol.

3. *La grande conférence des ordonnances et édits royaux*, etc. Paris, 1688, 3 vol. in-fol.

4. Paris, de l'Imprimerie royale, 1723 et années suivantes.

5. *Compilation chronologique, contenant un recueil ou abrégé des ordonnances, édits, déclarations et lettres patentes des Roys de France*, etc. Paris, 1715, 2 vol. in-fol. — Il y a une première édition de 1687.

6. Le tome XV a paru en 1811; le tome XVI, en 1814; le tome XVII, en 1820; le tome XVIII, en 1828, etc.

7 Tome XXI *bis* de la Collection. — Il faut mentionner ici les tomes VIII et IX du *Recueil général des anciennes lois françaises depuis l'an 420 jusqu'à la révolution de 1789*, par MM. Jourdan, Decrusy et Isambert (Paris, 1822-33), 29 vol. in-8°.

8. *Recueil des traitez de paix*, etc. Paris, 1693, 6 vol. in-4°.

9. *Codex juris gentium diplomaticus*. Hannoveræ, 1693, in-fol.

10. *Corps universel diplomatique du droit des gens*, etc. Amsterdam et La Haye, 1726-1731, 8 vol. in-fol., et supplément, 1738-39, 5 vol. in-fol.

11. *Fœdera, conventiones, litteræ inter reges Angliæ et alios quosvis imperatores*,

D'autres collections, telles que celles de Dom Luc d'Achery[1], de Dom Martène et Dom Durand[2], et *le Gallia Christiana*[3] donnent aussi, mais dans un pêle-mêle où il n'est point toujours facile de se retrouver, et parfois avec une absence de précision chronologique qui est une nouvelle cause d'embarras, bon nombre de documents intéressants pour notre époque. A côté d'elles, il faut placer les recueils, moins volumineux mais non moins intéressants, de Camuzat[4], de Besse[5], de La Barre[6] et de Duclos[7].

Sans avoir la prétention de tracer ici une bibliographie complète, nous ne devons pas passer sous silence les collections des Conciles, les *Acta Sanctorum* des Bollandistes, et nos modernes recueils d'érudition, tels que la *Bibliothèque de l'École des chartes*[8] et le *Cabinet Historique*[9]. *L'Histoire généalogique* du P. Anselme[10] offre le résultat du dépouillement de nombreuses sources originales : c'est une mine précieuse à exploiter, au prix d'un labeur dont on est amplement récompensé. Il faut y joindre les grands

reges, etc..., ab anno 1101 ad nostra usque tempora habita aut tradata. Ed. tertia. Hagæ Comitis, 1739-1745, 10 vol. in-fol.

1. *Veterum aliquot scriptorum qui in Galliæ Bibliothecis maxime Benedictorum latuerant* Spicilegium. Parisis, 1655-1677, 13 vol. in-4°. Une nouvelle édition a été donnée par Baluze, Martène et La Barre, en 1723 (3 vol. in-fol.).

2. *Thesaurus novus anecdotorum*, prodit nunc primum studio et opera D. Edmundi Martène et D. Ursini Durand. Paris, 1717, 5 vol. in-folio; — *Veterum scriptorum et monumentorum historicum, dogmaticorum, moralium Amplissima Collectio*, prodiit nunc primum, etc. Paris, 1724-33, 9 vol. in-folio.

3. Paris, 1715-1785, 13 vol. in-fol. Trois nouveaux volumes (tomes XIV à XVI), dus à M. B. Hauréau, ont été publiés de nos jours (1856-65).

4. *Meslanges historiques*, Troyes, 1619, in-8°.

5. *Recueil de diverses pièces servant à l'Histoire de Charles VI.* Paris, 1660, in-4°.

6. *Mémoires pour servir à l'Histoire de France et de Bourgogne.* Paris, 1729, 2 vol. in-4°.

7. *Recueil de pièces pour servir de suite à l'Histoire de Louis XI.* Paris, 1746, in-12

8. *Bibliothèque de l'École des chartes.* Paris, 1839-1881, 42 vol. gr. in-8°. Des tables chronologiques des documents publiés se trouvent de dix en dix volumes.

9. *Le Cabinet Historique*, revue fondée en 1855, par M. Louis Paris, et continuée depuis par M. Ulysse Robert. Paris, 1855-1881, 27 vol. in-8°. — N'oublions pas ici la *Revue des Sociétés savantes*, organe du Comité des travaux historiques, qui forme une volumineuse collection où l'on trouve aussi des documents.

10. *Histoire généalogique et chronologique de la maison royale de France.* 3e édition (donnée par les Pères Ange et Sulpicien, Augustins déchaussés comme le P. Anselme). Paris, 1726-1733, 9 vol. in-fol.

ouvrages consacrés par les généalogistes à nos maisons les plus illustres, et qui parfois contiennent des textes qui ont leur importance[1]. Mais ce sont surtout les belles *Histoires de Languedoc, de Bretagne, de Bourgogne et de Lorraine,* publiées par les Bénédictins [2] — auxquelles il faut joindre l'*Histoire de Paris,* par D. Felibien[3] — qui fournissent d'incomparables ressources à qui veut étudier à fond l'histoire du quinzième siècle sur les documents originaux.

Les travaux qui se publient chaque jour au fond de nos provinces, ajoutant sans cesse des matériaux nouveaux à ceux que l'érudition des deux derniers siècles avait mis à notre disposition, ne doivent point être négligés. Il ne faut point se contenter ici de consulter les monographies publiées séparément ; il faut se livrer à un dépouillement complet des recueils qui paraissent, sous les auspices des sociétés savantes, dans la plupart des départements, et même de certaines revues provinciales.

En ce qui concerne l'époque que nous étudions, le trésor de nos connaissances historiques s'est notablement accru de nos jours, par divers travaux spéciaux sur lesquels il convient d'appeler l'attention.

M. Léchaudé d'Anisy a donné : 1°, en 1834, un recueil d'*Extraits des chartes et actes normands ou anglo-normands*

1. Nous indiquerons les travaux d'André Du Chesne, sur les maisons de Chastillon (1621), de Montmorency (1624), de Vergy (1625), de Dreux (1631), de Béthune (1639); des frères Sainte-Marthe, sur la maison de France (1628) et la maison de Beauvau (1626); de Gilles-André de la Roque, sur la maison d'Harcourt (1662); de Baluze, sur la maison d'Auvergne (1708); de l'abbé Brizard, sur la maison de Beaumont (1729); de D. Calmet, sur la maison du Chastelet (1741), etc.

2. *Histoire générale de Languedoc*, par D. Vaissete et D. de Vic. Paris, 1730-45, 5 vol. in-folio (la nouvelle édition, si courageusement entreprise par M. Privat, éditeur à Toulouse, ne comprend point encore la partie relative au XVe siècle). — *Histoire générale de Bretagne*, par D. Lobineau. Paris, 1707, 2 vol. in-folio; *Histoire ecclésiastique et civile de Bretagne*, par D. Morice et D. Taillandier. Paris, 1750-56, 2 vol. in-folio (réimprimée à Guingamp, 1836-47 en 20 vol. in-8°); *Mémoires pour servir de preuves à l'Histoire de Bretagne*. Paris, 1742-46, 3 vol. in-folio. — *Histoire générale et particulière de Bourgogne* (par D. Plancher et D. Merle; continuée pour le t. IV par D. Salazard). Dijon, 1738-71, 4 vol. in-folio. — *Histoire ecclésiastique et civile de Lorraine*, par D. Aug. Calmet. Nouv. édition. Nancy, 1745-57, 7 vol. in-folio.

3. *Histoire de la ville de Paris*, par D. Michel Felibien, revue, augmentée et mise au jour par D. Guy-Alexis Lobineau. Paris, 1725, 5 vol. in-folio.

qui se trouvent dans les Archives du Calvados[1]; 2°, en 1845, les *Grands rôles des échiquiers de Normandie*[2]; 3°, en 1847, les *Rôles normands de la Tour de Londres sous Henri V* (1417-1422)[3]. M. Jules Delpit a publié en 1847, sous le titre de *Collection générale des documents français qui se trouvent en Angleterre,* le tome Ier d'un recueil qui malheureusement n'a point été continué[4]. M. Jules Quicherat a donné, de 1841 à 1849, le recueil de tous les documents relatifs à l'histoire de Jeanne d'Arc[5], et il a ajouté à son édition de Thomas Basin un volume entier de pièces justificatives[6]. M. Douët-d'Arcq a publié un choix de pièces inédites relatives au règne de Charles VI[7]. Un volume de *Preuves,* se rapportant à la période de 1444 à 1461, a été donné à la suite de la *Chronique de Mathieu d'Escouchy*[8]. M. A. Tuetey a publié, à la suite de son érudit et fort curieux ouvrage sur *les Écorcheurs*, un volume entier de documents[9]. M. Auguste Longnon a tiré des *Registres du Trésor des chartes* un recueil de pièces sur Paris pendant la domination anglaise[10]. Au texte très succinct d'une *chronique du Mont-Saint-Michel*, qu'il vient de faire paraître, M. Siméon Luce a ajouté un grand nombre de documents inédits[11]. M. Antoine Thomas a donné, dans son important

1. Ouvrage qui porte également ce titre : *Archives départementales du Calvados.* Caen, 1834, 2 vol. in-8°, avec un atlas oblong de 30 planches.
2. Formant le tome XV des *Mémoires de la Société des Antiquaires de Normandie.* Rouen, 1845, in-4°.
3. Dans le tome XVI du même recueil.
4. Paris, Dumoulin, 1847, in-4°.
5. Voir plus haut, p. LXVII.
6. Voir plus haut, p. LXVII.
7. Publication de la Société de l'histoire de France. Paris, 1861, 2 vol. gr. in-8°.
8. *Recueil de pièces pour servir de preuves à la Chronique de Mathieu d'Escouchy.* Paris, 1864, gr. in-8°. — Ce volume, qui forme le tome III de l'édition de la *Chronique*, a cependant son titre particulier et sa table spéciale. Il faut y joindre un *Supplément aux preuves de la Chronique de Mathieu d'Escouchy,* qui a paru en 1864 dans le tome IX de l'*Annuaire-Bulletin de la Société de l'histoire de France*, et qui a été tiré à part (80 p. gr. in-8°).
9. *Les Écorcheurs sous Charles VII.* Montbelliard, 1874, 2 vol. gr. in-8°. Le tome II contient cent dix-neuf pièces, de 1438 à 1451.
10. *Paris pendant la domination anglaise* (1420-1436). *Documents extraits des registres de la chancellerie de France.* A Paris, chez H. Champion, 1878, gr. in-8°. Ce volume, publié pour la Société de l'histoire de Paris et de l'Ile de France, contient cent soixante-seize pièces.
11. *Chronique du Mont-Saint-Michel* (1343-1468), publiée avec notes et pièces diverses,

ouvrage sur *les États provinciaux sous Charles VII*, tout un volume de pièces justificatives[1]. Enfin il faut mentionner les extraits de comptes donnés par M. Le Roux de Lincy[2], par M. Vallet de Viriville[3], par M. Douët-d'Arcq[4], par M. Loiseleur[5].

Les sources sont donc fort abondantes, et nous avons la satisfaction de constater que notre époque a été très féconde en publications nouvelles de textes et de documents, apportant un nouveau et très important contingent à ce que nous possédions.

Mais il ne faut point se contenter des sources imprimées : il faut porter ses investigations dans le vaste champ des documents inédits, si fécond en découvertes, et tellement inépuisable qu'on ne peut jamais se flatter, quelque labeur persévérant qu'on y apporte, de l'avoir entièrement exploré.

Les Archives du palais Soubise nous offrent le Trésor des chartes, avec ses pièces originales et ses volumineux registres; les cartons des Rois; la série des comptes; le fond du Parlement; bien d'autres fonds encore, au milieu desquels il est plus facile de se tracer sa route, depuis la publication de l'*Inventaire sommaire*[6] et d'autres réper-

relatives au Mont-Saint-Michel et à la défense nationale en Basse-Normandie, pendant l'occupation anglaise. Tome I. Paris, Firmin Didot, 1879, in-8° (Publication de la Société des anciens textes français). Ce premier volume contient cent vingt-sept pièces, de 1418 à 1432.

1. *Les États provinciaux de la France centrale sous Charles VII.* Paris, Champion, 1879, 2 vol. in-8°. Le tome II contient soixante-dix-huit pièces, de 1419 à 1459.

2. Dans les *Femmes célèbres de l'ancienne France*, tome I (seul publié : Paris, 1848, in-12), pages 620-661.

3. Extraits des comptes royaux de la période de Charles VI, dans le *Cabinet historique*, t. III (1857), p. 237, et t. IV (1858), pages 6, 161 et 257, et dans le t. III de la *Chronique de Jean Chartier*, pages 252 à 327. Cf. les indications bibliographiques données dans le *Bulletin de la Société de l'histoire de France*, année 1857-58, p. 163.

4. *Comptes de l'hotel des rois de France aux quatorzième et quinzième siècles*, publiés pour la Société de l'histoire de France, par M. L. Douët-d'Arcq (Paris, 1865, gr. in-8°), p. 270-289 et 320-347.

5. M. Loiseleur a donné *Le Faict de l'avitaillement et secours sur les Anglois de la ville d'Orliens*, extrait du Compte d'Hemon Raguier, trésorier des guerres, et il l'a fait précéder d'une intéressante étude sur l'administration des finances, le recrutement et le pied de solde des troupes : *Comptes des dépenses faites par Charles VII pour secourir Orléans, pendant le siège de 1428*. Orléans, 1868, gr. in-8°.

6. *Inventaire sommaire et tableau méthodique des fonds conservés aux Archives*

toires, comme ceux des *Cartons des Rois* et des *Titres du Bourbonnais*. Mais, pour le Trésor des chartes comme pour le Parlement, il faudra attendre de longues années avant que le degré d'avancement du travail nous permette d'en profiter[1].

La Bibliothèque nationale présente une mine encore plus abondante aux chercheurs. Quand nous commençâmes à y travailler, en 1856, les difficultés étaient extrêmes. En l'absence de catalogues sérieux, on marchait à l'aventure, attendant d'une énergique persévérance, du hasard même, des découvertes qui ne pouvaient être le fruit d'un travail méthodique. Sans une bienveillante communication de M. Natalis de Wailly, alors conservateur au département des manuscrits[2], notre moisson eût pendant longtemps été peu abondante. Depuis, et successivement, bien des réformes ont été opérées. Aujourd'hui, la direction si habile et si intelligente de l'illustre administrateur général, M. Léopold Delisle, a mis entre les mains des travailleurs tous les moyens d'investigation permettant de se livrer au dépouillement méthodique des divers fonds, et chaque jour le trésor de ces renseignements va en augmentant. En outre, le terrain des recherches a été élargi par la formation de séries nouvelles, soit inabordables puisqu'elles n'étaient point en état d'être communiquées, soit d'une exploration jusque-là très difficile. C'est ainsi qu'à toutes les richesses dont l'étude approfondie exige des années[3], sont venus s'ajouter : 1° tout le fond Beaumarchais, comprenant les les *Chartes royales*, les *Comptes de bouche*, les *Montres*, les

nationales. 1re partie. *Régime antérieur à 1789*. Paris, imprimerie nationale, 1871, in-4°, avec table alphabétique, publiée en 1875.

1. Deux volumes des *Actes du Parlement* et trois volumes du *Trésor des chartes* (layettes), ont seuls vu le jour; ils s'arrêtent à 1327 et à 1260.

2. M. de Wailly eut l'extrême obligeance de nous communiquer le relevé sur cartes, classé par ordre chronologique, des pièces renfermées dans les Collections du Puy, Brienne, Serilly, Colbert, Du Chesne, Bréquigny, etc., qui existe au département des manuscrits.

3. Voir *le Cabinet des Manuscrits de la Bibliothèque impériale*, par Léopold Delisle, membre de l'Institut. Paris, imprimerie impériale (et nationale), 1868-81, 3 vol. in-4° (le 3e volume n'a pas encore paru au moment où nous écrivons ces lignes).

Fouages, les *Villes*, les *Quittances ecclésiastiques*, les *Quittances diverses*, soit un ensemble de pièces originales remplissant cinq cent soixante-six volumes [1]; 2° les *Titres originaux* de Dom Villevieille [2]; 3° la collection qui porte le titre de *Pièces originales*, formée avec les dossiers des *Titres originaux* du Cabinet des titres, qui va aujourd'hui jusqu'à la lettre P, et comprend déjà plus de deux mille volumes [3]. Nous avons pu ainsi, depuis 1876, explorer à fond, volume par volume, cette immense et précieuse collection; sans cela, malgré l'inépuisable obligeance de M. Ulysse Robert, auquel est dû ce gigantesque travail du classement des Dossiers, disposés par ordre alphabétique de noms, avec une suite chronologique des pièces dans chaque dossier, il nous aurait été impossible de la mettre ainsi complètement à profit. — La série des *Pièces originales* apporte à l'histoire une masse énorme de renseignements, qui viennent compléter ceux qu'on possédait dans les autres collections de documents originaux, et en particulier dans les cent vingt-trois volumes des *Titres scellés* de Clairambault. En outre, le fond des nouvelles acquisitions (françaises et latines) s'enrichit chaque jour, et nous y avons rencontré des documents intéressants pour notre travail.

En dehors de nos deux grands dépôts parisiens, il faut citer la collection Godefroy, conservée à la Bibliothèque de l'Institut, et dont le catalogue a été habilement dressé par M. Ludovic Lalanne [4]. On y trouve, pour le règne de Charles VII, quelques pièces originales. Mais c'est surtout dans certains dépôts provinciaux que des recherches doivent être faites pour compléter le riche butin que fournissent les Archives et la Bibliothèque nationale. Ainsi, à Grenoble, on conserve les archives de la Chambre des comptes du Dauphiné. A Dijon et à Lille, les archives de la chambre

1. Mss. fr. 25697 à 26262.
2. Ms. fr. 26263 à 26299.
3. Au 10 novembre 1881, la Collection s'arrête au volume 2256, comprenant les dossiers jusqu'au n° 51662.
4. *Inventaire de la Collection Godefroy*, conservé à la Bibliothèque de l'Institut, dans l'*Annuaire-Bulletin de la Société de l'histoire de France*, années 1865 et 1866.

des comptes des ducs de Bourgogne. Lyon, Tours, Reims, d'autres villes encore, nous offrent, dans leurs archives municipales, des richesses qu'il faut explorer pour avoir une connaissance approfondie de l'époque. Combien d'autres dépôts doivent contenir des documents dignes d'attention, que l'insuffisance des inventaires [1], ou même l'absence de tout classement [2], ne permet point d'aborder, mais dont l'érudition pourra profiter tôt ou tard !

Les archives des pays étrangers doivent aussi faire l'objet de patientes investigations : Turin, Milan, Florence, Gênes, Vienne, Bruxelles, Londres, peuvent fournir un utile contingent, qui s'enrichira avec le temps, et dont on peut déjà apprécier l'intérêt et l'importance [3]. Enfin, les Archives du Vatican viennent d'ouvrir leurs trésors aux érudits, grâce à la libéralité du Pontife illustre qui nous montre une fois de plus, sur le trône de saint Pierre, l'alliance féconde de la Foi et de la Science : il y a là une mine presque inépuisable, bien propre à tenter les jeunes courages, et dont l'exploration fera profiter la science his-

1. Voir *État des inventaires-sommaires et des autres travaux relatifs aux diverses Archives de la France*, au 1er janvier 1875, par Léopold Pannier. Paris, Champion, 1875, gr. in-8° de 80 p. — Le classement des Archives de nos dépôts départementaux date de l'Instruction du 8 août 1839 et de la circulaire du 24 avril 1841, dus à l'initiative du comte Duchâtel, alors ministre de l'intérieur. Le 20 janvier 1854, le comte de Persigny, ministre de l'intérieur, prescrivit, tout en laissant subsister l'ancien classement, un nouveau cadre général d'inventaire-sommaire, suivant un mode uniforme pour tous les départements. Mais le travail a marché parfois avec une excessive lenteur; d'autre part bien des inventaires ont été dressés d'une façon tout à fait insuffisante; enfin, il est fort difficile de consulter cette collection dont le dépôt n'a point été fait d'une façon régulière et qui se trouve rarement complète. La brochure de Léopold Pannier est fort utile pour se guider à travers ce labyrinthe, et pour pouvoir profiter des richesses que nous offrent les Archives départementales. On consultera également avec profit l'ouvrage de M. H. Bordier : *Les Archives de la France, ou histoire des Archives de l'empire, des Archives des ministères, des départements, des communes, des hôpitaux, des greffes, des notaires*, etc., *contenant l'inventaire d'une partie de ces dépôts* (Paris, Dumoulin, 1855, in-8°).

2. C'est ainsi que les Archives de Clermont sont encore dans un désordre qui rend les recherches à peu près impossibles. Voir *Les États provinciaux de la France centrale sous Charles VII*, par Antoine Thomas, t. I, p. 12.

3. M. Étienne Charavay a adressé tout récemment au ministre de l'instruction publique un *Rapport sur les lettres de Louis XI et sur les documents concernant ce prince, conservés dans les Archives de l'Italie*, qui contient d'intéressantes indications relativement aux documents de la période postérieure à 1440. Voir *Archives des Missions scientifiques et littéraires*, 3e série, t. VII, 1881, pages 433-474.

torique des informations les plus précieuses et les plus étendues.

III

Par l'énumération des sources historiques du règne et des dépôts où il convient de diriger ses investigations, nous avons fait parcourir d'un coup d'œil au lecteur la route que nous avons laborieusement suivie depuis 1856 : il peut ainsi apprécier l'étendue de nos recherches et la lenteur avec laquelle nous avons dû procéder. Nous devons maintenant faire connaître le plan du livre et la façon dont nous avons rempli notre tâche.

L'Histoire de Charles VII, telle que nous la comprenons, est l'exposé du rôle du Roi dans les événements accomplis sous son règne. La seule manière de trancher la question agitée depuis plus de trois siècles entre les historiens, et de déterminer d'une manière précise et définitive la place que Charles VII doit occuper dans l'histoire, c'est de s'attacher avant tout à le faire sortir de l'obscurité où il n'a cessé d'être plongé ; c'est de le montrer sur la scène, non plus dans un jour douteux et avec des couleurs d'emprunt, suivant la fantaisie du peintre, mais avec des détails circonstanciés, des données appuyées sur les documents authentiques, avec tous les développements pouvant permettre au lecteur de se faire lui-même juge du débat et de se prononcer en pleine connaissance de cause. Notre pensée constante a été d'interroger les sources, de façon à creuser le sujet plus avant qu'il ne l'avait été jusqu'à ce jour, au moyen du rapprochement de tous les textes publiés, et des informations nouvelles recueillies dans le cours de nos propres investigations. C'était le seul moyen de reconstituer une histoire qui, à vrai dire, n'avait point été écrite, et de faire apparaître le caractère du Roi sous son véritable aspect.

Nous avons nettement distingué les différentes périodes du règne, n'appliquant à l'étude de chacune d'elles que des documents de même date, afin de bien leur conserver leur aspect particulier et de rendre plus sensibles les transformations opérées successivement chez le Roi.

Chacun des *livres* entre lesquels est divisé le présent ouvrage contient l'exposé d'une période. Dans cette période, nous étudions successivement : 1° la marche des événements militaires, retracée d'une façon succincte, en suppléant à l'absence des détails, déjà donnés par nos devanciers, sur les sièges et les batailles, par une plus grande précision chronologique ; 2° l'histoire politique, en mettant en relief la personne royale, pour bien montrer ce qu'elle devient, les influences qui s'agitent autour d'elle, sa part d'action dans les événements, enfin la direction imprimée au gouvernement du royaume ; 3° l'histoire diplomatique, sujet encore plus neuf que le précédent, et dont l'étude nous fait connaître les alliances de la France, les négociations entamées avec les diverses puissances, les résultats obtenus par la politique royale ; 4° l'histoire administrative qui, pour avoir été moins négligée que l'histoire politique ou diplomatique, ne laisse pas que de présenter des lacunes considérables.

Notre travail est divisé en six livres :

Livre I. LE COMTE DE PONTHIEU, LE DAUPHIN ET LE RÉGENT. 1403-1422.

Livre II. LE ROI DE BOURGES. 1422-1435.

Livre III. CHALES VII DEPUIS LE TRAITÉ D'ARRAS JUSQU'A LA TRÊVE AVEC L'ANGLETERRE. 1435-1444.

Livre IV. CHARLES VII PENDANT LA TRÊVE. 1444-1449.

Livre V. L'EXPULSION DES ANGLAIS. 1449-1453.

Livre VI. CHARLES VII PENDANT SES DERNIÈRES ANNÉES. 1453-1461.

Pour remplir ce vaste cadre, il était nécessaire de procéder avec méthode et de bien classer les matériaux. Nous n'avons rien épargné pour cela, durant les longues années consacrées à la préparation de notre livre.

Et d'abord, il fallait établir d'une façon précise l'itinéraire de Charles VII. Comment écrire son histoire sans être à même de le suivre pas à pas, et sans pouvoir ainsi contrôler sans cesse les récits des chroniqueurs? Ici la voie nous était tracée par notre savant maître M. Vallet de Viriville, qui avait bien voulu nous communiquer un itinéraire dressé par lui — d'après les sources originales et d'après un ancien itinéraire de Charles VII, — et qui se trouve aujourd'hui parmi les manuscrits de la Bibliothèque nationale[1]. Mais l'itinéraire ne suffisait pas : il fallait y ajouter l'analyse des actes eux-mêmes. En nous imposant le devoir de ne négliger aucune source d'information, nous avons voulu que ce travail pût profiter au public. Aussi, dès le commencement de 1857, à l'imitation de ce que venait de faire, d'une façon si magistrale, M. Léopold Delisle pour Philippe Auguste[2], nous avons entrepris un *Catalogue des actes de Charles VII*, offrant l'indication analytique de tous les actes émanés de l'autorité royale. Ce travail fera l'objet d'une publication spéciale, qui contiendra, avec l'analyse des pièces, qu'on peut évaluer au nombre approximatif de trente mille, le texte des documents inédits les plus importants : il paraîtra après l'*Histoire de Charles VII*. Les érudits auront ainsi à leur disposition les meilleurs moyens de contrôle et les sources d'informations les plus complètes pour cette grande période de notre histoire.

La chronologie si imparfaite des événements du règne devait être l'objet d'une étude spéciale. Nous nous sommes imposé la tâche de dresser, jour par jour, à l'aide de tous les auteurs du temps et des documents que nos recherches nous ont fourni, un sommaire des faits, qui nous a permis d'arriver à une précision plus grande et de dissiper certaines des obscurités que présentent les récits des chroniqueurs contemporains.

Notre savant devancier avait éclairé sa route au moyen d'*Éphémérides*, qui sont aujourd'hui — comme son *Itinéraire de Charles VII* — à la disposition des travailleurs[3]; nous

1. Ms. fr., nouv. acquisitions, 1484.
2. *Catalogue des actes de Philippe-Auguste, avec une introduction sur les sources, les caractères et l'importance historique de ces documents*. Paris, 1856, in-8°.
3. Mss. fr., nouv. acquisitions, 1482 et 1483.

avons, à son exemple, et à l'aide de documents qu'il n'avait eu ni le loisir ni même la possibilité d'explorer, rassemblé des notes assez abondantes pour former une double série d'éphémérides, soit pour l'histoire personnelle du Roi, soit pour les événements militaires : les *montres* et les *quittances* nous ont offert à cet égard une telle abondance de matériaux, qu'il y a des années où chaque jour est représenté par un ou plusieurs documents, et, parfois jusqu'à vingt ou trente. Le dépouillement complet, en particulier, des *Titres scellés* de Clairambault et des dossiers du Cabinet des titres, aujourd'hui fondus dans la grande collection des *Pièces originales*, nous a fourni une très abondante moisson, que nous n'avons même pu utiliser en entier dans les pages de ce livre, car cela nous aurait fait dépasser ses bornes, déjà trop étendues.

La biographie des personnages est importante à étudier pour avoir la connaissance approfondie d'une époque : elle éclaire l'histoire générale et permet de pénétrer dans certains côtés intimes laissés dans l'ombre par les historiens. M. Vallet de Viriville avait réuni, sous ce rapport, d'immenses matériaux [1], dont une partie a été utilisée pour les excellentes notices insérées par lui dans la *Nouvelle Biographie générale* de Didot et pour ses diverses monographies. Nous avons, à son exemple, rassemblé de nombreuses notes biographiques, et le dépouillement des divers fonds nous a permis de constituer des dossiers pour chaque personnage important du temps et d'avoir pour plusieurs les éléments d'une biographie complète.

Enfin, pour bien éclairer notre marche et nous permettre de mettre en lumière un sujet presque inabordé jusqu'à ce jour, nous avons dressé, pour chaque pays, un sommaire des relations diplomatiques, permettant de suivre d'un coup d'œil, avec précision et d'une façon aussi complète que possible, la marche des négociations entamées avec les diverses puissances.

1. Mss. fr., nouv. acquisitions, 1485 à 1488, contenant : 1485, A-Barth.; 1486, C-Isamb.; 1487, J-Morville; 1488, N-Winchester.

Tous ces moyens d'investigation et de contrôle nous ont permis, croyons-nous, de traiter les différentes parties du sujet, — malgré notre incompétence sur plus d'un point, — de façon à offrir des indications suffisamment développées, tout en évitant une minutie de détails qui eût été fastidieuse. Nous n'avons pas craint de multiplier les notes : elles pourront être utiles aux travailleurs; elles étaient nécessaires, d'ailleurs, dans un travail où nous nous appuyons uniquement sur les documents originaux, et où tout doit pouvoir être, au besoin, vérifié et contrôlé. Ces notes sont complétées, quand il y a lieu, par des *notes supplémentaires*, renvoyées à la fin du volume.

A la suite du texte, dans chaque volume, on trouvera un petit nombre de *Pièces justificatives*, choisies parmi les nombreux documents que nous avons entre les mains, et composées principalement de lettres missives. Les pièces de ce genre offrent un intérêt tout particulier. En attendant la publication du *Catalogue des actes*, où toutes ces lettres trouveront naturellement leur place, les érudits ne seront pas fâchés sans doute d'en trouver ici quelques spécimens intéressants.

La grande abondance de renseignements de toute nature, donnés dans l'ouvrage, nécessitera la rédaction d'une ample table alphabétique, qui sera jointe au dernier volume.

La partie des illustrations ne devait point être négligée; elle se composera de portraits de Charles VII, de *fac simile* de documents, de reproduction de signatures et de sceaux, et de deux cartes, l'une présentant l'état de la France à l'avénement de Charles VII, l'autre donnant le même état à la fin du règne. Ces illustrations seront réunies dans un album, qui paraîtra à la fin de l'ouvrage : ce sera au relieur à les répartir entre les différents volumes, suivant les indications qui seront données.

Nous n'avons pas la prétention de présenter au public une œuvre irréprochable, et d'apporter, sur tous les points, le dernier mot de la science. Nous ne nous dissimulons pas notre insuffisance, et nous ne sentons que trop combien ce livre laisse à désirer sous plus d'un rapport. Si, au point de vue du talent de l'exposition et du charme du récit, nous sommes condamné à réserver au lecteur plus d'une déception, nous ne nous faisons point davantage d'illusions sur les lacunes que peut encore présenter notre travail, malgré la persévérance de nos recherches et le soin que nous avons pris de ne rien avancer sans preuves. Il ne nous est point possible de tout dire, et il serait puéril de penser qu'il ne restera rien à faire après nous. D'ailleurs, si Dieu nous prête vie, il nous sera permis peut-être de rectifier nous-même les inexactitudes que nous aurions pu commettre, et de compléter certaines parties de notre exposé, au moyen de nouvelles investigations ou des découvertes que l'avenir nous ménage[1]. Dans un sujet aussi vaste, et souvent aussi neuf, il est difficile d'arriver du premier coup à des résultats définitifs. Mais la science marche : grâce à Dieu, elle fait chaque jour de nouveaux progrès. Quand nous n'aurions réussi qu'à tracer la voie à nos successeurs et à rendre pour eux la tâche plus facile, en marquant nettement le point de départ, en indiquant les principaux jalons de la route, en appelant leur attention sur des points qui, pour être élucidés, demanderaient parfois une dissertation spéciale, nous n'aurions pas perdu notre temps, et nous nous trouverions suffisamment récompensé.

Qu'importent les destinées de ce livre! Nous y avons consacré toute notre jeunesse et une bonne partie de notre âge mûr. Nous n'avons rien négligé pour lui donner le caractère d'une œuvre historique sérieuse, impartiale, approfondie. Nous avons la conscience de n'avoir apporté

1. Nous adressons ici à tous les lecteurs de cet ouvrage qui auraient quelque indication à nous fournir, relativement aux sources conservées dans les différents dépôts, en France et à l'étranger, la prière de vouloir bien nous adresser leurs communications à la librairie de la Société Bibliographique, 35, rue de Grenelle, à Paris, et nous espérons que notre appel sera entendu : ils peuvent être assurés à l'avance de toute notre gratitude.

à sa rédaction ni ces « passions royalistes, » ni ce parti pris de réhabilitations royales qu'on nous reprochait si vivement au début de notre carrière[1]. Nous pouvons répéter ici ce que nous écrivions alors : « L'histoire n'est pour nous ni un plaidoyer, ni une apologie : c'est un jugement[2]. » Et nous ajouterons que ce jugement, il n'appartient pas seulement à l'auteur de le formuler : c'est au lecteur à se constituer lui-même juge, de telle façon que la voix de l'historien ne soit en quelque sorte que l'écho du sentiment public, et que la conclusion se dégage d'elle-même, vivante, irrésistible, de la marche du récit et de l'enchaînement des faits.

Un mot avant de finir.

Nous ne devons point manquer ici à un devoir qu'il nous est doux de remplir : nous voulons payer un juste tribut de reconnaissance à tous ceux qui nous ont assisté dans nos recherches et qui ont rendu notre tâche plus facile. Les nommer tous serait impossible. Mais nous tenons à remercier ici tout spécialement nos amis Louis de Neuville, Anatole de Barthélemy, Léon Gautier et Marius Sepet des conseils si éclairés dont nous leur sommes redevable. Nous ne pouvons oublier, à la Bibliothèque nationale : MM. Léopold Delisle, administrateur général ; H. Michelant, conservateur sous-directeur au département des manuscrits ; Thierry-Poux, conservateur sous-directeur au département des imprimés ; G. Duplessis, conservateur-adjoint au département des estampes ; Ulysse Robert, du département des manuscrits ; — aux Archives nationales : MM. Bruel, Lecoy de la Marche, Tuetey et Guérin ; à Lille, M. l'abbé Dehaisnes, conservateur des archives du Nord ; à Dijon, M. Garnier, conservateur des archives de la Côte-d'Or ; à Lyon, MM. Guigue et Vaesen, conservateurs des archives

1. *Des récentes études critiques sur Jeanne Darc*, par M. Henri Martin, dans la *Revue de Paris* du 15 septembre 1856, et *Vie de Jeanne Darc* (Paris, Furne, 1857), p. 327-376.
2. *Un dernier mot à M. Henri Martin* (janvier 1857), p. 8.

de la préfecture et des archives municipales ; à Grenoble, M. Prodhomme, archiviste du département de l'Isère. Nommons encore M. Louis Paris, qui a mis tant d'obligeance à nous communiquer les documents extraits par ses soins des précieuses archives de Reims ; M. le baron Kervyn de Lettenhove, le savant président de l'Académie royale de Bruxelles, qui connaît toutes les bibliothèques de l'Europe, et qui a enrichi la science historique de tant d'importantes publications ; M. Belisaire Ledain, l'érudit historien de Parthenay et de Bressuire, auquel les archives de Poitiers sont si familières ; M. Delaville Le Roulx, qui nous a facilité l'étude des *Registres des comptes* de la ville de Tours, dont il a entrepris récemment la publication ; M. A. d'Herbomez, qui nous a fait profiter de ses patientes recherches dans les archives impériales de Vienne, et auquel nous devons la communication des lettres de Charles VII conservées dans les archives de Tournai ; M. Étienne Charavay, le savant éditeur des lettres du Dauphin Louis, qui vont paraître dans le recueil des lettres de Louis XI préparé par M. Vaesen pour la Société de l'histoire de France ; MM. Ernest Babelon, Demaison, Loriquet ; M. Thompson, le savant conservateur du département des manuscrits au British Museum, dont nous avons pu apprécier la parfaite obligeance ; MM. le professeur Vayra et le chevalier Vaino, qui nous ont facilité l'exploration des archives de Turin ; enfin Mme Vallet de Viriville qui, continuant les traditions de son mari, nous a obligeamment communiqué les notes du regrettable savant dont elle garde si pieusement la mémoire.

Morainville, 10 novembre 1881.

LIVRE I

LE COMTE DE PONTHIEU, LE DAUPHIN ET LE RÉGENT

1403-1422

CHAPITRE I

LE COMTE DE PONTHIEU

22 février 1403-5 avril 1417

Naissance du comte de Ponthieu. — Il est élevé somptueusement. — Vie scandaleuse de sa mère. — Entourage de l'enfant. — Milieu agité où s'écoulent ses premières années. — Ses fiançailles avec Marie d'Anjou. — Il entre dans la famille de sa fiancée et accompagne Yolande, reine de Sicile, en Anjou et en Provence. — Il devient duc de Touraine à la mort de son frère Louis, puis dauphin à la mort de son frère Jean.

Le jeudi 22 février 1403, à deux heures du matin, naissait à Paris, en l'hôtel royal de Saint-Paul, un enfant du nom de Charles [1], auquel rien ne pouvait alors faire présager une haute destinée. Il était le onzième des enfants et le cinquième des fils donnés par Isabeau de Bavière à Charles VI [2]; et si

1. « Monsieur (il faut lire Monseigneur) Charles de France, quint fils du Roy, fust né en l'hostel de S. Pol à Paris, environ deux heures après minuict, le vingt-deuxiesme jour de février 1402. » Extrait des *Mémoriaux de la Chambre des Comptes*, d'après un missel de la chapelle du roi Charles VI, dans les *Annotations* de Denys Godefroy au Recueil des Historiens de Charles VI, p. 732.

2. Voici quels furent les enfants de Charles VI et d'Isabeau : 1° *Charles*, né le 25 septembre 1386, mort le 28 décembre suivant; 2° Jeanne, née le 14 juin 1388, morte en 1390; 3° Isabelle, née le 9 novembre 1389, morte le 13 septembre 1409; 4° Jeanne, née le 24 janvier 1391; 5° *Charles*, né le 6 février 1392, mort le 13 janvier 1401; 6° Marie, née en juillet ou août 1393, morte peu après; 7° Michelle, née le 12 janvier 1395; 8° *Louis*, né le 22 janvier 1397; 9° *Jean*, né le 31 août 1398; 10° Catherine, née le 27 octobre 1401; 11° Charles; 12° *Philippe*, né le 10 novembre 1407, mort le même jour. Voir *Notes sur l'état civil des princes et princesses nés de Charles VI et d'Isabeau de Bavière*, par M. Vallet de Viriville. *Bibliothèque de l'École des chartes*, t. XIX, p. 473-82.

deux de ses frères, également nommés Charles, avaient disparu avant sa naissance, il en restait deux autres, — Louis, duc de Guyenne, né en 1397, et Jean, duc de Touraine, né l'année suivante, — qui semblaient devoir à jamais lui barrer le chemin du trône. Aussi un prélat bourguignon contemporain, en rappelant plus tard le titre de *Fortuné*, donné à Charles VII, écrivait : « Bien duement lui est attribué ce nom, car merveilleusement fortune eut, en son temps, prospère et diverse; » et il ajoutait : « De plusieurs fils que eut Charles le bien-aimé, son père, il fut le maisné et derrenier, et toutes fois il parvint à estre Roy de France [1]. »

Charles VI, frappé en 1392 d'un mal implacable — une sorte de démence qui avait le caractère de la manie furieuse [2], — était dans un moment de lucidité quand l'enfant vint au monde [3]. Il salua avec joie cette naissance, qui donnait un

1. Guillaume Fillastre, *Histoire de la Thoyson d'or*. Ms. fr. 2621, f. 101. — La *Thoison d'or* de Guillaume Fillastre a eu plusieurs éditions au XVIe siècle (la première est de 1516), mais elles sont moins complètes que les versions manuscrites; la 3e partie manque dans les imprimés. Voir sur ce manuscrit une notice de M. Léopold Delisle, dans la *Revue des Sociétés savantes*, t. IX, p. 152.

2. D'après le témoignage d'un homme compétent qui s'est livré à l'étude de ce problème, Charles VI n'était pas, à vrai dire, atteint de *démence*, ce mot exprimant aujourd'hui « l'affaiblissement ou l'abolition entière de l'intelligence. » L'affection du roi était une *manie furieuse*, c'est-à-dire un « délire général sans séries prédominantes, mais au contraire rapides, confuses, incohérentes, exprimées avec agitation, avec des cris, des chants, des menaces, des mouvements désordonnés ou tumultueux, avec des dispositions à la colère, à la fureur. » *De la maladie de Charles VI, roi de France, et des médecins qui ont soigné ce prince*, par le docteur A. Chéreau, dans *l'Union médicale* des 20 et 27 février, 6 et 13 mars 1862.

3. Un problème auquel, quelque délicat qu'il soit, nous ne pouvons nous dispenser de toucher en passant, est celui de la légitimité de la naissance de Charles VII. On sait les doutes du jeune prince au moment où, le bras de Dieu semblant l'abandonner, il fut près de s'abandonner lui-même : Jeanne d'Arc parut, et dans cette scène mystérieuse mentionnée par les contemporains, elle lui dit ces paroles solennelles qui répondaient à sa pensée intime : « Je te dis de la part de Messire que tu es vray héritier de France et *fils du Roy*. »

Cherchons dans les documents contemporains des renseignements sur l'état morbide de Charles VI au mois de mai 1402. Au commencement du mois, il y eut à la Cour une joute à laquelle prit part Charles VI, et qui paraît avoir eu lieu le 10 (« le Xe jour de may IIII^c et deux que le dit seigneur volt jouster ») : les comptes sont pleins de mentions relatives aux habillements du roi, « aux deux demi-corps » de « veluiau noir sur soie » et aux deux *plates* que lui et son frère le duc d'Orléans devaient porter; au harnais, aux timbres, à la selle de jouste, » etc. (KK 35, f. 69 à 77 v°). La joute dura deux jours (achat d'un autre timbre « pour le second jour de la feste »). — Presque aussitôt, et si nous en croyons les auteurs du temps, avant la Pentecôte, qui tomba le 14 mai en cette année, Charles éprouva un accès de folie (Religieux de Saint-Denis, t. I, p. 28;

héritier de plus à la couronne, et se rendit à Notre-Dame pour rendre à Dieu des actions de grâces[1]. Le nouveau-né fut baptisé dans l'église de Saint-Paul, et tenu sur les fonts par Charles d'Albret, auquel le Roi venait de remettre l'épée de connétable; par Charles de Luyrieux, gentilhomme savoisien, et par Jeanne de Luxembourg, dame de la Reine[2]. Un moment installé dans l'hôtel du Petit-Muse[3], non loin de l'hôtel Saint-Paul où résidait Charles VI[4], il fut élevé dans cette dernière

Cf. Jouvenel des Ursins, p. 147). Le samedi après la Pentecôte (20 mai), il était encore dans sa crise, quand parut un édit du duc d'Orléans pour la levée d'une imposition générale. Ce n'est que dans les premiers jours de juin que le roi recouvra la raison (Religieux, p. 28 et 43; Jouvenel, p. 147). Il éprouva une rechute au milieu du mois de juillet, se remit le 1er octobre, pour retomber le 3. Au commencement de février, il était rétabli. — D'autre part, en ouvrant les *Comptes de la Reine* pendant l'année 1402, nous voyons qu'Isabeau séjourne au mois de mai à l'hôtel de Saint-Paul, résidence de Charles VI. Le 14 mai, elle dîne au palais, soupe et couche à Saint-Ouen; les 21 et 28 mai, elle est à l'hôtel de Saint-Paul, où elle reste pendant la plus grande partie de l'année, sauf quelques séjours à la Porte-Barbette (KK 45, *passim.*). Ces faits et ces dates peuvent jeter quelque lumière sur la question.

1. « Cum exhuberante letitia, » dit le Religieux de Saint-Denis (t. III, p. 68). — On a une ballade d'Eustache des Champs, composée pour la naissance d'un *Charles;* mais ce Charles est vraisemblablement le second fils de Charles VI, qui n'atteignit pas sa 10e année. Quoi qu'il en soit, cette ballade, ou plutôt cet horoscope, s'applique fort bien à notre prince. En voici le début :

> Douce France prau en toy reconfort;
> Resveille-toy, soies de joie plaine:
> Car cilz est nez qui doit par son effort
> Toy restorer. C'est le Roy Charlemaine.
> Charles a nom, qui de jour en jour maine
> Les osts pour toy. Son fils doit recouvrer
> Ce qu'as perdu, accroistre ton demaine
> Et conquerir la terre d'oultremer.

(Ms. fr. 840 (anc. 7219), p. 303 vo; cité par M. Vallet de Viriville, *Histoire de Charles VII*, t. I, p. 2.)

2. Religieux de Saint-Denis, t. III, p. 68; Berry, *ap.* Denys Godefroy, *Historiens de Charles VI*, p. 412; Raoulet, dans la *Chronique de Jean Chartier*, t. III, p. 144. — Jeanne de Luxembourg est souvent nommée dans les *Comptes d'Isabeau :* « Mademoiselle de Luxembourc, qui est continuellement ou service de la Royne, » lit-on dans le 35e *Compte de l'Hôtel* (KK 45, f. 176); elle avait six cents francs de pension par an, et reçut de la Reine, le 28 février 1403, 4 aunes de drap « pour lui faire une robe à la livrée de sa gésine. » (KK 43, f. 5.) — « Insignis et devotissima domicella de Lucemburgo, » dit le Religieux de Saint-Denis.

3. « A lui (Hance, seeillier) pour avoir feuestrées et mises à point les fenestres de la chambre Monseigneur messire Charles de France, en l'ostel de Petit-Muce (vers le 30 septembre). » *Compte de l'argenterie de la Reine*, Archives, KK 43, f. 40. M. Vallet de Viriville a publié, en 1857 et 1858, des extraits des comptes de cette période, dans le *Cabinet historique* (t. III, p. 244), et dans l'appendice de la *Chronique de Jean Chartier* (t. III, p. 257). — L'hôtel du Petit-Muse appartenait au duc d'Orléans, auquel, d'après M. Vallet, Charles VI l'avait donné (*Isabeau de Bavière*, p. 13).

4. « L'hôtel de Saint-Paul, appelé par Charles V l'*Hostel des grands esbattemens*, dit

demeure, au sein d'une opulence attestée par les documents du temps.

Le « grand berceul à parer, » qui avait servi aux frères de Charles, fut remis à neuf pour son usage, et l'on refit les quatre « pommeaux de fin cuivre doré » émaillés aux armes de la Reine[1]. Il avait, en outre, deux autres berceaux, dont l'un, en bois de sapin d'Irlande, était peint « de fin or bruny, » et muni d'un écran au chevet[2]. La couche était garnie de duvet et d'une plume appelée *fleurin*[3]. Dès le lendemain de sa naissance, nous voyons acheter deux écrans neufs[4], destinés sans doute à le protéger plus encore contre l'air que contre le feu, car, en ces temps, on avait beau *feutrer* les fenêtres, on ne se mettait guère à l'abri du froid. Ses premiers jouets furent un hochet d'argent doré, et une chaise d'argent incrustée dans un petit tableau[5]; un peu plus tard on lui donna,

M. Legrand dans son intéressant travail intitulé *Paris en 1380* (Paris, 1868, in-4°, p. 59, note 2), comprenait un immense terrain entre Saint-Paul, les Célestins, le Champ au Platre et la rue Saint-Antoine. Ce n'était point, ainsi qu'on pourrait le croire, un palais d'un seul tenant, comme les Tuileries ou le Louvre, mais un amas de maisons plus ou moins grandes, que le roi achetait quand l'occasion s'en présentait, et qu'il appropriait ensuite, en laissant subsister certaines servitudes et certaines enclaves. » C'est ainsi qu'il y avait l'hôtel de la Conciergerie, l'hôtel d'Étampes, l'hôtel de Pute-y-Muce et l'hôtel de Beautreillis. Tous ces hôtels étaient entourés de « grands jardins, lesquels étaient ornés de treilles posées sur des berceaux en charpente ou en menuiserie, suivant le goût du temps. » (Voir p. 13, note 1.)

1. « A lui (Raoulet du Gué, huchier), pour avoir mis à point le berseul de parement et avoir reglué *(sic)* les pièces qui y estoient rompues, refait III piez tous neufs et referées toutes les fueilles des autres pilliers, pour ce C. s. p. » (KK 42, f. 110 v°.) — « A Guillaume de Juncauls, lormier, demourant à Paris...., pour sa peine et salaire d'avoir fait et livré un pommeau de fin cuivre doré, ycellui avoir esmaillié aux armes de ladicte dame et avoir redoré et remis à point III autres semblables pommeauls et iceulx clouez et atachez au berceul de Monseigneur messire Charles de France, IIII l. X s. p. (*Id.*, f. 115).

2. « A lui (Raoulet du Gué, huchier) pour avoir fait un berceul tout de bort (bois de sapin) d'Irlande, où il a un esceren au chevet, et une bersouere bordée; avec un autre berseul et une grande bersouere pour l'enfant dont, au plaisir de Dieu, la Royne accouchera briefvement, pour ce XII l. XVI s. p. » (KK 42, f. 110 v°.) — « A lui (Girard de Blainneteau, paintre, demourant à Paris) pour avoir paint de fin or bruny un berseul et une bersouere pour Monseigneur messire Charles de France, derrenier né, XVI l. IIII s. p. » (*Id.*, f. 105 v°).

3. « Pour XII livres de fin duvet mis et employé en la cousto et coussin dudit lit, » etc. « Pour XXIIII livres de plume nommée fleurin, qu'il a mises et emploiées en ladicte cousto et oudit coussin, » etc. (*Id.*, f. 117).

4. « Pour deux escrans neufs achattés par les maistres d'ostel huit sous la pièce, vendredi XXIII° jour de fevrier. » (KK 45, f. 109 v°.)

5. « A lui (Jehan Clerbout, orfèvre) pour avoir fait un hochet d'argent doré pour Monseigneur messire Charles de France. » — « A lui pour avoir fait pour Monseigneur

pour s'amuser quand il était « mal disposé, » un petit *chaudron de taillon* (cuivre jaune)[1]; et, le 15 février 1404, on achetait une harpe, du prix de trente-six sous, qui fut délivrée aux gens de *Monseigneur de Ponthieu*, « pour en jouer devant ledit seigneur[2]. »

Mais si les habitudes luxueuses de la Reine furent introduites autour du berceau de l'enfant, il ne paraît point que les soins maternels aient été ni tendres ni assidus. Isabeau fut, malgré l'assertion contraire du dernier historien de Charles VII, une mère indifférente avant de devenir une implacable marâtre[3]. Elle poussait si loin l'oubli de ses devoirs, qu'elle restait parfois des mois entiers sans embrasser ses enfants. Dans un moment de lucidité, Charles VI voulut savoir la vérité à cet égard : il interrogea son fils aîné, qui répondit qu'il y avait trois mois que sa mère ne l'avait embrassé[4]. Insouciante et frivole, elle se livrait à tous les plaisirs avec une fougue qui n'avait plus la jeunesse pour excuse. Le duc d'Orléans était le compagnon habituel de cette vie de dissipation, à laquelle les murmures populaires n'opposaient aucun frein. « Indifférents à la défense du royaume, dit un grave auteur du temps, la

messire Charles de France, en un petit tableau de painture, une chaiere d'argent pesant 2 onces et demie. » (KK 43, f. 28 et 29 v°.)

1. « A lui pour un petit chauderon de laitton, qu'il a baillié et livré pour faire jouer et esbattre ledit seigneur, lequel estoit mal disposé. Pour ce, par marchié à lui fait le derrenier jour de juing (1404), XII s. p. » (KK 43, f. 90 v°-91.)

2. « A Perrin Chappecel, pour une harpe prinse et achetée de lui par le commandement et ordonnance de la Royne, et délivrée aux gens de Mgr de Ponthieu pour en jouer devant ledit seigneur, pour ce, le XV° jour de fevrier l'an mil CCCC et trois, XXXVI sols parisis. » (KK 43, f. 88 v°.) La Reine d'Angleterre avait aussi sa harpe (f. 93).

3. « Mère tendre (quoi qu'on ait pu en dire) à l'égard surtout de ses jeunes enfants. » (Vallet de Viriville, *Hist. de Charles VII*, t. I, p. 5.) M. Vallet dit encore (t. I, p. 3) que Charles « fut élevé comme ses frères et sœurs par les soins et sous les yeux de sa mère Isabeau, qui se séparait peu de sa jeune famille. » Or, les comptes de la Reine nous la montrent au contraire « en plusieurs hostelz » pendant la première enfance de Charles (Voir KK 45, f. 126 v°, 130 v°, 161, 170 et suiv.; KK 46, f. 6). En 1404, elle ne va plus seulement d'un hôtel à l'autre; elle quitte Paris, et nous la trouvons à l'hôtel du Séjour au Pont-de-Charenton, et au château de Crécy, où elle accomplit le « voyage de Saint-Fiacre; » en mai 1405, elle va passer dix-neuf jours à Crécy et à Château-Thierry; en juillet, elle passe encore neuf jours à Crécy et à Saint-Germain (KK 46, *passim*).

4. « Quod Rex molestius ferens, et veritatem ab ore primogeniti cupiens extorquere, ipsi multis affabilibus verbis sciscitanti quantum materna oscula amplexibus et dulcifluo intermixta distulisset sibi regina exhibere, respondit quod per tres menses. » (Religieux, t. III, p. 290, année 1405.)

Reine et le duc mettaient toute leur vanité dans les richesses, toute leur jouissance dans les délices du corps; ils oubliaient tellement les règles et les devoirs de la royauté, qu'ils étaient devenus un objet de scandale pour la France et la fable des nations étrangères[1]. » Dans un sermon prononcé à la Cour en 1405, le jour de l'Ascension, le moine augustin Jacques Le Grand ne craignit pas d'élever la voix et de flétrir publiquement la conduite de la Reine : « La déesse Vénus, s'écria-« t-il, règne seule à votre Cour; l'ivresse et la débauche lui « servent de cortège, et font de la nuit le jour, au milieu des « danses les plus dissolues... Partout, ô Reine, on parle de « ces désordres, et de beaucoup d'autres, qui déshonorent « votre Cour[2]. » On peut penser quel scandale causa une telle hardiesse. Le bruit en vint jusqu'aux oreilles du Roi. Mais, loin de se fâcher, il loua la franchise du religieux, et déclara qu'il voulait l'entendre prononcer un sermon dans son oratoire, le jour de la Pentecôte[3].

Fils d'un père imbécile et d'une mère débauchée, le petit Charles trouva du moins, près de ceux qui l'entouraient, des cœurs affectueux et des soins vigilants. Il eut pour gouvernante Jeanne du Mesnil, qui appartenait à une famille attachée à la maison d'Orléans, et, soit au service du comte de Ponthieu, soit à celui de Marie d'Anjou (à partir de 1419), ne cessa de donner des marques d'un inaltérable dévouement[4]. Sa nourrice était une femme de qualité, Jeanne de Chamoisy, problablement sœur d'un des écuyers de la Reine[5]. Il eut pour *barceresse* (berceuse) Ouzanne Riou (qui devint plus tard sa

1. Religieux, t. III, p. 266.
2. Religieux, t. III, p. 268.
3. Religieux, t. III, p. 270. — Le moine ne perdit pas une si belle occasion de faire entendre de rudes vérités.
4. *Chronique de Jean Raoulet*, publiée par M. Vallet dans son édition de Jean Chartier, t. III, p. 143 et 147, notes; — KK 43, fol. 6. — Bertrand du Mesnil était valet tranchant du duc d'Orléans (*Pièces originales*, vol. 1946 : Du Mesnil). Simon du Mesnil était le premier échanson de la Reine (KK 42, f. 85). Jean et Hervé du Mesnil étaient en 1419 au service du Dauphin.
5. Elle recevait 25 livres par mois, suivant un acte du 28 juin 1423. Le P. Anselme, *Histoire généalogique*, t. I, p. 115. — Jean de Chamoisy était un des écuyers de la Reine (KK 46, f. 30 v°).

demoiselle), et pour femme de chambre Margot de Sommevère[1]. L'enfant fut élevé *au petit pot* : cela est établi par les comptes, qui parlent sans cesse de la « fleur » qui servait à son alimentation, de la « paielle » (poêlon) et de la « cullier d'argent blanc pour faire la bouillie à monseigneur messire Charles de France, » du « pot d'argent à mettre lait, » des serviettes délivrées à ses femmes « pour mettre devant lui quant on lui donne sa *boullye*[2]. » — Le comte de Ponthieu, — c'est le nom qu'on lui donna de bonne heure et qu'il devait garder jusqu'à l'âge de quatorze ans[3], — avait encore son aumônier, Jean de Mantes, et son clerc de chapelle, Jean de Montmoret[4].

Les comptes, où nous trouvons ces renseignements, nous initient à certains détails qui, malgré leur minutie, ne seront point déplacés ici. Les bonnets et les « brasseroles » du petit Charles sont en *écarlate vermeille* de Bruxelles; ses béguins, ses bavettes, ses couvre-chefs, en toile de Reims[5]. En juillet 1403, on lui fait un « mantel » d'*écarlate vermeille*, et un autre de *vert gai* de Londres[6]. Dès le mois de septembre, il a une « houppellande » et des « chapperons » d'écarlate vermeille, et on lui fait, comme à ses frères et sœurs, une « houppelande à grans decoppeures en vert herbeux de Bruxelles[7]. » Comme eux aussi, à partir du second semestre de 1403, il a part aux distributions d'anis et de noix confits, de sucre rosat, d'orengeat, de citron, de coriende, etc., qui se font chaque mois pour la bouche des enfants royaux[8]. Le comte de Ponthieu a, pour son usage personnel, six tasses d'argent blanc, six écuelles de

1. KK 43, fol. 6, 18 et 31; 46, fol. 61 v° et 103 v°; 48, fol. 30 v° et 157. Margot de Sommevère fut remplacée en 1405 par Catherine du Puis.

2. KK 45, fol. 170; KK 43, fol. 18, 31, 37 v°, 38 et 81.

3. On le trouve ainsi désigné dès le mois de novembre 1403 (KK 43, fol. 56). — M. Vallet dit : Dès 1404 au plus tard. La mention que nous visons paraît en effet, au premier abord, du 30 novembre 1404; mais, en y regardant de plus près, on voit qu'elle se rapporte nécessairement à l'année précédente; par contre, la mention de juin 1403 (fol. 53), que nous avons citée dans la *Revue des questions historiques* (t. IX, p. 352, note 4), doit être reportée à 1404.

4. KK 46, f. 157.

5. KK 43, f. 5 v°, 8, 8 v°, 18, 58.

6. *Id.*, f. 8 v°.

7. *Id.*, f. 9 v° et 10.

8. *Id.*, *passim*.

même à ses armes, une aiguière d'argent verrée, et deux pots d'argent blanc[1]. Le 24 avril 1404, on livre, pour servir à le baigner, un « grant bacin de laitton à deux ances[2]; » vers le même temps, Jean Clerbout, orfèvre de la Reine, fait pour lui « une ceinture d'or ferrée au long, la ferrure mise sur un tissu noir[3]. » Dès le mois d'avril 1404, il a, comme les ducs de Guyenne et de Touraine, un « chapeau de cil, doublé de cendail noir, garni d'une plume et d'un lien de soie et d'or de Chypre tout autour, à deux frèses d'or[4]. » A la mort du duc Philippe le Hardi, il prend le deuil, ainsi que ses frères[5].

A mesure qu'il grandit, l'enfant se trouve le plus souvent confondu avec ses frères dans les dépenses d'habillement qui remplissent les comptes. Il a des brasseroles d'écarlate fourrées de menu vair (novembre 1405); ses houppelandes sont d'écarlate vermeille, de vert gai, de noir ou de gris de Montivilliers, et parfois fourrées de gris ou de menu vair; ses « doublets » (gilets-corsets) de satin noir doublés d'écarlate vermeille; ses chaperons d'écarlate ou de drap de Damas vert; il a des chausses mi-parties d'écarlate et de blanc, et des chapeaux de cil blanc ou noir, à plumes[6]. On trouve mentionnés, et la « chaière de chambre, » et le bassin de laiton pour la « chaière nécessaire[7]. » En novembre 1405, nous voyons acheter un coffre « pour servir à mettre les vestemens de la chapelle monseigneur de Ponticu, lequel sert à faire autel en icelle[8]. » L'enfant avait donc déjà *sa chapelle*, qui devait jouer un si grand rôle dans son existence. En avril 1407, on lui fait, avec de l'écarlate vermeille de Bruxelles, une *robe royale* « de quatre garnemens, c'est assavoir cloche, surcot clos, surcot ouvert et cotte simple, » plus deux grands chaperons doubles

1. Les six tasses coûtèrent 42 l. 10 s. 6. d. p.; les six écuelles 50 l. 15 s. 6. d.; l'aiguière, 15 l. 13 s. 1 d.; et les deux pots d'argent 72 l. 18 s. 9 d. (KK 43, *passim*.).
2. KK 43, f. 90 v°.
3. *Id.*, f. 76.
4. *Id.*, f. 92 v°.
5. *Id*, f. 92 v°.
6. *Id.*, *passim*. Cf. Extr. dans J. Chartier, t. III, p. 260-61.
7. 18 avril et 13 août 1405. KK 43, f. 128 et 121 v°.
8. *Id.*, f. 105 v°.

et deux simples, évidés par dessous et au visage[1]. En mai 1408, il porte des houppelandes longues, des huques de « veluiau figuré, broché d'or, » des pourpoints de même étoffe; et, pour fêter *le mai*, on confectionne pour lui, comme pour ses frères, une houppelande de drap vert gai, richement ornée de broderies[2].

On n'a guère de renseignements sur la première enfance du comte de Ponthieu. Mais on sait dans quelle atmosphère agitée il vécut jusqu'à l'âge de dix ans, et l'on peut le suivre à travers les épisodes tragiques ou sanglants qui signalèrent cette période et durent laisser leur empreinte dans sa jeune imagination.

Un jour (août 1405)[3], à peine âgé de deux ans et demi, il est jeté dans une barque, avec ses frères, emmené furtivement à Vitry, et conduit de là, en chariot, à Villejuif. Le lendemain, sur le chemin de Pouilly, où les petits princes allaient rejoindre leur mère et le duc d'Orléans, apparaît soudain, à main armée, le duc de Bourgogne. — Jean sans Peur, après une violente altercation avec le duc de Bavière, frère de la Reine, qui commandait l'escorte, tranche lui-même, d'un coup d'épée, les traits des chevaux, et fait ramener à Paris les trois enfants, lesquels sont logés au Louvre, sous la garde du duc de Berry[4]. Bientôt la capitale se remplit d'hommes armés; les rues sont tendues de chaînes; on ferme les portes, qui n'avaient point été closes depuis vingt-quatre ans; des rondes nocturnes sillonnent les rues; l'émeute gronde, et les cris : *Alarme! Alarme!* retentissent de toutes parts. C'est dans ces agitations et ces terreurs que s'écoulent, pour les enfants de France, les derniers mois de 1405.

1. KK 43, f. 198.
2. KK 29, *passim*. Voir extraits, t. I, p. 261-67.
3. La date est fixée par les auteurs du temps, mais d'une manière plus précise par les deux extraits suivants d'un *Compte de l'Hotel* (KK 46, f. 93) :
« Rize, varlet de sommiers de la Royne, envoié hastivement toute [nuit] porter lettres de ladicte dame à Jehan Le Blanc son argentier..., mercredi XIX jour d'aoust, la Royne disner à Poully, souper et giste à Meleun, argent . . . . XII s. »
« Jehan Le Charron, chevaucheur, envoié porter lettres de la Royne hastivement toute nuit à Paris à Mgr de Tancarville et à Mgr le grant maistre d'ostel du Roy..., jeudi XX jour d'aoust, la Royne à Meleun, argent. . . . . XVI s. »
4. Les comptes nous montrent qu'ils y restèrent jusqu'à la fin de l'année, tandis qu'Isabeau résidait à l'hôtel Saint-Paul (KK 48, *passim*).

Deux ans après (23 novembre 1407), c'est le duc d'Orléans qui, dans la vieille rue du Temple, non loin de la résidence royale, tombe sous les coups d'assassins armés par Jean sans Peur. L'année 1408 est très agitée : le 11 mars, les jeunes princes sont emmenés secrètement à Melun par leur mère, et y restent jusqu'au 26 août, au milieu des gens de guerre ; le 5 novembre, ils repartent avec Isabeau pour suivre la Cour, qui fuyait le duc de Bourgogne, et, après avoir séjourné à Tours et à Chartres, ils rentrent à Paris le 21 mars 1409. Mais bientôt, la Reine se transporte de nouveau à Melun, pendant que Jean sans Peur règne en maître dans la capitale, et que la Commune y exerce ses violences. Quand le jeune Charles revint (décembre 1409), il put voir, pendu au gibet, le corps du grand maître Jean de Montaigu, exécuté le 17 octobre par ordre du duc de Bourgogne : ce corps ne devait disparaître que trois ans plus tard[1] !

Après un court moment de répit, en 1410, la guerre recommence entre les princes. Paris est sous la domination des bouchers, et les bourgeois eux-mêmes prennent la fuite. La Reine se retire encore une fois à Melun avec ses enfants (juin 1411)[2]. C'est pendant ce séjour que le comte de Ponthieu reçoit en présent de sa mère un « roncin bay, » du prix de 75 livres 5 sous tournois, acheté à la foire du Lendit[3] ; il avait alors huit ans et demi. Isabeau rentra dans la capitale le 11 septembre[4] ; mais, pour être plus en sûreté, elle alla s'établir au bois de Vincennes. Cette fois le jeune Charles, de son logis du palais du Louvre, put voir les soldats anglais amenés dans Paris par le duc de Bourgogne[5], et entendre le bruit des exécutions sanglantes par lesquelles Jean sans Peur célébrait son triomphe. Pendant l'expédition contre le duc de Berry (5 mai 1412), où le duc Jean conduisit l'infortuné Charles VI,

1. Le 12 septembre 1412. — Sur tous ces faits, voir le Religieux de Saint-Denis, Jouvenel des Ursins et Monstrelet.
2. Voir KK 48, f. 72 v°.
3. KK 48, f. 64 ; Extr. dans J. Chartier, p. 268. — La foire du Lendit s'ouvrait le 12 juin.
4. Cette date est donnée par Jouvenel, p. 232.
5. Ils y restèrent jusqu'au mois de novembre 1412.

dont chacun se servait comme d'un jouet, la Reine se tint à Melun [1], et une grande fête y fut célébrée quand le Roi revint à la tête de son armée (7 septembre). La Cour rentra ensuite à Paris, où la Reine se résigna à subir la loi du duc de Bourgogne.

L'année suivante (28 avril 1413) éclate la grande révolution cabochienne. La famille royale est à la merci des bouchers, auxquels se mêlent des familiers du duc de Bourgogne. L'hôtel Saint-Paul est envahi; les portes sont enfoncées; on fouille tout le palais, et l'on se saisit du duc de Bar, des serviteurs du duc de Guyenne, de ceux même du Roi. Michel de Vitry est arraché brutalement des mains de la duchesse de Guyenne, propre fille du duc de Bourgogne, qui cherchait à le sauver. Quelques jours plus tard, nouvelle attaque à main armée et nouvelles arrestations : le duc de Bavière, frère de la Reine, est emmené prisonnier, avec un grand nombre de personnes des hôtels du Roi, de la Reine, des princes et princesses. Quatorze des dames d'Isabeau sont saisies dans les chambres les plus secrètes, où elles avaient cherché un refuge, et enlevées de vive force. On rapporte que la Reine, outrée de tels excès, en tomba malade [2]. Jour et nuit des rondes se font autour du palais, sous prétexte de veiller à la *sûreté* du Roi et du duc de Guyenne. Le chaperon blanc, signe de ralliement de la sédition, est imposé à Charles VI et à ses fils. La terreur règne ainsi pendant trois mois, et l'échafaud est dressé en permanence [3]. Enfin l'intervention du roi de Sicile, du duc d'Orléans, d'autres princes du sang, amène une réaction, à la tête de laquelle se placent le Parlement et l'Université, qui met fin à ces orgies populaires : le 3 août, les prisonniers sont délivrés; le 8, la paix est publiée; le 31, le roi de Sicile et les princes font leur entrée dans Paris [4].

1. Elle y était dès le 11 mars, jour où le duc de Bourgogne lui envoya en présent quatre petits singes (KK 48, f. 116 v°). — La Reine, pendant l'expédition de Bourges, prêta trente mille livres au Roi (*Id.*, f. 110).

2. Religieux de Saint-Denis, t. IV, p. 46; Monstrelet, t. II, p. 351 et suiv., 449.

3. Il faut lire, sur la révolution cabochienne, le récit de la chancellerie royale qui fut adressé à toute l'Europe : lettres de Charles VI du 18 septembre 1413, Rymer, t. IV, part. II, p. 46-48. Il se retrouve dans la collection Moreau, 1424, n°s 57 et 58.

4. Monstrelet, t. II, p. 398; Religieux, t. IV, p. 131, etc.

C'était une phase nouvelle qui commençait. Elle fut marquée par un événement considérable pour la destinée du comte de Ponthieu, aussi bien que pour l'avenir de la France. La politique du duc de Bourgogne avait toujours tendu à s'emparer des héritiers du trône. Le duc de Guyenne, uni à sa fille Marguerite, était sous sa main; le duc de Touraine, marié à sa nièce Jacqueline de Bavière[1], résidait en Hollande[2], et se trouvait à sa discrétion. Restait le comte de Ponthieu : l'alliance qu'il contracta, le 18 décembre 1413, l'enleva tout à la fois au milieu agité où il avait vécu et à l'influence bourguignonne.

Il était une maison, depuis longtemps rivale de la maison de Bourgogne, qui, si elle ne se fût imprudemment lancée à la recherche d'un trône lointain, eût pu maintenir la prépondérance dont elle jouissait à la mort de Charles V, et combattre efficacement les desseins ambitieux de Jean sans Peur : nous voulons parler de la maison d'Anjou. Louis Ier, duc d'Anjou, avait fait voile vers l'Italie, en 1382, pour aller prendre possession du royaume de Naples que lui avait légué Jeanne de Sicile, et y avait trouvé la mort deux ans plus tard. Son fils, Louis II, couronné, en 1389, à Avignon, par le pape Clément VII, poursuivit l'entreprise de son père; il avait été marié, dans un but politique, à une princesse d'un rare mérite et d'une incomparable beauté[3] : Yolande d'Aragon, fille du roi Jean Ier et de Yolande de Bar, et petite-fille du roi de France Jean. Le dernier et habile historien de René d'Anjou a raconté les circonstances singulières dans lesquelles s'accomplit cette union, qui devait être plus précieuse encore pour la France que pour la maison d'Anjou. « Les hommes,

1. Par contrat du 30 juin 1406 (Anselme, *Hist. généal.*, t. I, p. 114). Les promesses mutuelles des jeunes époux sont datées de La Haye, le 6 août 1415 (Du Mont, t. II, part. II, p. 45).

2. J'ai trouvé aux archives de Grenoble une ordonnance de lui, donnée à La Haye le 18 janvier 1416 (B 2825, f. 40).

3. « Une des belles créatures qu'on peust point voir. » (Jouvenel des Ursins, p. 144.) — « Laquelle l'on disoit bien estre la plus vertueuse, sage et belle princesse qui feust en la chrestienté. » (Bourdigné, éd. Quatrebarbes, t. II, p. 121.) — Son portrait se trouve dans un vitrail de la cathédrale du Mans; il a été reproduit dans *les Vitraux du Mans*, par M. Hucher, et en dernier lieu dans la *Jeanne d'Arc* illustrée de M. Wallon, publiée par la maison Didot, p. 47.

ajoute-t-il, en espéraient des fruits qui ne se réalisèrent pas. Mais Dieu, qui comprend mieux que nous notre bonheur, en fit découler des avantages bien plus précieux : au lieu de provinces, au lieu d'appuis ou de droits nouveaux, la maison royale acquit par là une femme supérieure, une de ces reines mères comme l'Espagne en a donné plusieurs fois à notre pays, mais tempérant par un mélange de sang français les qualités énergiques de sa race paternelle[1]. »

Le duc d'Anjou — que les contemporains désignent habituellement sous le nom de roi de Sicile — était resté étranger aux factions qui partageaient la Cour. Jean sans Peur rechercha son alliance, et, par un traité en date du 22 octobre 1407, la main de Catherine de Bourgogne fut promise au fils aîné de Louis, alors âgé de quatre ans. Mais le meurtre du duc d'Orléans, dont le roi de Sicile reçut l'aveu de la bouche même de son cousin, la conduite astucieuse et déloyale du duc de Bourgogne, ses incessantes prises d'armes, le décidèrent — un peu tardivement il est vrai[2] — à rompre cette alliance : en novembre 1413, peu après son entrée dans la capitale, Louis d'Anjou fit reconduire en grande pompe la jeune princesse à son père, et lui restitua tout son trousseau[3]. L'affront était sanglant ; la rupture fut irrémédiable.

C'est à ce moment que fut conclu le mariage qui devait resserrer les liens déjà existants entre la branche d'Anjou et la maison régnante. Le 21 octobre 1413, la reine Yolande quittait Angers et rejoignait son mari le 30, au château de Marcoussis, où elle séjourna en novembre et décembre, tandis que le roi de Sicile suivait à Paris les négociations[4]. La princesse qu'on destinait au comte de Ponthieu était née le 14 octobre 1404, et avait par conséquent vingt mois environ de moins que son fiancé. Quand les pourparlers furent terminés, Yolande

1. Lecoy de La Marche, *Le Roi René*, t. I, p. 25-26 (Paris, 1875, 2 vol. in-8°).

2. Il avait eu le tort grave de s'allier, en janvier 1412, avec Jean sans Peur.

3. Voir à ce sujet le Religieux de Saint-Denis, t. V, p. 160, et t. VI, p. 50 ; Jouvenel, p. 267 ; Berry, *ap. Historiens de Charles VI*, p. 427.

4. *Comptes de la Reine Yolande*, KK 243, f. 23, v° 24. — D'après ces comptes, on voit que le Roi de Sicile quitta Yolande le 8 novembre pour se rendre à Paris et revint le 23 ; il repartit de Marcoussis le 29 novembre, et fut rejoint à Paris le 22 décembre par sa femme.

se rendit à Paris, et visita la reine Isabeau à l'hôtel Barbette; celle-ci lui fit de très riches présents[1]. La cérémonie des fiançailles eut lieu au Louvre, dans les derniers jours de décembre[2], en présence de la Reine, du roi et de la reine de Sicile, du duc de Guyenne, frère de Charles, du duc d'Orléans, des comtes d'Eu, de Vertus et d'Armagnac. Le Roi, alors dans une de ses crises, ne put y assister[3].

Le 5 février, la reine Yolande s'éloignait de la capitale[4], en compagnie de son futur gendre et de sa fille : le comte de Ponthieu devait rester sous son aile jusqu'au jour où il serait appelé par les événements à un rôle politique.

Que devint le jeune Charles pendant ces années fécondes où, sous la direction de la sage Yolande, il allait se former au rôle que lui destinait la Providence? Nous le trouvons accompagnant sa belle-mère en Anjou et en Provence, mêlé à l'éducation et aux jeux de ses beaux-frères Louis et René, le premier du même âge que lui, le second plus jeune de six ans. Le comte de Ponthieu séjourna d'abord à Angers, où il arriva le 21 février, et où le roi de Sicile rejoignit les siens au mois de juillet; en septembre, il est à Saumur; en octobre, à Tours[5]; le 26 janvier 1415, il part, avec Yolande et sa fiancée, pour la Provence, où le roi de Sicile les avait précédés[6]. L'hiver et une partie de l'été se passèrent à Tarascon : ce séjour fut, pour cet enfant de douze ans, une heure charmante, mais bien

1. Par lettres du 8 décembre 1413, la Reine avait commandé de payer les dépenses suivantes : 1072 fr. pour six hanaps d'or à pied, émaillés de rouge clair au fond, destinés à la Reine de Sicile ; 80 fr. pour un diamant pointu, en un anneau, donné au duc de Guise (René d'Anjou) ; 208 livres, pour une aiguière et un gobelet d'or, donnés au comte de Ponthieu ; plus un diamant de 66 l. 5 s., donné à une demoiselle de la Reine, Marie de Craon, et un hanap et une aiguière du prix de 48 l. 15 s., donnés à un conseiller de la Reine, Macé de Beauvau. Voir KK 48, f. 127 v°; Extraits dans la *Chronique de J. Chartier*, t. III, p. 269.

2. M. Vallet donne (t. I, p. 12), la date du 18 décembre, qui est indiquée par le Religieux de Saint-Denis; mais cette date est contredite formellement par les comptes de Yolande, qui ne la font venir que le 22 décembre à Paris.

3. Religieux de Saint-Denis, t. V, p. 230. Cf. Berry, p. 427.

4. Les comptes nous la montrent le 9 janvier à Marcoussis, où elle séjourne jusqu'au 30; elle va ensuite à Saint-Marcel-les-Paris, jusqu'au 5 février, date de son départ pour l'Anjou. KK 243, f. 24 v°, 25; Cf. f. 13 v°, 42, 45 v°, 51, etc.

5. KK 243, f. 25 v°, 42, 45 v°, 51.

6. KK 243, f. 42 v° et 45 v°.

fugitive, de calme et de bonheur, au milieu d'une existence traversée jusque-là par tant d'agitations et vouée dans l'avenir à de si rudes épreuves. Que de fois, dans le cours de sa vie, au milieu des labeurs et des misères de sa royauté naissante ou parmi les tristesses de sa vieillesse, ses souvenirs ne se reportèrent-ils pas vers ces années d'enfance, écoulées sur les bords de la Loire ou sous le ciel de la Provence, où pour la première fois il avait appris ce que c'est qu'une mère, où il avait pu goûter un instant les douceurs de la famille!

Les événements devaient abréger ce séjour en Provence : une invasion anglaise était imminente, et tous les princes du sang devaient se serrer autour du trône; en arrivant dans le Maine, au commencement d'octobre, le roi de Sicile apprit coup sur coup la descente d'Henri V à Harfleur et la perte de cette ville. Charles VI venait de se rendre à Rouen pour préparer la résistance; Louis II se hâta de l'y joindre : il partit le 12 octobre, laissant le comte de Ponthieu près de sa femme [1]. Le 20, il assista au Conseil où fut discutée la marche à suivre pour arrêter l'ennemi, et où l'on décida de livrer bataille [2]. Cinq jours plus tard, la France subissait à Azincourt le plus cruel et peut-être le plus irréparable des désastres que les Anglais aient infligés à nos armes. Revenu à Paris avec la Cour, le roi de Sicile se trouvait à Angers le 20 décembre [3]. C'est à cette époque que, sur la présentation du duc de Guyenne, le Roi donna au comte de Ponthieu une charge importante, la capitainerie du château de Vincennes [4]. Nous avons l'original d'une lettre missive adressée à ce sujet à la Cour des Comptes, le 23 novembre 1415 [5].

Le comte de Ponthieu ne fut point, comme le prétend Mons-

1. KK 243, f. 46 v°. — Ils étaient passés en septembre à Orléans, où ils avaient été logés au palais ducal (Voir Vallet, t. I, p. 17-18, et *Catalogue Joursanvault*, n° 3927).
2. Monstrelet, t. III, p. 98.
3. Le roi Louis, souffrant déjà de la maladie de vessie qui devait l'emporter, était arrivé par eau à Paris le 30 novembre; il en repartit le 10 décembre (Jouvenel, p. 321-22). — La date de son arrivée à Angers nous est donnée par les comptes (KK 243, f. 46 v°).
4. Cité par le P. Anselme, t. I, p. 115, d'après mémorial H de la Chambre des Comptes, f. 37.
5. Nous l'avons trouvée dans la collection Gaignières (Fr. 20437, f. 7). C'est la première lettre de Charles qu'on possède. Elle porte sa signature originale. Nous la donnerons dans les *Pièces justificatives*.

trelet, mêlé aux événements de cette année; il ne parut ni à Rouen, au Conseil du 20 octobre, ni à Paris, à celui où l'on décida d'appeler le comte d'Armagnac : il demeurait paisiblement à Angers, sous la garde de la reine Yolande[1]. Il y resta même bientôt seul. La mort du duc de Guyenne, ce prince frivole, adonné à une vie inutile et luxueuse, usé par des excès précoces, qui survint le 18 décembre 1415[2]; l'arrivée de l'empereur Sigismond à Paris (1er mars 1416), forcèrent le roi de Sicile à y revenir, et la reine l'accompagna[3]. C'est pendant leur séjour qu'un complot, tramé par la faction bourguignonne, faillit amener le massacre d'une partie de la famille royale, et en particulier de la reine de Sicile. Les révélations d'une femme amenèrent la découverte de la conspiration, et les mesures énergiques prises par le prévôt de Paris, Tanguy du Chastel, empêchèrent seules le coup d'aboutir[4].

Le nouveau Dauphin, Jean, duc de Touraine, résidait à la Cour du comte de Hainaut, son beau-père, et, malgré les sollicitations qui lui étaient faites, ne se hâtait pas de se rendre dans la capitale. Le duc de Berry, dernier survivant des frères de Charles V, qui, malgré son grand âge, tenait encore

1. Voir Monstrelet, t. III, p. 98 et 126. — J'avais, à l'exemple de M. Vallet (t. I, p. 18), eu le tort de suivre Monstrelet, dans mon étude sur *le caractère de Charles VII (Revue des questions historiques*, t. IX, p. 353). L'examen des *Comptes de la reine Yolande* ne laisse aucun doute à cet égard (KK 243, f. 46 v°).

2. « Du mercredy XVIIIe jour de decembre MCCCCXV. Ce jour Mgr Loys de France, aisné fils du Roy nostre sire, Dauphin de Viennois et duc de Guyenne, mouru, de l'aage de vingt ans ou environ; bel de visage, souffisamment grant et gros de corps, pesant et tardif et po agile, volontaire et moult curieux à magnificence d'habits et joyaux *circa cultum sui corporis*, desirant grandeur d'honneur de par dehors, grant despensier à ornemens de sa chapelle privée.. Et si avoit bon entendement tant en latin que en françois, mais il employoit po, car sa condicion estoit à present d'employer la nuict à veiller et po faire, et le jour à dormir; disnoit à trois ou quatre heures après midy et souppoit à minuict et alloit coucher au point du jour ou à soleil levant souvent. Et pour ce estoit avanture qu'il vesquist longuement. » *Reg. du Parlem.* dans Felibien, *Histoire de Paris*, t. IV, p. 560. Cf. Religieux, t. V, p. 586. — Voir sur le duc de Guyenne l'intéressant écrit du regrettable Léopold Pannier, *les Joyaux du duc de Guyenne*.

3. Monstrelet, t. III, p. 135-36. — Le roi et la reine partirent d'Angers avec Mgr de Guise et Mgr René le 27 février. Le comte et la comtesse de Ponthieu restèrent à Angers (KK 243, f. 47). C'est donc à tort que Monstrelet fait venir le comte de Ponthieu à Paris à ce moment.

4. Voyez les détails donnés par Monstrelet, t. III, p. 140-42. — Chose à remarquer, parmi ceux qui furent pris en flagrant délit et exécutés, figuraient de « notables hommes » que le chroniqueur désigne. Cf. Jouvenel, p. 332-33; *Journal d'un bourgeois de Paris*, p. 70; *Reg. du Parlement*, dans Felibien, t. IV, p. 561; Cousinot, *Geste des Nobles*, p. 160.

une grande place dans le Conseil, disparut à son tour le 15 juin 1416. En l'absence de son frère, le comte de Ponthieu fut appelé à recueillir l'héritage politique du duc. Il quitta Angers, le 16 juin[1], pour rejoindre ses beaux-parents, et fut nommé capitaine général de Paris, en remplacement du duc de Berry[2]. Le 15 juillet, il reçut en apanage le duché de Touraine, et en fit hommage le même jour entre les mains du Roi[3]. La maladie de Charles VI, les infirmités croissantes de la reine Isabeau laissaient au roi de Sicile tout le poids du gouvernement; il avait alors la présidence du Conseil[4], et, sous son habile direction, Charles allait pouvoir s'initier aux affaires. Le duc de Touraine, bien qu'âgé de moins de quatorze ans, paraît au Conseil à partir du 3 septembre 1416[5].

Le roi Louis, dans ce poste élevé, était en butte aux animosités de plus en plus ardentes du duc de Bourgogne, qui le regardait comme son ennemi personnel : profitant de l'absence du connétable d'Armagnac, occupé à combattre les Anglais, Jean sans Peur tenta de faire enlever Louis aux portes mêmes de la capitale[6]. Mais la mort ne devait pas tarder à le délivrer de ce rival redoutable : en proie à un mal qui le minait lentement, le roi de Sicile dut, après les fêtes de Noël, quitter Paris, et se retirer en Anjou[7], où il mourut quatre mois plus tard (29 avril 1417).

Le duc de Touraine restait seul et sans guide sur la scène politique où il avait été appelé si jeune.

1. KK 243, f. 47.

2. Berry, *ap.* Godefroy, p. 431; Monstrelet, t. III, p. 146. « Donna à Charles, son mainsné fils, dit Monstrelet, la capitainerie de Paris soubs le gouvernement du Roy Loys, son beau-père. »

3. *Ordonnances*, t. X, p. 371.

4. Il figure parmi les signataires des ordonnances des 16 et 25 juin, 15 juillet, 3 septembre et 22 octobre. — *Ordonnances*, t. X, p. 369, 371, 372, 379, 382, 385.

5. *Ordonnances*, t. X, p. 379.

6. Voir les détails donnés par Monstrelet sur l'expédition du seigneur de Sores, qui parvint à se mettre en embuscade avec 600 combattants, entre Paris et l'église Saint-Laurent. « Si estoient là alez, dit-il, pour prendre le Roy Loys de Cecile, à l'aide de quelques Parisiens. » Cf. les détails qui se trouvent dans les lettres de Charles VI du 30 août contre les brigands bourguignons (Monstrelet, t. III, p. 151 et 155); voir aussi le Religieux, t. VI, p. 42-44, qui donne la date (13 août), et les *Registres du Parlement*, Archives, X[1a] 1480, f. 64 v°, et dans Felibien, t. IV, p. 562.

7. Le roi et la reine arrivèrent à Angers le 8 janvier. Archives, KK 243, f. 47 v°.

Lors des négociations entamées pour faire revenir à Paris le Dauphin Jean, nous le voyons suivre sa mère et le duc de Bretagne à Senlis (11 janvier-24 février 1417)[1]; il assiste au Conseil du 30 mars, où le comte de Hainaut, qui s'était fait dans cette mission l'agent de Jean sans Peur, déclara avec violence qu'il mettrait le Dauphin dans Paris *avec le duc de Bourgogne*, ou que sinon il le ramènerait en Hainaut. Mais soudain l'on apprend que le jeune prince, saisi d'un mal subit, vient d'être emporté (5 avril 1417).

Charles est désormais *le Dauphin* : par lettres du 13 avril, le Roi lui donne le Dauphiné, avec toutes les prérogatives attachées à son titre[2].

1. Voir Monstrelet, t. III, p. 167; Religieux, t. VI, p. 51-53.
2. *Ordonnances*, t. X, p. 404. L'original est aux archives de Grenoble, B 3178.

CHAPITRE II

ÉVÉNEMENTS POLITIQUES ET MILITAIRES DEPUIS 1417 JUSQU'A 1422

Jean sans Peur tente un accommodement avec la Cour. — La mort du Dauphin Jean renverse ses plans : il prend les armes. — Attaque de Paris. — Soumission de tout le pays chartrain. — Occupation de Troyes, où la reine Isabeau vient s'installer. — Mesures prises par le gouvernement royal pour résister au duc et à la Reine, et s'opposer aux progrès de l'invasion anglaise. — Négociations entre le gouvernement royal et le duc de Bourgogne. Leur rupture, suivie de l'entrée des Bourguignons dans Paris. — Triomphe de la faction bourguignonne. — Le Dauphin organise la résistance à Bourges; ses partisans prennent les armes de tous côtés. — Le duc de Bourgogne à Paris; troubles dans la capitale livrée à l'anarchie. — Semblants de résistance du duc contre l'invasion anglaise. — Henri V s'avance dans la Haute Normandie, où il fait le siège de Rouen, qui capitule au bout de six mois. — Perte de toute la contrée. — Campagne faite par le Dauphin, qui s'empare de Tours. — Négociations entre les diverses parties; elles n'aboutissent pas. — Conférences de Meulan. — Le duc de Bourgogne se rapproche du Dauphin. — Il périt à Montereau. — Coalition anglo-bourguignonne contre le Dauphin. — Campagne du Midi : Charles fait rentrer le Languedoc dans la soumission. — Traité de Troyes, suivi de la prise de Sens, de Montereau et de Melun. — Nouvelle campagne du Dauphin, aussitôt interrompue par la mort soudaine du comte de Vertus. — Départ d'Henri V pour l'Angleterre. — Les hostilités se poursuivent entre les Dauphinois et les Anglais, qui perdent la bataille de Baugé. — Marche triomphale du Dauphin, que Chartres arrête sur la route de Paris. — Retour du roi d'Angleterre, qui s'avance jusqu'à Vendôme. — Campagne du duc de Bourgogne dans le Nord : il gagne la bataille de Mons-en-Vimeu. — Siège et prise de Meaux par Henri V. — Le Dauphin perd la plupart de ses possessions dans le Nord. — Campagne contre le duc de Bourgogne dans l'Est. — Henri V meurt au moment où il marchait à son secours. — La mort du roi d'Angleterre est bientôt suivie de celle de Charles VI.

Par la mort du Dauphin Jean, survenue le 5 avril 1417, le cinquième des fils de Charles VI était devenu l'héritier du trône. Comme son frère aîné Louis, duc de Guyenne, mort le 18 décembre 1415, Jean s'était montré favorable au parti bourguignon [1] : marié à Jacqueline de Bavière, fille du comte

1. Monstrelet, t. III, p. 161; *Chronique anonyme*, publiée par M. Douet d'Arcq à la suite de son édition de Monstrelet, t. VI, p. 230.

de Hainaut, princesse destinée à une triste célébrité, il résidait à Valenciennes, auprès de son beau-père. En 1416, on avait vu le duc de Bourgogne, au retour de ce voyage de Calais où le bruit public l'accusait d'avoir conclu avec le roi d'Angleterre un pacte déloyal [1], se rendre auprès du comte de Hainaut, et obtenir, par un traité en date du 13 novembre, que le comte « ne mectroit point ledit Daulphin en la puissance d'aucune personne que tousjours il n'en feust bien seur [2]. » Le Dauphin se trouvait par là à la discrétion de Jean sans Peur; mais il restait à le faire revenir à Paris et à y ramener avec lui l'influence bourguignonne [3] : ce fut l'objet de négociations qui occupèrent les premiers mois de 1417, et auxquelles coupa court la mort subite du jeune prince. Cette fin donna lieu à des accusations d'empoisonnement, qui se produisirent à plus d'une reprise dans ces temps troublés, mais qui paraissent ici dénuées de fondement [4].

Ce n'était point, d'ailleurs, une facile entreprise que celle que tentait le comte de Hainaut en cherchant à réconcilier le duc de Bourgogne avec la Cour. Par l'assassinat du duc d'Orléans (23 novembre 1407), Jean sans Peur s'était en

1. Monstrelet, p. 162-164; Jouvenel des Ursins, *ap.* Godefroy, *Historiens de Charles VI*, p. 335; etc. Nous reviendrons sur ce point, qui mériterait un examen approfondi.

2. Monstrelet, t. III, p. 168. Jusque-là il paraît que le comte avait refusé de lui « bailler le gouvernement de Mgr le Dauphin. » Berry, *ap.* Godefroy, p. 432.

3. Voir Monstrelet, t. III, p. 168. Le comte dit en plein conseil qu'il « mectroit ensemble le Daulphin et le duc de Bourgongne dedens Paris, ou il remenoit icellui Daulphin en son pays de Haynnau. »

4. Voir, sur cet événement, le Religieux de Saint-Denis, t. II, p. 60; Monstrelet, t. III, p 168; Pierre de Fenin, p. 69-70; *Chronique anonyme*, dans Monstrelet, t, VI, p. 231; Jouvenel, p. 335; Berry, p. 462; Le Fèvre de Saint-Remy, éd. de M. Fr. Morand, t. I, p. 289, et la nouvelle édition du *Journal d'un bourgeois de Paris* que vient de donner M. Tuetey, et où il consacre une longue note à la mort de Jean (p. 76). — La Reine avait envoyé, du Bois de Vincennes, le médecin du dauphin, Jean Cadart, à Compiègne; il arriva sans doute trop tard; on lui paya six francs pour son voyage le 12 avril. (KK 49, f. 52 v°.) Jean sans Peur, dans ses lettres du 25 avril (Godefroy, *Annotations aux historiens de Charles VI*, p. 681, et D. Plancher, t. III, p. cccv), formule l'accusation d'empoisonnement, qui a été reproduite par les auteurs bourguignons. M. Vallet de Viriville repousse cette version; il croit que la maladie qui emporta le jeune prince était une fistule à l'oreille (*Histoire de Charles VII*, t. I, p. 24, note 2). M. Tuetey rappelle (p. 76, note 2) le démenti public infligé au duc par le Parlement et l'ordonnance portant que les lettres, après avoir été déchirées en la Cour, seraient « rompues et arses publiquement en la ville de Paris. »

quelque sorte mis hors la loi, et, depuis ce criminel attentat, à travers des alternatives de soumission intéressée et de révolte hautaine, son ambition n'avait jamais cessé de se proposer pour but de gouverner le royaume et de disposer en maître des finances de l'État. Privé, par la mort prématurée du Dauphin Jean, de l'instrument qu'il espérait faire servir à ses desseins, le duc ne tarda pas à recourir au parti qui lui était habituel quand ses intrigues restaient impuissantes : il prit les armes.

L'occasion semblait favorable. Le vieux duc de Berry, qui, par l'autorité de l'âge et du caractère, exerçait encore quelque ascendant sur son neveu, avait cessé de vivre (15 juin 1416). Les ducs d'Orléans et de Bourbon étaient prisonniers en Angleterre. Louis d'Anjou, roi de Sicile, beau-père du nouveau Dauphin et ennemi personnel du duc, venait, vaincu par la maladie, de se retirer de la scène politique, et mourait à ce moment même (29 avril 1417), à l'âge de quarante ans. Le duc de Bretagne, mêlé aux négociations entamées par le comte de Hainaut, restait indécis entre les deux partis. Quels obstacles Jean sans Peur pouvait-il rencontrer? Le Roi? L'infortuné Charles VI était, selon l'occurence, ou Bourguignon ou Armagnac, et, selon l'expression d'un auteur du temps, « peu lui chaloit comme tout allast[1]. » La Reine? Tout entière à ses frivolités et à ses superstitions, rendue impotente par de précoces infirmités[2], elle ne pouvait jouer un rôle actif, et, d'ailleurs, sous prétexte de faits scandaleux qui s'étaient produits dans son entourage, elle venait d'être reléguée à Blois (avril 1417). Le Dauphin? L'héritier du trône n'était qu'un enfant, et, par la mort du roi de Sicile, il venait de perdre son principal guide et son meilleur appui. Un seul homme pouvait tenir tête au duc, c'était Bernard, comte d'Armagnac, appelé à Paris, à la fin de 1415, pour recevoir l'épée de connétable. Autour de lui se groupaient de vieux et fidèles serviteurs de la royauté, qui, bien qu'engagés pour la plupart dans l'ancien parti d'Orléans, n'étaient point ennemis déclarés de Jean sans Peur.

1. *Mémoires de Pierre de Fenin*, p. 90.
2. Elle était tellement podagre qu'elle se faisait traîner dans une chaise roulante. Voir *Isabeau de Bavière*, par M. Vallet de Viriville, p. 25.

Se conformant à la politique qui lui avait toujours réussi, le duc s'adressa tout d'abord aux villes sur l'adhésion desquelles il pouvait compter : il lança (25 avril) un manifeste où, attaquant le gouvernement royal dans les termes les plus violents, il se présentait comme le sauveur de la chose publique, le restaurateur des antiques libertés, le défenseur du peuple affranchi de taxes excessives et d'impôts vexatoires, et engageait les populations à se joindre à lui pour mettre le Roi « en sa franchise et seigneurie, et le royaume en justice[1]. » Un plein succès couronna cette manœuvre. La plupart des villes se firent bourguignonnes, et le duc se vit ainsi, sans coup férir, maître d'importantes positions. Enivré de ce succès et croyant déjà tenir le pouvoir, il fit acte de souveraineté, déposa les officiers royaux, supprima les impôts, et procéda à l'égard de ses adversaires par la confiscation et par la mort. Puis il convoqua ses gens de guerre, annonçant qu'il voulait marcher sur Paris et jurant qu'il y entrerait à la tête de ses troupes.

Au moment même où le roi d'Angleterre s'apprêtait à envahir la France[2], Jean sans Peur se mit en campagne avec 6,000 chevaliers ou écuyers et 30,000 archers[3]. Déjà, sur plusieurs points du royaume, ses partisans avaient pris les armes[4]. Ni l'arrêt du Parlement contre ses manifestes; ni les messages et les remontrances du Roi; ni les lettres patentes bientôt lancées contre lui; ni les succès des Anglais qui, débarqués à Touques le 1er août[5], se répandirent promptement dans la Basse Nor-

1. Voir Religieux de Saint-Denis, t. VI, p. 76-80; Monstrelet, t. III, pp. 174, 184-85, 193 et 197; Saint-Remy, t. I, p. 291; D. Plancher, *Hist. de Bourgogne*, t. III, preuves, p. cccIII; Chéruel, *Rouen sous la domination anglaise*, p. 23; Beauvillé, *Histoire de Montdidier*, t. I, p. 133. — Le manifeste du 25 avril est en original aux Archives (J 963, nº 7), et est exposé parmi les pièces du musée.

2. Sur cette coïncidence, voir les *Croniques de Normendie*, publiées par M. Hellot, p. 30-31.

3. Voir, sur l'armée du duc, D. Plancher, *Hist. de Bourgogne*, t. III, p. 468 et 472-75.

4. A Rouen, où l'insurrection bourguignonne éclata au commencement de juillet; à Nogent-le-Roi, dans le comté de Chartres, assiégé en même temps, et qui capitula le 18, s'il faut en croire D. Plancher (t. III, p. 469); à Saint-Florentin, près d'Auxerre, vers le 20 juillet (Berry, p. 432); à Troyes, le 1er août (*Archives de l'Aube*, par M. Vallet de Viriville, p. 6-7).

5. M. Vallet de Viriville, trompé par la *Chronique normande* de Pierre Cauchon, place le débarquement à La Hougue-Saint-Vaast, au lieu de Touques, tout en racontant les faits militaires accomplis à Touques et aux environs (t. I, p. 56).

mandie et allèrent mettre le siège devant Caen (18 août), rien n'arrêta le duc de Bourgogne. Après une marche triomphale où, soit par de fallacieuses promesses, soit par trahison, mais presque toujours sans avoir à recourir aux armes, il s'était fait ouvrir les portes de toutes les villes, il arriva au milieu du mois de septembre sous les murs de Paris [1].

Le duc s'établit à Montrouge, d'où il envoya Jean de Luxembourg assiéger la tour de Saint-Cloud, et Hélion de Jacqueville attaquer Chartres; il comptait, pour s'emparer de la capitale, sur ses intelligences dans la place. Mais le moment était mal choisi. A la vue des progrès des Anglais qui, maîtres de la ville et du château de Caen (4 et 9 septembre) s'étendaient rapidement dans la Basse Normandie [2], le peuple s'indignait qu'un prince du sang, au lieu d'employer son armée à la défense du territoire, la dirigeât contre son souverain et empêchât, par cette coupable diversion, toute résistance efficace à l'ennemi. On allait jusqu'à accuser le duc de connivence avec le roi d'Angleterre [3]. « Aussi voyant, dit Monstrelet, qu'il n'entreroit point dedens Paris et que ceux à lui favorables ne pouvoient achever ce qu'ilz avoient mandé [4], » Jean sans Peur se replia sur Montlhéry, dont il s'empara, ainsi que de plusieurs autres places; pendant ce temps, ses troupes assiégeaient Corbeil, Chartres et tout le pays chartrain était soumis, enfin Troyes adhérait à son parti.

De son « ost devant Montlhéry, » le duc adressa aux bonnes villes un nouveau manifeste où, s'autorisant d'une prétendue déclaration du concile de Constance, il se présentait comme

1. Voir un très curieux plan de campagne du duc, publié par M. Kervyn de Lettenhove, d'après le ms. fr. 1278, f. 58, dans son édition de Chastellain (t. I, p. 324 note et suiv.). Ce document, dont il ne détermine pas la date, est du 17 septembre 1417, le duc étant *en son ost devant Barsailles* (Versailles).

2. Bayeux capitula vers le 19 septembre; Séez le 9 octobre; Argentan le 12; Alençon entre le 22 et le 27. Voir les notes de la nouvelle édition des *Croniceques de Normendie*, données par M. Hellot, p. 203.

3. « Par quoy on imaginoit bien et faisoit conclurre qu'il estoit allié des Anglois. » Jouvenel des Ursins, p. 340. — « Ceux mesmes qui avoient affection pour luy estoient très mal contens, » dit encore cet auteur.

4. Monstrelet, t. III, p. 218. Cf. Pierre de Fenin, p. 79 : « Y fut grant temps (à Montrouge) cuidant que ceux de Paris le meissent ens.... Mais ceux qui tenoient son party ne peurent oncquez voier leur point de faire leur entreprinse pour le temps. »

celui auquel, vu la maladie du Roi et la jeunesse du Dauphin, appartenait la direction des affaires, et sommait, au nom du Roi, de députer vers lui deux personnes notables, munies de pleins pouvoirs. Mais, pour maintenir aux yeux du peuple son prestige et conserver son autorité sur les villes qui avaient embrassé son parti, il lui fallait un gage de l'autorité royale : il crut le trouver chez sa plus mortelle ennemie. La Reine Isabeau, dans la réclusion où elle vivait depuis plusieurs mois, accueillit avec empressement les ouvertures du duc [1]. Celui-ci s'avança par Chartres et Vendôme, et, le 2 novembre au matin, pendant que la Reine entendait la messe au couvent de Marmoutiers, Hector de Saveuse et soixante Bourguignons l'enlevaient et la conduisaient vers leur maître. « Bien voy, » dit la Reine au duc quand il fléchit le genou devant elle, « que « tousjours avez aymé Monseigneur, sa generacion, son « royaume et la chose publique [2]. » Le même jour tous deux faisaient solennellement leur entrée dans Tours; de là ils se rendirent à Chartres, pour organiser un pouvoir nouveau. « Ainsi, dit un auteur bourguignon, se mist la Roine de France au gouvernement du duc Jehan de Bourgoingne, et laissa le Roy son seigneur, et son filz le duc de Touraine Dauffin [3]. »

C'était bien un « second pouvoir dans l'État » qui s'établissait. Exhumant une commission royale qu'elle avait reçue temporairement en avril 1403 [4], Isabeau la présenta comme irrévocable, et s'intitula « par la grâce de Dieu Royne de France, ayant, pour l'occupation de Monseigneur le Roy, le gouvernement et administration de ce royaume. » Elle eut sa chancellerie, sa cour souveraine, établie d'abord à Amiens, ses officiers dans les villes qui avaient embrassé le parti bourguignon.

1. La plupart des historiens prétendent que ce fut la Reine qui prit l'initiative, mais ce que disent le Religieux de Saint-Denis et Jouvenel donne lieu de penser que les premières ouvertures furent faites par le duc (Voir le premier, t. VI, p. 140, et le second, p. 343).

2. Monstrelet, t. III, p. 229.

3. Pierre de Fenin, p. 81-82.

4. Voir *Ordonnances*, t. VIII, p. 577, et les lettres de la Reine aux villes de France, en date du 11 novembre 1417, dans Monstrelet, t. III, p. 233. — Les pouvoirs autrefois donnés à la Reine avaient été révoqués par lettres de Charles VI du 14 juin 1417.

La situation du gouvernement royal devenait de plus en plus précaire. Il avait profité du temps de répit que lui laissait la retraite du duc pour entrer en pourparlers avec le roi d'Angleterre, dont les progrès s'étendaient jusque dans le Perche et le Maine. Pour appuyer les négociations, que les Anglais faisaient traîner en longueur, le connétable d'Armagnac envoya une armée en Normandie[1]. Dans le Midi, il avait, dès le printemps, entamé la lutte, et son fils, le vicomte de Lomagne, nommé capitaine général dans les pays au delà de la Dordogne[2], avait pris la ville de La Réole au mois d'avril, et fait ensuite le siège du château. En même temps, on reprenait l'offensive contre les Bourguignons : le 30 septembre, Raymonnet de la Guerre s'était emparé du pont de Beaumont; le 13 novembre, Méru, à quatre lieues de Pontoise, était occupé par le même capitaine; enfin, des engagements eurent lieu, presque simultanément, vers Pontoise, Dreux et Chartres[3].

En s'éloignant, le duc de Bourgogne n'avait pas cessé ses intrigues. Une nouvelle conspiration fut tramée dans Paris. Jean sans Peur, jugeant le moment venu, quitta Chartres le 22 novembre, et le lendemain 23, au moment où, en mémoire de l'anniversaire du meurtre de Louis d'Orléans, une sentence d'excommunication venait d'être solennellement rendue contre lui, il se présenta à Villejuif, et envoya ses gens de guerre au faubourg Saint-Marceau pour pénétrer dans Paris. Mais le secret n'avait pas été bien gardé : les Bourguignons furent repoussés; le duc se replia à la hâte sur Montlhéry et regagna Chartres. La capitale était une fois encore préservée du joug bourguignon; celui qui avait révélé le complot fut appelé *le Sauveur*[4].

De Chartres, le duc de Bourgogne, emmenant la Reine et Catherine de France, avec une suite nombreuse, se rendit à

1. « Environ la Toussaint. » *Chronique de Jean Raoulet*, *ap.* Chartier, éd. de M. Vallet de Viriville, p. 160.

2. Dom Vaissete, *Histoire générale de Languedoc*, t. IV, p. 442.

3. Religieux, t. VI, p. 136, 154; Jouvenel, p. 337, 345; *Chronique anonyme*, dans Monstrelet, t. VI, p. 243; Fenin, p. 82; Berry, p. 431.

4. « Mesme par Paris, pour ce qu'il avoit sauvé la ville, on l'appeloit *le Sauveur*. » Jouvenel, p. 341.

Auxerre, puis à Troyes, où devait être fixé le siège du nouveau gouvernement. Poursuivi jusqu'à Joigny par le comte d'Armagnac, à la tête d'un corps d'armée assez considérable, il échappa, grâce à une crue subite de l'Yonne, et arriva à Troyes le 23 décembre. Par ordonnances des 6 et 10 janvier, Isabeau l'autorisa à prendre en main la monnaie du royaume et à administrer la chose publique; la souveraineté passait de fait aux mains du duc; la Reine ne gardait qu'une autorité nominale. Enfin, par lettres du 16 février, le Parlement de Paris et la Chambre des Comptes furent supprimés et installés à Troyes avec de nouveaux titulaires. Le duc de Lorraine remplaça comme connétable le comte d'Armagnac. Des émissaires furent envoyés dans les provinces pour annoncer que désormais on ne paierait plus de subsides. Le 30 janvier, Louis de Chalon, comte de Genève, et trois autres conseillers bourguignons, reçurent la mission de soumettre le Languedoc, l'Auvergne et le duché de Guyenne, avec pouvoir de supprimer toutes impositions, sauf la gabelle du sel. En même temps, les intrigues du duc réussissaient à Rouen, qui chassa le gouverneur royal (12 janvier), et ouvrit ses portes aux Bourguignons.

Il devenait indispensable de prendre des mesures énergiques contre le gouvernement de la Reine et du duc : par lettres du 6 novembre 1417, le Roi, considérant les « grands et pesans affaires » du royaume, et les maux qui pouvaient résulter tant de l'invasion anglaise que de la rébellion du duc de Bourgogne — lequel, disaient les lettres, « de son authorité et sous ombre de nous, en donnant contre verité faux entendre, s'efforce contre notre volonté entrer par voies estranges au gouvernement de nostre dit royaume, » — avait de nouveau et solennellement institué le Dauphin son lieutenant général dans toute la France[1]. En même temps (10 novembre), la reine de Sicile, belle-mère du jeune prince, fut autorisée à conclure avec le roi d'Angleterre une trêve de dix mois, qui, signée le 16 novembre par l'entremise du duc de Bretagne, mit l'Anjou

1. *Ordonnances*, t. X, p. 424. Le Dauphin exerçait les fonctions de lieutenant général depuis le mois de mai.

et le Maine à l'abri[1]. Une trêve d'égale durée fut aussi conclue par le duc de Bretagne, dont la fidélité à la cause royale était douteuse, et qui avait eu récemment avec Henri V une entrevue à Alençon[2]. Des lettres patentes, en date du 27 novembre, furent adressées aux villes du royaume pour les mettre en garde contre les assertions mensongères contenues dans les lettres lancées par Isabeau le 11 novembre, où le Roi et le Dauphin étaient représentés comme prisonniers, et pour enjoindre de ne point obéir aux mandements de la Reine et du duc[3]. Dans des lettres closes du même jour, le Roi ordonnait la publication immédiate des lettres patentes et pressait ses sujets de lui demeurer fidèles[4].

En outre, une amnistie générale fut proclamée à l'égard de tous ceux qui avaient adhéré au parti du duc de Bourgogne[5]; toutefois, pour empêcher le retour des factieux dans la capitale, une commission était instituée, avec mission d'examiner les demandes de ceux qui voudraient profiter de la clémence royale[6]. Pareille amnistie fut accordée aux villes rebelles, à la condition de rentrer, avant l'Épiphanie, en l'obéissance du Roi[7]. Mais toutes ces mesures demeurèrent sans résultat : ni l'hostilité ni la haine ne furent désarmées. Un vent de révolte et d'anarchie soufflait sur le pays, et en adhérant au duc de Bourgogne, on croyait trouver un remède à tous les maux[8].

1. Rymer, t. IV, part. III, p. 24. La trêve expirait à la Saint-Michel 1418. Cf. Religieux de Saint-Denis, t. VI, p. 161, et Jouvenel, p. 347 ; voir aussi Elmham, *Vita Henrici V*, p. 124-25.

2. Rymer, *l. c.*, p. 23. Cf. Jouvenel, p. 338-345.

3. *Ordonnances*, t. X, p. 427; Besse, *Recueil de diverses pièces servans à l'histoire de Charles VI*, p. 147.

4. *Documents pour servir à l'histoire de Lyon* (Lyon, 1839, in-8°), p. 114. D'autres lettres closes furent encore envoyées à la date du 28 novembre (p. 119).

5. « Toutes gens d'église, nobles, chevaliers et escuyers, bourgeois et habitants des bonnes villes et cités et autres nos vassaux et subjects quelconques, » disent les lettres du 24 décembre. Felibien, *Histoire de Paris*, t. V, p. 260. Cf. Religieux, t. VI, p. 146.

6. Lettres du 24 décembre (Felibien, *l. c.*).

7. Cousinot, *Geste des Nobles*, p. 167.

8. C'était comme un entraînement irrésistible en sa faveur, et l'on a peine à comprendre la persistance d'une telle popularité. Tout le monde aurait volontiers crié, comme les assiégés de Senlis en mars 1418 : « Vive l'illustre duc de Bourgogne, qui a aboli les maltôtes royales et rendu au pays ses antiques libertés! » (Voir Religieux, t. VI, p. 186.)

Le gouvernement royal, tout en continuant ses négociations avec le roi d'Angleterre[1], dont il espérait en vain arrêter les progrès, se décida à poursuivre vigoureusement les hostilités contre la Reine et le duc. Le connétable d'Armagnac, qui, par lettres du 15 janvier 1418, avait été autorisé à nommer des capitaines dans toutes les places du royaume, envoya Tanguy du Chastel assiéger Montlhéry, qui fut bientôt soumis. Étampes, Marcoussis, Chevreuse, et quelques autres places de l'Ile de France, rentrèrent également dans l'obéissance. L'amiral de Braquemont, envoyé à Rouen comme lieutenant du Roi[2], avait trouvé les portes fermées, et la ville au pouvoir des Bourguignons. Ceux-ci s'installaient, en même temps, à Évreux, Mantes, Meulan, et dans les environs[3]. Par lettres des 28 janvier et 1er février, le sire de La Fayette et Humbert de Groléo furent envoyés à Lyon, et chargés, de concert avec le bailli, Philippe de Bonnay, d'organiser la défense dans le Lyonnais et le Dauphiné[4]. Le comte de Vertus paraît avoir reçu la même mission pour le centre de la France[5]. Le 2 février, le ban et l'arrière-ban furent convoqués pour le 1er mai; vers le 10 février, le Roi et le connétable se mirent en marche, à la tête d'une nombreuse armée, pour aller réduire Senlis, qui, tombé le 5 décembre entre les mains du duc, résistait à toutes les sommations. Senlis arrêta pendant deux mois les forces royales; au moment où la reddition semblait accomplie, les menées déloyales des partisans du duc firent tout rompre : l'échec que reçut le connétable, sous les murs de cette ville, le fit tourner en ridicule par les Parisiens.

1. Le 23 décembre, un sauf-conduit était délivré par Henri V à Regnault de Chartres et à Robert de Tulières pour se rendre près de lui; le 1er janvier, Guillaume de Meulhon, La Fayette et autres en recevaient un pour quitter Falaise avant le 9. Rymer, t. IV, part. III, p. 33; Léchaudé d'Anisy, *Grands Rôles*, t. I, p. 213.

2. « Lieutenant dudit seigneur en ceste partie : » c'est le titre qu'il prend dans des lettres du 14 janvier, données à Sainte-Catherine-lez-Rouen (Clairambault, 123, p. 503). Rouen était passé aux Bourguignons le 12, d'après Pierre Cochon.

3. Ms. fr. 26042 (*Quittances*, 51), nos 5227, 37, 41, 52 et 60, et 5322; *Pièces originales*, 632 et 184 : CELESTZ et BAR.

4. Ms. fr. 7858, f. 325, où se trouve, à la suite de ces deux lettres des 28 janvier et 1er février, l'énumération de tous les gens de guerre retenus pour servir sous leurs ordres.

5. Voir *Catalogue Joursanvault*, nos 2068 et suiv.; *Quittances*, 51, no 5258; Archives, K 59, no 2058.

Ce n'était pas par la voie des armes que les difficultés pouvaient se dénouer. D'une part, les succès du duc et de la Reine, dont les intrigues avaient amené l'adhésion d'une bonne partie du Languedoc; de l'autre, les progrès de l'invasion anglaise, qui s'étendaient jusqu'à Falaise, Vire, Saint-Lô, Coutances, Carentan, etc., en Basse Normandie; jusqu'à Courtonne, Chambrais et La Rivière-Thibouville, dans la Haute Normandie [1], rendaient la situation très critique. Le salut du pays, non moins que la pénurie du trésor — les finances étaient dans un état déplorable — exigeaient qu'on tentât un arrangement amiable. C'est ce que comprirent certains membres du Conseil, qui, depuis quelque temps, s'efforçaient de faire prévaloir les idées pacifiques [2].

Pendant que le connétable, moins confiant dans les subtilités diplomatiques que dans son épée, la jetait dans la balance et combattait sous les murs de Senlis, des négociations furent ouvertes au monastère de la Tombe, près de Montereau, entre les ambassadeurs du Roi et du Dauphin, d'un côté, et ceux de la Reine et du duc de Bourgogne, de l'autre. Après de longs pourparlers, un traité fut adopté en principe; mais ce traité, qui « favorisait au delà du juste et de l'honnête la cause bourguignonne [3], » souleva, à Paris, une vive opposition dans le Conseil. Malgré les efforts de la majorité, malgré la tenue d'une réunion au Louvre sous la présidence du Dauphin, l'opposition du connétable, auquel se joignirent le chancelier Henri de Marle et quelques autres, empêcha la sanction royale d'être donnée au traité. Les manifestations joyeuses qui avaient salué les espérances de paix et de concorde firent place à un sourd mécontentement.

C'est alors qu'éclata une nouvelle conspiration bourgui-

1. Falaise, le 20 décembre (reddition le 2 janvier), et le château le 1er février 1418 (reddition le 16); Vire, le 21 février; Courtonne, le 6 mars; Chambrais, le 9; La Rivière-Thibouville, le 11; Saint-Lô, le 12; Coutances et Carentan, le 16; Saint-Sauveur-le-Vicomte, le 25. — Le 27 février, le duc de Clarence était investi des vicomtés d'Auge, Orbec et Pont-Audemer.

2. Voir Cousinot, p. 168.

3. C'est ce que reconnaît M. Vallet, t. I, p. 97. — Nous reviendrons plus loin sur ces négociations.

gnonne, qu'on a présentée à tort comme la conséquence de l'échec des conférences de la Tombe, et qui n'attendait pour se produire qu'une occasion favorable. Le 28 mai, le sire de l'Isle-Adam, agissant d'accord avec la faction bourguignonne, quittait Pontoise, dont il était capitaine, à la tête de huit cents hommes, et arrivait à deux heures du matin sous les murs de Paris. Perrinet Le Clerc, fils d'un des quarteniers de la ville, qui, en dehors du but politique, poursuivait une vengeance personnelle [1], l'introduisit secrètement par la porte Saint-Germain. Douze cents Parisiens se tenaient prêts à seconder l'Isle-Adam. Paris se réveilla aux cris de : *La paix! la paix! vive Bourgogne!* Il n'y eut guère de résistance. Il en fut comme de la plupart des conjurations : peu l'osèrent, beaucoup la voulurent, tous la subirent [2]. La plupart des membres du Conseil, le chancelier en tête, furent arrêtés dans leurs maisons; le connétable d'Armagnac, à la faveur d'un déguisement, parvint à se dérober, et resta caché pendant quelques jours. Le Dauphin, emmené à la Bastille par Tanguy du Chastel et Louvet, put s'échapper et gagner Melun [3].

Un retour offensif tenté par Tanguy, qui, le 1er juin, pénétra dans la capitale, fut sans résultat : le triomphe de la faction bourguignonne était complet. Paris se vit ramené aux plus mauvais jours de la terreur cabochienne. Dès la première journée, 522 personnes périrent dans les rues, sans compter ceux qui furent tués dans l'intérieur des maisons; les confiscations administratives suivirent immédiatement le pillage [4].

1. Voir Jouvenel, p. 348.
2. « Auderent pauci, plures vellent, omnes paterentur. » Tacite, *Hist.*, I, XXVII.
3. Relation de Nicolas de Baye, dans Felibien, t. IV, p. 566-67; Jouvenel, p. 348-49; *Chronique anonyme*, p. 255; Monstrelet, t. III, p. 261; Berry, p. 435; Religieux, t. VI, p. 332; Cousinot, p. 168; *Journal d'un bourgeois de Paris*, p. 88; Extrait des *Registres capitulaires de Notre-Dame*, cité par M. Tuetey, p. 90, note 3.
4. Voir Religieux, t. VI, p. 232 et suiv.; Monstrelet, t. III, p. 262 et suiv.; *Chronique anonyme*, t. VI, p. 255; Fenin, p. 90; Jouvenel, p. 349. Il faut remarquer ce que dit Monstrelet : « Les seigneurs dessusdiz (les capitaines bourguignons) avecques leurs gens et infiny peuple de Paris avecques eulx, fouillèrent plusieurs maisons des gouverneurs dessusdiz et de leurs favorisans, lesquels ils prindrent et desrobèrent de tout point... » Voir, sur le nombre des victimes, le *Journal d'un bourgeois de Paris*, p. 91, et sur les confiscations, les *Registres du trésor des Chartes*, Archives, JJ 170, pièce 150 (29 mai 1418).

« Et le lendemain, dit un auteur bourguignon, et bien huit jours après, ils ne firent que prendre gens et de pillier et emporter tous les biens estans aux hosteulx d'iceulx Armignas [1]. » Enfin, le 12 juin, au cri de : *Vive le Roi et le duc de Bourgogne!* la populace se porta aux prisons, et d'horribles massacres ensanglantèrent la capitale. L'autorité assista, impuissante ou complice, à ces scènes de carnage. « Mes amis, faites ce qu'il vous plaira, » avait dit aux massacreurs le prévôt de Paris [2]; les seigneurs bourguignons, témoins de ces tueries qui auraient fait horreur à des musulmans [3], se tinrent en armes « pour defendre lesdiz occiseurs se besoing estoit [4], » et ne trouvèrent à leur adresser d'autres paroles que celles-ci : « Mes enfants, vous faites bien [5] ! » Le chiffre des morts s'éleva à environ seize cents; mais, en tenant compte des meurtres commis dans les rues et les maisons, il n'y eut pas moins de cinq mille victimes [6].

Aussitôt après l'entrée de l'Isle-Adam, les gens de guerre bourguignons étaient venus de toutes parts se concentrer dans Paris [7]. Quelques-uns furent chargés de s'emparer des places des environs, qui, pour la plupart, étaient restées au pouvoir du Dauphin [8]. Après le coup de main infructueux de Tanguy du Chastel, la Bastille, le pont de Charenton, Saint-Cloud et Corbeil furent abandonnés; les Bourguignons se portèrent sur Compiègne et Soissons, qui se rendirent; Creil, Pont-Sainte-Maxence, Noyon, le Plessis-de-Roye, Laon et Péronne furent

1. *Chronique anonyme*, dans Monstrelet, t. VI, p. 255.
2. *Journal d'un bourgeois de Paris*, p. 97.
3. « Quod sane et sarracenica crudelitas horruisset. » Religieux, t. VI, p. 248.
4. *Chronique anonyme*, dans Monstrelet, t. VI, p. 271.
5. « Toutes foiz moult estoient emerveillez de veoir faire celle desrision, mais rien n'en osoient dire fors : « Mes enfans, vous faictes bien. » Monstrelet, *l. c.* — Il y eut là des scènes comme celles qui devaient se renouveler les 2 et 3 septembre 1792. Le Religieux de Saint-Denis rapporte (t. VI, p. 246), que les prisonniers, répondant à l'appel de leur nom et se penchant pour traverser le guichet, tombaient sous les coups des bourreaux et étaient traînés vers le cloaque le plus voisin. Quelques officiers du Roi tentèrent en vain de résister; ils furent taillés en pièces et massacrés avec les prisonniers. Religieux, t. VI, p. 248.
6. C'est le chiffre donné par un auteur bourguignon généralement bien informé. *Chronique anonyme*, dans Monstrelet, t. VI, p. 260.
7. Voir Monstrelet, t. III, p. 265; *Chronique anonyme*, t. VI, p. 257; Fenin, p. 91-92.
8. *Chronique anonyme*, t. VI, p. 256.

également occupés [1]. Dans le même temps, Louis de Chalon achevait de soumettre le Languedoc, où six places seulement, dans les sénéchaussées de Toulouse et de Carcassonne, et à peu près la moitié de la sénéchaussée de Beaucaire, restèrent fidèles au Dauphin [2]. Les comtés d'Armagnac et de Rodez étaient aussi à la discrétion des Bourguignons [3].

En présence d'une situation aussi critique, le jeune prince et ses conseillers ne restèrent point inactifs. A peine arrivé à Bourges, le Dauphin convoqua ses gens de guerre, qui affluèrent de toutes parts [4]. Les places les plus exposées reçurent des garnisons, et les hostilités furent poussées avec vigueur [5]. Compiègne, position très importante, fut repris le 22 juillet; Soissons à la fin d'août, et Lagny le 22 septembre. Charles se mit aussitôt en relation avec les villes du royaume pour les engager à persévérer dans leur fidélité, et se concilia l'Auvergne par une concession opportune [6]. Le 4 août, il lança un manifeste remarquable par la justesse et la modération des vues, lequel aurait dû, comme le fait observer M. Vallet de Viriville, « rallier le duc de Bourgogne à l'héritier du trône dans une rivalité patriotique contre l'ennemi commun du royaume [7]. »

Le Dauphin ne pouvait oublier le Midi, où les Bourguignons d'un côté et les Anglais de l'autre gagnaient chaque jour du terrain. Le roi d'Angleterre s'efforçait à ce moment même d'attirer à sa cause le propre fils du connétable d'Armagnac, avec son frère Bernard et Charles d'Albret, comte de Dreux.

1. Religieux, t. VI, p. 242; Monstrelet, t. III, p. 266-69; *Chron. anon.*, t. VI, p. 257-59; Fenin, p. 91-92.
2. Voir D. Vaissete, *Histoire générale de Languedoc*, t. IV, p. 444 et suiv. et 592.
3. D. Vaissete, *l. c.*
4. Berry, p. 435; Monstrelet, t. III, p. 264, etc.
5. « Commença de toutes pars à faire guerre. » Monstrelet, t. III, p. 278. — « La demoura (Tanguy) par longtemps, en menant grosse guerre el nom dudit Daulphin. » *Chron. anon.*, t. VI, p. 257. — « Mondit sgr le Dauphin laissa ses gens d'armes à Meaux, Melun, Coucy, Guise et en plusieurs autres lieux et fortes places. » Berry, p. 435. Cf. Jouvenel, p. 353; *Journal d'un bourgeois de Paris*, p. 102, etc.
6. Voir les lettres adressées aux Lyonnais en date des 13 et 29 juin 1418, dans *Documents pour servir à l'histoire de Lyon*, p. 161 et 125. Lettres en faveur de l'Auvergne, en date du 9 juillet. *Ordonnances*, t. X, p. 455.
7. *Histoire de Charles VII*, t. I, p. 129.

Ces seigneurs s'engagèrent-ils par serment, comme Henri V semblait y compter[1]? Ce qui est certain, c'est que les négociations entamées avec eux aboutirent à une trêve[2]. Le Dauphin se mit en rapport avec un autre puissant seigneur de ce pays, le comte de Foix[3], dont le frère combattait alors en Normandie dans les rangs anglais, et dont l'attitude demeura longtemps douteuse. Par lettres du 16 août, il institua Regnault de Chartres, archevêque de Reims, son lieutenant en Languedoc, et lui adjoignit Philippe de Lévis, seigneur de la Roche, pour la direction des opérations militaires. Quelques villes du Languedoc rentrèrent au pouvoir du prince, et, à la suite d'une trêve passagère (14 novembre), bientôt violée par les Bourguignons, les hostilités furent reprises[4].

Le duc de Bourgogne, après avoir pendant plusieurs mois trompé l'attente des Parisiens, qui lui envoyaient message sur message, et le proclamaient « le plus long homme en toutes ses besongnes qu'on peust trouver[5], » arriva enfin avec la Reine, et fit son entrée dans Paris le 14 juillet[6]. Il trouva la capitale en proie à une anarchie complète, et les ménagements

1. Le 18 juin 1418, Henri V donnait pouvoir à Gaillard de Durfort, Bernard de Lesparre et Jean Saint-Jehan, de recevoir l'hommage et le serment de fidélité de Jean, fils du comte d'Armagnac, de Bernard, son frère, et de Charles d'Albret (Rymer, t. IV, part. III, p. 56). Le même jour, il ordonnait aux trois seigneurs investis de ce pouvoir d'obéir au jeune comte et aux deux autres, une fois qu'ils auraient prêté serment (*Id., ibid.*).

2. Le 17 juillet, Charles d'Albret déclare avoir conclu une trêve avec le roi d'Angleterre (*Id.*, Rymer, *l. c.*, p. 58). Le 15 octobre, Henri V approuve les trêves conclues avec le comte d'Armagnac et Charles d'Albret (*Id.*, p. 67). — Par un traité en date du 16 novembre 1418, les comtes d'Armagnac et de Foix, le seigneur d'Albret, le comte d'Astarac, Bernard d'Armagnac et Mathieu de Foix s'unissaient par une ligue. Voir cet acte curieux dans la collection Doat, vol. 213, fol. 6.

3. Le 7 août, le Dauphin faisait donner 100 l. t. à Jean de Montaut, seigneur de Benac, « tant pour soy deffraier des grans fraiz, missions et despens par lui et ses gens faiz en venant par le commandement et ordonnance de notre dit cousin (le comte de Foix) dudit lieu de Foix, par divers et estranges chemins, pour éviter les ennemis et adversaires de mondit seigneur et de nous estant sur le pays en plusieurs et divers lieux, par devers nous, en nostre pays de Touraine, nous dire et exposer de par lui certaines choses touchans le bien de mondit seigneur, de nous et de son dit royaume, » etc. Clairambault, *Titres scellés*, vol. 181, p. 6449.

4. D. Vaissete, t. IV, p. 447-48.

5. *Journal d'un bourgeois de Paris*, p. 113. « En icelui temps, on attendait Mgr de Bourgogne de jour en jour, et si n'estoit homme qui peut savoir au vray où il estoit (p. 99). » Cf. Religieux, t. VI, p. 252, et *Chron. anon.*, *l. c.*, p. 258.

6. On peut voir, sur cette entrée, une curieuse relation publiée par M. l'abbé U. Chevalier dans son *Choix de documents historiques inédits sur le Dauphiné* (1874, in-8°),

qu'il eut pour les cabochiens n'étaient point faits pour calmer leurs dispositions séditieuses [1]. Le duc fut investi de la charge de capitaine de Paris; ses favoris se partagèrent tous les emplois et furent gorgés de biens [2]; lui-même n'eut garde de s'oublier, et profita de la morne impassibilité du pauvre Roi [3] pour s'enrichir aux dépens de la couronne [4]. Des lettres en date du 16 juillet déclarèrent révoqués tous dons d'offices et de biens faits depuis que le duc avait quitté la capitale; les biens devaient être vendus, et le duc était chargé de pourvoir aux offices [5]. Puis des ordonnances royales portèrent nomination de membres du Parlement, de membres de la Chambre des Comptes, de maîtres des requêtes de l'hôtel du Roi, de clercs-notaires de la chancellerie et d'huissiers au Parlement [6]. Enfin la corpora-

p. 247, et reproduite par M. Aug. Longnon, dans le *Bulletin de la Société de l'histoire de Paris*, t. II (1873), p. 104-109.

1. Voir Jouvenel, p. 353; Religieux, t. VI, p. 252 et suiv.; Raoulet, à la suite de Chartier, t. III, p. 163; *Journal d'un bourgeois de Paris*, p. 104.

2. Voir Jouvenel, p. 351; Fenin, pp. 92, 94-95; Monstrelet, t. III, p. 273; *Chron. anon.*, t. VI, p. 257 et 261.

3. Voir Monstrelet, t. III, p. 274, et Fenin, p. 95 : « Le Roy Charles estoit content de tout ce que le duc Jehan vouloit faire et n'y mettoit nul contredit. »

4. 19 juin. Don de 12,000 livres au comte de Charolais en dédommagement de ses frais pour la levée du siège de Senlis. — 21 juillet. Don de l'hôtel du connétable d'Armagnac au comte de Charolais et à sa femme. — 24 juillet. Don de 2,000 l. au duc pour l'aider à réparer son hôtel d'Artois. — 8 août. Transport des châtellenies de Péronne, Roye et Montdidier au comte de Charolais. — 12 août. Retenue du duc, aux gages de 4,000 l. par mois, avec 4,000 h. d'armes et 2,000 h. de trait. — 29 août. Lettres de sauvegarde accordées au duc. — 9 septembre. Don de 2,000 l. au duc. — 22 septembre. Don de 1,000 l. à la comtesse de Charolais pour avoir des draps d'or et de soie. — Le 26 septembre, le duc prend une mesure qui montre qu'il savait mettre ces largesses à profit; il donne commission pour racheter toutes les terres de son domaine aliénées pendant les troubles.

5. *Ordonnances*, t. X, p. 456. Les termes de ces lettres valent la peine d'être cités : « ... Et il soit ainsi que il ait pleu à Dieu, par sa divine puissance, faire terminer aucuns des debas dessusdis et nous avoir admené nostre dit cousin, vrai champion, protecteur et défendeur de nostre dit royaume, lequel, pour nous servir et resister à l'entreprinse de noz anciens ennemiz les Anglois, qui desjà, par le fait et coulpe d'aucuns qui se sont entremis du gouvernement de nous et d'icellui nostre royaume et autres eulx disans noz amis, sont entrez en nostre dit royaume si avant comme chascun peut savoir, nous ait admené grande et notable compagnie de seigneurs, chevaliers, escuyers et autres gens de guerre..., lesquelz... n'ont encore eu aucun payement ou satisfaction, ne ne povent encore avoir prestement, au moins en telle habondance comme mestier seroit, sans l'aide desdictes confiscations et forfaictures, qui est la plus expedient et clere voye que l'on puist presentement sur ce adviser pour contenter les dessusdis. »

6. *Ordonnances*, t. X, pp. 459, 461, 462, 463 et 464. Les considérants de la première de ces lettres (22 juillet 1418) contiennent ce passage : « Par justice les Roys règnent et prend fermeté et permanence perpetuelle la seignourie des royaumes, et par ce moyen se joignent Justice et Paix regnans ensemble. »

tion des bouchers fut rétablie en possession de tous ses privilèges[1].

C'était donner beau jeu à la sédition : une nouvelle émeute eut lieu le 21 août, et fut encore signalée par de nombreux massacres. Le duc chercha vainement à contenir cette populace furieuse : il dut subir la loi du plus fort, et attendre le moment où il pourrait prendre sa revanche. Peu après, tandis que les bandes populaires allaient assaillir Montlhéry, proposé pour but à leur ardeur désordonnée, les principaux chefs de l'émeute, Capeluche en tête, étaient arrêtés et exécutés[2].

En prenant les mesures de confiscation destinées à alimenter le trésor royal à peu près vide, le duc de Bourgogne annonçait hautement l'intention de combattre les Anglais. Que fit-il pour s'opposer à leur invasion victorieuse qui, s'étendant dans la Basse Normandie tout entière, dans la Haute Normandie jusqu'à Évreux, Louviers et Pont-de-l'Arche[3] et dans le pays de Caux jusqu'à Caudebec[4], menaçait d'un côté Rouen, de l'autre Paris ? Avant son arrivée, une ordonnance royale avait décidé que les frais des garnisons de Rouen et de Montivilliers, qui ne s'élevaient pas à moins de seize mille livres tournois par mois, seraient payés sur les revenus du Roi[5]; dès le commencement de juin, des renforts avaient été envoyés aux Rouennais par les Parisiens[6]. C'était le duc que la ville de Rouen avait invoqué en embrassant son parti : c'était à lui qu'il appartenait de la protéger contre les armées de Henri V[7]. A

1. *Ordonnances*, t. X, p. 468 et suiv.

2. Voir les auteurs du temps, et en particulier le *Journal d'un bourgeois de Paris*, p. 106 et suiv. — « Qui eust laissé faire les communes, dit l'auteur (p. 112), il n'y eust demeuré Arminac en France en mains de deux moys qu'ilz n'eussent mis à fin. »

3. La campagne avait débuté par la soumission de Lisieux, de Harcourt et du Bec-Hellouin *(Cronicques de Normendie)*.

4. Caudebec fut pris le 9 septembre.

5. Lettres du 5 juillet 1418. Fontanieu, 109-110, f. 194. Cf. Chéruel, *Histoire de Rouen sous la domination anglaise*, pièces justif., p. 22. — Dans cette somme étaient comprises les réparations à faire aux fortifications.

6. *Journal d'un bourgeois de Paris*, p. 95.

7. Les Rouennais le sentaient bien. Aussi, avant même d'être assiégés, faisaient-ils observer au comte de Charolais qu'ils « avoient fait obéissance au duc de Bourgongne en délaissant le Roy, son filz le Daulphin, le connestable et tous autres, et mis principalement en lui toute leur esperance, sachans que s'ilz failloient à son secours ilz avoient failli à tous autres. » (Monstrelet, t. III, p. 250.)

peine arrivé à Paris, il reçut (15 juillet) un message de sire de Graville annonçant que, faute de secours, il allait être contraint de rendre Pont-de-l'Arche. Jean sans Peur laissa Graville capituler, et se borna à faire partir, avec un faible corps d'armée, quelques capitaines bourguignons pour aider Rouen à se défendre[1]. Le siège avait commencé le 29 juillet; le 30 août, le fort Sainte-Catherine tombait au pouvoir de l'ennemi. Il était urgent d'opérer une diversion qui empêchât Henri V de concentrer toutes ses forces sur ce seul point. On vit bien le duc de Bourgogne augmenter les impôts pour frais de guerre[2]; imposer, au mépris des déclarations tant de fois réitérées, un droit sur les vins à Paris pour subvenir au paiement des gens de guerre mandés par le Roi[3], et, plus tard, mettre en gage les joyaux et les domaines de la couronne dans le but ostensible de secourir Rouen[4]; on ne le vit pas s'ébranler à la tête de ces troupes, réunies en si grand nombre l'année précédente quand il s'était agi de marcher sur Paris pour s'emparer du pouvoir. Loin de là, le duc ne bougea pas de la capitale, où il semblait absorbé par ses propres intérêts et par ceux de ses familiers[5]. Les habitants de Rouen, serrés de plus en plus près, ne cessaient de réclamer son appui; il se

1. Monstrelet, t. III, p. 281; *Chron. anon.*, t. VI, p. 261.

2. Monstrelet, t. III, p. 293-94. Cf. lettres du 24 septembre 1418, par lesquelles le Roi augmente, pour frais de guerre, les impôts sur les vins à Châlons-sur-Marne (Ed. Barthélemy, *Hist. de Châlons-sur-Marne*, p. 175).

3. Lettres du 4 octobre (*Ordonnances*, t. X, p. 482. Cf. Monstrelet, *l. c.*, et Religieux, t. VI, p. 292). « Nous, disent les lettres, desirans sur toutes choses mondaines donner resistance contre nostre dit adversaire et ancien ennemy et ses diz adherans, aliez et complices, et tant pour secourir nostre dicte ville de Rouen et le recouvrement de toutes autres occupées par nostre dit adversaire, comme pour la salvacion de celles qui sont en nostre obéissance, et affin que nostre peuple puisse vivre et demourer en paix et transquillité, pour faire et entretenir notre dicte armée, avons voulu et ordonné, » etc. (p. 483-84).

4. Lettres du 7 décembre (*Ordonnances*, t. X, p. 501). Le 9 décembre on fait six vidimus de lettres du Roi donnant pouvoir au chancelier et autres de faire finance de la somme de cent mille francs pour le fait de l'armée contre les Anglais (*Pièces originales*, 679 : CHARITÉ).

5. Le 6 octobre, des lettres royales portaient désaveu de tout ce que le cardinal de Cambrai et autres théologiens avaient fait au concile de Constance pour soutenir la sentence de l'évêque de Paris contre Jean Petit (laquelle fut cassée par le concile). *Ordonn.*, t. X, p. 485. — 5-6 octobre. Dons de biens ou d'argent à des seigneurs bourguignons. — 12 octobre. Lettres ratifiant tout ce que la Reine et le duc ont fait pendant la durée de leur administration. — Octobre. Don au duc et à la duchesse de Brabant de l'hôtel du Porc-Épic, à Paris.

borna, comme toujours, à faire de belles promesses, et à donner de trompeuses assurances [1]. Livrés à leurs seules forces, les Rouennais luttèrent vaillament pendant six mois contre toutes les horreurs de la guerre et de la famine.

Faisant de nécessité vertu, ils s'adressèrent alors au Dauphin qui, oubliant leur révolte, leur aurait volontiers prêté son appui. Mais, rejeté au delà de la Loire par le triomphe des Bourguignons, Charles ne pouvait rien pour eux. On put espérer un moment qu'une réconciliation des partis allait permettre d'unir les forces françaises contre l'ennemi commun : au commencement de septembre, sur l'initiative de la reine de Sicile, des négociations furent entamées à Corbeil par le duc de Bretagne, qui jouait le rôle de médiateur. Mais leur insuccès ne fit que rendre la rupture plus irrémédiable.

Ce fut égalment sous les auspices de la reine Yolande que le Dauphin entra en pourparlers avec le roi d'Angleterre; mais l'exagération des prétentions de ce prince fit échouer les négociations. Henri V jouait d'ailleurs un double jeu : avant même que ses envoyés entrassent en pourparlers avec les ambassadeurs du Dauphin, il avait écrit (26 octobre) au duc de Bourgogne pour lui faire des ouvertures. Les négociations se poursuivirent ainsi à la fois avec le Dauphin et avec le duc, pendant les premiers mois de 1419 [2].

Sur ces entrefaites, Rouen, cédant à la nécessité, et après une lutte prolongée presque au delà des forces humaines par le patriotique courage de ses défenseurs, ouvrit ses portes aux vainqueurs. Les habitants avaient un moment espéré, en voyant, à la fin de novembre, le duc de Bourgogne conduire le Roi à Saint-Denis pour y prendre l'oriflamme, et s'avancer jusqu'à Pontoise. Mais la Cour attendit paisiblement dans cette

1. Le 27 octobre, le carme Eustache de Pavilly vint, au nom des Rouennais, crier contre le duc le « grant haro, » et lui déclarer que s'ils devenaient Anglais faute de secours, il n'aurait par tout le monde pire ennemis qu'eux, et qu'ils détruiraient, s'ils le pouvaient, lui et sa postérité. Monstrelet, t. III, p. 294. Cf. Religieux, t. VI, p. 298, et Cousinot, p. 175. Voir aussi *les Cronicques de Normendie*, p. 42; Fenin, p. 104; Jouvenel, p. 356; Berry, p. 438; Th. Basin, t. I, p. 33, et *l'Histoire de Charles VII* de M. Vallet, t. I, p. 116 et suiv.

2. Voir plus loin, chapitre VIII.

ville l'issue des négociations entamées[1]. On ne voit pas quelles purent être ces « bonnes manières secrètes et profitables, » dont parlait la chancellerie royale à la date du 7 décembre[2], « pour très brièvement grever, tant par mer que par terre, » *l'adversaire et ancien ennemy d'Angleterre*, et, en particulier, pour secourir Rouen. Une suprême démarche des Rouennais n'aboutit qu'à une nouvelle promesse, aussi peu observée que les précédentes. Vainement des gens d'armes et de trait, mandés de toutes parts[3], se réunirent à Beauvais : ils furent bientôt congédiés. Au commencement de janvier, le duc fit dire aux Rouennais de traiter, et, le 13, le jour même où était signée la capitulation, il quittait Beauvais avec le Roi, pour se replier sur Creil, Lagny et Provins. Évidemment la marche sur Rouen n'avait été qu'un prétexte pour faire sortir le Roi de la capitale, où sans doute le duc ne se trouvait pas maître assez absolu. Le mécontentement des Parisiens fut apaisé par l'engagement pris par le duc (19 janvier 1419), et violé quelques mois plus tard, de ne point emmener le Roi au delà de Provins[4].

A peine Rouen était-il tombé au pouvoir de Henri V que les négociations furent reprises : d'abord par le Dauphin, dont les ambassadeurs signèrent, le 12 février, un traité préliminaire, stipulant qu'une entrevue aurait lieu, le 26 mars, entre le Dauphin et le roi d'Angleterre[5]; puis, au nom du Roi, par le duc de Bourgogne, dont les ambassadeurs conclurent à Vernon, le 7 avril, une trêve jusqu'au 15 mai, date à laquelle devait

1. « Allerent loger à Pontoise, dit l'auteur du *Journal d'un bourgeois de Paris*, et là furent jusques à trois sepmaines après Noël sans riens faire, senon manger tout le pays d'autour... Ne oncques le duc de Bourgongne ne les siens ne s'avancèrent aucunement de contester aux Engloys ne Arminaz (p. 119). »

2. Lettres portant commission pour vendre et engager les terres du domaine et les joyaux de la couronne jusqu'à concurrence de 10,000 livres (*Ordonnances*, t. X, p. 501).

3. Le duc de Lorraine lui-même avait été mandé : on a conservé les lettres *signées* du Roi qui lui furent adressées à la date du 31 décembre 1418. Collection de Lorraine, vol. IX, n° 14.

4. Felibien, *Histoire de Paris*, t. V, p. 262; Append. aux *Mémoires de Pierre de Fenin*, p. 287.

5. Voir lettres des 21, 22 et 31 janvier, et 12 février, dans Rymer, t. IV, part. III, pp. 84, 85, 86 et 91. La trêve comprenait les pays situés entre la Loire et la Seine, la Normandie exceptée.

avoir lieu, entre les deux rois et le duc, une entrevue qui fut ensuite renvoyée au 29 mai [1].

Pendant le cours de ces négociations, et tandis que ses lieutenants poursuivaient les hostilités contre le parti bourguignon, d'une part sur les confins de la Champagne et de la Bourgogne, d'autre part sur les rives de la Seine du côté du Nivernais, et enfin dans le Lyonnais [2], le Dauphin s'était mis en campagne. Resserré au milieu de places qui obéissaient à ses adversaires, il lui importait de s'assurer la possession des provinces situées au centre de la France. Au commencement de novembre 1418, il s'avança jusqu'à Sully, qu'il força à capituler, et alla mettre le siège devant Tours, dont le capitaine, en se rendant au bout de cinq semaines (30 décembre), passa au parti du jeune prince [3]. C'est devant cette ville que Charles prit le titre de régent [4]. Tandis qu'il occupait les provinces du centre, La Hire et Saintrailles en Picardie; Tanguy du Chastel dans l'Ile de France et le pays chartrain; Ambroise de Loré et Guérin de Fontaine dans le Maine et le Perche; Barbazan en Poitou, où il reprit Montberon, dont les Bourguignons s'étaient emparés, et dont le siège durait depuis le mois de septembre [5]; Sévérac dans le Languedoc, continuaient la lutte avec vigueur [6].

La prise de Rouen avait entraîné la soumission du pays de Caux et de toute la Haute Normandie [7]. Vernon, Mantes, Meulan, soumis dans les premiers jours de février [8], étaient

1. Voir lettres des 14 et 23 février, 17, 26 et 28 mars, 7 et 22 avril, dans Rymer, t. IV, part. III, pp. 92, 94, 95, 99, 102, 103, 104, 109, 110 et 115.

2. Ce mouvement avait commencé dès la fin d'août. Voir D. Plancher, t. III, p. 497. La duchesse de Bourgogne, à la date du 13 novembre, était fort inquiète du côté de la Loire. Comptes de Dijon, dans Collection de Bourgogne, 57, f. 282 et 307

3 Moyennant finances, il est vrai. Voir Jouvenel, p. 354-55; Cousinot, p. 174-75; Berry, p. 436; Raoulet, p. 164; Monstrelet, t. III, p. 293; *Chron. anon.*, t. VI, p. 243.

4 Nous établirons plus loin à quelle date Charles prit ce titre.

5. Il ressort des lettres du Dauphin du 24 septembre 1418, que le siège était en pleine activité à cette date; d'un autre côté, Berry dit formellement (p. 436) que c'est après le siège de Tours, où d'ailleurs Barbazan était présent, que ce capitaine prit Montberon (Cf. Jouvenel, p. 356).

6. Voir Monstrelet, t. I, p. 313 et 315; Jouvenel, p. 357-59, etc. — En mars 1419, Amaury de Sévérac est chargé de rassembler le plus grand nombre possible de gens de guerre. *Chartes royales*, à la Bibl. nat., vol. XIV, nº 1.

7. Voir notes des *Cronicques de Normendie*, p. 212.

8. *Cronicques de Normendie*, p. 47; Religieux, t. VI, p. 210; *Journal d'un bourgeois de Paris*, p. 121; Cousinot, p. 176.

autant d'étapes sur la route de Paris, que l'on s'attendait d'un moment à l'autre à voir prendre au roi d'Angleterre. Les Parisiens s'émurent, et s'adressèrent au duc de Bourgogne, qui les assura ne s'être transporté sur les marches de Brie qu'afin de trouver, « par maintes voyes et manières aysées, légères et convenables, » ce qui était « nécessaire et expédient » pour la défense et le recouvrement du territoire et pour la sûreté de la ville de Paris, qu'il promettait de secourir avant la fin de mai s'il advenait qu'elle fût assiégée [2]. En même temps, « pour donner consolation aux Parisiens, » il leur envoya comme capitaine son neveu Philippe de Brabant, comte de Saint-Pol, un enfant de quatorze ans [3]. La trêve du 7 avril arrêta les progrès des Anglais, qui venaient de réduire (6 avril), après un siége de près de deux mois, la forteresse de la Roche-Guyon; il ne leur restait plus à soumettre, en Normandie, que Château-Gaillard, Gisors, et quelques places de peu d'importance.

Tout entier aux négociations qui allaient s'ouvrir, le duc reçut à Provins des ambassades du roi d'Angleterre, du duc de Bretagne, du duc de Savoie et de plusieurs princes étrangers. Mais s'il ne s'était jamais beaucoup préoccupé d'empêcher l'invasion de Henri V [4], il ne perdait pas de vue le Dauphin, contre lequel ses capitaines ne cessaient de lutter. Une habile négociation, dirigée par # le cardinal Louis de Bar, venait de porter un coup funeste à sa cause, en rapprochant du parti dauphinois — par le mariage projeté d'Isabeau, héritière du duché de Lorraine, avec René d'Anjou, héritier du duché de Bar — le duc de

1. En mars, les coureurs anglais venaient jusqu'à Saint-Cloud. *Journal d'un bourgeois de Paris*, p. 123.

2. Lettres du 19 janvier, citées plus haut.

3. « Voulans, disaient les lettres de nomination, pourvoir à la sûreté d'icelle (ville) en notre absence et en l'absence de nostre cousin de Bourgogne, qui est en nostre compaignie. » Le pouvoir passait de fait aux mains de quatre chevaliers bourguignons qui formaient comme le Conseil du jeune comte. Celui-ci était nommé en même temps lieutenant général dans la prévôté de Paris, la Normandie, la Picardie, etc. D. Felibien, *Hist. de Paris*, t. V, preuves, p. 261.

4. « Que pouvait-il craindre, en effet, lorsque le seul prince français qui fût puissant, le duc de Bourgogne, était son ami? » Michelet, *Hist. de France*, t. IV, p. 331. — « De vaines et pompeuses paroles, des démonstrations inefficaces et dérisoires, voilà tout ce que le royaume en péril obtint de son dévouement. » Vallet de Viriville, t. I, p. 142.

par Yolande d'Aragon, agissant sur son oncle le cardinal de Bar,

Lorraine, qui avait compté jusque-là parmi les adhérents au parti bourguignon [1]. Le duc fit aussitôt partir un de ses lieutenants, Jean de Luxembourg [2], qui, à travers le Vermandois, le Laonnais et la Champagne, alla ravager les comtés de Bar et de Grandpré. Cette expédition lointaine accusait plutôt un désir de vengeance qu'un dessein politique habilement concerté; elle ne tourna pas au profit des Bourguignons : Jean de Luxembourg fut battu, et perdit même son étendard [3].

Le Dauphin Charles, qui voyait avec peine les progrès des Anglais, reprit, au commencement de mai, les négociations avec la Cour : il proposait une trêve de trois ans; le duc de Bourgogne lui accorda seulement trois mois (14 mai). C'est avec Henri V qu'il voulait traiter, et il espérait faire sortir un accord des conférences qui allaient s'ouvrir à Meulan. La Reine y amena sa fille Catherine, dont les charmes produisirent sur Henri V une vive impression. Pendant plus d'un mois, les entrevues et les négociations se poursuivirent; peu s'en fallut qu'on ne vînt à une conclusion, car les préliminaires posés n'avaient pas soulevé de sérieuses objections [4]. Mais la principale difficulté consistait à traiter en dehors du Dauphin [5]. Les pourparlers durèrent jusqu'au 30 juin. Le duc rompit alors — du moins en apparence — avec le roi d'Angleterre, et se décida à accueillir les ouvertures du Dauphin. Le 7 juillet, il quittait Pontoise pour se rendre au Ponceau-Saint-Denis; le lendemain, il eut une entrevue avec le jeune prince, près de Pouilly; et le 11,

1. Traité du 20 mars 1419. — *Le Roi René*, par M. Lecoy de la Marche, t. I, p. 55-56.

2. Le duc avait récemment (23 novembre 1418) ménagé l'alliance de Jean de Luxembourg avec Jeanne de Béthune, veuve de Robert de Bar, comte d'Aumale et de Soissons, afin d'avoir ainsi à sa discrétion les terres de Robert de Bar. Voir Monstrelet, t. III, p. 297.

3. Monstrelet, t. III, p. 317-18.

4. Voir sur ces conférences les pièces qui se trouvent dans Rymer, t. IV, part. III, p. 120 et suiv.; Monstrelet, t. III, p. 320-21; *Chron. anon.*, t. VI, p. 268-70; Jouvenel, p. 364 et suiv.; Elmham, *Vita Henrici V*, ch. LXXVI et suiv. — La Reine, en écrivant le 20 septembre 1419 à Henri V, disait : « Combien que les offres que lors nous faisiez nous fussent assez agréables. »

5. C'est ce qu'on peut voir par cette même lettre, qui nous dévoile le fond des choses; nous la reproduisons plus loin (chapitre VI).

après bien des hésitations, il signa une paix qui fut, le 19, promulguée par ordonnance royale [1].

La paix faite, il ne restait plus qu'à effacer les rivalités des partis, qui déjà commençaient à s'atténuer, et à préparer de concert la résistance aux Anglais. Henri V venait de reprendre l'offensive, et tandis que les Dauphinois lui enlevaient Pontorson et Avranches, il faisait assaillir Gisors et Saint-Martin-le-Gaillard [2], et attaquer les Bourguignons qui occupaient le Beauvaisis [3]. Le 31 juillet, une place importante fut prise : Pontoise tomba sans coup férir aux mains des Anglais [4].

La prise de cette ville, qui avait pour capitaine un des familiers du duc, le sire de l'Isle-Adam, souleva un cri général d'indignation contre ce prince, qu'on accusa tout haut de trahison. Il faut dire qu'au lieu de s'occuper de la résistance aux Anglais, Jean sans Peur, à ce moment même, avait, au mépris de sa parole, repris avec eux ses pourparlers, et que, loin de chercher à protéger la capitale, devant laquelle parurent bientôt les coureurs anglais [5], il se dirigea de Saint-Denis sur Lagny, sans même entrer dans Paris, et gagna bientôt la Champagne. Arrivé à Troyes, il convoqua ses gens d'armes en grand nombre ; mais on put se demander si c'était bien contre le roi d'Angleterre et ses « damnables entreprises » que ces démonstrations militaires se faisaient, quand on le vit conserver ses troupes auprès de sa personne, comme pour lui former un imposant cortège pour le voyage, si longtemps différé, de Montereau, où une nouvelle entrevue devait avoir lieu entre lui et le Dauphin. Il y périt soudainement, le

1. La Barre, t. I, p. 255-58. Cf. Religieux, t. VI, p. 334, et *Abrégé français* du Religieux, à la suite de J. Chartier, t. III, p. 220.

2. Religieux, t. VI, p. 348; *Abr. franc.*, p. 221; Monstrelet, t. III, p. 334-36; Jouvenel, p. 368; *Cronicques de Normendie*, p. 51 et 54.

3. Voir, sur l'expédition du comte de Huntington, capitaine de Gournay, Monstrelet, t. III, p. 336.

4. Voir en particulier Monstrelet, t. III, p. 232. — Henri V se servit pour cette surprise des connaissances spéciales de ceux de ses ambassadeurs qui avaient été envoyés à la Cour alors qu'elle était à Pontoise.

5. Le 9 août. Voir Monstrelet, t. III, p. 330, et *Journal d'un bourgeois de Pyris*, p. 128.

10 septembre, ainsi qu'on le verra plus loin. Avec lui disparut un système politique auquel nous n'hésitons pas — conformément à l'avis des chroniqueurs les moins suspects — à attribuer les désastres de la France.

Jean sans Peur mort, deux influences restaient en présence au sein du parti bourguignon. Comme on l'avait vu lors des conférences de Meulan, il y avait les partisans de l'alliance dauphinoise et les partisans de l'alliance anglaise. Malgré les efforts des premiers, malgré les démarches actives faites par le Dauphin et ses conseillers [1], l'influence anglaise prédomina dans les conseils du nouveau duc. D'ailleurs, toutes les mauvaises passions furent mises en jeu [2], et l'on vit, à la tête du mouvement qui poussait la France aux mains d'Henri V, la propre mère de l'héritier du trône [3].

Tandis que le duc de Bourgogne se faisait Anglais, au grand déplaisir des bons Français et d'un certain nombre de ses partisans [4], le Dauphin, qui s'était replié sur la Loire, faisait appel à ses gens de guerre [5], et préparait la résistance à la coalition anglo-bourguignonne, qui allait devenir formidable [6]. Il garnit ses places de gens de guerre, sous les ordres de capitaines expérimentés [7], et prit (21 décembre) le chemin du Lan-

1. Nous croyons avoir été le premier à mettre ce point en lumière, en publiant les pièces émanées du Dauphin et par lesquelles il sollicitait le jeune duc de rester fidèle aux conventions faites à Pouilly. Voir *Revue des questions historiques*, t. V (1868), p. 220 et suiv.

2. De nombreux documents montrent comment le meurtre de Jean sans Peur fut exploité par la faction bourguignonne, et comment une version mensongère fut lancée, de façon à donner le change à l'opinion.

3. Voir plus loin, chapitre V.

4. Voir l'improbation du Parlement au traité d'Arras, dans Du Puy, vol. 267, fol. 14. Voir, sur les divisions qui régnaient à ce sujet dans le Conseil, Religieux, t. VI, p. 386 et suiv., et *Abr. franc.*, p. 233. — Cf. Jouvenel, p. 377. — Le capitaine bourguignon de Beaumont-sur-Oise refusa de livrer la place, que les Parisiens, enragés partisans de Henri V, voulaient remettre aux Anglais (Religieux, p. 388).

5. « Gens d'armes de toutes parts à venir devers lui. » Monstrelet, t. III, p. 37.

6. Dès le commencement de décembre, le duc Philippe commença ses préparatifs militaires. A partir de ce moment, les Anglais qui, comme le remarque Chastellain, « fort se commençoient à esbaudir sous la vertu de l'alliance et en voye d'entreprise du Roy et du duc de Bourgogne avec eux, » se joignirent aux Bourguignons dans les opérations militaires. Ils avaient une telle arrogance, qu'ils croyaient conquérir bientôt toute la France.. Voir Chastellain, t. I, p. 102. Cf. Monstrelet, t. III, p. 365 et 371; *Abrégé françals* du Religieux, p. 234, etc.

7. Barbazan à Melun, Guitry à Montereau, Gamaches à Compiègne, La Hire et Sain-

guedoc, où la faction bourguignonne dominait encore presque complètement. Ce voyage à travers le Bourbonnais, le Lyonnais, le Dauphiné, l'Auvergne et le Languedoc, entraîna la ruine complète de l'influence bourguignonne dans le Midi. Charles rencontra peu de difficultés : Nîmes et le Pont-Saint-Esprit arrêtèrent seules un instant ses armes [1]. Quand il revint à Poitiers, le 8 juin 1420, il ne restait aux Bourguignons que trois places de peu d'importance; Aigues-Mortes, Sommières et La Mothe-sur-le-Rhône.

Si le Midi redevenait Français, le Nord était menacé de tomber bientôt tout entier au pouvoir des Anglais. Le Beauvaisis, le Laonnais, la Picardie furent attaqués simultanément [2], et, sauf un combat naval, où l'amiral de Braquemont remporta un avantage signalé sur les Anglais [3], les partisans du Dauphin eurent le plus souvent le dessous. A la fin de février, le duc de Bourgogne, à la tête de forces considérables et avec un corps d'Anglais commandé par les comtes de Warwick et de Kent, venus tout ensemble comme auxiliaires et comme ambassadeurs, s'avança vers Troyes, où il arriva le 21 mars, après avoir pris Crépy sur son passage. Au commencement de mai, le roi d'Angleterre traversait Saint-Denis pour venir signer le fameux traité qui devait consommer l'abandon de la France à l'étranger. Le 20, Henri V entrait dans Troyes; le 21, le traité était

trailles en Vermandois, le bâtard de Vaurus à Meaux, Maurigon d'Estissac à Dreux. Le bâtard d'Alençon reçut 1,000 livres le 2 janvier 1420 pour les dépenses de la guerre. Il était le mois suivant sur la flotte qui battit les Anglais. En mai 1420, Bernard d'Armagnac était lieutenant général sur le fait de la guerre en Guyenne, au delà de la Dordogne. Monstrelet, t. III, p. 360 et 381; Chastellain, t. I, p. 120; Lettres dans Chartier, t. III, p. 249, note; Clairambault, vol. 45, p. 3359; et 62, p. 4959; Ms. fr. 20372, fol. 40; D. Vaissete, t. IV, p. 455; *Chartes royales*, XIV, nos 3 et 13.

1. Voir D. Vaissete, t. IV, p. 451 et suiv.

2. Siège et prise de Roye, décembre-janvier; siège d'Aumale, fin décembre; prise de Fontaine-Lavaganne (Oise), janvier; prise de Demuin (Somme), décembre-janvier; siège du Tremblay (Seine-et-Oise), janvier; attaque de Clermont-en-Beauvaisis, janvier; siège de Crépy, 26 février-10 mars. Voir Monstrelet, *Chronique anon.;* Fenin, Chastellain, Religieux, *Abrégé français*, *passim*.

3. Au mois de janvier, la flotte castillanne et française, commandée par l'amiral de Braquemont, défit la flotte anglaise près de La Rochelle. Voir Religieux, t. VI, p. 398; Jouvenel, p. 374; Dom Morice, t. I, p. 476. — Le 24 janvier 1420, Charles étant à Lyon donne 100 l. t. à Sanche de Sandry, écuyer espagnol, tant en considération de ses services en l'armée d'Espagne, sur la mer, que pour avoir apporté la nouvelle de la victoire navale (*Chartes royales*, XIV, no 5).

signé[1] : le roi d'Angleterre, régent pendant la vie de Charles VI, devenait roi de France, après sa mort, au préjudice du Dauphin, et recevait la main de Catherine de France. Des lettres de Charles VI prescrivirent de faire jurer partout le traité de Troyes; mais le patriotisme français ne se soumit pas sans murmure à une loi aussi cruelle : plusieurs partisans du duc de Bourgogne refusèrent même le serment demandé[2].

Après le traité de Troyes, les hostilités furent poursuivies avec vigueur. Henri V avait célébré son mariage le 2 juin : dès le 4, il mettait le siège devant Sens, qui se rendit le 11 ; le 16, Montereau était assiégé et fut soumis le 24 juin; Villeneuve-le-Roi et Moret tombèrent au pouvoir des Bourguignons; enfin, le 7 juillet, commença l'investissement de Melun, qui devait, pendant plus de quatre mois, arrêter les forces anglo-bourguignonnes.

A son retour du Midi, le Dauphin trouvait donc la situation sérieusement compromise, et il lui fallait redoubler d'activité et d'énergie. L'arrestation déloyale du duc de Bretagne, accomplie par le comte de Penthièvre, et de connivence, paraît-il, avec le gouvernement du Dauphin[3], avait achevé de détacher de sa cause ce prince, qui se disposait à jurer le traité de Troyes[4]. Charles ne perdit pas courage. Dès le 28 juin, il se remit en campagne, à la tête de 16,000 hommes[5]; mais, deux mois plus tard, la mort imprévue du jeune comte de Vertus, qui avait organisé la campagne et qui commandait en chef, l'obligeait à rentrer dans ses cantonnements. On renonça à

1. Voir le texte dans les *Ordonnances*, t. XI, p. 86

2. Saint-Remy constate (p. 446; je cite l'édition du *Panthéon littéraire*, le tome II de celle de M. Morand n'ayant point encore paru) qu'il fallut que le duc enjoignît à plusieurs de ses partisans de jurer le traité. Guy de la Trémoille, comte de Joigny, refusa le serment et déclara à ses sujets qu'il punirait de mort quiconque prêterait ce serment sacrilège (Voir, à ce sujet, *Lettres des Rois*, etc., t. II, p. 379).

3. Nous reviendrons plus loin sur cet épisode.

4. Voir Rymer, t. IV, part. II, p. 182, 183, 184, 187. D'autres princes ou grands seigneurs se rapprochèrent aussi du roi d'Angleterre : le 14 juillet, des ambassadeurs de Charles VI allaient trouver le roi de Navarre et le comte de Foix pour les faire entrer dans l'alliance anglaise (D. Vaissete, t. IV, p. 454). Le 17 janvier 1421, Henri V reçut à Rouen les serments du comte de Foix, du comte d'Armagnac et du sire d'Albret (Rymer, t. IV, part. III, p. 199; D. Vaissete, t. IV, p. 454).

5. Jouvenel, p. 379; Monstrelet, t. III, p. 408; Chastellain, t. I, p. 150, et *Abr. franç.*, p. 242. Cf. M. Vallet, t. I, p. 230.

secourir Melun, devant lequel le roi d'Angleterre s'était établi dans une position formidable. La place capitula le 17 novembre. Le 1er décembre, Henri V faisait solennellement, avec Charles VI, son entrée dans Paris, au milieu des acclamations populaires [1]. Il y trôna insolemment, écrasant par son faste la Cour, hélas bien déchue, de l'infortuné Charles VI [2], et partit le 27 pour se rendre à Rouen, et de là en Angleterre, laissant derrière lui la famine, les exactions et les proscriptions [3].

Parmi les *bannis*, figurait le Dauphin de France : ajourné à son de trompe le 3 janvier 1421 à la table de marbre, il fut, par arrêt du Parlement, banni du royaume et déclaré indigne de succéder à la couronne [4]. « Mais cet acte inique ne fit que redoubler l'ardeur de Charles et de ses partisans. Il reçut à ce

1. « A l'entrée desquelz fut crié Noel par le peuple, de carrefour en carrefour, partout où ilz passoient. » (Monstrelet, t. IV, p. 16.) — « Ne oncques princes ne furent reçeus à plus grant joye qu'ils furent. » (*Bourgeois de Paris*, p. 144.) — Les Parisiens avaient accueilli avec enthousiasme le traité de Troyes; dès le 2 juin, ils s'étaient empressés d'écrire à Henri V; le 4, ils faisaient dire une messe d'actions de grâces et se livraient à des démonstrations d'allégresse : *Make greet joye and myrthe every Holy day in daunsyng and karolyng* (V. Rymer, t. IV, part. III, p. 176 et 177). — C'était donc bien en vain que le Dauphin, dans une lettre qu'il leur adressait, au mois de décembre précédent, avait fait appel à leur antique fidélité.

2. Le bourguignon Chastellain s'indigne de voir Paris, « siège ancien de la royale majesté françoise, » devenu « un nouveau Londres. » — « N'y avoit, dit-il, celuy à qui les larmes ne mouillassent les yeux » en voyant l'abandon du Roi; « maints cœurs francois couvertement se trouvèrent atteints de douleur s'ils l'eussent osé monstrer. » Il plaint ces « povres francois » qui « faisoient bonne chière de leur propre malheur, reputans aucuns plus estre felicité en leur vieux jours vivre paisibles et foulés sous main de tyran, que miserables champions en leur honneur sous un Roy heritier infortuné avec eux. » Voir t. I, pp. 198, 201, 203 et 194.

3. « Si avoit très grant pouvreté de faim la plus grant partie... Sur les fumiers parmy Paris peussiez trouver cy dix, cy vingt ou trente enfans, filz et filles, qui là mouroient de fain et de froit... On n'avoit ne pain, ne blé, ne busche, ne charbon. » (*Journal d'un bourgeois de Paris*, p. 145-46). — « En ce temps, pour conforter pouvres gens, furent remises sus les enffans de l'ennemy d'enfer, c'est assavoir imposicions, quatriesme et malestoutes; et en furent gouverneurs gens oyseurs qui ne scavoient mais de quoy vivre, qui pinçoient tout de si près que toutes marchandises laissoient à venir à Paris. » (*Id.*, p. 149. Cf. M. Vallet, t. I, p. 237-38.) — Le 23 décembre, un lit de justice avait été tenu pour fulminer contre les meurtriers de Jean sans Peur; puis des lettres patentes les mirent hors la loi comme criminels de lèse-majesté (Voir le texte dans D. Plancher, t. III, *Preuves*, p. CCCXI). La situation était telle, que si un habitant de Paris voyait frapper à sa porte un individu venant des pays obéissant encore au Dauphin, il était tenu de le livrer à la justice, quand c'eût été son parent, son frère, son fils, son père même. Voir Aug. Longnon, *Paris pendant la domination anglaise*, p. XIV; cf. p. 23, 207, 239, 240.

4. L'accord des auteurs contemporains sur ce point, contesté par certains historiens, ne permet pas de le révoquer en doute. Voir à ce sujet l'historique fait, sous forme d'allégorie, lors du traité d'Arras, en 1435, dans D. Plancher, t. IV, *Preuves*, p. CLV.

moment même un important renfort de troupes écossaises. L'absence d'Henri V fut mise à profit. Si, d'un côté, le duc de Clarence envahit et ravagea la Beauce, si Château-Thierry fut pris par les Bourguignons qui y firent La Hire prisonnier, les Dauphinois, à leur tour, soutinrent vaillamment la lutte dans le Beauvaisis, le Vermandois et le Santerre, et portèrent leurs ravages jusque dans le Hainaut et le Cambrésis. Bien plus, le duc de Clarence, ayant mis le siège devant Angers, le comte de Buchan et le maréchal de la Fayette se portèrent à sa rencontre, le forcèrent à se retirer, et livrèrent à Baugé une bataille où les Anglais furent taillés en pièces, laissant au nombre des morts le frère de leur roi. Dans l'ivresse du triomphe, on crut que les armes françaises allaient renverser tous les obstacles [1]. Le duc d'Alençon et le comte d'Aumale se portèrent sur le Mont Saint-Michel [2]. Le comte de Buchan, nommé connétable, s'empara d'Avranches, qui avait été repris au mois de décembre par Salisbury, alla assiéger Alençon à la tête d'un corps d'armée, tandis que le Dauphin, après avoir conclu à Sablé une alliance nouvelle avec le duc de Bretagne, entrait en campagne avec une armée grossie d'auxiliaires bretons sous les ordres de Richard de Bretagne, et prenait successivement Montmirail, Beaumont, Bonneval et Galardon. Les Dauphinois occupaient encore les places voisines de Paris, et tenaient cette ville comme bloquée. Si Chartres, qui fut investi le 15 juin par une armée de 20,000 hommes, eût ouvert ses portes, le chemin de Paris était libre, et ç'en était fait peut-être de la domination anglaise dans la capitale [3].

Mais, pendant que les Bourguignons de Chartres tenaient bon, Henri V veillait sur sa conquête. Débarqué à Calais le 10 juin, à la nouvelle du grave échec que ses armes avaient subi, il avait aussitôt envoyé à Paris un secours de 1,200

1. Voir les lettres des comtes de Douglas et de Buchan au Dauphin, dans Compayré, *Études historiques sur l'Albigeois*, p. 266. Cf. des lettres du 23 mai suivant, par lesquelles Jacques de Surgères et autres sont exemptés pour cette fois d'aller *au recouvrement de la Normandie*. Coll. de D. Fonteneau, t. VIII, p. 171. Voir aussi Monstrelet, t. IV, p. 40 et Chastellain, t. I, p. 227.
2. Montres du 1er mai, passées au Mont Saint-Michel.
3. Voir Chastellain, t. I, p. 234-36.

lances et ordonné à Suffolk et Glocester de s'avancer contre le Dauphin. Une épidémie, qui se déclara dans l'armée de Charles, le força à battre en retraite. Quand Henri V, après une rapide entrevue à Mantes avec le duc de Bourgogne, vint rejoindre ses lieutenants, le siège de Chartres était levé ; il trouva ses troupes assiégeant Dreux, qui se rendit le 20 août, après un siège d'un mois. La prise de Dreux entraîna la soumission d'un bon nombre de places voisines. Henri V se rendit à Chartres, attaqua Châteaudun, et rencontra l'armée française auprès de Vendôme. Mais il n'osa livrer bataille, se replia sur la Sologne qu'il ravagea, s'arrêta un instant devant Beaugency et devant Orléans, et voyant son armée décimée par la famine et l'épidémie, se replia sur Joigny et Villeneuve-le-Roi, dont il s'empara; à la fin de septembre, il rentrait dans Paris, ayant perdu 4,000 hommes [1].

Le duc de Bourgogne fut plus heureux dans le Nord. Après avoir investi Saint-Riquier, il se trouva en présence de l'armée de Jacques d'Harcourt, qui, se séparant d'une cause désormais confondue avec celle des Anglais, avait organisé la résistance dans le Ponthieu redevenu Français. Le seigneur d'Offemont, Saintrailles, Gamaches, Raoulet, etc., étaient venus de Picardie et de Champagne grossir les rangs de son armée [2]. La journée de Mons-en-Vimeu (30 août), bien que peu décisive, arrêta les progrès des partisans du Dauphin, et ses conséquences leur furent fatales. Saint-Riquier se rendit au mois de novembre, et Jacques d'Harcourt, bien qu'investi de la lieutenance sur les frontières de Normandie [3], ne devait pas tarder, sinon à déposer les armes, du moins à se tenir uniquement sur la défensive.

La France ne devait pas avoir un instant de répit en cette année terrible, marquée par la guerre, par la famine, par des

1. Voir Jouvenel, p. 391-93; Berry, p. 441-42; Religieux, t. VI, p. 462 et suiv.; Monstrelet, t. IV, p. 41 et suiv.; *Chron. anon.*, t. VI, p. 294 et suiv.; Chastellain, t. I, p. 235; Cousinot, p. 181; Raoulet, p. 170, etc.

2. Le Dauphin avait à la même époque, pour lieutenant en Champagne, Prégent de Coëtivy (Jouvenel, p. 391).

3. Voir Monstrelet, t. IV, p. 48 et suiv.; *Chron. anon.*, t. VI, p. 297 et suiv.; Fenin, p. 158; Raoulet, p. 178-79, etc.

maux de toutes sortes, et que les chroniqueurs appellent la « plus forte année à passer que oncques homme veist [1]. » A peine revenu de son expédition infructueuse, Henri V fit mettre le siège devant Meaux, la plus importante des places occupées encore par les Dauphinois autour de Paris. 24,000 hommes l'investirent le 6 octobre 1421, et la tinrent assiégée pendant sept mois. Le roi d'Angleterre établit devant cette ville son quartier général. On y vit le roi d'Écosse, qu'il traînait à sa suite dans l'espoir de détacher les troupes écossaises de l'armée du Dauphin; on y vit le comte de Richemont, qui, délivré de sa prison d'Angleterre, vint prêter serment à Henri V et le servir avec ses Bretons; on y vit aussi le malheureux Charles VI, couvrant de son simulacre de royauté les actes et les violences de celui qu'on appelait l'« héritier de France; » on y vit enfin le duc de Bourgogne, qui y fit acte de présence en se rendant dans son duché, où il n'avait point encore paru depuis la mort de son père. Chose digne de remarque, tandis que Philippe se montrait si empressé et si obséquieux, certains de ses partisans se refusaient toujours à subir le joug anglais. Le prince d'Orange, qui était venu trouver le duc en Artois avec un corps d'armée, le quitta plutôt que de se rendre à Meaux, où il aurait été obligé de prêter serment à Henri V [1]. Dans les rangs même des Anglais, des protestations s'élevaient : un chevalier dont le fils avait été tué pendant le siège, se retira en déclarant que « contre Dieu et raison on vouloit priver Monseigneur le Dauphin du royaume qui devoit lui appartenir [2]. »

Cependant, de tous côtés régnaient « fortes guerres et merveilleuses [3]. » En Picardie, où Jean de Luxembourg avait été nommé capitaine général, avec Hue de Lannoy, créé maître des arbalétriers, pour auxiliaire, un corps d'Anglo-Bourguignons attaqua, à la fin de mars 1422, plusieurs places du

1. Voir Monstrelet, t. IV, p. 78 et Chastellain, t. I, p. 392. — Les Dijonnais, auxquels le duc demanda de prêter serment, refusèrent d'abord et ne le firent que sur son ordre. — Dans le même temps, Jean de Luxembourg vint traiter de la délivrance de son frère Pierre, qui fut mis en liberté, et resta au siège de Meaux, au service du roi d'Angleterre.
2. Voir Jouvenel, p. 386 et l'*Abr. franc.* du Religieux, p. 249.
3. Jouvenel, p. 390.

Ponthieu et du Vimeu, et s'en rendit maître, malgré les efforts de Gamaches, de Saintrailles et de Jacques d'Harcourt [1]. En Champagne, La Hire fut vainqueur dans un engagement avec le comte de Vaudemont [2]. Un coup de main rendit un moment les Dauphinois maîtres de Meulan [3]. Dans le Midi, les châteaux de la Motte sur le Rhône et de Sommières furent pris sur les Bourguignons [4]. Enfin, dans le Nivernais, plusieurs places tombèrent au pouvoir des Dauphinois, et les frontières du Mâconnais et du Charolais furent sérieusement menacées [5].

La reddition de Meaux, signalée par de cruelles représailles et des actes de cruauté indignes du vainqueur [6], entraîna pour le Dauphin la perte d'un grand nombre de villes. Le sire d'Offemont, fait prisonnier devant Meaux au moment où il cherchait à pénétrer dans la place, obtint sa délivrance au prix d'un parjure, et fit ainsi passer à l'ennemi Offemont, Crépy, Pierrefonds et d'autres forteresses du comté de Valois. Les capitaines des frontières du Beauvaisis demandèrent à traiter : le sire de Gamaches à Compiègne, Pierron de Luppé à Montaigu, Thiembronne à Gamaches, s'engagèrent à rendre ces villes dans un délai déterminé, s'ils n'étaient secourus. D'autres capitaines démantelèrent les places qu'ils occupaient et les abandonnèrent [7]. Peu après, Henri V s'avança jusqu'à Compiègne dans le dessein de réduire Le Crotoy, mais une conspiration qui éclata à Paris l'y rappela soudain. On se borna à adresser à Jacques d'Harcourt une sommation dont il ne tînt nul compte, et Warwick alla assiéger Saint-Valery, dont il ne tarda pas à

1. Voir Monstrelet, t. IV, p. 83-91 ; *Chron. anon.*, t. VI, p. 309-314 ; Fenin, p. 177-79. — Les partisans du Dauphin ne conservèrent de ce côté que Le Crotoy, Noyelles, Saint-Valery et Gamaches.

2. Voir le Religieux, t. VI, p. 459 ; Jouvenel, p. 391, et surtout Raoulet, dans *Chartier*, t. III, p. 175-76.

3. Voir Monstrelet, t. IV, p. 85 ; *Chron. anon.*, t. VI, p. 310 ; Cousinot, *Geste des Nobles*, p. 184 ; Cochon, p. 442 ; *Journal d'un bourgeois de Paris*, p. 168. — Meulan fut pris le 5 avril et repris le 26.

4. Voir D. Vaissete, t. IV, p. 458.

5. D. Plancher, t. IV, p. 54.

6. Voir Jouvenel, p. 387 ; Monstrelet, t. IV, p. 96 ; Fenin, p. 176 ; Chastellain, t. I, p. 305 ; *Journal d'un bourgeois de Paris*, p. 170 et suiv.

7. Voir Monstrelet, t. VI, p. 97-103 ; *Chron.*, *anon.*, t. VI, p. 316-317 ; Fenin, p. 177 ; Chastellain, t. I, p. 307-308.

s'emparer [1]. Il ne restait plus au Dauphin, dans le Nord, que Le Crotoy et Noyelles, occupés par Jacques d'Harcourt, et Guise, où se concentrèrent les garnisons qui, en évacuant leurs places, ne s'étaient point engagées à ne plus porter les armes contre le roi d'Angleterre [2].

C'est contre le duc de Bourgogne qu'étaient dirigés à ce moment les efforts du Dauphin [3]. Ce prince, après avoir parcouru la Bourgogne et la Franche-Comté, venait de quitter Dijon, quand il apprit qu'une armée imposante était entrée en Nivernais et avait mis le siège devant La Charité. Il reprit le chemin de la Bourgogne, où il arriva comme cette place venait de se rendre (20 juin). Cosne fut ensuite investie par les troupes dauphinoises, qu'on n'évaluait pas à moins de 20,000 hommes. Le duc fit aussitôt appel à ses capitaines de Picardie, au roi d'Angleterre, au duc de Lorraine, qu'il venait de rallier à sa cause [4], et au duc de Savoie. — Croy, Lannoy, Jean de Luxembourg accoururent avec leurs gens de guerre. Henri V voulut marcher au secours du duc; mais une indisposition le ramena à Vincennes (7 juillet), où, après une nouvelle tentative, il dut rester, vaincu par la maladie qui le conduisit bientôt au tombeau. Bedford alla joindre le duc de Bourgogne, qui, à la tête de forces considérables, se trouva devant Cosne au jour fixé (12 août). Les armées restèrent trois jours en présence, séparées seulement par la Loire; mais aucun engagement n'eut lieu. Philippe, se contentant d'avoir fait lever le siège de Cosne, se replia, après avoir tenté d'assiéger La Charité [5], sur

1. Monstrelet, t. IV, p. 101 et 104; *Chron. anon.*, t. VI, p. 318; Chastellain, t. I, p. 314 et 317. — Saint-Valery tint pendant trois semaines.

2. Monstrelet, t. IV, p. 103.

3. Le duc était depuis longtemps entré en négociation avec la duchesse de Bourbon pour mettre ses possessions à l'abri de ce côté : le 8 mai 1420, une trêve avait été conclue avec la duchesse de Bourbon pour ses pays et pour Château-Chinon et Combraille d'une part, et la Bourgogne et le Charolais de l'autre (Voir Archives, P 1359[1], c. 651); le 27 juin 1421, la duchesse de Bourgogne, qui résidait à Dijon, concluait une nouvelle trêve (Archives, P 1358[2], c. 587); le 19 décembre 1421, une trêve était conclue pour le Mâconnais et le Beaujolais (Archives de Dijon, lay. 72, liasse 4, nº 57).

4. Par lettres du 5 mai 1422, le duc de Lorraine s'était engagé à servir Charles VI et Henri V. Voir D. Plancher, t. IV, p. 52.

5. Voyez à ce sujet Monstrelet, t. IV, p. 107-108; *Chron. anon.*, t. VI, p. 321-22; Berry, p. 442; Cousinot, *Geste des Nobles*, p. 185-86; Fenin, p. 184-85; Saint-Remy, p. 462.

Troyes et Paris, où il arriva au moment où Henri V rendait le dernier soupir (31 août).

La mort prématurée du vainqueur d'Azincourt, expirant à trente-cinq ans, au moment où son triomphe semblait assuré, portait un coup fatal à la cause anglo-bourguignonne. Les partisans du Dauphin, qui venaient de remporter un double succès dans une expédition dirigée en Normandie par le comte d'Aumale et le vicomte de Narbonne [1], et qui étaient également victorieux en Auvergne [2], poursuivirent la lutte avec une nouvelle ardeur. Le maréchal de Séverac envahit le Charolais à la tête de 20,000 hommes, s'empara de Tournus (23 septembre), et s'y établit, menaçant à la fois les deux Bourgognes [3]. Pendant ce temps, le Dauphin quittait Bourges et se portait sur La Rochelle, où les intrigues du duc de Bretagne faisaient craindre une révolte : sa présence, marquée par un accident qui faillit lui coûter la vie, rétablit le calme, et affermit les Rochelois dans une fidélité qui ne se démentit jamais.

C'est au retour de cette expédition que le jeune prince apprit la mort de son père, qui venait de terminer (21 octobre) à cinquante-quatre ans, sa triste carrière [4].

1. Voir, sur cette expédition, dirigée par le comte d'Aumale, le vicomte de Narbonne, le seigneur de Coulonges et Ambroise de Loré, le Religieux de Saint-Denis, t. VI, p. 474 et suiv.; Jouvenel, p. 394, et Cousinot, *Geste des Nobles*, p. 186-87. Il y eut un premier combat devant Bernay, et un engagement plus sérieux près de Mortagne, où les Anglais laissèrent 700 morts.

2. Antoine de Rochebaron, qui avait épousé une bâtarde de Jean sans Peur, fut battu, avec les gens de guerre de Savoie qu'il avait pour auxiliaires, par Bernard d'Armagnac, Grolée et La Fayette. Voir Berry, p. 442; *Chronique de Cousinot*, p. 210; D. Vaissete, t. IV, p. 459; D. Plancher, t. IV, p. 80.

3. D. Plancher, t. IV, p. 61.

4. La date de la mort de Charles VI a été fort controversée. Bien que celle du 22 se lise dans un acte émané de Charles VII *(le XXIIe jour d'octobre, qui est le jour que feu nostre très chier seigneur et père trespassa : Ordon.*, t. XIII, p. 193), la date du 21 nous paraît établie d'une manière indubitable. Aux témoignages contemporains que l'on peut alléguer, j'ajouterai le suivant, qui n'a, je crois, pas encore été cité : c'est une lettre datée « de Paris, le XXIe jour d'octobre « dans laquelle le chancelier et les gens du Conseil écrivent aux habitants de Saint-Quentin pour leur annoncer la mort du Roi, *arrivée le jour même*, et pour les prémunir contre les bruits qui pourraient être répandus à ce sujet; ils annoncent qu'on a dépêché vers les ducs de Bedford, de Bourgogne et de Bretagne, afin qu'ils se rendent à Paris pour aviser aux affaires du royaume. L'original est aux Archives municipales de Saint-Quentin; la lettre est en copie dans Moreau, vol. 248, f. 29 Cf. Compte de l'hôtel du Roi : Archives, KK 33, f. 76 v°, et un procès-verbal de l'inhumation de Charles VI, publié par le vicomte de Guiton dans la *Revue anglo-française*, 2e série, t. II, p. 296-301.

Charles VI était mort dans l'isolement. Quelques serviteurs fidèles, des gens *de petit estat* formaient toute la Cour du pauvre Roi [1]. A cette mort, le sentiment populaire, longtemps comprimé à Paris par la domination bourguignonne et anglaise, éclata. Beaucoup avaient vu avec peine le changement opéré [2]. « Ah! très cher prince, s'écriait-on, jamais n'aurons si bon, « jamais ne te verrons! Maldicte soit la mort! Jamais n'aurons « que guerre, puisque tu nous as laissé. Tu vas en repos; « nous demourons en toute tribulacion et en toute douleur [3]. »

Quand le cercueil de Charles VI eut été déposé dans les caveaux de Saint-Denis, et que le roi d'armes de France eut répété l'antique formule : « Dieu veulle avoir mercy de l'âme de très « hault, très excellent et très puissant prince, Charles, Roy « de France, nostre naturel et souverain seigneur! » un autre cri retentit sous les voûtes de la vieille basilique où reposait du Guesclin : « Dieu doint bonne vye à Henry, par la grâce de « Dieu, Roy de France et d'Angleterre! » Puis les sergents relevèrent leurs masses surmontées de fleurs de lys qui apparaissaient comme par dérision, et l'on entendit ce cri, poussé « à une voix » par les « François-Anglois, » comme parle un historien du temps [4] : « Vive le Roy! vive le Roy Henry [5]! »

L'oraison funèbre de Charles *le Bien-Aimé* a été faite en ces termes par un prélat contemporain : « Bien lui est pour vray « ce nom donné, car de tous les hommes qui estoient en « son temps, grans et petis, ne fut oncques plus humain de « lui, plus clement ne plus amiable... En ses parolles ne pro- « fera oncques villain mot d'aultrui. En ses fais il se delitoit « faire bien et plaisir à chascun [6]. »

1. « Le Roy de France estoit petitement servy et accompaigné au regard du noble estat qu'il souloit avoir, et ce jour (à la fête de Noël) ne fut comme point visité ne accompaigné, si non d'aucuns de ses vielz serviteurs et de gens de petit estat. » Monstrelet, t. IV, p. 22.

2. « Laquelle chose, dit encore le chroniqueur bourguignon, devoit moult desplaire à tous les cuers des vrais et loyaulx François là estans, voians ce noble royaume par fortune et tribulacion de eux-mesmes estre mis et gouverné en et par la main de leurs anciens ennemis, soubz laquelle dominacion et gouvernement il leur falloit vivre de present. »

3. *Journal d'un bourgeois de Paris*, p. 178.

4. Jouvenel, p. 397.

5. Chastellain et Monstrelet, *loc. cit.*

6. *Histoire de la Thoyson d'Or*, par Guillaume Fillastre. Ms. fr. 2621, f. 94 v°-95.

CHAPITRE III

LE DAUPHIN JUSQU'A SA FUITE DE PARIS

5 avril 1417-29 mai 1418

Situation de la France en 1417. — Isolement du Dauphin. — Ses gouverneurs : Hugues de Noé; Pierre, seigneur de Beauvau; Hardouin, seigneur de Maillé. — Ses conseillers : Gérard Machet, Robert le Maçon; Jean Louvet, président de Provence, etc. — Influence de la reine Yolande. — La reine Isabeau disparaît de la scène. — Le Dauphin en Touraine et en Anjou. — Il est investi de la lieutenance générale dans tout le royaume. — Le Dauphin à Rouen : fermeté déployée en face de la sédition. — Le Dauphin à Paris : son rôle dans le Conseil, ses lettres aux bonnes villes; sa harangue au Parloir aux bourgeois, sa réponse au héraut Palis. — Évasion de la reine Isabeau, qui installe un nouveau gouvernement à Troyes. — Confirmation de la lieutenance générale donnée au Dauphin. — Négociations entamées avec le duc de Bourgogne, sous les auspices du duc de Bretagne; conférences de la Tombe. — Résultat favorable, bientôt suivi d'un échec final. — Entrée des Bourguignons à Paris; fuite du Dauphin.

Jamais peut-être la France n'avait été dans une situation aussi critique qu'à l'époque où le Dauphin Charles était appelé à devenir non seulement l'héritier du trône, mais le vrai Roi, car l'infortuné Charles VI, en proie à des accès de plus en plus violents et prolongés, ne prenait aux affaires qu'une part toute nominale. On pouvait croire, comme le dit un auteur contemporain, que la France, déchue de son antique splendeur, penchait vers son déclin[1]. Dans les villes, dans les moindres villages, les factions rivales se jetaient le nom d'*Ar-*

1. « Ab aurora clari principii ad obscurum finale vesperum declinasse regnum videbatur. » Religieux de Saint-Denis, t. VI, p. 64. Cf. lettre de Pierre de Versailles à Jean Jouvenel, dans *Thesaurus novus anecdotorum*, t. I, col. 1724.

magnac et de *Bourguignon*, et s'entre-déchiraient avec une violence inouïe. Pour faire tuer un homme, il suffisait de dire : « Cestuy-là est Armagnac [1]. » Or, au témoignage d'un auteur du temps, tout homme riche était tenu pour *Armagnac* et « pillé, dérobé ou tué [2]. » Le duc de Bourgogne faisait sillonner le pays par des bandes qui semaient sur leur passage la désolation et la ruine, se livrant à tous les excès, et ne reculant devant aucun sacrilège [3]. Dans les contrées qu'ils occupaient, les Anglais n'épargnaient rien, et les Gascons du connétable d'Armagnac ne se montraient pas plus traitables. Des paysans normands, échappés à prix d'argent des mains de ces Anglais qu'on fuyait pourtant comme des *bêtes féroces* [4], victimes ensuite des pillards bourguignons qui entouraient Paris, puis des *brigands* armagnacs chargés de défendre la capitale, affirmaient que « plus amoureux leur avoient esté les Anglois que les Bourguignons, et les Bourguignons plus amoureux cent fois que ceulx de Paris [5]. » Mais ceux qui faisaient encore le plus de mal, au dire des auteurs les moins suspects [6], c'étaient les gens de guerre de Jean sans Peur. D'ailleurs, dans le camp bourguignon comme dans le camp français, se trouvaient des troupes auxiliaires qui mettaient le pays à feu et à sang [7]. Au

1. Jouvenel des Ursins, p. 337. Cf. Monstrelet, t. VI, p. 271.
2. Jouvenel, p. 330.
3. « Et avoit gens sur les champs qui faisoient tous les maux qu'on pourroit faire, comme pilleries, robberies, meurtres et tirannies merveilleuses, violoient femmes et prenoient à force, entroient par force et autrement dedans les églises, les pilloient et deroboient et en aucunes mettoient le feu, et en icelles faisoient ords et detestables pechez. » Jouvenel, p. 335. Cf. Monstrelet, t. III, p. 149-152 ; Religieux, t. VI, p. 64 ; Saint-Remy, p. 414. — Charles VI, au début de ces excès, rendit une ordonnance contre les pillards, en date du 30 août 1416, et l'on énumère dans ces lettres les crimes commis. Voir Monstrelet, t. III, p. 152-160.
4. « Æstimantibus pluribus non Anglos gentem atque homines esse, sed immanes quasdam atque ferocissimas belluas, quæ ad devorandum populum sese effunderent. » Thomas Basin, t. I, p. 27.
5. *Journal d'un bourgeois de Paris*, p. 83.
6. « Et avoit (le duc de Bourgogne) gens sur les champs qui faisoient tous les maux qu'on pourroit faire, comme pilleries, robberies, meurtres et tirannies merveilleuses.... » Jouvenel, p. 335. — « Et aussi les estrangers tenans la partie du duc de Bourgongne... regnoient et destroussoient par tous les lieux et pays où ilz aloient et repairoient..., et finallement faisoient maulx inestimables dont le peuple estoit très fort oppressé. » Monstrelet, t. III, p. 180. — Cf. Religieux, t. VI, p. 82, 130, 152 ; *Journal d'un bourgeois de Paris*, p. 80 ; Fenin, p. 71 et 79.
7. Voir ce que dit Cousinot des excès des Bretons de l'armée royale (p. 170).

milieu des discordes qui régnaient depuis si longtemps, le nombre des proscrits allait toujours grossissant, et ces proscrits, errants, poussés au désespoir, comme pour se venger de leur propre ruine, semaient partout la dévastation, pillaient les monastères et les églises, outrageaient les femmes, torturaient leurs prisonniers pour leur extorquer de l'argent[1].

Les paysans, abandonnant leurs champs dévastés, prirent à leur tour les armes et vécurent de rapines et de pillage, sans que leurs crimes fussent réprimés[2]. Aussi, remarque un contemporain, « pouvoit-on mieux dire la Terre Déserte que la terre de France[3]. » A Paris, les arrestations et les bannissements se succédaient sans relâche ; les impôts allaient croissant et le taux des monnaies subissait de fréquentes variations ; les vivres atteignaient un prix exorbitant. Dans l'automne de 1417, on ne put faire les vendanges, car nul n'osait sortir de la capitale, de crainte d'être pris et rançonné par les brigands bourguignons, ou de tomber sous les coups des pillards de la garnison de Paris qui, se répandant autour de la ville, rentraient parfois, selon l'expression d'un chroniqueur, gorgés de biens autant qu'un hérisson de pommes[4].

Ces luttes intestines, cette indiscipline d'une soldatesque brutale, ce désordre universel ne favorisaient que trop les projets belliqueux des Anglais qui, après avoir détruit notre armée à Azincourt, n'avaient cessé d'avoir l'œil sur la France, comme sur une proie facile à saisir, et s'apprêtaient à l'envahir de nouveau.

Comme dans les temps de malheurs publics, chacun demandait *un sauveur;* de toutes parts on répétait : « Vive n'importe qui, pour peu que nous puissions demeurer en paix[5] ! » Et, ne trouvant pas ce sauveur autour du trône, privé de ses appuis

1. Religieux, t. VI, p. 64.
2. Religieux, t. VI, p. 89-91.
3. *Journal d'un bourgeois de Paris*, p. 113. « Et tout ce estoit, ajoute le fougueux Bourguignon, ou la plus grant partie, par le duc de Bourgongne. »
4. « Quant ilz revenoient, ilz estoient aussi troussez de biens que fait le heriçon de pommes. » *Journal d'un bourgeois de Paris*, p. 82.
5. « Vivat, vivat qui dominari potuit dum tamen manere possit res publica in pulcritudine pacis ! » Religieux, t. VI, p. 80.

naturels par la mort ou la captivité, on se tournait vers le duc de Bourgogne, dont l'audace et les fallacieuses promesses en imposaient à la multitude : c'était l'homme providentiel qui devait arracher la France à la ruine.

Grande et difficile était donc la tâche échue au nouveau Dauphin, que la mort du roi Louis venait de laisser, à ce moment même, privé d'aide et de conseil [1]. Mais si son beau-père n'était plus là, Yolande lui restait : cette princesse, dont l'intelligence et le courage étaient à la hauteur de toutes les situations, dont la vigilance maternelle savait se partager sans s'affaiblir, allait veiller sur cet enfant dont elle était devenue la seconde mère; elle allait prendre une influence prépondérante sur sa vie et une part active à la direction des affaires publiques. L'histoire ne nous dit point tout ce que Charles dut à sa tendresse, à son infatigable sollicitude; mais nous en savons assez pour apprécier l'importance de son rôle, et Charles VII lui-même, par le profond et religieux souvenir qu'il garda de ses bienfaits, par le témoignage public qu'il en rendit plus tard, s'est chargé de nous en révéler l'étendue : « Feu de bonne memoire Yolande, en son vivant Reine de « Jerusalem et de Sicile, disait-il dans des lettres patentes du « 22 février 1443, nous a, en notre jeune age, fait plusieurs « grands plaisirs et services, en maintes manières, que nous « avons et devons avoir en perpetuelle memoire [2]. »

Pour assister le jeune prince dans la conduite des affaires et en même temps pour le former au rôle auquel il était appelé, la reine Yolande l'avait entouré de « gouverneurs » et de conseillers choisis avec soin, et dont elle avait pu apprécier la valeur et le dévouement. Charles eut ainsi son Conseil à lui, distinct de celui du Roi, et dont l'influence même s'exerça parfois — nous le verrons plus loin — dans un sens opposé à celui qui prévalait autour du trône. Il importe donc de connaître ce

1. « Pour la mort duquel, icellui Daulphin fut moult affebli de conseil et d'aide. » Monstrelet, t. III, p. 180.

2. Lettres portant don du comté de Gien à Charles d'Anjou. Archives, P 2298 f. 1237 (d'après le *Mémorial K de la Chambre des Comptes*).

Conseil et de présenter au lecteur les personnages qui le composaient.

Trois hommes paraissent, tout d'abord, avoir eu une part considérable à l'éducation du comte de Ponthieu : « Fut nourrit et instruit en science et meurs, dit un auteur du temps, par plusieurs nobles et saiges seigneurs : Hugues de Noyers, le seigneur de Beauvau, le seigneur de Mailly[1]. » Nous ne croyons pas que ces « gouverneurs » aient, comme on l'a dit[2], remplacé près de lui, dès l'âge de sept ans, Jeanne du Mesnil et les autres femmes chargées des soins à donner à son enfance; il est présumable qu'ils ne furent attachés à sa personne qu'après ses fiançailles, et même, selon toute apparence, que postérieurement à son retour de Provence[3].

Hugues de Noyers, ou plutôt *Noé*, appartenait à une famille du Languedoc. D'abord employé dans les luttes militaires, il reçut la charge d'élu sur le fait des aides ordonnées pour la guerre au diocèse d'Évreux[4]. Il semble avoir abandonné ce poste au commencement de 1416[5], pour passer au service du comte de Ponthieu, à titre de premier écuyer de corps et maître de l'écurie[6]. Confirmé dans sa charge par lettres données au château de Rouen le 4 août 1417, il la garda jusqu'après le meurtre de Montereau, en septembre 1419, époque où elle passa à Pierre Frotier. Conseiller du Dauphin dès le mois de juin 1417[7], il ne cessa d'être l'objet des faveurs du prince, soit avant, soit

1. *Chronique de Jean Raoulet*, publiée par M. Vallet de Viriville à la suite de Chartier, t. III, p. 143. M. Vallet donne, sur ces trois personnages, des notices assez étendues (p. 143-147, en note).

2. Vallet de Viriville, *Histoire de Charles VII*, t. I, p. 5.

3. Les sires de Beauvau et de Maillé étaient Angevins et furent certainement placés par Yolande auprès du prince ; Hugues de Noé ne paraît pas avoir été attaché à sa personne avant son retour à Paris, en juin 1416.

4. Voir une quittance du 5 décembre 1414 où il prend cette qualité. *Pièces originales*, 2130 : Noyers. Cf. Anselme, t. VIII, p. 472.

5. Dans une quittance du 7 mars 1416, il se qualifie : *Naguères eslu ou diocèse d'Évreux*, etc.

6. Le P. Anselme dit (t. VIII, p. 472) que ce fut pendant que Charles était encore comte de Ponthieu, mais nous n'en avons pas de preuve formelle. Nous trouvons cependant une confirmation indirecte de cette assertion dans les lettres de Charles VII du 7 juillet 1427, citées plus loin.

7. Il contresigne en cette qualité des lettres du Dauphin, données le 21 juin à Angers (Cabinet de l'auteur).

après son avènement au trône[1]. Dans des lettres du 9 février 1420, lui octroyant une somme de deux mille livres, le Dauphin déclare que ce don est fait en considération des grands et bons services que Hugues lui a rendus depuis longtemps[2]. Il est nommé en 1422 châtelain du château de Roquemaure, aux gages de 880 livres[3], et remplit à la Cour les fonctions de maître d'hôtel. Le 7 juillet 1427, le Roi lui donne la charge importante et lucrative de visiteur des gabelles du sel et des salines de Languedoc : « Considérant, disent les lettres-patentes, les loyaux, prouffitables et continuels services qu'il nous a fais en tout nostre temps et dès nostre enfance..., et confians à plain d'icellui Hugues et de son sens, loiaulté, preudommie et bonne diligence[4]. » Fait chevalier en 1429[5], pendant la campagne du sacre, où il accompagne le Roi *bien grandement*[6], Hugues de Noé paraît avoir résidé constamment à la Cour, avec la charge de conseiller et maître d'hôtel, jusqu'à sa mort, survenue postérieurement à 1447[7].

Pierre, seigneur de Beauvau, né vers 1380, appartenait à une famille attachée de vieille date à la maison d'Anjou; conseiller du duc Louis II, et l'un de ses exécuteurs testamentaires, il était un des personnages les plus considérables de la Cour de ce prince. Il n'était pas moins en faveur à la Cour de France, où nous le voyons donner à l'un des frères du comte de Ponthieu un coursier remarquable par sa vitesse, et qui, particularité curieuse, servit plus tard de monture à Jeanne d'Arc[8]. Il figura en 1416 parmi les chefs de l'armée envoyée en

1. Dès 1417, il recevait les biens confisqués de Nicole d'Orgemont, maître des comptes. Archives, PP 118, f. 79.
2. *Pièces originales*, NOYERS.
3. Revue de quatre hommes d'armes employés par Hugues de Noé à la garde de Roquemaure et paiement de leurs gages. Pièces des 1er avril, 1er mai, 2 et 12 juillet, 1er octobre 1422. Clairamb., vol. 81, p. 6380 et 81). — Noé était encore capitaine de Roquemaure en 1424-1428. Ms. fr. 5024, f. 82.
4. *Vidimus* original, *Pièces originales*, NOYERS.
5. Dans une quittance du 2 mars 1430, il prend ce titre de chevalier, qu'il ne portait pas encore en octobre 1428 (même source).
6. Lettres du 5 août 1435 (même source).
7. La dernière pièce où nous le trouvions mentionné est une quittance du 25 juillet 1447 (même source).
8. Ce fait est consigné dans un poème latin attribué par M. Vallet à Robert Blondel, et que M. Quicherat a publié dans son édition des *Procès de Jeanne d'Arc*, t. V, p. 38.

Normandie et prit part à toutes les luttes militaires du temps. Conseiller et chambellan du Roi et du Dauphin, Pierre de Beauvau était à Paris près du jeune prince lors de l'entrée des Bourguignons; il l'assista de ses conseils et de son épée pendant sa régence et prit le commandement dans les provinces du Maine et de l'Anjou, dont il devint sénéchal. Il figura parmi les signataires du traité de Pouilly et assista à l'entrevue de Montereau. Après l'avènement de Charles VII, il accompagna en Italie le jeune roi de Sicile, à titre de premier chambellan, et revint avec lui à la fin de 1426; peu après il fut nommé gouverneur de Provence, fonction qu'il remplit jusqu'à sa mort, sans pour cela disparaître de la scène, car nous le trouvons en 1429 au sacre de Reims et en 1431 au combat de Saint-Célerin[1]. Pierre de Beauvau, marié à une Bretonne, Jeanne de Craon, cultivait les lettres : on lui doit une traduction française de *Troïle et Cressida*[2].

Hardouin, seigneur de Maillé, rendait foi et hommage à l'abbé de Saint-Florent de Saumur dès le 20 avril 1404. Le 13 juin 1412, il épousait à Angers Perronnelle d'Amboise, en présence du roi et de la reine de Sicile. Dès le 1er mai 1417, nous le voyons contresigner des lettres de Charles, dont il devait demeurer le fidèle conseiller. En 1418, il défend le Mans avec Pierre de Rochefort, maréchal de France, son compagnon de captivité en Angleterre quelques années plus tard[3]. En 1429, il remplace, au sacre, l'un des pairs de France, absent. Conseiller et chambellan du Roi, grand maître de l'hôtel de la Reine, il remplit cette dernière charge sans interruption depuis 1433 jusqu'à la mort de cette princesse, et ne termina sa carrière qu'en 1468, dans un âge très avancé[4].

Un autre personnage qui exerça sur Charles une grande

1. Voir la notice de M. Vallet, édit. de Jean Chartier, t. III, p. 145-47, note (où il y a quelques légères erreurs); Sainte-Marthe, *Histoire de la maison de Beauvau*, p. 116; Bouche, *Histoire de Provence*, t. II, p. 449 et 50, 1044, etc., et les auteurs et les actes du temps : Jouvenel, p. 358-59; D. Morice, t. II, col. 1109, etc.

2. Ms. fr. 25528 (La Vallière, 112), f. 2 v°.

3. Archives, X 1a 9190, f. 303 v°; 9197, f. 326 v°, 329; 9198, f. 136, 152, 217.

4. Notice de M. Vallet, p. 147; le P. Anselme, t. VII, p. 50; Jouvenel, p. 359, — *Pièces originales*, 47 : AMBOISE; D. Villevieille, *Trésor généalogique*, vol. LIV, f. 30-31 v°; Clairamb., vol. 175, p. 5963. — On peut lire une curieuse lettre d'Hardouin de Maillé au ca-

influence fut celui qu'on a désigné (peut-être à tort) comme son *précepteur*[1], et qui certainement fut son confesseur à partir d'environ 1417. Nous voulons parler de Gérard Machet, docteur en théologie, professeur puis proviseur au collège de Navarre, vice-chancellier de l'Université après Gerson. Machet, qui avait pris part aux négociations de la Tombe, suivit le Dauphin dans sa fuite en mai 1418[2]. Ce fut lui qui présida en 1429 à l'interrogatoire de Jeanne d'Arc. Nommé évêque de Castres en 1432, il ne cessa pas pour cela de résider à la Cour et de siéger dans le Conseil, où il joua un rôle considérable; accablé d'infirmités, il se retira en 1447, et mourut l'année suivante[3]. Sa correspondance, qui nous a été conservée[4], le montre en relations avec les personnages les plus éminents; sa réputation de science et de piété était universelle[5].

Parmi les conseillers qui entourent le comte de Ponthieu, et dont plusieurs étaient, ou d'anciens serviteurs de sa mère, ou des familiers de la maison d'Anjou, deux hommes attirent tout d'abord l'attention : Robert le Maçon, son chancelier, et Jean Louvet, connu sous le nom de *Président de Provence.*

pitaine bourguignon de Tours, où le châtelain de Maillé apparaît plutôt que le gouverneur du Dauphin, dans l'intéressant mémoire de M. J. Delaville Le Roulx, *La Domination bourguignonne à Tours* (1417-18), p. 55-56.

1. Cette qualification nous semble ne lui avoir été attribuée que par M. Vallet de Viriville. Dans sa notice de la *Nouvelle Biographie générale*, M. Vallet dit que Charles fut, *depuis 1412, l'élève de Gérard Machet;* mais outre que le jeune prince séjourna peu à Paris en cette année, l'éminent érudit nous paraît avoir oublié que Charles aurait eu fort peu de temps pour profiter de ces leçons, car il partit, âgé de onze ans à peine, le 9 février 1414, emmené par sa belle-mère Yolande, et ne revint à Paris qu'en juin 1416. Les leçons du proviseur du collège de Navarre ne purent donc commencer avant cette époque. — Toujours est-il que, dans les comptes du Dauphin, Machet est qualifié de *confesseur* en 1421 (KK 53, f. 76 et 87 v°).

2. Il ne quitta plus Charles depuis ce moment : dans une lettre à Jean Majoris, écrite vers 1447, il disait qu'il était à la Cour depuis 28 ans. — Par lettres du 25 janvier 1420, le Dauphin lui donna cent livres en dédommagement des pertes qu'il avait subies. Godefroy, *Annotations au Recueil des historiens de Charles VI*, p. 796.

3. Voir l'excellente notice de M. Vallet, dans la *Nouvelle Biographie générale.*

4. Ms. latin 8577.

5. « ... Castrensi episcopo confessori suo, inter theologos apprime docto..., » dit le pape Pie II (*Commentaires*, dans Quicherat, t. V, p. 509). — « Confessor enim ejus devotus erat, episcopus videlicet Castrensis, » lisons-nous dans le fragment du Religieux de Dumferling publié par M. Quicherat, t. V, p. 340. Il est probable que c'est de lui que parle en ces termes l'auteur du poème latin sur Jeanne d'Arc (*id.*, t. V, p. 32) :

Vir unus
Inter doctores sacros non ultimus.

Robert le Maçon, seigneur de Trèves, qu'un grave auteur du temps qualifie de « bien prudent et sage clerc[1], » était né en Anjou[2]. Anobli par lettres de mars 1401, il devint conseiller du roi de Sicile et le suivit à la Cour, où il figura d'abord comme conseiller du Roi, puis comme maître des requêtes de l'hôtel; au moment de l'émeute cabochienne, il était l'un des gouververneurs du duc de Guyenne[3]. Il passa ensuite au service de la Reine comme chancelier[4]. Quand le comte de Ponthieu arriva à Paris, à la fin de juin 1416, Robert le Maçon fût aussitôt attaché à sa personne en qualité de chancelier[5]. Comblé des bienfaits d'Isabeau[6], siégeant assidument au Conseil, chargé de l'administration des monnaies[7], il avait une grande autorité et possédait une fortune considérable[8]. Le fougueux auteur du *Journal d'un bourgeois de Paris* le qualifie d'un des « plus gros de la *bande*[9], » c'est-à-dire du parti d'Armagnac. Ce qui est vrai, c'est que le seigneur de Trèves occupait un rang très important à la Cour, rang justifié d'ailleurs par ses lumières, son expérience, son dévouement, et qu'il était le principal conseiller du jeune Charles.

Jean Louvet, dit le Président de Provence, était loin alors d'avoir la notoriété de Robert le Maçon, mais, comme lui, il avait débuté au service de la maison d'Anjou. Né vers 1370, et

1. Jouvenel, p. 335.

2. Il était né vers 1365 à Château-du-Loir; son père était secrétaire et conseiller de Louis Ier, duc d'Anjou, en 1388. Art. LE MAÇON (dû à M. Vallet de Viriville), dans la *Nouvelle Biographie générale*.

3. Plaidoirie de Jouvenel : Archives X 1a 9198, f. 19; Bouche, *Histoire de Provence*, t. II, p. 435; D. Vaissete, t. IV, *preuves*, p. 408; *Recueil* de Besse, p. 80.

4. Archives, K 57, n° 34; Jouvenel, p. 335. Voir un acte du 29 janvier 1414, rendu au nom d'Isabeau, où il figure, acte publié par M. Vallet, dans son opuscule *Isabeau de Bavière*, p. 23. A la même date, il prend la parole dans un conseil tenu par la Reine. Religieux de Saint-Denis, t. V, p. 236; cf. *Ordonnances*, t. X, p. 216, et *passim*.

5. Archives, KK 49, ff. 48, 93 et 127. C'est à tort que M. Vallet de Viriville (*Isabeau de Bavière*, p. 24) le met en fonctions le 7 novembre 1415. Le comte de Ponthieu était alors à Angers, loin de la scène politique.

6. Il avait mille livres de pension comme chancelier de la Reine. Isabeau lui donna 500 livres le 7 novembre 1415, et 1,000 livres le 7 août 1416. Archives, KK 47, ff. 12 v°, 13 et 15 v°.

7. Sa nomination est du 20 juillet 1414. *Ordonnances*, t. X, p. 216.

8. Le 31 août 1417, il se fit adjuger, moyennant 4,000 livres, la seigneurie de Trèves. Archives, X 1a 1480, f. 104.

9. *Journal d'un bourgeois de Paris*, p. 89.

selon toute apparence, en Provence, il est ainsi qualifié dans l'acte d'institution du Parlement d'Aix par Louis II, roi de Sicile, en date du 14 août 1415 : « Noble et distingué Jean Louvet, chevalier, seigneur d'Eygalières, président de la Chambre des Comptes à Aix [1]. » Ramené sans doute par le roi de Sicile lors de son voyage en Provence (octobre 1415) [2], il ne tarda pas à prendre place parmi les conseillers de la couronne. La reine Isabeau, qui cherchait à se rendre favorables les serviteurs du roi de Sicile, lui fit en 1416 une large part dans ses libéralités [3]. Nommé, au commencement de 1417, commissaire général de toutes les finances, il eut justement alors pour mission d'aller rechercher, au fond de certains monastères, les trésors enfouis par Isabeau [4]. Esprit souple, négociateur habile, financier fécond en ressources mais peu scrupuleux, le président de Provence devait bientôt se révéler sous un triste jour et prendre dans les affaires un déplorable ascendant.

Parmi les autres conseillers du jeune prince figurent [5] : l'archevêque de Reims, Regnault de Chartres, président de la Chambre des Comptes, un des personnages marquants du

1. Acte cité par M. Vallet, art. LOUVET, dans la *Nouvelle Biographie générale*.

2. Nous trouvons dans le traité du 18 mai 1412, entre la France et l'Angleterre, le nom de *Johannis Louvell, domicelli*, comme représentant le comte d'Alençon (Rymer, t. IV, part. II, p. 196, et part. III, p. 83 et 126) ; il est peu probable que ce soit le même personnage. Toujours est-il que le *Président de Provence* était en Provence le 14 août 1412. Bouche, t. II, p. 438 ; Archives, KK 243, f. 10 v°.

3. Le 29 septembre 1416, elle lui donnait une somme de mille livres (KK 47, f. 10). Il est ainsi qualifié dans le compte : « Messire Jehan Louvet, président de Prouvence, conseiller du Roy de Secille. »

4. Archives, PP 118, f. 78 ; Berry, p. 434.

5. Nous connaissons leurs noms par plusieurs lettres patentes, au bas desquelles ils figurent :

Lettres du 1er mai 1417 (en latin) : l'archevêque de Reims, les évêques de Laon, de Paris et de Clermont, vous (le chancelier), le prévôt de Paris (du Chastel), les seigneurs de Leven (Louvet) de Maillé, de Gilbourg (Regnault de Montejean) et de Rambouillet. Archives de Grenoble, B 2825, f. 38, et 3223 bis, f. 79 et suiv.

Lettres du 2 juin 1417 : « Par monseigneur le Dauphin et duc en son conseil, ouquel les evesques de Laon et de Clermont, vous, les seigneurs de Touars (Amboise), de Leven, (Louvet), de Maillé, de Torsay, de Gilbourg (Montejean), le senechal de Berri (Louis d'Escoraille), messire Guillaume de Meullon (Meulhon) et autres estoient. » — *Ordonnances*, t. X, p. 416. Original aux Archives de Grenoble, B 3138.

Traité du 2 juillet 1417 : « Et pour la partie de mondit seigneur le Daulphin, les gens du conseil du Roy et de luy, c'est assavoir l'archevesque de Raims, les evesques de Laon et de Clermont, le chancelier de mondit seigneur le Daulphin, le viconte de Thouars et d'Aunoy (Amboise), les seigneurs de Leever (*sic* dans la copie, — c'est Louvet), de

clergé français, qui venait de jouer un grand rôle au concile de Constance; l'évêque de Laon, Jean de Roucy, membre du grand Conseil depuis 1413, alors à la veille de terminer sa carrière; l'évêque de Clermont, Martin Gouge de Charpaignes, attaché depuis 1402 au duc de Berry et désigné en 1416 comme l'un de ses exécuteurs testamentaires, évêque de Chartres en 1406, puis de Clermont en 1415, conseiller général sur le fait des aides, chancelier du duc de Guyenne en 1412, et membre du grand Conseil; Jean, sire de Torsay, grand maître des arbalétriers depuis janvier 1416; Pierre, seigneur d'Amboise, vicomte de Thouars, l'un des plus grands seigneurs du temps, oncle du « gouverneur » du Dauphin, Hardouin de Maillé; puis des hommes de guerre comme le sire de Barbazan, Miles de Thouars, seigneur de Pousauges, Louis d'Escorailles, sénéchal de Berry, Guillaume de Meulhon, Guillaume d'Avaugour.

Il est facile de reconnaître dans le choix de certains de ces conseillers la main de Yolande, cette *reine mère* qui, sans avoir le titre de régente, en remplissait en quelque sorte les fonctions, et ne cessait de veiller sur son futur gendre.

Un événement qui s'accomplit au mois d'avril 1417, peu de jours après que Charles eut reçu l'investiture du Dauphiné, vint augmenter l'importance de son rôle politique et bientôt le placer au premier rang.

La reine Isabeau résidait au château de Vincennes, entourée de sa fille Catherine, de sa belle-sœur Catherine d'Alençon, deuxième femme de Louis de Bavière, de sa belle-fille Marie d'Anjou. Ni l'âge ni les infirmités n'avaient tempéré chez elle l'ardeur pour le plaisir. Trois jeunes seigneurs, le sire de la Trémoille, Pierre de Giac et Louis de Bosredon, préposés à la garde de son corps, se livraient à tous les excès. Les précautions illusoires que prit Isabeau — comme de faire changer les serrures de la chambre de retrait de ses demoiselles — ne

Pousauges (Miles de Thouars), de Torsay, de Maillé, de Gilbourg (Montejean), de Mortemer (Guillaume Taveau), le chancelier de la Royne (Guillaume Toreau), messire Guillaume d'Argenton, le commandeur de Champguillon (Jean de Vivonne), le juge d'Anjou (Etienne Fillastre) Guillaume d'Avaugour, Hugues de Noer (Noé) et Guillaume de Lucé. » D. Fonteneau, t. XXVI, p. 343.

pouvaient remédier à de tels abus, et ce n'est pas sans raison que le bruit courait que « en l'hostel de la Royne se faisoient plusieurs choses deshonnestes[1]. » La mauvaise réputation de son entourage, les « grans et excessifs estats » de ses femmes ne donnaient que trop de prise à ces rumeurs : on allait jusqu'à dire que Bosredon, qui exerçait la charge de maître d'hôtel de la Reine, était très avant dans ses faveurs. Il fallut séparer de la Reine les jeunes princesses, qui ne pouvaient plus vivre dans une telle atmosphère[2].

Un jour, on conduisait le pauvre Roi à Vincennes, avec une escorte armée. Comme, après sa visite à la Reine, il revenait en compagnie de son fils, il se croisa avec Bosredon, qui le salua à peine. Le prévôt de Paris, Tanguy du Chastel, arrêta sur l'heure le familier d'Isabeau et le fit emprisonner au Châtelet. Après des aveux arrachés par la torture, il fut enfermé dans un sac de cuir, sur lequel étaient écrits ces mots : *Laissez passer la justice du Roi,* et jeté dans la Seine[3]. Peu après la Reine était reléguée à Blois, sous la surveillance de gardiens vigilants[4].

A quoi faut-il attribuer cette mesure violente prise à l'égard d'une princesse dont la conduite scandaleuse n'était point un fait nouveau et dont le rôle, de plus en plus effacé, ne devait point causer d'ombrage au gouvernement? Le connétable d'Armagnac, qui venait de prendre la direction des affaires politiques, comme il avait (depuis le mois de janvier 1416) le commandement de l'armée, avait-il surpris quelque intelligence entre la versatile Isabeau et le duc de Bourgogne[5]? Craignait-il que la Reine ne s'emparât du nouveau Dauphin et ne s'en fît un instrument contre lui? Voulait-il seulement faire main basse sur les réserves financières qu'elle avait si soigneusement amassées? On est, à cet égard, réduit à des conjectures.

1. Jouvenel, p. 336.
2. Religieux de Saint-Denis, t. VI, p. 72.
3. Le Fèvre de Saint-Remy, t. I, p. 292.
4. « Et fut deliberé pour plusieurs causes que la Royne s'en iroit à Blois pour estre loing de la guerre. » Jouvenel, p. 336. — Le compte des menus plaisirs (Archives, KK 49) fut clos le 18 avril (fol. 2). Est-ce ce jour-là que la Reine quitta Vincennes pour son exil de Blois?
5. C'est ce qu'a supposé Michelet : « La Reine, qui négociait sous main avec le Bourguignon, fut transportée prisonnière à Tours (t. IV, p. 328). »

Le 17 avril 1417, Isabeau adressait des lettres au Roi et à la Reine de Sicile[1]. Était-ce pour leur annoncer la perte de son fils Jean, qui venait de mourir subitement à Compiègne? Était-ce pour leur faire part de la situation précaire où elle se trouvait et réclamer leur concours? A ce moment, le Roi de Sicile était à toute extrémité (il mourut, on l'a vu, le 30 avril); Yolande ne pouvait songer à le quitter. Elle ne parut donc point à Paris, comme l'affirme un auteur du temps[2], mais nul doute que, malgré son absence, son action ne se soit fait sentir sur les événements.

Par un acte solennel en date du 17 mai, le Roi, considérant qu'il ne lui était demeuré aucun enfant mâle, sauf son très cher et très aimé fils Charles, à présent Dauphin de Viennois, lequel n'était pas suffisamment pourvu de terres pour maintenir son état, considérant aussi qu'il était marié et en âge de puberté, et que dorénavant il emploierait son sens, son entendement, et sa personne, aux besognes et affaires du Royaume, dont le Roi avait l'intention de lui laisser une grande part, déclarait faire don à son fils, pour lui et ses descendants mâles, des duché de Berry et comté de Poitou, avec toutes leurs dépendances, à tenir en pairie, comme les avaient tenus le duc de Berry et le Dauphin Jean[3]. Le même jour, par d'autres lettres,

1. « A Guillot de Lisy, pour porter lettres du Boys de Vincennes à Angiers adreçans au Roy et à la Royne de Secile, par comandement de Y[sabeau] de la Fauconnière, le XVIIe j. d'avril, par lad. cedule et quitances, VIII escuz, valent VII l. IIII s. » KK 49, f. 53.

2. « En celui an vint à Paris la Royne de Sicile qui tant fist que à Angiers mena le Dauphin que sa fille ot espousée. » Cousinot, *Geste des Nobles*, p. 164. — Les comptes de Yolande (KK 243) ne mentionnent pas ce voyage, qui n'eut certainement pas lieu. M. Vallet est donc dans l'erreur en suivant ici Cousinot (t. I, p. 46).

3. « Comme depuis peu de temps en ça il ait plu à Nostre Seigneur en cui main et puissance toutes choses sont, et par qui les Roys regnent, et les princes, pour le gouvernement de leurs sujets, établissent et decernent les droits, prenre à sa part deux de nos fils masles, c'est assavoir Loys et Jehan, jadis daulphins de Viennois, et ne nous soit demouré aucun enfant masle excepté nostre très cher et très amé fils Charles, à present daulphin de Viennois..... Considerans que petitement lui est et seroit pourveu par nous de terres qu'il tient presentement pour maintenir son estat tel qu'il lui appartient, veu qu'il est nostre seul fils et heritier en ladicte couronne, et aussi qu'il est marié et en aage de puberté, et que doresenavant il employera sens et entendement et sa personne aux propres besongnes et affaires de nous et de nostre royaume, et que telle est nostre entencion lui en bailler une grande charge pour nous relever doresenavant des grans cures et sollicitude continuelle qui appartiennent à nous à cause de nostre royalle Majesté, et auxquels nous sommes tenus et obligez pour la conservacion de ladicte couronne de France et de la chose publique de nostre royaume : pour ce est-il que nous, ces choses bien consi-

contresignées par le connétable et par le chancelier du Dauphin, Charles était autorisé à faire fabriquer des monnaies en Dauphiné[1].

Le moment était venu où le Dauphin allait payer de sa personne et se montrer au peuple. Parti de Paris dans la première quinzaine de mai, il paraît s'être arrêté à Chartres et à Vendôme[2]. Le 22 mai, le conseil de ville de Tours, prévenu de l'arrivée du prince par le bailli Regnault de Montejean, décidait qu'on irait au-devant de lui jusqu'à Meslay, sur la route de Vendôme, et qu'on lui offrirait, comme don de joyeux avènement, un vaisseau d'or pesant trois marcs[3]. Charles fit son entrée solennelle à Tours le 1er juin. Les rues étaient tendues de tapisseries et jonchées de fleurs. Conduit, sous un magnifique dais en drap d'or, à la cathédrale, il y fut accueilli par les chanoines, revêtus de leurs chapes, qui le menèrent au chœur; là, après avoir prêté serment, sur les saints Évangiles, de maintenir les droits et privilèges de l'église de Tours, on le reçut comme chanoine, avec les cérémonies accoutumées[4].

Le 2 juin, le Dauphin rendit une ordonnance importante, par laquelle il enjoignait aux gouverneur et gens du Conseil du Dauphiné d'assembler les États de la province pour aviser

derées et resolues ou secret de nostre pensée, et aussi pour la grant amour, naturelle et singulière affection que nous avons à nostre dit fils Charles, daulphin de Viennois, et afin qu'il puist avoir et maintenir son estat plus honorable, etc. » — *Ordonnances*, t. X, p. 409. Le Dauphin avait fait l'hommage dû au Roi avant la date de ces lettres.

1. *Ordonnances*, t. X, p. 411.

2. C'est par erreur que Chalmel (*Histoire de Touraine*, t. II, p. 174) suivi par M. Vallet (t. I, p. 46), dit que le Dauphin venait de Poitiers. Il ne se rendit pas dans cette ville en 1417.

3. Dès le 8 mai, Regnault de Montejean, bailli de Touraine, expédiait un message aux habitants de Tours pour leur annoncer la prochaine venue du Dauphin. Le conseil de la ville se préoccupa aussitôt de la réception qu'on lui ferait et du présent à lui offrir; on décida de lui donner « un vessel de IIIm d'or ouvré. » Arch. mun. de Tours, *Reg. des Comptes*, vol. XVI, f. 94 et suiv; *Reg. des Délibérations*, vol. I, part. IV, f. 2 v°. L'examen de ces registres nous donne lieu de penser que le départ de Paris eut lieu vers le 10. Le 18 mai, des lettres sont rendues à Paris *par monseigneur le Dauphin à votre relation*, c'est-à-dire à la relation du chancelier, en l'absence du Dauphin (Arch. de Grenoble, B 2845); ce même jour, d'autres lettres sont données à Paris, *par monseigneur le Dauphin et duc, à la relation de son conseil* (Arch. mun. de Poitiers, G 11, liasse 19).

4. Registres cités; Chalmel, *Histoire de Touraine*, t. II, p. 174; Girardet, *Histoire de la ville de Tours*, t. I, p. 200 (il donne à tort la date de juillet).

aux moyens de résister à l'empereur[1]. De Tours, il se rendit à Saumur, où il avait convoqué les États de Poitou[2], et à Angers, où il assista à un service pour le repos de l'âme du roi Louis[3]. La reine Yolande avait ménagé dans cette ville une entrevue entre son gendre et le duc de Bretagne Jean VI; par ses soins, un traité fut conclu (2 juillet) pour mettre fin à la lutte engagée, depuis plusieurs années[4], par les gens du comte de Richemont, frère du duc, alors prisonnier en Angleterre, relativement à la possession de la seigneurie de Parthenay[5]. Le 3 juillet fut signé le contrat de mariage de Louis III, fils aîné de la reine de Sicile, avec Isabelle de Bretagne[6]. Ainsi se trouvaient resserrés les liens qui unissaient le duc de Bretagne à la couronne.

Dans le traité d'Angers, le Dauphin est qualifié de « filz du Roy de France, daulphin de Viennois, duc de Touraine et de Berry, conte de Poitou, et *lieutenant general de Monseigneur en son royaume*[7]. » Il venait, en effet, par une ordonnance de Charles VI en date du 14 juin, d'être appelé à « entendre, en l'absence du Roy, aux affaires du royaume. » — « Conside-

1. *Ordonnances*, t. X, p. 414. L'original est à Grenoble, B 3138.

2. Ledain, *Histoire de Parthenay*, p. 211. — Nous devons à l'obligeance de M. Ledain des renseignements plus circonstanciés que ceux qu'il donne dans son livre, et qui nous font savoir que c'est le 3 juin que les commissaires délégués par la ville de Poitiers se mirent en route pour Saumur (Arch. mun. de Poitiers, J 353, liasse 29).

3. Berry dit que le Dauphin se rendit aux obsèques du Roi, « lequel estoit trespassé un peu devant. » Mais le Dauphin n'assista qu'à un service : c'est ce qui ressort des comptes de Yolande. Archives, KK 243, f. 48.

4. Le sire de Parthenay ayant, en 1413, pris le parti de Jean sans Peur, avait vu ses biens confisqués; le comte de Richemont avait été chargé d'assurer l'exécution de l'arrêt et s'était emparé en 1415 d'une partie de ses terres, où des troupes bretonnes tenaient garnison. Ledain, *Histoire de Parthenay*, p. 207-210.

5. Le texte du traité est dans D. Fonteneau, vol. XXVI, p. 339, d'après l'original aux archives du château de Thouars. Voir Ledain, *Histoire de Parthenay*, p. 312. Le Dauphin envoya le 10 juin au seigneur de Parthenay, relativement à ce traité, Geoffroy, vicomte de Rochechouart; Jacques, seigneur de Montberon; Guillaume Toreau, conseiller et maître des requêtes de l'hôtel et chancelier de la reine Isabeau; Jean de Vaily, conseiller et président du Parlement; Guillaume Taveau, seigneur de Mortemer, chambellan du Roi; frère Jean de Vivonne, commandeur de Champguillon et de l'Isle Bouchart; Guillaume Orry, seigneur des Roches, et maître Guillaume de Lucé. — *Quittances*, vol. 51, nos 5181, 5185, 5189, 5191. — Nous possédons une lettre originale de Charles, datée d'Angers le 21 juin et contresignée par Hugues de Noé, relative à cette ambassade.

6. D. Morice, t. II, col. 947.

7. Dans des lettres du 19 août, conservées aux Archives de Reims, et dont nous devons la communication à M. Louis Paris, le Dauphin prend les mêmes qualifications.

rant, disait le Roi, que nostre très chier et très amé fils vient en aage de pouvoir endurer peine et avoir cure et diligence de vacquer et entendre à ce à quoy nous le vouldrions employer, et afin que, en son jeune aage, il commence à savoir et congnoistre les besoingnes et affaires de nostre dit royaume..., et que avons et devons avoir en lui, comme raison le veult et ordonne, toute singulière et parfaite confidence, comme à nostre propre personne; » après mure délibération avec le connétable, le chancelier et les membres du grand Conseil, le Roi déclarait autoriser le Dauphin à s'occuper de l'expédition des affaires, de concert avec les gens du Conseil, toutes les fois que besoin serait[1]. — Par une autre ordonnance qui, selon toute vraisemblance, fut rendue le même jour, mais qui ne nous est point parvenue, les pouvoirs autrefois donnés à la reine Isabeau furent révoqués, et le Dauphin fut nommé lieutenant général du Roi dans tout le royaume[2].

L'occasion ne tarda pas à s'offrir, pour le nouveau lieutenant général, de faire acte d'autorité. Pendant son séjour à Angers, une émeute bourguignonne éclata à Rouen. Charles partit aussitôt à la tête d'une armée. En passant par Chartres, il apprit que des gens du duc de Bourgogne avaient mis le siège devant Saint-Florentin, près d'Auxerre : les sires de Torsay et de Gaules, Guillaume Bataille et Guillaume d'Avaugour furent détachés, avec sept à huit cents hommes d'armes et mille arbalétriers, pour marcher au secours de cette place[3]. Le Dauphin, continuant sa route avec deux mille combattants, arriva à Pont-de-l'Arche le 22 juillet, et envoya sommer les habitants de Rouen de lui ouvrir leurs portes. Mais l'archevêque Louis

1. *Ordonnances*, t. X, p. 416. — L'original est au Trésor des Chartes, J 402, n° 15.

2. Les lettres du 6 novembre 1417, confirmant la lieutenance générale du Dauphin, font allusion à cette première ordonnance. Voir *Ordonnances*, t. X, p. 424. — On a des lettres des 1er juillet 1402, 26 avril 1403 et 31 décembre 1409, contenant les pouvoirs donnés à la Reine. Archives, J 402, nos 16 et 13; *Ordonnances*, t. VIII, p. 577; Religieux, t. IV, p. 282.

3. Berry, p. 432. — On ne s'explique pas bien comment le Dauphin, venant d'Angers, passa par Chartres pour se rendre à Rouen, surtout s'il est vrai, comme le rapporte D. Plancher (t. III, p. 469) que les Bourguignons venaient de prendre Nogent-le-Roi, près de Dreux, le 18 juillet. Nogent était précisément sur le chemin que le prince devait suivre pour se rendre à Rouen. Les actes nous manquent pour contrôler le récit de Berry.

d'Harcourt, qui s'était chargé de cette mission, trouva ses chanoines sous les armes et mêlés aux bourgeois révoltés. Le Dauphin s'avança alors jusqu'à Sainte-Catherine et manda auprès de lui Jacques de Bourbon, seigneur de Préaulx, qui occupait encore le château : « Beau cousin, lui dit-il, allez en « nostre chastel, et par la porte des champs recevez deux cents « hommes d'armes et autant d'archers que nous vous envoie-« rons[1]. » Le même jour et le lendemain, on fit « grant escarmouche » devant les portes de la ville[2]. Intimidés par ces démonstrations, les Rouennais ne tardèrent point à parlementer. Leurs ouvertures furent favorablement accueillies, et des lettres patentes du Dauphin, datées de Saint-Maur-lès-Rouen, leur accordèrent pleine et entière abolition[3]. Le prince maintenait leurs droits et privilèges, mais repoussait hautement certaines exigences, relatives à ses soldats, qu'on prétendait lui imposer, disant « que à nul n'appartenoit limiter l'auctorité du Roy ne la sienne[4]. »

Charles fit, le 29 juillet, son entrée solennelle, à cheval, à la tête de ses troupes; et, après avoir été faire son oraison à la cathédrale, il alla se loger au château[5]. Un nouveau bailli — c'était le sire de Gamaches — fut nommé, avec charge de punir ceux qui avaient pris part au meurtre du sire de Gaucourt. Après ce coup d'autorité, accompli avec autant de modération que de fermeté, le jeune prince partit pour Paris, vers le 5 août, laissant à Rouen le comte d'Aumale comme capitaine, avec une garnison de quatre cents hommes d'armes[6].

1. Monstrelet, t. III, p. 179.
2. *Chronique dite de Perceval de Cagny*, chap. 63.
3. Ces lettres sont analysées dans le *Registre U* des Archives municipales : Chéruel, *Histoire de Rouen sous la domination anglaise*, 2e partie, p. 23-25. Cf. *Cronicques de Normendie*, réimprimées par A. Hellot, p. 29, et *Chronique de P. Cochon*, p. 341.
4. Chéruel, p. 24.
5. Monstrelet, *loc. cit.* — Pierre Cochon, fougueux bourguignon, dans sa *Chronique normande*, remarque que les gens d'armes ne firent aucun mal et qu'ils furent logés hors de la ville. On ne voulait pas abuser de la victoire. D'ailleurs, il y eut des réjouissances, et l'entrée fut pompeuse, comme il convenait en pareil cas : les rues étaient parées de beaux doubliers, nous dit encore Cochon; partout du pain et du vin, « et bevoit qui voulloit boire (p. 433). » — On a la trace d'une aide qui fut imposée, pour dons au Dauphin, à son joyeux avènement, et présents à divers seigneurs. Ms. fr. 26042 (*Quittances*, 51), nos 5213, 5215 et 5218.
6. « Ce fut, dit Raoulet, le premier fait d'armes où jamais fut le Daulphin, filz seul du

Un conseil avait été tenu, avant le départ, pour examiner si le Dauphin resterait à Rouen pour s'opposer à l'invasion anglaise (Henri V débarquait en ce moment même à Touques), ou s'il se rendrait à Paris, menacé par le duc de Bourgogne : c'est ce dernier avis qui avait prévalu.

Charles allait se retrouver, dans la capitale, au milieu des agitations où s'était écoulée son enfance. A l'âge de quatorze ans et demi, il devait descendre dans cette arène où luttaient avec acharnement deux partis hostiles, où il avait en face de lui une faction soutenue par un prince du sang qui ne reculait devant aucun moyen pour s'emparer du pouvoir : rude apprentissage pour cet enfant, désormais livré à lui-même et condamné à subir la loi des événements! Pour son *joyeux avènement*, il voyait, d'une part, le roi d'Angleterre s'avancer victorieux à travers la Normandie et, d'autre part, le duc de Bourgogne attaquer Paris. Nous ne referons pas le tableau de cette situation si critique pour le pouvoir royal, obligé de lutter à la fois contre l'ennemi du dehors et contre l'ennemi du dedans. Constatons seulement que, malgré les accusations de la haine, malgré certaines fautes qu'on est en droit de lui reprocher, le gouvernement dirigé par le comte d'Armagnac fit preuve d'énergie et d'habileté, et sut tenir tête au péril [1].

Quelque effacé que dût être le rôle d'un enfant dans d'aussi graves conjonctures, Charles n'est point complètement absent de la scène. Il préside régulièrement le Conseil, et son nom figure au bas des ordonnances les plus importantes rendues alors par Charles VI [2]; il assiste aux assemblées appelées à

Roy (p. 155-56). » — Voir Jouvenel, p. 336; Berry, p. 132-33; Religieux, t. VI, p. 94-96; *Chronique dite de Perceval de Cagny*, ch. 63.

1. M. Michelet a, presque seul parmi nos modernes historiens, rendu hommage au parti d'Armagnac et a reconnu qu'il était *celui de la défense nationale* (t. IV, p. 326). — M. Vallet de Viriville (t. I, p. 64 et suiv.) nous paraît injuste pour la politique du connétable d'Armagnac.

2. Lettres du 15 août 1417, confirmant la nomination de Jean d'Harcourt, comte d'Aumale, comme capitaine de Rouen; — du 2 septembre, donnant commission pour mettre en vente divers joyaux de la Reine; — du 5 septembre, portant défense d'obéir au duc de Bourgogne; — du 13 septembre, relatives à Jean d'Harcourt; — du 21 septembre, relatives à la vente des joyaux susdits; — du 12 octobre, relatives à la vente de biens de la succession du duc de Berry; — du 21 octobre, prescrivant la fabrication de diverses monnaies; — du 24 novembre, ordonnant la mise en vente de joyaux provenant de la succes-

délibérer sur les affaires politiques ou religieuses[1]; il écrit des lettres aux bonnes villes du royaume, pour les mettre au courant des événements et les engager à rester fidèles à la Couronne. C'est ainsi que, le 19 août 1417, des lettres sont adressées par lui aux habitants de Reims pour leur reprocher d'avoir ouvert leurs portes aux gens du duc de Bourgogne, les exhorter à l'obéissance envers le Roi et leur enjoindre de lui envoyer une députation[2]; c'est ainsi que, le 19 octobre suivant, comme ils persistent dans la rébellion, il leur envoie une nouvelle sommation, déclarant qu'il les considère comme « faulx, desloyaulx et désobeissans » envers le Roi et lui, pour avoir prêté serment au duc de Bourgogne, « lequel, dit-il, a voulu et veult à mondit seigneur tolir et usurper sa seigneurie et la nostre, dont, au plaisir de Dieu, mondit seigneur et nous le garderons bien[3]. » Nous avons d'autres lettres, adressées aux habitants de Lyon pour les mettre en garde contre les menées de la Reine et du duc[4].

Le 17 septembre, Charles se rend au Parloir-aux-Bourgeois, où on lui fait débiter un petit discours dans lequel il exhorte les notables à ne point se laisser émouvoir par le danger — le duc de Bourgogne avait la veille mis le siège devant la grosse tour de Saint-Cloud, — à rester unis et à puiser dans cette union la force de résister à l'ennemi[5]. Touchés par l'entrain et la bonne

sion du duc de Berry; — du 27 novembre, défendant aux habitants de Narbonne d'obéir aux mandements de la Reine et du duc; — du 24 décembre, portant commission pour donner provision aux Parisiens punis comme rebelles, etc., etc.

1. Voir les Registres du Conseil, séances tenues du 26 février au 16 mars 1418. Le 27 février, après le discours du premier président, le Dauphin prononça une petite allocution pour « advouer » ce qu'on avait dit en son nom, et, « en très belles et briefves paroles, recita en effect ce que dit est et refreschi lesdictes defenses iteratives comme dessus. » *Preuves des libertés de l'église gallicane*, t. I, p. 125.

2. Archives de Reims. Communication de M. Louis Paris. — Ces lettres, qui contiennent un long exposé de la conduite du duc de Bourgogne, sont signées par le Dauphin et constatent la présence au Conseil du connétable, du comte de Penthièvre, du sire de Préaulx (Jacques de Bourbon), du chanceller (Robert le Maçon), de l'archevêque de Reims (Regnault de Chartres), de l'évêque de Clermont (Martin Gouge), du prévot de Paris (Tanguy du Chastel), de Regnault de Montejean et de Hugues de Noé.

3. Archives de Reims. Lettre missive, signée CHARLES et contresignée *Lancelot*.

4. Archives de Lyon, AA, 22, f. 21. Deux lettres missives des 31 janvier et 1er février 1418, signées CHARLES et contresignées *Alain*. — Les *Registres des Délibérations* de Tours mentionnent encore une lettre missive du 14 septembre 1417 et deux autres d'octobre 1417 (vol. I, part. IV, f. 10, 10 v° et 16).

5. Religieux de Saint Denis, t. VI, p. 124.

grâce du jeune prince, les bourgeois, levant les mains au ciel, jurent en pleurant d'exposer leurs personnes et leurs biens pour défendre le Roi envers et contre tous, et ce serment est prêté, sur les saints Évangiles, par le Parlement, les docteurs de l'Université, le clergé et les plus notables bourgeois [1].

Quelques jours plus tard, le héraut Palis se présente à une des portes de la ville, porteur d'un message de Jean sans Peur. Le connétable et le Conseil le font comparaître devant le Dauphin, auquel on avait fait la leçon et qui prononçe fièrement ces paroles : « Hérault! contre la voulenté de Monsei-« gneur le Roy et de nous, ton seigneur de Bourgogne ja piéça « a dégasté son royaume en plusieurs lieux; en continuant « jusques à maintenant, de mal en pis, il monstre mal qu'il « soit mon bien vueillant, comme il nous escript. Et si veult que « Monseigneur et nous le tenions pour nostre parent, loial « vassal et subject, il voise combattre et debouter le Roy d'An-« gleterre, ancien ennemy de ce royaume, et après retourne « devers Monseigneur le Roy, et il sera reçeu. Et ne dic plus que « Monseigneur le Roy et nous soions à Paris en servage de « nulle personne, car nous sommes tous deux en nostre pleine « liberté et franchise. Et gardes que tu lui dies ce que nous lui « disons publiquement devant ses gens [2]. »

Le 2 novembre 1417, la reine Isabeau était enlevée par le duc de Bourgogne : un nouveau gouvernement allait s'établir avec certaines apparences de légalité. Pour parer à ce danger, une ordonnance fut rendue à la date du 6 novembre. Le Roi y rappelle la révocation par lui faite de tous pouvoirs donnés à la Reine; considérant les « bonnes manières » dont son fils a fait preuve dans l'exercice de sa commission de lieutenant général, certain qu'il a « toute bonne et entière voulenté, comme raison et nature le adstraingnent, au bon gouvernement et refformacion de son royaume, à la garde et

1. Religieux, p. 126.

2. Monstrelet, t. III, p. 218. — La date est précisée par l'indication donnée par le chroniqueur : « Durant le temps que le duc de Bourgongne estoit logié à l'Arbre sec sur le mont de Chastillon. » Or, d'après l'itinéraire dressé par M. Gachard (*Archives de Dijon*, p. 237) le duc fut à Châtillon du 21 au 29 septembre.

deffense de ses subgez et les relever des graves charges et oppressions que, pour les causes dessus dictes, ils seuffrent chascun jour; ayant aussi regard que Dieu luy a donné bon entendement à ce souffisant et très grant desir de soy y emploier, » il lui confère de nouveau, par délibération du grand Conseil, où ont été appelés les princes du sang, les membres du Parlement, le recteur et plusieurs maîtres de l'Université, les prévôt des marchands, bourgeois et échevins, « et plusieurs autres de divers estaz, » la lieutenance générale du royaume, avec pleins pouvoirs, annulant toute commission donnée à la Reine[1].

La situation devenait très critique pour le pouvoir royal. Le gouvernement bientôt installé à Troyes par le duc de Bourgogne et la Reine déploya tant d'astuce et d'activité qu'il devenait chaque jour plus difficile de lui tenir tête. Malgré la surprise mêlée de stupeur qu'excitait l'audace du duc, malgré les murmures que soulevait son attitude chez certains de ses partisans[2], ses manœuvres avaient été couronnées d'un plein succès. D'un autre côté, les Anglais gagnaient chaque jour du terrain. Non seulement le trésor était vide, mais il était obéré pour des sommes énormes. Comment lutter à la fois contre le roi d'Angleterre et contre le duc? La paix intérieure du royaume s'imposait comme une nécessité[3]. C'est ce que comprirent, avec un noble patriotisme, certains des conseillers de la Couronne qui, pendant que le connétable était en train de faire le siège de Senlis, où il avait emmené en grande pompe l'infortuné Charles VI, firent taire leurs antipathies et leurs rancunes pour préparer un rapprochement avec le duc[4].

1. *Ordonnances*, t. X, p. 424-26. L'original de cet acte est aux Archives, J 469, n° 18.

2. « Qui sembloit à aucuns chose assez loing de raison, » dit Pierre de Fenin (p. 82), en parlant de l'alliance de la Reine et du duc.

3. Voir à ce sujet le Religieux de Saint-Denis, t. VI, p. 172. Le trésor était à sec : au mois d'avril, pour subvenir aux frais de la guerre contre les Anglais, on demanda 20,000 fr. aux moines de Saint-Denis et pour avoir cette somme on fut obligé de leur abandonner la boucherie de Saint-Denis, bien que le marché fût très désavantageux (lettres du 22 avril). — L'évêque de Paris Gérard de Montaigu prêta 50,000 fr. au Roi.

4. « Si furent aucuns prelaz, barons et gens de bonne ville qui, pour eschever inconveniens, conseillèrent de trouver traité de paix entre le Roy et le duc de Bourgoigne, affin

Le duc de Bretagne, poussé sans doute par la reine de Sicile, au nom de laquelle il avait, au mois de novembre, conclu une trêve avec Henri V, prit l'initiative auprès de Jean sans Peur. Dès le 15 mars, des ambassadeurs bretons étaient à Troyes ; ils y séjournèrent jusqu'à la fin du mois [1], et s'y rencontrèrent avec trois envoyés de Philippe d'Orléans, comte de Vertus, qui commençait à jouer un rôle important dans les affaires politiques et militaires [2]. Vers le 10 avril, le duc de Bretagne était à Angers [3], où il s'entendit avec la reine Yolande; il prit, le 15 avril, la route de Paris, avec le jeune duc d'Anjou [4]; mais il ne paraît pas s'être avancé au delà de la Touraine [5]. De son côté, le pape Martin V, qui venait de ceindre la tiare, s'ef-

que seulement le Roy n'eust plus à besongner fors aux Anglois. » Cousinot, p. 168. Cf. Religieux, t. VI, p. 172. — C'est à tort que Fenin prétend que le Dauphin accompagna le Roi dans cette campagne.

1. *Archives de Dijon*, par Gachard, p. 238, note 2.

2. « Le 8 mars 1418, Primeu de Besoux, ecuyer, premier pannetier du duc d'Orléans, certifie que le trésorier général du duc a payé à Lourdin de Saligny, chevalier, la somme de 100 l. t. comptant, que le duc, par ses lettres de ce jour, a ordonnée être payée par l'avis du comte de Vertus et des gens du conseil, « pour un voyage qu'il fait presentement d'Orleans à Troyes en Champaigne en la compagnie de Mgr l'abbé de Saint-Jehan d'Angely et messire Manessier Queret, chevalier, où mondit seigneur, par l'advis et deliberacion dessus dicte, l'envoye par devers la Royne et le duc de Bourgoigne, pour certaines grosses besongnes touchant grandement le Roy nostre sire et son royaume, mondit seigneur le duc et mondit seigneur de Vertus. » *Quittances*, 51, nº 5255.

3. On trouve dans D. Morice (t. II, col. 966) une liste des « seigneurs, chevaliers, chevetaines, gens d'armes et autres » que le duc de Bretagne emmène avec lui *en ce present voyage de France qu'il encommence de faire pour le bien de la paix generale et union du royaume de France*, et un mandat de paiement donné à Nantes le 8 mai, pour le paiement des gens de la suite du duc à partir du 10 avril.

4. Le 15 avril, le duc d'Anjou part avec le duc de Bretagne, « pensant aler en France, » comme on lit dans les comptes de la reine Yolande; il est escorté par Audonnet Armentier, à la tête de cinquante arbalétriers; l'évêque d'Angers est du voyage, ainsi que le juge d'Anjou et deux autres conseillers. On s'avance jusqu'à Saumur et Candes; le voyage dure jusqu'au 6 mai. Voilà ce que nous apprend le registre KK 243, f. 49 et 59 vº.

5. Dès le 4 avril, on savait à Tours que le duc de Bretagne devait venir, et le conseil décidait qu'on irait au-devant de lui, pour « lui exposer les oppressions de la ville. » (Registre Ier des *Délibérations*, part. IV, f. 28 vº.) — Le 15, le conseil délibéra sur une motion de Guillaume de Champdivers et de Henri du Parc disant que « l'entencion Mgr de Bretagne, Mgr de Bourbon, Mgr d'Anjou en sa compagnie, est de passer par cette ville » demandant l'entrée, et proposant qu'on leur fit un prêt et qu'on profitât de leur venue (Tours était alors bourguignon) pour conclure une trêve. Il fut décidé « que à Mgr le duc sera baillée l'entrée à lui et cent chevaliers et escuiers menés en sa compaignie, lui sera monstré l'estat et povreté de la ville...; *Item* de prest ne sera point fait. » On décide que deux gens d'église et deux bourgeois iraient au-devant du duc (*Ibid.*, f. 29). — Le 18, les gens d'église ayant proposé de prêter 1500 l. au duc, pour avoir abstinence de guerre, les bourgeois s'y refusèrent encore (*Ibid.*, f. 30).

forçait d'amener une pacification générale, embrassant les deux pays qui, au grand deuil de la chrétienté, se faisaient une guerre acharnée, et deux légats, les cardinaux de Saint-Marc et des Ursins, avaient été chargés par lui de travailler à ce résultat.

Les pourparlers avaient commencé dès les premiers jours de mars[1]; les plénipotentiaires français et bourguignons furent désignés dans la semaine de Pâques (qui tombait en cette année le 27 mars). On convint qu'ils seraient, pour chacune des parties, au nombre de seize, et comprendraient un archevêque, deux évêques, quatre gentilshommes, six clercs, deux bourgeois de Paris et un secrétaire. Le lieu de réunion fut fixé à Montereau pour les Français, à Bray, pour les Bourguignons, et les conférences devaient se tenir au monastère de la Tombe, à égale distance de ces deux villes[2]. Le 28 mars, un fourier partit de Troyes pour Bray, afin de préparer le logement des ambassadeurs de la Reine et du duc[3], qui se mirent en route le 4 avril[4]. Ils ne tardèrent pas à se joindre aux ambassadeurs français installés à Montereau, lesquels n'étaient point, quoi qu'en disent les auteurs bourguignons, les plus fougueux d'entre les *Armagnacs*[5], mais au contraire — comme pour donner un démenti au reproche tant de fois articulé que le gouvernement royal était aux mains de *gens de petit état*[6] et

1. Cela est établi par les Registres du Parlement. On lit dans le procès-verbal de l'assemblée du 16 mars qu'il convient d'ajourner la publication de l'ordonnance sur les libertés de l'église gallicane « jusques à ce que le traicté *qui sur lesdictes divisions est encommencé*, ait prins conclusion. » *Preuves des libertés de l'Église gallicane*, t. I, p. 131.

2. *Chronique anonyme*, dans Monstrelet, t. VI, p. 247.

3. Guillaume de Gonneville, fourrier du Roi et du duc de Bourgogne, est envoyé à Bray, du comandement de la Reine et de Mgrs du Conseil étant à Troyes, pour faire provision de logis et autres choses necessaires à Mgrs les ambassadeurs, selon son état et charge, auquel voyage il vaqua par l'espace de 64 jours entiers commencent le 28 mars 1417 (v. st.), à raison de 20 s. par jour. Extrait du compte de Pierre de Gorremont, Coll. de Bourgogne, vol. 100, p. 800.

4. Même source.

5. « Et si estoient les plus fors en la loy d'Armignaguerie que on avoit seu eslire de leur estat en la ville de Paris. » *Chronique anonyme*, dans Monstrelet, t. VI, p. 249. Cf. Religieux, t. VI, p. 172.

6. « Est une *grande ordure ou desrision*, » avait osé dire le duc Jean dans sa réponse aux articles remis au nom du Roi, en août 1417, « que par gens de *si petit fait et condicion* la puissance des Anglois soit reboutée et enchacée, et à ce doivent bien avoir

d'*étrangers*[1] — des personnages notables, justement estimés pour leurs bons et loyaux services, et, pour la plupart, conseillers personnels du Dauphin[2]. Le duc d'Orléans se fit représenter aux conférences par son chancelier Guillaume Cousinot et par trois autres envoyés[3]. Enfin, le sire de la Trémoille eut mission d'assurer, avec un certain nombre de gens de guerre, la sûreté du lieu des délibérations[4].

Il convient d'entrer dans le détail de ces négociations, dont l'histoire n'a point suffisamment cherché à dissiper les obscurités, et qui ont une grande importance pour l'intelligence des événements.

regard les seigneurs et les nobles de ce royaume et tous autres preudommes, *de souffrir telle besterie et ordure de se laisser ainsi destruire, suppediter et deshonorer par telz gens qui riens ne scèvent, ne riens ne pevent ni ne valent.* » Et le duc avait nommé le chancelier Henri de Marle, l'évêque de Paris (Montaigu) Tanguy du Chastel, Bureau de Dampmartin, Étienne de Mauregard et Philippe de Corbie (Monstrelet, t. III, p. 201-202; cf. p. 209). — Dans son manifeste du 25 avril, il avait déjà parlé des « gens de petit estat, incogneuz de lignaige, » qui dissipaient la chose publique et appliquaient les finances à leur profit particulier (Plancher, t. III, p. CCCIII). — « Comme par la coulpe, mauvaisetié et convoitise dampnables d'aucunes *gens de petit estat* qui ont entreprins le gouvernement de la personne de Monseigneur et de son royaume..., » disait aussi la Reine dans une lettre au gouverneur du Dauphiné, en date du 21 mars 1418. De Camps, 48, f. 689.

1. « Alors gouvernoit le Roy Charles et le Daufin le conte d'Armignac et le seigneur de Barbesan, Davegny du Castel et Remonet de la Guerre, *toutes gens qui estoient estrangiers la plus grant partie*, et par ce ne vouloient point que le duc Jehan fust bien d'accort avec le Roy ne avec le Doffin (Pierre de Fenin, p. 70-71). » — La chancellerie royale, devenue bourguignonne après l'occupation de Paris, se sert des mêmes termes : « Bernart, conte d'Armignac, et plusieurs autres *gens de bas estat et estrangiers.* » (*Ordonnances*, t. X, p. 453.)

2. Jouvenel les appelle avec raison de *notables gens* (p. 335), et le bourguignon Monstrelet lui-même, après avoir nommé Jean Louvet et Robert le Maçon parmi ceux qui, un peu plus tard, accompagnèrent le Dauphin dans sa fuite, ajoute : « Et moult d'autres gens *de grant estat et auctorité* (t. III, p. 263). »

Voici leurs noms : l'archevêque de Reims (Regnault de Chartres), — l'évêque de Paris (Gérard de Montaigu, frère du grand maître tué en 1409); — l'évêque de Clermont (Martin Gouge); — Jean d'Harcourt, comte d'Aumale; — Guy de Nesle, sire d'Offemont; — Manssard d'Esne, bailli de Vitry; — Regnault de Merquoigne, chevalier; — le chancelier du Dauphin (Robert le Maçon); — Jean de Vaily, président au Parlement; — Gérard Machet, confesseur du Dauphin; — le président de Provence (Jean Louvet); — le Juge Mage; — Jean de l'Olive; — Estevenin de Bonpuis; — Michel de Lallier; — le nom du secrétaire ne nous est pas connu.

3. *Catalogue Courcelles*, 1834, p. 46.

4. La Trémoille avait le commandement d'un nombre de gens de guerre laissé à sa discrétion. Les ambassadeurs ne pouvaient avoir dans leur escorte plus de cent chevaux, « eulx et leurs gens armez de haubergeons, espées, daghes et brachelès et non autrement. » (*Chron. anon.*, p. 246.) Ces précautions sont à noter; nous verrons plus loin celle qu'on prit à Pouilly et à Montereau.

Les ambassadeurs bourguignons demandaient, au nom de la Reine et du duc de Bourgogne :

1° La promulgation, de part et d'autre, d'une amnistie générale ;

2° L'abolition des confiscations, procès, condamnations, etc.;

3° La restitution mutuelle des biens;

4° La restitution des corps de ceux qui auraient été mis à mort, à l'occasion des querelles;

5° Que les offices royaux demeurassent en la main du Roi « pour en ordonner à son bon plaisir, la Reine et monseigneur de Bourgogne étant par devant lui, et par leur avis et délibération; »

6° Que la Reine, le Duc, et les autres princes du sang pussent à leur gré, se rendre et séjourner près du Roi, à Paris et ailleurs;

7° Que tout ce qui avait été fait et ordonné par la Reine, depuis sa venue à Chartres, sortit son plein effet, en ce qui ne serait point contraire aux choses susdites.

Les ambassadeurs français demandaient, au nom du Roi et du Dauphin :

1° La restitution des villes, châteaux et forteresses pris par le duc, moyennant réciprocité;

2° La restitution de ce qui appartenait au cardinal de Bar et à d'autres vassaux ou gens d'église;

3° La mise au néant des « nouvelletés » faites par le duc, au préjudice de la souveraineté royale, telles que création de parlement, de chambre des comptes, etc.;

4° La renonciation par le duc à « toutes trêves, abstinences de guerres, alliances et autres convenances et pactions quelconques qu'il a ou pourrait avoir avec le roi des Romains, les Anglais, ou autres quelconques ennemis et adversaires du Roi, » avec obligation pour le duc de donner à cet égard ses lettres de renonciation;

5° Le maintien, selon sa forme et teneur, du traité conclu à Arras et confirmé à Saint-Denis;

6° La cessation par le duc de toutes voies de fait et de guerre;

7° La promesse de servir, secourir et aider le Roi contre l'Empereur, les Anglais, et tous autres ennemis et adversaires;

8° Enfin, que la reine de Sicile et le duc d'Anjou fussent, avec tous les parents et vassaux du Roi, compris au traité[1].

Dans une assemblée qui se tint le 18 avril, en la chambre du Parlement, et où assistèrent, avec les membres de la Cour et les évêques de Laon et de Lisieux, bon nombre de personnages notables et de bourgeois de Paris (ils étaient de cent vingt à cent quarante), Jean de Vaily, président au Parlement, prit la parole et exposa l'état des négociations, auxquelles, avec le doyen de Paris et l'un des échevins présents à la réunion, il avait pris une part personnelle. Des mémoires avaient été produits, contenant les demandes, avec les réponses de chacune des parties : le président en donna lecture; on les avait communiqués au Roi, alors à Creil; le Dauphin se proposait de faire assembler le Conseil et d'y appeler plusieurs conseillers, clercs et bourgeois pour aviser sur ce qu'il y avait à faire; il importait donc de bien peser à l'avance la matière, afin que ceux qui seraient mandés fussent prêts à délibérer. Les bourgeois et les personnes étrangères à la Cour se retirèrent ensuite, et le Parlement désigna ceux de ses membres qui devraient assister à la réunion projetée[2].

Nous n'avons pas de détails sur cette nouvelle assemblée; mais nous savons que les prétentions du duc de Bourgogne n'étaient point de nature à faciliter un accord. Ce n'était donc pas trop de l'intervention des deux légats du pape Martin V pour préparer la solution. Les cardinaux des Ursins et de Saint-Marc, après avoir séjourné à Dijon, près du duc de Bourgogne, du 14 au 18 avril, arrivèrent vers le 20, et prirent part aussitôt aux négociations. Le cardinal des Ursins s'établit à Bray, près des ambassadeurs bourguignons; le cardinal de Saint-Marc prit son logement à Montereau, près des ambas-

1. Le Religieux de Saint-Denis donne en latin le texte des demandes faites par chacune des parties (t. V, p. 208 et 212); on retrouve ce texte dans les avis rédigés le 23 mai par les médiateurs, dont il y a plusieurs copies contemporaines (Moreau, vol. 1424, n° 74; du Puy, vol. 499, f. 100, et 620, f. 113), et que Mlle Dupont a publiés dans son Appendice aux *Mémoires de Pierre de Fenin*, p. 255 et s.

2. *Registres du Parlement*, X1a 1480, f. 133 v°.

sadeurs français. Ce dernier se rendit à Paris au bout de quelques jours, et assista le 3 mai à une réunion du Conseil, présidée par le Dauphin, où il exposa la mission qu'il venait remplir, faisant ressortir, par plusieurs « raisons et exemples notables, » les avantages de la paix. Il avait pris pour thème ces paroles : *Pax huic domui*, et termina son discours en pressant vivement le Conseil d'entendre « à l'apaisement des guerres et divisions[1]. » Le lendemain, une séance solennelle fut tenue par le Dauphin pour délibérer à ce sujet.

Le jeune prince et ses conseillers n'étaient point opposés à la paix ; mais il fallait que la partie adverse rendît un accord possible. Or, les ambassadeurs bourguignons s'obstinaient à ne rien rabattre de leurs prétentions. Des envoyés du duc de Savoie, alors à la Cour[2], qui tenaient leur maître au courant des négociations, lui écrivaient que les exigences du duc de Bourgogne paralysaient tout, et que le cardinal de Saint-Marc allait se rendre près de ce prince, « pour savoir si nul bon appointement s'y pourrait trouver. » Les envoyés savoisiens, fort bien renseignés par l'évêque de Clermont et par Robert le Maçon, racontaient en outre à leur maître un entretien secret qu'ils avaient eu avec le président de Provence. Louvet leur avait dit qu'on pouvait, à la rigueur, aller jusqu'à concéder deux des trois points qui faisaient l'objet du litige (articles 5 et 7), mais que, pour l'article autorisant le duc à venir à Paris, ou autre part, là où seraient le Roi et le Dauphin, avec petite compagnie ou grande, selon que ce serait son plaisir, toutes les fois que cela lui conviendrait, il ne fallait point en entendre parler ; car, disait-il, « de venir par devers le Roy et Monseigneur le Dauphin « à sa puissance, pour avanture elle seroit plus grande que

1. La date des 14-18 avril est fixée par Gachard, *Archives de Dijon*, p. 258 ; le discours du cardinal de Saint-Marc se trouve dans les *Registres du Parlement* et a été publié par M. Douet d'Arcq (*Choix de pièces inédites relatives au règne de Charles VI*, t. I, p. 397). Voir, sur le rôle des cardinaux, Monstrelet, t. III, p. 256, et *Chron. anonyme*, t. VI, p. 252.

2. Ils étaient venus donner réponse à la demande faite au duc de Savoie, par le gouvernement de Charles VI, de lui prêter main-forte contre les Anglais. Odet de Tournon, seigneur de Beauchastel, et Guichard de Marzé (?) avaient été envoyés pour solliciter le duc de se trouver à Paris le 1er mai, « à toute sa puissance de gens d'armes et de trait. » Guichenon, *Histoire généalogique de la maison de Savoie*, t. II, *preuves*, p. 255.

« celle desdiz seigneurs ; à venir à autant de nombre comme « leur, il ne seroit point de honneur ; et il ne vouloit venir à « plus petite. *Et pour rien*, ajoutait Louvet, *ne s'en pourroit « fier en lui de la personne de Monseigneur le Dauphin*[1]. »

Le Conseil royal, désespérant d'arriver à une solution, chargea les ambassadeurs de Savoie de solliciter l'intervention personnelle du duc leur maître, et déclara s'en rapporter à lui, promettant de faire traîner les choses en longueur jusqu'à sa venue. Mais Amédée VIII ne paraissait point disposé à intervenir; il se borna à envoyer deux ambassadeurs au duc de Bourgogne, plutôt afin de le bien renseigner sur la situation que pour exercer sur lui une pression[2].

Dans l'intervalle, les cardinaux médiateurs et le sire de la Trémoille, qui s'employait de concert avec eux, crurent avoir trouvé un moyen de résoudre les difficultés. Dans une conférence tenue le 23 mai, ils communiquèrent aux ambassadeurs leurs *avis* sur les prétentions réciproques, avec les changements que, dans le but d'arriver à un accord, ils avaient cru devoir apporter aux *demandes* de chacune des parties.

Les modifications faites par les médiateurs aux quatre premiers articles bourguignons étaient insignifiantes. Pour le cinquième, ils proposaient une nouvelle rédaction, conçue en ces termes : « Tous offices royaux demoureront en la volonté et disposition du Roi, et la Reine et mondit seigneur de Bourgogne venus devers lui et Monseigneur le Dauphin, le Roi en ordonnera à son bon plaisir, eu sur ce le bon avis et conseil de la Reine, de mondit seigneur le Dauphin, de Monseigneur de Bourgogne, et des autres seigneurs du sang royal lors étant devers le Roi et d'autres de son Conseil, tels qu'il lui plaira. » Pour le sixième, ils affirmaient que le Roi et le Dauphin « désiraient voir » la Reine et le duc de Bourgogne, et qu'il plaisait au Roi qu'une convention fût tenue à Melun, dans les conditions qu'ils indiquaient, à un jour déterminé ; et la convention faite, la

1. Rapport de Guy de Groulée et Martellet de Martel, envoyés du duc de Savoie. Guichenon, *l. c.*, p. 256.

2. Instructions à Guy de Groulée et Pierre de Menthon, envoyés vers le duc de Bourgogne. Guichenon, *l. c.*, p. 256-57.

Reine et le duc « pourront, au bon plaisir du Roi, aller par devers lui quelque part qu'il soit, ainsi que autrefois ont fait ; et aussi au bon plaisir de Monseigneur le Dauphin pourra mondit seigneur de Bourgogne aller par devers lui quelque part qu'il soit. » Quant à l'article 7, ils déclaraient que ce que la Reine avait fait, *selon le pouvoir à elle donné*, sortirait son plein effet, et que, pour le reste, le Roi, après avis du Conseil, en ordonnerait à son bon plaisir.

Les médiateurs étaient moins favorables aux demandes des ambassadeurs français. Sur l'article 1er, ils faisaient observer que la Reine et le duc n'admettaient pas que les villes en question eussent été mises hors de la main du Roi ni du Dauphin [1]; que d'ailleurs, le traité passé et la convention tenue, tout serait remis entre les mains du Roi ; ils ajoutaient qu'il devrait en être fait autant pour les villes appartenant au duc. Sur l'article 3, ils s'en référaient à la réponse faite à l'article 7 des Bourguignons. Sur l'article 4, ils affirmaient que le duc n'avait fait ni ne ferait « chose qui soit contre la loyauté, » mais qu'il avait été et serait toujours « bon et loyal parent, vassal et serviteur du Roi et du Dauphin, pour les secourir de corps et de toute sa puissance contre tous leurs ennemis, comme tenu y est [2]. » Quant à l'article 5, ils estimaient qu'il était inutile de faire mention de traités antérieurs. Sur l'article 6, ils déclaraient que, par le traité qu'on négociait, toutes voies de fait cessaient, et que pour le surplus on en déciderait à Melun. Sur l'article 7, ils s'en référaient à ce qu'ils avaient dit relativement à l'article 4. Enfin, quant à l'article 8, ils réservaient seulement la poursuite des réclamations pécuniaires du duc contre la maison d'Anjou [3].

La solution proposée par les médiateurs n'était, on le voit,

1. Le jour même (23 mai) où l'on faisait cette déclaration au nom du duc, celui-ci donnait quittance à Montbéliard d'une somme de quatre mille livres qu'il s'était fait donner par les habitants de Reims, « pour icelle somme tourner et convertir ès frais et missions de la guerre que nous avons *pour le bien de monseigneur le Roy, de son royaume et de la chose publique d'icellui.* » — Archives de Reims, communication de M. L. Paris.

2. Que faisait donc le duc, à ce moment même, à Montbéliard? Il était en négociations avec l'empereur Sigismond, dont il s'était fait l'allié au mépris de ses devoirs de prince du sang.

3. Appendice aux *Mémoires de Fenin*, p. 261-67.

qu'un moyen terme ; elle éludait les questions plutôt qu'elle ne les résolvait, et faisait bien large la part des prétentions bourguignonnes [1]. Il y eut, chez les ambassadeurs français, quelque hésitation et certaines divergences d'opinions ; mais, finalement, on tomba d'accord [2], et le 26 mai [3] l'on décida, conformément à la proposition des médiateurs, que le projet d'accommodement serait soumis à la ratification des parties intéressées.

Tandis que les ambassadeurs bourguignons se rendaient à Troyes, où étaient la Reine et son Conseil, et à Montbéliard, où se trouvait alors le duc, les ambassadeurs français rentraient ce jour même (26 mai) à Paris. Quand on apprit que les plénipotentiaires étaient tombés d'accord, ce fut une réjouissance universelle : la foule parcourait les rues et les carrefours au son des instruments ; des tables étaient dressées de tous côtés, et les bourgeois et leurs femmes offraient à boire aux passants. Pourtant, rien n'était décidé tant que les ratifications ne seraient point échangées. Or si, à Paris, le Roi, le Dauphin, un grand nombre de personnages notables du Conseil et du corps de ville se montraient favorables, une vive opposition éclata de la part du connétable d'Armagnac, du chancelier Henri de Marle, et de quelques autres [4], qui regardaient le traité comme attentatoire à l'honneur de la Couronne et aux intérêts du Roi. Ils déclarèrent hautement qu'ils se retireraient plutôt que d'y donner leur approbation, et le chancelier alla jusqu'à dire : « Que le Roi le scelle si bon lui semble ! Pour moi, je n'y apposerai pas le sceau [5]. »

Le Dauphin ne désespérait pas de triompher de cette

1. C'est ce que reconnaît M. Vallet de Viriville (t. I, p. 97) : « Ce projet favorisait, au delà du juste et de l'honnête, la cause bourguignonne. »

2. L'auteur bourguignon de la *Chronique anonyme* dit même que « la paix fu faicte et jurée solempnellement par lesdis ambaxeurs, presens lesdis cardinaux, moiennant ce que chascune partie devoit porter ledit traictié de paix devers les souverains ...., pour savoir se icelle paix ilz volroient consentir et jurer. » Cf. Monstrelet, t. III, p. 256, et Cousinot, p. 168.

3. « Or fut ouverte matière de paix, et articles faits et accordez d'un costé et d'autre, le jour du Saint Sacrement (26 mai). » Jouvenel, p. 347.

4. Monstrelet et la *Chronique anonyme* nomment Tanguy du Chastel, mais le Religieux de Saint-Denis le cite au contraire parmi les partisans de la paix.

5. Religieux, t. VI, p. 230 ; Monstrelet, t. III, p. 257.

résistance. Sous l'inspiration de l'évêque de Paris et de quelques autres de ses conseillers, il convoqua le Conseil au Louvre. Mais le connétable refusa de s'y rendre, protestant contre ce qu'on voulait faire, et disant que ceux qui conseillaient une telle paix étaient des traîtres.

Tout demeurait donc en suspens.

Cependant le Dauphin paraissait décidé à passer outre, et à donner le lendemain son approbation au traité[1].

Quand le bruit de ce conflit se répandit dans le public, un vif mécontentement succéda aux manifestations joyeuses qui avaient salué l'aurore de la paix. La faction bourguignonne veillait : elle profita de l'agitation populaire pour mettre à exécution un projet longuement médité, qui avait échoué à diverses reprises, mais auquel on n'avait point renoncé. Jean sans Peur savait que la trahison seule pouvait le rendre maître de Paris, et, de loin, il dirigeait toujours les fils de la conspiration. Son chambellan l'Isle-Adam, capitaine de Pontoise, et les capitaines des garnisons bourguignonnes de Mantes, Meulan et Vernon étaient d'intelligence avec ses partisans dans la capitale et correspondaient sans cesse avec eux. Durant la se-

1. Jouvenel nous paraît se tromper en disant (p. 347) que le traité fut publié le samedi 27 (lisez 28); mais, ainsi que les autres chroniqueurs français, il le regardait comme conclu; il est donc probable que, sans l'émeute du 29, la paix se serait faite. Ce qui est certain, c'est que le Dauphin avait accepté le traité, comme les faits l'établissent, et comme on peut le voir par ce passage des lettres du prince, en date du 21 septembre 1418, établissant un parlement à Niort : « ..... Lesquels ambassadeurs et commis d'une part et d'autre, s'assemblèrent par plusieurs journées, *pourparlèrent et advisèrent certains points et articles pour parvenir à icelle union*; et ce nonobstant soit advenu que *soubs ombre dudit traicté et pendant icelui*, plusieurs des serviteurs et complices dudit de Bourgongne en grand nombre, armez de armes invasibles, » etc. *Ordonn.*, t. X, p. 477. — De son côté Robert le Maçon, chancelier du Dauphin et l'un des négociateurs du traité, dans une lettre adressée aux gouverneur et gens du Conseil en Dauphiné, écrivait, à la date du 31 mai : « Le cas est tel advenu que à Paris, *le jour même que le traitié fût pourparlé* entre les ambassadeurs du Roy et le duc de Bourgogne, *et que ledit traitié se devoit conclure*, les gens dudit duc, qui estoient en aucunes garnisons près Paris, sont entrez par mauvaise trahison en ladicte ville, ont prins le connestable, le chancelier de France et ont cuidé prendre Monseigneur et nous tous ses serviteurs qui esperions tous de bonne foy ladicte paix sans ce que l'on feist plus guet ne garde. » Appendice aux *Mémoires de Fenin*, p. 268. Enfin le Dauphin dit, dans des lettres missives aux Lyonnais en date du 29 juin suivant : « Sont entrez de nuit par aguet et despourveuement en ladicte ville, *le jour mesmes que avions delliberé de mettre finale conclusion au traictié de la paix de ce royaume*, longuement pourparlé entre les ambaxades d'une partie et d'autre, ET POUR ROMPRE ET EMPESCHER LADICTE CONCLUSION. » Archives de la ville de Lyon (voir plus loin, p. 99).

conde quinzaine de mai, des ouvertures avaient été faites par quelques bourgeois au sire de l'Isle-Adam. Justement le prévôt de Paris, Tanguy du Chastel, venait de licencier quatre cents hommes d'armes employés à la garde de Paris, dont les bourgeois ne voulaient plus payer la solde. Le moment était donc favorable pour faire venir les Bourguignons [1].

Le samedi 28 mai, le jour même où l'opposition du connétable tenait tout en suspens, l'Isle-Adam partait de Pontoise et arrivait dans la nuit sous les murs de Paris. A deux heures du matin, il fut introduit dans la ville, où, dans l'espérance d'une paix prochaine, on avait négligé de prendre les précautions accoutumées [2]. Au premier bruit de l'invasion des Bourguignons, Tanguy du Chastel courut à l'hôtel du Petit-Muse [3], dépendant du palais des Tournelles, où le Dauphin dormait tranquillement. Il l'éveilla, le couvrit à la hâte de sa « robe à relever, » et, à travers les jardins de l'hôtel Saint-Paul, avec l'aide de quelques familiers du jeune prince, le porta jusqu'à la Bastille [4]. Là on l'habilla; on le fit monter sur un cheval que le chancelier Robert le Maçon s'empressa de lui céder, et il put ainsi gagner Melun à franc étrier [5].

1. Pierre de Fenin écrit : « Le seigneur de Lilladam, qui se tenoit à Pontoise, avoit de grans acointances en la ville de Paris à ceulx qui amoient le parti du duc, et souvent en avoit des nouvelles (p. 88). » Il ressort de son récit et de celui de Monstrelet que jour avait été pris à l'avance avec l'Isle-Adam, et que ce jour était fixé au 29. Or, c'est le 26 mai que les ambassadeurs français revinrent à Paris avec le traité (Religieux, p. 228); c'est le 27 et le 28 que le traité fut discuté en Conseil; c'est dans la nuit du 28 au 29 que l'Isle-Adam, ayant réuni à ses gens d'armes ceux des garnisons de Mantes, de Vernon et de Meulan, arriva sous les murs de Paris. La *Chronique anonyme* dit que les démarches des Parisiens furent faites au mois de juin, *devant la Saint-Jehan* (24 juin). L'auteur se trompe d'un mois; mais la date du 24 est à retenir. Un autre auteur bourguignon écrit : « Fortune... donna hardement à aucuns de Paris de faire assavoir aux Bourguignons que ilz tout hardiement venissent le dimanche *ensuivant*, qui estoit XXIXe jour de may, à heure de mynuit... En *icelle sepmaine* s'esmeurent les Bourguignons de Pontoise et vindrent au jour dit et à l'eure. » *Journal d'un bourgeois de Paris*, p. 87-88. Cf. Fenin, p. 88. Voir, sur le licenciement des 400 hommes, Berry, p. 436. On peut lire, dans un document du 30 mars 1422, les noms des conjurés qui livrèrent Paris aux Bourguignons : *Paris pendant la domination bourguignonne*, par M. Longnon, p. 31.

2. On a vu dans les documents cités plus haut que ce fut « sous ombre dudit traité » que l'on s'introduisit dans Paris, et que l'on vivait sur la foi du traité, ne faisant plus ni guet ni garde.

3. Ce sont les *Cronicques de Normendie* qui donnent ce détail (p. 37).

4. Voir *Paris en 1380*, et le plan de restitution dressé par M. Legrand, à la fin du volume.

5. Les détails les plus précis sur cet enlèvement sont donnés par Jouvenel (p. 349).

Charles ne devait rentrer que dix-neuf ans plus tard dans la capitale, livrée désormais à la faction bourguignonne, et où le sang allait couler à flots.

Voir aussi la *Chron. anonyme*, p. 255; Monstrelet, t. III, p. 262; le Religieux de Saint-Denis, t. VI, p. 232, et une *vita Jacobi Gelu*, dans *Thesaurus novus anecdotorum*, t. III, col. 1950. Raoulet (p. 161-162) nomme, comme y ayant pris part : Guillaume d'Avaugour, Guillaume Bataille, Pierre Frotier et Pierre de Beauvau. La plupart des historiens ont fait honneur à Tanguy du Chastel, et à lui seul, d'avoir sauvé le Dauphin. Il convient, sans enlever à Tanguy le mérite de l'initiative, de rendre à un autre fidèle serviteur du Dauphin la justice qui lui est due. On lit dans des lettres patentes en date du 7 septembre 1420 que Robert le Maçon, « meu comme loyal serviteur du grand desir qu'il avoit du salut de nostre personne, en mettant arrière sa sureté et sa vie pour nous retraire, descendit de son cheval, lequel il avoit prins pour sa salvation, et icelui nous bailla pour partir..., qui fut cause de notre preservation, et ne pouvoit jamais partir de nostre souvenance. » Bodin, *Recherches historiques sur Saumur*, p. 238. — M. Vallet de Viriville, qui tente de concilier les deux versions, nous paraît se tromper (t. I, p. 101-102), en faisant habiller le Dauphin dans les jardins de l'hôtel Saint-Paul, puis monter à cheval pour gagner la Bastille. Nous croyons que le prince fut porté jusqu'à la Bastille, à travers les jardins de l'hôtel Saint-Paul, qui comprenaient tout l'espace situé entre l'hôtel royal et la forteresse, et que, de là, il gagna Melun sur le cheval de Robert le Maçon. Le prince ne séjourna pas le 29 à la Bastille, comme le dit l'historien : il se dirigea immédiatement sur Melun, et y passa la journée du 30.

CHAPITRE IV

LE DAUPHIN DEPUIS SA FUITE DE PARIS JUSQU'AU MEURTRE DE MONTEREAU

29 MAI 1418-10 SEPTEMBRE 1419

Initiative personnelle de Charles. — Il fait sur Paris un retour offensif. — Après l'insuccès de cette démonstration, il s'établit à Bourges, et y organise la résistance. — Circulaire aux bonnes villes. — Le Dauphin se met en campagne. — Lettre écrite d'Aubigny aux habitants de Lyon. — Tentative infructueuse sur Tours; prise d'Azay-le-Rideau. — Reprise des négociations avec la Cour : déclaration du 4 août; intervention du duc de Bretagne; traité de Saint-Maur. — Refus du Dauphin de ratifier le traité; la rupture devient définitive. — Personnel de son gouvernement. — Le Dauphin entre en campagne : prise de Tours. — Le Dauphin prend le titre de Régent. — Organisation militaire; marche vers les frontières de la Bourgogne. — Négociations avec les Parisiens, puis avec la Cour. — Trêve de trois mois, prélude d'un rapprochement entre le Dauphin et le duc de Bourgogne.

C'est au cri de *Vive le Dauphin!* — comme plus tard, sous une autre *terreur,* au cri de *Vive le Roi!* — que tombaient à Paris les prisonniers du Châtelet sous les coups de leurs bourreaux [1], attestant par là que le Dauphin était bien le représentant de la cause nationale [2]. Nous allons voir maintenant le jeune Charles

1. « Lors allèrent au petit Chastelet, où il y avoit foison prisonniers, et commenchèrent entrer ens; et les prisonniers qui bien apercheurent qu'il n'y avoit remède en leurs vies montèrent amont et se deffendirent bien et vaillamment, et crioient : « Vive le Doffin! » — Pierre de Fenin, p. 96.

2. Il s'est trouvé de nos jours des historiens assez *patriotes* pour prétendre que le Dauphin *s'arrogea* le titre de lieutenant général, et pour soutenir que son enlèvement eut pour la cause nationale de fatales conséquences : « Sans l'enlèvement du Dauphin, a-t-on dit, la guerre civile eût été finie : il est étrange qu'on ait célébré comme un acte de dévouement et de fidélité *cette action intéressée d'*UN FACTIEUX, *action qui eut de fatales con-*

à l'œuvre, s'efforçant de faire face aux périls qui le menaçaient de toutes parts.

« Monseigneur le Dauphin, dit l'évêque Jouvenel des Ursins, combien qu'il fust jeune d'âge, toutefois il avoit bien bon sens et entendement[1]. » Pierre de Versailles, moine de Saint-Denis, écrivant à ce moment à Jean Jouvenel, père de l'évêque de Beauvais, l'un des conseillers du jeune prince, parle aussi de ses heureuses dispositions[2]. Jamais tâche plus lourde et plus difficile n'avait pesé sur des épaules de quinze ans : mais si la tâche était au-dessus des forces du Dauphin, elle se trouva à la hauteur de son courage. Dans ces conjonctures graves et périlleuses, il fit preuve d'une singulière énergie. A peine échappé des mains de la faction bourguignonne, qui s'apprêtait à le saisir pour s'en faire un instrument ainsi qu'elle fit du malheureux Charles VI[3], le jeune prince s'était rendu à Melun, où il avait réuni ses gens de guerre[4]. Dès le 31 mai, il se porta sur Charenton, avec l'espoir de rentrer dans Paris par la Bastille et d'en chasser les Bourguignons. Son ardeur était telle que ses conseillers, malgré tous leurs efforts, furent impuissants à le retenir : « Et ne l'a pu homme garder, » écrivait le

séquences ! » (Henri Martin, *Histoire de France*, t. VI, p. 39 et 44.) — C'est ainsi qu'on écrit l'histoire ! L'auteur se trouve ici d'accord avec les plus fougueux chroniqueurs bourguignons qui, dans leur fureur contre Tanguy du Chastel, lui donnent le nom de *Ganelon* (*Chronique anonyme*, p. 257). M. Vallet de Viriville, au contraire, a très bien reconnu que « le prévôt de Paris, en sauvant le lieutenant du royaume, héritier désigné de la couronne, conservait aussi le gage le plus précieux du pouvoir et de l'autorité, » et il constate que le Dauphin « représentait la cause de la monarchie et de la nation. » *Histoire de Charles VII*, t. I, p. 102, et *Nouvelle Biographie générale*, art. LA FAYETTE.) « Le bon droit, la cause nationale avait pour symbole vivant Charles Dauphin, » a-t-il dit encore dans un *Mémoire inédit sur la domination anglaise à Paris* (dont la partie composée s'arrête en 1422 à la mort de Charles VI), que Mme Vallet de Viriville nous a fait l'honneur de nous communiquer. — M. Michelet, qui ne s'est pas fait bourguignon, comme la plupart de nos historiens, reconnaît lui aussi — on l'a vu — que le parti Armagnac était, dès 1416, « celui de la défense nationale. »

1. Jouvenel, p. 335.

2. « ... Dominum delphinum, *adolescentem bonarum indolum, necdum intus vitii irretitum*, sed adhuc innoxium... » *Thesaurus novus anecdotorum*, t. I, col. 1726. Chastellain parle aussi (t. II, p. 281) du « sens qu'avoit de nature » le jeune prince. Cf. l'ordonnance du 6 novembre 1417, citée plus haut. On voit combien est peu fondée l'assertion de M. Vallet, qui prétend (t. I, p. 159) que « diverses causes arrêtèrent en lui jusqu'à un terme fort tardif le déveveloppement de ses facultés. »

3. « Le firent monter à cheval et le menèrent parmi la ville de Paris, car à cette heure là il n'estoit pas bien sensible. » Berry, p. 435.

4. Lettre de Robert le Macon, déjà citée, et Berry, p. 435.

même jour Robert le Maçon aux gens du Conseil en Dauphiné, « que en personne il n'y soit allé [1]. » Le 1er juin, à trois heures du matin, le maréchal de Rochefort, Barbazan et Tanguy du Chastel pénétrèrent dans Paris par la porte Saint-Antoine, avec quinze à seize cents hommes d'élite, aux cris de *Vive le Roi ! Vive le Dauphin ! Vive le connétable d'Armagnac !*

Une relation bourguignonne, récemment publiée [2], nous donne sur cet événement des détails circonstanciés et fort intéressants.

« Mercredy matin derrenier passé (1er juin), environ trois heures après minuit, sur le point du jour, Monseigneur le Dauphin, accompaigné de environ quatorze cens hommes d'armes qui en la nuit estoient au pont de Charenton, vindrent devant la ville de Paris à la porte Saint-Anthoine. Et lors ceulx qui estoient en la Bastille, saichans la venue et entreprinse des dessusdiz, vindrent aussi du costé de la ville, au nombre de cinquante hommes d'armes, rompre ladicte porte Saint-Anthoine; à quoy ceulx de ladicte ville de Paris ne povoient résister, pour ce que ceulx de ladicte Bastille faisoient gecter contre eux bombardes, canons, et [3] très terrible trait, à grant foison, et tellement que lesdiz gens de mon dit seigneur le Dauphin entrèrent par ladicte porte derrière [4] ladicte ville, et nonobstant la grant chaîne de fer tendue devant Saincte-Katerine, ils vindrent en la Bastille, en reboutant noz gens, à très grant force, jusques devant la croix en la porte Baudet. Toutes voyes, nos dictes gens qui, par ladicte nuit, avoient fait grant guait et garde, saichans aucunement l'assemblée desdiz ennemis, reboutèrent les dessus diz en combattant par l'espace de trois heures, jusques hors de ladicte porte, où les attendoit Monseigneur le Dauphin et son estandart, lesquels les recueillirent. Et, en ce faisant, ot desdiz ennemis mors jusques au nombre de huit-

1. Lettre citée.

2. Nous l'avions rencontrée dans les extraits faits par D. Villevieille, et formant le ms. nouv. acq. fr 1037 (f. 160); elle a été publiée en 1877 dans le *Bulletin de la Société de l'Histoire de Paris*, d'après une communication de M. Garnier, qui l'avait tirée du riche dépôt de Dijon, dont il a la garde (B 11942).

3. Il y a dans l'imprimé : *a*.

4. Il y a dans l'imprimé : *de*.

vingt chevaliers et escuiers, et des prisonniers grant foison, qui depuis furent tuez pour ung cry qui lors fut fait que on tuast tout, et aussi en y ot de ceux de la ville, leurs complices, prins et morts. Et ce fait, se retrahirent mon dit seigneur le Daulphin et ses genz au pont de Charenton, et de là sont alez à Meleun, au nombre [1] de cinq ou six cens hommes d'armes, et aucuns d'iceulx se sont boutez en ladicte Bastille avec aucuns de ceulx qui desjà y estoient. »

Ce que ne dit pas la relation bourguignonne, mais ce qui nous est révélé par d'autres témoignages, c'est que les Dauphinois furent accueillis avec faveur par les Parisiens. Déjà l'on prenait la *croix droite* [2]; un revirement allait s'opérer ; mais des soldats bretons s'arrêtèrent pour piller, et leur indiscipline compromit l'entreprise [3] : après une lutte acharnée, il fallut battre en retraite [4]. On alla rejoindre le Dauphin, qui attendait près de la Bastille, avec son escorte, le résultat de l'attaque, et l'on gagna Charenton.

Le jour même, le cardinal de Saint-Marc vint dans ce village trouver Charles et le supplier d' « entendre au bien de paix, non obstant l'*inconvenient* de la ville de Paris. » Le Dauphin répondit au cardinal qu'il était toujours prêt à opérer l'accord, et qu'il n'avait cessé de s'en occuper, bien que, « sous ombre de paix, la trahison eût été faite, » ce dont il était « moult dolent et courroucé. » Et il ajouta en propres termes : « Je sais bien qu'ils feront faire à Monseigneur (le Roi) tout « ce qu'ils voudront ; et, quant au regard du gouvernement, « je suis content que Monseigneur y commette comme bon lui « semblera. Toutefois, soient avisés ceux qui auront la charge

1. Il y a dans l'imprimé : *ou n'avoie*.
2. Par opposition à la croix de Saint-André des Bourguignons.
3. Jouvenel, p. 349-50 ; Berry, p. 435 ; Monstrelet, t. III, p. 264-65 ; Cousinot, p. 170-71 ; Religieux, p. 236 ; *Chronique anonyme*, p. 255 ; *Journal de Nicolas de Baye*, dans Felibien, t. IV, p. 567.
4. Les Bourguignons l'avaient échappé belle : ils gardèrent le souvenir de la peur que leur avait faite l'attaque du Dauphin. Dans des lettres de rémission données par Charles VI en août 1421, et rédigées par la chancellerie bourguignonne, il est fait allusion en ces termes à l'attaque du 1er juin : « A l'eure que ledit qui se dit Daulphin cuida par force gaingnier et entrer en nostre dicte ville de Paris. » Longnon, *Paris pendant la domination bourguignonne*, p. 22.

« comme y gouverneront, car sans faute une fois nous vien-
« drons contre[1]. »

Le Dauphin regagna aussitôt Melun, d'où, traversant Montargis et Gien, il alla s'établir à Bourges[2].

Au temps de Philippe de Valois, quand une invasion anglaise menaçait déjà la France, la royauté française avait fait un solennel appel à la nation pour la défense du territoire. Dans un manifeste qu'il fit lire dans toutes les églises de France, le Roi s'exprimait ainsi : « Pour ce que, en toutes bonnes besognes, especialement en fait de guerre, l'on doit mettre son esperance en Dieu, de qui tous biens viennent, et son aide requerir humblement, nous requerrons et prions bien acertes que processions generaux soient faites en vostre cité, et chascun prestre regulier et seculier dise oraisons speciales... Et jaçoit-ce que nous ayons bon droit et juste cause, selon le jugement de tout nostre Conseil, toutes voies, pour ce que bon droit a bien mestier d'aide, nous recourons humblement à l'aide de Dieu et aux oraisons de nostre peuple, auxquelles nous avons grande fiance, et proposons que, en paix ou victoire, nous faisons tant envers la bonne gent de tout nostre royaume, que ils se tiendront à bien payé de nous[3]. »

Comme son aïeul Philippe de Valois, le Dauphin Charles mit son espérance en Dieu et en son peuple. Il fit d'abord appel aux princes : la reine de Sicile et ses enfants, le duc de Bretagne, le duc de Savoie, le duc d'Alençon, le comte de

1. J'emprunte ces curieux détails à une lettre de Jean Caille, élu de la ville de Lyon, envoyé à Bourges vers le Dauphin, et qui, le 15 juin 1418, rendait compte aux conseillers de sa mission. Archives de la ville de Lyon, AA 84. — La démarche du cardinal paraît avoir été faite en secret et sous sa responsabilité personnelle. Le lendemain 2 juin, il assistait à un conseil tenu au Louvre, où il fut décidé qu'on enverrait une ambassade au Dauphin, pour l'engager à revenir à Paris et à ne se point éloigner du Roi, de la Reine et des autres seigneurs du sang, « afin de tenir et fortifier ce royaume en paix, amour et bonne union, pour mieux resister aux Anglois et anciens ennemis du royaume. » Le cardinal de Bar, le cardinal de Saint-Marc, Jean d'Harcourt, l'évêque de Paris, etc., furent désignés pour remplir cette mission; ils devaient partir le 3 juin pour Melun. Mais, avant qu'ils eussent leurs saufs-conduits, on apprit que le Dauphin avait quitté cette ville. *Journal de Nicolas de Baye*, dans D. Felibien, p. 568.

2. Dans une lettre du 18 juin 1423, Charles VII parle du don qui lui fut fait alors par un de ses serviteurs, Robinet d'Estampes, pour son installation à Bourges, d'une « riche chambre de haute lice qui bien valoit VIe escuz. » Clairambault, 159, p. 4479.

3. Cité par M. Boutarie, *Institutions militaires*, p. 235.

Foix [1], d'autres encore, reçurent des lettres sollicitant leur concours, ou les appelant auprès de sa personne afin d'aviser aux mesures à prendre [2]. Puis il s'adressa aux villes du royaume : par lettres patentes du 13 juin, il leur notifiait les événements survenus à Paris, et leur enjoignait de persévérer en leur obéissance envers le Roi et envers lui, avec défense d'obéir aux mandements scellés du grand sceau, dont les rebelles s'étaient emparés.

Le même jour, la circulaire suivante était signée par le Dauphin et adressée à toutes les villes de son obéissance :

Chiers et bien amez, la grant loyaulté et entière obeissance que Monseigneur et nous avons tousjours trouvée en vous et aux aultres ses bons subgiez, nous donnent cause de vous plus voulentiers escripre et faire savoir nostre entencion, et singulièrement ès choses touchans le bien de mondit seigneur et de sa seigneurie et l'entretenement de tous ses subgiez en sa vraye obeissance. Et pour ce que, puis nagaires, comme il est assez nottoire, sont advenuez plusieurs nouvelletés à Paris et ailleurs, et que, par traison, aucuns des gens du duc de Bourgoigne sont entrés en ladicte ville de Paris, en laquelle ilz font plusieurs maulx, cruaultez et inhumanitez, comme par noz lettres patentes, lesquelles nous vous envoyons avecques ces presentes, vous faisons savoir plus à plain, et que en leur dicte entrée ilz ont prins la parsonne de mondit seigneur et de nostre tres chière et tres amée compaigne la Daulphine, et les grans seaulx de mondit seigneur et les nostres, desquieulx ilz scellent plusieurs lettres, au prejudice de luy, de nous et de sa seigneurie, pour decepvoir vous et ses aultres bons subgiez, soubz colleur desdictes lettres, et les subvertir de leur bonne loyaulté, vous prions et neantmoins mandons que nulles quelxconques lettres à vous envoyées, soyent ou nom de mondit seigneur ou de nous, vous ne recepvez desormaiz et n'y obeissiez, se elles ne sont scellées de notre seel de secret et signées de nostre main, jusques ad ce que aultrement en ayons ordonné et vous en [ayons] fait savoir nostre entencion ; et que, attendu que mondit seigneur est de present et par ladicte traison ès mains des dessusdiz ses re-

1. Lettre de Jean Caille.
2. Lettre de Jean Caille; lettres missives des 13 et 20 juin, aux habitants de Lyon, données ci-dessous.

belles et desobeissans et destruiseurs de ceste seigneurie, et à nous, qui sommez son seul filz, tant par vertu du pouvoir de lieutenant general que il nous a donné comme par droit naturel, appartient plus que à nul aultre pourveoir à la bonne garde et entretenement de sa seigneurie, à laquelle chose faire chescun doit avoir à nous recours et nous y faire ayde et preste obeissance, par especial en tel cas, et pour reprimer telles traisons et mauvaitez, vous vueillez tousjours perseverer en vostre bonne et entière loyaulté et estre près obeissans à nous pour mondit seigneur et à nul aultre, comme en vous en avons très parfaicte confiance. Et nos dictes lettres faictes publier partout où il est accoustumé de faire en tel cas; saichans que, quant est de nostre part, nous sommez tousjours prestz, ne en nous n'a tenu, ne tient, ne tiendra, que en tout et partout ne soit entendu ad ce que les subgiez de mondit seigneur puissent vivre en paix soubz son obeissance. Et nous faictez continuelment savoir de l'estat de par delà, que souvent et deligemment vous ferons savoir du nostre. Chiez *(sic)* et bien amez, Nostre Seigneur soit garde de vous.

Escript en nostre ville de Bourges, le XIIIe jour de juing.

CHARLES.

ALAIN[1].

En même temps le Dauphin annonçait qu'il tiendrait une assemblée à Poitiers le 1er août, et ordonnait d'y envoyer des délégués pour délibérer sur les moyens de travailler efficacement « au relièvement et apaisement du pays[2]. »

Charles était animé d'une grande confiance. En passant par Gien, il avait dit au comte de Vertus, venu d'Orléans pour le saluer[3] : « Monseigneur (le Roi) et nous verrons maintenant la « bonne volonté de nos sujets et vrais obéissants[4]. » — « Si vous certifie, écrivait Jean Caille au conseil de ville de Lyon en racontant ces faits, que c'est un seigneur qui a très grand cœur, et que, incontinent que il a dit une chose, la veut main-

1. Le texte que nous possédons est adressé « à noz chiers et bien amez les conseilliers, bourgois, manans et habitans de la ville de Lyon. » Il est en original, avec sceau (conservé en partie), aux Archives de Lyon, AA 22, f. 19.

2. Circulaire aux villes du royaume, ms. fr. 5271, f. 162.

3. Philippe d'Orléans, comte de Vertus, dirigeait les affaires de son frère le duc d'Orléans, prisonnier en Angleterre, et résidait à Orléans.

4. Lettre de Jean Caille du 15 juin.

tenir. » A la date du 13 juin, le comte de Foix, le seigneur d'Albret, les seigneurs du pays d'Auvergne, les États du Velay avaient déjà envoyé leurs assurances de fidélité et promis leur concours[1]. La reine de Sicile, les ducs d'Anjou, de Bretagne et d'Alençon annoncèrent leur venue pour le 6 juillet[2]. De tous côtés les messages arrivaient et s'entre-croisaient. Le 27 juin, Charles reçut les assurances de dévouement des habitants de Lyon : « Voici loyaux gens! » dit-il, en pleine salle, après avoir lu leurs lettres : « Monseigneur et nous leur sommes bien tenus[3]. »

Tandis qu'on s'efforçait à Paris de faire revenir à tout prix le Dauphin, et qu'on se disposait à lui envoyer une ambassade pour le supplier de retourner dans la capitale et de ne point rester éloigné du Roi, de la Reine « et des autres seigneurs du sang qui estoient ou seroient en la compagnie du Roy[4], » Charles organisait son armée. Rendez-vous avait été donné à Bourges aux nobles du royaume, et ils affluaient de toutes parts[5]. On pourrait presque, à l'aide des innombrables *montres* qu'on rencontre, dresser l'effectif des gens de guerre rassemblés à Bourges et aux environs, à partir du 20 juin[6]. C'était un mouvement vraiment national, attestant la vérité de cette parole

1. Lettres patentes du 13 juin; lettre de Jean Caille du 15 juin.

2. Lettre missive du Dauphin aux Lyonnais en date du 29 juin, reproduite plus loin.

3. Lettre de Jean Caille du 28 juin. Le Dauphin était alors à Aubigny; il répondit aussitôt aux Lyonnais.

4. *Journal de Nicolas de Baye*, déjà cité. — Le 8 juin on nommait en Parlement deux conseillers pour aller vers la Reine et le Dauphin avec les ambassadeurs déjà désignés. « L'en atant les ambessours de Paris, que l'en dit que doivent venir, » écrivait Jean Caille le 15. Le 29 juin, Osy, hérault du duc de Bar, recevait une somme de 100 s. t. pour être venu apporter au Dauphin une lettre de son maître (Clairamb., 82, p. 6479). Le cardinal de Saint-Marc revint aussi trouver le Dauphin à Bourges (Relation publiée dans le *Bulletin de la Soc. de l'Histoire de Paris*, t. II, p. 108). Les « seigneurs du sang » dont parlaient les Parisiens n'étaient qu'au nombre de deux : le jeune Charles de Bourbon et le cardinal duc de Bar; mais on attendait le duc de Bourgogne.

5. « En la cité de Bourges s'en ala monseigneur le Daulphin après son partir de Melhun; où lui vindrent les nobles de plusieurs contrées qui toute obéissance lui firent. » Cousinot, p. 172. — « Lequel vint ès païs de Berry et Touraine, avec sesdis gouverneurs et plusieurs vaillans et saiges capitaines, et autres qui bien et loyaulment le servirent. » Raoulet, dans Chartier, t. III, p. 164.

6. Nous avons relevé tous les documents de cette nature qui sont tombés sous notre main; mais combien ont dû disparaître! Nous avons jusqu'ici rencontré sept montres passées à Bourges le 20 juin; trente-deux montres passées à Bourges et à Croces-lès-Bourges le 21; quarante le 24; six passées à Sancerre le 25.

prononcée peu avant par l'Université de Paris : « La présence et entreprise du prince double le hardiment de ses sujets[1]. »

Louis d'Escorailles fut envoyé aussitôt à Melun et à Meaux pour mettre ces places en état de défense[2]. Un des anciens « gouverneurs » du prince, Pierre de Beauvau, eut mission de réunir autour de sa personne un certain nombre de gens de guerre et, dès les derniers jours de juillet, il était à la tête de quatre cents hommes d'armes et de cinq cents hommes de trait[3]. Jean de Torsay, grand maître des arbalétriers de France, eut le commandement de six cents hommes d'armes et de cinq cents hommes de trait[4]; le maréchal de Rochefort eut cinq cents hommes d'armes; Charles de Bourbon, Daudonnet Crail, Guillaume d'Avaugour, Guillaume Bataille, le seigneur de Pousauges et plusieurs autres eurent chacun un certain nombre de gens de guerre. Regnault de Chartres reçut la lieutenance du Languedoc et des pays du Midi[5], avec l'adjonction, pour les opérations militaires, de Philippe de Lévis, seigneur de la Roche, qui exerçait déjà les fonctions de capitaine général pour la garde du Languedoc[6]. Tanguy du Chastel alla s'établir à Meaux, avec le titre de lieutenant et capitaine général dans l'Ile-de-France, la Champagne et la Brie, au nord de la Seine[7]. Barbazan fut placé à la tête de deux cent quarante

1. Lettre de janvier 1417, adressée au Dauphin Jean, dans *Hist. univ. Paris.*, t. V, p. 306.

2. Quittance du 25 juin. Clairambault, vol. 43, p. 3217.

3. Quittance du 30 juillet, de 5400 l. t. à lui allouées par lettres du 29, pour avoir amené ces troupes au Dauphin. Clairambault, vol 12, p. 751.

4. Il fut retenu par lettres du 15 août. Anselme, *Hist. généalogique*, t. VIII, p. 70.

5. Lettres du 16 août, visées par le P. Anselme, *Hist. généalogique*, t. VI, p. 399. Cf. lettres du même jour portant paiement de 360 l. t. à Regnault, dans Clairambault, vol. 29, p. 2151. On a des lettres missives du Dauphin, en date du 23 août, annonçant aux Lyonnais le départ de l'archevêque. — Voir dans le ms. fr. 7858, f. 335-366, l'état des « gens d'armes et de trait qui ont servi le Roy et monseigneur le Dauphin de Viennois, son lieutenant general par tout le royaume, sous monseigneur Regnault de Chartres, archevesque de Reims, lieutenant desdis seigneurs audit pays de Languedoc et de Lionnois et Masconnois. »

6. Pièce du 13 juillet 1418 : Ms. lat. 9177, f. 205.— Philippe de Lévis leva et entretint à ses frais pendant six mois 200 hommes d'armes et 100 hommes de trait, et vendit pour cela sa vaisselle d'or et d'argent. Voir D. Vaissete, t. IV, p. 447. C'est par erreur qu'il est appelé Jean; cf. p. 592.

7. Berry, p. 435; *Chronique anonyme*, p. 257; annotations de Godefroy, p. 796.

hommes d'armes et d'autant d'hommes de trait, et ne tarda pas à se rendre à Melun, dont la garnison fut renforcée [1]. Le comte de Vertus eut charge de pourvoir à la garde des provinces du Centre. Pierre de Montmorin, bailli de Saint-Pierre le Moutier, fut investi de la garde de Saint-Pourçain, avec charge de veiller à la sûreté du Bourbonnais et des pays d'alentour [2].

Le Dauphin ne tarda pas à mettre à profit le zèle de ses gens de guerre. Il s'avança vers la Touraine, en passant par Aubigny, Montrichard et Amboise [3]. D'Aubigny, Charles adressa aux habitants de Lyon la lettre suivante, qui présente un curieux tableau de la situation.

A noz très chiers et bien amez les consulz, bourgois, manans et habitans de la ville de Lyon.

De par le Daulphin de Viennois, duc de Berry, de Touraine, conte de Poitou, et lieutenant general de Monseigneur en son Royaume.

Très chiers et bien amez, pour la grant loyauté, vraie subgecion et entière obeissance qui a esté trouvée en vous, et qui de jour en jour se remonstre par bonne continuacion et perseverance en mieulx, et comme nous avons bien sceu par voz lettres, nous qui, à l'aide de Dieu, de vous, et des autres bons et loyaulx subgiez de Monseigneur et de nous, n'avons riens si devant les yeulx comme de tousjours querir, garder et pourchacer le bien et la conservacion de sa seigneurie et de ses subgiez, vous escrivons de present et communiquons nostre entencion ès affaires de mondit seigneur, comme à ceulx desquelx le bon vouloir et loyal affeccion nous donne singulière confiance.

Vous avez assez sceu, et mesmement par noz lettres, les oultrageuses nouvelletez lesquelles sont advenues à Paris, puis pou de temps, et comme, par trayson, commocion, et sedicion de peuple, aucuns rebelles et desobeissans à mondit seigneur sont entrez de

1. Clairambault, vol. 9, p. 555; vol. 56, p. 4280; Jouvenel, p. 355. — Barbazan contresigne des lettres du Dauphin en date des 24 juin et 16 août; il est de retour près du prince le 13 novembre 1418.
2. Pièces du 20 juillet, Clairambault, vol. 40, p. 3031; vol. 55, p. 4177; vol. 73, p. 5675.
3. Itinéraire : Aubigny, 27-29 juin; — Montrichard, 9 juillet; — Amboise, 15 juillet.

nuit, par aguet et despourveuement, en ladicte ville, le jour mesmes que avions deliberé de mettre finale conclusion au traictié de la paix de ce Royaume, longuement pourparlé entre les ambaxades d'une partie et d'autre, et pour rompre et empescher ladicte conclusion. En laquelle ville ilz ont prins la personne de mondit seigneur, laquelle ilz ont detenue et detiennent, fait pluseurs cruaultez, pilleries, meurdres et inhumanitez; et, en criant *la paix*, les espées nues et plaines de sang, ont murdry ou emprisonné, pillié, robé et destroussé generalement tous les bons et loyaulx serviteurs de mondit seigneur et de nous qu'ils ont peu aprehender, et semblablement plusieurs evesques, prelas, gens d'eglise et autres chevaliers, escuiers, notables bourgeois et marchans, sans pitié ne misericorde, ne sans faire quelconque differance ès personnes ne ès estas. Durant lesquelles choses, pour esloingner la fureur, eviter plus grant inconvenient, nous retraysmes en la bastille Saint-Anthoine; et nous, voyans leur ostinacion, nous venismes à Meleun, et de là en nostre ville de Bourges, pensans que ladicte fureur se deust aucunement moderer, et que, par l'advis, conseil et aide de plusieurs du sang et lignage de mondit seigneur, lesquelx nous avons mandé venir par devers nous et qui nous ont fait responce que de brief y seront, en ce et autres choses peussions mettre provision, au bien de mondit seigneur et de sa seigneurie.

Et depuis ces choses, et que nous les vous eusmes escriptes et fait savoir, lesdiz rebelles et desobeissans, non contens d'avoir fait et perpetré les maulx, crimes, desobeissances et cruaultez dessus diz, furieusement et desordonneement, comme gens sans congnoissance de Dieu et tous hors de la pitié humaine, se sont transportez en toutes les prisons qui estoient en ladicte ville, et là ont inhumainement et crueusement meurdry et detrenchiez les connestable et chancellier de mondit seigneur, plusieurs prelas, evesques, chevaliers, escuiers, officiers de mondit seigneur, et autres gens d'eglise, notables bourgeois et marchans, jusques au nombre de deux à trois mil personnes, qui là estoient prisonniers, lesquelx, tailliez en pièces comme bestes, ils ont tous mis, geetez et detraynez sur les quarreaux de ladicte ville, sans avoir aucune compassion de l'effusion du sang humain, et mesmes les femmes et enfans des dessus diz ont-ilz occis, nayez et mis à mort, et mis ladicte ville, qui est chief de ce royaulme et à laquelle chascun avoit recours en justice, ainsi que à gast, perdicion et desolacion. Lesquelles choses sont tant horribles, tant deshonnourables et si doleureuses à recorder que tout bon cuer en doit avoir grant frayeur et abhominacion, mesmement qu'elles soient advenues en ce dit royaume, qui tousjours a eu la glorieuse renommée de debonnaireté et de clémence entre les autres, et ne fut oncques veu, oy, ne leu en escripture, que tel si desordonné et detestable cas y soit oncques mais advenu, qui est en très grant esclande, reprouche et deshonneur.

Sy vous signiffions ces choses, très chiers et bien amez, et afin que d'icelles soiez veritablement informez, et que, ainsi que plus est besoing, soiez et demourez tousjours en vostre bonne loyauté, dont vous avez eu et avez de present, entre les autres, grant los et renommée; et aussi que vous soiez, comme bons et loyaulx subgiez, en amour et unité ensemble pour servir, secourir et aidier mondit seigneur avecques nous et en nostre ayde, qui sommes son seul filz, heritier, successeur de sa couronne, et auquel par raison et droit naturel appartient, mondit seigneur estant ainsi empeschié et detenu, pourveoir au gouvernement et administracion de sa seigneurie, comme cellui à qui la chose touche principalment après lui, sans obeyr à quelxconques autres, fors à nous pour mondit seigneur. Et pour ce que lesdiz rebelles et desobeissans, en leur dicte rebellion, ont ainsi meurdry son chancellier et prins ses grans seaulx et les nostres, desquelx ilz puent abuser à leur voulenté, vous defendons de par mondit seigneur et de par nous que à quelxconques lettres ou mandemens à vous envoiez, de quelxconques personnes que ce soient, sinon aux nostres, scellées de nostre seel secret et signées de nostre main, vous ne obeissiez, jusques à ce que noz grans seaulx soient refaiz, et que par mondit seigneur et nous autrement en soit ordonné. Et nous, au plaisir de Dieu, recongnoistrons la loyauté de vous et des autres bons subgiez, à l'onneur, avancement d'iceulx, et à la honte et reprouche desdiz rebelles; et des bonnes manières que en ce avez tenues et tenez aurons à tousjours mais bonne memoire et souvenance. Et se aucuns s'efforcoient de vous faire guerre, nous mandons au seigneur de la Faiete que en toutes manières entende à vous garder et defendre, et aussi à noz officiers de nostre pais du Daulphiné, lesquelx nous reputons une mesme chose avecques vous. Et bien brief envoierons par devers vous de noz gens, pour faire savoir plus à plain de noz nouvelles et de nostre entencion, et pour vous donner en toutes choses aide et confort. Et estoit nostre entencion de nous traire en personne près de vous, ce que delayons à faire jusques à ce que ayons eu l'advis de belle mère la Royne de Secille et de beaulx frères et cousins les ducs de Bretaigne, d'Anjou et d'Alençon, lesquelx assembleront devers nous dedens le vi[e] du mois prouchain, et plusieurs autres seigneurs que nous avons mandé venir par devers nous. Très chiers et bien amez, Nostre-Seigneur soit garde de vous.

Escript en nostre ville d'Aubigny, le xxixe jour de juing.

CHARLES.

ALAIN[1].

Le premier acte du Dauphin fut de se présenter devant Tours. Il espérait que cette démonstration militaire suffirait pour lui faire ouvrir les portes de cette ville. Mais les habitants, qui subissaient le joug de la domination bourguignonne, et qui, outre le capitaine Charles Labbé et le gouverneur Guillaume de Remenueil, investis de leurs fonctions en novembre 1417 par la Reine et le duc de Bourgogne, avaient dans leurs murs le maréchal de Montberon, envoyé par la Reine en juin 1418, restèrent sourds à la sommation qu'il leur adressa, comme « seul filz du Roi, son lieutenant général et représentant sa personne et aussi comme leur droiturier et naturel seigneur[2]. » Ceci se passait vers le 20 juillet. Après cet échec, Charles se replia sur Chinon. Sur sa route se trouvait le château d'Azay-le-Rideau, occupé par les Bourguignons. Les troupes dauphinoises furent accueillies, à leur passage, par des cris et des injures : « C'est le demeurant des petits pâtés de Paris ! » criait-on, avec force quolibets à l'adresse du jeune prince et des gens de sa compagnie. Le Dauphin, furieux, s'écria : « Il faut que j'aie la place ! » et il ordonna l'assaut. Le château fut emporté, démoli,

1. Original, avec sceau, Archives de Lyon, AA 22, f. 20. — Cette pièce a été publiée en 1839 par M. Péricaud (ou plutôt, croyons-nous, M. Godemard), dans le recueil intitulé : *Documents pour servir à l'histoire de Lyon*, p. 161.

2. On manque de renseignements précis sur cette première tentative devant Tours. Voir, à ce sujet, l'*avis*, cité ci-dessous, qui se trouve dans l'appendice aux *Mémoires de Fenin*, p. 276, et les lettres du Dauphin du 30 décembre 1418, portant abolition aux habitants de Tours. — Le 27 juillet 1418, Charles VI recommandait à ceux-ci de résister à son fils, et leur promettait de les secourir en cas d'attaque. — Cf. l'excellente dissertation de M. J. Delaville Le Roulx : *La Domination bourguignonne à Tours* (1417-18), p. 18-20.

et tous ceux qui y étaient enfermés furent impitoyablement mis à mort[1]. C'est peut-être le seul cas où Charles céda aux entraînements de la lutte, car il se montra toujours clément; mais lui et les siens avaient été exaspérés par les grossières insultes de la garnison.

Cependant les Parisiens ne perdaient pas tout espoir de ramener le Dauphin au milieu d'eux, et restaient en relation avec lui. Plusieurs messages furent envoyés de part et d'autres, en juillet et en août[2]. De leur côté, le duc de Bourgogne et la Reine, sentant bien que la présence du Dauphin faisait toute la force du parti adverse, cherchaient à le lui enlever. Le cardinal de Saint-Marc eut mission d'aller de nouveau trouver le jeune prince. Il quitta Paris le 13 juillet, et le joignit à Amboise[3]. « La Reine, lui dit-il, avait l'intention d'aller à Paris, et lui mandoit et requeroit qu'il la vint accompagner jusques en ladicte ville, et, que par ce moyen, la paix seroit faite. » C'était une façon un peu sommaire de trancher les difficultés. Le Dauphin répondit « qu'il vouloit obeir à la Reine et la servir en toutes manières, mais d'entrer dans une cité où maux si merveilleux et tyranniques avoient été faits, seroit trop à sa grande desplaisance et non sans cause[4]. »

Si Charles se refusait justement à revenir dans une ville en proie à la plus complète anarchie, il ne repoussait point toute pensée de conciliation. Dédaignant les outrages que la chancellerie royale prodiguait à son parti, et qui, par là même, rejaillissaient sur lui[5], oubliant l'humiliation qu'on lui avait fait

1. Jouvenel, p. 354; Cousinot, p. 172. — Le premier dit que le capitaine eut la tête tranchée, et que deux à trois cents hommes, qui « n'estoient que brigans, » furent pendus; le second dit qu'on fit périr tous ceux qui furent trouvés dedans, même les femmes et les enfants. Voir sur l'attribution à Azay-le-Rideau, et sur les circonstances, une notice de M. l'abbé Chevalier, dans le *Bulletin de la Société archéologique de Touraine*, t. II, p. 464 et suiv., et la brochure de M. Delaville Le Roulx citée plus haut.

2. Le 15 juillet, Romarin, poursuivant du Dauphin, recevait 12 livres pour un voyage fait d'Amboise, où était le prince, à Paris; le 9 août, il reçoit encore 20 livres pour être allé de Loudun à Paris. Clairambault, vol. 97, p. 7559.

3. C'est ce qui paraît résulter de l'itinéraire du Dauphin.

4. Jouvenel, p. 352; Religieux, t. VI, p. 252.

5 Voir les considérants des lettres de Charles VI du 9 juin, contenant révocation des confiscations, condamnations, etc., portées contre le duc depuis sa sortie de Paris. *Ordonnances*, t. X, p. 453.

subir devant Tours, il consentit à reprendre les négociations. Une assemblée fut tenue à Chinon, par l'initiative de la reine de Sicile, où se trouvèrent, avec Yolande, le duc de Bretagne, les jeunes ducs d'Anjou et d'Alençon, et un grand nombre de prélats, de barons, de chevaliers et d'autres gens notables[1]. Là, conformément aux « supplications et requestes » de la reine de Sicile et des princes[2], on rédigea, sous le titre d'*Avis faits pour le bien de la paix et union de ce royaume*, une déclaration devant servir de base à un traité.

Il convient d'entrer dans l'analyse de ce document, afin de bien préciser l'attitude du gouvernement du Dauphin, au moment où toute la direction des affaires du royaume venait de passer entre ses mains.

Le Dauphin déclarait d'abord que, « pour faire service et plaisir à Dieu, » et pour montrer son désir, d'une part d'éviter aux sujets du Roi les maux de la guerre et au contraire de les faire vivre en paix, d'autre part de s'occuper avant tout de la défense du royaume contre les Anglais, à quoi il voulait « employer sa propre personne et y entendre, disait-il, comme à lui touche et appartient, après le Roi son père, plus qu'à nul autre ; » et « non obstant tous les cas advenus, dont l'honneur du Roi, le sien, et de tout le royaume étaient tant grevés comme chacun pouvait le connaître, » — il était content que bonne paix fut faite et entière réconciliation du duc de Bourgogne avec le Roi et lui, et que le duc demeurât « leur bon parent, subjet et vassal, et en leur bonne grâce, sans dorénavant avoir souvenance de nulle des choses passées. »

Après avoir indiqué diverses conditions relatives aux serments à prêter de part et d'autre, à la publication de la paix, à la remise entre ses mains de la ville de Tours, le Dauphin disait que son intention, en faisant la paix, était que le duc de Bourgogne s'employât, de fait et incontinent, à la lutte contre les Anglais, et que ses garnisons se rassemblassent dans ce

1. Lettre missive du Dauphin aux habitants de Lyon, en date du 14 octobre 1418.
2. « Après aucunes supplications et requestes à lui (le Dauphin) sur ce faictes par plusieurs de son sang et lignaige et autres. » *Avis*, *l. c.*, p. 275. — « Mesmement à la supplication de nostre très chière et très amée mère la Royne de Jerusalem et de Secile, et de nos chiers et très amez frères les ducs de Bretaigne, d'Anjou et d'Alençon. » Lettres du 29 septembre 1418, *l. c.*, p. 271.

but ; le Dauphin en ferait autant de son côté, moyennant le serment prêté par les habitants d'être fidèles au Roi et à lui. Et afin que le duc connût la « bonne fiance » qu'il voulait avoir désormais en lui, le Dauphin déclarait consentir à ce que, sous l'autorité du Roi et la sienne, le duc fût lieutenant et capitaine général de la guerre dans les parties anglaises de la Normandie, la Picardie, la Champagne et l'Ile-de-France, avec tel nombre de gens d'armes et de trait qu'on jugerait nécessaire. Pour cela, le duc serait autorisé à mander tous nobles dans lesdits pays, et les sujets du Roi seraient tenus de lui obéir et de le seconder dans la lutte contre les Anglais. Il aurait en outre la disposition des revenus des pays susdésignés, jusqu'à concurrence de la somme afférente aux dépenses de la guerre.

De son côté, le Dauphin, voulant s'employer en personne à la lutte contre les Anglais, déclarait se charger, de concert avec le duc de Bretagne et les autres princes, des opérations militaires en Basse Normandie et en Guyenne. Pour cela, il profiterait des ressources en hommes et en argent qu'offraient les provinces étrangères à celles dont le duc serait chargé.

Après plusieurs clauses relatives au partage des ressources financières, aux nominations aux offices, aux restitutions de biens, à une abolition générale n'exceptant que « le cas advenu à Paris » et les exclusions prononcées par le traité de Chartres, le Dauphin déclarait que, « pour entretenir la paix dessus dicte et éviter toutes suspections d'une part et d'autre, » il consentait, si c'était jugé utile, à avoir auprès de lui et dans son Conseil plusieurs notables serviteurs du duc, lequel, de son côté, recevrait près de lui des serviteurs du Dauphin. Enfin, reprenant une des clauses des préliminaires rédigés à la Tombe, il demandait que « se aucuns alliances, convenances, pactions ou abstinence de guerre avoient aucunement esté ou estoient faites, traitées, promises et accordées par le duc de Bourgogne avec le Roy des Romains, les Anglois ou autres quelconques ennemis et adversaires du Roy, de mondit seigneur le Dauphin, et du royaume, » le duc y renonçât et « baillast sur ce ses lettres convenables[1]. »

1. Appendice aux *Mémoires de Pierre de Fenin*, p. 276.

Il était, ce semble, impossible, en traçant un programme de réconciliation, de faire preuve de plus de sagesse et de modération. Ce partage dans le pouvoir, en donnant à chacun sa part d'autorité et d'action, paraissait résoudre les difficultés du moment et prévenir les conflits dans l'avenir.

La reine Yolande, qui avait obtenu, non sans peine, l'assentiment du Dauphin et de ses conseillers, mit en avant le duc de Bretagne comme négociateur, et ce prince accepta de reprendre les pourparlers au point où ils avaient été si brusquement interrompus par l'invasion nocturne du 29 mai 1418.

Jean VI, duc de Bretagne, alors âgé de vingt-huit ans, s'était fait connaître jusque-là par sa prudence et par son humeur pacifique; on vantait ses qualités aimables et sa paternelle administration [1]; dans les querelles politiques du temps, tout en inclinant vers le parti bourguignon, il avait toujours gardé une sorte de neutralité. Gendre du Roi par son alliance avec Jeanne de France [2]; neveu, par sa mère Jeanne de Navarre, du duc Philippe de Bourgogne, qui avait été son tuteur et avait même gouverné son duché pendant sa minorité; beau-fils du roi d'Angleterre Henri IV, qui avait épousé en secondes noces la duchesse Jeanne [3], il était mieux préparé que personne à servir de médiateur. Ce n'était point, d'ailleurs, la première fois qu'il était appelé à jouer ce rôle. En décembre 1415, après la défaite d'Azincourt, il était venu solliciter le Roi de rendre ses bonnes grâces au duc de Bourgogne et de le laisser venir vers lui « à toute sa puissance [4]; » en janvier 1417, il avait été mêlé aux pourparlers pour le retour du Dauphin Jean [5], et tout récemment, on l'a vu, il avait servi d'intermédiaire pour préparer les conférences de la Tombe.

1. Voir le Religieux de Saint-Denis, t. VI, p. 52, et Thomas Basin, t. I, p. 193. — Le fâcheux incident rapporté par Monstrelet (t. II, p. 36) ne paraît pas avoir laissé de traces dans l'esprit des contemporains.

2. Née le 24 janvier 1391, mariée par contrat du 19 septembre 1396.

3. Le duc de Bourgogne s'était en vain opposé à ce mariage, qui avait eu lieu en 1401. Voir Religieux, t. III, p. 40.

4. Monstrelet, t. III, p. 132.

5. Il avait reçu peu avant 50,000 fr. en sus des 150,000 fr. accordés pour son mariage. Quittance du 11 décembre 1416, ms. fr. 26086 (*Quittances*, 95), n° 7453 (mal classé). — Le duc est, en 1417, en relations assidues avec Henri V, avec lequel il conclut une trêve le 16 novembre.

Il fut convenu que le duc se rendrait à Paris, pour traiter avec le duc de Bourgogne, et qu'il serait suivi d'une ambassade du Dauphin. Trois graves personnages, restés étrangers aux luttes de partis, Jacques Gelu, archevêque de Tours, Jean Tudert, doyen de Paris, et Robin de Braquemont, amiral de France, furent désignés pour remplir cette mission; ils étaient accompagnés par un secrétaire du Dauphin, Jean Chastenier[1].

Le duc de Bretagne partit de Chinon le 10 août[2], en compagnie de Richard de Bretagne, son frère, et du duc d'Alençon, qui était encore un enfant[3]. Il séjourna un moment à Blois, pour conférer avec le comte de Vertus, qu'il quitta vers le 20, suivi de conseillers de ce prince[4]. En arrivant à Beaugency, — où il était le 24[5], — il trouva deux chambellans du duc de Bourgogne, qui l'attendaient, et l'accompagnèrent jusqu'à Corbeil[6]. Paris était encore en pleine terreur; en outre, une épidémie terrible y sévissait : le duc de Bretagne prit son logis à Corbeil, puis à Brie-Comte-Robert. Une trêve de trois semaines fut aussitôt conclue, au grand soulagement des Parisiens qui, courbés sous un joug odieux, profitèrent de ce moment de répit pour fuir en grand nombre la capitale et pour faire évader plus d'un prisonnier[7].

Les négociations s'ouvrirent à Charenton, en présence des

1. Lettre du Dauphin du 29 septembre (*Appendice aux mémoires de Fenin*, p. 272); quittances de Braquemont et de Jacques Gelu des 6 et 9 août; Clairambault, vol. 21, p. 1481, et 52, p. 3929). L'archevêque était encore à Blois le 18, jour où il écrivit aux habitants de Tours; il était à Meung le 27. — *La Domination bourguignonne à Tours*, par J. Delaville Le Roulx, p. 64.

2. Cette date est donnée par la *Chronique d'Alençon*, attribuée à Perceval de Cagny, dans Du Chesne, 48, f. 82 v°. Cf. Religieux, t. VI, p. 260 et 278, et D. Morice, t. II, col. 968.

3. Il était né le 2 mars 1409.

4. *Quittances*, 51, n°s 5283 et 5306. Les ambassadeurs orléanais étaient François de Grignaux et Jean du Reffuge, docteur ès-lois, conseiller du duc d'Orléans. Le premier paraît avoir été envoyé d'abord à Angers, vers la reine de Sicile. Voir sa lettre du 13 août aux habitants de Tours, et celle de Jean des Croix du 23, publiées par M. J. Delaville Le Roulx, *l. c.*, p. 58-59.

5. Nous avons une lettre de lui, adressée le 24 août aux Anglais pour se plaindre d'hostilités commises sur mer contre ses sujets. Bréquigny, 79, f. 279.

6. Comptes cités par La Barre, t. II, p. 97, note *c*, et 120, note *a*; cf. p. 121, note *a*. — Collection de Bourgogne, 100, p. 802.

7. Voir Jouvenel, p. 356. — La reine Yolande s'empressa de faire publier cette trêve dans l'Anjou et le Maine, et en envoya la teneur à la ville de Tours. *Registre des Comptes*, vol. XVII, f. 68, aux Archives de Tours.

ambassadeurs des parties, des cardinaux des Ursins et de Saint-Marc, et des conseillers et ambassadeurs du duc de Bretagne, de la reine de Sicile, du comte de Vertus et du duc d'Alençon. Le 13 septembre, le duc de Bretagne vint à Charenton et eut une entrevue avec Jean sans Peur, qui le retint à dîner en son hôtel de Conflans, avec les cardinaux, le comte de Saint-Pol, Charles de Bourbon et un grand nombre de seigneurs [1]. Les conditions du traité avaient été fixées à l'avance en conseil royal [2], et tout, dans cette entrevue, semble avoir été combiné entre les deux princes [3]; il ne restait plus qu'une formalité à remplir : communiquer aux ambassadeurs les articles rédigés, après quoi leur mission était terminée. En procédant de la sorte, le duc de Bretagne sortait de son rôle de médiateur, et oubliait qu'il n'avait pas le pouvoir de conclure [4]. Il passa outre pourtant, sous la pression du duc de Bourgogne qui ne négligea rien pour atteindre son but [5], et en se berçant du vain espoir de tout faire ratifier par le Dauphin [6]. Après deux jours de pourparlers à Charenton et à Saint-Maur-les-Fossés, alors que rien n'était encore décidé [7], une conférence fut tenue chez la Reine, le 16 septembre, au château de Vincennes. Puis

1. « Ce jour (13 septembre) le duc de Bretaigne, qui estoit venu à Corbueil avec lez dues d'Anjou et d'Alençon, pour traictier de l'apaisement des debas et divisions estans en ce royaume, vint au pont de Charenton pour parler au duc de Bourgongne; et furent ce jour ensamble au disner en l'ostel de Conflans; et après disner se departi le duc de Bretaigne pour retourner à Brye Conte Robert, pour ce qu'il y avoit mortalité à Corbueil. Et pour entretenir le dit traictié demourèrent audit lieu de Charenton les ambassadeurs de monseigneur le Dauphin et des autres seigneurs dessus dis, auquel lieu furent envoyez aucuns du Conseil du Roy et du duc de Bourgongne pour traictier de la matière dessusdicte. » *Registres du Parlement*, aux Archives, X[1a] 1480, f. 147, passage reproduit dans Felibien, t. IV, p. 571. — Cf. Comptes cités dans *Archives de Dijon*, etc., par Gachard, p. 240.

2. Sub condigionibus tamen in regali consilio prius tactis et previsis. » Religieux, t. VI, p. 278.

3. *Chronique anonyme*, p. 264-65.

4. C'est ce que rappelle, avec beaucoup de précision, le Dauphin, dans ses lettres du 29 septembre au Conseil en Dauphiné. Appendice aux *Mémoires de Fenin*, p. 273.

5. Jacques de Courtiamble, seigneur de Commarien, et Regnier Pot ne quittèrent pas le duc de Bretagne depuis son arrivée à Beaugency jusqu'à son retour en Bretagne. Cela est établi par les comptes de Pierre de Gorremont, qui mentionnent aussi les présents faits au duc, à son frère et au duc d'Alençon. Collection de Bourgogne, 100, f. 801-802 et 784; La Barre, t. II, p. 97, note *c*, 120, note *a*, 121, note *a*.

6. « Et de ladite paix faire jurer par monseigneur le Daulphin et par ses aliez se chargea le duc de Bretaingne. » Cousinot, p. 174.

7. C'est ce qui résulte d'une manière formelle des documents. Voir note supplémentaire à la fin du tome Ier.

le duc de Bourgogne alla dîner à Saint-Maur [1]; c'est là que, en dehors des ambassadeurs du Dauphin qui étaient à Brie-Comte-Robert [2], les clauses furent définitivement arrêtées. Le traité fut scellé le même jour, et publié le 19 à son de trompe [3]. Par lettres du 18, le Roi en ordonna la stricte exécution [4].

Quoi qu'on puisse dire des stipulations du traité de Saint-Maur [5], c'était une paix *baclée :* « Là firent une paix telle quelle, » dit le fougueux auteur du *Journal d'un bourgeois de Paris,* qui s'indigne de l'indulgence témoignée aux « faux traistres arminacs anglois, » complices de l'invasion, qui voulaient livrer le Dauphin aux Anglais [6]. Voilà ce qui se disait couramment à Paris, où les mêmes réjouissances qui avaient accompagné l'annonce du traité de la Tombe, accueillirent la publication du traité de Saint-Maur [7].

C'était, il faut en convenir, une singulière façon de pacifier le différend que de trancher arbitrairement les questions les plus délicates, sans l'agrément de l'une des parties [8], et de prétendre imposer la solution en en faisant un *fait accompli.* A la nouvelle de ce qui s'était passé, le mécontentement fut grand

1. Comptes de Dijon.

2. Jacques Gelu, archevêque de Tours, donne quittance, à Brie-Comte-Robert, le 16 septembre, d'une somme de 200 l. — Clairambault, vol. 52, p. 3929.

3. *Ordonnances*, t. X, p. 473[1]. Cf. *Journal d'un bourgeois de Paris*, p. 114. — L'original avec sceau du traité de Saint-Maur est aux Archives, J 250, n° 23; cf. une expédition où le sceau manque, P 1359[1], cote 699.

4. *Ordonnances*, t. X, p. 475.

5. Elles ne différaient pas notablement du texte des préliminaires de la Tombe. — La principale clause était celle-ci : « *Item* que les offices, comme raison est, demourront en la disposicion du Roy, et *quant mondit seigneur le Daulphin sera devers le Roy*, quant aucuns offices vacqueront, ou à aucuns n'aura esté ou sera souffisamment pourveu, le Roy y pourverra, euz les advis de mondit seigneur le Daulphin, de mondit seigneur de Bourgongne et des autres seigneurs du sang royal qui lors seront devers le Roy. » La situation s'était notablement modifiée depuis le 23 mai. Il ne s'agissait plus pour le duc d'être, « à toute sa puissance, » à la Cour, mais d'y faire revenir le Dauphin, afin de l'avoir à sa discrétion. Pour Jean sans Peur, le traité de Saint-Maur n'avait pas d'autre but.

6. « Et si estoit tout prouvé contre eulx qu'ilz estoient consentans de la venue du Roy d'Engleterre, et qu'ilz en avoient eu grans deniers dudit Roy... Et si convint tout mettre ce à nyant, ou se non ilz eussent destruit tout le royaulme de France et livré aux Engloys le Daulphin qu'ilz avoient devers eulx. » *Journal d'un bourgeois de Paris,* p. 114; cf. p. 87.

7. Religieux, t. VI, p. 282.

8. Il faut noter ce point, qui est capital. Voir plus loin note complémentaire sur le traité de Saint-Maur.

à la Cour du Dauphin. En cédant aux instances de la reine de Sicile et du duc de Bretagne, on avait poussé le désir de conciliation jusqu'aux plus extrêmes limites[1], et c'est ainsi qu'on était récompensé! Le médiateur, ne se souvenant que de ses vieilles sympathies pour la cause bourguignonne[2], avait oublié son mandat et trahi la cause qu'il prétendait servir. Ne savait-il pas que le traité de Saint-Maur était entaché de nullité et qu'en tout cas il ne pouvait avoir force de loi qu'après la ratification des deux parties ? Pourquoi agir ainsi, au mépris de toutes les règles ? Pourquoi cette précipitation insolite ? En avait-on usé de la sorte jadis avec le duc de Bourgogne ? Dans une circonstance analogue et bien plus pressante, quand il s'était agi de faire rentrer le duc dans le devoir, à Arras, en 1414, n'avait-on pas attendu près de cinq mois pour publier le traité ? Il y avait là de légitimes griefs, qui devaient éloigner le Dauphin des pensées de conciliation.

Pour le calmer et le disposer favorablement[3], on fit partir la Dauphine, sa fiancée, enfermée dans Paris depuis la catastrophe du 29 mai, et qui, de l'hôtel de Bourbon où on la gardait prisonnière, avait été témoin des excès d'une populace furieuse et exposée aux plus grands dangers. Le 22 septembre, le duc de Bretagne emmena, en grande pompe, la jeune princesse, à laquelle on restitua ses bagues et joyaux, et qui reçut plusieurs présents du Roi[4]. Le duc était accompagné à la fois d'une ambassade parisienne[5] et d'une ambassade bourguignonne[6], ayant mission de « poursuir le final appoin-

1. « Auxquels, combien qu'ils feussent à la grant charge et foule de mondit seigneur et de nous, neantmoins, pour honneur et reverence de Dieu et pour la pitié que nous avons du povre peuple, nous nous accordasmes et condescendimes. » Lettre du 14 octobre.

2. Le duc de Bourgogne « estoit fort son ami, » écrit Berry (p. 436), en parlant du voyage du duc de Bretagne.

3. « Afin que ledit Daulphin feust plus enclin de venir à Paris devers le Roy son père. » Monstrelet, t. III, p. 292.

4. On lui donna une haquenée du prix de 225 livres, et deux cents écus d'or pour employer à l'achat d'un livre à sa dévotion. Collection de Bourgogne, 100, p. 779 et 792; La Barre, t. II, p. 144, note *a*. La princesse était alors âgée de quatorze ans à peine.

5. Elle se composait de Angèle de l'Aigle, maître en médecine; Guillaume de Neuville, dit le Moine, écuyer; Jean de l'Olive et Jean Sac, bourgeois de Paris. Compte de Pierre de Gorremont, Arch. de Dijon, B 1598, f. 245; extrait dans la Collection de Bourgogne, 100, p. 804.

6. Elle se composait de Guillaume de Vienne, seigneur de Saint-Georges; de Regnier

tement du traité de paix pourparlé et mis en terme en la convention qui avoit esté par avant faite à la Tombe, entre Bray-sur-Seine et Saint-Mor-des-Fossés, » et aussi d'exposer au Dauphin et à ses conseillers certaines choses « pour l'appaisement des discords estans entre aucuns seigneurs du royaume, afin de procéder à l'expulcion de ses ennemis et adversaires d'Angleterre [1]. » On voit par là que le gouvernement dirigé par le duc ne se faisait guère d'illusion sur la portée des stipulations consenties par le duc de Bretagne au nom du Dauphin.

Le cortège de la Dauphine s'avança avec une grande lenteur. A Orléans, on s'embarqua sur la Loire pour gagner Tours. On fit une station à Marmoutiers, où la jeune princesse entendit la messe. Les bourgeois de Tours vinrent au devant d'elle dans deux grands chalands et l'accompagnèrent jusqu'au moment où elle monta en croupe derrière le duc de Bretagne pour se rendre à son logis [2]. La Dauphine passa à Tours la journée du 6 octobre, et repartit pour Saumur, où le duc comptait trouver le Dauphin. Les historiens racontent les difficultés faites à Saumur par le Dauphin, les instances de la reine de Sicile pour lui faire recevoir le duc de Bretagne, les vifs reproches que lui adressa celui-ci, l'impression produite sur le jeune prince ; mais, en suivant ici le Religieux de Saint-Denis [3], ils sont tombés avec lui

Pot; de Jean le Clerc, conseiller du Roi, et de Jean de Pocquières, échanson du duc de Bourgogne, auxquels on avait adjoint Jean Milet, notaire et secrétaire du Roi. *Id.*, B 1598, f. 249, et Collection de Bourgogne, p. 802-803; cf. La Barre, t. II, 144, note *d.* — Dans une relation faite par deux Bourguignons, Philippe de Morvilliers et Pierre de Veirat, aux habitants de Tournai, à la date du 2 octobre 1419, on lit ce qui suit au sujet du traité de Saint-Maur et de cette ambassade :

« Fut advisé et tant fait pour reduire Mgr le Dauphin en la compagnie du Roy et par les ambassadeurs dudit Mgr le Dauphin, de la royne de Secille et autres; et pour avoir le consentement dudit Mgr le Dauphin ont envoyé Mgr de Saint-Jorge et autres, qui ne peurent avoir achès de parler à lui, mais furent pillés et desrobés et en peril de leurs vies. » *Extraits analytiques des anciens registres des consaux de la ville de Tournai*, publiés par H. Vandenbroeck (Tournai, 1861, in-8°), p. 185.

1. Collection de Bourgogne, *l. c.*

2. Archives de Tours. Reg. 17 des *Comptes*, ff. 71 v° et suiv., 83 v° et 84; Reg. 1 des *Délibérations*, part. IV, f. 40 v° et suiv.

3. Religieux, t. VI, p. 290. — Berry dit aussi (p. 436), que le duc amena le Dauphin « par devers son mari à Saumur. » Cette version est acceptée sans réserve par M. Vallet de Viriville (t. I, p. 133-34). Elle est pourtant démentie par un document émané de la chancellerie royale à Paris : dans les lettres données le 13 novembre et dirigées contre le Dauphin, il est dit en propres termes que le Dauphin a été « mené en plusieurs et divers

dans une erreur complète. Charles n'était point à Saumur. Il avait quitté Poitiers dans les derniers jours d'août, et, après s'être arrêté successivement à Lusignan, Saint-Maixent, Niort et Maillezais[1], il était revenu à Lusignan au moment où le duc de Bretagne arrivait à Saumur[2]. Tout ce qu'on a raconté est donc erroné, et la reine de Sicile, qu'on nous montre parvenant à triompher des résistances de son gendre, était alors sans nouvelles de lui, et ne savait même point s'il acceptait ou non le traité de Saint-Maur[3] !

On attendait à Saumur la décision du Dauphin ; elle ne tarda pas à être connue : dès le 29 septembre, aussitôt après le retour de ses ambassadeurs, Charles avait manifesté hautement son intention de ne point poursuivre les négociations[4], et déclaré, dans un document où il exposait longuement les faits, qu'il tenait pour non avenue une paix conclue sans sa participation[5]. Le duc de Bretagne dut renoncer à poursuivre son voyage « devers Monseigneur le Roy pour le bien de la paix et union du royaume[6], » et bientôt une ambassade du Dauphin le mit au courant des dispositions de ce prince[7].

C'est le sort des armes qui allait en décider. Le Dauphin ne

lieux » pendant les négociations, de telle sorte que ni le duc de Bretagne, ni les ambassadeurs chargés d'obtenir sa ratification au traité « n'ont peu avoir accès à lui. » *Ordonnances*, t. X, p. 489. Cf. *Registres de Tournai*, cités ci-dessus.

1. Itinéraire : 23 août, Poitiers ; — 26, 30 août, 1er septembre, Lusignan ; — 7, 9, 10, 12, Saint-Maixent ; — 17, 21, 24, Niort ; — 29, Maillezais.

2. Itinéraire : 6 octobre, Niort ; — 11, Saint-Maixent ; — 14, Lusignan.

3. Copin, chevaucheur du seigneur de Saint-Georges, l'un des ambassadeurs bourguignons, était à Tours en octobre, « attendant certaine response de la royne de Secile *qui avoit envoié devers monseigneur le Daulphin savoir se il vouloit tenir l'accord et appointement* fait par le duc de Bretaigne au Roy nostre sire et au duc de Bourgoigne. » (Registre 17 des *Comptes*, f. 73 vo.) Remarquons que la reine de Sicile ne paraît pas avoir été si mécontente du duc que son gendre, car à son retour, elle lui fit présent d'une coupe et d'une aiguière d'or (D. Lobineau, t. II, p. 922).

4. « Quant ilz furent retournez devers mon dit seigneur le Daulphin et il eut ouy ce qu'ilz avoient appoinctié, il se marrit et troubla, et dist qu'il ne vouloit point d'appoinctement que par justice à celui qui avoit mauvaisement mentry, ou fait faire, son oncle, son connestable, son chancelier, et les autres bons et loyaulx serviteurs de son père et de lui. » *Chronique d'Alençon*, attribuée à Perceval de Cagny (dans Du Chesne, vol. 48), chap. LXVIII.

5. Lettre aux gouverneur, gens du conseil et chambre des comptes du pays de Dauphiné, dans l'Appendice aux *Mémoires de Pierre de Fenin*, p. 271-74.

6. Ce sont les expressions qu'il emploie dans des lettres du 13 octobre, datées de Saumur. D. Morice, t. II, col. 968.

7. Jacques Gelu, archevêque de Tours, un des négociateurs, et Jean Belart, doyen du

devait plus songer désormais qu'à poursuivre la lutte avec vigueur et à organiser son gouvernement.

Le 21 septembre, par lettres patentes où il faisait l'historique complet des événements accomplis dans la capitale depuis le 29 mai, Charles avait établi le siège de son Parlement à Poitiers[1], et donné commission pour remplir la charge de chancelier en l'absence de Robert le Maçon, qui suivait le prince dans ses déplacements[2]. Le 14 octobre, par une lettre adressée aux habitants de Lyon, il leur faisait savoir son intention de ne point accepter la « cédule » publiée à Paris, et déclarait que, quelque chose qui lui dût advenir, il ne souffrirait pas qu'il y eût d'autre « gouverneur » que le Roi et lui[3]. Le 30 octobre, une ordonnance fut rendue pour défendre d'obéir aux lettres et mandements du Roi « pendant sa détention et maladie[4]. » Le même jour le Dauphin adressa des lettres à tous les capitaines de ses places, pour leur enjoindre de lutter énergiquement contre le duc de Bourgogne et ses partisans, et de bien garder les villes, châteaux et forteresses[5]. On répondit à ces mesures en enlevant au prince, par lettres en date du 13 novembre[6], la lieutenance générale, et en le sommant (27 fé-

Mans, conseiller et maître des requêtes de l'hôtel du Dauphin, partirent de Chinon le 24 octobre pour aller vers le duc. Clairambault, vol. 52, p. 3931, et vol. 12, p. 773.

1. *Ordonnances*, t. X, p. 477. Voici quelle en était la composition : Jean de Vaily, président ; Jean Jouvenel, Guillaume Toreau, Arnaud de Marle, Bureau Boucher, tous les quatre anciens maîtres des requêtes du Roi ; Jean Tudert, doyen de Paris ; Guillaume de Marle, doyen de Senlis ; Guillaume de Launay, archidiacre de Meaux ; Guillaume Guérin, archidiacre de Poitiers ; Nicolas Potin, Jean Gentien, Jean Girard, Adam de Cambray, Hugues Comberel, Thibaut de Vitry, Guillaume de Quiefdeville et Nicolas Eschalart.

2. *Id.*, *ibid.*, p. 481.

3. « Car nostre entencion n'est pas de accorder ladicte cedule ainsi que elle gist, ne pour quelconque chose qui nous doye avenir, consentir ne souffrir que vous ne les autres bons subgiez de mon dit seigneur, aiez autre gouverneur que mon dit seigneur et nous ; et de ce ne doubtez. » Archives de Lyon, AA 22, f. 25. — La même déclaration se retrouve dans une lettre du 31 octobre. « Si vous signiffions et vous certiffions par ces presentes que, quelque paix qu'il se face, nostre entencion n'est pas que jamaiz, tant que Dieu nous donnera vie, que autre que Monseigneur et nous ait gouvernement sur vous ne sur les autres subgiez de mon dit seigneur. »

4. Nous n'avons pas le texte de ces lettres, dont l'indication est donnée dans l'*Histoire généalogique* du P. Anselme, t. VI, p. 395, et qui sont visées dans les lettres de Charles VI du 13 novembre. *Ordonnances*, t. X, p. 490.

5. Ce n'est pas sans doute la même pièce que la précédente. Nous avons trouvé de celle-ci une copie sans date dans le ms. nouv. acq. fr. 1001, f. 4.

6. *Ordonnances*, t. X, p. 489.

vrier 1419), dans les termes les plus violents, de mettre à exécution le traité de Saint-Maur [1].

Le duc de Bourgogne, après avoir constaté l'insuccès de ses intrigues et de ses démarches pour faire revenir le Dauphin dans la capitale [2], levait le masque une fois de plus, et cherchait à donner le change à l'opinion par des accusations violentes et calomnieuses lancées contre le Dauphin et ses conseillers. On le représentait, dans les lettres du 13 novembre, comme se disposant à traiter avec les Anglais, « au très grand avantage d'iceulx Engloiz, honte et dommage de nous et de nosdiz royaume et subgiez; » c'était lui qui, en menaçant la ville de Paris par les garnisons qu'il tenait à Melun, à Meaux et à Montlhéry, empêchait de secourir la ville de Rouen, assiégée par l'ennemi; il était gouverné par une coterie de gens « de petite extraction, » qui le tenaient en chartre privée, « si enclos que homme ne parle à lui, que gens esleux à leur pooste et qu'ilz scevent estre enclins à leur dampnable entencion. » Et l'on dénonçait publiquement le chancelier Robert le Maçon, le président de Provence Jean Louvet, et Raymond Raguier, comme « sedicieux et perturbateurs de toute paix obstinez [3]. »

Le moment est venu d'examiner quels étaient ces hommes qu'on signalait ainsi à l'animadversion publique et d'étudier tout le personnel du gouvernement du Dauphin.

Si nous envisageons d'abord les capitaines — appelés naturellement à un rôle prépondérant auprès d'un prince qui avait son royaume à conquérir, — nous trouvons en première ligne

1. Ces lettres ont été publiées par Besse, p. 264, mais avec des lacunes, et dans Martène : *Thesaurus novus anecdot.*, t. I, col. 1751. Elles se trouvent en copie collationnée du temps aux Archives, X[1a], 8604, f. 44 v°. — Besse a donné également des lettres missives des 13 et 26 mars, par lesquelles le Roi et le duc de Bourgogne ordonnaient de publier les lettres patentes du 27 février. « Monseigneur le Roy, disait le duc, s'est mis en tout devoir, et plus que devoir, de trouver et mettre bonne paix et union en ce royaume, et n'a pas tenu et ne tient en mondit seigneur, nous, ne les autres qui sont entour luy, que bonne paix et union ne soit; et quant à nous l'avons par plusieurs fois requise et poursuivie et fait poursuir de notre loyal povoir, mais tout ce n'y a peu valoir prouffiter par la rigueur et male voulenté de ceux qui sont entour Mgr le Dauphin et le gouvernent à leur voulenté, et a convenu par necessité que mondit seigneur ait fait et envoyé à mondit seigneur le Dauphin les lettres de sommation dont il vous envoye les pareilles » (p. 294-95).

2. Voir Religieux, t. VI, p. 302; Monstrelet, t. III, p. 273.

3. *Ordonnances*, t. X, p. 489.

l'ancien prévôt de Paris, Tanguy du Chastel. Né en 1359, il avait déjà fourni une longue carrière. Attaché tour à tour au duc d'Orléans, au roi de Sicile, au duc de Guyenne, on l'avait vu, tant en France que dans des expéditions lointaines, en Angleterre, en Aragon, en Portugal, en Italie, donner des marques d'une vaillance qui rappelait le temps de la chevalerie, et d'une activité que l'âge ne devait pas ralentir. Nommé prévôt de Paris en 1413, après la chute des Cabochiens, il avait apporté une indomptable énergie dans l'exercice de ces difficiles fonctions, et c'est à lui — nous l'avons vu — que le Dauphin dut principalement son salut dans la nuit du 29 mai 1418. Tanguy, qui est déjà conseiller et chambellan du Dauphin, ne tardera pas à devenir son maréchal des guerres [1]. C'est, au dire des plus hostiles, un très « brave chevalier [2], » mais c'est surtout un homme d'action : « chaud, soudain et hatif, » comme le disait un des avocats dans le procès de Barbazan, il prend vite un parti et n'apporte dans l'exécution aucun scrupule [3]. S'il a été jugé sévèrement par des auteurs peu suspects, tels que Cousinot [4]; si parfois sa conduite a pu donner prise au blâme [5], il serait injuste de méconnaître son intrépidité, ses qualités militaires, son infatigable ardeur, et surtout cet incomparable dévouement qui ne se démentit pas un instant durant le cours d'une vie presque centenaire. L'éclat de cette figure ne saurait être obscurci par quelques taches que, d'ailleurs, l'esprit de parti n'a pas manqué de grossir.

A côté, sinon au-dessus de Tanguy du Chastel, dans ce groupe qui s'occupe à la fois des affaires politiques et des affaires militaires, il faut placer le sire de Barbazan, conseiller et premier chambellan du Dauphin, vrai type d'honneur, de bravoure et de fidélité, qui mérita le surnom de « chevalier

1. Il est désigné ainsi, pour la première fois, dans une pièce du 21 août 1419. *Quittances*, 52, n° 5404.
2. « Miles in armis strenuus. » Religieux, t. VI, p. 5.
3. « Très perilleux homme, chault, soudain et hatif, et fault que soubdainement ce qu'il pense soit fait et accomply. » Paroles de l'avocat Labat, dans sa plaidoirie en faveur de Barbazan (ms. fr. 5061, f. 125).
4. Cousinot, *Geste des nobles*, p. 190.
5. Voir Laborde, *Les ducs de Bourgogne*, t. III, p. 282.

sans reproche, » et eut le glorieux privilège d'être enterré à Saint-Denis. Parent du comte de Foix et des plus notables seigneurs du royaume, ayant suivi les guerres depuis l'âge de dix-huit ans, attaché successivement à la maison du duc d'Orléans puis à celle du duc de Berry, chambellan du Roi et sénéchal d'Agenais, Arnaud Guilhem, seigneur de Barbazan, est réputé par tout le monde, amis comme ennemis, pour un des plus vaillants hommes de guerre de son temps; à titre de premier chambellan, il a la garde du « seel de secret » de son maître, qui lui a donné en outre « toute la charge, autorité et gouvernement du fait de sa guerre. » Il est constamment près de la personne de Charles, qui ne décide rien sans son avis. Les contemporains le regardent comme « prince de la chevalerie du Dauphin, » et le « conducteur et principal gouverneur de toutes ses affaires[1]. »

Au second plan, nous trouvons : le vicomte de Narbonne, un grand seigneur du Midi, neveu du connétable d'Armagnac, qui a échappé au massacre de Paris et brûle de venger la mort de son oncle; Guillaume Bataille, encore un paladin des vieux temps, l'un des plus anciens et des plus notables parmi les serviteurs de la maison d'Orléans; un nouveau venu, Guillaume d'Avaugour, que le Dauphin a créé chambellan et investi du poste important de bailli de Touraine, et qui, Breton comme Tanguy du Chastel, est pour ainsi dire un de ses lieutenants. Les trois « gouverneurs, » Beauvau, Maillé et Noé, assistent constamment le Dauphin de leurs conseils. Parmi les grands officiers de la couronne, il a auprès de lui l'amiral de Braquemont, qui est au moment de terminer sa glorieuse carrière; le maréchal de Rochefort, qui vient d'être destitué par le gouvernement royal, et auquel vont être adjoints les seigneurs de la Fayette et de Séverac, deux capitaines renommés; le grand-maître des arbalétriers Torsay; le grand-maître des eaux et forêts Guillaume de Chaumont-Quitry; l'ancien grand-veneur Guillaume de Garmaches. Enfin nommons de grands seigneurs

1. *Ce sont les articles sur lesquels pourra estre interrogué Barbasan*, etc. Pièce rédigée par la chancellerie après la prise de Melun (1420). La Barre, t. I, p. 304-308; — Plaidoirie de Rapioust, dans le procès de Barbazan, ms. fr. 5061, f. 111.

comme le comte de Tonnerre, le vicomte de Thouars, le seigneur de Mortemart, le sire d'Arpajon, le seigneur du Bouchage, le sire de Pousauges, et des hommes de guerre comme La Hire, Saintrailles, Louis de Culant, Guillaume de Montenay, Louis d'Escorailles, Robert de Lairé, Ambroise de Loré, Charles Le Bouteiller de Senlis, Guillaume de Meulhon, Regnault de Montejean, Guillaume Taveau, seigneur de Mortemer, Olivier Leer, Jean et Hervé du Mesnil, Olivier de Fleschal, Guillaume d'Argenton, etc.

L'Angleterre, depuis la bataille d'Azincourt, retient en captivité la plupart des princes du sang : le duc d'Orléans, le comte d'Angoulême, le duc de Bourbon, le comte de Vendôme, le comte d'Eu sont prisonniers. La cause du Dauphin n'a pour défenseurs, parmi les princes, que Philippe d'Orléans, comte de Vertus, destiné à devenir un de ses plus brillants et plus intrépides champions; le jeune duc d'Anjou, que son expédition pour la conquête du royaume de Sicile enlèvera bientôt à la défense nationale; trois Bourbons de la branche de Préaulx : Pierre, seigneur de Préaulx; Jacques, seigneur de Thury, et Charles; enfin deux princes de la maison de Blois, le comte de Penthièvre et le seigneur de Laigle.

Dans l'entourage intime du Dauphin, parmi les familiers ayant charge de cour, nous remarquons : Thibaut Oudart, premier maître d'hôtel; Bertrand Campion, maître d'hôtel, mêlé aux négociations diplomatiques; Pierre Frotier, écuyer d'écurie, destiné bientôt à une faveur toute spéciale; Prégent de Coëtivy, neveu de Tanguy du Chastel, qui remplit l'office de pannetier, et a déjà un commandement militaire; Pierre Jardin, également pannetier; les deux Pluscallec, écuyer d'écurie et écuyer d'honneur, jeunes Bretons qui se distingueront dans les luttes contre les Anglais; Louis d'Avaugour, échanson; Jean Havart, écuyer tranchant, qui commence déjà sa carrière d'ambassadeur.

Le Dauphin a pour confesseur Gérard Machet, pour aumônier Étienne de Montmoret, pour *physicien* Jean Cadart, pour chirurgien Regnault Thierry. Et, disons-le en passant, ce n'est pas la partie la moins influente dans le personnel de sa maison.

Nous verrons plus loin quel était dès lors le goût du prince pour les savants et les lettrés.

Si nous arrivons enfin à ceux qu'on peut, à proprement parler, appeler les *ministres*, à ceux qui expédient les affaires et siègent dans le Conseil, nous rencontrons d'abord des figures déjà connues et qui resteront au premier plan, comme celles du chancelier Robert le Maçon et de Jean Louvet, président de Provence. Parmi les prélats, nous avons nommé deux personnages considérables : Regnault de Chartres, archevêque de Reims, et Martin Gouge de Charpaignes, évêque de Clermont; il faut ajouter à ces deux notables conseillers Jacques Gelu, archevêque de Tours, un des prélats les plus éminents de son temps, qui avait siégé au concile de Constance et obtenu des voix pour la papauté lors du conclave de 1417, où il représentait la France; Jean de Norry, archevêque de Sens, ancien conseiller de Charles VI, qui avait aussi pris part au concile; Guillaume de Boisratier, archevêque de Bourges, autrefois chancelier du duc de Berry, qui avait joué, soit dans le Conseil du Roi, soit à Constance dans le conclave, un rôle important [1]; enfin Simon de Cramaud, appelé le *cardinal de Reims*, revêtu de cette dignité depuis 1413, transféré alors de Reims à Poitiers, et qui terminait sa longue carrière, signalée par de glorieux travaux.

Au nombre des conseillers laïques sont Raymond Raguier, l'un des trois personnages exclus de l'amnistie par le traité de Saint-Maur, qui, de simple clerc du Roi en sa chambre aux deniers, s'est élevé au poste de conseiller, et possède une fortune exorbitante; Regnier de Boulligny, un ancien trésorier du Roi, « commis au fait de l'office de trésorier dès guerres, » avant de devenir commissaire général des finances; Hemon Raguier, frère aîné de Raymond, ancien conseiller et trésorier

1. L'archevêque de Bourges avait porté la parole au nom de la grande ambassade envoyée en Angleterre en juin 1415, et eut le courage de répondre hardiment à Henri V, qui se prétendait le vrai roi de France : « Sire, le Roy de France, nostre souverain seigneur, est vray Roy de France, ny ès choses èsquelles dictes avoir droit n'avez aucune seigneurie; non mie encore au royaume d'Angleterre, mais compète aux vrais heritiers du feu Roy Richard, ny avec vous nostre souverain seigneur ne pourroit seurement traicter. » Jouvenel, p. 289.

général de la reine Isabeau, que le Dauphin a nommé trésorier des guerres, charge qu'il avait déjà remplie de 1400 à 1414; Jean Merichon, receveur général des finances, qui cédera bientôt ce poste à Guillaume Charrier; puis de simples secrétaires qui ont un rôle actif et une sérieuse influence, comme Jean le Picart, ancien secrétaire de la reine Isabeau; Alain Chartier, le poète destiné à devenir célèbre; Jean Campion, Jean Villebresme, Robert Mallière, dont les noms se retrouvent au bas des lettres missives du Dauphin.

Enfin, il faut citer, parmi les conseillers au Parlement de Poitiers, choisis pour la plupart dans le sein du Parlement et du Châtelet, tous des plus anciens et des plus notables[1], le président Jean de Vaily, autrefois chancelier du duc de Guyenne, mêlé à toutes les négociations importantes de cette époque; le doyen de Paris Jean Tudert, son compagnon dans ces missions diplomatiques; Jean Jouvenel, un des plus graves personnages de la Cour de Charles VI; Guillaume Toreau, l'ancien chancelier de la Reine, Hugues Comberel, bientôt appelé au siège de Tulle[2].

Après cette énumération, faite d'après les actes et les sources les plus authentiques, nous pouvons constater, sans crainte d'être démenti, que les véritables forces de la France se trouvaient rassemblées autour de la personne du Dauphin, et que les accusations si violentes formulées contre son entourage étaient dénuées de fondement. Tandis que le duc de Bourgogne comblait, par la nomination de ses créatures, les vides laissés dans l'administration par le meurtre, les proscriptions ou la fuite, le Dauphin avait autour de lui la plus grande et la meilleure partie des anciens conseillers et serviteurs de la Couronne. Tout n'était pas irréprochable dans ce personnel de gouvernement, mais on peut dire que le Conseil était composé d'hommes éminents; ajoutons que le Dauphin ne faisait qu'user

1. « Or pour le fait de la justice souveraine du royaume, on ordonna un Parlement à Poitiers, composé de presidens et conseillers, c'est assavoir de ceux qui estoient sortis de Paris, des plus anciens et notables de la Cour de Parlement et du Chastelet. » Jouvenel, p. 360.

2. Voir la liste donnée ci-dessus, p. 112, note 1.

du droit de légitime défense en résistant, avec fermeté, mais avec modération, aux exigences du duc de Bourgogne, et en entamant avec ce prince une lutte à main armée.

Le jeune Charles ne devait point tarder à prendre une part personnelle à cette lutte. Après avoir pourvu aux besoins de la défense dans les provinces qui lui restaient fidèles et concentré ses forces sur divers points [1], il convoqua ses gens de guerre à Chinon [2], et se mit en campagne. En passant par Loches, il se fit recevoir solennellement (6 novembre 1418) chanoine de Loches [3]. Une pensée pieuse se mêlait toujours à ses entreprises : au moment où il prenait les armes, il fit faire en son nom un pèlerinage au Saint-Sépulcre [4]. Charles avait sous ses ordres « belle et grande compagnie de gens de guerre [5]. » Le 9 il était à Romorantin, le 13 à Jargeau. Cédant aux instances de Tanguy du Chastel et du président Louvet [6], il se porta sur Sully, où le sire de la Trémoille tenait renfermé l'évêque de Clermont Martin Gouge, qu'il avait saisi à Jargeau comme il s'enfuyait de la capitale. On voulait d'ailleurs s'assurer en même temps des dispositions de Georges de la Trémoille, qui, depuis son intervention à la Tombe comme médiateur, gardait une attitude suspecte [7]. Il fallut faire battre la ville et le château; enfin l'intervention du comte de Vertus amena la soumission de La Trémoille, qui promit de servir loyalement le Dauphin [8]. Le 26 novembre, Charles était devant Tours, qui ne lui ouvrit ses portes

1. A Charroux (Vienne), les 1er septembre et jours suivants; à Beaugency (Loiret), le 9 septembre; à Ruffec (Charente), les 12 septembre et jours suivants; au Blanc et à Belarbre (Cher), les 7 et 13 septembre. — Montres du temps, au nombre d'environ cinquante.

2. Montres des 1er et 23 octobre; retenues du 3 novembre.

3. En qualité de duc de Touraine, il était chanoine né de cette collégiale Dom Housseau, vol. IX, nos 3828, 3829; Vallet, t. I, p. 137.

4. Paiement de cinquante livres à un religieux de Saint-François, par lettres du 6 novembre 1418. Clairambault, 49, p. 3681.

5. Jouvenel, p. 355.

6. Voir Jouvenel, p. 355. — Ces deux personnages avaient eu à se louer de l'évêque de Clermont, qui avait « moult profité » étant distributeur des finances, puis exécuteur testamentaire du duc de Berry, et avait été à même de leur faire « beaucoup de plaisirs. »

7. Les ambassadeurs chargés de reconduire le Dauphin, en octobre 1418, avaient en même temps mission de s'entendre avec « messeigneurs de la Tremoille et de Parthenay pour affaires secrètes au service du Roi. » Collection de Bourgogne, 100, p. 802.

8. Jouvenel, p. 355; Cousinot, p. 174; Berry, p. 436. — Jouvenel a beau dire que la Trémoille tint sa parole, il n'en est pas moins vrai que, selon la remarque de M. Vallet (t. I, p. 140), il conserva toujours un pied dans le camp bourguignon.

qu'après un long siège[1]. Par lettres en date du 30 décembre, le Dauphin accorda pleine et entière abolition aux habitants[2].

Dans ces lettres d'abolition, données « au siège devant Tours, » le Dauphin se qualifie de « fils du Roy de France, *Regent le royaume,* duc de Berry et de Touraine et comte de Poitou; » et on lit à la fin cette formule : « Par Monseigneur le *Regent* et Daulphin en son grant Conseil. » Charles venait, en effet, de prendre le titre de Régent. Dans un conseil tenu le 26 octobre, et où figuraient les princes, prélats et conseillers de l'entourage du prince, il avait été décidé qu'on substituerait à l'appellation de lieutenant général du Roi celle de Régent[3]. Mesure hardie et habile, comme l'a remarqué le dernier historien de Charles VII[4], qui ne laissait plus au Roi que le vain simulacre d'une couronne dont sa tête ne pouvait soutenir le poids, et qui transportait à son fils et héritier le véritable et souverain exercice du pouvoir royal. Le duc de Bourgogne s'était rendu maître du gouvernement et le dirigeait au gré de ses caprices, de ses passions, de sa cupidité surtout; il convenait qu'on montrât au pays un pouvoir indépendant de celui qui parlait au nom du Roi et se couvrait du prestige de la royauté, bien qu'il fût peu soucieux d'arrêter les progrès de l'invasion et qu'il compromît gravement les intérêts de l'État au profit d'une ambition personnelle.

Maître de la Touraine, ayant son gouvernement solidement établi dans les provinces du Centre, avec le Parlement à Poitiers, la Chambre des Comptes à Bourges, le Conseil partout où il résidait — et il ne séjournait pas longtemps dans les mêmes lieux, — le nouveau Régent était en mesure d'agir. Il déploya en effet une grande activité : négociations avec les Anglais et avec la Cour de Charles VI; lutte activement poursuivie contre

1. *Chronique d'Alençon,* attribuée à Perceval de Cagny, dans Du Chesne, vol. 48; Jouvenel, p. 355; Berry, p. 436; Monstrelet, t. III, p. 293; Cousinot, p. 174; Raoulet, p. 164. — M. J. Delaville Le Roulx a très bien résumé (*l. c.*, p. 11 et suiv.), tout ce que les auteurs du temps et les documents inédits fournissent de renseignements.

2. D. Housseau, t. IX, n° 3826. — Pour être plus assuré d'atteindre son but, le Dauphin avait, à la date du 29 novembre, stipulé une trêve entre ses partisans et les gens du duc de Bourgogne, en Bourgogne, Charolais et Nivernais. Archives, P 1377[1], cote 2827

3. Voir notes complémentaires à la fin du tome I.

4. Vallet de Viriville, *Histoire de Charles VII,* t. I, p. 135-36.

Henri V et contre le duc de Bourgogne; part personnelle dans les événements, rien ne fut épargné pour faire face aux nécessités de la situation. Les commandements militaires furent distribués de manière à former une véritable organisation. Le seigneur de Beauvau, gouverneur du Maine et de l'Anjou, commandait dans ces provinces, et avait pour lieutenants Ambroise de Loré et Guérin de Fontaine[1]. A côté de lui, avec le titre de « lieutenant de monseigneur le Régent et capitaine général des pays d'Anjou et du Maine, du Perche et de la Basse Normandie[2], » le vicomte de Narbonne opérait sur la frontière de Basse Normandie. Tanguy du Chastel, qui avait pris le titre de maréchal des guerres[3] du Dauphin, résidait à Meaux, comme lieutenant général au delà de la Seine[4], avec le sire d'Offemont pour lieutenant sur les frontières de Picardie[5]. Regnault de Chartres avait la lieutenance générale en Languedoc et en Dauphiné[6], mais ses pouvoirs devaient bientôt prendre fin en Languedoc, par la nomination du comte de Foix, investi du titre de lieutenant et capitaine général du Languedoc[7], qui allait faire battre en retraite le prince d'Orange, gouverneur désigné par la Reine et le duc de Bourgogne[8]. Le sire de la Fayette était lieutenant et capitaine général en Lyonnais et Mâconnais[9]; le vicomte de Polignac était lieutenant et capitaine général en Velay, Gevaudan, Vivarais et Valentinois[10]; Aubert Foucaut était capitaine général en Limousin, Nivernais et Donziois[11];

1. Voir Jouvenel, p. 358-59.
2. Il est ainsi désigné dans une quittance du 12 février 1419. Clairambault, 12, p. 717.
3. La première pièce où nous lui voyons donner ce titre est du 21 août 1419 (*Quittances*, 52, nº 5104), mais il devait en exercer les fonctions dès le siège de Tours.
4. Berry, p. 435.
5. Jouvenel, p. 359.
6. Par lettres du 16 août 1418, comme on l'a vu plus haut; il agit encore en cette qualité les 8 décembre 1418; 11, 18 et 27 janvier, 11, 24 février, 14 avril 1419. Il se fixa au commencement de mai à Lyon (D. Vaissete, t. IV, p. 448), où il paraît avoir représenté la personne du Dauphin pendant tout le cours de cette année.
7. Il est ainsi désigné dès le 24 octobre 1418, dans des lettres du Dauphin. Cf. Berry, p. 436. — D. Vaissete dit vaguement qu'il fut nommé lieutenant « vers le mois de décembre. » Voir t. IV, p. 448, et note, et p. 590 et suiv.
8. En mai 1419, après avoir pris possession, à la fin d'avril, du gouvernement de la province. D. Vaissete, t. IV, p. 449-50.
9. Il est qualifié de la sorte dans une pièce du 4 décembre 1418. Clairambault, 87, p. 6829.
10. Lettres du 4 février 1419, indiquées par D. Vaissete, t. IV, p. 448.
11. Le P. Anselme, t. VII, p. 578.

enfin le comte de Vertus était à la veille d'être nommé lieutenant et capitaine général dans le Poitou et la Guyenne [1].

Le Régent avait daigné accorder un pardon complet aux habitants de Tours; mais il n'avait pas voulu leur faire l'honneur d'entrer dans leur ville [2]. Aussitôt après l'occupation, il avait pris le chemin du Berry, et s'était arrêté à Loches [3]. C'est là qu'il reçut une députation composée de six des plus notables bourgeois de Tours, qu'il avait mandés « pour ore aucunes choses qu'il leur avoit à dire [4]. » Une de ces *choses*, c'était qu'il lui fallait un prêt de trente mille francs. Le Dauphin déclarait d'ailleurs que si les habitants se voulaient conduire en bons et loyaux sujets, il leur donnerait son amitié, et tiendrait tout le passé pour non avenu [5]. Les Tourangeaux s'exécutèrent : le 14 janvier, à la réception d'une lettre pressante du Dauphin, ils déclarèrent qu'ils étaient « prests d'obéir de corps et de bien à Monseigneur le Daulphin [6]. »

De Loches, où Charles avait reçu une ambassade de la ville de Melun [7], il se dirigea sur Issoudun, et s'avança par Bourges jusqu'à Sancerre [8], où se fit une grande concentration de forces destinées à agir contre les pays du duc de Bourgogne. Le Dauphin y séjourna trois semaines, et, après avoir pourvu aux besoins de la défense sur les frontières du Nivernais et dans ses garnisons du Centre [9], il se dirigea vers Gien et Montargis [10]. Voulait-il se rapprocher de la capitale, où des négociations

1. Lettres du 22 mars 1419.
2. C'est ce que dit formellement Cousinot (p. 175) : « Mais en la ville ne daigna entrer en celle fois. »
3. C'est ce qui ressort d'une quittance de Louis d'Escorailles du 18 janvier, visant des lettres du 11. Clairambault, 64, p. 3219.
4. Archives de Tours. *Registres des délibérations*, vol. I, part. IV, f. 47.
5. *Id.*, *Ibid.* Le rapport des députés fut fait le 13 janvier. Le bruit courait alors à la petite Cour de Loches, que le Roi Charles VI était en captivité, qu'on lui avait ôté ses serviteurs, et qu'on l'avait emmené en Flandre.
6. *Id.*, *Ibid.*, f. 47 vº.
7. Quittance de Louis d'Escorailles, *l. c.*
8. Itinéraire : Issoudun, 22-30 janvier; — Bourges, 4 février; — Sancerre, du 12 au 28 février.
9. Voir le compte des gens de guerre qui ont servi sous Regnault de Chartres en Languedoc, visant des lettres du Dauphin des 22, 23, 25, 26 et 27 février 1419. — Ms. fr. 7858, f. 351 vº, 352, 343, 340, 352 vº.
10. Itinéraire : Gien, 7 mars; — Montargis, 22, 30

secrètes avaient été entamées? Cette conjecture paraît la plus probable.

La première mention des négociations entamées par le Dauphin avec les Parisiens apparaît dans les *Registres du Parlement* à la date du 18 février 1419. On y constate la présence dans les prisons de la Conciergerie de frère Jacques Pelaut et de frère Thomas de la Mare, religieux augustins, arrêtés comme porteurs de lettres datées de Bourges [1], « contenant créance en partie adressans à personnes inconnues ci, escriptes en termes de paroles feintes et couvertes [2]. » Mais auparavant il paraît y y avoir eu, à Brie-Comte-Robert et à Melun, des conférences secrètes entre des membres du grand Conseil, gagnés par le Dauphin, et des envoyés de celui-ci [3].

Le 21 février, le Parlement, en présence du chancelier et de plusieurs seigneurs bourguignons, tint conseil « pour adviser quelle response estoit à faire sur le contenu de certaines lettres patentes que on disoit estre envoyées de par Monseigneur le Daulphin et signées de son signe manuel, » lettres qui furent lues en plein Conseil. On désigna quatre commissaires pour préparer une réponse, et l'on décida que le lendemain on répondrait verbalement à Romarin, héraut du Dauphin, qui avait apporté les lettres de son maître.

Le 22, nouvelle réunion, où se trouvaient des représentants du corps de ville et de notables bourgeois. On y lut une seconde fois les lettres du Dauphin, et Hue de Lannoy, chevalier bourguignon, donna réponse au héraut. On approuva les termes de la réponse écrite adressée au Dauphin, et l'on communiqua la teneur d'une trève avec les Anglais jusqu'à Quasimodo, conclue récemment par les ambassadeurs de ce prince, et dont on avait reçu une copie venant de Galardon [4].

Cependant les dispositions du Parlement devenaient plus fa-

1. Le Dauphin avait quitté Bourges vers le 10 février.

2. La Cour, par délibération en date du 18 février, décida, à l'instance des religieux et couvent des Augustins, que les deux prisonniers seraient remis au prieur et couvent, « pour en faire justice, correction et punicion telle qu'il appartiendroit. » X[1a] 1480, f. 147; Felibien, *Histoire de Paris*, t. IV, p. 576-77.

3. Religieux, t. VI, p. 314; Jouvenel, p. 361.

4. C'est la trève du 12 février 1419. Voir plus loin, chapitre VIII.

vorables au Dauphin. Le 8 mars, la Cour autorisait le renvoi du frère Jacques Pelaut au Provincial des Augustins[1]. Le 13, une grande assemblée de deux à trois cents personnes était convoquée pour entendre la lecture d'une lettre close du Dauphin, datée de Gien, le 7 mars, et apportée par Romarin. Tout en faisant ses réserves sur la qualité de Régent, prise par le prince, l'assemblée décida de lui faire réponse et approuva la teneur des lettres à lui adresser. Le 3 avril, nouvelle réunion, pour la lecture d'un nouveau message du Dauphin et de lettres de sauf-conduit pour douze personnes que venait d'apporter Romarin. On décida d'écrire au Roi et au duc de Bourgogne que, « pour appaiser les divisions de ce royaume, il leur plust ordonner et envoyer ambassadeurs devers monseigneur le Dauphin, » conformément aux lettres de sauf-conduit, lesquelles n'étaient valables que jusqu'au 16, et d'écrire en même temps au Dauphin pour le remercier, lui réitérer la demande « de faire abstinence de guerre par aucun temps pour traictier plus aisement de l'appaisement desdictes divisions, » et le prier de prolonger la durée de son sauf-conduit[2].

C'était un résultat très important pour le gouvernement du Dauphin que d'avoir amené le Parlement et les Parisiens — et à leur suite le Conseil royal, composé entièrement de Bourguignons, — à prendre l'initiative de négociations entre la Cour et le Régent en vue d'aboutir à un accord. Charles ne négligea rien pour tirer parti de ces bonnes dispositions : il envoya un de ses chambellans, Guillaume, seigneur de Montenay, afin de rendre les habitants de la capitale favorables à sa cause[3]. Le duc de Bourgogne dut se repentir amèrement d'avoir livré les Parisiens à eux-mêmes, laissant, pour exercer les fonctions de gouverneur, le comte de Saint-Pol, un enfant de quatorze ans! Tandis qu'il fulminait contre le Dauphin, et

1. X[1a] 1480 et Felibien, *l. c.*

2. *Id.*, *ibid.* — Le Dauphin était resté à Montargis pendant ces négociations. Il ne quitta cette ville qu'après le 5 avril. — On a la trace de relations actives, à ce même moment, entre lui et le duc de Bretagne, qui négociait alors avec le roi d'Angleterre.

3. Lettres du 25 avril 1419, accordant à ce seigneur une somme de deux cents francs, en récompense de ses services. *Pièces originales*, 2014 : MONTENAY.

le dénonçait au pays dans les termes les plus violents[1], les Parisiens se mettaient officiellement en rapports avec lui, et tenaient des assemblées solennelles pour recevoir ses communications et y répondre ! Le gouvernement royal se trouvait donc ainsi mis en demeure d'accueillir des propositions de paix[2], et, malgré toutes les répugnances du duc, il lui était impossible d'y opposer une fin de non recevoir.

Le Dauphin, au dire d'un contemporain, n'était nullement belliqueux[3]; il n'avait pris les armes que contraint par la nécessité et ne demandait « qu'à trouver moyens de paix[4]. » C'était lui qui, de nouveau, comme au lendemain de sa sortie de la capitale, prenait l'initiative dans ce sens. Pour rendre la solution plus facile, il proposa une trêve de trois ans, afin qu'on eut pleine latitude de combattre les Anglais et de les chasser entièrement du royaume. Mais le duc de Bourgogne ne l'entendait point ainsi : mettant en avant le prétexte qu'une trêve à courte échéance permettrait d'arriver plus vite à la paix définitive, il ne voulut point entendre parler de la proposition du Dauphin[5]. Aussi, bien que le terme de deux ans semble avoir été un instant adopté[6], il fit rendre par Charles VI une ordonnance, en date du 14 mai 1419, dans laquelle le Roi, en vertu d'une délibération de la Reine, *du Dauphin,* des ducs de Bourgogne *et d'Anjou,* du *comte de Vertus,* et « de plusieurs autres

1. Lettres de Charles VI des 27 février et 13 mars ; lettres du duc de Bourgogne du 26 mars.

2. Après l'assemblée du 3 avril, Jacques Branlart, président des enquêtes, et Benoît le Viste, conseiller au Parlement, furent députés à Provins « pour accelerer et solliciter par dever le Roy le traictié de la paix et pour lui exposer certaines choses touchans le bien et conservacion de son royaume. »

3. « De sa personne luy mesme n'estoit pas homme belliqueux. » Chastellain, t. II, p. 181.

4. Jouvenel, p. 361.

5. Jouvenel, p. 361.

6. C'est ce qui nous semble résulter d'un texte que nous avons rencontré dans plusieurs formulaires du temps et qui, bien que non daté, se rapporte évidemment à ces négociations. Ce sont des lettres de Charles VI, où on lit : « Comme chose soit toutte congneue et notoire que, soubz umbre des divisions, discors et discension qui ont esté et sont encores en nostre royaume, gens de tous estas, comme nobles, marchans et laboureurs, ont eu supporté pertes et dommages innumerables et s'en sont ensuivi plusieurs meurtres, occisions et autres maulz très enormes..... Et tellement ont esté continuées les dictes divisions que nostre très chier et très amé filz Charles, Dalphin de Viennois, puis certain temps en ça, a esté et est encore absent de nous, et soubz umbre de lui est faicte guerre à aucuns de noz

de son sang et Conseil, » déclarait qu'il y aurait abstinence de guerre dans tout son royaume pendant trois mois, afin de « vacquer et entendre à trouver bonne union, appaisement et sedation totale des divisions, discors, debaz et discensions » qui régnaient parmi ses sujets [1].

Le Dauphin s'empressa de donner son adhésion : « Pour le grant bien et fruit qui en peut advenir ou ensuyr, avons voulu et voulons estre obey à icelles lettres, » disait-il dans ses lettres de ratification en date du 20 mai [2]. Le duc, en adhérant le 23, se borna à cette brève déclaration : « Lesquelles lettres et tout le contenu en icelles, en tant comme il nous touche, enterinerons et accomplirons [3]. » Mais quand, le 26 mai, les hérauts du Dauphin vinrent à Provins apporter les lettres de ratification de leur maître, ils n'y trouvèrent plus le duc, qui était allé, en compagnie de la Reine, poursuivre les négociations entamées avec les Anglais, et ne semblait plus se soucier de traiter avec le Dauphin [4]. « Et n'est doubte, dit un grave historien du temps, que se le duc de Bourgongne eust voulu soy retraire de avoir tout le gouvernement, et se disposer et les siens à resister aux ennemys anciens, et laisser le fils avec les père et mère à faire aussi le mieux qu'ils pourroient, la paix estoit bien aisée à faire. Mais il vouloit tout faire et entièrement avoir le gouvernement du royaume et des finances. Et sembloit par ses manières, comme aucuns disoient, que il se vouloit à peine faire Roy [5]. »

C'est, en effet, avec Henri V, et non avec le Dauphin, que Jean sans Peur avait l'intention de traiter. Il venait de renou-

subgetz...., voulons et ordonnons *abstinence de guerre estre entre les parties contencieuses jusques à deux ans prochainement venans*....., et que chascun de nostre dit royaume et autres dessusdiz joyssent de nostre presente abstinence de guerre sans reservacion aucune, etc. » Ms. fr. 6022, f. 90, et 14371, f. 81; ms. lat. 17184 (Bl. Mant., 8), f. 107 v°.

1. La Barre, t. I, p. 251.

2. Le Dauphin, qui s'était replié sur le Berry à la fin d'avril, était revenu dans l'Orléanais, pour suivre de plus près ces négociations. Il était le 11 mai à Jargeau, et le 20 à la Ferté-Hubert, aujourd'hui la Ferté-Saint-Aubin, à 20 kilom. d'Orléans. C'est là qu'il donna son approbation à la trêve. Le texte de ses lettres est dans La Barre, t. I, p. 253.

3. *Id.*, *ibid.*, p. 254.

4. Voir Jouvenel, p. 363.

5. Jouvenel, p. 362. — J'ai rétabli ce passage d'après les versions manuscrites, et spécialement le ms. fr. 5031.

voler pour trois semaines la trêve conclue, le 7 avril précédent, entre Charles VI et le roi d'Angleterre, et les gens du Dauphin étaient exclus de cette trêve. Tout occupé des préparatifs de l'entrevue qu'il allait avoir avec Henri V [1], il était parti pour Pontoise, en compagnie du Roi et de la Reine : le 29 mai s'ouvraient à Meulan des conférences qui devaient se prolonger pendant un mois, et où la reine Isabeau n'avait pas eu honte d'amener sa fille Catherine, laquelle devait servir d'enjeu à la partie engagée. Charles, toutefois, ne se découragea pas. Il attendit le moment favorable, et apprenant les difficultés que le duc et la Reine rencontraient, non de la part du roi d'Angleterre, mais au sein de leur propre Conseil, qui ne voulait pas se faire Anglais, il députa à Pontoise Tanguy du Chastel [2], Barbazan et plusieurs autres, pour faire savoir qu'il était toujours disposé à traiter [3].

A l'arrivée de ces ambassadeurs, le duc hésita. Il osa mettre en délibération la question de savoir s'il valait mieux traiter avec les Anglais qu'avec le Dauphin, et fit prévaloir le premier parti. Cependant l'influence française finit par l'emporter, et Jean sans Peur dut rompre — du moins en apparence — avec le roi d'Angleterre. Cédant aux instances de ses principaux conseillers, il quitta Pontoise le 7 juillet, pour se rendre à Corbeil et aller joindre le Dauphin.

Mais avant de mettre les deux princes en présence et de faire l'exposé des négociations dont le dénouement devait être si fatal, nous devons nous arrêter devant cette personnalité qui tient en quelque sorte la première place dans l'histoire du temps, et étudier de plus près la figure du duc Jean sans Peur.

1. Sans oublier ses intérêts pécuniaires, car il se fit payer en mai et juin, par Charles VI, des sommes énormes, et se fit donner une pension annuelle de 36,000 livres. Voir D. Plancher, t. III, p. 510-511.

2. Tanguy du Chastel avait, à la cour du duc, un ancien compagnon d'armes, Guy Turpin, ce qui facilitait son intervention (*Chron. anon.*, dans Monstrelet, t. VI, p. 258).

3. Voir sur ces négociations ce que dit le chapelain de Henri V, Elmham (*Vita Henrici V*, p. 224 et suiv.).

CHAPITRE V

LE MEURTRE DE MONTEREAU

10 SEPTEMBRE 1419

L'assassinat du duc d'Orléans : Jean sans Peur s'en déclare l'auteur. — Son attitude, ses tentatives pour s'emparer du pouvoir jusqu'au traité d'Arras (septembre 1414). — Double violation des engagements contractés par lui à Arras : machinations dans la capitale ; alliance secrète avec les Anglais. — Entrevue du Ponceau entre le Dauphin et Jean sans Peur. — Traité de Pouilly. — Duplicité du duc de Bourgogne après le traité. — Il se décide enfin à se rendre à Montereau. — Les deux princes en présence ; paroles échangées ; altercation ; le duc est tué. — Examen des accusations produites contre le Dauphin et ses conseillers.

Le mercredi 23 novembre 1407, le duc d'Orléans avait soupé chez la reine Isabeau, et, au sortir de l'hôtel Barbette, il chevauchait sur sa mule, en fredonnant. Tout à coup, d'une maison de la vieille rue du Temple, des hommes masqués se précipitent sur lui, criant : *à mort! à mort!* Le duc, vêtu d'une simple robe de damas noir, tomba, criblé de coups d'épée, de hache et de massue, et sa cervelle jaillit sur le pavé.

Trois jours auparavant, le duc de Bourgogne avait juré une éternelle amitié à son cousin d'Orléans et communié avec lui en signe de réconciliation. En présence du corps, qu'on avait déposé dans l'église des Célestins, il déclara que « oncques mais n'avoit esté commis au royaume plus méchant et plus traître meurtre ; » à la cérémonie des obsèques, il tint un des coins du drap, et se fit remarquer par la violence de sa douleur : les contemporains nous disent qu'il pleurait, et même qu'il *sanglotait* [1].

Pourtant, le bruit public accusait Jean sans Peur du crime, et quand le duc entendit le prévôt de Paris demander qu'on l'autorisât à fouiller dans son hôtel, il se troubla : tirant à part le duc de Berry et le roi de Sicile, il leur dit en pâlissant : « C'est moi qui ai fait le cas; le diable m'a tenté [2]. »

Mais, dans cet aveu, le repentir n'avait aucune place; il n'y avait que du cynisme : chez le duc, comme on l'a dit, « l'orgueil tua le remords [3]. » Il osa paraître au Conseil et avouer hautement son crime; puis il sortit, et on le laissa impunément gagner la Flandre. Là, il fit répandre le bruit que le duc d'Orléans lui dressait depuis longtemps des embûches, et qu'il n'avait fait que le prévenir. Peu après, il revint à la tête de trois mille hommes, et, à son entrée dans Paris, où il pénétra malgré les princes, il se trouva des gens pour crier *noël* sur son passage! Le 8 mars 1408, devant toute la Cour, il fit faire par Jean Petit l'apologie de son crime, et déclarer en trois points, dans un « épouvantable fatras, » qu'il avait tué : 1° *pour Dieu; 2° pour le Roi; 3° pour la chose publique.* « C'était, écrit Michelet, un outrage après la mort, comme si le meurtrier revenait sur cet homme gisant à terre, ayant peur qu'il ne revécût, et tâchant de le tuer une seconde fois [4]. » Et la chancellerie royale tenait déjà toutes prêtes les lettres où l'on faisait dire au Roi que le duc de Bourgogne lui ayant exposé comment, pour son bien et celui du royaume, il avait « fait mettre hors de ce monde » son frère, le duc d'Orléans, lui ôtait « toute déplaisance » qu'il

1. Voir Michelet, t. IV, p. 151. — Je ne puis m'empêcher de renvoyer le lecteur aux admirables pages que l'historien consacre à cet épisode et aux remarques si éloquentes qu'il lui inspire.

2. « J'ai perdu mes deux neveux! » s'écria à cette parole le duc de Berry, en fondant en larmes.

3. « Le duc de Bourgogne s'en alla accablé, humilié, et l'humiliation le changea. L'orgueil tua le remords. Il se souvint qu'il était puissant, qu'il n'y avait pas de juge pour lui. Il s'endurcit, et puisqu'enfin le coup était fait, le mal irréparable, il résolut de revendiquer son crime comme vertu, d'en faire, s'il pouvait, un acte héroïque! » Michelet, *Histoire de France*, t. IV, p. 161.

4. *Histoire de France*, t. IV, p. 175. — Par mandement daté de Bruges le 6 août 1408, le duc donna au chef des assassins du duc d'Orléans, Raoulet d'Octonville, 500 fr. d'or, « pour les agréables services par lui rendus. » La Barre, t. II, p. 148, note

pouvait avoir contre lui, et le gardait « en singulier amour[1]. »

Le duc de Bourgogne justifiait, on le voit, le surnom de *Jean sans Peur*, qu'il reçut bientôt : sans peur des hommes et sans peur de Dieu, comme on l'a dit justement[2].

Il devait donner plus d'une fois des marques de cette audace et de cette impudence. Maître de Paris en 1408, il se fait — malgré la détresse des finances — payer la dot de sa belle-fille Michelle de France, mariée au comte de Charolais. A la fin de 1408, menacé de la vengeance des princes, il reprend les armes, occupe de nouveau la capitale, refuse d'obéir à Charles VI, qui s'était retiré à Tours, et, procédant par l'arbitraire et la violence, ne reculant même pas devant des exécutions sommaires, il dicte la loi à son souverain. En 1410, demeuré seul contre tous les princes ligués contre lui, il appelle ses hommes d'armes à Paris, fait prendre l'oriflamme au Roi, et, jusqu'au triomphe de la faction cabochienne, ce n'est qu'une succession de luttes, à peine interrompues par le traité d'Auxerre (août 1412). Quand prend fin la domination des Cabochiens (parmi lesquels se trouvaient ses propres familiers), il quitte soudain la capitale[3] (août 1413), pour aller préparer la résistance et revenir bientôt en armes (janvier 1414). Mais cette fois il doit battre en retraite devant Charles VI qui, déployant l'oriflamme et s'avançant vers le Nord, lui enlève Compiègne, Soissons et Saint-Quentin, et reprend Arras, dont le duc s'était emparé par ruse. Pourtant le rebelle reçoit encore une fois son pardon : par un traité signé à Arras le 4 septembre 1414[4], il

1. Voir sur l'apologie de Jean Petit le curieux mémoire de M. Kervyn de Lettenhove, où il utilise une relation envoyée à la duchesse de Bourgogne par Thierry le Roy, qui est conservée à Bruxelles sous le n° 14840 (*Bulletin de l'Académie royale de Belgique*, t. XI).

2. Michelet, *l. c.*, p. 183. — Il faut dire cependant que la *chambre forte* que le duc fit faire, dans son hôtel d'Artois, prouve qu'il craignait plus encore les hommes que Dieu.

3. Il y a sur cette fuite un document curieux : c'est une lettre du chancelier du duc à la duchesse, en date du 23 août 1413 : « Plaise vous savoir que Monseigneur est aujourd'hui party de cy, donnant esperance à moy et à aucuns de ses autres serviteurs d'aler devers le Roy, qui dez hier au soir alla gesir au Bois; mais il a prins son chemin vers son pays de Flandres, sans avoir parlé ne prins congé au Roy, à la Royne, ni à monseigneur de Guyenne, et sans le avoir denoncié à moy ne à ses autres serviteurs qu'il a laissié en ceste ville à tel dangier que on peut bien savoir et presumer. Dieu doint la conclusion qui en devra estre soit bonne et à son honneur! » Plancher, *Histoire de Bourgogne*, t. III, *preuves*, p. CCXCVII.

4. Monstrelet, t. III, p. 32. Voir le texte des lettres de promulgation de Charles VI, en

rentre en grâce, à certaines conditions, entre autres celle de ne jamais paraître à la Cour sans avoir été mandé expressément et par lettres patentes. — Au mépris de cet engagement, il revient en armes, quelques mois plus tard (décembre 1415), s'établit à Lagny, et ne craint pas de solliciter l'autorisation d'entrer dans Paris avec deux mille hommes. Voyant sa requête repoussée, il noue les trames d'une « exécrable conspiration [1], » qui devait éclater le vendredi saint, enveloppant dans une commune et sanglante proscription, la Reine, les princes, la plupart des membres du Conseil. Enfin, il reprend les armes en août 1417, avec le « saint propos, » comme il disait, de procurer « le bien du Roi et du royaume [2], » et l'on a vu comment, au lendemain des conférences de La Tombe, il se rendit maître de la capitale. On se demande s'il ne préféra pas alors, à un accord qui ne lui laissait qu'un pouvoir partagé, une rupture qui mettait entre ses mains la puissance absolue [3].

Ainsi, à tout prix, le duc voulait s'emparer du gouvernement, du Roi et du royaume. A travers tant d'incidents, de phases diverses, il ne s'était proposé qu'un but : devenir seul maître et maître incontesté du pouvoir. Les faits, les documents, le témoignage des contemporains, même les plus favorables à sa cause [4], tout le démontre d'une manière irréfragable. Dans

date de février 1415, dans les additions, t. VI, p. 164-76. — On le trouve aussi dans les anciennes éditions de Monstrelet (éd. de 1595, t. I, fol. 218) et dans Du Mont, *Corps diplomatique*, t. II, part. II, p. 21. Le meilleur texte se trouve dans Du Puy, 247, f. 213 v°; dans Brienne, 197, f. 89, et, en copie moderne, aux Archives, K 58, n° 10².

1. *Conspirationem detestandam.* — Ce sont les propres expressions du Religieux de Saint-Denis qui, on le sait, est assez favorable au duc.

2. Dans les Comptes du duc on retrouve partout cette formule : « Voyage que Monseigneur fait en France pour le bien du Roy, » ou « pour le bien du Roy et du royaume, » ou « à son saint propos pour le bien de S. M., de son royaume, et le relèvement du royaume. » Voir Collection de Bourgogne, 57, f. 115, 141, 216, 233, 235. — Le duc disait aussi, dans un acte du 23 mai 1418 (Archives de Reims) : « La guerre que nous avons pour le bien de Monseigneur le Roy, de son royaume et de la chose publique d'icellui. » — En écrivant le 21 mars 1418 au gouverneur du Dauphiné, la reine Isabeau disait de son côté : « Icelui nostre cousin s'est mis sus en armes à très grant compaignie de chevaliers et escuiers, *afin que la santé de ce royaume soit procurée.* »

3. Le Dauphin dit formellement, — on l'a vu dans les lettres du 29 juin citées plus haut (p. 98), — que les Bourguignons, en entrant dans Paris, voulaient empêcher la conclusion de la paix.

4. « ... Ducis Burgundie, ut publice ferebatur, aviditas gubernandi regnum et distribuendi ad nutum ipsius pecuniales financias... » (Religieux de Saint-Denis, t. V, p. 584.)

l'âpre poursuite de ce but, il n'avait reculé devant aucun moyen : fourberie, hypocrisie, intrigues, conspirations, exécutions, massacres, jusqu'à l'assassinat, rien ne lui avait coûté.

Mais le tableau serait incomplet si nous ne mettions en lumière un point que les historiens ont passé sous silence ou rejeté comme dénué de fondement : nous voulons parler de l'alliance secrète du duc de Bourgogne avec les Anglais.

Dès le mois de septembre 1411, des négociations avaient été entamées entre le duc de Bourgogne et le roi d'Angleterre Henri IV [1], qui, le mois suivant, lui donna une assistance armée pour se maintenir au pouvoir [2]. En 1414, au mépris du traité d'Auxerre (22 août 1412), par lequel il s'était engagé à ne jamais traiter avec les Anglais [3], il envoyait des ambassadeurs à Henri V, qui venait de monter sur le trône, et avec lequel il avait entretenu, comme prince de Galles, des relations amicales [4]. Le 23 mai était signée à Leicester une convention préliminaire [5], stipulant une alliance réelle et perpétuelle, offen-

— « Le duc de Bourgoingne, qui desiroit avoir le gouvernement du Roy et du royaulme. » (Le Fèvre de Saint-Remy, t. I, p. 291.) — « Le duc de Bourgongne envoya ses lettres patentes avec ses lettres closes... pour les bonnes villes attraire de son parti pour lui mesme avoir le gouvernement dudit royaume. » (Monstrelet, t. III, p. 174-75.)

1. Voir les pièces en date du 1er septembre 1411, dans Rymer, t. IV, part. I, p. 196, et les curieuses instructions du roi d'Angleterre de la même date, dans *Proceedings and ordinances*, t. II, p. 19 et suiv.

2. Cela se fit à l'insu du Roi, ainsi qu'il résulte du passage suivant de Jouvenel (p. 236-37) : « Et tous les frais, mises et despens qui furent faits furent faits aux despens du Roy, en manières covertes, sans qu'il en sceust rien : car tout malade qu'il estoit, qui lui eust parlé d'Anglois il eust fait manière de les combattre plus que de leur donner. »

3. Voir ce traité dans le Religieux de Saint-Denis, t. IV, p. 714, et dans D. Plancher, *Histoire de Bourgogne*, t. III, *preuves*, p. CCXCIII.

4. Du camp devant Bourges, le 14 juin 1412, le duc écrivait au prince de Galles, en réponse à une lettre de celui-ci datée de *Schafort*, le 22 mai. Il lui envoie la teneur des lettres de son père le roi d'Angleterre, adressées aux quatre membres du pays de Flandre en faveur de ses « bons amis » les ducs de Berry, d'Orléans et de Bourbon, etc., et se plaint à lui; il s'en donne, écrit-il, *grant merveille*, « attenduz les grans desir et affection que j'avoie d'avoir une grant, bonne et parfaicte amictié avec vostre dit père, vous et toute sa lignie, en especial avec vous, par le moyen du mariage pourparlé de vous et de ma très chière et très amée fille Anne.....; considerées aussi les notables ambassades, lettres et amistiés à moy par lui envoyées et de moy à lui, tant sur le traictié dudit mariage, comme pour le bien, paix et transquillité desdis Roys et royaumes de France et d'Engleterre, et moy attendant une notable ambassade qu'il me devoit envoyer pour conclure en ladicte matière, etc. » Le duc prie le prince de se charger de sa réponse au roi; il termine en lui communiquant les nouvelles politiques. Copie du temps, Moreau, 1424, n° 55.

5. Le texte de cette convention, qui n'a point été publié, se trouve dans deux ma-

sive et défensive, entre le roi et le duc, lequel offrait d'aider Henri V à s'emparer des possessions du comte d'Armagnac, du seigneur d'Albret, du comte d'Angoulême, et même, selon le gré du roi, de le seconder dans la conquête des États du duc d'Orléans, du duc de Bourbon, du comte de Vertus et du comte d'Eu. Ainsi, par haine pour ces princes qui lui barraient le chemin du pouvoir, le duc de Bourgogne s'alliait à l'ennemi juré de la maison royale, et s'engageait à le faire pénétrer jusqu'au cœur de la France ! On exceptait, il est vrai, du traité le Roi et le Dauphin [1]; mais une telle clause n'était-elle pas illusoire, alors qu'au nord le comté d'Alençon, au centre le duché d'Orléans, le comté de Blois, le comté d'Angoulême et le duché de Bourbonnais, au sud le comté d'Armagnac et la seigneurie d'Albret devenaient provinces anglaises ou *bourguignonnes,* car le duc devait avoir part au butin [2]? Un pareil scrupule, d'ailleurs, pouvait paraître étrange chez un prince qui n'avait jamais hésité à déployer l'étendard de la révolte, et qui, au moment même où se signait la convention de Leicester, était en lutte ouverte avec son Roi, lequel avait dû prendre les armes pour le châtier [3].

Le 4 juin, en exécution de la convention du 23 mai, Henri V autorisait cinq de ses conseillers à traiter avec les représentants de Jean sans Peur de son mariage avec Catherine de Bourgogne, en même temps que d'une ligue, confédération et amitié perpétuelle; il donnait même commission pour recevoir l'hommage lige du duc [4]. Les choses n'en restèrent pas là : le 7 août,

nuscrits de la Bibliothèque nationale (V C Colbert, 64, p. 529, et Moreau, 802, f. 29). Il y est fait allusion par D. Plancher (*Histoire de Bourgogne*, t. III, p. 109) et par lord Brougham (*History of England and France under the house of Lancaster*. London, 1855, p. 98 et s. et 387), mais d'une façon qui n'est point toujours exacte. L'original est aux Archives de Dijon, *pièces mêlées*, n° 1720 (Gachard, *Archives de Dijon*, p. 81-85).

1. « Adversario Franciæ, quem dominum suum superiorem esse pretendit, Delphino Viennæ et eorum successoribus. » — Le duc exceptait encore le duc de Brabant, le comte de Nevers, le comte de Savoie, le comte de Hainaut, le roi de Castille et le duc de Bretagne.

2. « Et in ista conquesta erant prœfatus dominus noster Rex et dux Burgundiæ tanquam fratres et socii, et conquestæ communes pro rata gentium armorum quos utraque pars secum duxerit..... »

3. Voir ci-dessus, p. 131.

4. Rymer, t. IV, part. I, p. 79-80. Cf. Gachard, *l. c.*, p. 85.

pendant que Charles VI assiégeait Arras, le duc de Bourgogne signait à Ypres un traité qui confirmait, en les aggravant, les stipulations faites à Leicester, et qui l'inféodait complètement à la politique anglaise[1].

Le pas décisif était fait. Cela n'empêcha pas Jean sans Peur de faire déclarer, à ce moment même, à Arras, par le duc de Brabant son frère, la comtesse de Hainaut sa sœur, et les députés des États de Flandre, qu'il n'avait *aucune alliance avec les Anglais*, et de faire jurer en son nom qu'il *ne traiterait pas avec eux sans le consentement du Roi, de la Reine et du duc de Guyenne*[2]. Le traité d'Arras est du 4 septembre, moins d'un mois après le traité d'Ypres; or, le 29 septembre suivant, une convention additionnelle était signée à Saint-Omer avec les ambassadeurs anglais[3].

Au commencement d'août 1415, Henri V, qui n'avait cessé d'être en rapports avec le duc de Bourgogne[4], lui envoyait (10 août) une nouvelle ambassade pour confirmer les alliances précédentes et régler divers points[5]; le 13 août, il faisait voile

1. Dans ce traité, visant tous les points qui avaient été débattus à Leicester, le duc donnait pleine satisfaction aux exigences du roi d'Angleterre, sauf quant à l'exception faite de la personne du Roi et du Dauphin, question qu'il déclarait vouloir réserver et sur laquelle il promettait d'envoyer prochainement à Henri V une réponse qui lui donnerait satisfaction (*nos respondemus quod in breve mittemus super hoc dicto domino Regi tale et tantum responsum quod ipse melius contentabitur ut speramus*). Mss. cités ci-dessus, p. 132-133, note 5. — Sur le séjour des ambassadeurs anglais, voir Gachard, *l. c.*, p. 226-27.

2. Voir dans le Religieux de Saint-Denis les articles proposés par le duc de Brabant, et ratifiés par le Conseil; on y lit (t. V, p. 384) : « Iterum idem dux asseruit fratrem *ad sancta Dei evangelia jurasse quod* CUM ANGLICIS *nec aliis quibuscumque* CONFEDERATIONES NON FACIET NEC CONNUBIA PROCURABIT, *nisi de consensu regis, regine ac dicte ducis Guienne, et iterum* QUOD NULLUM PACTUM CUM EXTRANEIS HABEBAT, ET SI ALIQUA HABUERAT, ILLA PENITUS ANNULLABAT. » Cf. Monstrelet, t. III, p. 38.

3. Archives de Dijon, layette 81, liasse 2, n° 28 (aujourd'hui B 11926).

4. Le 27 mai 1415, on s'occupait dans le Conseil de rédiger des instructions pour des ambassadeurs à envoyer au duc. *Proceedings*, etc., t. II, p. 167.

5. Dans les lettres de pouvoir données à Waltham, le 10 août 1415, Henri V dit que, dans les négociations qui avaient eu lieu, tant en Angleterre lors de l'envoi d'une ambassade du duc de Bourgogne pour conclure un traité, que depuis, près du duc, auquel il avait député des ambassadeurs, des conventions ont été faites : *varia et diversa prolocutiones, tractatus et appunctuamenta processerint hactenus, habitaque fuerint et facta, prout in eisdem tractatibus et appunctuamentis et aliis exinde factis et conscriptis, liquere poterit plenius per extensum*; mais que, voulant confirmer, consolider et conclure les confédérations et alliances existant entre son très cher cousin et lui, il donne pouvoir à Philippe Morgan de traiter avec lui « de et super quibus cumque ligis, confœderatio-

vers la France, assuré, comme le dit un auteur bourguignon, « qu'il y trouverait *foison de ses amis*[1]. »

Que signifient, en présence de tels faits, et les serments du duc[2], et les déclarations réitérées qu'il n'hésitait point à faire[3], et toutes ses protestations de loyauté et de dévouement à la couronne[4]? Si Jean sans Peur faisait montre de si beaux sentiments; s'il proclamait bien haut qu'on ne pouvait l'empêcher

nibus et amicitiis generalibus sive particularibus, realibus sive personalibus...; etiam de modo et forma et quantitate auxilii, subventionis seu subsidie hinc inde ministrandorum, necnon de et super communicationibus inter subditos unius et alterius partis, in mercimoniis et aliis licitis secure et amicabiliter faciendis. » — Rymer, t. IV, part. II, p. 141.

1. *Chronique normande* de Pierre Cochon, éd. de M. de Beaurepaire, p. 273. Cf. p. 275. — Le chroniqueur se trompe en plaçant ici l'entrevue de Calais, mais il est dans le vrai en disant à cette date que le roi d'Angleterre et le duc firent « appointement et allianches ensemble. »

2. Il est constant que le duc de Bourgogne, après avoir fait jurer la paix d'Arras par les mandataires qui avaient stipulé en son nom, par les princes de sa famille, par ses serviteurs, par tous ses vassaux (voir Monstrelet, t. III, p. 40 et 62-66), la jura lui-même. Cela ressort, entre autres documents, des lettres de réparation que Charles VI donna le 31 août 1415, et lui fit remettre par ses ambassadeurs : « Laquelle paix, y lit-on, icellui nostre cousin de Bourgogne a solennellement, sur la vraye croix et saints evangiles de Dieu, juré et de ce baillé ses lettres patentes scellées de son grand seel. » (Jouvenel, p. 301.) C'est le 30 juillet que ce serment avait été prêté (original aux Archives de Dijon, lay. 72, liasse 2, n° 34. Cf. *Réponses* du duc dans Jouvenel, p. 302, et ses lettres patentes du 24 septembre, p. 306; on y lit : *premier* au lieu de *penultiesme*), avec quelques réserves auxquelles le duc renonça par lettres du 24 septembre (Jouvenel, *l. c.*; cf. Saint-Remy, t. I, p. 205). La clause du traité d'Arras relative à l'alliance anglaise, était ainsi conçue : « Et avecques ce avons deffendu et deffendons à nostre cousin de Bourgongne et autres de nostre sang et lignaige et à tous noz autres subgects *qu'ils ne facent aucunes alliances avecques les Anglois par quelconque manière*.....; et avons enjoint et enjoignons à iceux et bien expressement commandons que, se dès maintenant aucunes en avoient faictes, *ils rendent et baillent à iceux à qui ils les ont faits;* et que chascun d'iceux nous baillent lettres telles qu'il appartiendra. » Lettres de Charles VI du mois de février 1415, dans Monstrelet, t. VI, p. 172.

3. Au mois d'août 1415, le duc ayant envoyé des ambassadeurs à Paris pour poursuivre l'octroi des lettres de réparation et d'abolition données le 31 août suivant, faisait dire par son aumônier Jean de Montléon : « Que son dit seigneur avoit sceu que aucuns menteurs s'estoient efforcez de publier qu'il avoit alliance avec les Anglois et qu'il les avoit fait venir en France. De ce il l'excusa, en monstrant la bonne volonté qu'il avoit tousjours eu pour le Roy, son fils et le Royaume, mesme qu'il estoit tout prest de venir au mandement du Roy avec toute sa compagnie pour combatre iceux Anglois. » (Jouvenel, p. 293.) — Deux ans après, en août 1417, il disait dans sa réponse à un envoyé du Roi : « Tous ceulx qui dient le duc de Bourgongne est alyé et sermenté aux Anglois, ils mentent mauvaisement et faulsement. » (Monstrelet, t. III, p. 200.)

4. Voir la lettre qu'il écrivit au Roi à la date du 24 septembre 1415, où il citait la Bible, et où, comme doyen des pairs, beau-père du duc de Guyenne et de Michelle de France, il revendiquait hypocritement le droit de prendre part à la défense du territoire, — c'est à dire de venir en armes près du Roi pour s'emparer du gouvernement. « Et me veut-on sous couleur bien légère, disait-il, priver du service que je dois et suis obligé de faire,

de prendre part à la défense du royaume; s'il promettait d'envoyer contre les Anglais, non pas seulement cinq cents hommes d'armes et trois cents hommes de trait, comme on le lui demandait, mais un nombre bien plus grand; s'il annonçait enfin que son fils le comte de Charolais viendrait au service du Roi avec le plus de navires et d'artillerie qu'il pourrait, c'est que, sous prétexte de défense nationale, il avait la secrète espérance de reprendre sa place à la Cour et de s'emparer du gouvernement. Quand il eut reconnu que cette espérance était vaine, tout changea soudain : de là l'abstention forcée du comte de Charolais, gardé à vue par ses gouverneurs d'après l'ordre formel de son père, et qui ne se consola jamais de n'avoir point combattu à Azincourt[1]; de là l'injonction faite, par lettres patentes, aux seigneurs de Picardie de ne point quitter leurs hôtels — injonction qui ne les empêcha pas, d'ailleurs, de se rendre au mandement du Roi[2]; de là la présence, dans les rangs de l'armée anglaise, d'un seigneur picard qui semblait être un agent secret du duc[3]; de là enfin, en même temps que l'absence des navires flamands qui avaient été promis au Roi, la présence dans la flotte anglaise de huit cents vaisseaux

sur peine de mon honneur, qui me lie et que je veux garder plus que chose terrienne. » — Et comme le Roi lui avait écrit que la paix était de fraîche date, et qu'il valait mieux que lui et le duc d'Orléans restassent à l'écart, il répondait : « Je veux et dois aussi bien garder paix nouvelle comme si elle estoit ancienne de cent ans et plus, et de tant plus qu'elle est fraische et nouvelle, de tant plus doit avoir chascun bonne memoire de la bien garder et seroit plus grande faute de l'enfraindre. » (Jouvenel, p. 297-300.) Le même jour, il fit écrire une protestation et une suplique en sa faveur par les nobles du duché et de la comté de Bourgogne (*Id.*, p. 308-10).

1. « Ja soit ce que le comte de Charrolois desirast de tout son cœur estre en personne en la bataille, et aussi que ses gouverneurs luy donnassent à entendre qu'il y seroit, neantmoins leur estoit deffendu de par le duc de Bourgoingne son père et sur tant qu'ilz povoient mesprendre devers luy qu'ilz gardassent que il n'y allast pas; et pour ceste cause, affin d'eslongier, le menèrent de la ville d'Arras à Aire... Ses gouverneurs en la fin lui declairèrent, pour l'appaisier, la deffense qu'ilz avoient du duc son père, dont il ne fut pas bien content, et, comme je fuz depuis informez, pour la desplaisance qu'il en eult, se retrait tout plourant en sa chambre... Et j'ay oy dire audit conte de Charrollois, depuis qu'il avoit actaint l'eage de LXVII ans, que il estoit desplaisant de ce qu'il n'avoit eu la fortune d'avoir esté à ladicte bataille fust pour la mort ou pour la vie. » Le Fèvre de Saint-Remy, t. I, p. 238-40. Cf. Monstrelet, t. III, p. 98-100.

2. Le Fèvre de Saint-Remy, p. 228. — Semblable injonction dut être faite aux nobles d'Artois et de Flandres. Voir Saint-Remy, p. 230.

3. Ce personnage n'était autre que Jean Le Fèvre, seigneur de Saint-Remy. C'est M. Michelet qui a supposé qu'il était l'agent bourguignon près de Henri V (t. IV, p. 298).

hollandais[1]. C'est ainsi que Jean sans Peur remplissait ses devoirs de doyen des pairs, et qu'il *évitait le péché de félonie*, dont il avait l'impudence de parler dans sa lettre du 24 septembre 1415[2]! Comment, après tout cela, prendre au sérieux l'envoi de son gantelet au Roi d'Angleterre, le lendemain de la bataille, et ce défi *à feu et à sang* à l'occasion de la mort de son frère le duc de Brabant[3]? On s'explique les rumeurs qui circulaient dans le royaume sur les alliances du duc avec les Anglais[4], et les sévérités de la chancellerie française qui, un peu plus tard, l'accusait d'avoir agi en cette occasion comme s'il eût été l'ami du roi d'Angleterre[5]. Le mot de la situation a été dit par un chroniqueur normand qui n'avait pas perdu tout sentiment de patriotisme : « Il semblait vraiment qu'il fût du parti du roi d'Angleterre[6]. »

Dès le commencement de 1416, les relations entre le duc

1. Voir Michelet, t. IV, p. 291.

2. « Quant est de moy, » avait-il dit encore dans cette lettre, où sa fourberie éclate si visiblement, « au plaisir de Dieu, je ne laisseray point tousjours à faire mon devoir, en gardant la profession et possession de mon doyenné des pairs, à la fin desirée et glorieuse que vous demandez à l'encontre de votre adversaire. » Jouvenel, p. 300.

3. Henri V lui renvoya son gantelet, disant que s'il avait eu la victoire sur les nobles du royaume de France, ç'avait été par la grâce de Dieu (Jouvenel, p. 320). — « Il semble, » dit très bien M. Michelet (t. IV, p. 311), à propos du duc de Brabant, « il semble être venu là pour laver l'honneur de la famille. »

4. « Et disait-on communement, rapporte Jouvenel (p. 280), en racontant l'expédition de 1414, que ledit duc de Bourgogne avoit envoyé devers le Roy d'Angleterre et les Anglois pour avoir secours. » Et il ajoute, ce qui montre qu'il était bien au courant des intrigues du duc : « Auxquelz il offrit grandes alliances et faisoit plusieurs promesses. *De fait furent aucunes choses accordées et fermées.* » — « Cum ut celebri fama per totum regnum Franciæ ferebatur dux Burgondionum fœdus cum Anglorum rege percussisset, » dit aussi un auteur contemporain, Th. Basin (t. I, p. 26).

5. Dans la déclaration de Charles VI contre le duc, en date du 5 septembre 1417, on lit ce passage : « Ledit de Bourgongne, en venant directement contre sesdictes promesses, serment, foy et loyauté, *et comme s'il fut alié avecques nostre dit adversaire*, fut refusans de nous envoyer lesdictes gens d'armes et de trait (contre les Anglais), et par exprès deffendit à tous sesdits feaulx, vassaulz et subgiez, qu'ils ne nous feissent aucun ayde ou service à l'encontre de nostre adversaire. » *Recueil* de Besse, p. 126.

6. « Et pour appercevoir la faveur que le duc de Bourgongne avoit aux Anglois, en ce temps mesmes que d'Engleterre le Roy descendit à Touque (aout 1417), le duc de Bourgongne se mist sur les champs et vint à Paris sans faire guerre au roy d'Engleterre, *mais sembloit mieulx qu'il fust de sa partie.* » *Les Cronicques de Normendie*, p. 30-31. — Le fougueux Pierre Cauchon dit la même chose des partisans du duc : « Et après culz il vint (à Rouen) Mgr Guy le Boutellier, capitaine de la ville, de par le duc de Bourguongne, avec XIII^c ou XV^c Bourguenonz et estrangiés pour garder la ville contre les Engloiz, mais *ils estoient mieux Englois que Franchois.* » *Chronique de P. Cochon*, p. 278.

et le roi d'Angleterre recommencèrent. Le 15 janvier, deux envoyés bourguignons recevaient un sauf-conduit pour se rendre en Angleterre; quelque temps après, un nouveau sauf-conduit était délivré[1]. Par un traité signé à Calais le 22 mai, la trêve, spéciale à la Flandre, que Henri IV avait conclue en 1411 avec le duc de Bourgogne, était renouvelée pour un an[2]. Le 28 mai, peu après l'arrivée de l'empereur Sigismond, un sauf-conduit était délivré à cinq conseillers du duc[3]. Le 24 juin, une trêve, non plus spéciale à la Flandre, mais générale, était conclue jusqu'à la Saint-Michel de l'année 1417[4]. Le 5 août, l'évêque de Coventry et le comte de Warwick, gouverneur de Calais, avaient mission d'aller traiter avec Jean sans Peur « de certaines matières concernant l'état et avantage de l'Église universelle et du présent concile de Constance[5]. » Le même jour, un autre pouvoir était donné à l'évêque de Coventry et à plusieurs autres, pour traiter d'une entrevue entre le roi et le duc, qui aurait lieu à Calais[6]. Le 1er octobre, conformément à la convention faite avec les ambassadeurs du duc, Henri V délivrait à ce prince et à huit cents personnes de sa suite un sauf-conduit valable jusqu'au 15, et autorisait la remise de son frère le duc de Glocester, comme otage, entre les mains du comte de Charolais. Enfin, le 2 octobre, il donnait pouvoir pour recevoir les serments qui devaient être prêtés par le duc et son fils.

Quels furent les arrangements préalables faits avec le duc, et auxquels Henri donna sans doute la dernière main dans l'entrevue qu'il eut à Calais avec les envoyés bourguignons, entrevue qui se passa si joyeusement, au témoignage de son chapelain[7]? Les documents que nous avons sous les yeux

1. Rymer, t. IV, part. II, p. 153, 154. Ce dernier sauf-conduit, sans date, valable jusqu'au 1er juin, était délivré à des ambassadeurs non désignés, venant *ob certas causas et materias nobis ex parte præfati consanguinei nostri intimandas et declarandas.*
2. Rymer, *l. c.*, p. 161.
3. Rymer, *l. c.*, p. 162.
4. Rymer, *l. c.*, p. 199 et part. III, p. 7.
5. Rymer, *l. c.*, p. 169.
6. Rymer, *l. c.*, p. 170; cf. lettres de Henri V, du 7 août (*ibid.*).
7. « Et tunc ab omnibus expectatur adventus ducis Burgundiæ, sed pullulavit opinio

fournissent à cet égard les renseignements les plus précis.

Jean sans Peur, reconnaissant le droit du roi d'Angleterre, qui, sur le refus de son adversaire de France d'en tenir compte, lui a déclaré être décidé à procéder par la force pour se mettre en possession du royaume et de la couronne de France, et considérant les grandes victoires que Dieu, par sa grâce, a octroyées au roi d'Angleterre et à ses nobles prédécesseurs, lui promettra, par lettres écrites de sa main et scellées de son *privé seel,* que, nonobstant que, croyant bien faire, il ait, faute de bonne information sur le droit et titre du roi d'Angleterre sur les royaume et couronne de France, tenu le parti de son adversaire, présentement, mieux informé, il tiendra désormais le parti du roi d'Angleterre et de ses héritiers, « comme celui et ceulx qui de droit sont et seront roys de France et qui de droit auroient en possession réale les royaulme et corone de France. »

Le roi d'Angleterre n'exigeait pas immédiatement l'hommage que le duc reconnaissait lui être dû; mais si tôt que, « à l'aide de Dieu, de Nostre-Dame et de monseigneur Saint-George, » le roi d'Angleterre aurait conquis une notable partie du royaume, le duc lui ferait hommage lige et lui prêterait serment de fidélité, « comme soubgit du royaume de France doit faire à son soveraine seigneur roy de France. »

Le duc s'efforcerait, « par toutes les voies et manières qu'il saura ou qui lui seront infourmées, et qui sont secrètes, » de faire arriver le roi d'Angleterre à ses fins, et de lui faire avoir réelle et pleine possession du royaume.

Pendant que le roi serait occupé à sa conquête, le duc attaquerait ceux que Henri appelait *ses ennemys du royaume de France,* c'est à dire les princes restés fidèles à Charles VI et ennemis de la faction bourguignonne.

consilium suum nolle tolerare cum venire absque obsidibus duobus ducibus illustribus et quatuor de comitibus clarissimis Angliæ. Et dum permansit hæc opinio per aliquot dies venerunt oratores sui, personæ spectabiles, qui liberè et *lætanter* suscepti ad secreta regia, demum latente omnibus præterquam concilio ad quid venerant, cum responso, vultu hilari, et ut dicebatur non sine exuviis redierunt. » — *Gesta Henrici V*, éd. Williams, p. 95.

Non seulement on a, sous forme de minute[1], le texte de cet appointement, mais il est reproduit textuellement dans des lettres, au nom du duc, préparées à l'avance, et dont la date est restée en blanc[2]. Il n'est donc pas douteux que Jean sans Peur ait consenti à traiter sur ces bases.

Tels furent les préliminaires de l'entrevue de Calais[3].

Que se passa-t-il dans cette entrevue[4], à laquelle prit part l'empereur Sigismond? Le pacte entre le petit-fils de Charles V et l'arrière petit-fils d'Édouard III fut-il conclu? Le duc de Bourgogne, en plaçant sa signature au bas du traité, consomma-t-il son crime de haute trahison[5]? L'histoire est muette à cet égard. Les historiens anglais contemporains, comme s'ils obéissaient à un mot d'ordre, gardent le silence; et l'un d'eux, qui déclare ignorer ce qui sortit de ce colloque, lance en passant à la fourberie française un trait qui n'atteint que la four-

1. Rymer, t. IV, part. III, p. 177-78.

2. *Id.*, *ibid.*, p. 178.

3. Chose digne de remarque, tandis que le duc de Bourgogne se préparait à son entrevue avec le roi d'Angleterre, on faisait écrire au Dauphin Jean, livré à l'influence bourguignonne, une lettre (datée du Quesnoy, le 27 septembre), qui fut adressée aux bonnes villes. Le jeune prince y disait qu'il avait su nouvellement que le roi d'Angleterre était descendu à Calais, dans l'intention de porter tout le dommage qu'il pourrait au Roi et au Royaume; il annonçait vouloir s'employer au service du Roi et à la défense du Royaume, exhortant à se préparer à venir en aide au Roi, quand on serait mandé. Tout *scrupule et note de division* devaient être mis de côté pour résister à l'*adversaire d'Angleterre*. — *Lettres de Tours*, publiées par M. Luzarche, p. 47.

4. Le duc arriva à Calais le 6 octobre et y séjourna jusqu'au 13. D. Plancher, *Histoire de Bourgogne*, t. III, p. 451; Gachard, *Archives de Dijon*, p. 234.

5. Rapin Thoyras l'affirme (*Histoire d'Angleterre*, t. III, p. 389), mais sans preuve suffisante, et c'est ce qui a porté les historiens à nier l'existence de ce traité. Le P. Daniel a été le seul, avec Saint-Foix, à croire au traité de Calais. Ce qui est certain, c'est qu'un serment fut prêté par le duc avant de se rendre à Calais, et que ce serment paraît avoir compris les clauses stipulées dans les préliminaires. Voici en quels termes les lettres de pouvoir de Henri V (2 octobre 1416) parlent du serment du duc : « Cum inter deputatos et commissarios nostros, ex una, et deputatos et commissarios Johannis....., ex altera parte, de et super mutua visione sive conventione....., necnon de et super sufficientibus securitatibus pro hujusmodi conventione sive mutua visione pro ipso consanguineo nostro ac dilectissimo et amantissimo fratre nostro Humfrido..... quam, pro ipso consanguineo nostro in obsidem et securitate ostagium in manus, etc.... transmittere et dare promisimus, etiam cum eum juramentorum ad sacra Dei Evangelia, invicem, sub certis modo et forma, interpositione et præstatione, per ipsos Johannem ducem et Philippum comitem, consanguineos nostros, faciendorum, *nonnullæ provisiones habitæ sunt et conclusæ*, prout in litteri nostris et *ipsorum Johannis ducis et Philippi comitis, sigillis consignatis, expressius continetur*, nos, de fidelitate, etc. (Suit le pouvoir.)

berie bourguignonne[1]. Mais on crut alors en France à une entente entre les deux princes[2], et il ne nous paraît pas douteux — surtout après les conventions de Leicester et d'Ypres — que Jean sans Peur n'ait été jusqu'au bout et ne se soit allié, sinon officiellement au moins implicitement, à l'ennemi de la France. S'il n'apposa pas sa signature au traité, ce n'est pas qu'il reculât devant de tels engagements — on l'a vu suffisamment par ce qui s'était passé deux ans auparavant, et il y avait longtemps qu'on le jugeait capable d'une telle alliance[3]. Il est probable, comme l'a dit Michelet, qu'il fit entendre au roi d'Angleterre qu'il ruinerait le parti bourguignon par une alliance ouverte et qu'il le servirait mieux par sa neutralité que par son concours[4].

L'amitié secrète de Jean sans Peur suffisait d'ailleurs au roi d'Angleterre, et c'est à l'abri de cette amitié qu'il fit la conquête de la France[5]. Henri V put descendre en Normandie et s'avancer rapidement, grâce à la diversion du duc[6], qui, pendant ce

1. Cum Duce colloquia secreta nimis tenuit Rex;
Amphibologia danda veretur ibi,
Nescio quid sit in his quæ multa loquuntur
Sed scio quod Franci fœdera nulla tenent.

ELMHAMI *Liber metricus de Henrico Quinto*, dans les *Memorials* de Ch.-Aug. Cole, p. 146. Voir à la fin du présent volume le témoignage du chapelain de Henri V.

2. Voir note complémentaire à la fin du volume.

3. Quand le duc se sauva en 1407, après le meurtre de Louis d'Orléans, le Conseil décida qu'il « seroit besoin que Monseigneur de Berry, qui estoit son oncle et son parrain, allast par devers luy, *afin qu'il ne se fist Anglois.* » Berry, p. 417.

4. « Il est probable que Jean sans Peur fit entendre au roi d'Angleterre que s'il l'aidait activement, c'en était fait du parti bourguignon en France, qu'il servirait mieux les Anglais par sa neutralité que par son concours. » Michelet, *Histoire de France*, t. IV, p. 340, note.

5. Michelet, *Histoire de France*, t. IV, p. 230-31. — M. de Barante, si favorable au parti bourguignon, a écrit (t. IV, p. 305) : « Le Roi d'Angletere qui, du moins, *selon l'apparence et la renommée, était secrètement allié avec lui* (le duc). » Jean sans Peur continua d'ailleurs ses relations diplomatiques avec les Anglais. Voir le pouvoir de Henri V, en date du 24 avril, pour le renouvellement de trêves avec le duc, lesquelles n'expiraient qu'à la Saint-Michel; le traité du 8 mai, conclu à Calais entre les ambassadeurs du duc et de Henri V; les saufs-conduits des 1er et 24 juin, délivrés à Goodhals, Champdivers et Ostende, envoyés du duc; le sauf-conduit, le pouvoir et le traité du 23 juillet, le traité du 31 juillet, etc. Rymer, t. IV, part. II, p. 198-99 et 201; part. III, p. 4 et 20.

6. Il paraît certain que Jean sans Peur avait combiné sa manifestation armée avec l'invasion anglaise; un grave auteur du temps le dit en propres termes : « Le duc Jehan de Bourgoigne, voiant et cognoisant que Anglois ses alliez en icellui temps alloient conquerans la Normandie, pour empescher que du Roy n'eussent Normans secours, à grant puissance se mist sus, et le Roy prinst à guerroier. » Cousinot, *Geste des nobles*, p. 164-65.

temps, accusait les *Armagnacs* d'abandonner le pays aux Anglais et d'être cause de la ruine de la France[1].

Ce rôle équivoque du duc, « accusant les autres de trahison pendant qu'il trahissait[2], » il ne s'en départit pas quand il eut ressaisi le pouvoir. Il laissa Henri V, qui avait soin de ménager les possessions bourguignonnes[3], continuer tranquillement sa « promenade militaire[4] » à travers la Normandie, avec une armée divisée en quatre corps, et se rendre maître de Rouen. Même dans son parti, on s'étonnait de la « petite résistance » qu'il opposait aux Anglais[5].

Mais l'*amitié secrète* ne devait pas tourner au détriment de Jean sans Peur. S'il laissait les Anglais conquérir une portion du territoire, c'était avec la pensée qu'il en aurait sa part[6]. Quand il vit que le roi d'Angleterre gardait tout pour lui, il se refroidit soudain. Un chroniqueur qui vivait à la fin du quinzième siècle nous semble avoir, dans les lignes suivantes, tracé un tableau assez exact de la situation : « Tantost aprez le duc de Bourgongne, combien qu'il eust secrète alliance audit Roy d'Engleterre, voyant qu'il s'efforcoit de conquerir le royaume pour lui et qu'il ne lui voulloit pas tenir aucunes promesses

On lit à ce sujet dans des lettres patentes du Dauphin, adressés aux habitants de Reims, en date du 19 août 1417 : « Encore plus, ledit de Bourgongne, non content de ce que dit est, s'est mis sus à tous son effort et puissance depuis la venue dudit ancien ennemy et adversaire d'Angleterre......, *en soy demonstrant notoirement et clerment son allé, bien veuillant, favorisant, aidant et confortant en soy faisant partie formée avecques lui à l'encontre de mondit seigneur.* » Archives de Reims, communication de M. Louis Paris.

1. Voir les lettres du 8 octobre 1417, adressées aux villes du royaume par le duc, et les lettres d'Isabeau des 11 novembre 1417 et 21 mars 1418, où on lit que les *gouverneurs* ont abandonné le pays aux Anglais, faisant revenir toutes les garnisons. *Cf.* le passage du *Journal d'un bourgeois de Paris*, cité plus haut (p. 108).

2. Michelet, t. IV, p. 339.

3. On lit dans un récit, tracé par la chancellerie du Dauphin, des événements qui précédèrent Montereau : « Et en est advenu depuis que l'adversaire d'Angleterre et feu mon dit seigneur de Bourgoingne ont esté en armes et faisans guerre aux subjez de ce royaume auprès l'un de l'autre, sans s'entregrever eulx ne leurs gens, ains gardoient entr'eulx telle convenance que l'un d'eulx n'attentoit aucunement contre les forteresses qui obeyssoient à l'autre, pourquoy lesdis Anglois ont eu l'avantage qu'ils ont, et en est demouré deffiance et doubte ès courages. » — Moreau, 1425, pièce 94.

4. Michelet, *Histoire de France*, t. IV, p. 331.

5. Les *Registres du Parlement*, qui ne sont point suspects assurément, disent que le *duc de Bourgogne* et les autres seigneurs de France « jusques cy ont fait petite résistance audiz Anglois et à leurs entreprinses. » Cité dans M. Michelet, p. 356, note.

6. Michelet, p. 340.

qu'il lui avoit faictes à Calais, par le conseil d'aucuns de ses gens, proposa de laisser l'alyance dudit Roy d'Engleterre, et de soy allier et reconcilier à monseigneur le Dauffin contre les Anglois[1]. »

Ainsi le duc Jean avait passé sa vie à tromper tout le monde, jurant des traités qu'il n'était point décidé à tenir, donnant au peuple de mensongères assurances qui lui valaient une popularité de mauvais aloi. C'est ainsi que, *per fas et nefas,* il avait élevé sa puissance, et qu'il était parvenu à se rendre maître des destinées de la France. En le voyant agir de la sorte, aucuns se demandaient — un contemporain nous l'a dit, — si son ambition n'était pas plus haute et ne visait point le trône même[2].

Le samedi 8 juillet 1419, on pouvait voir près de Pouilly, à une lieue de Melun, aux extrémités d'une longue chaussée, appelée le Ponceau-Saint-Denis, se dresser deux tentes, au milieu desquelles on avait construit, sur le ponceau même, un petit pavillon garni de branchages dissimulés par des tapisseries de laine et de soie[3]. C'est là qu'allaient se rencontrer le Dauphin et le duc de Bourgogne. Des forces considérables avaient été rassemblées, de part et d'autre, pour leur servir d'escorte, et le duc avait fait venir Jean de Luxembourg avec ses Picards. Les deux princes, quittant, l'un Melun, l'autre Corbeil, arrivèrent vers six heures du soir. Se détachant du gros de leurs troupes, ils descendirent de cheval, et, accompagnés chacun de dix personnes, ils entrèrent dans les tentes qui avaient été préparées. De là ils s'avancèrent vers le pavillon, où ils pénétrèrent seuls, laissant les personnes de leur

1. *Chronique antonine*, ms. fr. 1371, f. 236 v°.

2. « Mesmes il sembloit, par ses manières de faire, comme aucuns disoient, qu'il se voulust faire Roy (Jouvenel, p. 362). » Et ce n'est pas là une conjecture gratuite. Henri V, qui connaissait à fond le duc, fait allusion à cette éventualité au lendemain du meurtre de Montereau : « Il avoit, dit-il aux ambassadeurs de Philippe, très bonne voulenté de pleinement procéder avec mondit seigneur de Bourgogne; mais tant estoit qu'il vouloit bien que l'on sceust que, *se mondit seigneur de Bourgogne contendoit à la couronne, il lui feroit guerre jusques à la mort.* » Procès-verbal original, cité par M. Kervyn, éd. de Chastellain, t. I, p. 73, note.

3. Religieux, t. VI, p. 328. — Pouilly-le-Fort (Seine-et-Marne), près de la Seine, cinq kilom. de Melun, est aujourd'hui un hameau de la commune de Vert-Saint-Denis.

suite au dehors[1]. Le duc, raconte-t-on, s'inclina plusieurs fois, « moult humblement, » en s'approchant du Dauphin, et se mit à genoux. Charles, après l'avoir embrassé, voulut le faire se relever. « Monseigneur, dit le duc, je suis bien. Je sais bien comment je dois parler à vous. » Il se releva pourtant, et la conversation commença. — Elle se prolongea jusqu'à onze heures du soir, au grand déplaisir, dit un contemporain, de ceux qui attendaient à la porte. Le Dauphin sortit enfin, triste et soucieux : ses propositions d'accommodement n'avaient point été agréées par le duc[2].

Cependant Charles ne voulut pas rompre les négociations, et le lendemain il envoya une ambassade à Corbeil : elle était composée de l'évêque de Léon, légat du Saint-Siège, de l'évêque de Clermont, de Tanguy du Chastel, du sire de Barbazan, et de plusieurs autres[3]. Les envoyés du Dauphin ne rapportèrent aucune bonne réponse, car le duc « refusoit offres raisonnables et alloit tousjours à cavillacions[4]. » — « Tant valoit, disaient les ambassadeurs, parler à ung asne sourt comme à luy[5]. »

Il fallut de nouvelles instances et un second message pour triompher de ses hésitations : le Dauphin, qui « moult desiroit le bien du royaume[6], » lui envoya un de ses conseillers Louis, seigneur d'Escorailles, renommé pour son éloquence[7]. Le ciel se mit aussi de la partie. Le Religieux de Saint-Denis raconte gravement que, pendant qu'on travaillait ainsi à la paix avec un empressement qui paraissait sincère, survint un événement auquel les gens sages attachèrent assez d'importance pour qu'il croie devoir le mentionner : un épouvantable ouragan se déchaîna sur la contrée, et sur plusieurs points du royaume, occasionnant de grands ravages[8].

1. *Religieux*, *l. c.*, Monstrelet, t. III, p. 322; *Abrégé françois* du Religieux, dans Jean Chartier, t. III, p. 218-19.
2. Mêmes sources.
3. Collection de Bourgogne, vol. 21, f. 52.
4. *Abrégé françois*, p. 219.
5. *Id.*
6. *Id.*
7. Religieux, t. VI, p. 332 : « Ludovicus de Conralle, militem utique facundissimum. »
8. *Id.*, *ibid.*, p. 330.

Jean sans Peur, cédant enfin à l'éloquence persuasive de Louis d'Escorailles, consentit à une nouvelle entrevue, qui fut fixée au lendemain 11 juillet[1]. Elle eut lieu, comme la première, sur le Ponceau, et faillit aboutir à une rupture. Dans l'entretien entre les deux princes, une altercation se produisit. Le Dauphin sortit fort courroucé, déclarant qu'il allait reprendre le chemin du Berry[2]. « Il faudra bien, disait-on autour de lui, que nous aussi nous *conférions* avec ces Bourguignons, et le jugement de Dieu décidera quelle est la bonne cause[3]. » Mais l'intervention de la dame de Giac vint changer la face des choses. Gardons-nous cependant de voir, avec la plupart des historiens, dans cette « vénérable et prudente dame[4], » une maîtresse du duc, gagnée à la cause du Dauphin. Mère de l'un des familiers de Jean sans Peur, attachée comme dame d'honneur à la reine Isabeau, la dame de Giac représentait auprès du duc l'influence de la Reine et avait un grand crédit sur lui, aussi bien que sur le Dauphin, qu'elle avait connu tout enfant[5]. Elle avait été mêlée dès le début aux négociations, et, de concert avec son fils et quelques autres serviteurs du duc, elle avait vivement insisté près de lui pour qu'il se décidât à traiter. Elle alla trouver les deux princes dans leurs tentes, et à force de supplications et de larmes, les détermina à reprendre la conférence[6]. Une heure à peine s'était écoulée, quand on entendit retentir des acclamations : *Noël ! Noël !* criaient les seigneurs des deux escortes, en levant les mains au ciel. Bientôt, se mêlant les uns aux autres et oubliant tout ressentiment, ils s'embrassèrent comme des frères. Après avoir signé le traité,

1. *Id.*, *ibid.*, p. 332.

2. On a peu de renseignements sur ces deux conférences du Ponceau, qu'il serait fort intéressant de pouvoir comparer, dans les menus détails, avec celle de Montereau. Cela a d'autant plus d'importance que, après la mort de Jean sans Peur, les partisans du Dauphin et du duc se renvoyèrent mutuellement l'accusation d'avoir dès lors préparé une machination. Voir les articles de l'interrogatoire de Barbazan, dans La Barre, t. I, p. 307, et la plaidoirie de Labat, dans le Ms. fr. 5061, f. 116.

3. Religieux, *l. c.* et *Abrégé français*, p. 219. — M. Vallet (t. I, p. 155) a rectifié le mot *conférions*, mal traduit dans l'édition Bellaguet.

4. « Quædam venerabilis et prudens domina, cognominata de Gyac. » (Religieux, p. 332.) — Elle avait épousé en 1376 le sire de Giac, et avait alors près de soixante ans.

5. Religieux, p. 332.

6. Religieux, *l. c.*; Monstrelet, t. III, p. 322.

les deux princes se tendirent la main, et jurèrent, en se donnant le baiser de paix, de rester étroitement unis; ils se firent, au départ, de grandes démonstrations d'amitié : malgré tous les efforts du Dauphin, le duc lui tint l'étrier pour monter à cheval. Ils chevauchèrent quelques instants de compagnie; puis Charles regagna Melun et Jean retourna à Corbeil[1].

Quelles étaient les bases du traité conclu entre les princes, et qui, après l'échec des conférences de La Tombe, après la paix *bactée* de Saint-Maur, semblait mettre enfin un terme à de longues et funestes divisons ?

Dans des lettres[2] données en leur nom commun, « au lieu de nostre convencion et assemblée sur le ponceau qui est à une lieue de Melun, ou droit chemin de Paris, assez près de Poilly le Fort, le mardi onzième jour de juillet, l'an de grâce mil quatre cent et dix-neuf, » le Dauphin et le duc, — voulant s'occuper de concert des affaires du royaume et résister aux Anglais qui, à la faveur des divisions, avaient occupé une grande partie du territoire, et « considerans les tant grans et innumerables maulx et inconveniens qui, pour le fait desdictes divisions, se appaisées n'estoient, se pourroient encore plus ensuir, à la très grande foule, ou, par adventure, perdicion totale de ceste dicte seigneurie, » — déclaraient avoir, d'un commun accord, « pour honneur et reverence de Dieu principalement, et aussi pour le bien de paix auquel ung chascun catholique [est et] doit estre enclin, et pour relever le povre peuple des grans et si dures oppressions que, à ceste cause, a eu à souffrir, » promis et juré, entre les mains d'Alain, évêque de Léon, envoyé du Saint-Siège apostolique pour le fait de l'union et de la paix du royaume, les choses suivantes, et ce « sur la vraie croix et sainctes évangiles, pour ce touchiez de noz mains, par la foy et serement de nostre corps, pour ce prestez l'un à l'autre sur

1. Mêmes sources.

2. L'original est aux Archives de Dijon, layette LXXVIII, nº 1 (actuellement B 11896) : le texte se trouve dans les *Mémoires* de La Barre (t. I, p. 255-58), dans Monstrelet (t. III, p. 321-29), mais d'une manière souvent fautive, et dans la *Chronique anonyme* (t. VI, p. 272-76).

nostre part de paradis, en parole de prince et autrement, le plus avant que faire se peut : »

ENGAGEMENT DU DUC : « Nous, Jehan, duc de Bourgongne, que, « toutes les choses passées mises en oubly, tant comme nous vi- « vrons en ce monde, nous, après la personne de mondit seigneur « le Roy, honnourerons, servirons et de tout nostre cuer et pensée, « plus et devant que nuls autres cherirons et aymerons la personne « de mondit seigneur le Daulphin, et, comme à son estat appartient, « lui obeirons et ne ferons ne souffrirons estre fait à nostre pouvoir « nul chose qui soit en son prejudice, et de tout nostre pouvoir lui « aiderons à garder et maintenir son estat et prerogatives en toutes « manières, et luy serons tousjours vray et loyal parent, son bien « et honneur procurerons, mal et dommaige escheverons, par toutes « voies à nous possibles, et d'icellui l'advertirons ; et s'il advenoit « que aucuns, de quelque estat qu'ilz feussent, lui voulsissent faire « ou porter guerre ou autre dommaige, nous, en ce cas, le secou- « rerons, aiderons et servirons de toute nostre puissance, envers « et contre tous, et en ce nous emploierons comme en nostre « propre fait. »

ENGAGEMENT DU DAUPHIN : « Et pareillement, nous, Charles « Daulphin, devant nommé, que, tant qu'il plaira à Dieu nous « donner vie ou corps, et à quelque estat, seigneurie ou puissance « que puissons parvenir le temps à venir, nous, toutes les choses « passées mises en oubly, aymerons et de bonne et loyalle affec- « tion cherirons nostre très chier et très amé cousin le duc de Bour- « goingne dessus nommé, et, en tous ses faiz et besoingnes le trai- « terons comme nostre prouchain et loyal parent, son bien, hon- « neur, avancement, vouldrons et pourchasserons, son mal et dom- « maige escheverons, en ses estaz et prerogatives le garderons et « maintiendrons en tous ses affaires, s'aucun, de quelque estat qu'il « soit, le vouloit en aucune manière grever, le soustendrons, por- « terons, et si tost que nous en requerra le aiderons et deffendrons « à toute puissance, envers tous ceux qui pueven vivre et mourir ; « et mesmement, se aucuns de nostre sang et lignaige, ou autres « quelxconques, vouloient, pour raison des choses advenues le « temps passé en ce royaulme, ou aultrement, demander ou que- « reller aucune chose à nostre dit cousin de Bourgoingne ou à ses « pays ou subgiez, nous, de nostre puissance lui aiderons, et le « deffendrons et soustendrons contre les dessusdiz ou autres quelx- « conques qui grever ou dommagier le vouldroient. »

Les deux princes promettaient ensuite d'entendre et vacquer désormais, « par bonne verité et alliance, » chacun selon son état, « à tous les grans faiz de ce dit royaulme, sans vouloir riens entreprendre ne avoir aucune envie l'un sur l'autre; » de se prévenir mutuellement, de bonne foi, si quelque rapport leur était fait à la charge de l'un ou de l'autre, et de n'y ajouter aucune foi; de s'employer principalement, « d'une même voulenté et sans fixion aucune, comme bons et loyaulx parens si prouchains de mondit seigneur le Roy et de la couronne de France, » à la « repulsion » des Anglais, à la restauration du pays, au relèvement des sujets du Roi. Ils promettaient, en outre, de ne prendre avec les Anglais « aucuns traictiez ou alliances, » sinon « par le bon plaisir et consentement l'un de l'autre, et pour l'evident bien de ce royaulme; » et si des traités antérieurs avaient été conclus, avec les Anglais ou autres, au préjudice de l'un des princes, ils déclaraient y renoncer et vouloir qu'ils soient nuls et de nul effet.

Enfin les dernières stipulations portaient que si le traité venait à être rompu volontairement par l'une des parties, les gens, vassaux, sujets et serviteurs de celui qui aurait commis cette infraction, ne seraient pas tenus de le servir, mais serviraient l'autre partie, étant, dans ce cas, tenus quittes de tous serments de fidélité et de toutes promesses et obligations de service; que, pour plus grande sûreté et confirmation, et pour bannir tout soupçon à l'égard des officiers de chacune des parties, les principaux officiers et serviteurs des deux princes jureraient le traité. On constatait que le serment avait été prêté, sur les saints Évangiles, entre les mains de l'évêque de Léon, par les serviteurs du Dauphin et du duc [1]. Devaient également prêter serment tous les princes du sang, les gens d'église, nobles et gens des bonnes villes. En terminant, les princes déclaraient

1. Il n'est point indifférent à notre sujet de connaître les signataires du traité de Pouilly.

Du côté du Dauphin figurent :

Jacques de Bourbon, seigneur de Thury; Robert le Maçon, chancelier; le vicomte de Narbonne; le sire de Barbazan; le sire d'Arpajon; le sire du Boschage (Guillaume de Roussillon); le sire de Beauvau; le sire de Montenay; le sire de Gamaches, messire Tanguy du Chastel; messire Jean Louvet, président de Provence; Guillaume d'Avaugour; Huguet

se soumettre, pour l'observation du traité, « à la cohertion et contraintes » de leur mère la sainte Église, de notre Saint Père le Pape et de ses « commis et deputez, » acceptant d'être contraints au besoin « par voie d'excommuniement, ou anathémathisation, aggravacion, réaggravaccion, interdit et autrement par la censure de l'Église, le plus avant que faire se pourra. »

Le traité fut en effet juré, séance tenante, par les princes et par les seigneurs de leur suite[1]. Le duc donna au Dauphin un riche fermail d'or, garni de très gros diamants. Charles, auquel son trésor ne permettait pas d'être si libéral, lui envoya le lendemain un « coursier bai brun à longue queue[2]. » Enfin, les principaux serviteurs du Dauphin, Robert le Maçon, le président Louvet, Tanguy du Chastel, Louis d'Escorailles, le sire de Beauvau, Hugues de Noé, Guillaume d'Avaugour et Jacques du Peschin reçurent chacun de la main du duc une *cédule* pour toucher cinq cents moutons d'or[3]. Les seigneurs dauphinois trouvèrent sans doute que l'or bourguignon était toujours bon à prendre; mais Barbazan, plus soucieux de sa dignité, refusa, ne voulant recevoir d'argent que des maîtres qu'il servait[4].

de Noyers (Noé), tous conseillers et chambellans; Jean du Mesnil, Pierre Frotier, Guitart de Besordon (Bosredon), et Colart de La Vigne (La Bigne), écuyers d'écurie.

Du côté du duc :

Le comte de Saint-Pol; messire Jean de Luxembourg; messire Archambault de Foix, seigneur de Navailles; le seigneur d'Antoing; messire Thibaut, seigneur de Neufchastel; messire Jean de Neufchastel, seigneur de Montagu; messire Jean de la Trémoille; Guillaume de Vienne; messire Pierre de Bauffremont, grand prieur de France; messire Gauthier de Ruppes; messire Charles de Lens; messire Jean, seigneur de Cotebrune, maréchal de Bourgogne; messire Jean, seigneur de Thoulonjon, messire Regnier Pot; messire Pierre, sire de Giac; messire Antoine de Thoulonjon; messire Guillaume de Champdivers; Philibert Musnier, dit Jossequin, et maître Nicolas Rolin.

1. Les lettres contenant les serments des conseillers du Dauphin sont publiées dans La Barre (p. 259); elles sont datées du mardi 11 juillet, « au lieu de la convencion et assemblée de noz diz très redoubtez seigneurs, sur le Ponteau qui est à une lieue de Melun. » Ces lettres sont en original aux Archives de Dijon (lay. LXXVIII, n° 2). C'est par erreur que M. Gachard leur donne (p. 48) la date du 14; M. Vallet a été trompé par lui (t. I, p. 156).

2. *Troisième Compte de Jean Fraignot*, dans la Collection de Bourgogne, vol. 65, f. 121, et Déposition de Séguinat dans La Barre, p. 272; cf. p. 214.

3. Même compte, *l. c.*, et vol. 57, f. 306; cf. La Barre, t. I, p. 214 et 217, et la Déposition de Séguinat, p. 272. — « Et y ot, disent les comptes, la plus grant partie des gens de mondit seigneur le Daulphin aux despens de mondit seigneur le duc. » Collection de Bourgogne, vol. 21, f. 52.

4. Barbazan refusa les 500 moutons, car il « ne prinст oncques argent, fors des maistres qu'il servoit. » Plaidoirie de Labat, dans son Procès, Ms. fr. 5061, f. 116 v°.

Le jeudi 13 juillet, le Dauphin se rendit à Corbeil, et y passa deux jours, en compagnie du duc de Bourgogne [1]. On raconte qu'ils entendirent ensemble la messe et qu'ils reçurent la communion avec une hostie partagée en deux [2]. Charles quitta Corbeil le 15, après avoir longuement conféré avec le duc [3]. En se séparant, les princes convinrent d'avoir une nouvelle et prochaine entrevue, qui paraît avoir été dès lors fixée au 26 août, à Montereau [4]. Jean sans Peur semblait animé des meilleures intentions : il jura au Dauphin, « par la foy de son corps, » qu'avant un mois il ferait guerre ouverte aux Anglais [5].

Conformément aux arrangements pris, le duc fit aussitôt publier des lettres patentes du Roi, données à Pontoise, en date du 19 juillet, et ses propres lettres de ratification du traité du 11 juillet [6].

Les lettres de Charles VI contiennent le détail des dispositions arrêtées à Pouilly et à Corbeil, dispositions qui, dans

1. *Comptes de la chambre aux deniers*, visés par D. Plancher, t. III, p. 515; cf. Collection de Bourgogne, vol. 21, f. 52.

2. « Et pour mieulx et plus fermement ces promesses asseurer et entretenir, le dit Dauphin Charle de Valois et monseigneur le duc Jehan communiquèrent tellement enssamble que [ils se trouvèrent] en l'église du Plaissiet aux Tournelles au païs de Brie, eulx deux enssamble, où ung champelain lor administra, après la messe ouye, le benoit Saint Sacrement de l'autel, en une hostie sacrée seulle partie à eux deux, dont le peuple fu moult resjoy. » *Le livre des trahisons de France envers la maison de Bourgogne*, publié par M. Kervyn de Lettenhove, dans la collection in-4° de l'Académie royale de Bruxelles, 1873, p. 143.

3. *Registres du Parlement*, dans Felibien, t. IV, p. 579.

4. Ce point est important à établir, car la plupart des historiens ont fait prendre au Dauphin l'initiative d'une proposition pour une nouvelle entrevue. Le Dauphin, dans les deux documents que nous venons d'alléguer, dit formellement qu'il fut convenu que, dans un délai d'un mois ou environ, on se réunirait de nouveau « pour besongnier aux affaires du royaume et à la deffence contre les ennemis. » Jouvenel des Ursins dit aussi qu'une nouvelle entrevue fut décidée, et fixée ensuite au 26 août à Montereau (p. 369-70), et il répète (p. 371), en citant les propres paroles de Charles au duc : « Beau cousin, vous « savez que, au traité de la paix naguères fait à Melun entre nous, nous fusmes d'accord « que dedans un mois nous nous assemblerions en quelque lieu pour traiter des besongnes « de ce royaume. » Cousinot, dans la *Geste des nobles*, écrit : « Jour en prindrent ou mois d'aoust à Monteraul où Fault Yonne, pour la perfection du traitié encommencié (p. 176). » Enfin le Religieux de Saint-Denis dit que des démarches avaient été faites en vue d'un concert amiable près du Dauphin (t. VI, p. 368 et 370), et le duc lui-même, dans les lettres qu'il adressa le 21 août à ses gens des comptes à Dijon, parle d'une entrevue convenue avec le Dauphin, et qui devait avoir lieu sur la rivière de Seine.

5. Lettre du Dauphin du 15 septembre 1419, et Instructions au comte d'Aumale, dans Moreau, vol. 1425.

6. *Ordonnances*, t. XII, p. 263, 266, 267. — Les lettres de ratification du Dauphin portent la date du lendemain 20 juillet, et leur teneur est la même.

leurs lignes générales, s'écartent d'une manière peu sensible des stipulations de La Tombe (23 mai 1418) et de Saint-Maur (16 septembre 1418)[1].

Après des considérations générales sur les divisions passées[2], et sur l'union faite et jurée, venaient les clauses suivantes :

I. Amnistie générale, de part et d'autre[3].

II. Abolition de toutes confiscations; restitutions des biens, et des villes, châteaux et forteresses[4].

III. Les garnisons seront évacuées, de part et d'autre, et, pour cela deux chevaliers seront désignés par chaque partie[5].

IV. Les sièges de Parthenay et de Rochebaron seront levés, ainsi que tous autres, pour qu'on puisse s'employer immédiatement contre les Anglais. Le duc de Bourgogne mettra un capitaine à Parthenay, mais en le faisant agréer par le Dauphin[6].

V. Les comtés d'Étampes et de Gien, dont le duc requiert d'être remis en possession, lui seront rendus[7].

VI. Les offices demeureront, comme de raison, à la disposition du Roi; et quand le Dauphin sera venu devers lui, le Roi pourvoiera à ces offices et en ordonnera comme il lui plaira, par l'avis de son fils, de son cousin de Bourgogne et de son Conseil[8].

1. On n'a pas, nous l'avons vu, le texte du traité de La Tombe, dont les dispositions avaient été arrêtées entre les représentants des parties, et qui n'attendait plus que les formalités de la chancellerie pour recevoir sa forme définitive; la comparaison ne peut donc s'établir, pour ce traité, qu'avec les demandes formulées par la Reine et le duc de Bourgogne.

2. Le préambule est textuellement celui du traité de Saint-Maur. — Ce traité, on se le rappelle, avait été conclu en dehors de la participation des ambassadeurs du Dauphin. La grande différence entre le traité de Saint-Maur et le traité de Pouilly, c'est que, dans les lettres du 16 septembre 1418, Charles VI présuppose un accord qui reste à faire, tandis que, dans celles du 19 juillet 1419, il règle des points convenus d'avance.

3. Conforme aux deux précédents traités.

4. Même observation.

5. Reproduction de l'art. 4 du traité de Saint-Maur, avec cette seule différence que chacun ne désignait qu'un chevalier.

6. Stipulation spéciale au traité de Pouilly.

7. Même observation.

8. Conforme au texte modifié à La Tombe par les médiateurs, et à l'article 9 du traité de Saint-Maur. On remarquera l'addition du mot *venu;* le traité de Saint-Maur portait : « Quand mondit seigneur le Daulphin sera devers le Roy. » De même qu'à La Tombe la pierre d'achoppement était la *venue du duc et de la Reine*, qui n'étaient point alors au siège du gouvernement, à Saint-Maur et à Pouilly c'était la *venue du Dauphin*. Voilà, à vrai dire, le seul but que se proposât le duc de Bourgogne en traitant : il voulait avoir le

VII. Cet article contenait des stipulations relatives aux serments que devaient prêter solennellement le Roi, la Reine, le Dauphin, le duc de Bourgogne, les autres princes du sang, les membres du Conseil, aussi bien que les gens d'Église, nobles et gens des villes du royaume, qui tous ensuite devaient se disposer « prestement » à combattre les Anglais et à les repousser [1].

Ne craignons pas de le dire : dans ces négociations, le beau rôle avait été du côté du Dauphin. Il en avait pris l'initiative, et malgré les justes défiances que pouvait lui inspirer la conduite astucieuse du duc de Bourgogne, malgré les fâcheux incidents survenus, il se maintenait sur le terrain où il s'était placé à La Tombe et à Charenton. C'est donc avec pleine justice que, quelques mois plus tard, dans une lettre aux habitants de Carcassonne, il pouvait se rendre le témoignage d'avoir, de tout son cœur, « travaillé et mis paine, par diverses ambassades, messageries et escriptures, à ce que les subgetz de mondit seigneur et nostres peussent vivre en paix sous luy et nous, et estre preservés de l'emprise des anciens ennemis de ce royaume, comme celuy à qui le bien et tranquillité de ceste seigneurie touche plus et est plus prouffitable après mondit seigneur [2]. »

Une allégresse universelle accueillit la nouvelle du traité de Pouilly. Les Parisiens, qui paraissaient fort las de la domination bourguignonne, allumèrent des feux de joie; on sonna les cloches et l'on chanta des *Te Deum* dans les églises; une procession solennelle eut lieu à Saint-Martin-des-Champs [3]. Dans

Dauphin Charles à sa discrétion, comme il avait eu le Dauphin Jean, et, le plus souvent, le Dauphin Louis. Dès le lendemain du 29 mai 1418, cette préoccupation ne l'abandonna plus, et un auteur bourguignon nous dit qu'il fût « moult dolent et courroucié » de la mort du connétable d'Armagnac, « car, pour ledit comte d'Armignac et autres illec occis, il avoit esperance de ravoir le Daulfin de Viennoix, seul filz du Roy, que tenoit ledit Tanguy du Chastel. » *Chronique anonyme*, t. VI, p. 260. — Rien n'était d'ailleurs formulé d'une manière précise, sur ce point, dans le traité de Pouilly, et c'est là dessus que le conflit éclata à Montereau.

1. Les considérants de la fin sont la reproduction textuelle du dernier article du traité de Saint-Maur. — La clause du serment des gens d'église, nobles et bourgeois, est spéciale au traité de Pouilly. Il y a aussi une déclaration relative à une sentence d'excommunication à faire prononcer par le Pape contre « les infracteurs ou violateurs » de la paix.

2. Lettres du 27 septembre 1419, dans le *Recueil* de Besse, p. 318.

3. *Registres du Parlement*, dans Felibien, t. IV, p. 579; Religieux, t. VI, p. 98.

tout le royaume, la joie ne fut pas moindre. On remarquait avec bonheur que les rivalités s'effaçaient pour faire place à la concorde, et que déjà les gens de guerre des deux partis se réunissaient contre l'ennemi commun [1]. C'était maintenant au duc de Bourgogne à faire son devoir, en remplissant les engagements solennels qu'il avait contractés.

Henri V, à ce moment, venait de reprendre l'offensive : il s'était emparé de plusieurs places, et allait, par la réduction de Gisors, de La Roche-Guyon et de Château-Gaillard, achever la conquête de la Normandie. Or, on ne voit point que Jean sans Peur ait rien fait pour s'opposer à ces progrès. Nous le trouvons surtout préoccupé d'exploiter à son profit l'omnipotence dont il jouissait à la Cour [2]. Loin de se disposer à entrer en campagne contre Henri V, il ne tarda même pas, au mépris de sa parole, à entamer avec lui de nouvelles négociations [3].

Le roi d'Angleterre, qui connaissait le duc de vieille date, savait à quoi s'en tenir sur la rupture des conférences de Meulan. Il était tellement persuadé de ses bonnes dispositions à son égard que, cinq jours plus tard, le 5 juillet 1419, au moment même où l'on convenait de l'entrevue du Ponceau, il donnait pouvoir à l'archevêque de Canterbury, au comte de Warwick, à Gaston de Foix, comte de Longueville, à Philippe Morgan (le grand négociateur des traités secrets), et à trois au-

1. « Plusieurs Daulphinois et Bourguignons avoient grant confidence les ungs avecques les autres depuis le traictié de la paix, esperans que icelle deust estre pardurable, et souvent s'assembloient plusieurs d'un commun accord pour faire guerre aux Anglois, anciens ennemis du royaume de France. » Monstrelet, t. III, p. 338.

2. 21 juillet. Don de 2000 l. t. à la comtesse de Charolais (Collection de Bourg., vol. 57, f. 299) ; 22 juillet. Don de 6000 l. t. au comte de Charolais, (*Id.*, *Ibid.*); 25 juillet 1419. Lettres par lesquelles Charles VI donne au duc de Bourgogne le comté de Tonnerre, en accroissement du duché de Bourgogne (*Ordonnances*, t. XI, p. 16). — Noter que le possesseur légitime de ce comté était Hugues de Châlons, un des seigneurs de la cour du Dauphin.

3. Voir les instructions au comte d'Aumale, et surtout la relation encore plus développée rédigée par ordre du Dauphin, Collection Moreau, vol. 1425, pièce 94. « *Item* et ce pendant, nonobstant lesdictes promesses, et en venant contre icelles et ladicte pais, feu mondit seigneur de Bourgongne incontinent retourna à Pontoise, et envoya de rechief, aucun temps après des siens convenir avec lesdiz ennemis, et, par une seconde ambaxade, continua et convint de rechief aucun temps après avec lesdiz ennemis, et continua et entretint lesdiz traictiez desdictes alienacions des terres du Roy et desdictes alliances. »

tres ambassadeurs, pour aller près « de son cousin de France, » traiter de la paix finale, et convenir du jour où il s'assemblerait avec la reine Isabelle et le duc de Bourgogne[1]. Le même jour, il autorisait ses ambassadeurs à négocier son mariage avec Catherine de France[2], et le 18 juillet suivant, alors que le duc venait à peine de quitter le Dauphin à Corbeil et de jurer de ne pas traiter séparément avec les Anglais, il renouvelait ce dernier pouvoir au comte de Warwick, au comte de Longueville, à Jean Kempe et à trois autres[3]. Le lendemain, nouveau pouvoir pour prolonger la trêve, qui expirait le 29 juillet[4]. Vers le 20, des ambassadeurs anglais se trouvaient à Pontoise, près du Roi et du duc[5]. Le 22, Henri V délivrait un sauf-conduit, valable jusqu'au 29, à quatre conseillers de Jean sans Peur, Regnier Pot, Antoine de Toulongeon, Henri Goedhals et Jean Geluner, ambassadeurs *de son cousin de France,* pour se rendre près de lui à Mantes[6]. Presque en même temps, il envoyait à Catherine de France un magnifique présent[7].

Pendant le cours de ces négociations, où durent être renouvelées certaines conventions particulières[8], Pontoise tombait (31 juillet) entre les mains d'Henri[9]. Ce fut un cri général d'indignation contre Jean sans Peur. Pontoise était gardée par l'un de ses familiers, l'Isle-Adam, qui s'était laissé surprendre, et

1. Rymer, t. IV, part. III, p. 124.
2. *Id., ibid.*, p. 125.
3. *Id., ibid.*, p. 125.
4. *Id., ibid.*, p. 128.
5. Lettre d'Isabeau de Bavière à Henri V, publiée plus loin. Le duc quitta Pontoise le 23.
6. Rymer, t. IV, part. III, p. 129. Voici un exemple de la véracité des auteurs bourguignons : Chastellain dit, après avoir parlé du traité de Pouilly : « Luy (le duc), après cette paix faite, *pour monstrer son bon courage françois,* et qu'il estoit bien prince pour les en déjeter (les Anglais) quand il voudroit..., désirant le bien du royaume sur tous les vivans, machina et délibéra de les en debouter par puissance ; et l'eust fait si ce ne fust la fortune de sa prochaine mort. » Ed. de M. Kervyn de Lettenhove, t. I, p. 21.
7. Religieux de Saint-Denis, t. VI, p. 364.
8. « Item, post pacem firmatam, renovavit et confirmavit regi Angliæ certas conventiones et capitula quæ inter se habebant, et super hoc idem Dalphinus dicitur sibi ostendisse litteras, manu propria scriptas. » Rapport sur les ouvertures faites au Pape de la part du Dauphin, publié par M. Quicherat, dans les *preuves* de son édition de Thomas Basin, t. IV, p. 279. La pièce avait été éditée pour la première fois par M. Champollion, dans ses *Lettres de rois, reines,* etc., t. II, p. 355. Mais le texte de M. Quicherat est plus correct.
9. Jouvenel des Ursins dit le 28 (p. 368), et Monstrelet le 31 (t. III, p. 332). Pontoise fut pris dans la nuit du 30 au 31. Voir *Journal d'un bourgeois de Paris,* p. 126.

n'avait opposé aucune résistance. On accusait tout haut le duc de trahison [1]. Le mécontentement et la crainte redoublèrent, quand on le vit quitter Saint-Denis, — où restait une garnison qui pilla la ville et se livra aux derniers excès, — et se diriger sur Lagny, sans même entrer dans Paris, qu'il laissait exposé à une attaque imminente du roi d'Angleterre. « Il sembloit proprement, disait-on, que tous s'enfouissent devant les Anglois, et qu'ils (le Roi et le duc de Bourgogne) eussent grande haine à ceux de Paris et du royaume [2]. » Mais si le duc abandonnait les Parisiens, les laissant à la merci des Anglais, il demeurait près du roi d'Angleterre en la personne de ses ambassadeurs qui, le 6 août, sept jours après la prise de Pontoise, se trouvaient dans cette ville auprès de Henri V [3]. Une seconde ambassade lui fut même bientôt envoyée [4], et les négociations se poursuivirent ainsi, en violation flagrante des serments prêtés par le duc.

Jean sans Peur restait pourtant en relation avec le Dauphin. Vers le 25 juillet, il députa vers lui Pierre de Giac et Nicolas Rolin, « pour lui parler d'aucunes choses touchant le bien du

1. « Et disent quelques-uns que les Anglois y entrèrent par le moyen d'aucuns de ceux de dedans. » Jouvenel, p. 368. — « Tost après fist le duc de Bourgoigne mener le Roy, la Royne et Madame Katherine à Troyes, *et par le seigneur de l'Isle Adam fist livrer* et mettre ès mains du roy d'Angleterre la ville et le chastel de Pontoise. » *Geste des Nobles*, par Cousinot, p. 176-77. — « Item fuit causa captionis Pontisaræ, » lit-on dans le rapport cité ci-dessus. M. Quicherat, *l. c.*, p. 279. — Il faut noter que, malgré la *surprise*, l'Isle-Adam eut le temps de prendre « sa finance et ses bagues, » et que plusieurs habitants purent emporter « de leurs meilleurs biens, et par especial or, argent, vaisselle et joyaux; » c'est un auteur bourguignon qui le constate (Monstrelet, t. III, p. 332-33).

2. *Journal d'un bourgeois de Paris*, p. 126. — Il est curieux de comparer avec le langage du fougueux bourguignon celui que tenait le Dauphin dans sa lettre en date du 27 septembre 1419, adressée aux habitants de Carcassonne : « Tantost après, et incontenent après ces choses, nostre dit cousin, en allant contre sesdictes promesses, foy et serment, se tray à Pontoise, et de rechief envoya vers l'adversaire d'Anglelterre, en continuant et entretenant les traictiés qui estoient entre eux, ou prejudice de mondit seigneur et de sa seigneurie, et les alliances faictes par lesdits d'Angleterre et de Bourgongne, dès lors qu'ils furent ensemble à Calais, et s'en ensuy tost après que la ville de Pontoise, qui est auprès de Paris et sur passage, fut sans nulle force, et, ainsi que Dieu scet, ès mains dudit d'Angleterre, qui encore la tient et occupe, et depuis n'a fait ou fait faire ledit de Bourgongne guerre auxdits ennemis, comme promis l'avoit. » *Recueil* de Besse, p. 319.

3. Rymer, t. IV, part. III, p. 129; Kervyn de Lettenhove, *Histoire de Flandre*, t. III, p. 154.

4. Récit du Dauphin et lettres du 27 septembre. — Par lettres de Henri V, en date du 6 août, un sauf-conduit, valable jusqu'au 14, est accordé à deux envoyés, avec quarante personnes de leur suite, que son cousin de France veut lui députer à Pontoise, *ob bonum pacis et unionis inter Franciæ et Angliæ regna nostra*, comme il appert des lettres dudit cousin *(prout ex suarum serie litterarum, nobis jam tardè transmissarum, accepimus evidenter)*. Rymer, t. IV, part. III, p. 129.

royaume[1]; » le 28, il fit partir à leur suite deux de ses chevaucheurs, « afin de luy rapporter hastivement ce qu'ils auront fait[2]. » En même temps il recevait à Saint-Denis, où il était arrivé le 23, deux envoyés du prince, Robert Mallière et Jean Campion, venant de Paris, où ils avaient porté les lettres de ratification de leur maître[3].

Le Dauphin se préparait à remplir ses engagements et à pousser vigoureusement les hostilités. Il réunit ses gens de guerre[4], et envoya un détachement sous les murs de Paris, où des troupes de Henri V avaient paru le 9 août[5]. Aussitôt le duc, qui semblait redouter davantage les succès du Dauphin que le progrès de l'invasion anglaise, fit reprendre aux Parisiens le signe de sa faction, la croix de Saint-André, et défendit qu'on donnât accès ni passage aux forces du prince[6]. De son côté, la Reine écrivit au Dauphin, et les Parisiens lui députèrent une ambassade pour le presser de revenir au milieu d'eux et de s'employer à la défense commune[7]. Quant au duc, il envoyait message sur message au jeune Charles, comme s'il

1. Collection de Bourgogne, vol. 56, f. 95; cf. vol. 25, f. 21 v°; vol. 65, f. 121 v°, et D. Plancher, *Histoire de Bourgogne*, t. III, p. 518.

2. Collection de Bourgogne, vol. 56, f. 95. M. de Barante, suivant le récit de Prosper Bauyn, publié par La Barre, sous le voile de l'anonyme, s'est trompé en plaçant (t. IV, p. 429) cette ambassade au 28 *juin*, par conséquent avant le traité de Pouilly.

3. Monstrelet, t. III, p. 331; Collection de Bourgogne, vol. 56, f. 95, et 65, f. 121 v° et 122. Ils reçurent du duc 100 écus d'or le 29 juillet, et par mandement daté de Lagny, le 2 août, 150 fr.

4. On a de nombreuses lettres de *retenue* données par le Dauphin les 13 et 15 août à Jargeau. Le 26, il concentrait des forces considérables à Melun, sous les ordres de Barbazan et de Tanguy du Chastel.

5. Monstrelet, t. III, p. 330; *Journal d'un bourgeois de Paris*, p. 128.

6. « Après la prise de Pontoise, et que nous eusmes fait passer de la sorte les garnisons que avions vuider, lesquelles, sous la conduite de nos mareschal et premier chambellan, ordonnasmes tirer vers ledit lieu de Pontoise et environ, pour resister ausdits ennemis, à très grant requeste des prevosts des marchans et bourgeois de Paris, il fit ausdits chiefs et gens d'armes refuser les passages, forteresses et retraits, et fist nouvelles alliances avecques aucuns seditieux de Paris et autres contre ladicte paix et en nostre prejudice, en les faisant promettre de non laisser entrer nous ne les nostres en ladicte ville de Paris et autres d'environ, lesquels dès lors refrechirent et renouvelèrent l'enseigne du saultoir qu'ils ont porté contre Monseigneur et nous à cause de ladicte division. » Lettres du 27 septembre, *Recueil* de Besse, p. 319-20. Cf. Instructions au comte d'Aumale, et récit du Dauphin.

7. Religieux de Saint-Denis, t. VI, p. 369. Le 5, Jean de Neuville, dit le Moine, était parti « pour certain voyage secret; » sans doute pour aller trouver le roi d'Angleterre. Collection de Bourgogne, vol. 56, f. 85.

eût voulu le persuader de son zèle et de sa fidélité. Du 1er au 7 août, il fit partir Jean de la Baume, puis Antoine de la Marche et un autre de ses serviteurs [1]. D'autre part, nous le voyons, le 9 août, adresser des mandements à tous ses capitaines tenant garnison en Champagne et en Bourgogne, pour qu'ils aient à se rendre en armes à Provins dans le plus bref délai [2]. A ce moment Henri V venait de rompre les dernières négociations, entamées au mépris du traité de Pouilly. Le duc voulait-il enfin remplir ses engagements, et, de concert avec le Dauphin, commencer énergiquement la lutte? Le 11, il arriva à Troyes en compagnie du Roi et de la Reine. C'est là que, le 14 [3], il reçut une ambassade du Dauphin, qui avait quitté Bourges vers le 12 pour se rapprocher du lieu de la conférence : Tanguy du Chastel, Louis d'Escorailles et Jacques du Peschin (frère de la dame de Giac) venaient régler avec le duc les points relatifs à la prochaine entrevue des deux princes; ils étaient porteurs d'une lettre du Dauphin. Le même jour, des envoyés du duc de Bretagne arrivèrent à Troyes [4].

Jean sans Peur, cependant, ne cessait de faire venir de nouvelles troupes. Par lettres patentes du 17 août, datées de Troyes [5], il ordonne de faire fortifier et garnir de vivres et de troupes ses châteaux et forteresses de Bourgogne, de Franche-Comté et de Charolais, pour s'opposer aux tentatives du roi d'Angleterre et à ses « dannables entreprinses [6]. » Le même

1. D. Plancher, t. IV, p. 518. — Le Dauphin parle de ces messages dans ses lettres du 27 septembre : « Nous a tousjours requis et fait requerir d'aller devers mondit seigneur en nostre estat ou à aucun petit nombre de gens, et s'est essayé de induire plusieurs, tant de nostre hostel comme plusieurs ses gens et autres... à luy aidier à avoir nostre personne... et... nous a plusieurs fois, par lettres qu'il a fait faire ou nom de mondit seigneur, ainsi empeschié comme chascun scet, fait requerir et sommer d'aller vers mondit seigneur, en nous menassant, en cas de refus ou delay, de nous exhereder et debouter de la succession de mondit seigneur et de nous faire declarer indigne comme desobeissant. » *Recueil* de Besse, p. 321.

2. Collection de Bourgogne, vol. 25, f. 2 v°, 15 v°, 51, 57; vol. 56, f. 95. Prosper Bauyn dit le 7, par erreur. *Mémoire anonyme*, publié par La Barre (t. I, p. 218), et pris par lui aux Archives de Dijon. Nous avons constaté l'identité avec le texte de Bauyn, sur une copie de son *Mémoire* qui se trouve à la Bibliothèque de l'Institut.

3. Et non le 10, comme le dit M. Vallet de Viriville. — Voir Collection de Bourgogne, vol. 25, f. 52.

4. Collection de Bourgogne, vol. 21, f. 52.

5. *Ibid.*, vol. 55, f. 334.

6. « Affin de resister à l'encontre desdictes volontez et dannables entreprinses. » Lettres

jour, il dépêche Huguenin du Bois, l'un de ses écuyers d'écurie, pour faire avancer *en toute diligence* les gens d'armes et de trait qui étaient en Bourgogne et en Charolais, et venir joindre le Roi à Troyes [1]. Le 20, il annonce, dans des lettres missives, l'envoi de ses lettres patentes du 17, et ordonne de les accomplir *très diligemment*. Or ces lettres, d'une si grande urgence, furent onze jours à parvenir de Troyes à Dijon, où elles n'arrivèrent que le 31 août [2].

Que signifient ces préparatifs? Était-ce bien contre les Anglais que le duc de Bourgogne prenait ces mesures? Voulait-il sincèrement les combattre? Certains ont vu ici — et peut-être ne se sont-ils pas trompés, — une pensée hostile au Dauphin [3]. Quoi qu'il en soit, le duc répondit aux envoyés du jeune prince que Montereau n'avait pas été choisi d'une manière formelle pour le lieu de l'entrevue, et que, puisque le Roi et la Reine se trouvaient à Troyes, il ne convenait pas que le Dauphin, étant aussi près, songeât à un autre lieu de réunion [4]. Le duc affichait donc une fois de plus la prétention de faire revenir Charles près de son père, afin de l'avoir à sa discrétion.

Quelques jours après, le 21 août, Jean sans Peur mandait à ses maîtres des comptes à Dijon que, dans peu de jours, il devait avoir avec le Dauphin une nouvelle entrevue sur la rivière de Seine, qu'il aurait alors besoin de plusieurs de ses vassaux, « pour s'en aider en conseil et autrement, » et de trois cents hommes d'armes au moins pour la garde de sa personne. Il envoyait en même temps de nouvelles lettres, adressées à ses capitaines, pour leur mander de venir le trouver avec le plus grand nombre de gens de guerre qu'ils pourraient, et il recommandait de faire marcher les messagers *nuit et jour*,

du 17 août 1419. Collection de Bourgogne, vol. 55, f. 334. — A coup sûr, les Anglais n'étaient pas à craindre de ce côté!

1. Collection de Bourgogne, vol. 55, f. 334 v°; La Barre, t. I, p. 218; D. Plancher, t. III, p. 518-19.

2. Collection de Bourgogne, vol. 55, f. 334 v°. « Receues en la Chambre des comptes de Monseigneur à Dijon, que y a apportées mons. le Pardessus, le dernier d'aoust 1419, avec les lettres patentes. »

3. Voir M. Kervyn de Lettenhove, *Hist. de Flandre*, t. III, p. 156.

4. C'est au moins la réponse que prêtent au duc Bauyn, dans son *Mémoire* (*l. c.*, p. 218), et D. Plancher, t. III, p. 521.

« afin, disait-il, que les puissions avoir pour estre à ladicte convencion, qui sera bien brief, sans aucunement y faillir, sur tant que doublez à mesprendre envers nous[1]. »

La lumière commence à se faire. Il y avait, ostensiblement, des préparatifs dirigés contre le roi d'Angleterre; or, malgré toute la diligence possible, les lettres patentes du 17 août et les lettres missives du 20 n'arrivaient à Dijon que le 31. Et, parallèlement, il y avait des ordres secrets, lesquels ne comportaient point de délais, pour grouper autour de la personne du duc, en vue d'une entrevue avec le Dauphin, le plus grand nombre possible de gens de guerre.

Pendant ce temps les négociations n'avançaient pas. Ne fallait-il pas donner aux troupes le loisir d'arriver? — Personne d'ailleurs ne croyait à une paix complète et durable. « S'il n'y eust eu que le père et le fils, disait-on, elle eust esté tantest faicte, comme il estoit tout notoire[2]. » Mais le duc de Bourgogne n'était nullement pressé d'en finir. Les articles ayant été rédigés, signés, solennellement jurés à Pouilly et à Corbeil, il ne manquait plus qu'une « convention pour parfaire la chose, et avoir bonne amour et union[3]. » Cette convention avait été décidée en principe[4]: fidèle à sa parole, le Dauphin était arrivé à Montereau (24 août), et Jean sans Peur restait immobile à Troyes.

Charles lui écrivit encore pour le presser de venir, et lui envoya plusieurs de ses conseillers. Le duc se décida enfin à s'ébranler : le 28 août, il quitta Troyes, et s'avança jusqu'à Bray-sur-Seine, à la tête d'un nombreux corps de troupes[5]. Bray n'était qu'à cinq lieues de Montereau. Là de nouveaux ambassadeurs du Dauphin vinrent trouver le duc : le 31 août, le seigneur d'Escorailles avec plusieurs autres; le 1er septembre,

1. Collection de Bourgogne, vol. 58, f. 15; vol. 56, f. 95, et La Barre, t. II, p. 119, note *b*. — Ce même jour, 21 août, Jaquemin de Rhosne, chevaucheur du duc, alla « porter lettres hastives de par luy de Troyes à Paris, vers certaines personnes secrettes. » Collection de Bourgogne, vol. 56, f. 85.

2. Jouvenel, p. 369.

3. Jouvenel, *l. c.*

4. D'après Jouvenel, elle avait été fixée au 26 août, *l. c.*, p. 370.

5. « Atout grant puissance de gens d'armes et de trait. » Pierre de Fenin, p. 112. Cf. D. Plancher, p. 522.

Tanguy du Chastel et d'autres envoyés[1]. Le 3 septembre, des ambassadeurs du Roi et de la Reine arrivèrent à leur tour; puis vint un nouveau conseiller du Dauphin, Jean de Poitiers, évêque de Valence, frère de l'évêque de Langres, attaché comme conseiller à la personne du duc[2]. Jean sans Peur qui, à une défiance naturelle, joignait, à ce qu'il paraît, une grande indécision[3], et qui était « le plus long homme en toutes ses besongnes qu'on peust trouver[4], » résistait à toutes les sollicitations.

Comme le dit un auteur contemporain, il y avait, d'un côté et de l'autre, « beaucoup de divers langaiges et paroles merveilleuses[5]. » Dans l'entourage du duc, certains lui représentaient qu'il ne se devait pas fier à des gens qui, pour la plupart, avaient à se plaindre de lui ou des siens, et que les anciens serviteurs du duc d'Orléans pouvaient être animés du désir de venger soit la mort de leur maître, soit la perte de leurs amis massacrés dans les guerres civiles. Un juif, Philippe Mouskes, conseillait fort au duc de ne point aller à l'entrevue, lui disant que, « s'il y alloit, jamais n'en retourneroit[6]. » D'autres, au contraire, lui remontraient qu'il ne pouvait se refuser plus longtemps à se rendre près du Dauphin. Enfin les Parisiens, instruits de ses « cavillations, » lui envoyaient des messages réitérés pour qu'il en vînt à une conclusion[7].

Autour du Dauphin, si l'on était moins perplexe, on n'était pas sans inquiétude sur l'issue de la conférence. On faisait ob-

1. Collection de Bourgogne, vol. 21, f. 52.

2. *Id., Ibid.*; Monstrelet, t. III, p. 339. — C'est par erreur que Bauyn, qui, dans son *Mémoire* mêle beaucoup de choses erronées à d'exactes informations, prétend que Barbazan vint à Bray. Le fait est formellement nié par l'avocat de Barbazan, dans son procès. Ms. 5061, f. 116.

3. « Vagus et inconstans animo fluctuanti. » Elmham, *Hist. Henrici V*, p. 235. — « Homme soupçonneux, a dit un historien du XVIe siècle, tant de sa nature que du ver qui luy picquoit la conscience, pour tant de massacres commis dont il craignoit la vengeance. » Du Haillan, *Histoire de France* (Paris, 1581, in-8°), t. III, f. 265.

4. *Journal d'un bourgeois de Paris*, p. 113. On l'avait appelé quelquefois *Jean le Long*.

5. Jouvenel, p. 369.

6. Il est remarquable que ces renseignements nous viennent d'un partisan du Dauphin, Jouvenel des Ursins; Monstrelet garde le silence à cet égard.

7. Ils lui envoyèrent successivement quatre ambassades. Instructions de la duchesse de Bourgogne à Jean de Saint-Ylaire et autres, envoyés à la duchesse de Bourbon. La Barre, t. I. p. 291.

server qu'il n'était pas prudent de mettre ainsi la personne du prince et tout le royaume *à l'adventure*. Évidemment le duc voulait « usurper ou occuper le royaume. » Quelle foi pouvait-on ajouter à ses promesses? Ne s'était-il pas allié en 1416 avec le roi d'Angleterre? N'avait-il pas eu récemment avec lui, auprès de Mantes, une conférence secrète? A la vérité, il avait rassemblé une armée : mais quel « desplaisir » avait-il causé aux Anglais? On rappelait les promesses solennelles et les serments si souvent renouvelés au feu duc d'Orléans, les traités tant de fois violés [1]. Ne pouvait-on craindre un nouveau crime de la part de celui qui en avait commis un premier [2]?

Le Dauphin ne se laissait point ébranler par ces considérations : fidèle à l'engagement contracté, il s'était rendu à Montereau, et, malgré une épidémie qui y régnait [3], il attendait avec persévérance la venue du duc de Bourgogne. Celui-ci consentit à faire un pas en avant : le 5 septembre il mit son nom au bas d'un manifeste annonçant une prochaine et commune démonstration contre les Anglais.

Nous avons le texte de ce document, adressé aux habitants d'Amiens.

De par le Daulphin de Viennois, duc de Berry et de Touraine et conte de Pontieu;

Et le duc de Bourgoingne, conte de Flandres, d'Artois et de Bourgoingne.

Très chiers et bien amez, pour ce que nous savons que vous desirez savoir de l'estat et disposicion en quoy sont les fais de ce royaume pour résister à l'entreprinse du Roy d'Angleterre, veulliez savoir que Monseigneur et nous, d'un commun acord et consentement, sommes du tout disposez par force et puissance de rebouter le Roy d'Engleterre de ce royaume, garder et preserver les bons, vrays et loyaulx subgez de mondit seigneur des grans tirannies et inhumanitez que ledit d'Angleterre a intencion de faire sur iceulx, et les maintenir et garder en la vraye obéissance de mondit sei-

1. Jouvenel, p. 370.
2. « Vient-on volontiers à commettre une faute seconde, quant on a fait la première, » dit Chastellain lui-même, dans un sens moins étendu, en parlant du duc Jean (t. I, p. 17).
3. Récit du Dauphin, déjà cité. « Ubi erat pestilentia, » dit le rapport de Rome.

gneur, ainsi que nous savons qu'ilz le veulent et desirent. Et ce mondit seigneur et nous monstrerons par effect et experience de fait bien brief, et telement que vous, ne les autres bonnes villes de ce royaume, n'aurez cause de vous doubter dudit d'Angleterre. Pour quoy nous vous requerons de par mondit seigneur et prions de par nous, que la ville d'Amiens vous veulliez garder de jour et de nuit, en grant diligence, et vous tous tenir en bonne amour et union ensemble, comme mondit seigneur et nous en avons en vous très parfaite fiance, sachans certainement que nous labourons chascun jour d'un commun acord et consentement pour l'execucion des choses dessus dictes. Et se, pendant le temps de nostre presente armée, vous avez mestier de quelque provision que ce soit, faictes le nous savoir, et nous y pourverrons tantost et hastivement. Et pour ce que nous désirons souvent oir de vos nouvelles, faictes nous en savoir le plus souvent que vous pourrez, ensemble de l'estat du pays et des marches de par delà.

Très chiers et bien amez, afin que mieulx soiez acertenez de nostre voulonté et intencion, nous avons signé ces lettres de nos saings manuelz. Nostre Seigneur soit garde de vous. Escript le ve jour de septembre.

CHARLES. JEHAN.
PICART. CAMUS[1].

A peine arrivé à Bray, le duc, comme s'il eût voulu s'assurer un concours plus dévoué de la part de ses hommes de guerre et de ses familiers, avait répandu de nombreuses largesses[2]. Mais, persistant dans ses hésitations et dans ses lenteurs, il rejeta successivement trois propositions différentes que le Dauphin lui fit faire[3]. Enfin le 7 septembre[4], les instances de l'évêque

1. La pièce, en copie du temps, est adressée « à nos très chiers et bien amez les maire et eschevins, bourgois, manans et habitans de la ville d'Amiens. — On lit au dos : « Copie des lettres envoiées par le Daulphin et feu Monseigneur aux bonnes villes par avant son trespas. » — Moreau, 1425, pièce 81. Cf. *Abrégé françals* du Religieux de Saint-Denis, dans Chartier, t. III, p 226-27. — On remarquera que, dans ce document, le Dauphin ne prend pas la qualité de *Régent*.

2. 1er septembre. Dons à frère Hugues d'Arcey, chevalier de Rhodes; à Guillaume d'Igney, chevalier; à Pierre de Giac, « pour reconnaître ses services passez et se l'attacher davantage ; » à Pierre de Berdenaiche, écuyer; à Pierre Derdieu et Vidal Voerrier, ses conseillers; à quatre valets des faucons ; à sept pages. — 4 septembre. Don à Jean de Roux, *physicien* du duc. — Collection de Bourgogne, vol. 56, f. 85 et 95.

3. Récit du Dauphin et lettres du 27 septembre, dans Besse, p. 322.

4. La date du 7 est dans une pièce émanant de la duchesse de Bourgogne. La Barre, t. I, p. 292.

de Valence, jointes à celles de Tanguy du Chastel, aux observations des envoyés de la ville de Paris, — sans doute aussi l'intervention de la dame de Giac et de Philippe Jossequin [1], — triomphèrent de l'obstination du duc : il annonça la résolution de se rendre le 10 à Montereau, pour y conférer avec le Dauphin. Tanguy du Chastel, Hugues de Noé, et peut-être Jacques du Peschin et le sire d'Escorailles [2], réglèrent avec lui les conditions de l'entrevue. Le Dauphin devait abandonner au duc le château de Montereau [3], et se retirer dans la ville ; la ville et le château de Moret seraient en outre donnés en gage au duc. L'entrevue aurait lieu sur le pont de Montereau, dans un parc palissadé, ayant une ouverture de chaque côté, gardée par les gens des princes. Des barrières fermeraient ce pont à ses extrémités. Les deux princes auraient l'un et l'autre une suite de dix personnes [4].

On fit aussitôt construire le parc en bois, et disposer le pont, selon les conventions faites. Le 8 septembre, Tanguy du Chastel et le sire d'Escorailles revinrent près du duc, pour le renouvellement des serments jurés lors du traité de Pouilly, tandis que Pierre de Giac et Nicolas Rolin allaient recevoir ceux du Dauphin et des siens [5]. En même temps, le jeune prince, abandonnant le château de Montereau, se retira à Moret [6] ; le duc, de son côté, fit à l'avance préparer son logement au château [7].

Tout était prêt pour l'entrevue. Le dimanche 10 septembre,

1. D. Plancher, t. III, p. 523. Cet auteur parle aussi d'ordres venus de Troyes. La dame de Giac était allée plusieurs fois trouver le Dauphin. Monstrelet, t. III, p. 341.

2. *Mémoire* de Bauyn, dans La Barre, t. I, p. 220, d'après les articles rédigés pour l'interrogatoire de Barbazan (p. 306). Noé est nommé dans la plaidoirie de Labat, *l. c.*, f. 116. Cf. D. Plancher, t. III, p. 523.

3. « Beau, grand et bien fort, » dit Jouvenel des Ursins, p. 369. « Place moult forte et de grant defense, » dit Chastellain, t. I, p. 143 et 145.

4. Le héraut Berry, dans Godefroy, p. 438 ; Jouvenel, p. 369 ; Pierre de Fenin, p. 112 ; *Mémoire* de Bauyn, *l. c.*, p. 220.

5. *Relation inédite*, publiée par M. Kervyn de Lettenhove dans les *Bulletins de la commission royale d'histoire de Belgique*. Tirage à part, p. 4 ; *Mémoire* de Bauyn, qui dit que ce fut le 9. Cf. lettres du Roi du 11 septembre, dans La Barre, t. I, p. 296.

6. Lettres du 27 septembre, dans Besse, p. 323, et plaidoirie de Labat dans le procès de Barbazan, Ms. fr. 5061, f. 116 v°.

7. Ce point, assez important, est établi par la *Chronique anonyme* publiée à la suite de Monstrelet, t. VI, p. 278, et par Pierre de Fenin, p. 113.

au matin, le dauphin Charles quitta Moret pour se rendre à Montereau, où il descendit dans une hôtellerie située près du pont[1]. De son côté le duc de Bourgogne, accompagné d'au moins trois mille hommes[2], commandés par Charles de Lens, amiral de France, et Jacques de la Baulme[3], partit de Bray, après avoir entendu la messe[4], et vint camper sur les champs, non loin des murs du château. Il était environ trois heures. Séguinat, secrétaire du duc, avait devancé son maître : sous prétexte de prendre son logis, il allait sans doute s'assurer de l'état des lieux[5]. Le duc mit ses gens en bataille, puis il envoya au Dauphin les seigneurs de Saint-Georges et de Navailles et Antoine de Vergy, pour l'avertir de sa venue et prendre avec lui les derniers arrangements[6]. Le Dauphin répondit que tout avait été convenu à l'avance entre ses gens et ceux du duc, et comme les seigneurs bourguignons demandaient de nouvelles sûretés, il fut décidé que, de part et d'autre, on prêterait encore une fois serment, et qu'on remettrait une cédule contenant les noms des dix personnes accompagnant chacun des princes[7].

Au retour de ses trois envoyés, le duc de Bourgogne tint conseil, sans descendre de cheval, et examina encore une fois s'il devait ou non aller en avant. Des rumeurs menaçantes

1. Plaidoirie de Labat, *l. c.*, f. 116 v°.

2. Monstrelet parle « d'environ cinq cents hommes d'armes et deux cents archers, » ce qui fait environ 3,000 hommes, en comptant la lance pour cinq hommes. Il est vraisemblable que les convocations du duc avaient amené un grand nombre de gens de guerre. Fenin dit, nous l'avons vu, qu'il était à Bray, « atout grant puissance de gens d'armes et de trait; » or il partit avec *toute sa gent* (p. 113). Monstrelet donne pour l'armée du Dauphin le chiffre de 20,000 hommes, qui est certainement exagéré.

3. Et non de *La Lune*, comme on lit dans la version de M. Douet d'Arcq, qui porte aussi fautivement le 11 pour le 10 septembre (t. III, p. 340).

4. « Après disner, » lit-on dans la *Copie de la manière de la mort de feu Mgr Jehan duc de Bourgogne*, récit que fit faire la duchesse de Bourgogne pour être remis à la duchesse de Bourbon (La Barre, t. I, p. 287). Mais c'est une erreur. Montereau étant à cinq lieues de Bray, il n'est pas possible que le duc fût parti si tard. Il partit, comme le dit la *Chronique anonyme* (t. VI, p. 278), « après ses messes oyes. »

5. Déposition de Séguinat, dans La Barre, t. I, p. 273. « Et luy qui parle s'en alla de devant audit Monsteraul, c'est assavoir ès fauxbourgs, pour prendre son logeis. »

6. Dépositions de Saint-Georges et de Vergy, en date du 19 février 1421, dans La Barre, t. I, p. 281 et 284. — Il est bon de faire remarquer que ces deux dépositions sont identiques.

7. Mêmes dépositions. Cf. *Relation inédite*, p. 5.

étaient venues jusqu'à lui[1]. Un rapport favorable de Pierre de Giac, dépêché pour s'assurer s'il n'y avait pas de gens armés à l'entrée de la barrière du pont, et la relation que lui firent Saint-Georges, Navailles et Vergy triomphèrent de ses hésitations. Il déclara « hault et cler » qu'il se fiait à la loyauté du Dauphin, et qu'il tiendrait la journée[2]. S'avançant vers le château, suivi de deux cents hommes d'armes et de cent archers, il y pénétra par la porte de derrière. Une partie de ses troupes resta au dehors, rangée en bataille[3]. Le duc dina[4], reçut le rapport de son secrétaire Séguinat, qui le rejoignit à ce moment[5], et fit écrire le *rolet* contenant les noms des seigneurs de sa suite. Saint-Georges et Navailles eurent mission d'aller le porter au Dauphin et en même temps de recevoir les serments. Avant de quitter le château, le duc reçut la liste envoyée par le Dauphin[6].

Il n'est pas inutile de faire connaître les personnages qui devaient accompagner chacun des deux princes. Auprès de Jean sans Peur étaient Charles de Bourbon, fiancé à sa fille Agnès de Bourgogne; Jean de Vergy, seigneur de Fouvans; Antoine de Vergy, seigneur de Champlite; Jean, comte de Fribourg; Guy de Pontailler; Archambault de Foix, sire de Navailles; Guillaume de Vienne, seigneur de Saint-Georges; Jean de Neufchastel, seigneur de Montagu; Charles de Lens, amiral de France, et Pierre, sire de Giac. Les cinq derniers figurent parmi ceux qui avaient juré le traité de Pouilly. Le duc avait, en outre, avec lui son secrétaire Jean Séguinat.

Le Dauphin avait en sa compagnie Tanguy du Chastel, le

1. *Copie de la manière de la mort, l. c.*, p. 288; *Chron. anonyme*, p. 278; Monstrelet, t. III, p. 348.

2. *Copie de la manière de la mort*, p. 288; Monstrelet, t. III, p. 340. — Giac était, comme on le sait, fort avant dans les bonnes grâces du duc.

3. Monstrelet; *Chronique anonyme*, p. 278; Pierre de Fenin, p. 113. Cet auteur place du Chastel auprès du duc pendant le trajet de Bray à Montereau, ce qui n'est point exact.

4. *Chronique anonyme*, p. 279. — « Va diner à Montereau, » dit Jean de Velery. Extrait de son compte, dans la Collection de Bourgogne, vol. 21, f. 52.

5. Déposition de Séguinat, *l. c.*, p. 273.

6. Déposition de Séguinat, p. 273; dépositions de Saint-Georges et de Vergy, p. 282 et 284; plaidoirie de Rapioust, dans le procès de Barbazan, ms. 5061, f. 109 et 110.

seigneur de Barbazan[1], le vicomte de Narbonne, Pierre de Beauvau, Hugues de Noé, Guillaume d'Avaugour, Olivier Leer ou Leet, Louis d'Escorailles, Pierre Frotier et Robert de Lairé. Il était, de plus, assisté de son chancelier Robert le Maçon, et du président Louvet. Neuf de ces personnages étaient au nombre de ceux qui avaient juré le traité de Pouilly.

Tandis que le Dauphin n'attendait plus que l'arrivée de Jean sans Peur, un avis lui parvint, émanant de gens du duc de Bourgogne : on le prévenait « qu'il se donnast garde de sa personne, car l'entreprinse estoit faicte contre lui[2]. »

Cependant le duc avait quitté le château, y laissant la dame de Giac, et donnant à son fidèle Jossequin, « le plus féable de ses serviteurs[3], » la garde de ses joyaux. Jacques de la Baulme et ses troupes occupaient la porte du château[4]. Arrivé près de la barrière du pont, le duc rencontra le seigneur de Beauvau, député pour recevoir son serment et celui des gens de sa suite[5]. Pendant que se faisait la prestation du serment, on s'assurait de part et d'autre que, selon la convention faite, les seigneurs qui accompagnaient les princes ne portaient que la cotte et l'épée[6].

Tandis que Pierre de Beauvau retournait auprès du Dauphin, le duc posait une dernière fois la question de savoir s'il devait avancer ou reculer. Il ne lui suffisait pas d'avoir, à plusieurs reprises, fait vérifier l'état des lieux; en vain les rapports faits par ses envoyés avaient été favorables : il hésitait à passer

1. Barbazan, d'après la plaidoirie de son avocat, n'était pas à l'entrevue, et n'arriva qu'après le meurtre. Ms. fr. 5061, f. 116 v°.

2. Récit du Dauphin et lettres du 27 septembre.

3. Monstrelet, t. III, p. 341.

4. « Pour la soureté de sa personne et aussi à garder la commocion. » Monstrelet, *l. c.*

5. Déposition de Séguinat, p. 273. « Pareillement l'avoit fait ledit Daulphin et lesdiz dix de sa compaignie. »

6. « Ils furent d'un costé et d'autre visitez, et n'avoient pas plus l'un que l'autre de harnois ou armures, c'est à sçavoir seulement haubergeons et espées. » Jouvenel des Ursins, p. 371. Il est complètement invraisemblable, en dépit des assertions qui se trouvent dans les récits bourguignons, que Tanguy et les autres Dauphinois fussent armés de haches, alors que le duc et ses gens n'auraient eu que leurs épées. En présence des précautions prises par Jean sans Peur et des vérifications faites à plusieurs reprises, c'est chose inadmissible. Il faut s'en tenir à la déclaration de Jouvenel, qui répète (p. 373) « que ceux qui entrèrent au parc, tant d'un costé comme de l'autre, avoient pareils harnois, c'est à sçavoir espées et haubergeons. »

outre, et se demandait s'il était suffisamment en sûreté. Ses conseillers lui répondirent unanimement qu'il pouvait être tranquille, et « que bien oseroient prendre ladicte adventure de y aller avec luy [1]. » Le sort en était jeté : Jean sans Peur, précédé de quelques-uns des siens, franchit la première barrière [2]. Il était environ cinq heures [3].

Le pont était entièrement palissadé. A chaque extrémité, il était fermé par une barrière ; sur le pont même, mais plus près de la ville, était construit un parc, ou enceinte réservée ; on y pénétrait par une sorte de guichet. En s'avançant, après avoir passé la première barrière, le duc rencontra les conseillers du Dauphin : « Venez devers Monseigneur, lui dirent-ils ; il vous attend. » — « Je vais devers luy, » répondit le duc. Il franchit alors le guichet, suivi des dix chevaliers désignés par lui et de son secrétaire Séguinat [4], et laissant son escorte au dehors. — On était convenu en effet que les gens de chacun des princes occuperaient les barrières aux extrémités du pont [5]. — Dès que le duc fut passé, le guichet fut fermé [6]. Tanguy du Chastel se trouvait à l'entrée du parc, et tira même par sa manche le secrétaire Séguinat pour le faire avancer [7]. Le duc,

1. Monstrelet, t. III, p. 342.
2. *Idem.*
3. *Registres du Parlement*, et les deux *Relations inédites.*
4. Certains auteurs prétendent que le duc n'était pas suivi par ses dix chevaliers. C'est une erreur, démentie par la déposition de Séguinat, la *Copie de la manière de la mort*, etc. Montagu seul n'y était pas, s'il faut en croire la *Relation inédite* (p. 5); comme Barbazan, il serait arrivé trop tard.
5. Il est constant, d'après la déposition de témoins oculaires, que la première barrière, ou porte du pont, était occupée par de nombreux soldats : « Ei ipsi loquentes, *cum aliorum virorum multitudine copiosâ*, remanserunt foras. » Déposition de Bertrand de Navailles et de Guillaume de Paleur, *en date du 14 septembre*, dans La Barre, t. I, p. 278. Jouvenel des Ursins dit (p. 371) que, « quand ils furent entrez, ils mirent garde aux deux huis chacun de ses gens. » Ainsi le duc ne fut point, comme on le croirait en s'en fiant uniquement aux récits bourguignons, privé de communications avec les siens.
6. Toutes les relations bourguignonnes mentionnent le fait. Monstrelet est le seul à prétendre (t. III, p. 343) que « la seconde barrière fut tantost *fermée à clef*, après que luy et ses gens furent ens. » La *Relation inédite* dit que « le sire de Quitry, bailly de Sens, qui gardoit ladicte entrée, ferma tantost et hastivement ledit guichet après eulx (p. 5). » Mais il n'est pas probable que Quitry, qui ne figurait pas parmi les dix, se trouvât là. Quant à voir dans ce fait une preuve de trahison, cela n'est pas possible. Est-il croyable que le duc se fût ainsi laissé enfermer comme dans une souricière?
7. Déposition de Séguinat, p. 273. Peut-être Séguinat ne voulait-il pas pénétrer dans l'enceinte réservée.

apercevant Tanguy, lui toucha amicalement l'épaule, disant aux siens : « Véez cy en qui je me fie [1]. » Il s'avança alors vers le Dauphin, qui se trouvait au fond de l'enceinte, à l'un des angles, adossé à la palissade, et qui attendait, armé et l'épée ceinte [2]. Jean sans Peur, ôtant son aumusse de velours, s'inclina humblement et mit un genou en terre [3].

« Mon très honouré et doublé seigneur, dit-il, je prie à Dieu « qu'il vous doint bon soir et bonne vie [4]. » — « Beau cousin, « répondit le Dauphin, vous soyez le très bien venu. » — « Mon très honouré et doubté seigneur, reprit le duc, je viens « devers vous de par mon souverain seigneur monseigneur le « Roy, vostre seigneur et père, que Dieu veuille garder, pour « lui et vous servir, et vous accompaigner à l'encontre de ses « ennemis anciens et des vostres, et aussi les miens, les En- « glois. Vous offre ma personne, mes biens, mes parens, mes « vassaulx, subjets, amis et alliés, pour employer avecques « vous ou autrement, ainsi qu'il vous plaira l'ordonner, à la « reparacion et entretenement de la seigneurie de mondit sei- « gneur le Roy et de vous, à la repulsion et reboutement de « ses ennemis ; et vous prye qu'il vous plaise moy benignement « recevoir et recueillier, et avoir ma personne, mes gens et ma « compaignie en vostre bonne grace et amour. Car je vous jure « par ceste ame (en se signant et mettant la main sur sa poi- « trine) que oncques en ma vie je n'eus et n'ay intencion ne « voulenté d'avoir avecques lesdis Englois ne autres, confe- « deration ne alliances, ne autres traictiez prejudiciables à

1. Monstrelet, t. III, p. 343; *Relation inédite*, p. 5.

2. Monstrelet; *Nouvelle Relation inédite*, p. 5; dépositions de Saint-Georges et de Séguinat.

3. Les mêmes; Fenin, p. 214; plaidoirie de Rapioust dans le procès de Barbazan, ms. 5061, f. 110; *Registres du Parlement*.

4. Les paroles échangées entre les deux princes sont diversement rapportées dans les récits contemporains. Nous avons cherché à combiner les diverses relations, de manière à présenter les choses de la façon la plus vraisemblable. Il importe de faire remarquer ici que la plupart des historiens ont prétendu que, à peine agenouillé, le duc, sur un signe du Dauphin, fut frappé mortellement. Cette grave erreur a été l'une des principales causes de l'opinion, si accréditée, qui a fait voir dans l'événement un guet-apens prémédité. Elle a été empruntée aux relations bourguignonnes, que nous pouvons prendre ici en flagrant délit d'erreur : *Post pauca verba*, disent les *Registres du Parlement* (en date du 12 septembre), ou de mensonge : « Incontinent, sans autres paroles avoir d'un costé ni d'autre, » dit la relation officielle de la duchesse de Bourgogne (La Barre, t. I, p. 288).

« mondit seigneur le Roy, à vous, ne au royaume[1]. » — « Mon-« seigneur, et entre vous mes seigneurs, » poursuivit le duc en se tournant vers les conseillers du Dauphin, « dis-je bien[2]? » — « Beau cousin, » dit le Dauphin en donnant la main au duc, « vous dites si bien que l'on ne pourroit mieux ; levez-vous et « vous couvrez[3]. » En même temps Robert de Lairé lui prenait le bras, en disant : « Levez-vous, levez! vous estes trop « honnourable[4]. » — « Mais, reprit le Dauphin, vous ne seriez « point bon abbé. » — « Pourquoi? » dit le duc. — « Pour ce que « vous ne rendez pas bien. » — « Comment cela? » — « Parce « que derrenièrement que parlasmes ensemble, vous me pro-« mistes et eustes en convenant vuider dedens ung mois toutes « vos garnisons, comme savez qu'il avoit esté ordonné... Et « combien que j'aye très diligamment fait poursuivre devers « les gens de vostre conseil la commission de vostre part sur « ce necessaire, offrant bailler la mienne, toutes voyes je ne « l'ay pas obtenue. Mais si Dieu plaist et vous, il se fera bien, « car encores est assez temps[5]. »

Le Dauphin rappela alors qu'il avait été convenu à Pouilly

1. J'ai suivi jusqu'ici la *Relation inédite*, publiée par M. Kervyn de Lettenhove. Ce récit, dû à un Bourguignon très prononcé, prouve déjà que le Dauphin ne commença pas par les reproches et les *rigoureuses paroles* dont parlent Monstrelet et le Religieux de Saint-Denis. Il est d'ailleurs confirmé par un document inédit, qu'on n'a pas non plus utilisé jusqu'ici : c'est le récit fait par l'avocat Rapioust, qui porta la parole contre Barbazan, lors de son procès. Le duc, raconte Rapioust, « si tost qu'il peut apercevoir icelluy Daulphin, se agenouilla, et lui fit reverence, et après qu'il fut devant luy, de rechef se agenoillat osta son ausmuce de veloux, et luy dit que après Dieu il n'avoit autre à servir que le Roy son souverain seigneur et luy, et pour eulx en leur service vouloit exposer corps et chevance, en luy priant que si on luy avoit fait aucuns rappors de sa personne, qu'il ne les voulsist pas croire. Et quant aux traictiez qui avoient estés faiz, ce peut ou trop cy avoit, il estoit d'accord que par son conseil il fust advisé. » (Ms. fr. 5061, f° 110.) — Cf. le rapport fait au conseil de ville de Tournai le 2 octobre 1419, par Morvilliers et Veirat (*Extraits des Registres des Consaux*, t. I, p. 187), et la déposition de Séguinat, *l. c.*, p. 273-74. « Luy sembloit qu'ils parloient amoureusement et gracieusement ensemble, » racontent, dans les mêmes termes, Saint-Georges, Vergy et Pontailler (p. 282, 285 et 286).

2. Séguinat ; plaidoirie de Rapioust.

3. Les mêmes ; *Relation inédite*. D'après certaines versions bourguignonnes, le Dauphin aurait, à ce moment, par un coup d'œil au président Louvet, donné le signal du meurtre. Ce n'est pas admissible. Les paroles qui suivirent, et qui se trouvent dans plusieurs relations contemporaines, n'ont pu être inventées.

4. *Relation inédite* ; *Nouvelle relation inédite* ; Monstrelet. Le mot est placé, dans la *Relation inédite*, avant les paroles du duc, et au moment même où il s'agenouilla. La *Nouvelle relation inédite* ne rapporte pas le discours du duc.

5. *Relation inédite*, p. 6-7.

qu'on se réunirait dans le délai d'un mois, pour traiter des affaires du royaume et organiser la résistance contre les Anglais; que Montereau avait été choisi, et qu'il y avait attendu plus de quinze jours; que le duc pouvait venir plus tôt s'il l'eût voulu, car il n'était qu'à quinze lieues. — « Mon très honnoré seigneur, interrompit le duc, je suis venu quand je l'ai pu[1]. » — Le Dauphin insista sur les maux que faisaient les gens de guerre des deux partis[2], et sur les progrès de l'ennemi; il pressa le duc d'aviser à ce qu'on pourrait faire. « Je tiens la paix desja « toute faite, dit-il, ainsi que l'avons jà juré et promis; c'est « pourquoy trouvons moyen de resister aux Anglois[3]. » Le duc répondit qu'on ne pouvait rien aviser qu'en présence du Roi, et qu'il fallait que le Dauphin y vînt[4]. « Je suis mieux ici qu'avec « lui, reprit le prince, et j'irai vers monseigneur mon père « quand bon me semblera, et non à votre volonté. Mais, pour- « suivit-il, je me merveille de vous, de ce que deviez défier les « Anglais et ne l'avez fait. » Ici le Dauphin revint encore sur les torts que le duc s'était donnés. — « Monseigneur, dit le « duc, je n'ai fait autre chose que ce que je devais faire[5]. » Des démentis furent échangés[6]. Le sire de Navailles s'approcha alors de son maître, dont le visage s'enflammait. « Monsei- « gneur, » dit-il en s'adressant au Dauphin, « quiconque le « veuille voir, vous viendrez à présent à vostre père; » et il lui mit la main gauche sur l'épaule, tandis que de la droite il sortait à demi son épée du fourreau[7]. Le duc, lui aussi, avait porté

1. Jouvenel des Ursins, p. 371. Cf. Rapport des agents anglais à Rome, dans M. Quicherat, t. IV, p. 280.
2. Voir à ce sujet ce que dit le Religieux de Saint-Denis, t. VI, p. 361.
3. Jouvenel, p. 371.
4. Jouvenel; rapport de Rome. — C'était bien là, comme nous l'avons dit plus haut, le nœud de la question. Les Bourguignons soutinrent plus tard — ce que n'avait point dit leur maître — que le Dauphin, lors du traité du Pouilly, « avoit... promis d'estre devers le Roy dedens un mois, ou qu'il fust. » Voir relation faite à Tournai le 2 octobre 1419 : *Extraits des registres des Consaux*, t. I, p. 186.
5. Rapport de Rome.
6. « Dixit Dalphinus : *Certe imo*, alter : *Certe non*. » Rapport de Rome. La *Relation inédite* rapporte que le Dauphin dit au duc « qu'il avoit menty faulsement par la gorge. » — « Parolles se enaigrirent, dit une chronique redigée à Tournai, et montèrent en tele arrogance que par fait, après icelles, ledit duc et aucuns de ses aidans y furent occis par les gens dudit Dalphin. » *Chronique de Flandre*, t. III, p. 371.
7. Jouvenel, p. 371; récit du Dauphin et lettres du 27 septembre. Il est constant que

la main à son épée. — « Mettez-vous main à l'espée en la pré-« sence de monseigneur le Dauphin ? » s'écria Robert de Lairé [1]. Bataille, d'Avaugour, du Chastel et Frotier sommèrent à la fois le duc et les siens de reculer, craignant un attentat contre la personne du Dauphin [2]. Au milieu du tumulte, les épées sont tirées, les cris : *Alarme ! Alarme !* retentissent [3]. Le Dauphin est emmené à la hâte hors du parc [4]. Alors, par le guichet entr'ouvert, se précipitent des gens armés, en criant : *Tuez ! Tuez* [5] ! Mais déjà Jean sans Peur était tombé mort sous les coups de plusieurs des chevaliers dauphinois [6]. Le sire de Navailles qui,

le duc mit la main à son épée; seulement Monstrelet prétend que ce fut étant agenouillé, et « pour la remettre plus devant à son aise. » Il y a ici un doute à signaler sur ces paroles et sur cet acte, qu'on a généralement attribué à Navailles. Le texte de Jouvenel est ainsi conçu : « Et se approcha ledit de Nouailles dudit duc, *qui rougissoit, et lequel dist :* Monseigneur, » etc. L'édition de 1614 supprime le mot *lequel*, qui ne se trouve pas non plus dans les manuscrits.

1. Monstrelet. Le mot de Lairé s'explique bien mieux à cet endroit que suivant la version de Monstrelet.

2. Lettre du Dauphin au duc Philippe; instructions au comte d'Aumale et récit du Dauphin; *Chron. de J. Raoulet*, dans Chartier, t. III, p. 166.

3. Dépositions de Bertrand de Navailles et de Jean de Paleur, p. 279.

4. « Messire Tanneguy prit monseigneur le Dauphin entre ses bras et le mit hors de l'huis de l'entrée du parc. » Jouvenel, p. 372. Monstrelet dit que ce fut le président Louvet qui emmena le Dauphin. La *Relation inédite* met fautivement le prince en scène : « Et lors dist ledit Daulphin, qui avoit sackié son espée et la tenoit toute nue en sa main : *Je croy qu'il en a assez.* » — L'auteur bourguignon nous paraît s'être souvenu ici du grand homme à chaperon rouge qui, le 23 novembre 1407, sortit de la maison de l'Image Notre-Dame et dit, après avoir regardé le corps de Louis d'Orléans : « Allons nous en; il est bien mort! » Il ose même ajouter que le Dauphin, tenant toujours son épée nue, resta à voir dépouiller le duc de ses vêtements (p. 7; cf. *Nouv. relat. inédite*, où se trouvent les mêmes détails).

5. Séguinat, Saint-Georges, Vergy, Pontailler.

6. « Après plusieurs paroles, dit Raoulet, ils frappèrent sur le duc de Bourgogne et le tuèrent. » D'après la déposition de Bertrand de Navailles, Tanguy du Chastel aurait frappé le duc d'une hache, et, après l'avoir abattu, aurait tué le sire de Navailles; d'autres (Pontailler, Monstrelet, la *Relation inédite*, la *Chron. anonyme*, etc.) parlent aussi de ce coup de hache; Saint-Georges raconte qu'il fut pris par Tanguy, et qu'il vit là Barbazan (qui n'y était pas). Voilà trois actions différentes mises au compte de Tanguy, qui, s'il faut en croire Jouvenel, emmenait pendant ce temps le Dauphin, et qui, plus tard, selon le même historien, protesta énergiquement contre l'accusation d'avoir été l'un des meurtriers du duc. — Le « grand homme brun » qui frappa le duc de son épée (Séguinat) dut être Bataille, et il fut assisté par Lairé et Narbonne, qui reconnurent plus tard, « avoir mis la main sur feu Mgr de Bourgogne » (Jouvenel), et par d'Avaugour et Frotier, nommés dans d'autres relations (Raoulet). « Tu couppas le poing à mon maistre, aurait dit Bataille, et je te couperay le tien. » — Bataille, Lairé et Narbonne étaient d'anciens serviteurs de la maison d'Orléans. Olivier Leer joua aussi un rôle dans le meurtre. Remarquons que d'Avaugour et Frotier ne sont pas nommés par Nicolas Rolin dans sa *complainte* officielle du 23 décembre (Voir Chastellain, t. I, p. 196 et Monstrelet, t. IV, p. 18). — M. Clerc a

seul avec Jean de Vergy, avait essayé de défendre son maître, fut blessé mortellement[1]. Les autres seigneurs bourguignons, à l'exception du seigneur de Montagu, lequel, à ce qu'on prétend, se sauva du côté de la ville[2], furent faits prisonniers par quatre des conseillers du Dauphin, seuls restés sur le pont, avec l'aide des gens de leur parti qui étaient accourus[3].

Bien que la chose ait été soudaine, on s'étonne que les gens du duc, qui occupaient la barrière du pont du côté du château, ne soient pas survenus[4]. Un contemporain nous en donne l'explication : « Ceux du chastel, dit-il, qui estoient le plus près de l'huis du parc, oncques ne s'en esmurent, *cuidans que ce feust monseigneur le Dauphin qu'on eust tué*[5]. » Le bruit se répandit en effet, dans le château et dans la ville, que le Dauphin était mort, et il dut monter à cheval pour démentir ce bruit par sa présence.

Nous avons exposé dans ses moindres détails le tragique événement qui s'accomplit sur le pont de Montereau; nous en avons examiné avec soin les préliminaires. Si nous n'avons pu faire luire une lumière complète sur un événement que les contemporains eux-mêmes n'ont pu connaître qu'imparfaitement[6], et que les historiens modernes ont déclaré impossible à éclaircir, nous avons du moins fourni au lecteur tous les éléments d'information qui étaient à notre disposition.

donné, dans son *Essai sur l'histoire de la Franche-Comté* (t. II, p. 372), un dessin du crâne de Jean sans Peur, dont le corps fut exhumé à Dijon en 1840. Le front est déprimé, la partie inférieure de la tête a un développement significatif. On remarque les fissures produites par les coups réitérés qui furent portés. Voir aussi *Mémoires de la commission des antiquités de la Côte-d'Or*, t. I, p. 419.

1. Les mêmes et *Chronique anonyme*, p. 279. Barbazan n'arriva qu'à ce moment.

2. *Chronique anonyme*, p. 280. Plusieurs témoignages mentionnent la fuite de Montagu; on a vu que, d'après la *Relation inédite*, il ne devait pas être sur le pont.

3. Jouvenel, p. 372.

4. Ils ne parurent qu'après : un conflit s'engagea un moment, sur le pont, entre les gens du duc, qui gardaient la barrière, et les gens du Dauphin (Monstrelet, t. III, p. 344). C'est là sans doute que se trouvaient le maître d'hôtel du duc, Guillaume Binet (La Barre, t. II, p. 135), son valet servant Jean Le Voir (*id.*, p. 138), et que fut tué Philibert Brigandet (Épitaphe dans la Collection de Bourgogne, vol. 18, f. 676).

5. Jouvenel, p. 372.

6. « Combien que, en tant que touche la mort dudit duc de Bourgongne, plusieurs ayent escript en diverses manières, lesquels n'en scavoient que par ouy dire, *et les presens mesmes n'en eussent bien sceu deposer*, car la chose fut trop soudainement faite... » Jouvenel, p. 372.

Quelles sont les conclusions qui ressortent de ce récit? Nous croyons devoir les dégager brièvement [1].

Le simple récit des faits prouve, à notre sens, que le Dauphin agissait loyalement en traitant avec le duc, qu'il voulait sincèrement la paix [2], et que c'était de bonne foi qu'il venait à Montereau, pour concerter les mesures arrêtées en principe au Ponceau et à Corbeil. Si le Dauphin se refusait à se rendre auprès du Roi, c'est qu'il ne voulait pas se mettre à la discrétion du duc de Bourgogne, dont il redoutait à juste titre la politique cauteleuse et le caractère fourbe et violent. Ses conseillers voulaient-ils, comme les historiens l'ont tant de fois répété, se défaire de la personne du duc? Mais alors pourquoi n'avoir pas mis ce dessein à exécution pendant les premières négociations, avant que la réconciliation ait été conclue et scellée par des serments sacrés et solennels? Les circonstances n'étaient-elles pas favorables? Cet étroit ponceau, cette cabane de feuillage, l'isolement du duc de ses gens, l'obscurité qui régnait, puisqu'on ne se sépara qu'à onze heures du soir, tout facilitait l'attentat. Et si l'on avait reculé à la première entrevue, ne pouvait-on mieux prendre ses mesures pour la seconde, qui eut lieu trois jours après?

Qu'invoque-t-on d'ailleurs pour prouver le complot? L'insistance mise par le Dauphin à faire venir le duc à Montereau? Mais il est établi que le jour et peut-être le lieu de l'entrevue avaient été fixés à l'avance. — Les craintes manifestées autour du duc, les avis menaçants qui lui parvinrent depuis Bray jusqu'à Montereau, et au moment même où il allait franchir la

1. Au dernier siècle, Saint-Foix, dans ses *Essais historiques sur Paris* (t. III, p. 309 et suivantes), et Villaret, dans son *Histoire de France*, avaient combattu avec force la version bourguignonne. De nos jours M. Kervyn de Lettenhove, dans sa savante *Histoire de Flandre* (t. III, p. 156), a fait usage, pour la première fois, des documents inédits qui sont utilisés dans notre récit, et soutenu que la préméditation était, non du côté du Dauphin, mais du côté du duc.

2. Dans des lettres closes, datées de Jargeau le 14 août, le Dauphin écrivait aux Lyonnais, qui avaient hésité à faire publier le traité de Pouilly : « Et toutefois, pour ce que *veritablement bonne paix a esté faicte* en ce royaume par Monseigneur et par nous..., nous voulons et nous plaist que icelles lettres vous faictes publier solempnellement, gardées les solempnitez en tel cas accoustumées. Et oultre que icelle paix vous faictes garder et entretenir, car ainsi Monseigneur et nous l'avons ordonné pour le bien commun de tout ce royaume. » Archives de la ville de Lyon, AA 22, f. 17.

barrière? Mais ces craintes, ces défiances n'avaient point arrêté l'homme le plus soupçonneux; du reste, elles se manifestèrent aussi autour du Dauphin, et assurément elles avaient bien plus de fondement à l'égard d'un prince notoirement connu pour l'assassin du duc d'Orléans, et qui était passé maître dans l'art de trahir[1]. — La disposition des lieux, les précautions secrètes prises contre le duc, certaines paroles de Tanguy du Chastel, le signe fait par le Dauphin alors que le duc était à ses genoux? Toutes ces circonstances ne sont rien moins qu'établies, et les témoignages qui les rapportent sont trop passionnés, trop inexacts dans les principales circonstances, trop contradictoires même, pour ne pas être justement suspects. — En vain nous montre-t-on le duc de Bourgogne traîtreusement frappé, au moment même où il s'agenouillait et faisait au Dauphin des protestations de dévouement : il faut désormais renoncer à ce vieux mensonge historique, que des documents nombreux et péremptoires ne permettent plus de répéter[2].

1. « Quand on se rappelle d'ailleurs la conduite antérieure du duc de Bourgogne, son assassinat du duc d'Orléans et les circonstances qui l'accompagnèrent; quand on réfléchit sur sa perfidie, sur son ambition démesurée, sur l'audace de son caractère; quand surtout on se souvient qu'il avait voulu faire venir à Auxerre, quelques années auparavant, tous les princes de la famille royale sous prétexte d'une entrevue pacifique, mais dans le dessein de les y assassiner, on n'est pas disposé à rejeter sur son rival tout l'odieux de cette catastrophe. » Boissy d'Anglas, *Mémoire sur quelques événements de la fin du règne de Charles VI*, dans les *Mémoires de l'Institut*, t. IV, p. 551.

2. Il est bon de montrer ici en passant comment l'histoire s'est faite ici bourguignonne. Monstrelet et les auteurs de son parti ont été presque les seules sources où aient puisé les écrivains du XVIe siècle, qui ont accrédité tant de notions erronées : on sait de quelles fables, inventées à cette époque, il nous faut encore aujourd'hui dégager l'histoire du XVe siècle (par exemple les faits relatifs à Jeanne d'Arc et à Agnès Sorel). Mézeray, au XVIIe siècle, donna créance au récit de Monstrelet, et fit croire à l'existence d'une barrière, placée au centre de l'enceinte, et qu'il aurait fallu franchir pour frapper le duc. La publication faite par La Barre, en 1729, des documents recueillis par Dom des Salles, et d'un mémoire anonyme, puisé exclusivement à des sources bourguignonnes, — lequel fut généralement attribué à l'éditeur, mais dont Prosper Bauyn, maître des comptes de Dijon, mort en 1587, était l'auteur, — contribua encore à accréditer la version hostile au Dauphin. Le P. Griffet, dans une dissertation jointe à son édition du P. Daniel; D. Plancher, dans son *Histoire de Bourgogne*, adoptèrent pleinement le récit de Bauyn. Villaret, qui vint ensuite, résuma avec une critique éclairée les divers témoignages, faisant ressortir les contradictions qu'ils présentent et la difficulté d'arriver à une conclusion. C'est ce que fit à la même époque un judicieux historien (Lévesque) qui se demandait « comment nous pourrions résoudre aujourd'hui ce qui paraissoit impénétrable aux plus sages des contemporains. » L'histoire commençait à entrer dans une voie meilleure. Déjà Saint-Foix, dans ses *Essais sur Paris*, avait, avec son esprit hardi et aventureux, combattu résolument les traditions reçues. Boissy d'Anglas, en traitant incidemment la question (1809), n'arriva

Quel avantage, — il importe de le faire remarquer, — le parti du Dauphin aurait-il eu à se défaire du duc de Bourgogne? « Jean sans Peur, comme le dit M. Michelet, était tombé bien bas, lui et son parti. Il n'y avait bientôt plus de Bourguignons. Rouen ne pouvait jamais oublier qu'il l'avait laissé sans secours. Paris, qui lui était si dévoué, s'en voyait de même abandonné au moment du péril. Tout le monde commençait à le mépriser et à le haïr [1]. »

Comment enfin, si l'attentat a été prémédité, s'est-on si peu mis en mesure d'en recueillir les fruits? Le Roi et la Reine étaient à Troyes, « assez petitement accompaignez, » — eux-mêmes le déclarent dans leurs lettres du 11 septembre, — et, s'il faut en croire Monstrelet, le Dauphin avait à sa disposition des forces considérables. Les gens du duc étaient dans un complet désarroi [2]. N'était-il pas naturel de se porter rapidement sur Troyes, de s'assurer de la personne du Roi et de la Reine, de marcher ensuite sur Paris, où l'alarme était plus grande encore que l'indignation, et d'empêcher ainsi la reconstitution du parti antinational? Au lieu de cela, le Dauphin reste à Montereau ou à Nemours jusqu'au 20 septembre, se répandant en excuses inutiles, en protestations illusoires, et allant jusqu'à entamer des négociations avec le nouveau duc de Bourgogne. Le 21 septembre, il se dirige sur Sens; le 24, il est à Château-Renard, se repliant vers la Loire, et arrive à Gien le 26. Une telle attitude suffit à elle seule pour faire rejeter toute pensée de préméditation [3].

Mais cette préméditation a été admise pourtant : et non con-

qu'à des conclusions négatives. De nos jours, si dans un trop grand nombre d'histoires et dans les abrégés qui malheureusement dictent l'opinion, on suivait aveuglément les sentiers battus, M. de Barante donnait un résumé fidèle et habile de tous les témoignages, et M. Michelet les appréciait avec sagacité, en réagissant contre des tendances dont les savantes recherches de M. Kervyn de Lettenhove et de M. Vallet de Viriville devaient achever de faire justice.

1. *Histoire de France*, t. IV, p. 359-360.

2. *Chronique anonyme*, t. VI de Monstrelet, p. 281 ; Pierre de Fenin, p. 117. — C'est ce que constate aussi Olivier de la Marche : « Toute son armée se derompit et s'égara, chacun tirant et allant, sans ordre ne mesure, là où Dieu le conseilla (p. 352). »

3. « On serait presque tenté de dire que ce meurtre ne fut pas prémédité, tant on avait mal pris ses mesures pour en soutenir les suites, » a dit Voltaire : *Essai sur les mœurs et l'esprit des nations*, ch. LXXIX.

tent d'en faire peser la responsabilité sur les conseillers du Dauphin, on a été jusqu'à accuser formellement le jeune Charles, alors âgé de seize ans et demi [1].

Je sais que cette accusation est formulée dans certains récits dictés par le fanatisme bourguignon, et qu'elle se retrouve dans des actes émanés de la chancellerie royale, je veux dire des lettres patentes, solennellement publiées et enregistrées en Parlement [2]. On pourrait même la lire sous la plume de la propre mère du Dauphin. Mais que vaut contre le jeune prince le témoignage d'ennemis acharnés? Que vaut le témoignage de ce pauvre roi imbécile, qui n'avait point conscience de ses actes [3], ou de cette reine, tombée si bas, qui par un honteux marché allait livrer la France à l'étranger? Il est superflu de s'arrêter à une telle accusation. En présence des faits que nous avons exposés, il n'est plus possible d'incriminer le Dauphin. Ceux qui ont voulu charger sa mémoire d'un lâche assassinat ont reçu d'ailleurs un démenti formel des contemporains, même les plus hostiles [4].

1. Il serait trop long, et d'ailleurs superflu, de mentionner tous les historiens qui se sont fait l'écho de cette accusation. L'un des plus violents a été Rapin-Thoyras, qui, dans son *Histoire d'Angleterre*, s'exprime ainsi (t. III, p. 407) : « Je dis que le Dauphin le fit assassiner, quelque peine que certains historiens aient prise pour le disculper. L'action se commit sous ses yeux et à ses pieds, et il garda toujours à son service les meurtriers. Il n'en faudrait pas davantage pour le faire juger coupable de ce crime, quand même il n'y aurait pas d'historiens d'assez bonne foi pour l'avouer franchement. » Nous avons eu le regret de rencontrer, chez un grave historien, le passage suivant : « Le crime ne pouvait rien sauver, mais on en conçoit la pensée possible en un jeune prince qui avait été naguère arraché aux massacres de Paris, et qui s'était accoutumé à considérer le duc de Bourgogne comme le mortel ennemi de la France. Meurtrier ou non, le Dauphin sentit que l'État ne pouvait vivre dans cette affreuse anarchie. S'il débuta par un forfait, l'histoire a le droit de le maudire; mais tout en frémissant, elle le loue pour n'avoir pas désespéré de la patrie. » Laurentie, *Histoire de France*, t. IV, p. 198.

2. Lettres de septembre 1419 (*Ordonnances*, t. XII, p. 268); du 17 janvier 1420 (*Id.*, *ibid.*, p. 273); du 19 février 1420 (*Id.*, *ibid.*, p. 278); du 9 mai 1420 (Collection de Bourgogne, vol. 99, p. 173); du 23 décembre 1420 (original, Moreau, 1425, pièce 103; *éd.* La Barre, t. I, p. 347).

3. « Le Roy son père est mort civilement, et n'est point ydoisne à gouverner, » lit-on dans la *Réponse d'un bon et loyal François* (La Barre, t. I, p. 319). — Chastellain l'appelle « Roy sans régir, » et dit que, « selon qu'il avoit gens autour de luy, il accordoit si bien en son préjudice comme en son prouffit : tout luy estoit ung et d'ung poix » (t. I, p. 116-17 et 239).

4. Sans nous arrêter à ce que dit Jouvenel : « Il n'y eut oncques personne qui chargeast Mgr le Dauphin qu'il en fut consentant (p. 372), » nous citerons, entre autres, les deux passages suivants de Chastellain : « … Le meurtrirent à Montereau… devant le fils de son

S'il fallait, en terminant l'exposé de ce tragique épisode, exprimer notre pensée, nous dirions que tout a été fortuit dans l'événement de Montereau[1]. Par sa déloyauté, par son insistance intéressée à faire revenir le Dauphin à la Cour, au lieu de s'employer à l'exécution sincère du traité de Pouilly, Jean sans Peur fut lui-même l'artisan de sa ruine. Le ton arrogant qu'il avait déjà fait paraître au Ponceau, et dont il usa dans les explications échangées, la sorte d'intimation faite au Dauphin, le démenti donné, tout contribua à exciter l'indignation et à faire naître l'alarme chez les conseillers du jeune prince. Au milieu des *aigres paroles* échangées de part et d'autre, un conflit s'engagea. On en vint aux armes, et les anciens serviteurs de la maison d'Orléans, prompts à tirer l'épée, firent justice de l'insolence et des menaces du duc, en mettant à mort celui qui avait fait périr leur maître.

L'histoire n'en doit pas moins sévèrement blâmer un tel meurtre et flétrir ceux qui s'en rendirent coupables. D'ailleurs, par cet acte de violence, ils portèrent à la cause qu'ils servaient un coup terrible. On rapporte que François Ier, passant

souverain seigneur le Roy, Mgr le Dauphin, jeune enfant pour lors, dont les acteurs se couvroient, *luy ignorant* (veuille Dieu! *et ainsi le croy*), dans leur mauvaistié (t. I, p. 22). » — « ... Icelui Mgr le Dauphin, qui avoit esté présent en ce meurtre, *non pas que je l'accuse*, fors du regard (p. 39). » — Le Bourguignon compilateur de l'abrégé français des grandes chroniques, publié par M. Vallet (*l. c.*, p. 232), dit, en parlant des lettres du Roi, de septembre 1419 : « Lesdictes lettres contenoient en oultre, *combien qu'il ne fut pas vérité*, qu'il estoit coulpable de la mort du duc de Bourgogne, et qu'il avoit donné signe aux meurtriers. » — Dans son *Traîté sur les différends entre la France et l'Angleterre*, Jouvenel des Ursins apporte ce grave témoignage, qui nous paraît être celui de l'histoire (ms. fr. 9667, f. 49) : « ... Car je te asseure que mon maistre et seigneur Charles n'avoit ne n'a en ladicte mort coulpe ou faulte; et que il se deust faire, il n'en savoit riens. Et non faisoient les aultres. Et fut la chose faicte par l'oultrage du mort, et par ce que il vouloit amener ledit Roy Charles, pour lors Dolphin, et de fait mist la main à luy, et ung aultre qui fut aussy mort. Et quant ceulx qui estoient presens virent que on mettoit ainsy la main en leur maistre, ilz le deffendirent, tellement que la mort s'en ensuivit; dont ledit Charles fut desplaisant... »

1. M. Kervyn de Lettenhove, le savant historien de la Flandre, qui connaissait quelques-uns des documents utilisés dans le présent travail, a, ce nous semble, été bien loin en mettant la préméditation au compte du duc de Bourgogne, et en disant que Jean sans Peur regardait, en 1419 comme en 1407, « le crime comme la dernière ressource de la haine (t. III, p. 156 et suiv.). » Il convient de faire remarquer que, depuis, l'auteur a un peu atténué l'appréciation de son *Histoire de Flandre*, en disant, dans les notes de son édition de Chastellain, qu'il avait développé l'opinion « que Jean sans Peur voulait s'emparer à Montereau de la personne du Dauphin, et qu'il expia par sa mort un complot qui n'était dirigé *que contre la liberté du jeune prince* (t. I, p. 31). »

par Dijon en 1521, voulut voir le crâne de Jean sans Peur. Le chartreux qui accompagnait le Roi dit, en lui montrant l'ouverture béante qu'on y remarquait : « Sire, c'est le trou par où les Anglais passèrent en France [1]. » Ce ne fut pas, à la vérité, le meurtre du duc de Bourgogne qui permit aux Anglais d'entrer en France, car ils y étaient depuis deux ans, et personne plus que le duc n'avait facilité leur invasion; mais les conséquences de cet événement n'en furent pas moins désastreuses : tous les bons Français pouvaient répéter ce qu'avait dit Barbazan au Dauphin en apprenant la fatale nouvelle : « Pourquoi a-t-on « fait cela? On a mis la couronne de France en grand péril [2]. » D'ailleurs le Dauphin, lui aussi, témoigna un vif regret, et, dans son entourage, plusieurs partageaient le sentiment de Barbazan [3].

1. M. Vallet de Viriville, qui cite cette anecdote (t. I, p. 184), ne donne pas pour garant l'ouvrage où elle a paru tout d'abord, savoir l'*Histoire de France* de Du Haillan (éd. in-8°, t. III, p. 268 v°).

2. « Et luy arrivé bien près des barrières apparceut une grant noise et tumulte en icelles, et voit espées nues, par quoy se arresta; et incontinent au devant de luy vint ledit Huguet de Noyers, *tout plourant*, qui lui dist et recita la mort dudit deffunct duc de Bourgoigne. Laquelle chose oye s'en retourna en la ville, *moult doulent de ce*, et incontinent qu'il peut veoir le Daulphin luy dist pour quoy il avoit ce fait et qu'il avoit mis la couronne de France en grant peril. » Plaidoirie de Labat, ms. fr. 5061, f. 117.

3. « De laquelle mort soudaine mon dit seigneur le Dauphin fut au contraire très desplaisant, ainsi que plusieurs autres gens tenans son party. » — « Quoi qu'il en soit, il est constant que, du cas advenu ainsi que dit est, monseigneur le Daulphin en fut très desplaisant, et ceux qui estoient en sa compagnée, gens de bien, cognoissant qu'il n'en pouvoit venir que tout mal. » Jouvenel, p. 372 et 373. Cf. Monstrelet, t. III, p. 347.

CHAPITRE VI

LE DAUPHIN DE MONTEREAU A BAUGÉ

10 SEPTEMBRE 1419-22 MARS 1421

Attitude du Dauphin après le meurtre de Montereau : ses lettres au nouveau duc. — Lettre de la reine Ysabeau au roi d'Angleterre. — Le Dauphin s'adresse en vain une dernière fois aux Parisiens. — Son voyage triomphal dans le Midi, qui est entièrement soumis à son obéissance; siège et prise de Nîmes et de Béziers. — Attentat du comte de Penthièvre contre le duc de Bretagne; part de responsabilité du Dauphin et de son gouvernement dans cet événement. — A peine de retour, le Dauphin se remet en campagne; la mort du comte de Vertus vient l'arrêter. — Le Dauphin à Mehun-sur-Yèvre; ordonnance rendue en faveur du chancelier Le Maçon; description du château de Mehun.

Au lendemain du tragique événement de Montereau, une grave question se posait. La paix avait été solennellement jurée ; le serment de l'observer avait été prêté, non seulement par les deux parties, mais par les conseillers de chacun des princes, par les grands corps de l'État, et, dans tout le royaume, par les bonnes villes. La mort du duc Jean détruisait-elle l'effet du traité? Allait-on demeurer fidèle aux engagements contractés? Ou, au contraire, était-ce un nouveau serment de vengeance et de haine qui allait être prêté sur le cadavre de Jean sans Peur?

Personnellement, le Dauphin n'avait rien à se reprocher dans la catastrophe, accomplie d'une manière fortuite, et sans sa participation. Il crut qu'il pouvait se maintenir sur le terrain où il s'était placé jusque-là, et dès le soir même, par les soins de son Conseil, un manifeste fut rédigé pour faire connaître au pays ses intentions.

Il exposait que, par son consentement et sur son initiative[1], une paix avait été conclue et une abolition générale promulguée ; que, pour pourvoir aux affaires du Royaume, et résister aux Anglais, il s'était rendu de sa résidence du Berry à Montereau, où il avait séjourné dix-huit jours, attendant le duc de Bourgogne, qui devait se réunir à lui pour régler les points laissés en suspens; que, dans l'entrevue, il lui avait d'abord « remontré amiablement » comment, malgré le traité signé entre eux, malgré l'engagement pris par le duc d'attaquer les Anglais dans le délai d'un mois (à partir du 11 juillet) et de faire évacuer ses garnisons, rien n'avait été fait; que le duc lui avait alors répondu « moult en oultrageuses paroles, » et qu'en outre il avait tiré l'épée pour attenter à sa personne, voulant, comme on l'avait su plus tard, la « mettre en sa subjection; » que le Dauphin, grâce à Dieu et au dévouement de ses serviteurs, avait été préservé, et que le duc, « par son oultrage et entreprinse, » était « demeuré mort en la place; » que comme, en raison du « cas advenu, » on pouvait supposer que le Dauphin ne voulait pas maintenir la « paix et abolition générale, » il déclarait que son intention était de la maintenir, et promettait, en parole de fils de Roi, de l'observer entièrement[2].

Le même jour, et les jours suivants[3], des lettres missives furent adressées par le Dauphin au Parlement de Paris, à l'Université, aux prévôt des marchands, échevins, bourgeois et habitants de Paris, aux bonnes villes de son obéissance, pour

1. « A nostre pourchaz. »
2. 10 septembre 1419. Archives, K 60, n° 15; X[1a] 8603, f. 55; Brienne, 197, f. 237 et 247. Cette lettre fut lue en la chambre du Parlement, à Paris, le 17 septembre. — Une autre version, fort abrégée, et sans date, de cette lettre, adressée au bailli de Vermandois, se trouve dans un formulaire du temps, ms. fr. 5271, f. 160; elle ne contient pas le récit des faits, et se termine par cette déclaration : « Savoir faisons que nous, qui ne voulons riens tant que veoir paix en ce royaume et entre les subgiez de mondit seigneur, pour resister aux anciens ennemis, voulons et est nostre entencion de garder et entretenir la paix et abolicion generale dessus dicte vers tous les subgiez de mondit seigneur, de quelque estat qu'ils soient, sans ce que, à cause des choses passées, ou aucune d'icelles, leur puisse aucune chose estre demandée, ains puissent lesdiz subgiez labourer et faire leurs mestiers et marchandises plainement et paisiblement, sans avoir empeschement en corps ne en biens à la cause devant dicte. »
3. Lettres des 10, 11, 12, 13, 16, 17, 27 septembre *Catalogue des actes de Charles VII* (en préparation).

leur faire connaître les faits et leur déclarer ses intentions [1].

Mais Charles ne se borna pas à ces démarches. Nous avons une lettre adressée par lui de Nemours, le 15 septembre, non plus aux bonnes villes ni aux corps constitués, mais au fils même de la victime, à Philippe, le nouveau duc de Bourgogne, qu'il avait connu enfant [2]. Il convient de donner ici ce curieux document, qui jette une vive lumière sur la situation :

A nostre très chier et très amé frère le duc de Bourgongne, conte de Flandres, d'Artoys et de Bourgongne.

DE PAR LE REGENT LE ROYAUME, DAULPHIN DE VIENNOIS, DUC DE BERRY, DE TOURAINE ET CONTE DE POICTOU.

Très chier et très amé frère, pour ce que savons que bien desirez savoir à plain de nostre estat et sancté, nous vous certiffions que, à la façon de ces presentes, nous estions en bonne sancté de nostre personne, mercy Nostre Seigneur, qui le semblable vous vueille ottroier; laquelle chose ouir de vous, ensemble de voz nouvelles en bien, nous sera singulière plaisance, toutes fois que escripre nous en vouldrez.

Très chier et très amé frère, vous avez bien sceu comme nous tenons la paix qui a esté faicte et publiée en ce Royaume, par laquelle et par les amittiez et aliances contraictées entre nous et feu vostre père, nostre cousin, cui Dieu pardoint, devoit estre et demourer bonne union en ce Royaume, tant entre lui et nous comme entre les subgiez d'icellui. Et nous avoit promis vostre dit père de non avoir desoresmais aucunes parolles de traictié, aliance ou amittié avec l'adversaire d'Angleterre, ainçois renonçoit à ceuls que par avant y povoit avoir, jurant la foy de son corps que dedans uns moys après, il leur feroit ouverte guerre; et par ainsi departismes d'ensemble, en bonne amour, et en accort de retourner à certain jour l'un avec l'autre, pour besoingner sus les affaires de ce Royaume, mesmement contre les ennemis. Mais pendant ledit temps, icellui nostre cousin, incontinent après, retourna à Pontoise, et convinct avec ledit adversaire pour rejoindre et entretenir les

1. Voir le texte dans Monstrelet, t. III, p. 352, et dans La Barre, t. I, p. 296. Cf. Kervyn de Lettenhove, *Hist. de Flandre*, t. III, p. 159, note 2. Il y a un texte beaucoup plus développé, en date du 27 septembre, dans Besse, p. 317.

2. Voir Chastellain, t. I, p. 41.

traictiez qu'ils avoieint ensemble et qui à l'eure de son trespas encores duroient, s'alia et print nouveaux seremens des gens de Paris, à Saint-Denis et au Bois de Vincennes, en leur faisant promettre de non laissier entrer nous ne les nostres, à quelconques puissance ne en armes en ladicte ville, et fist empeschier les passages et ouverture des forteresses à ceuls que avyons envoiez pour soy tirer en la frontière desdiz ennemis, sans leur faire aucune guerre comme promis avoit. Et neantmoins sommes retournés pour de rechief convenir avecques lui en la manière accordée, esperans que, en ladite convencion, quant bien lui aurions remonstré comme ses dictes promesses il n'avoit pas entretenues, il feroit reparer ce que auroit esté fait au contraire, et s'aquicteroit loyaument au bien de ladicte paix et de ceste seigneurie. Et combien que nous feussions advertis de plusieurs pars, ce que maintenant avons bien connu par l'effect et en sommes acertenez par gens qui bien ont sceu la conduicte de ceste chose, que il avoit conclus en son couraige et apoinctié et mis peine de induire plusieurs chevalliers, seigneurs et autres de ce Royaume, tant de nostre hostel que autres, que il avoit attrais à sa part, de prendre nostre personne pour en faire à son plaisir, neantmoins avons nous attendu sa venue dix-huit jours au lieu de Monstereau, et lui fait delivrer le chastel de ladicte ville, en nous deslojant, pensant que, quant il verroit nostre bonne entencion et que nous lui auryons remonstré ces choses, il se demouveroit de son propos, et continueroit en ladicte paix et amittié. Et ainsi le cuidasmes faire à l'eure que nous covenismes avec lui, et lui remonstrames amiablement, ainsi que il appartenoit, les faultes et choses devant dictes. Mais nous le trouvasmes en tel egreur que bien apparut qu'il avait en son cuer ladicte entencion de nous prendre. Et, pour la mettre à effect, tira le sire de Novailles, estant en sa compaignie, son espée, et lui s'efforça de attempter à nostre personne. Laquelle chose voyans, plusieurs noz serviteurs qui là estoient, advertis de sa dicte voulenté, et ayans en memoire les faiz passez advenus tant en la personne de feux beaux oncles d'Orleans que autres, doubtans le semblable au regart de nous, s'esmeurent, en tant que noise se sourdi par entre noz gens et les siens. En laquelle noise et conflit il demoura mort sur la place, par son oultraige et de son entreprise.

Et pour ce que bien savons que nature et la condition du cas, ainsi par son fait mesmes et par oultraige à lui advenu, vous induiront à estre de ce piteux, dolent et desplaisant, envoyons et escripvons presentement devers vous, vous priant très acertes que, selon vostre bon sens et discreccion, vueillez vous donner en ce bon confort, et prendre en patience ledit cas ainsi advenu, sans en rien vous en esmouvoir pour quelzconques induccions qui vous soient faictes par plusieurs qui ont esté causes et induict vostre dit père de faire plusieurs choses dont tant de inconveniens sont advenus, et à lui finablement en est mal pris. Et quant à nous, nous vous amerons, chierirons, aiderons et conforterons comme nostre frère, non obstant les choses devant dictes et autres passées, et entretendrons envers vous ladicte paix, de point en point, et vers tous autres, icelle mesme paix et la generalle abolicion par nous acordée, et vous garderons vos droiz et prerogatives, et pensés que en ce faisant nous delaissons et oublions plusieurs choses qui assez nous pourroient mouvoir et plusieurs autres semblablement, non sans cause, et ne peut pas estre sans grant desplaisance de nostre cuer l'entreprise ainsi faicte contre nostre personne, avec les autres choses passées par lesquelles vous povez savoir comme plusieurs du sang de Monseigneur, par le fait de vostre dit père, ont eu semblable douleur à la vostre; laquelle leur a convenu prendre en gré, et après plusieurs essais de guerre, pertes et perilz, querir la paix, comme sur toutes ces choses avons plus à plain chargié nostre très chier et amé cousin le conte d'Aumalle parler à vous, et vous dire et declairer la verité de ces choses, comme nous mesmes. Très chier et très amé frère, Nostre Seigneur soit garde de vous.

Escript à Nemours[1], le xve jour de septembre.

CHARLES.

ALAIN[2].

Le Dauphin écrivit dans les mêmes termes à sa sœur Michelle, femme du jeune duc.

Dans sa lettre à Philippe, il annonçait, on l'a vu, l'envoi d'un ambassadeur: cet ambassadeur était Jean d'Harcourt, comte d'Aumale, le futur vainqueur de la Gravelle, celui qu'on surnomma *le mal des Anglais*, et qui périt glorieusement à la bataille de Verneuil, à l'âge de vingt-huit ans[3]. Le comte d'Au-

1. On a rempli le blanc du lieu; le mot *Nemours* est de la même encre et peut-être de la même écriture que la signature du Dauphin.

2. Original sur papier. Trace de cachet. Moreau, 1425, pièce 84. On lit sur le dos de la lettre : *Le Daulphin. Lettres envoiées par le conte d'Aubmalle.*

3. Vallet de Viriville, art. AUMALE, dans la *Nouvelle biographie générale*.

male était porteur d'instructions étendues, dont l'original nous a été conservé [1], et qui contenaient un historique complet des négociations entre le Dauphin et le duc.

Ainsi, par l'initiative du Dauphin, des pourparlers étaient entamés avec le nouveau duc de Bourgogne, et la déclaration qu'il lui faisait faire de vouloir « tenir la pais jurée, promise et publiée, et la garder vers mon dit seigneur son frère et les siens, et vers tous, et entretenir l'abolicion generale par lui accordée par tout ce royaume [2], » il l'avait immédiatement rendue publique, et envoyée dans tout le Royaume.

Tandis que le Dauphin agissait de la sorte, que se passait-il dans les rangs du parti bourguignon ?

Aussitôt après l'événement, le seigneur de Montagu, l'un des chevaliers désignés pour accompagner le feu duc, qui, arrivé trop tard, était resté au dehors [3], fit partir [4] des messagers pour porter la nouvelle à la Reine à Troyes, à la duchesse de Bourgogne à Dijon, au comte de Charolais à Gand, au comte de Saint-Pol à Paris, enfin à plusieurs villes. La lettre adressée à la Reine portait que le duc, blessé grièvement, était prisonnier du Dauphin [5]; les autres lettres annonçaient que le duc avait été traîtreusement assassiné. Puis, de concert avec Guy de la Trémoille, seigneur de Jonvelle, que Jean sans Peur avait préposé à la garde du château, Montagu s'occupa de faire disparaître les papiers qui pouvaient être compromettants pour son maître; les deux chevaliers se firent apporter certain *coffre plat* dont le duc ne se séparait jamais, et qui contenait ses

1. Moreau, 1425, pièce 93. Sceau plaqué en cire rouge.
2. Instructions au comte d'Aumale.
3. C'est ce que disent les deux relations bourguignonnes. D'autres versions le font assister au meurtre et sauter par dessus la barrière (*Relation de la duchesse;* Monstrelet, p. 341; *Chronique anonyme*, p. 280). Il est possible que le duc l'ait laissé dehors, de propos délibéré : le fait est que la *Nouvelle relation inédite* mentionne à sa place, comme étant avec le duc, Jean de la Trémoille, seigneur de Jonvelle. Mais nous les retrouvons tous deux occupant le château après le meurtre.
4. Ce ne fut pas, comme le dit Monstrelet, de Bray, où ils ne se rendirent qu'après la reddition du château, mais de Montereau, et le soir même.
5. C'est ce qui résulte des lettres du Roi au comte de Charolais et à la duchesse de Bourgogne, et de la lettre de la reine à celle-ci, toutes trois datées du 11 septembre. Les deux seigneurs bourguignons feignaient d'ignorer que le duc était mort, mais ils en étaient informés, car le même jour, 11 septembre, *après diner*, on recevait à Paris la nouvelle de la mort du duc.

papiers les plus secrets : après l'avoir soigneusement visité, ils brûlèrent tout ce qu'il contenait, sauf cinq ou six pièces [1].

Pendant qu'à Troyes on croyait encore le duc prisonnier et que des lettres partaient pour presser le comte de Charolais et la duchesse de Bourgogne d'amener ou d'envoyer des secours armés au Roi et à la Reine, alors « assez petitement accompagnez de chevalliers et escuiers [2], » on apprenait à Paris la mort de Jean sans Peur. Une fureur vraiment diabolique [3] s'empara des Parisiens qui, oubliant leurs récents griefs, ne se souvinrent plus que de leur amour pour celui qu'ils avaient si longtemps idolâtré. On voulait égorger tous les partisans du Dauphin ; on vouait ceux qu'on appelait les *assassins* du duc au supplice du traître Judas et à la damnation éternelle [4]. Dès le lendemain 12 septembre, dans une assemblée tenue sous la présidence du comte de Saint-Pol, on jura de « resister de corps et de toute puissance aux damnables propos et entreprinses des crimineurs sedicieux et infracteurs de la paix et union de ce Royaulme, conspirateurs, coupables et consentans de la mort et homicide de feu le duc de Bourgongne, et poursuir de tout leur povoir la vengence et reparacion d'icelle, de vivre et mourir avec ledit de Saint-Pol en l'assistance et poursuite dessus dicte [5]. » Copie de ce serment fut envoyée dans tout le Royaume. On commença aussitôt à sévir contre les Dauphinois : des femmes mêmes furent emprisonnées ; les exécutions judiciaires suivirent de près. L'autorité bourguignonne avait fait reprendre officiellement la croix de Saint-André et défendu aux gens de guerre, sous peine de mort, de suivre le parti du Dauphin : cinq arbalétriers espagnols ayant, peu de temps après, enfreint cette défense, furent exécutés à Saint-Denis [6].

1. *Nouvelle relation inédite*, p. 7. « Par quoy, ajoute la *Relation*, l'inventorieur n'en peut veoir nulles lettres préjudisiables au duc Jehan. » — La *Relation* ne manque pas de prétendre qu'ils ne savaient pas que le duc fût mort ; mais s'ils n'avaient su à quoi s'en tenir à cet égard, auraient-ils agi de la sorte et avec une telle précipitation? L'*inventorieur* envoyé par le Dauphin était un de ses écuyers d'écurie, Antoine de Varennes.
2. Lettre du Roi. Ms. Moreau, 1425, pièce 83.
3. *Quasi furiis dyabolicis agitatus*. Religieux, t. VI, p. 374.
4. *Id., ibid.; Abrégé français*, p. 229-30 ; Monstrelet, t. III, p. 355.
5. La Barre, t. I, p. 301. Cf. *Registres du Parlement* et Monstrelet, t. III, p. 355.
6. Religieux, t. VI, p. 374-76 ; Monstrelet, p. 356.

On fit plus; on décida qu'il fallait traiter avec les Anglais : c'était, disait-on, le seul moyen de résister à la puissance du Dauphin et de venger le meurtre du duc Jean. Le maréchal de Chastellux et le sire de Toulongeon partirent pour faire des ouvertures au roi d'Angleterre, qui envoya aussitôt (vers le 27 septembre) le comte de Warwick à Paris, avec mission d'assurer les Parisiens de ses bonnes dispositions [1].

L'initiative prise à Paris avait-elle été combinée avec le Conseil, dirigé par la Reine, qui siégeait à Troyes? Il y a lieu de le croire, car, dès le 20 septembre, Isabeau adressait au roi d'Angleterre la lettre suivante, trop curieuse et trop significative pour ne pas être placée en entier sous les yeux du lecteur.

A TRÈS HAULT ET PUISSANT PRINCE NOSTRE COUSIN HENRRY, PAR LA GRACE DE DIEU ROY D'ANGLETERRE, YSABEL, PAR ICELLE MEISME GRACE, ROYNE DE FRANCE, PAIX ET AFFECTION DE PARFAITE CONCORDE ET UNION.

Très hault et excellent prince notre cousin, pour ce que souventes fois la verité des choses advenues, ainsi que Dieu le permet, mesmement en grant cas et haultes matières, est paliée et couverte de soubtivetées et parolles contraires et repugnantes à la verité, grans inconveniens s'en sont ensuis, ainsi que l'avons veu advenir derrenierement, et tant au regart du traitié secretement commancié par Monseigneur et vous [2], comme par le traitié commencié par beau filz le Daulphin et nostre cousin le duc de Bourgongne, à qui Dieux soit propice; èsquelx traictiez, mon dit seigneur, vous et nous et aussi nostre dit cousin, avons esté deceuz par voies obliques tenues de la partie de nostre dit filz, en très grant abaissement de gentillesse, oppression et destruction du peuple crestien, et contre la pure entencion de mondit seigneur, de nous et de nostre dit cousin, qui tous tendions à bonne fin [3]. Lesquelles choses, très

1. Religieux, t. VI, p. 378.

2. Allusion aux conventions secrètes faites avant les conférences de Meulan. Voir plus loin, chapitre VIII.

3. Dans les lettres du 11 septembre, adressées à la veuve du duc et à son fils, Charles VI, sous la dictée d'Isabeau, parlait du « grant vouloir que nostre dit cousin a tousjours eu à la conservacion de nous et de nostre royaume, et *au reboutement des Angloiz noz anciens ennemis et adversaires* » (Original, Moreau, 1425, pièce 83, et La Barre, t. I, p. 276). On voit quelle était la sincérité de cette déclaration.

hault et excellent prince, desirons très ardamment vous communiquier, afin que vostre haulte excellence, que autres fois avons trouvée plaine de foy et de verité, soit des choses advenues au vray informée, et que clerement congnoissiez par quelles gens la paix a esté perturbée de tous costez, et aussi que, comme prince et roy catholique, prouchain parent de mondit seigneur, vous emploiez au bien de justice et utilité de la crestienté.

Très hault et excellent prince nostre cousin, vous estes assez recors comme aultre fois à Pontoise signifiammez à vos solennes ambassateurs, lors estant par devers nous, la paix nouvellement jurée entre nostre dit filz et nostre dit cousin de Bourgongne, et comment nous requerions un mois de delay, pendant lequel nostre dit filz avoit promis et juré venir devers mondit seigneur et nous, car lui venu, nous avions entencion de parfaire ce qui estoit encommancié entre mondit seigneur et vous, par quoi nous esperions paix generale estre ferme et estable entre les royaumes de France et d'Angleterre, et mesmement entre les subgiez de ce royaume. Et combien que les offres que lors faisiez nous fussent assez agreables, toutes voies à les accepter et conclure avec vous y avoit grant difficulté, car pour lors chascun conseilloit que on attendist nostre dit filz, et se nous et nostre dit cousin les eussions acceptéez et conclutes, tous barons, chevalliers et les cités et bonnes villes de mondit seigneur nous eussent abandonnez et laissiez et soy joings avec nostre dit filz, dont plus grant guerre fust venue, se sembloit, que par avant le traictié ainsi laissié, fu mise toute diligence par nostre dit cousin à ce que nostre dit filz venist par devers nous, comme il avoit promis, de quoi il a esté delayant, disant tousjours que premièrement vouloit parler à nostre dit cousin de Bourgongne. Et après pluseurs ambassates envoiéez devers nostre dit filz, fut promise journée pour convenir ensemble ou dymenche x^e^ jour de septembre derrain passé, sur le pont de Montereau ou fault Yonne; et ja soit ce que nosdiz filz et cousin et tous les chevalliers de leur compaignie eussent juré sur la vraie croix et sainctes evangilles de Dieu et se fussent soubzmis à toutes sentences du saint-siège de Rome et de l'Église, et aultrement, de tenir l'amour, paix et concorde qui autres fois à Corbueil avoit esté jurée entre eulz sans fraude ou mal engin, ainsi que par les lettres signéez et scelléez des mains et seaulx de nostre dit filz et de ses chevalliers et clers, que avons par devers nous, appert bien clerement, toutes voies nostre dit cousin qui, lui xie seulement, estoit alé au lieu de la convencion devers nostre dit filz, en grant confiance des sermens dessusdis, qui à icelle heure meisme furent renouvellez, en confiance aussi que nostre dit filz ne fut semblablement que lui xie, ainsi que promis et accordé avoit esté, aprez ce que nostre dit cousin lui ot faicte doulce et humble reverence et offert corps, chevance et amis, saillirent d'une embusche secrete qui estoit faicte en une chambre pluseurs hommes armez, et incontinent tous ensemble ferirent soudainement de haches sur nostre dit cousin, qui estoit à genoulx devant nostre dit filz, et là le murdrirent inhumainement contre Dieu, justice, raison, foy et loy, et de fait prindrent les chevalliers qui l'avoient accompaignié en celle dolereuse convencion, c'est assavoir nostre très chier et très amé cousin Charles de Bourbon, le seigneur de Novailles, qui est navré à mort comme l'en dit, le frère au comte de Fribourch, le seigneur de Saint George, messire Anthoine de Vergy, le seigneur d'Autrey, messire Charles de Lens, messire Guy de de Pontalier et aultres, et avec ce tous les biens et joyaulx que nostre dit cousin avoit menez au lieu de la convencion, ont prins et osté de ceulz qui les avoient en garde, iceulx appliquiez à leur proffit. Et cest horrible et detestable cas, très hault et excellent prince nostre cousin, mondit seigneur et nous avons entencion de signifier à nostre saint père le pape, à l'empereur et aux aultres roys catholiques qui, comme nous tenons, prendront pour la grant enormité dudit cas grant desplaisance, et donrront assistence à mondit seigneur et à beau filz de Bourgongne qui est à present, pour aidier à vengier la desraisonnable et cruelle mort de nostre dit cousin, et ad ce faire trouvons desja enclins tous les loyaulx barons, citez et bonnes villes de par deça. Mais pour ce que tousjours sommes desirans d'avoir paix, amour et concorde avec vous, et de faire icelle au bien et honneur de mondit seigneur et de vous, et des deux royammes, nous vous prions et requerons très instamment, pour la reverence et amour du prince de paix Nostre Sauveur, et pour aidier à vengier la doulereuse mort de nostre dit cousin, laquelle chose mondit seigneur et nous desirons faire sur toutes choses, que paix avec vous, que pour cause des delays ja passez ne soiez aucunement refroidiez d'entendre à ladicte paix ; et pour entièrement et franchement besoingnier avec nous sur la conclusion et perfection d'icelle, sans faire long sejour, dissimulacion ou subterfuge, vous plaise envoier par deça, par le porteur de cestes, sauf conduit pour quatre ou cinq personnes, de quelque estat ou condicion qu'elles soient, et pour ceulx de leur compaignie jusques au nombre de quarante personnes et quarante chevaulx, et nous vous affermons que vous trouverez Monseigneur et nous et ceulx de son sang et lignaige, et aultres grans et loyaulx barons et notables gens de cest royamme, très disposez en cest besongne, en telle manière que appercevrez la grant affection que mondit seigneur, nous, plusieurs ducs, contes, barons, nobles, bonnes villes et citez de ce royamme avons au bien de paix et amoureuse concorde qu'il redondera au bien de toute la crestienté. Très hault et excellent prince nostre cousin, nous prions à Nostre Seigneur qu'il vous ait en sa sainte garde et doint bonne vie et longue, au bien et fruit de paix et vraie concorde.

Escript à Troyes, le xxe jour de septembre. Et afin que de nostre volenté soiez mieulx informez, nous avons signé ces presentes de nostre main, en grant confiance de vostre bonne volenté, laquelle nous avons aultres fois congneue, tant par vostre propre bouche comme aultrement.

Depuis que ces presentes furent escriptes, nouvelles certaines nous sont venues que le sire de Novailles est mort, à l'occasion de ladicte trayson.

YSABEL.

RINEL[1].

Une telle lettre se passe de commentaires. L'éducation politique de la Reine avait été faite par Jean sans Peur : on peut juger s'il y avait réussi.

Ainsi, c'est de Paris et de Troyes que part le mouvement. Trahir la cause nationale, livrer le royaume à l'ennemi, priver le Dauphin de son héritage, peu importe à la faction bourguignonne! Il faut, avant tout, venger la mort du duc. Et le même cri éclate à la fois chez les plus intimes confidents de la pensée du défunt : « Faisons alliance avec les Anglais! »

Mais il ne suffisait pas de préparer de la sorte le triomphe de la politique de Jean sans Peur : il fallait ruiner dans le pays

1. Copie contemporaine, Moreau, 1425, pièce 86. — C'est de cette lettre que M. Kervyn de Lettenhove a cité un fragment dans son édition de Chastellain, t. I, p. 32 note, en la donnant à tort comme adressée au duc Philippe. — La réponse du roi d'Angleterre ne se fit pas attendre : le 24 septembre, il donnait pouvoir à des ambassadeurs pour traiter de la conclusion de trêves et d'une paix finale avec *son cousin de France* (Rymer, t. IV, part. III, p. 133), et pour entrer en négociations avec les Parisiens (*id.*, *ibid.*).

le Dauphin et ses conseillers en les dénonçant comme violateurs du traité, et comme coupables du meurtre du duc. Aussi, tandis que la duchesse de Bourgogne envoyait dans toutes les Cours un récit de la mort de son mari, plein de faits controuvés, mais de nature à soulever l'indignation contre « la grande trahison perpetrée en la personne de feu monseigneur le duc [1], » la chancellerie royale de Paris lançait, à la date du 30 septembre, des lettres patentes [2], où les conseillers du Dauphin étaient traités de « perturbateurs pleins de toute iniquité et sans loy, » où on les accusait d'avoir, au mépris de leurs serments, machiné la mort du duc, et de l'avoir « occiz et meurtry de propos deliberé et à guet appensé, » où enfin injonction était faite à tous les sujets du Roi d'abandonner le parti du Dauphin dans le délai d'un mois, sous peine d'être punis comme « consentans, conspirateurs et coupables dudit meurtre et homicide, et infracteurs et violateurs de ladicte paix et abolicion. »

On comprend que, dans de telles circonstances, les ouvertures du Dauphin avaient peu de chance d'être accueillies par le nouveau duc de Bourgogne. Pourtant, la mission du comte d'Aumale n'échoua pas du premier coup, car le jeune Philippe fit partir à son tour un ambassadeur, Regnier Pot, personnage considérable qu'on trouve mêlé à toutes les négociations du temps [3]. Regnier Pot se trouvait encore à Loches, à la Cour du Dauphin, le 15 octobre. On a une lettre, en date de ce jour, écrite par Charles au duc de Bourgogne. Elle était conçue en ces termes :

1. Lettres des 23 septembre et jours suivants. Voir La Barre, t. I, p. 226-27 ; t. II, 103 note *h*, 104 n. *g*, 107 n. *b*, 109 n. *c*, 127 n. *c*.; D. Plancher, t. III, p. 531 ; Collection de Bourgogne, vol. 51, f. 244 et 244 v°, 120 v°.

2. *Ordonnances*, t. XII, p. 268-73. — Chose digne d'être notée, ces lettres ne portent point de date de *lieu*, et ne sont contresignées par aucun conseiller de Charles VI. Elles se terminent ainsi : « Ce fut fait ou mois de septembre, l'an de grâce mil cccc et dix-neuf et de nostre règne le quarentiesme. Par le Roy à la relacion de son grant conseil *tenu en la court de Parlement*. J. de Drosay. » — C'était donc le Parlement, composé de créatures de Jean sans Peur, qui fulminait ainsi contre le Dauphin.

3. Le choix de Regnier Pot s'explique d'autant mieux qu'il avait été, par lettres de Jean sans Peur du 27 juillet, choisi comme capitaine de Parthenay en Poitou pour le duc, qui avait le droit de désigner un capitaine, moyennant qu'il fût agréable au Dauphin et qu'il lui prêtât serment. Moreau, 1425, pièce 80.

A nostre très chier et très amé frère le duc de Bourgongne, conte de Flandres, d'Artois et de Bourgongne.

DE PAR LE REGENT LE ROYAUME, DAULPHIN DE VIENNOIS DUC DE BERRY ET DE TOURAINE ET CONTE DE POICTOU.

Très chier et très amé frère, pour ce que nous savons qu'estes desirant de savoir de nostre estat, nous vous certiffions que, à la façon de cestes, nous estions en bonne prosperité de nostre personne, grâces à Nostre Seigneur, qui ce vous octroit par son plaisir, desirans semblablement savoir du vostre qui soit tel comme vous le desirez et que nous mesme le vouldrions. Très chier et très amé frère, nous avons dit et declairé bien à plain nostre entencion sus plusieurs choses qui grandement touchent le bien de Monseigneur, de nous, de sa seigneurie et de vous, à nostre bien amé chevalier messire Renier Pot, lequel s'en va presentement pardevers vous, et ce mesme lui avons chargié vous dire et exposer. Si vous prions que ledit messire Renier vous vueillez oyr et croire, et à lui adjouster foy en ce qu'il vous dira de nostre part comme se nous mesmes le vous disions, et sur ce nous rescrire et faire savoir vostre entencion, pour tousjours faire ce que verrons convenir au bien de Monseigneur, de sa seigneurie et de vous mêmes, ainsi que nous y avons bien le vouloir. Très chier et très amé cousin, Nostre Seigneur soit garde de vous.

Escript en nostre chastel de Loches, le xve jour d'octobre.

CHARLES.

ALAIN [1].

En retournant près du duc, Regnier Pot était porteur d'un récit détaillé des faits, qui contenait les accusations les plus fortes contre Jean sans Peur, et se terminait par de pressantes exhortations adressées à Philippe de ne se point allier avec les Anglais et de rester Bon Français [2].

1. Cette lettre faisait partie des documents retrouvés en 1851 par M. Brun-Lavainne, secrétaire de la mairie de Roubaix, au village de Laincelles, et qui furent déposés aux archives de la préfecture du Nord. M. Brun-Lavainne a publié cette pièce en 1868, avec un *fac simile*, dans le *Bulletin de la commission historique du Nord* (t. X, p. 293-96). Nous l'avions imprimée en juillet 1868 dans la *Revue des questions historiques* (t. V, p. 223), grâce à une obligeante communication de notre regretté collaborateur Desplanque, archiviste à Lille.

2. Ce document est également imprimé dans la même *Revue*, pages 224 et suivantes, en note, d'après l'original : Collect. Moreau, 1425, pièce 94.

Le duc de Bourgogne semble avoir hésité pendant quelque temps : on a la trace d'une consultation faite alors sur la question de savoir si le traité entre le Dauphin et le duc Jean était rompu par l'événement, si le Dauphin avait forfait à sa foi, et si Philippe était en droit de reprendre sa liberté; enfin si le Roi pouvait déshériter son fils le Dauphin. Mais ces hésitations cédèrent bien vite devant les menées de la faction qui poussait aux mesures violentes. La Reine fit partir deux ambassadeurs [1]; les Parisiens députèrent le premier président du Parlement [2]; la duchesse de Bourgogne envoya plusieurs messages à son fils « pour lui exposer le grand droit qu'il avait en la poursuite de la vengeance de la mort de monseigneur le duc Jean son père [3]. » Dans le grand conseil de famille tenu à Malines le 7 octobre, et, dans l'assemblée solennelle qui eut lieu à Arras le 18, la question fut agitée, et tranchée définitivement en faveur de l'alliance anglaise : mieux valait, pensait-on, « bailler au roi d'Angleterre une partie du royaume que de laisser tout perdre [4]! »

Les anciens serviteurs de Jean sans Peur n'étaient pas tous de cet avis. On avait beau leur dire (selon le langage employé par l'Université de Paris) que « tout *preudhomme* se devoit employer, de tout son cœur et de toute sa puissance, à la réparation du très enorme et cruel meurtre, et résister à la mauvaise et damnable entreprise des cruels et déloyaux meurtriers [5], » plusieurs ne se laissaient pas aisément persuader. La voix courageuse qui se fit entendre, du haut de la chaire, à

1. *Messire Gosquin*, chevalier, et Le Moine de Neufville, écuyer. Instructions du duc en date du 1er octobre 1419. Gachard, *Archives de Dijon*, p. 109 et suiv. Il est établi par ces *Instructions*, dont M. Gachard nous donne le texte, que la Reine avait incité le duc à envoyer des ambassadeurs à Henri V, et que, « suivant le conseil et advis de la Royne et du conseil, » il avait « ordonné envoier aucuns de ses conseillers, avec les ambaxateurs du Roy, par devers le Roy d'Engleterre, *pour remettre sus le traictié commencé avec lui par la Royne et feu Monseigneur.* »

2. Accompagné de Pierre le Verrat (ou de Veirat), écuyer d'écurie du Roi. *Id.*, *ibid.*, p. 109. Voir sur cette ambassade, Chastellain, t. I, p. 69; Monstrelet, t. III, p. 359; Berry, p. 438.

3. Lettre du 19 septembre. Collection de Bourgogne, 57, f. 359, et 25, f. 28 v°; cf. La Barre, t. II, p. 126, note *e*.

4. Instructions du 1er octobre 1419, *l. c.*

5. Lettre de l'Université de Paris à la duchesse de Bourgogne, 16 octobre 1419. La Barre, t. I, p. 304.

Arras, le jour même du service solennel célébré pour le duc Jean, pour prêcher la concorde et combattre les pensées de vengeance [1], trouva de l'écho dans bien des cœurs où l'esprit de parti n'avait pas éteint tout sentiment de patriotisme. Plusieurs, désertant une cause qu'ils avaient soutenue loyalement, mais que leur conscience ne leur permettait plus de servir, se rangèrent du côté du Dauphin. Au premier rang nous rencontrons — le fait est digne de remarque — Charles de Bourbon, fils aîné du duc prisonnier en Angleterre, jeune prince qui, resté à Paris après l'entrée des Bourguignons, avait suivi la fortune de Jean sans Peur, et faisait partie des dix seigneurs qui se trouvaient avec lui sur le pont de Montereau; dès le lendemain de l'événement dont il avait été témoin, et comme si ses yeux se fussent dessillés soudain, il embrassa le parti du Dauphin. La dame de Giac, l'inspiratrice du traité de Pouilly, et deux des plus intimes conseillers du duc, Philippe Jossequin et Pierre de Giac, en firent autant [2]. Et qu'on ne dise pas, avec certains auteurs bourguignons [3], pour atténuer la portée de cette adhésion et en dénaturer le caractère, qu'ayant conseillé à leur maître de se rendre à Montereau, ils n'osèrent revenir à la Cour de Bourgogne, où ils auraient été regardés comme traîtres : car, à ce compte, les ambassadeurs parisiens, qui eux aussi, avaient vivement pressé le duc d'accepter l'entrevue, et qui l'avaient accompagné jusqu'au château [4], auraient dû encourir le même reproche.

Le Dauphin avait quitté Montereau le 20 septembre, pour reprendre le chemin du Berry. Il s'arrêta à Aubigny, puis à Loches, où il séjourna du 6 au 16 octobre, et d'où il entama des négociations avec le duc de Bretagne, qui paraît lui avoir fait à ce moment des promesses de concours, bientôt ou-

1. 13 octobre 1419, sermon de frère Pierre Flour, de l'ordre des Frères prêcheurs, docteur en théologie, inquisiteur de la Foi en la province de Reims. Monstrelet, t. III, p. 361; Chastellain, t. I, p. 79.

2. Monstrelet, t. III, p. 350-51; Saint-Remy, t. I, p. 377.

3. Monstrelet.

4. « Quatre ambassades (ambassadeurs) notables que ladicte ville de Paris avoit envoyé devers mondit seigneur pour l'exorter d'aller audit lieu. » Instruction de la duchesse de Bourgogne à Jean de Saint-Ylaire, envoyé à la duchesse de Bourbon. La Barre, t. I, p. 292.

bliées[1]. La reine Yolande n'était plus là pour empêcher ce prince de s'abandonner à ses sympathies bourguignonnes : elle avait, dès le 20 juin, à Mehun-sur-Yèvre, pris congé du jeune prince sur lequel elle veillait, depuis près de six ans, avec une si maternelle sollicitude, pour se rendre en Provence, où elle devait passer quatre années. Le 24 octobre, le Dauphin était à Bourges, où il avait donné rendez-vous à ses gens de guerre. Il était bien décidé, comme il l'avait écrit le 17 septembre aux habitants de Lyon, à lutter résolûment contre les Anglais, avec toute sa puissance, « laquelle, disait-il, la mercy de Nostre Seigneur, est grande et bonne, » et à payer de sa personne[2]. Il ne songeait donc nullement, comme le prétend un auteur bourguignon[3], et comme on l'a dit encore de nos jours[4], à traiter avec les Anglais. « La chaleur de jeunesse » dont parlait, à ce moment même, le roi d'Angleterre[5], lui inspirait des pensées plus hautes et plus fières.

Charles ne perdait point d'ailleurs tout espoir d'arrêter le duc de Bourgogne sur la pente où celui-ci s'engageait : ne pouvant plus agir près du duc, qui avait repoussé ses ouvertures, il agissait auprès de ses partisans. Nous avons le texte d'un curieux document, portant la date du mois de décembre 1419[6] : c'est une lettre adressée aux habitants de Paris, plus acharnés que jamais contre lui, dans laquelle il leur réitère son intention « de tenir et faire garder entièrement la paix et abolicion gene-

1. D. Taillandier, *Histoire de Bretagne*, t. I, p. 472. Nous avons trouvé des montres fournissant la preuve que, dès la fin de 1419, des gens d'armes bretons étaient au service du Dauphin.

2. Archives de Lyon.

3. Voir Chastellain, t. I, p. 59 et 72.

4. M. Vallet de Viriville, t. I, p. 188. Les pièces qu'il vise sont de l'année 1418, bien que leur éditeur, fort peu exact, les ait placées en 1419 (*Lettres des rois, reines*, etc., t. II, p. 348). Elles se rattachent aux négociations entamées pendant le siège de Rouen, et dont il sera question plus loin.

5. « Ne vous esmerveillez pas, disait-il aux ambassadeurs français, se j'entreprends chose si grande et si haulte; car combien que le Daulphin ne soit à present content de nostre accord, pour la chaleur de jeunesse et les flatteurs d'autour de lui qui le gouvernent et le font devier de raison, croyés que, quant ils seront hors d'avec lui et qu'il cognoistra son cas, il en sera bien joyeulx et moult content de vous. » *Abrégé français* du Religieux, p. 231-32. Cf. Religieux, t. VI, p. 378.

6. Elle est datée fautivement, par l'éditeur, de 1420. *Lettres des rois*, etc., t. II, p. 385, d'après Brequigny, 80, f. 199.

rale ordonnée et publiée en ce royaume, nonobstant quelconques choses advenues depuis icelle paix. » Ayant appris que ses lettres patentes, envoyées aux Parisiens, ont été « derompues » en l'Hôtel de Ville, il leur exprime à ce sujet son étonnement, car elles ne contenaient rien qui ne tendît à la paix et à la conservation du royaume, et elles auraient dû réjouir tous ceux voulant le bien du Roi et le maintien de sa seigneurie, menacée de tomber aux mains des ennemis; toutefois, afin de leur prouver son désir de paix, n'ayant rien plus à cœur que de poursuivre par tous les moyens possibles la « bonne union » du royaume, il leur envoie de rechef ses lettres patentes, en les assurant de sa volonté de persévérer dans son propos. « Et pour ce, ajoute-t-il, que avons entendu que aucuns mouvoient traitiés et parlemens pour vous aux anciens ennemis de mondit seigneur, nous vous prions bien acertes et requerons vos loyaultez que vous vueillés avoir en memoire et souvenance la vertu de constance que ont tousjours eue vos predecesseurs habitans de Paris, de demourer et vivre sous l'obeyssance de leur droicturier et naturel seigneur, sans oncques avoir esté seduiz par menaces ou blandices desdis anciens ennemis, en les ensuivant, et gardant en ce vos honneur et loyaulté, ainsi que en avons en vous bien confiance; et soiez certains que, quelque chose que adviengne, tousjours treuve le subjet plus de benignité et seurté en son naturel seigneur que jamais ne pourroit faire vers ses ennemis, et en soy mettant en leur servitute. » Après ce touchant appel et ces considérations si persuasives, le prince ajoutait : « D'autre part, devez penser que, Monseigneur estant en l'estat que il plaist à Dieu le souffrir, et nous son seul filz et heritier absent, il n'est à nul loisible de soy donner l'auctorité de telz traictiés, et que en iceulx a peu de esperance de fermeté. » Il terminait en assurant les Parisiens de sa bienveillance, s'ils voulaient observer le traité et rester loyaux sujets du Roi et de lui.

La réponse aux nouvelles démarches du Dauphin ne tarda point; elle fut faite cette fois par la chancellerie royale, et rendue aussitôt publique: par lettres données à Troyes le 17 janvier 1420, et dont le texte s'écarte singulièrement du style habituel de ces documents[1], Charles VI défendait expressément aux habitants de Paris de tenir aucun compte des communications du Dauphin, qualifié de *parricide, crimineur de lèse majesté, destruiseur et ennemy de la chose publique, ennemy de Dieu et de justice*, ni d'entretenir aucun rapport avec lui ; il leur enjoignait de lui refuser obéissance, comme s'étant rendu indigne de la succession au trône et de tout autre honneur ou dignité, pour avoir « faussé son serment et sa parole dicte comme prince. » En outre, le Roi annonçait hautement son intention de s'allier au roi d'Angleterre, qui, disait-il, « pourra estre nostre filz par traictié de mariage de luy et de nostre dicte fille, par quoy esperons que ferme paix, bonne seurté, et generale transquillité sera entre les royaumes de France et d'Angleterre, et si demourrons entièrement en nostre dicte seignourie, honneurs et prerogatives[2]. »

Telle était la politique qui inspirait le conseil royal, et qui allait mettre la France aux pieds du vainqueur d'Azincourt !

Le Dauphin, ayant pourvu à la défense des provinces et des places restées en son pouvoir, se prépara à partir pour le Midi, où le comte de Foix, investi à la fois par les deux gouvernements rivaux de la lieutenance générale de Languedoc, tenait une conduite équivoque et songeait plus à ses intérêts personnels qu'aux intérêts de l'État. Le 6 décembre, il envoyait de Bourges une lettre aux Lyonnais, par un de ses écuyers d'écurie, Antoine de Varennes, chargé de préparer les logements, pour leur annoncer sa prochaine venue et son intention de s'arrêter quelque temps à Lyon, afin d'y « besoigner et conclure » sur les affaires du Royaume[3]. Il se mit en route le 21, et traversa le Bourbonnais. Il était le 31 décembre à La Palisse, où il distribua avec une grande libéralité des étrennes

1. « O Dieu veritable, y lit-on, devant qui quelconque chose, tant soit secrette, n'est celée ! Cuident eulx, par leur ficcion mencongière, palliée d'impossibilité, tousjours ainsi seduire nostre loyal peuple, et donner faulx pour vrai, pouvoir pour non puissance, malignité pour benivolence, tirannie pour justice, guerre pour paix, et souverain travail pour repos. »

2. *Ordonnances*, t. XII, p. 273-77. — En outre, des lettres du 19 février déclarèrent criminels de lèse-majesté tous ceux qui continueraient à servir sous les ordres du Dauphin.

3. Archives de Lyon.

aux personnes de son entourage[1], et le 6 janvier à Perreux en Beaujolais, où il célébra joyeusement la fête des Rois[2]. Il avait écrit de Moulins, le 28 décembre, au duc de Savoie, pour lui faire part de la tenue à Lyon, le 15 janvier, d'une assemblée des princes du sang, afin d' « avoir conseil et avis sur les grans affaires du royaume, la conservation de cette seigneurie et le reboutement des Anglois, anciens ennemis d'icelle : en quoy sommes du tout délibéré, disait-il, d'exposer nostre propre personne, en la saison nouvelle, soit par bataille, à journées arrestez ou autrement, ainsy que serons conseillez de faire; » et il invitait le duc, aussitôt ses lettres reçues, à se disposer à le venir joindre « dedans ledit terme, ou le plus tost après, et au moins de delay que bonnement pourra, » car à cause du grand nombre de gens qu'il menait, il ne devait point faire à Lyon un long séjour[3]. De Roanne, le 4 janvier, Charles envoya aux habitants de Martigny-les-Nonnains une sommation d'avoir à lui députer six ou quatre des plus notables d'entre eux, pour lui rendre obéissance[4]. Le 22, il fit son entrée à Lyon, où il apprit que l'amiral de Braquemont avait remporté une victoire navale sur les Anglais, et où son passage fut signalé par de nouvelles libéralités à certains de ses conseillers : son confesseur, Gérard Machet;

1. Les actes que nous possédons concernent l'archevêque de Bourges, Charles de Bourbon, Bernard d'Armagnac, le sire d'Albret, le président de Provence (Louvet), le seigneur de la Fayette, le vicomte de Narbonne, Jean Cadart et Guillaume d'Avaugour. Le Dauphin reçut à La Palisse les étrennes de la reine de Sicile.

2. « En présence de moy, Jehan de Villebresme..., Jehan Frenier, demourant à Perreus en Beaujoloys, congnut et confessa avoir eu et receu de Guillaume Charrier, commis à la recepte generale de toutes finances tant en Languedoil comme en Languedoc, la somme de cinquante livres tournois, laquelle mondit seigneur, par ses lettres données le ixe de ce present mois, lui avoit donnée, et ycelle ordonnée à lui estre baillée et delivrée par le dit Charrier des deniers de sa recepte, pour les dommaiges qu'il a euz ou desroy de son hostel ouquel mondit seigneur fut logiez la nuit des Roys derrenier passez (7 janvier 1420). » Cabinet des titres : VILLEBRESME. — A Thizy, où le Dauphin séjourna ensuite, du 7 au 10 ou 11 janvier, il mena aussi joyeuse vie, ainsi qu'on en peut juger par une quittance du 13 février suivant, donnée par Jeanne de Chamberieu, demoiselle, demeurant à Tisy en Beaujolais, de la somme de 20 l. t., que le Dauphin lui a donnée de sa grâce, « pour le desroy de son hostel, ouquel il a logié en la ville, et aussi pour plusieurs draps, napes, touailles et autre linge qu'elle a perdu durant le temps que ledit seigneur y a esté logié. » *Pièces originales*, 655 : CHAMBERIEU.

3. Fr., nouv. acq., 1001, f. 12.

4. *Id.*, *ibid.*, f. 13 Il est possible que cette sommation fût adressée à un certain nombre de villes.

son médecin, Jean Cadart; l'évêque de Laon, Guillaume de Champeaux; Raymond Raguier, Guillaume de Lucé, Alexandre le Boursier, Regnier de Boulligny, et aussi l'illustre chancelier de l'Université de Paris, Gerson, alors fixé à Lyon[1]. Le prince agissait comme si son trésor eût été inépuisable. Plusieurs des dons faits à ce moment attestent son bon cœur : c'est ainsi qu'il donne à Ymbaut de Bleterens une somme de trois cents livres, tant pour le dédommager des pertes que sa fidélité lui a fait subir de la part des Bourguigons, qui « lui ont pris, pillié et osté tous ses biens, en la ville de Mascon, où il avoit la plus grande partie de sa chevance, » que pour l'aider à vivre, lui, sa femme et ses enfants, et à « maintenir son estat honorablement[2]. »

De Lyon, le Dauphin, passant par Saint-Symphorien, Vienne, Brioude, Saint-Flour, Rodez et Albi[3], se dirigea vers Toulouse, où dès le 2 février, il avait envoyé faire ses logements[4]; il y fit son entrée le 4 mars. Partout sur son chemin les portes s'ouvraient : le grand nombre de ses gens d'armes, où déjà figuraient des troupes écossaises; le brillant cortège qui l'accompagnait; le luxe vraiment royal déployé dans son costume et dans son équipement, sans parler de sa jeunesse et de sa bonne grâce, tout se réunissait pour exercer sur les populations un prestige auquel elles ne pouvaient demeurer insensibles. Les comptes du temps nous ont conservé des détails circonstanciés, qui ont ici leur place, sur les armures

1. Lettres des 24 et 25 janvier 1420. — Autres dons en date des 30 et 31 janvier et 2 février.

2. Quelques jours plus tard, le 2 février, le Dauphin donne 800 l. t. à Antoine Forez, dit Coupé, ancien maître particulier de la Monnaie de Romans, pour le dédommager des pertes par lui faites dans la restitution de prêts en faible monnaie, et 300 l. t. à son secrétaire Jean Gosset, en considération des pertes que lui et ses frères ont faites par suite de la descente des Anglais en Normandie.

3. Itinéraire : Saint-Symphorien, 27 janvier, 1er février; — Vienne, 7, 8 février; — Rive-de-Gier, 9; — Saint-Chamont, 10; — Brioude, 14; — Massiac, 17; — Saint-Flour, 19; — Rodez, 22; — Albi, 27, etc. On voit par un registre de l'église de Ceignac que le Dauphin entra le 22 à Rodez, « à fort grande suite. » Bosc, *Mémoires pour servir à l'histoire du Rouergue*, t. III, p. 253.

4. Guillaume Martel reçut à cet effet, par lettres du 2 février, une somme de 500 livres. Clairamb., 71, nº 5509. Le 17 le Dauphin donne une gratification à un écuyer venu de Toulouse en récompense des bonnes nouvelles qu'il lui a apportées. *Pièces originales*, vol. 1025 : Doustans.

complètes du Régent, dont la garniture est en vermeil[1]; ses brigandines à franges d'or et de soie vermeille[2]; ses « robes à armer, » dont les manches sont couvertes d'ornements d'argent doré[3]; ses *huques*, ou robes courtes : l'une de fin vert brun, à longues manches pendantes et découpées, dont les ornements d'argent doré pesaient dix marcs[4]; une autre de velours vermeil, recouverte de drap de laine noire, ouvragée de besans et de feuilles *brantans*, « et découppée en manière de grans escailles pourfilées et nervées de fil d'or de Chypre[5]; » une troisième en velours *pers* (bleu) à grandes branches d'or[6], et deux autres dites *italiennes*. Il a des cottes d'armes de tiercelin bleu à ses armes[7], des salades garnies de satin vermeil, surmontées de plumes d'autruche[8]. Ses heaumes sont ceints d'une couronne d'or de fleurs de lis[9], avec des houppes d'orfèvrerie qui supportent des plumes. Son « chapeau de parement » est couvert de velours noir, orné de rubans de fin or, avec trois plumes d'autruche de ses couleurs, blanc, vermeil et azur[10]. Les panonceaux de ses lances, peintes aux trois couleurs, sont de cendal tiercelin, blanc, vermeil et azur, ornés de franges de même, et peints à sa *devise* « d'un braz armé qui tient une espée nue[11]; » ses deux grands étendards sont en tiercelin des trois couleurs, « à la devise et mot » qu'il porte, savoir « à ung saint Michiel tout armé qui tient une espée nue et fait manière de tuer ung serpent qui est devant lui, » et le *mot*, en lettres d'or fin, parsemé de toutes parts[12]. Près de six cents panonceaux aux mêmes couleurs pendent aux lances des gens d'armes[13]. Enfin les harnais ou couvertures de ses chevaux

1. Pour un de ces harnais, en septembre 1419, on employa deux marcs six onces d'argent doré (KK 53, fol. 20 v°); un autre coûta 300 livres (*id.*, f. 25).
2. *Id.*, f. 18 v° et 19 v°.
3. *Id.*, f. 19 et 20 v°.
4. Environ 5 livres.
5. Les ornements de cette robe pesaient 6 marcs 3 onces.
6. KK 53, f. 22, 22 v°, 23, 25 v°, 26, 28.
7. *Id.*, f. 19 v°, 27, 27 v° et 29 v°.
8. *Id.*, f. 21, 28.
9. *Id.*, f. 22.
10. *Id.*, f. 28 v°.
11. *Id.*, f. 20 v°, 21 v°, 27 v°, 28 v°.
12. *Id.*, f. 21 v°.
13. *Id.*, f. 18 v°, 20.

sont aussi en drap blanc, bleu et rouge[1]. Son goût pour les chevaux apparaît dans le nombre de ses coursiers, dans les sommes considérables qu'il consacre sans cesse à de nouveaux achats[2]; il achète à des marchands, il achète à ses familiers, dont les plus notables se livrent volontiers à ce trafic[3]. Tous ces chevaux, d'ailleurs, ne sont point à son usage personnel : il en donne volontiers, et un grand nombre de ses serviteurs ont part à ses libéralités[4]. Aussi, quelle suite brillante! Le confesseur du Dauphin, à lui seul, n'a pas moins de trois chevaux[5]. On a peine à comprendre une telle prodigalité, en présence de la pénurie du trésor, et des besoins si impérieux de la défense nationale.

Charles fut très bien reçu à Toulouse : le juge-mage Bertrand de Nogaret et le viguier Pierre de Foucaud avaient préparé les voies[6]. Dès le jour même de son arrivée, il rétablit Jean de Bonnay dans la charge de sénéchal, qui lui avait été enlevée par les Bouguignons. Il destitua le comte de Foix, et prit en main le gouvernement du Languedoc[7]. Les États avaient été convo-

1. *Id.*, f. 27 et 27 v°. — M. Marius Sepet, dans son excellent travail sur *Le drapeau de la France* (Paris 1873, in-12), fait observer qu'il ne faut pas confondre la bannière de France, à la fois dynastique et nationale, avec l'étendard personnel de chaque Roi : Charles VI avait pour couleurs le blanc, le rouge et le noir, et Charles VII, on le voit, le blanc, le rouge et le bleu. La bannière de France était alors bleue, semée de fleurs de lis d'or; c'est pendant la guerre de cent ans, et dès le milieu du XIVe siècle, que la couleur blanche apparaît comme signe national de ralliement : la *croix blanche* des Français est partout opposée à la *croix rouge* des Anglais.

2. 17 octobre 1419 : mandat pour l'achat de cent vingt-huit chevaux; 28 octobre : trois chevaux, 2,112 l.; 9 février 1420 : six grands coursiers d'Espagne et de Pouille, 4,100 l.; 6 mars : huit chevaux, 1,360 l.; 11 mars : trois coursiers, 2,000 l., etc. KK 53, f. 2 v°-3.

3. Achats faits à Louis de Braquémont, chambellan; à Laurent de Redya, chambellan; à Jean du Cygne, au Borgne Blosset; à Jean Louvet, conseiller et chambellan; à Jean de Villebresme, secrétaire; à Pierre Castellain, pannetier; à Thibaut de Lacroiz, maître de la chambre aux deniers; à Jean Havart, écuyer tranchant, etc. KK 53, f. 5-7.

4. Dons faits à Guillaume d'Avaugour, conseiller et chambellan; au comte de Victon, Écossais; à Jean Taveau, seigneur de Mortemer, chambellan; à Thomas Ston, capitaine écossais; au vicomte de Narbonne; à Colinet de la Bigne; à Tanguy du Chastel; à Pierre Castellain; à Antoine de Varennes, écuyer d'écurie; à Guillaume Claret, chambellan; à Jacques de Villiers, écuyer tranchant; à Adam de Champgiraut, écuyer tranchant; à Guillaume Lefevre, dit Verjus, premier queux; à Jean de Morsourbier, huissier d'armes, etc. KK 53, f. 5-7.

5. KK 53, f. 19 v°.

6. Le Dauphin donna au premier une pension et le fit maître des requêtes de son hôtel. D. Vaissete, t. IV, p. 451.

7. Jouvenel, p. 376; Berry, p. 439.

qués à Carcassonne pour le 17 mars : le Dauphin partit le 9 de Toulouse pour se rendre dans cette ville[1]. Il présida la réunion, et signa le 20 une ordonnance instituant un Parlement à Toulouse. De là, traversant Narbonne, Béziers et Montpellier, il arriva le 4 devant Nîmes, qui refusa de lui ouvrir ses portes. Le siège fut entrepris, et avec une telle vigueur, que la ville se rendit aussitôt à discrétion[2]. Le Dauphin supprima le consulat, fit abattre une partie des murailles, et n'accorda son pardon aux habitants qu'après avoir fait exécuter les plus mutins. Mais peu après (22 avril), écoutant comme toujours la voix de la clémence, il rétablit les consuls dans leurs charges[3]. A Nîmes, où il séjourna jusqu'au 11 avril, Charles n'était qu'à quelques lieues de la résidence de sa belle-mère Yolande, alors fixée à Tarascon, dans son comté de Provence. Il n'est pas douteux qu'il ne lui ait rendu visite, durant ce voyage, bien que l'histoire n'en offre pas la preuve formelle[4].

Après Nîmes, le Dauphin eut à réduire le Pont-Saint-Esprit, qu'occupaient encore les Bourguignons du prince d'Orange. Dès le commencement de mars, Guillaume de Meulhon et Louis de Culant avaient mis le siège devant la place[5]. Charles y arriva le 2 mai. De Nîmes, il avait envoyé un de ses maîtres d'hôtel chercher à Aix la grosse bombarde de cette ville[6]; le 7 mai, l'assaut fut donné, et la garnison forcée de se rendre. Les autres forteresses environnantes se soumirent, et le Dauphin put prendre le chemin de l'Auvergne, ne laissant derrière lui que trois places, qui devaient être conquises l'année suivante.

C'est en pèlerin, plus encore qu'en souverain, que Charles fit

1. D. Vaissete (*l. c.*) place ici un séjour au château de Buzet, qu'on avait réparé tout exprès; ce séjour est antérieur à l'entrée à Toulouse, et eut lieu du 2 au 4 mars. KK 53, f. 50 v°.

2. D. Vaissete (p. 453) et Menard (t. III, p. 152 et *notes*, p. 15) ne sont pas d'accord sur les dates. Le second se trompe en plaçant l'arrivée du Dauphin devant Nîmes avant le 4 (le *Compte de l'écurie* nous apprend qu'il était le 4 au matin à Bernis); le premier dit à tort que la reddition eut lieu le 6 et non le 4.

3. Menard, t. III, p. 152, et *preuves*, p. 212; D. Vaissete, t. IV, p. 423. Cf. Jouvenel et Berry, *ll. cc.*

4. M. Vallet l'affirme (t. I, p. 213), mais les autorités qu'il cite ne contiennent rien à l'appui de cette affirmation.

5. Lettres du Dauphin du 6 mars.

6. Lettres du 17 mai.

son entrée solennelle au Puy le 14 mai : il avait une grande dévotion à la Sainte Vierge, et il venait remercier Notre-Dame du Puy du succès de ses armes. Il assista le 15, revêtu du surplis et de l'aumusse, aux premières vêpres de l'Ascension, et se fit recevoir chanoine; le lendemain, il communia à la grand'messe solennelle, célébrée par l'évêque du Puy, et arma ensuite chevalier Bernard d'Armagnac et plusieurs seigneurs [1]. Le 22 mai, il était à Clermont, où il passa six jours; le 8 juin, il faisait son entrée à Poitiers.

Si d'un côté la situation du Régent s'était améliorée, par la pleine et entière soumission des populations méridionales qui devaient lui demeurer à jamais fidèles, d'un autre côté elle s'était aggravée, par les progrès incessants de l'ennemi et par la conclusion (21 mai 1420) du pacte qui livrait la France au roi d'Angleterre. En outre, le duc de Bretagne, qui jusqu'alors gardait une neutralité plutôt bienveillante et laissait ses sujets servir la cause dauphinoise, avait conclu un traité avec le duc de Bourgogne [2] et poursuivi ses négociations avec les Anglais [3]. Enfin un acte d'agression dont il venait d'être victime, allait le jeter plus encore dans le parti ennemi. Nous devons nous arrêter un instant sur cet épisode, car il a fourni la matière d'une grave accusation contre le Dauphin.

Le 13 février 1420 [4], le duc de Bretagne, cédant aux instances réitérées de son cousin Olivier de Blois, comte de Penthièvre, s'était mis en route pour le château de Chenonceaux, occupé par Marguerite de Clisson, mère du comte, où l'attendaient de belles dames et de joyeux ébattements. Il chevauchait en compagnie d'Olivier quand tout à coup, au sortir d'un pont

1. *Gallia Christiana*, t. I, col. 732.

2. A Vannes le 9 décembre 1419. L'original est à Rouen, dans la Collection Leber, n° 5688.

3. Actes des 29 octobre et 31 décembre 1419. Voir Rymer, t. IV, part. III, p. 137 et 146. Cf. la lettre, en date de Corbeil, le 9 juillet 1420, où les ambassadeurs de Bretagne s'adressent au roi d'Angleterre, qu'ils qualifient de « hoir et regent du royaume de France, » et où ils lui rendent compte de tout ce qui touche aux intérêts de leur maître (*id.*, *ibid.*, p. 182).

4. On n'est pas d'accord sur la date. Nous suivons les lettres du duc Jean, dans Godefroy, p. 687. Jouvenel dit le 10 (p. 375); le Religieux le 12 (t. VI, p. 403); la *Chronique d'Alençon* attribuée à Perceval de Cagny, le 12 également.

qu'on venait de traverser, il se trouva séparé des siens. Le comte, mettant la main sur son épaule, lui dit : « Monseigneur, « vous êtes mon prisonnier [1], et vous ne m'échapperez pas avant « de m'avoir rendu mon héritage. » Toute résistance était impossible : les planches du pont, détachées à l'avance, avaient été jetées à la rivière ; des gens armés, sous les ordres de Charles de Blois, seigneur d'Avaugour — l'un des principaux seigneurs de la cour de Bretagne [2] — entourèrent aussitôt le duc et ses gens, parmi lesquels était son jeune frère Richard. Après cette scène de violence, où le sang coula, et où la vie du duc fut, paraît-il, menacée, on le lia sur son cheval, au cou duquel on avait passé un licol, et on le mena ainsi, voyageant jour et nuit entre « deux grands ribauds à chevaucher, » jusques à Chenonceaux, où l'attendait impatiemment Marguerite de Clisson, qui déjà s'était emparée de sa vaisselle d'or et d'argent [3].

Quel pouvait être le mobile d'un tel attentat? Faut-il y voir un simple épisode de la vieille rivalité entre la maison de Blois et la maison de Montfort, querelle qui remontait à près d'un siècle, mais qui semblait alors assoupie, car le duc Jean venait justement de témoigner à Olivier et à Charles de Blois une vive amitié et de les combler d'honneurs? Faut-il l'attribuer à des raisons d'État, et en faire remonter la responsabilité jusqu'au gouvernement du Dauphin?

Le comte de Penthièvre, et son frère Jean, seigneur de Laigle, apportèrent, dans leur conduite à l'égard du duc de Bretagne, un acharnement et une violence qui attestent combien étaient enracinés chez eux les sentiments de haine et de vengeance. Ils n'étaient pas seulement les descendants — bien indignes et bien dégénérés, il faut le dire, — de l'héroïque Charles de Blois; ils étaient les fils de Marguerite de Clisson, fille du connétable de Clisson, qui jamais n'avait consenti à reconnaître le traité de Guérande par lequel la maison de Blois avait

1. Monstrelet met (t. IV, p. 30) : « Je vous fais prisonnier *de monseigneur le Dauphin.* » Nous suivons l'arrêt du Parlement.

2. « L'avions fait nostre mareschal et gouverneur de nostre chevalerie, nostre special et privé chambellan à la garde de nostre personne. » Arrêt du Parlement de Bretagne, rendu le 16 février 1421. Godefroy, *Historiens de Charles VI*, p. 686.

3. Ce récit est emprunté à l'arrêt du Parlement, *l. c.*, p. 687-89.

renoncé au trône ducal, et qui n'avait point oublié les griefs de son père contre le duc Jean V. Marguerite avait, en 1406, fiancé son fils aîné, Olivier, à Isabeau de Bourgogne, fille de Jean sans Peur : l'un des motifs qui avaient porté le duc de Bretagne Jean VI à ménager si soigneusement le duc de Bourgogne avait été peut-être la crainte de voir se produire, à un moment donné, une revendication des droits d'Olivier, avec l'appui de son beau-père. La comtesse de Penthièvre était encore plus animée que ses fils contre la maison de Montfort, et c'est à son instigation que l'attentat avait été commis : cela est affirmé formellement par un auteur du temps [1].

Mais le même auteur nous dit aussi que le comte de Penthièvre « traita tant devers le duc de Touraine, Dauphin, qu'il obtint de lui ung mandement scellé de son seel pour prendre et emprisonner le duc de Bretaigne [2]. » Et l'arrêt du Parlement de Bretagne nous apprend que, dans un de ces entretiens où le duc se montra, par sa lâcheté et sa bassesse, sous un jour si peu favorable, Marguerite de Clisson, répondant à Jean VI qui la suppliait de lui sauver la vie et de lui donner des assurances à cet égard, lui dit « qu'elle ne savoit comme il en iroit, et que ce que ses enfans en avoient fait, avoit esté par le commandement de monseigneur le Regent, et qu'ils en avoient bonnes et belles lettres, et qu'il falloit passer à son ordonnance [3]. »

Ce qui est plus grave, c'est que le fait est confirmé par des lettres, en date du 16 mars 1420, rendues à Carcassonne, où se trouvait alors le Dauphin. Dans ces lettres, adressées au comte de Penthièvre, à Jean, seigneur de Laigle, et à Charles, seigneur d'Avaugour, ses frères, on expose : que le comte de Penthièvre avait été naguère nommé lieutenant et capitaine général dans l'Anjou, le Maine et les marches de Bretagne, avec plein pouvoir « de faire tout ce qu'il connaîtrait être au bien et profit du Roi et à la conservation de sa seigneurie; » que, « usant de ladite commission, » il est venu à la connais-

1. Monstrelet, t. IV, p. 29.
2. *Id.*, *ibid.*
3. Arrêt du Parlement, *l. c.*, p. 690.

sance du comte que le duc de Bretagne favorisait le parti des Anglais, qu'il avait conclu des trèves avec eux, défendu qu'aucun de ses sujets ne vinssent au service du Dauphin sous peine de confiscation de leurs biens, et puni ceux qui avaient transgressé ses ordres; qu'il était entré en relations personnelles avec le roi d'Angleterre, à Rouen et ailleurs, et avait fait avec lui « plusieurs secrètes alliances et confédérations; » qu'en outre, en « bien demonstrant la faveur et affection desordonnée, avec les damnables promesses et convenances, » qu'il avait aux ennemis, il leur avait fourni harnais, chevaux, artillerie, vins et autres vivres, et « donné toute faveur, » en cela et autrement, au grand déplaisir des « bons preudes hommes, » barons et nobles du pays de Bretagne; que, de plus, le duc, « perseverant en sa mauvaise volonté, » avait « empesché et detourbé » l'armée d'Espagne, dans la saison précédente, et presentement s'efforçait d'empêcher la descente de l'armée d'Écosse; qu'enfin il avait favorisé le parti des sujets rebelles au Roi et au Dauphin; — que le comte de Penthièvre, considérant que, sans en venir à des voies de fait, il ne pouvait être pourvu « aux inconveniens inenarrables qui, par la damnable entreprinse du duc, estoient vraisemblablement taillés de ensuir, à la grande foule et par aventure totale destruction de ceste dicte seigneurie, » avait naguère, en compagnie de son frère le seigneur d'Avaugour, pris et arrêté le duc de Bretagne et Richard, son frère, démontrant en cela leur grande loyauté et bon vouloir envers le Roi et le Dauphin et la couronne de France. Le Dauphin déclarait prendre en sa main, comme ses prisonniers, le duc de Bretagne et son frère, ordonnant de garder leurs personnes avec la plus grande vigilance, afin qu'à son retour du Midi on pût lui en rendre bon compte et qu'appointement fût conclu [1].

L'attitude du Dauphin, lançant un tel réquisitoire contre le duc de Bretagne et *avouant* publiquement les auteurs de l'attentat, est d'autant plus singulière que, la veille même du jour où, cédant aux instances du comte de Penthièvre, le duc

1. Nous n'avons qu'une copie moderne de cette pièce. Collection Doat, vol. 161, fol. 53.

avait quitté Nantes en sa compagnie, il attendait une ambassade du Dauphin. Nous savons, en effet, que, par lettres du 1er février — données sans doute à Saint-Symphorien où Charles se trouvait alors — Martin Gouge, évêque de Clermont, un de ses principaux conseillers, avait été chargé d'une mission près du duc de Bretagne[1]. Le prélat se rendit-il en Bretagne? Nous ne savons[2]; mais nous le retrouvons près du Dauphin, à Carcassonne, le 14 mars, deux jours avant la date des fameuses lettres patentes[3]. Le 25 février, à la nouvelle de l'attentat commis contre le duc, le Conseil du Dauphin, resté à Bourges sous la présidence du chancelier Le Maçon, envoyait Robert Postel, bailli de Garancières, en Bretagne, « par devers aucuns chevaliers et escuiers d'icellui pays, pour certaines choses secrètes, grandement touchans monseigneur le Regent[4]. » A ce moment, un membre du Conseil, Adam de Cambray, était en mission en Bretagne, et son voyage n'était peut-être pas étranger à l'événement qui venait de se produire[5]. L'ordonnance du 16 mars devient encore plus inexpliquable si nous considérons que le Dauphin, à la réception de la lettre que lui écrivit, sous le coup de la première émotion, sa sœur, la duchesse de Bretagne, envoya à celle-ci Prégent de Coëtivy, un de ses panneticrs, lequel était, le 8 mai, près de la duchesse, et prenait part aux mesures dirigées contre les Penthièvre[6]; qu'à la fin de mai partit une ambassade, composée de l'évêque de Clermont, du comte Dauphin d'Auvergne et de Tanguy du Chastel, chargés d'assurer la duchesse de l'*affection* qu'il por-

1. Quittance de 500 livres donnée par Martin Gouge le 2 février. Clairambault, 54, p. 4107.

2. L'ambassade n'était pas arrivée le 10, comme on le voit par l'arrêt du Parlement de Bretagne déjà cité (p. 687).

3. Lettres du Dauphin, portant don de deux cents livres pour avoir des fourrures, ms. fr. 20882 (Gaignières, 153), f. 65.

4. Lettres du Dauphin du 25 février, visées dans une quittance du 26 février. Clairambault, 88, p. 6953.

5. Lettres du Dauphin du 5 mars, visées dans une quittance du 8. Le but ostensible du voyage était une information sur la valeur des terres de feu le seigneur de Pouzauges, qu'occupait le duc de Bretagne. Clairambault, 24, p. 1753.

6. Le sire de Coëtivy figure parmi les membres du conseil qui prennent part aux délibérations du conseil de la duchesse Jeanne. Lettres du 8 mai 1420, données à Vannes. Orig., Archives, K 59, n° 26.

tait à la délivrance du duc[1]; et qu'enfin, pendant la captivité de ce prince, le Dauphin lui fit compter, à titre de prêt, par son trésorier des guerres, une somme de mille livres[2].

Jeanne de France, se souvenant de l'héroïque conduite des deux Jeannes qui, au quatorzième siècle, avaient soutenu si vaillamment la cause de leurs époux prisonniers, fit si bien, d'un côté près du Dauphin[3], de l'autre près du roi d'Angleterre[4], — lequel lui accorda la mise en liberté de son beau-frère le comte de Richemont, prisonnier depuis Azincourt, — que les Penthièvre se décidèrent à lâcher leur proie : le duc fut mis en liberté le 5 juillet 1420, et un document peu suspect nous fait savoir que cette délivrance fut due à l'intervention du chancelier Le Maçon et du *Président de Provence.*

Et pourtant, tout porte à le croire, les lettres du 16 mars, données à Carcassonne, loin du Conseil de Bourges, pendant le voyage du Dauphin, avaient été l'œuvre de Louvet. N'ayant pu réussir à se faire livrer le duc de Bretagne par les Penthièvre[5], l'astucieux conseiller du Dauphin avait brusquement changé de politique. Jusqu'à quel point le Dauphin fut-il initié à l'acte du 16 mars? C'est ce qu'il est impossible de dire. Il ne paraît pas du moins s'être associé aux vues de son ministre, car nous le voyons, presque aussitôt, agir dans un sens opposé, se mettre en relations avec la duchesse sa sœur, et travailler à la délivrance du duc. Quand celui-ci fut sorti de captivité, il ne tarda pas à renouer ses rapports avec lui. Lors des conférences de Sablé (mai 1421), le Dauphin, en se

1. « Lesquels ont touché de l'affection qu'ilz dient mondit seigneur Daulphin avoir à la delivrance de Mgr le duc; et finablement ont dit que si on envoye ambaxade pour requerir la dicte delivrance, il sera delivré. » Lettre des ambassadeurs bretons au roi d'Angleterre, datée de Corbeil, 9 juillet 1420. Rymer, t. IV, part. III, p. 182.

2. Compte de Jean Mauléon, dans D. Morice, t. II, col. 1205.

3. La duchesse, aussitôt après la réception de l'ambassade du Dauphin, envoya à son frère l'évêque de Dol, Henri du Parc et François de Lospital. Lettre citée, du 9 juillet.

4. Voir la lettre de la duchesse au roi d'Angleterre, en date du 5 avril 1420. Rymer, *l. c.*, p. 163.

5. Le Religieux raconte que le Dauphin envoyait messages sur messages au comte de Penthièvre pour se faire livrer le duc, et que le comte refusa, de crainte qu'on ne le fît périr : *ne ipsum vita privaret!* Cet auteur demande à être ici sévèrement contrôlé : il charge le Dauphin pour blanchir le comte de Penthièvre. — Notons que le comte fut, à partir de ce moment, en disgrâce à la cour du Dauphin, et qu'il passa ensuite dans les rangs du parti bourguignon.

rapprochant de son beau-frère, lui promit d'éloigner du Conseil ceux qui lui avaient été désignés comme fauteurs de l'attentat, à savoir : le Président Louvet, le bâtard d'Orléans, Guillaume d'Avaugour et Pierre Frotier. Dans cette circonstance, comme dans beaucoup d'autres de la période qui va suivre, le Dauphin paraît avoir cédé à des influences funestes, auxquelles il était trop accessible, et qu'il subissait parfois avec une regrettable facilité.

On avait pu remarquer, en effet, après le meurtre de Montereau, un changement dans l'entourage du prince : par lettres du 20 septembre 1419, Hugues de Noé avait été déchargé de son office de grand-maître de l'écurie et remplacé par Pierre Frotier[1]. Le 29 septembre suivant, par lettres rédigées dans un style emphatique, où la louange s'élevait jusqu'à l'hyperbole, Charles donnait au Président Louvet divers châteaux et châtellenies en Dauphiné, faisant partie de son domaine[2]. Ces deux personnages ne devaient pas tarder à avoir dans le Conseil une influence prépondérante, qui se substituait d'une façon déplorable à l'ascendant exercé jusque-là par le chancelier Robert le Maçon et le premier chambellan Barbazan.

Au lendemain de son voyage du Midi, malgré les succès qu'il avait obtenus, le Dauphin se trouvait en présence d'une situation très grave. Comme le remarque un auteur bourguignon, c'était assurément pour lui « occasion assez de mérancolie et matière de grant souci » de se voir « delinqui (abandonné) de son père, désavoué comme bastard, » et de savoir comment il pourrait résister « à un si grant et si espouvantable effort commun de deux princes qu'il avoit contre luy[3]. » C'est la remarque d'un auteur bourguignon, qui ajoute : « Véoit le duc bourguignon son beau-frère estre en grant effort et puissant devers le Roy[4], et que par luy et à son appetit toutes les choses de ce

1. Le P. Anselme, *Histoire généalogique*, t. VI, p. 480; t. VIII, p. 472.
2. Archives de Grenoble, B 3044, f. 22 v°.
3. Chastellain, t. I, p. 150.
4. Par lettres du 9 mai 1420, le duc de Bourgogne s'était fait donner par le Roi toutes les terres, tenues de lui en fief ou arrière-fief, appartenant à ceux qui « tiennent le dampnable parti de Charles, qui se dit regent de nostre royaume, contre nos voulentez et plaisir. » La Barre, t. I, p. 350.

royaume se traitoient; véoit à l'autre lez (côté) sa sœur estre accordée au roy anglois, avec l'adheritement perpetuel de la couronne de France, contre tout humain droit et divin, et que, par ceste alliance et amityé incompatible, il seroit expuls et dejeté de son heritage piteusement, et fraudé par les deux puissances conjointes. Durement fust eshaby certes et non merveilles! Et luy sembloit chose bien penible et dangereuse moult à resister à tout et pourvoir convenablement, combien que de necessité il falloit faire vertu et prendre reconfort bien en austère fortune comme amye, là où gît gloire et espreuve des haux couraiges. Provisions toutes voies possibles pour lors, et la meilleure qu'il pust, il y mit..., attendant l'aventure que Dieu luy voudroit envoyer [1]. »

A peine revenu de son expédition du Languedoc, Charles se remit en campagne. Le comte de Vertus, mandé par lui, était venu le joindre à Poitiers à la tête de ses gens de guerre [2]. Le Dauphin lui fit compter 2,000 livres et lui donna un cheval du prix de 925 livres [3]. Tandis que le duc d'Alençon et le comte d'Aumale, investis d'un commandement spécial [4], opéraient en Basse Normandie et dans le Maine [5]; que les sires de Grolée et de Beauchastel groupaient des forces sur les frontières de la Bourgogne [6], et que Bernard d'Armagnac dirigeait, comme lieutenant général, les hostilités contre les Anglais sur les rives de la Dordogne, où l'on faisait le siège de Montberon [7],

1. Chastellain, t. I. p. 120-21. — Cf. Monstrelet, t. III, p. 381 et 408, et Fenin, p. 139.

2. Le 8 juin, le comte envoyait Pierre des Vignes, écuyer, préparer à Poitiers son logis et celui de ses gens (Clairamb., 52, p. 5525). En même temps il mandait des chevaliers et écuyers « pour aler en sa compaignie en ce présent voiaige qu'il fait presentement devers Mgr le Regent le Royaulme à Poictiers. » (Fr. 6212, n° 494.)

3. Lettres du 20 juin, indiquées dans une quittance du 26. Clairambault, 112, p. 8743; Archives, KK 53, f. 10.

4. Les lettres de provision les instituant lieutenants et capitaines généraux dans le duché de Normandie et dans toutes les terres du duc d'Alençon, portent la date du 23 juin 1420; elles ont été données par M. Siméon Luce dans les *Pièces diverses* accompagnant la *Chronique du Mont-Saint-Michel*, publiée pour la Société des anciens textes français, t. I (1879), p. 102.

5. Voir la lettre de Jean de Asheton au roi d'Angleterre, datée de Coutances le 15 juin, dans Sir Henry Ellis, *Original letters*, second series, t. I, p. 72-74. Montres du 1er août, passées à Durtal (Maine-et-Loire).

6. Nombreuses montres passées à Belleville en Beaujolais, le 1er juillet.

7. Lettres du 22 mai 1422. *Charles Royales*, XIV, n° 13.

Charles quitta Poitiers, à la tête d'une nombreuse armée, pour résister aux Anglais. Le 24 juin, il avait ordonnancé une dépense de 16,960 livres, pour deux paires de harnais (armures de corps), deux *estaliennes* (robes), un jacques et une jacquette, des harnais et des couvertures pour ses chevaux, une douzaine de bannières de guerre, six cottes d'armes, six bannières de trompettes, trois étendards, dix mille panonceaux, deux grands chevaux pour porte-bannières et pennons, six sommiers, douze chevaux de charrois, etc.[1] Le 6 juillet, à Saumur, il donnait des mandements pour le paiement de plusieurs de ses gens de guerre[2]. Après avoir séjourné quelques jours au château de Chinon pour opérer la concentration de ses forces, qui devait se faire à Saumur[3], et recevoir l'argent dont il avait besoin[4], il s'ébranla le 24, à la tête de 15 à 16,000 combattants[5].

Tout était disposé pour marcher au secours de Melun, devant lequel les Anglais avaient mis le siège le 7 juillet. Les capitaines qui commandaient l'avant-garde se portèrent jusqu'à Yèvre et Château-Landon[6], d'où ils envoyèrent des espions pour examiner l'*ost* de l'ennemi. Le comte de Vertus, chargé de la garde des pays situés entre Seine et Loire[7], et qui, dès le mois de mai précédent, faisait inspecter la place[8], avait son quartier-général à Jargeau, où le Dauphin le rejoignit à la date du 6 août. La terreur était dans le camp anglo-bourguignon, et le jeune duc de Bourgogne, qui venait justement de subir un grave échec et de perdre une de ses bannières (28 juillet), parlait déjà de lever le siège[9]. Philippe redoutait

1. Archives, KK 53, f. 2 v°. Cf. f. 24, 24 v°, 25, 33, 33 v°, 34 v°.
2. Lettres de ce jour. *Catalogue des actes*.
3. Nombreuses montres des 20 juillet et jours suivants.
4. Du 16 au 24 juillet, Jean Beloysel, garde de l'écurie et séjour du Dauphin, va à Loudun et Poitiers pour avoir appointement de la somme de 16,900 l. t., ordonnancée par le prince. Archives, KK 53, f. 33 v°.
5. Ce chiffre est donné par Jouvenel, p. 379. Itinéraire : 24, Saint-More ; — 25, Loches ; — 26, Montreuil.
6. Jouvenel, p. 379. — Cet auteur nomme Château-Renard. Mais Château-Renard est bien plus bas, au sud-est de Montargis. Nous pensons qu'il faut lire Château-Landon. — Dès le 22 juillet le vicomte de Narbonne était à Montargis (Clairamb., 80, p. 6268). Le 28, des montres sont passés à Neuville, entre Orléans et Pithiviers.
7. Lettres du comte, en date du 25 février 1420. *Quittances*, 52, n° 5494.
8. Lettres du même, en date du 15 mai. *Pièces originales*, 565 : Cabu.
9. C'est, du moins, ce qui résulte du récit du chapelain de Henri V : Elmham, *Vita Hen-*

encore la puissance du Dauphin, et semblait prendre ses précautions contre un retour possible de la fortune, car, peu auparavant, il était entré en négociations avec le comte de Vertus[1]. Peut-être quelque brillant succès, obtenu par ce prince, en l'arrêtant sur la pente fatale où il venait de s'engager, l'aurait-il ramené au sentiment du devoir.

Mais le mouvement en avant ne s'opérait pas. L'armée du Dauphin restait stationnaire. Le 13 août, Charles se replie sur Gien, où il passe quatre jours. Revenu à Jargeau le 17 août, il se rend le 21 à Vienne-les-Jargeau; le 26, il est à Saint-Mesmin, près Orléans; le 28, à Meung-sur-Loire. Que se passe-t-il donc? — Le comte de Vertus, sur lequel on comptait pour diriger les opérations, venait de tomber malade, et, impuissant à regagner sa résidence habituelle de Blois, il était resté à Beaugency, entre la vie et la mort; malgré les soins empressés de ses médecins[2], le mal fit des progrès si rapides qu'il expira le 1er septembre. Toute la campagne avait été combinée par ce jeune et vaillant capitaine, qui mourait inopinément à l'âge de vingt-quatre ans. Le Dauphin dut abandonner son entreprise. Dès le 25 août, pendant la maladie du comte de Vertus, il avait rendu une ordonnance pour faire démolir les places du Poitou qui ne pouvaient être mises en état de défense, et faire réparer et ravitailler les autres[3]. Charles se replia sur le Berry. Il était le 4 septembre en son château de Mehun-sur-Yèvre, où il séjourna pendant le restant de l'année.

La mort du comte de Vertus portait un coup fatal à la cause nationale. Par sa naissance, sa valeur, ses talents militaires,

riel V, p. 281. Cf. *Deuxième compte de Guy Guilbault*, dans Collection de Bourgogne, 65, f. 137 v°-138.

1. Par lettres du 8 juillet, le comte ordonnait de payer à l'abbé de Saint-Jean d'Angély la somme de 31 l. t., pour un voyage fait, en avril, de Blois à Jargeau, en sa compagnie, « cuidant que les ambassadeurs du duc de Bourgongne venissent par devers nous. » Fr. 6212, n° 136.

2. Parmi eux figurait maître Pierre Berlebien, médecin de la Dauphine, puis de Charles VII. Voir extrait du compte des obsèques dans Laborde, *Les ducs de Bourgogne, preuves*, t. III, p. 281, et *Catalogue Joursanvault*, n° 865. Il est probable que le comte de Vertus mourut de la peste, qui sévissait alors. Extraits des *Registres capitulaires de Saint-Martin de Tours*, dans la collection de D. Housseau, t. XV, f. 274.

3. *Ordonnances*, t. XII, p. 286.

ce prince était désigné comme chef de l'armée destinée à opérer contre les Anglais, et c'est au moment même où les circonstances l'appelaient à jouer un rôle important qu'il disparaissait soudain, dans la fleur de l'âge, manquant à la fois au Dauphin, dont il était le meilleur soutien, et à son frère le duc d'Orléans, qui avait en lui un vigilant défenseur de ses intérêts[1]. Charles venait en même temps d'être privé du concours du duc d'Anjou : ce jeune prince partait pour le Midi, poursuivant la conquête de ce royaume de Sicile où, à l'exemple de son père et de son aïeul, il ne devait rencontrer que des revers. Enfin l'issue du siège de Melun ménageait au Dauphin une perte bien sensible : le plus illustre de ses capitaines et sans contredit le meilleur de ses conseillers, Barbazan, allait être fait prisonnier, et devait rester pendant de longues années aux mains des Anglais.

Déjà circonvenu par Louvet, qui faisait le vide autour de lui et ne négligeait aucune occasion de s'emparer de sa confiance[2], le Dauphin parut se retourner vers son chancelier, le plus ancien comme le plus fidèle de ses conseillers. Le 13 septembre, il faisait acheter à Guillaume d'Avaugour une mule du prix de 500 francs, pour la donner à Robert le Maçon[3], auquel il avait déjà fait présent d'un cheval[4]. Le 7 novembre, il rendait une ordonnance par laquelle il attribuait à la seigneurie de Trêves un droit de péage sur la Loire. Les considérants de cette ordonnance[5] méritent d'être cités :

1. Pour le trespas duquel ledit de Touraine Daulphin fut moult affebli d'aide et de conseil, et ses deux frères aussi (le duc d'Orléans et le comte d'Angoulême), qui estoient prisonniers en Angleterre. » Monstrelet, t. IV, p. 8.

2. Dans un fragment de compte, conservé aux Archives de Lyon (CC 392, nº 37) nous avons trouvé un rapport d'un envoyé du Conseil, Jean Violet, qui avait mission de poursuivre près du Dauphin les affaires de la ville. Il partit de Lyon le 16 juillet 1420, et remit ses lettres au Dauphin à Vierzon, où celui-ci se trouvait le 3 août, se rendant à Jargeau. « Lors, lit-on dans ce document, *par Mgr le president de Provence* fu remis à besonier à Jarguiox sur Lore, pour l'amour de ce qu'il n'avoit en ladicte companie nul du conseil, ne non seroyoient jusques il fusent ondit leu de Jarguiox où il estoyoien tous assignés. » Sans attacher à ce passage plus d'importance qu'il ne convient, il prouve que, parmi les membres du Conseil, Louvet accompagnait seul le jeune prince, dans son voyage de Chinon à Jargeau, du 23 juillet au 6 août.

3. Lettre du Dauphin, visée dans une quittance du 1er octobre. Clairamb., vol. 7, p. 333.

4. Archives, KK 53, f. 13.

5. Archives, X 1a 8604, f. 72.

Comme chose convenable et loisible soit aux princes, à qui plus que à autres appartient monstrer amplement leur liberalité, icelle estendre et eslargir envers ceulx qui, pour la chose publique, travaillent plus vertueusement et diligemment, et qui, en ce faisant, veillent et labourent à la conservacion de la seigneurie et du bien commun qui est le bien d'un chascun, dont ilz deservent perpetuel memoire et louenge et remmunacion de honneurs, prerogatives et autres biens faiz comme en profiz sur la communité, ainsi que leurs euvres sont en l'utilité commune, afin que par ce ils soient aux autres exemples de soy emploier en vertueuses euvres et louables, qui est l'accroissement de la renommée et prosperité desdictes seigneuries, et entretenement d'icelles, et le bien universel desdiz subgiez, nous, voulans en ce suivir noz bons predecesseurs, qui de liberatité ont esté, entre autres princes, très renommez; cognoissans et aians en memoire les notables, longs et grans services dignes de memoire que nostre amé et feal chancellier messire Robert le Maçon a faiz, en grant travail, soin et diligence, à Monseigneur, à Madame, à nous et à la chose publique de ce royaume, jà a plusieurs ans, premièrement en l'office de conseiller et maistre ordinaire des requestes de l'ostel de mondit seigneur, et en après en l'office de chancellier de ma dicte dame, et depuis a fait longuement à nous en l'office de nostre chancellier, ouquel office il fut esleu et institué par deliberacion de plusieurs des seigneurs du sang de mon dit seigneur, nous estans duc de Touraine, et depuis nous a servi et sert de present, comme Regent, de l'eure de sa dicte institucion jusques à present, à grant et pesant charge continuele, mesmement veuz les haulx afaires, troubles, divisions et empeschement qui ont esté et sont donnez en ceste seigneurie par les anciens ennemis et rebelles d'icelles, esquelz affaires nostre dit chancellier nous a continuellement adreciez et conseilliez à son povoir, et par ce a esté et est en grant indignacion et malveillance desdiz ennemis et rebelles et en danger et peril de sa personne, et aussi que, pour sa confiance et industrie, avec aucuns autres noz conseillers, il fut cause que nous feusmes preservez et retraiz des dangiers des perilleuses sedicions et murdres inhumains et rebellions advenues à Paris l'an mil IIII^{c} XVIII contre mon dit seigneur et nous, à l'encontre du feu duc de Bourgoigne, faictes traistreusement en icelle ville; et luy, meu comme loyal serviteur du grant desir que il avoit au salut de nostre personne, en mettant arrière la seurté de sa vie, pour nous retraire descendi de son cheval, lequel il avoit prins pour sa salvacion, et icellui nous bailla pour nous partir, et en recouvra un autre pour son salut, car les nostres ne pouvions lors à tel besoing recouvrer, qui fut cause de nostre preservacion est ne *(sic pour et ce)* ne pourroit jamais partir de nostre soubvenance, à icelui nostre chancellier, en perpetuel memoire et aucune remuneracion de si grans et louables services qui doivent et sont dignes d'estre recognus à tousjours mais, pour remonstrer vers lui et sa lignée nostre liberalité, et en signe de recognoissance d'iceulx services, avons de l'auctorité royal dont nous usons, de nostre propre mouvement, plaine puissance, auctorité royale et grace especial, etc...

Ces lettres, dont nous n'avons plus l'original, mais seulement une copie authentique contemporaine, étaient signées de la main du Dauphin, et le jeune prince y avait fait apposer, en même temps que son grand sceau, son « seel de secret. » On mentionne qu'elles ont été lues en grand Conseil, en présence du Dauphin, et qu'elles ont été scellées par son exprès commandement[1]. Tout concourt donc à donner un caractère particulier à l'ordonnance du 7 novembre 1420, et à y imprimer la marque personnelle de Charles.

Un acte d'une plus haute importance politique avait été accompli quelques jours avant le retour du Dauphin en Berry.

On se rappelle que Charles de Bourbon avait abandonné le parti bourguignon aussitôt après l'événement de Montereau. En le retenant de son hôtel, le Dauphin lui avait donné une pension de six cents livres[2]. Le 21 août 1420, par lettres signées à Vienne-les-Jargeau, le Dauphin, considérant « les grandes et continuelles occupations » qu'il avait chaque jour, « pour resister, en personne et autrement, pour la tuicion et deffense de ce royaume, à l'outrageuse entreprinse des anciens

1. « Et après estoit escript : « Leue en la presence de monseigneur le Regent Daulphin, « en son Conseil, les archevesques de Reims et de Bourges, l'evesque de Valence, l'abbé « de Saincte-Cornille de Compiègne, messire Tanneguy du Chastel le mareschal des « guerres, le sire de Belleville, le président de Provence, le sire de Grolée, maistre Denis « du Moulin, Robert de Rouvres, Guillaume de Martel, Pierre Frotier, et plusieurs autres « presens, et scellée de son commandement. — MALLIÈRE. »

2. Lettres du 15 septembre 1419. Archives, P 1359[1], cote 630. — Cf. lettres du 27 novembre 1419. *Id., ibid.*, cote 659.

ennemis d'icellui, » et voulant protéger contre les entreprises des Anglais le Languedoc et la Guyenne, « qui sont deux des plus grans et plus notables membres de ce royaume; » ayant d'autre part pleine confiance en son cher et amé cousin Charles, fils aîné du duc de Bourbon, lequel est « ung des plus prochains de son sang et lignage, » le nommait capitaine général en Languedoc et Guyenne au delà de la Dordogne, avec pleins pouvoirs [1].

Le château de Mehun-sur-Yèvre, où s'installait le Dauphin, et qui devait être pour lui un séjour de prédilection, était une véritable maison de plaisance, située à quatre lieues de Bourges; ce n'était pas une de ces forteresses au sombre aspect, aux étroites meurtrières, faites uniquement pour se mettre à l'abri des attaques, mais, comme nous l'apprend Froissart, l'une des plus belles maisons du monde; car, le duc de Berry « excellentement y avoit fait ouvrer et jolyer et ediffier, et avoit bien cousté trois cens mille francs [2]. » Les murs étaient percés de grandes baies ogivales, laissant pénétrer la lumière; de nombreuses tours, sveltes et richement sculptées, étaient reliées entre elles par une galerie à machicoulis et à créneaux qui permettait de circuler tout autour de l'enceinte; l'entrée était ornée de sculptures et de statues. L'eau de la Yèvre coulait autour des remparts crénelés qui défendaient la première enceinte; à l'intérieur, le vieux duc avait déployé, dans les peintures, les tapisseries, les meubles précieux, tout ce que le luxe du temps offrait de plus magnifique [3].

Pendant son repos momentané au sein de cette splendide demeure, Charles ne renonce ni à ses desseins d'expéditions — il se fait faire en août, par son armurier Richard de Mellevile, un « harnois entier à armer, » garni de tissus de soie, et dont les boucles et les mordants étaient en argent doré [4], — ni à ses habitudes somptueuses — nous avons la description de deux « huques estaliennes » confectionnées en octobre, dont

1. Archives, P. 1358¹, cote 601.
2. Froissart, éd. Kervyn de Lettenhove, t. XIV, p. 196.
3. Raynal, *Histoire du Berry*, t. II, p. 412-414.
4. KK 53, f. 85 vº.

l'une, en drap noir, était parsemée d'ornements « en manière d'auvens et de rées de soleil passans parmy, » et l'autre, en drap bleu, était bordée « en manière de corbettes qui geetent manière de graine d'orfaverie[1]. » En outre, son sellier Hennequin de Pierremont livre sept selles et sept harnais pour les chevaux de corps du prince[2], qui commande encore une selle de guerre[3]. Un de ses armuriers délivre pour lui « une pièce à lames fermant à alerons par derrière, garnie de mailles par dessus, » doublée de soie[4]. Enfin il se fait faire un étendard à ses couleurs et quatre trompilles de guerre[5].

Charles célébra la fête de Noël à Mehun. A cette occasion, il institua dans sa chapelle un roi d'armes de Berry : ce fut son premier héraut, Gilles le Bouvier, dit Berry. Ce personnage, chef du collège des hérauts de France, avait la prééminence sur tous les autres[6]. Il joua un certain rôle à la Cour, et nous lui devons une chronique qui est un des plus précieux monuments historiques de l'époque.

1. KK 53, f. 22 v°-23.
2. *Id.*, f. 87.
3. *Id.*, f. 83 v°.
4. *Id.*, f. 84.
5. *Id.*, f. 89 v°.
6. Voir l'*Armorial de Berry*, édité par M. de Vallet de Viriville, p. 4; ms. fr. 4985, f. 13 v°.

CHAPITRE VII

LE DAUPHIN DE BAUGÉ A SON AVÉNEMENT

22 MARS 1421 - 21 OCTOBRE 1422

Le Dauphin se porte au devant de l'armée d'Écosse; grand conseil tenu à Selles. — Charles apprend, par une lettre des comtes de Douglas et de Buchan, la victoire de Baugé; il se rend aussitôt à Tours. — Effets de cette victoire : le duc de Bretagne revient à l'alliance française; traité de Sablé. — Campagne du Dauphin : prise de Montmirail et de Gallardon; lettre adressée aux habitants de Tours; brusque interruption de la campagne. — Lettre aux habitants de Lyon. — Le Dauphin à Bourges; voyage de Limoges. — Célébration du mariage du Dauphin. — Le bâtard d'Orléans épouse la fille du président Louvet; influence croissante de ce personnage; les sceaux sont enlevés à Robert le Maçon et donnés à Martin Gouge. — Correspondance du Dauphin avec les habitants de Lyon et avec le maréchal de Séverac. — Voyage de La Rochelle, où Charles échappe miraculeusement à la mort. — Il apprend en revenant à Mehun la mort de son père. — Appréciation du caractère du Dauphin.

Le 8 janvier 1421, Charles quitta Mehun [1] pour se porter au devant du comte de Buchan et de John Stuart de Derneley, qui lui amenaient un contingent important de troupes écossaises. Il était le 17 à Selles, où fut tenu le 25 un grand conseil pour aviser aux mesures à prendre. Un nouvel incident venait de se produire à Paris : un lit de justice avait été tenu le 23 décembre, à l'hôtel Saint-Paul, par Charles VI, en présence du roi d'Angleterre, assis à ses côtés sur le même banc, et du duc de Bourgogne, qui avait près de lui les ducs de Clarence et de Bedford; le procureur général Nicolas Rolin, au nom de la duchesse de Bourgogne, veuve de Jean sans Peur, et de ses filles,

1. Itinéraire (du 20 septembre 1419 au 30 septembre 1423), dans le *Compte de l'écurie* (KK 53).

avait exposé le « félon homicide » commis contre la personne de Jean, duc de Bourgogne, par « Charles, soy disant Dauphin de Vienne, » et ses complices, et requis qu'ils « fussent mis en tombereaulx et menez par tous les quarrefours de Paris, nues testes, par trois jours de samedi ou de festes, chascun un cierge ardant en sa main, en disant à haulte voix qu'ils avoient occis mauvaisement, faulsement, dampnablement et par envie le duc de Bourgongne, sans quelconque cause raisonnable [1]. » Après Nicolas Rolin, on avait entendu l'avocat du Roi, Pierre de Marigny, puis un docteur en théologie, Jean Larcher, parlant au nom de l'Université. Les bourgeois de Paris et « les gens des trois estats de plusieurs villes et pays du royaume » avaient aussi été appelés à donner leur avis [2]. Le même jour, des lettres patentes du Roi déclaraient les auteurs du meurtre criminels de lèse-majesté, inhabiles et indignes de toute succession directe et collatérale, et de tous honneurs, dignités et prérogatives [3]. Enfin, le 3 janvier 1421, à la requête du procureur général, Charles fut ajourné, à son de trompe, à comparaître avant le 6 à la Table de Marbre, et, dans les délais voulus, une sentence fut rendue, au nom du Conseil royal et du Parlement, le déclarant banni du royaume et déshérité de la couronne [4].

« Duquel arrêt, lisons-nous dans un document du temps, ledit de Valois appela, tant pour soy que pour ses adherants, à la pointe de son espée, et fit vœu de poursuivre sa dicte appellation tant en France qu'en Angleterre et par tous les pays du duc de Bourgongne [5]. » Comme le dit Georges Chastellain dans son pittoresque langage, « s'il ne se fust trouvé puissant pour resister aux deux puissances contraires, il y faisoit

1. Monstrelet, t. IV, p. 17-20; Chastellain, t. I, p. 194-97.
2. Jouvenel, p. 385, et auteurs cités.
3. La Barre, t. I, p. 317; D. Plancher, t. III, *preuves*, p. 311.
4. « Duquel deboutement et banissement, dit Monstrelet, plusieurs Parisiens furent très joieux, car moult le doubtoient. » Monstrelet, t. IV, p. 36-37; Chastellain, t. I, p. 218; Fenin, p. 149; Extrait des Minutes du Parlement, dans Godefroy, p. 703. Boissy d'Anglas a cherché, mais sans raisons valables (*Mém. de l'Institut*, *littérature ancienne*, t. IV, p. 545), à contester la réalité de ce fait. Voir Vallet, t. I, p. 240, note.
5. Godefroy, p. 703.

mal sain pour luy [1]. » Mais grâce à Dieu, malgré les difficultés chaque jour croissantes de la lutte, la partie était loin d'être perdue. Dans le conseil tenu à Selles le 25 janvier, et où figuraient, avec des princes du sang, « plusieurs prelas, barons, chevaliers et autres personnes notables de divers estas, » on avisa d'une part aux moyens de « resister à l'oultrageuse entreprinse de l'adversaire d'Angleterre qui, disait le Dauphin dans une lettre aux habitants de Lyon, « tient à present en sa main et subjection la personne de Monseigneur, dont nous avons si grant et amère deplaisance de cuer que plus ne povons avoir; » de l'autre aux mesures à prendre pour « entendre à la delivrance du Roi et le remettre en sa franchise, puissance et auctorité roial, comme il appartient, et aussi au recouvrement de la seigneurie [2]. » Il fut décidé qu'une assemblée des États généraux aurait lieu à Clermont le 1er mai, et que d'ici là on poursuivrait la guerre avec vigueur.

Le 27 janvier, le Dauphin ordonnançait une dépense de 4,000 livres, « pour tourner et convertir en la despense extraordinaire de son hostel, » nécessitée par « la venue et assemblée de plusieurs chevaliers, escuiers et autres gens du Conseil, » qui s'étaient rendus à son mandement en la ville de Selles en Berry [3]. Grande était l'affluence à la cour du Dauphin. Tout à coup on apprit, par une lettre du seigneur de Chaumont-Quitry et du vicomte de Narbonne, écrite à Villeneuve-le-Roi, le 29 janvier, à une heure du matin, qu'ils venaient de remporter, sans coup férir, un succès important sur les Bourguignons [4]. La fortune, qui jusqu'alors s'était montrée si peu favorable au Dauphin, allait-elle enfin lui sourire? A ce moment, nous le voyons envoyer en pèlerinage au Mont-Saint-Michel [5], comme s'il eût voulu mettre la campagne qu'il allait entreprendre sous la protection de ce grand saint.

1. Chastellain, t. I, p. 218.
2. Lettre missive aux habitants de Lyon, en date du 8 février.
3. Archives, KK 50, f. 2 v°. -- Quelques jours avant on avait envoyé à Blois chercher des blés et vins « pour l'assemblée du conseil que mondit seigneur le Regent a tenue en ce jour audit lieu de Selles, samedi xxve jour de janvier M CCCC XX. » *Id.*, f. 6 v°.
4. Voir le texte à la fin du tome Ier, parmi les *Pièces justificatives*.
5. Archives, KK 53, f. 8.

Le Dauphin, continuant sa marche vers l'ouest, partit de Selles le 10 février, et arriva le 27 à Poitiers. Il y reçut les chefs de l'armée d'Écosse, et y célébra les fêtes de Pâques. Le jeudi saint (20 mars), suivant la pieuse coutume de ses ancêtres, il accomplit la cérémonie du lavement des pieds [1]. Le même jour, il écrivait aux habitants de Tours pour leur enjoindre de donner « tout aide et faveur à ses gens estans et alans entre les rivières du Loir et de Loire, en esperance de illec combattre ses ennemis, » et leur annonçait son intention « d'estre briefment, au plaisir Notre-Seigneur, à toute puissance, par delà, pour donner confort à eux et à ses autres bons et loyaux sujets, et grever ses ennemis [2]. » Il se disposait à marcher en avant quand, le lundi de Pâques (24 mars), au matin, un gentilhomme de Sologne, Louis Boyau, lui apporta la nouvelle d'un éclatant succès remporté le 22 mars sur les Anglais.

Voici la lettre par laquelle les comtes de Douglas et de Buchan annonçaient cet heureux événement :

Très hault et puissant prince et nostre très redouté seigneur, nous nous recommandons à vous tant humblement comme nous povons, et vous plaise savoir que le vendredi derié *(sic)* arrivasmes en ceste ville de Baugé, ayans entencion de donner bataille aux Angloiz vos anciens ennemis et les nostres au champ de la Lande Charles, et au jour d'uy avons envoyé nostre amé cousin le connestable de nostre ost et vos *(sic)* mareschal, le sire de la Fayette, pour adviser ledit champ, avecques plusieurs autres seigneurs, où avions entencion de combattre lesdiz ennemis lundi prouchain, pour ce que le jour de Pasques estoit trop grande feste. Mais, très hault et puissant prince et nostre très redoubté seigneur, au jour d'uy sont venus devant ceste ville vos diz ennemis et les nostres, en bataille rangée, une heure devant soleil couchant; et tantost que nous avons sceu leur venue, sommes alez appertement sur eulx, et là, mercy Dieu, le champ est demouré pour vous; et est tué le duc de Clarence et le conte de Quint; le conte de Hantiton est mon prisonnier, et le conte de Sumbreeit est aussi pris; et finablement toute la fleur de vos diz ennemis et les nostres sont que tuez que pris.

1. *Id.*, f. 9 v°.
2. Original aux Archives de Tours; lettre publiée par M. Luzarche (p. 35).

Et pour ce, très hault et puissant prince et nostre très redoubté seigneur, nous vous prions très ardemment, pour l'onneur de vostre royaume de France, qu'il vous plaise de venir icy, en ce pays d'Anjou, pour aler incontinent en Normandie, car, à l'aide de Dieu, tout est vostre.

Item, très hault et puissant prince et nostre très redoubté seigneur, nous vous envoyons la bannière du dit duc de Clarence, et est celui qui la portoit mon prisonnier, car il a esté pris par le gentilhomme de mon hostel appelé Thomas Walen.

Item, très hault et puissant prince et nostre très redoubté seigneur, plaise vous savoir que vostre amé messire Charles le Bouteiller est mort à ceste journée, dont Dieu aie l'ame! lequel en son vivant estoit seneschal de Berry; et pour ce, très hault et puissant prince et nostre très redoubté seigneur, nous vous prions de tous nos cuers qu'il vous plaise, de vostre grace et à nostre requeste, de donner le dit office, comme ledit chevalier l'eust en son vivant, à vostre serviteur et nostre cousin Thomas Serton, lequel a grandement fait son devoir à ceste fois.

Autre chose ne vous savons dire de present, fors qu'il vous plaise de nous mander vostre entencion avecques ce mesme poursuyvant.

Très hault et puissant prince et nostre très redoubté seigneur, le Saint Esperit vous ait en sa sainte garde comme nous le desirons.

Escript en ceste dicte ville de Baugé, la veille de Pasques, à mye nuit.

Vos très humbles serviteurs, les contes DE DOUGLAS et DE [BOUCAN][1].

A la nouvelle de cette victoire, la première pensée du Dauphin fut une pensée d'actions de grâces. Il se rendit à pied à la cathédrale, « en grande joie et diligence, » et y fit célébrer une « belle et notable messe chantée, » à l'issue de laquelle Pierre de Versailles prononça un sermon; après avoir remercié Dieu, Charles, « fort joyeulx de la signalée victoire qu'il lui avoit donnée, » retourna au château pour prendre sa « refexion » et faire ses préparatifs de départ [2]. Répondant à l'appel de ses généraux, il partit le jour même, avec l'intention

1. Le texte de cette lettre a été publié par M. Compayré, dans ses *Études historiques sur l'Albigeois* (1841, in-4°, p. 226); il est tiré des Archives d'Albi.
2. Jouvenel, p. 390.

de marcher sur la Normandie[1]. Le 30, il fit son entrée solennelle à Tours, où il prêta serment comme chanoine de l'église de Marmoutiers[2].

Charles séjourna dans cette ville pendant dix jours, et y tint cour plénière. Il était entouré du duc d'Alençon, qui avait fait ses premières armes à Baugé, du sire d'Amboise, de Tanguy du Chastel, du président de Provence, du sire de Tucé, des archevêques de Bourges, de Reims et de Sens, etc. Les comtes de Buchan et de Douglas, et les autres capitaines écossais, vinrent l'y joindre. Le jeune prince les reçut à sa table, avec les seigneurs anglais qu'ils avaient fait prisonniers. On n'avait pas vu d'un œil favorable l'arrivée en France des Écossais, et jusque-là, loin de rendre les services qu'on attendait d'eux, ils avaient donné lieu à plus d'une plainte[3]. On les appelait à la Cour « sacs à vin et mangeurs de moutons. » Charles, interpellant ceux qui s'étaient faits les détracteurs des Écossais, leur dit : « Eh bien! que vous semble de ces *mangeurs de moutons et sacs à vin?* » et il les réduisit au silence[4]. Plusieurs conseils furent tenus à Tours. Dans une solennelle assemblée, le Dauphin remit (5 avril) au comte de Buchan l'épée de connétable[5]. Les seigneurs qui s'étaient distingués à Baugé reçurent des présents et des terres[6]. John Stuart

1. Lettre missive du 30 mai, aux habitants de Tours. Le 15 avril, les commissaires des finances écrivaient, de Bourges, aux gens du Conseil en Dauphiné, que le Dauphin était parti « pour tirer ès marches de Normandie, à toute puissance. » Archives de Grenoble, B 2825, f. 35.

2. *Registres des Comptes*, vol. XVIII, f. 105 et 108 v°; *Registres Capitulaires*, dans Baluze, 77, f. 347. On donna au Dauphin pour 168 l. t. de poisson, et cent livres de cire neuve en cinquante torches.

3. Ils avaient même été jusqu'à s'emparer, en février 1421, d'une somme qu'on portait au trésor du Dauphin. Archives, KK 50, f. 13 et 15.

4. C'est ce que nous apprend un auteur écossais contemporain, Walter Bower, continuateur du *Scotichronicon* de Jean de Fordun (éd. Hearne, 1722, in-8°, t. IV, p. 1213) : « Sed statim quia non excluserunt Anglos de regno, delati sunt Scoti apud Regem, et vocati sunt devoratores vini et multonum nebulones. Quorum murmura rex humilis auribus patienter obsorbens, distulit exprobrantibus respondere verbum, donec commisso bello de Bawgy, ubi anglici capti erant et devicti, vocatis ad se querelantibus, dixit : *Quid vobis videtur de Scotis multonum epulonibus et vini voratoribus?* Qui tanquam malleo frontibus repercussi, præ verecundia non habebant quid regi responderent. »

5. Cousinot, p. 179; Berry, p. 441.

6. Lettre du 23 avril portant don à John Stuart de Derneley de la terre de Concressault; autres lettres sans date dans un formulaire du temps, ms. 5271, f. 224 v°; *Catalogue Joursanvault*, n° 3386.

de Derneley fut honoré d'une manière toute spéciale : il reçut... un astrologue ! C'était alors l'usage, pour les plus hauts princes, d'avoir un astrologue attaché à leur personne ; aussi le seigneur écossais regarda-t-il comme un grand honneur le don qui lui était fait : maître Germain de Thibouville, docteur en médecine et « souverain astrologue, » entra aussitôt en fonctions, et prédit, à ce qu'on assure, la mort prochaine de Charles VI et de Henri V[1].

La victoire de Baugé avait été si inattendue et si éclatante qu'il semblait que la face des choses fût changée. La consternation régnait parmi les Anglais, qui avaient vu tomber sur le champ de bataille le duc de Clarence, propre frère de leur roi, et la fleur de la chevalerie anglaise. Henri V était alors en Angleterre, hors d'état de leur porter secours. Il y eut un moment de désarroi et presque de terreur[2]. Du côté des Français, on sentait comme un souffle d'enthousiasme et de confiance. Tours fut le théâtre de fêtes et de réjouissances[3], auxquelles se mêlaient les préparatifs militaires, poursuivis avec activité. Le Dauphin remit sa maison sur le pied de guerre et compléta son équipement[4]. De toutes parts arrivaient de nouveaux auxiliaires : outre un renfort d'Écossais qu'on attendait, il en vint du Poitou, de la Guyenne, du Languedoc, et même du Dauphiné[5]. On ne songeait à rien moins qu'à attaquer la Normandie, et l'on devait débuter par le siège d'Alençon.

Mais l'entreprise ne pouvait être tentée que si l'on était assuré du concours ou tout au moins de la neutralité du duc de Bre-

1 Simon de Phares, cité par M. Vallet, t. I, p. 260-61.

2. Voir Chastellain, t. I, p. 227. Cf. Monstrelet, t. IV, p. 40-41. Des lettres missives furent envoyées les 4 avril et jours suivants, au nom de Charles VI, aux bonnes villes, pour contrebalancer l'effet de l'événement. (Moreau, 247, f. 123; *Cabinet historique*, t. I, p. 59; Doyen, *Histoire de Beauvais*, t. I, p. 61, etc.) — Le 22 mai, des lettres, délivrées à Rouen au nom de Henri V, défendaient à tout homme d'armes, archer ou autre, d'abandonner sa bannière sous aucun prétexte, et prescrivait de se grouper sous les ordres du comte de Salisbury.

3. On servait à la table du prince du vin de Saint-Pourçain. Archives, KK 50, f. 4.

4. Le Dauphin commanda plusieurs « harnoiz à armer, » entre autres un « harnoiz de bras à la façon d'Escosse. » (KK 53, f. 88 v°.) Il se fit faire une magnifique épée de parement (*Id.*, f. 84 v°, 87, 94 v°), des huques, des cottes d'armes, des bassinets, des lances, un étendard « à un saint Michiel armé, » des bannières, 650 pannonceaux (*Id.*, f. 84 v° 85, 85 v°, 86 v°, 94 v°).

5. Chastellain, t. I, p. 235.

tagne. La première pensée du Conseil se tourna vers ce prince. Les ouvertures vinrent-elles du Dauphin ou du duc? On ne sait. Quel n'est pas le prestige de la victoire? Le versatile Jean VI revint peut-être de lui-même à l'alliance française. Toujours est-il que, le 1er mai, une ambassade, à la tête de laquelle était le nouveau connétable, le comte de Buchan, se trouvait à Vannes [1].

Le Dauphin quitta Poitiers le 8 avril; il séjourna à Chinon du 8 au 15, à Saumur du 15 au 28; là, apprenant que le duc de Bretagne consentait à une entrevue, il prit la route de Sablé, où il devait le joindre, et visita sur son passage le champ de bataille de Baugé [2]. Il était le 4 mai à Sablé, où le duc son beau-frère s'était rendu de son côté, avec le comte de Richemont, récemment sorti de captivité; une réception brillante fut faite aux deux princes, et ils reçurent des présents du Dauphin [3]. Les négociations ne furent pas longues : dès le 8 mai était signé un traité d'alliance et de confédération.

Les deux princes, considérant que les Anglais sont descendus dans le royaume, dont ils occupent une grande partie, qu'ils détiennent les personnes du Roi et de la Reine, et s'efforcent de priver le Dauphin de la succession au trône, chose qui « seroit en grant scandalle, lesion et dommage, et à l'exheredacion de la maison et lignée royale, » et au « grant reproche » des deux princes contractants; considérant d'autre part qu'étant alliés, ils seraient, avec l'aide de Dieu, en mesure de résister aux ennemis et de préserver le royaume, comme aussi de s'opposer à tous ceux qui leur porteraient préjudice et dommage (entr'autres Olivier et Charles de Blois, qui, « au très grant deplaisir » de Charles Régent, ont récemment tenu le duc prisonnier); après mûre délibération, se sont, « outre et pardessus les amitiés, alliances et obligations » où ils sont l'un envers l'autre, promis, « pour plus grande fermeté et accroisse-

1. D. Morice, t. II, col. 1104.

2. « Mardi ensuivant, XXIXe jour du dit mois d'avril, Monseigneur au giste à Baugy... » KK 53, f. 106.

3. Les dépenses du Dauphin, relatives à cette réception, s'élèvent à 13,878 l. t. Archives, KK 50, f. 3. — 7 mai : Don à Richard de Bretagne d'un cheval du prix de 2,500 l. KK 53, f. 72 vo.

ment de bonne amour, » foi, fraternité et confédération l'un à l'égard de l'autre, tant pour eux que pour leurs pays et sujets :

Le duc de Bretagne s'engage, en son nom et au nom de ses sujets, à chérir et à honorer Charles Régent et à lui complaire en toutes manières, à lui donner conseil, confort, aide et secours contre les Anglais et contre leurs adhérents et alliés, avec toute sa puissance, sans y rien épargner, et à s'opposer à tous ceux qui s'efforceraient d'endommager la seigneurie du Roi et du Dauphin; à cette cause, il met lui, ses pays et sujets, en guerre ouverte contre lesdits ennemis, leurs alliés et complices, et déclare qu'il renonce à toutes alliances, à tous traités et *parlemens* avec eux et leurs alliés, attendu, dit-il, « que jamais à eux ne entendismes avoir tresve, sinon sur l'intention que pendant icelle nous puissions envoyer par devers lesdiz ennemis pour traicter du bien de paix, se faire se povoit, et que à present sommes bien acertenez que ils ne veulent accord ne appoinctement, mais tendent à eux attribuer la couronne et seigneurie royal de France; » il déclare donc casser, froisser et annuler la trêve et abstinence de guerre que ses ambassadeurs pourraient avoir contractée en son nom avec les Anglais, leurs alliés et leurs adhérents;

De son côté, Charles Régent, connaissant la bonne affection du duc envers le Roi et lui, déclare qu'il l'aimera et chérira, le maintiendra dans ses droits, honneurs et dignités, et lui « complaira en toutes manières raisonnables, » qu'il l'aidera contre ses anciens ennemis et leurs adhérents, et contre tous autres qui voudraient entreprendre quoi que ce fût contre sa personne, ses pays et sujets; qu'il l'aidera en particulier contre Olivier et Charles de Blois, et leur mère, leurs alliés et complices, pour parachever la mise à exécution de la sentence du Parlement rendue contre eux, à raison du crime de lèse-majesté dont ils se sont rendus coupables, et qu'il se met dès à présent en guerre contre eux, renonçant à toutes alliances et promesses à ce contraires.

Les deux princes promettent, en paroles de princes, sur les saints Évangiles, et sous l'obligation de leurs biens, meubles et héritages, de tenir, accomplir et avoir pour agréables les choses dessus dites, tant pour eux que pour leurs pays et sujets, et de ne faire aucun traité avec lesdits ennemis, leurs adhérents ou autres contre lesquels est faite la présente alliance, sans le consentement l'un de l'autre [1].

Dans une clause préliminaire, tenue secrète, Charles avait pris l'engagement, à la requête de son beau-frère, d'éloigner de sa Cour le Président de Provence, le bâtard d'Orléans, Guillaume d'Avaugour et Pierre Frotier, désignés comme complices du comte de Penthièvre [2].

Par lettres du même jour, le Dauphin donna à Richard de Bretagne le comté d'Étampes, en reconnaissance de ses services et en souvenir de ce qu'il avait contribué, en 1418, à la délivrance de la Dauphine. Richard, investi d'un grand commandement militaire, recevait en même temps diverses seigneuries confisquées sur les Penthièvre [3].

Enfin, c'est encore à Sablé que fut arrêtée une double alliance, destinée à resserrer les liens qui unissaient les princes restés fidèles au trône : celle de Richard de Bretagne avec Marguerite d'Orléans, sœur du duc Charles, née en 1406, et celle du jeune duc d'Alençon avec la fille du duc, Jeanne d'Orléans, née le 13 septembre 1409 [4].

Tranquille du côté de la Bretagne, où il croyait pouvoir compter désormais sur la fidélité du duc, le Dauphin entama les opérations militaires. Le comte de Buchan, le duc d'Alençon, le maréchal de la Fayette, La Hire et Saintrailles, à la tête d'environ six mille combattants, mirent le siège devant Alençon, et forcèrent le comte de Salisbury, accouru à la hâte, à battre en retraite et à se replier sur l'abbaye du Bec [5]. Pen-

1. D. Lobineau, t. II, p. 976; D. Morice, t. II, col. 1,092.

2. Nous savons par les comptes du Dauphin que Louvet avait fait une absence au commencement de 1421 : il était parti le 9 février, en compagnie de Tanguy du Châstel, pour remplir une mission financière dans le Midi (KK 53, f. 94). Mais on voit par les *Registres des Comptes* de Tours qu'il se trouvait dans cette ville, ainsi que Tanguy, dans les premiers jours d'avril; il était le 20 à Saumur, où sans doute il resta pendant le voyage de Sablé. Nous le retrouvons les 13 et 19 mai au Mans, contresignant des ordonnances du Dauphin rendues dans cette ville.

3. D. Lobineau, t. II, p. 978. Cf. t. I, p. 557.

4. Anselme, t. I, p. 207-208 et 273; Cousinot, p. 184; Monstrelet, t. IV, p. 41. — Cf. D. Taillandier, t. I, p. 473.

5. Chastellain, t. I, p. 227-230; Monstrelet, t. IV, p. 40-41.

dant ce temps, Charles se mettait en campagne, avec sept mille lances, quatre mille arbalétriers et sept mille archers [1], et marchait dans la direction de l'Ile-de-France. Le 10 juin, ayant rallié les troupes du connétable, il était devant Montmirail, assiégé depuis quinze jours par le vicomte de Narbonne, et dont le château fut rasé [2]; le 15, il s'emparait de Beaumont-le-Chétif [3], qui capitula le lendemain; le 16, il était à Brou; le 18, à Illiers; le 20, à Nogent-sur-Eure; le 22 à Saint-Prest, près de Chartres. Cette dernière ville fut investie de trois côtés, mais, nous dit un contemporain, Charles ne voulut pas en faire le siège, « pour reverence de Dieu et de sa benoiste mère [4]. » Tandis que l'armée bloquait Chartres, il se porta (23 juin) au nord-est, sur Gallardon, occupé par une garnison bourguignonne. La place fut emportée d'assaut le 25 : pour venger la mort de Charles de Montfort, tué dans l'attaque, on passa au fil de l'épée tous ceux, armés ou non, qui s'étaient refugiés dans l'église et s'étaient rendus prisonniers. La ville, qui était fort riche, fut pillée, et ses murailles furent abattues [5].

Dans une lettre écrite le jour même, et adressée aux habitants de Tours, le Dauphin rendait compte en ces termes de sa campagne :

A noz très chiers et bien amez les gens d'eglise, bourgois et habitans de nostre ville et cité de Tours.

DE PAR LE REGENT LE ROYAULME, DAULPHIN DE VIENNOIS.

Très chiers et bien amez, nous tenons que vous saichez assez comment nous nous sommes mis sus en toute puissance pour le reboutement de noz ennemiz, soit par la bataille ou autrement, et le recouvrement de la seigneurie de Monseigneur et nostre. Et depuis que avons pris les champs, avons, grâce à Nostre Seigneur,

1. Chastellain, t. I, p. 235; Monstrelet, t. IV, p. 45.
2. Les deux capitaines passèrent au service du Dauphin. Jouvenel, p. 391.
3. Aujourd'hui Beaumont-les-Autels, entre Nogent-le-Rotrou et Brou.
4. Cousinot, p. 181.
5. *Chronique d'Alençon* attribuée à Perceval de Cagny. Cf., sur cette expédition, Jouvenel, p. 391; Berry, p. 441; Monstrelet, p. 44, et Chastellain, p. 235. — Les lettres du Dauphin montrent que le siège ne dura pas huit jours, comme le dit Jouvenel, et que la reddition n'eut pas lieu le 29, ainsi que l'affirme Perceval de Cagny.

recouvert les places de Montmirail, Boisruffin, Beaumont-le-Chétif et Villebon, ou païs du Perche, et le jour de hier, au vespre, fut prise par assault, qui ne dura pas un quart d'heure, ceste ville et place de Galardon, laquelle chose pourra donner exemple à plusieurs autres; car ja soit ce que plusieurs fois eussions fait sommer ceulx dedans de nous bailler ladicte place et faire obeissance comme ilz devoient, neantmoins, par leur mauvaiseté et felonnie, ilz se sont laissiez de tous poins destruire. Et aussi se sont cy entour autres places mises en nostre obeissance, et tant que, environ Chartres, en a à present peu qui ne nous obeissent. A quoy nous donrons briefment bonne provision, et est en nostre entencion de aler avant, au plaisir de Dieu, en nostre entreprise.

Et ces choses vous signiffions afin que vous sachez de noz nouvelles, vous priant que tousjours vueillez diligemment entendre à la repparacion, garde et bon gouvernement de nostre ville de Tours, comme nous en avons en vous nostre confiance, et incessamment faictes amener vivres par devers nous et en nostre ost, afin que, par deffault de ce, nostre compaignie, qui est si grant et si notable que pieça ne fut veue telle, ne se doye aucunement rompre ne departir. Très chiers et bien amez, Nostre Seigneur soit garde de vous.

Escript en nostre ost devant Galardon, le xxvie jour de juing.

CHARLES.

VILLEBRESME [1].

Aprés la prise de Gallardon, le Dauphin se rapprocha de Chartres, et vint camper au village de Sours le 1er juillet. Son intention était, on l'a vu, de poursuivre ses avantages. Gallardon était sur la route de Paris, que tout le monde s'attendait à lui voir prendre. Déjà l'alarme régnait dans la capitale, où les vivres manquaient, et d'où l'on envoyait messages sur messages au roi d'Angleterre pour l'avertir du péril et le supplier de se hâter. Henri, débarqué à Calais le 10 juin, à la tête de quatre mille hommes d'armes et de vingt-quatre mille archers, se contenta d'envoyer un secours de onze cents hommes à son oncle le duc d'Exeter, qui se trouvait comme bloqué dans Paris. Il

1. On lit au dos : « Ces lettres ont esté receues le xxviiie jour de juing M CCCC et XXI. » M. Luzarche en a publié le texte (avec quelques petites erreurs de transcription) dans ses *Lettres de Tours*, p. 37.

n'arriva que le 4 juillet, et repartit le 8 pour Mantes, où il avait donné rendez-vous au duc de Bourgogne [1]. Les historiens bourguignons prétendent qu'il voulait livrer bataille au Dauphin. Mais son attente fut déçue : quand, après avoir opéré, vers le 12 juillet, sa jonction avec Philippe, il envoya quinze mille hommes, sur les ordres de son frère le duc de Glocester, pour commencer les hostilités, le Dauphin avait battu en retraite. Dès le 5, passant par Illiers, Brou, Châteaudun et Vendôme, il avait regagné ses cantonnements de la Loire.

Quelle était la cause de cette brusque retraite? Dans des lettres patentes du 5 août suivant, elle est motivée en ces termes : « Par maladie survenue en nostre ost, et pour voir le gouvernement et manière d'entreprendre des ennemis [2]. » Charles, en écrivant le 9 juillet aux habitants de Lyon, est plus explicite : il expose qu'il a tenu les champs pendant trois semaines; « que, pour la grant chierté et defaut de vivres, et l'indisposicion du temps, tant de maladie comme autrement, » les gens de sa compagnie « se departoient chascun jour; » que sachant d'ailleurs combien était forte la garnison de Chartres, et qu'on n'y pourrait « bonnement profiter, » il s'est replié sur Vendôme; mais que, quand il saura ce que doit faire le roi d'Angleterre, lequel vient de rentrer en France, et quand il aura joint ses troupes à celles de Richard de Bretagne, son intention est d'aller «querir» le roi en quelque lieu qu'il soit : « car soiez tous certains, ajoute-t-il, que nostre dit adversaire n'a pas amené en tout quatre mil combatans... Aussi, nous entretenons et tousjours nous entretendrons ensemble compagnie puissant pour lui resister, et secourir partout où il vouldroit porter dommage [3]. »

Ces explications ne sont guère concluantes. Il est difficile de comprendre comment une campagne, si brillamment inaugurée, finissait aussi misérablement. Evidemment, le Dauphin et ses généraux avaient manqué de résolution. A travers les motifs,

1. Monstrelet, t. IV, p. 43 et suiv.; Chastellain, t. I, p. 236 et suiv.; Saint-Remy, p. 455; *Registres du Parlement*, X1a 1480, f. 236 et v°.
2. *Ordonnances*, t. XI, p. 126.
3. Lettre du 9 juillet 1421. Archives de Lyon.

plausibles d'ailleurs — car semblable épidémie éclata peu après dans l'armée de Henri V — qui sont mis en avant, on sent un certain embarras, et, tranchons le mot, quelque pusillanimité[1]; nous approchons du moment où les conseillers du trône vont éloigner systématiquement leur maître du théâtre de la lutte[2], et où le jeune prince, renonçant à cette initiative dont il a donné plus d'une preuve, se résignera trop facilement à un rôle passif.

Cette expédition de 1421, la dernière à laquelle Charles prit part jusqu'à la campagne du Sacre, en 1429, trace dans sa vie comme une ligne de démarcation. Il semble s'opérer chez lui une de ces transformations dont sa longue carrière offre plus d'un exemple. Au lieu de se mêler aux choses et aux hommes, de se mettre à la tête de ses troupes, de se montrer au peuple, il va s'enfermer dans ces retraites impénétrables pour ses sujets — comme le lui reprochera plus tard, avec une courageuse franchise, un de ses conseillers — et plus impénétrables encore pour l'histoire. Désormais il n'apparaîtra à nos yeux qu'à de rares intervalles, et nous ne le verrons plus accomplissant avec une persévérante énergie son métier de Roi.

Le 5 août, en l'absence du Dauphin, qui était au château de Chinon, fut tenu à Blois un grand conseil, où se trouvèrent, comme chefs militaires, le connétable de Buchan, les maréchaux de la Fayette et de Séverac, le maître des arbalétriers Torcy, Tanguy du Chastel, le vicomte de Narbonne et le sire de Treignac[3], et comme membres du Conseil royal, le chancelier Le Maçon et Regnault de Chartres, archevêque de Reims. Afin de pourvoir à la résistance contre le roi d'Angleterre, qui

1. Blondel dit formellement qu'on n'osa affronter le choc des Anglais : « Sed eventum belli adversum et inclementissimum tuum furorem verentes, publicam certamen offerre non audent. » Blondel, *De Reductio Normanniæ*, éd. Stevenson, p. 179-80. Cf. lettre de Henri V à la commune de Londres, en date du 12 juillet, publiée par Delpit, *Documents français qui se trouvent en Angleterre*, t. I, p. 231.

2. « Le tiroient tousjours arrière de ses ennemis le plus qu'ilz povoient. » Pierre de Fenin, p. 195 (année 1422).

3. Nous pensons que c'est lui qui est désigné, dans la copie fautive de l'acte du 5 août, sous le nom de sire de *Crequin*.— C'est par erreur que M. Vallet de Viriville traduit *vous* (t. I, p. 274), par l'évêque de Clermont, qui ne devint chancelier que le 3 février 1422, et qui était alors devant Béziers, en la compagnie de Charles de Bourbon (Ordonn., t. XI, p. 132). *Vous*, c'est encore ici le chancelier du Dauphin, Robert le Maçon.

faisait alors le siège de Dreux, on appela aux armes tous les nobles du royaume, et on les convoqua à Vendôme, où ils devaient se trouver le 25 août, sous peine d'encourir confiscation de corps et de biens, et d'être déclarés fauteurs des ennemis. On faisait appel en même temps aux milices des bonnes villes [1].

A la suite de ce conseil, le Dauphin quitta Chinon pour se rendre à Loches, et de là à Amboise; mais il ne prit aucune part aux opérations militaires entamées contre le roi d'Angleterre, opérations que nous trouvons relatées en ces termes dans une lettre qu'il adressa le 6 septembre aux habitants de Lyon :

A nos chiers et bien amez les consulz, bourgois et habitans de la bonne ville et cité de Lyon.

De par le Regent Dauphin.

Chiers et bien amez, pour ce que bien savons qu'estes en continuel desir de savoir au vray de noz nouvelles et affaires de pardeça, et que bonne resistence et provision soit mise aux emprises des Anglois noz anciens ennemis, vous faisons savoir que, puis aucuns jours en ça, beaux cousins le conte de Boucquen, connestable de France, Richart de Bretaigne [2], et nos autres chiefz et gens, qui de present sont en très grant nombre et puissance, ont esté par deux jours entiers sur les champs à v ou vi lieues seulement desdiz ennemis, en les attendant, tous prestz et disposez, se venuz feussent, de les combatre; mais iceulx ennemis ont prins autre chemin, et se sont tirez vers Baugency et Meung-sur-Loire; et pour ce nos dictes gens vont après, en faisant leur poursuite, et les ont jà fort approuchez. Par quoy, à l'aide de Nostre Seigneur, avons esperance d'en oir en brief bonnes nouvelles, et que nos dictes gens se y gouverneront si prudemment et si vaillamment que ce sera à leur honneur et à nostre prouffit. Et si tost que aucune chose de bien y survendra, nous la vous signifierons. Si vueillez tousjours soigneusement entendre au bon gouvernement de la ville et cité de Lyon, ainsi qu'en avons en vous singulière-

1. *Ordonnances*, t. XI, p. 126.
2. Il avait été retenu avec 3,000 hommes d'armes et 1,500 hommes de trait. Clairambault, 96, p. 7495.

ment nostre confience, et se riens y survient de nouvel, le nous faites hastivement savoir, pour y donner la provision et remède necessaires. Nostre Seigneur soit garde de vous.

Escript à Amboise le VIe jour de septembre.

CHARLES.

PICART[1].

Le Dauphin quitta Amboise le 24 septembre[2], et alla se fixer à Bourges. Jusque-là, il n'avait guère fait que passer dans cette ville[3]. Il devait désormais y faire de longs séjours et justifier ainsi ce surnom de *Roi de Bourges* que ses ennemis lui donnèrent. Il habitait le palais qu'on appela bientôt le *Logis du Roi*, et qui avait — comme le château de Mehun-sur-Yèvre, — été construit par son grand oncle le duc de Berry. Ce palais était en même temps une forteresse : élevé sur le bord de l'enceinte gallo-romaine, il dominait toute la campagne, et, du côté de la ville, il était protégé par des retranchements qui le mettaient à l'abri d'un coup de main. La grande salle du palais est célèbre dans l'histoire de Bourges, non moins que la magnifique Sainte-Chapelle, attenante au palais, que le vieux duc avait fait construire, et dont il ne reste plus aujourd'hui le moindre vestige[4].

Dans des lettres du 26 novembre 1421, où il ordonnait d'engager ou de vendre, pour faire finances, des terres de son domaine, Charles annonçait l'intention de « resister, en la saison nouvelle, à toute puissance, à la damnable et mauvaise voulenté et entreprinse des Anglois, » et d'employer la plus grande partie de ses finances et ses joyaux même au paiement des gens d'armes, afin de protéger la « seigneurie du royaume, laquelle, disait-il, nous avons tousjours gardée et deffendue, garderons et deffenderons à notre pouvoir[5]. » Constatons qu'à la Cour de

1. Original, Archives de Lyon, AA 22, f. 12.

2. On livra, en ce mois, « plusieurs parties d'appothicairerie » pour la personne du Dauphin. Peut-être, lui aussi, éprouva-t-il quelque influence de l'épidémie régnante. Archives, KK 50, f. 29.

3. Itinéraire, séjours à Bourges : 13-16 juin 1418, 4-12 février 1419, 24-28 octobre 1419. Le plus long séjour avait été avant le départ pour le Midi, du 16 novembre au 10 décembre 1419, et du 14 décembre au 21.

4. Raynal, *Histoire du Berry*, t. II, p. 409, 411, 446 et suiv.

5. *Ordonnances*, t. XI, p. 141.

Bourges on faisait encore preuve d'une prodigalité qui contrastait d'une façon déplorable avec la pénurie des finances. En octobre, le Dauphin se fait faire une épée de parement, dite *épée de Turquie*[1]; en novembre, il donne un mandement de 40,000 livres (en faible monnaie, il est vrai) pour l'acquisition de plusieurs chevaux[2]; en décembre, il commande une robe de drap noir, sur les manches de laquelle furent employés seize marcs d'argent doré « ouvrés en manière de grandes pièces pendans a deux chaynons, et en plusieurs autres manières, l'une partie doré et l'autre blanc. » L'épée fut payée (en faible monnaie) la somme de 3,300 livres, et la garniture de la robe 2,000 livres[3]. A quelle occasion se faisait cette dépense? On célébrait les noces de Guillaume Rogre, l'un des échansons du prince[4]. Le 1er novembre, on achète six selles à 200 livres pièce[5]. En décembre on remet les chariots en état.[6] Le Dauphin s'apprêtait à partir pour le Limousin : son absence dura du 23 décembre au 30 janvier. Nous n'avons, relativement à ce voyage, que les étapes du cortège, fournies par les comptes du temps[7], et un renseignement tiré des chroniques de Limoges : Charles fit son entrée dans cette ville le 20 janvier; il fut reçu avec grand honneur et s'avança sous un dais porté par six consuls. Après s'être informé de la résistance que faisaient les bourgeois aux Anglais, voulant accroître leur courage et les engager à rester fidèles à la couronne, il leur donna le privilège d'ajouter aux armoiries de la ville une bande d'azur à trois fleurs de lis d'or; il accorda aussi d'importants privilèges aux consuls, et l'on ajoute qu'il leur enjoignit de faire changer la coiffure des femmes, lesquelles avaient conservée fidèlement la coiffe

1. Archives, KK 53, f. 115 v°, 125 et 126.
2. *Id.*, f. 116.
3. Archives, KK 53, f. 115 v°, et 125. — Sans parler de 260 livres pour l'épée, payées en forte monnaie en novembre.
4. Registre cité.
5. *Id.*, f. 127 v°.
6. KK 50, f. 47; KK 53, f. 125.
7. Itinéraire : Issoudun, 23; — Châteauroux, 26; — Argenton, 27; — La Souterraine, du 31 au 12 janvier; — Limoges, du 19 au 23. Retour par le même chemin. Il y a aussi dans les registres KK 50, f. 68 v°, et 53, f. 117, des mentions de dépenses faites pendant ce voyage de Limoges.

adoptée par leurs grand'mères en 1233, sur les conseils d'un dominicain qui était venu prêcher la modestie aux femmes de Limoges. Le jeune prince, trouvant cette mode un peu surannée, voulut qu'elles pussent « prendre tel coiffage qu'il leur plairoit prendre, au port de France[1]. »

A peine revenu de cette rapide excursion, Charles recommence ses dépenses luxueuses. En février, on lui fait une huque italienne de satin cramoisi, une salade, un heaumet, une nouvelle épée de parement, un bacinet de parement; en mars, une huque de drap noir à découpures tricolores sur laquelle on emploie dix-huit marcs d'argent doré, et dix robes bordées de drap « vermeil, blanc et pers, » pour ses gens et valets du séjour et de la grande écurie[2]. Le 11 avril, il donne l'ordre d'acheter « plusieurs parties de drap de soye[3]. » En même temps, il envoie vers le chancelier du duc d'Orléans pour qu'il mette à sa disposition les riches tapisseries que son cousin a dans son château de Blois, et le 28 mars on remet à son receveur général, Guillaume Charrier, « une chambre de drap d'or de vieille façon, de couleur verte, faite à espiz de blé comme de ciel, dossier et couvertures de mesme, trois courtines de baudequin et six pièces de tapisserie de laine de celle mesme façon[4]. »

Que se passe-t-il donc à la Cour de Bourges? Et comment, au moment même où l'on est à bout d'expédients financiers, où l'avilissement de la monnaie témoigne de la détresse croissante du trésor, déploye-t-on un tel luxe?

C'est qu'un grand événement se prépare, et qu'on est à la

1. *Chroniques manuscrites de Limoges*, extraits publiés par M. Ardant dans la *Revue anglo-française* (1839), 2e série, t. I, p. 205. Cf. *Revue archéologique et historique de la Haute-Vienne*, par M. l'abbé Arbellot (Limoges, 1856, in-12), p. 93.—Nous ne trouvons rien à ce sujet dans les *Chroniques de Saint-Martial de Limoges*, publiées par M. Duplès-Agier, pour la Société de l'histoire de France, en 1874; mais il donne (p. 131), l'indication suivante au sujet du sermon de 1233 : « Item, A. D. M CC XXXIII, mulieres castri et civitatis Lemovicensis sumpserunt capitegia in capitibus suis ad predicationem fratrum predicatorum, qui tunc de novo venerant ad castrum Lemovicense, quæ mulieres antea sine capitegiis se portabant. »

2. KK 53, f. 117, 117 vo, 126, 126 vo, 129 vo, 130 vo, 131.

3. Clairambault, 31, p. 2323. Cf. KK 53, f. 117 vo.

4. *Extraits des mss. du British Museum*, par M. Vallet de Viriville, dans la *Bibliothèque de l'École des Chartes*, t. VIII, p. 168.

veille de célébrer le mariage du Dauphin avec Marie d'Anjou, sa fiancée depuis le 18 décembre 1413 [1].

Associée dans son enfance à la vie de Charles, en Anjou et en Provence, puis fixée à Paris, à partir de juin 1416, d'abord sous la garde de la reine Isabeau [2] et ensuite seule dans l'hôtel de Bourbon, jusqu'au moment où le duc de Bretagne et son frère le jeune duc d'Anjou l'arrachèrent à un séjour plein de périls et d'angoisses, la jeune princesse était venue en octobre 1418 rejoindre sa mère à Saumur. Le 30 juin 1419, elle se sépara de celle-ci; et tandis que Yolande, partant de Bourges, allait se fixer pour quelques années en Provence [3], Marie prenait sa résidence au château de Mehun-sur-Yèvre [4], où elle eut aussitôt sa maison constituée [5]. Elle était en correspondance avec son fiancé, qui lui annonça la conclusion du traité de Pouilly par une lettre qui fut transmise aussitôt à sa mère, et qui parvint à celle-ci le 15 juillet, au Puy, où elle avait été implorer, en passant, la protection de la Sainte Vierge [6]. Le 18 janvier, le Dauphin étant à l'Arbresle, sur la route de Lyon, reçut les étrennes de la princesse [7], qu'il retrouva à Mehun en septembre, après la campagne si brusquement interrompue par la mort du comte de Vertus, et avec laquelle il passa le restant de l'année. Nous voyons la Dauphine faire, le 29 avril 1421, son entrée à Tours, où elle prend en main les intérêts des habitants, et reçoit d'eux en présent dix pipes de vin du cru [8].

Charles venait d'entrer dans sa vingtième année; Marie avait eu dix-sept ans accomplis le 14 octobre 1421. Le moment était

1. Voir ci-dessus, p. 14-16.

2. Elle fut enlevée à la Reine, avec laquelle elle demeurait au château de Vincennes, un peu avant l'expulsion de celle-ci, qui eut lieu en avril 1417.

3. Archives, KK 243, f. 50 et 62.

4. C'est ce qui ressort d'un passage de la *Chronique d'Étienne de Médicis*, bourgeois du Puy, p. 239.

5. Dès le 3 décembre 1417, Guillaume le Baudreyer était maître de sa chambre aux deniers (KK 243, f. 44). Voir sur les officiers de la Dauphine les registres KK 50 et 53, *passim*.

6. *Chronique de Médicis*, p. 239.

7. Elles lui furent apportées par Guillaume de Gamaches, un de ses échansons. Lettre de ce jour. *Pièces originales*, vol. 1273 : GAMACHES. — Ce document vient d'être publié dans la *Revue des documents historiques*, 8 novembre 1880 (t. VII, p. 154-55).

8. *Registres des comptes*, aux Archives de Tours, vol. XVIII, f. 105 et suiv.; *Registres des délibérations*, vol. I, part. V, au 28 avril 1421. Cf. AA, 4.

arrivé où les liens qui les unissaient allaient recevoir leur consécration. La cérémonie du mariage eut lieu à Bourges, au mois d'avril 1422, et, malgré la situation précaire où se trouvait l'héritier du trône, elle fut célébrée avec une grande magnificence. Suivant un témoignage digne de foi, on vit rarement à des noces royales si belle compagnie de princes, de seigneurs et de grandes dames; on n'a, d'ailleurs, aucun détail sur les fêtes qui accompagnèrent le mariage; on sait seulement qu'au banquet des noces, suivant l'antique coutume, les dames seules furent assises dans la salle où se trouvait la Dauphine, et que Charles y parut, au milieu du repas, donnant des marques de cette affabilité qui était un des traits de son caractère[1].

Quelques jours après le mariage royal, d'autres noces furent célébrées à Bourges. Jean, bâtard d'Orléans, dont le nom était destiné à une si grande célébrité, épousait Marie Louvet, demoiselle de corps de la Dauphine, et l'une des filles du président de Provence. Le fils naturel de Louis, duc d'Orléans, et de Marie d'Enghien, dame de Cany, était à peu près du même âge que le Dauphin, et de bonne heure il avait révélé ce qu'il devait être un jour : « Il m'a esté *emblé*, disait en mourant Valentine de Milan, car nul n'est mieux taillé pour venger la mort de son père[2]. » Le jeune bâtard avait débuté à l'âge de quinze ans dans la carrière des armes; fait prisonnier à Saint-Germain-en-Laye par les Bourguignons, en 1418, il avait été mis en liberté, par voie d'échange, en août 1420[3]. Le Dauphin l'avait attaché à sa personne, à titre de chambellan, et lui avait donné, par lettres du 4 novembre 1421, la terre de Valbonnais en Dauphiné[4].

1. « Madame de Namur fut assise au disner en bas de toutes les comtesses, resta une; et quand ce vint au milieu du disner le Roy vint où elle estoit assise et luy dit qu'elle avoit assé esté assise comme femme du comte de Namur et qu'il falloit que le demeurant du disner elle fust assise comme sa cousine germaine, et la fit asseoir à la table de la Royne. Et à graces elle alla en son lieu, et disoit ladicte dame de Namur que oncques à nopces de Roy n'eust tant de princes ne tant de grandes dames qu'il y avoit là, et disnoient le jour des nopces touttes les dames en la salle où la Royne disnoit et nuls hommes n'y estoient assis. » *Les Honneurs de la Cour*, par Alienor de Poitiers, dans les *Mémoires sur l'ancienne chevalerie*, par La Curne de Sainte-Palaye, éd. Nodier, t. II, p. 153. — La comtesse de Namur était Jeanne d'Harcourt, fille de Jean, comte d'Harcourt, et de Catherine de Bourbon.

2. Jouvenel, p. 197.

3. Le 13 août : c'est ce qui résulte d'une pièce originale en notre possession.

4. Archives de Grenoble, B. 3044, f. 142. Nous avons une lettre missive du Dauphin,

La date de son mariage, restée longtemps incertaine, est fixée par un document en date du 28 juin 1422 : c'est une quittance donnée par un changeur de Bourges, « pour la vente et delivrance d'un anel d'or garni d'un dyamant, prins et acheté de lui *au mois d'avril derrenier passé*, par Mademoiselle Jehanne d'Orleans, fille de Monseigneur le duc, pour donner en presant aux noces de Monseigneur le bastard d'Orleans[1]. »

A l'occasion de ce mariage, le Dauphin, voulant favoriser son amé et féal cousin, qu'il qualifie dans l'acte de « conseiller et chambellan, » et en mémoire des grands services rendus par son amé et féal conseiller et chambellan Jean Louvet, seigneur de Mirandol, donna au bâtard d'Orléans les châteaux et chatellenies de Theis, de la Pierre, de Domméne et de Falavier en Dauphiné[2].

On se rappelle que le président Louvet avait reçu ces terres en don par lettres du 29 septembre 1419, et dans les ordonnances du Dauphin où il figure comme signataire, il est parfois désigné ainsi : *le seigneur de Falavier*. Ce n'était pas sans peine qu'il avait eu la jouissance de cette seigneurie. La courageuse opposition du Conseil de Dauphiné à toutes les aliénations du domaine ne céda ici que devant les injonctions réitérées du Dauphin. Louvet était en possession d'une fortune considérable. Par lettres du 15 mai 1420, il reçut l'office de châtelain et capitaine du château de Mirandol[3], et c'est sous ce nom qu'il figure le plus souvent au bas des ordonnances du Dauphin[4]. Depuis longtemps il avait su se rendre nécessaire par les prêts faits au Trésor : en août 1418, il avançait une somme de quatre mille cinq cents livres[5]; en février 1420, il fournissait une partie

au sujet de ce don, adressée aux gens du Conseil en Dauphiné. On la trouvera aux *Pièces justificatives*.

1. *Louis et Charles ducs d'Orléans*, par Aimé Champollion-Figeac, p. 316. *Documents sur Dunois*, publiés par M. Vallet de Viriville dans le *Cabinet historique*, t. III, p. 5.

2. Lettres du 31 juillet 1422. Archives JJ 187, pièce 59.

3. Lettres du 15 mai 1420. Archives de Grenoble, B 3223 bis, f. 171.

4. A partir du mois de mai 1421, au retour de son voyage dans le Midi.

5. Le 30 août 1418, il donnait quittance de 4,500 l. t. pour paiement du solde de la garnison de Morgue. Clairambault, 67, p. 5211. On voit par les comptes qu'il vendait souvent des chevaux au Dauphin. KK 53, f. 5 v°, 11, 12 v°, 79. Cf. dons de chevaux à Louvet, f. 16 v°, 78 v°, 79.

de la vaisselle d'argent dont le Dauphin avait fait présent aux comtes de Buchan et de Vigton à leur arrivée en France [1]; au commencement de 1421, il livrait comptant une somme de sept mille cinq cents moutons d'or pour les frais de l'armée amenée d'Écosse par les comtes de Douglas et de Mar. Le Dauphin lui avait donné, en garantie de ce prêt, la chatellenie de Meulhon en Dauphiné. Dans les lettres de don, en date du 8 mai 1421 [2], on rappelait les éminents services rendus par le président de Provence qui, depuis longtemps, aidait la couronne, non seulement « de sa faculté et chevance » mais aussi « de la peine et travail de sa personne, » qu'il avait « du tout exposée et abandonnée » et qu'il exposait chaque jour « pour le bien et service » du Roi et du Dauphin, et dont le dévouement avait été jusqu'à se priver « de la plus grande partie de son vaillant » pour subvenir à son maître dans sa « nécessité. » L'insistance mise par le Dauphin à exiger l'accomplissement de ce don par le Conseil du Dauphiné, atteste à la fois l'empire exercé par Louvet et le joug que subissait à son égard le prince [3].

Le président de Provence, au comble de la faveur, donnait la main d'une de ses filles à un seigneur qui, malgré la tache de sa naissance, pouvait prétendre à une haute destinée; trois ans auparavant, il avait marié l'autre à un jeune écuyer du Dauphiné, Louis de Joyeuse, fils de Randon, gouverneur de cette province. Le bâtard d'Orléans était l'objet de distinctions toutes spéciales et de nombreux dons [4]. Guillaume d'Avaugour continuait à résider près du Dauphin, auquel il prêtait de l'argent [5] et dont il recevait des dons de terres et de chevaux [6]. Pierre Frotier, le grand maître de l'écurie, était, malgré les tristes

1. Lettres du 13 février 1420. *Pièces originales*, 1763 : LOUVET.

2. Archives de Grenoble, B 3044, f. 102.

3. Lettres missives du 15 mai; nouvelles lettres patentes du 24 juin; lettres missives des 24 et 28 juin, 20 août, etc. Archives de Grenoble, B 3044. Voir plus loin, chapitre X.

4. A sa sortie de captivité (novembre 1420), le Dauphin lui donna un cheval du prix de 800 livres; en octobre 1421, don d'un cheval de 2,000 l.; à la même époque, don d'un cheval de 5,200 l. (faible monnaie); en mars 1422, don d'un quatrième cheval. Archives, KK 53, f. 75 v°, 81 v°, 121 v°, 124 v°.

5. Prêt de 6,000 livres, en date du 8 décembre 1420, remboursé par lettres du 4 septembre 1421; prêt de 1,000 fr. : lettres du 19 janvier 1422.

6. Don, par lettres du 20 octobre 1420, de la châtellenie d'Ubrils, en Dauphiné (Archives

exploits, sans cesse renouvelés, de ses gens, qui semblaient avoir pour leurs excès le privilège de l'impunité, très avant dans l'intimité du Dauphin [1].

C'étaient pourtant les quatre personnages que Charles avait pris, à l'égard de son beau-frère le duc de Bretagne, l'engagement formel d'éloigner de sa Cour, comme ayant été mêlés à l'attentat du comte de Penthièvre !

Un autre incident très significatif nous révèle l'ascendant de plus en plus irrésistible de Louvet et la faiblesse du Dauphin : le 3 février 1422, les sceaux avaient été enlevés à Robert le Maçon pour être donnés à Martin Gouge, évêque de Clermont; et, sans tenir compte des éminents services rendus par le vieux chancelier, on présentait le nouveau titulaire comme le successeur immédiat du chancelier Henri de Marle, massacré en juin 1418 [2]. Si nous ajoutons que, parmi les personnages appelés nouvellement à siéger dans le Conseil et qui avaient part aux faveurs du prince, figurait Guillaume de Champeaux, promu, en novembre 1419, à l'évêché de Laon, nous aurons achevé de faire connaître la transformation qui s'opérait chez le Dauphin et nous aurons montré à quelles fâcheuses influences il commençait à s'abandonner.

Au moment où il se tenait éloigné de la scène, et où, d'ailleurs, son mariage l'autorisait à prendre un repos momentané [3], des devoirs impérieux l'appelèrent soudain à La Rochelle. Il avait pu laisser ses généraux faire seuls la campagne du Nivernais et se borner à envoyer son *ost* au siège de Cosne [4]; mais il se voyait exposé à perdre le seul port qu'il eût sur l'Océan; un complot, secrètement favorisé par le duc de Bretagne, — lequel, plus coupable encore que le Dauphin, se

de Grenoble, B 3223 bis, f. 174); dons de chevaux de 400, 800 livres, un autre de 1,000 livres en 1420-21 (KK 53, f. 8 v°, 13, 118 v°). Guillaume d'Avaugour, comme bon nombre de familiers du prince, lui vendait aussi des chevaux (KK 53).

1. Don de 10,000 livres, en considération de son mariage, par lettres du 13 août 1421 (Clairamb., 50, p. 3811). En septembre 1421, le Dauphin donna à sa femme une haquenée (KK 53, f. 78 v°).

2. Voir le P. Anselme, t. VI, p. 397.

3. Nous avons sur cette période quelques lettres missives, rares épaves de ces temps troublés, qu'on trouvera parmi les *Pièces justificatives*.

4. Voir à ce sujet une note de M. Vallet, t. I, p. 335.

disposait, au mépris des engagements contractés à Sablé, à jurer le traité de Troyes, — était à la veille d'éclater et avait pour but de livrer La Rochelle aux Anglais [1]. Charles partit de Bourges, en toute hâte, le 26 septembre, pour cette ville; il s'arrêta quatre jours à Poitiers, où siégeait son Parlement, et arriva le 10 octobre à La Rochelle.

Pendant ce séjour à La Rochelle, où le Dauphin déploya à la fois de l'activité et de l'énergie, il reçut une marque signalée de la protection divine. Une nombreuse assemblée était réunie sous sa présidence, dans la grande salle de l'évêché où il était logé. Le plancher s'effondra soudain : tous les assistants furent précipités dans une salle basse, à l'étage inférieur; plusieurs furent tués, un grand nombre blessés. Le prince, qui était assis sur une *chaière,* placée sous une sorte d'arcade pratiquée dans l'épaisseur d'un gros mur, tomba moins lourdement; sa chute fut ainsi atténuée : il glissa, au lieu d'être précipité dans le vide, et ne reçut que de légères contusions [2]. L'émoi fut grand dans la ville; un auteur du temps nous dit que « tous ceux qui n'estoient pas en la place furent près de s'entretuer, cuidans que Monseigneur le Daulphin et ceulx de sa compagnie fussent mors par trahison et mal apensement [3]. » La rumeur se répandit au loin : dans tout le royaume, le bruit courut que

1. Des détails sur la situation de La Rochelle, et sur le mouvement du 12 août, se trouvent dans les *Registres du Parlement de Poitiers*. Archives, X[1a] 18, à la date des 13 et 20 décembre 1423 et 27 janvier 1424.

2. Voir l'*Histoire de La Rochelle* (manuscrite), d'Amos Barbot, ms. fr. 18968 (Saint-Germain français 1060), à l'année 1422; Cousinot, *Geste des Nobles*, p. 187; Monstrelet, t. IV, p. 122 et 142; ms. fr., 23018, f. 431 (cité par M. Douet d'Arcq, en note); *Chronique d'Alençon*, dans Du Chesne, 48; Raynal, *Hist. du Berry*, t. III, 1re partie p. 9. Il paraît résulter de certains de ces témoignages, que le Dauphin, bien que légèrement blessé, « demeura tout assis, » et ne fut point entraîné à l'étage inférieur avec tous les assistants. Pourtant, la *Chronique d'Alençon* affirme que « lui et grand nombre de chevaliers et escuyers *fondirent et chairent en bas.* » En outre, nous lisons dans des lettres en faveur de la Sainte-Chapelle, en date du 28 juillet 1427 : « .... Et une messe pour nous le jour que Dieu nous préserva à La Rochelle du peril en quoy fusmes, *quand nous cheusmes d'une salle haulte en une basse*, parce que le plancher fondi sur nous et plusieurs autres en nostre compaignie, dont les aucuns furent mors emprez nous. » (Raynal, *l. c.*) Dans son *Épître sur la réformation de son Royaume*, adressée à Charles VII (Ms. fr. 2701, f. 87), Jean Jouvenel des Ursins s'exprime en ces termes : « Je scay qu'il vous souvient bien du peril ou fustes à La Rochelle, quand le plancher *fondit soubz vous*, et vostre parent, nommé monseigneur de Preaulx (Pierre de Bourbon), *qui estoit derrière vous*, fut tué, et aultres blessez et navrez. »

3. *Chronique d'Alençon*, attribuée à Perceval de Cagny.

le Dauphin avait été tué, et jeta le trouble et la consternation parmi les bons Français [1].

Charles ne passa que cinq jours à La Rochelle : il partit le 15 octobre, après avoir, par de sages et habiles mesures [2], mis cette ville à l'abri des menées de ses adversaires, et l'avoir confirmée dans une fidélité qui ne se démentit jamais. Le 24, il rejoignait la Dauphine au château de Mehun.

C'est là qu'il apprit la mort de son père, survenue le 21 octobre à Paris, et que, le vendredi 30, il prit le titre de Roi.

En examinant attentivement l'image de Charles, telle qu'elle nous apparaît jusqu'au jour de son avénement, nous pouvons constater combien elle est différente de celle que nous présente l'histoire, et l'histoire même qu'on pourrait croire la mieux informée. Où est cette « éducation molle, énervante, solitaire, abreuvée du poison de la flatterie » dont on a parlé récemment [3] ? A quelle marque reconnaît-on un « développement tardif des facultés [4] ? » Y a-t-il plus de vérité à parler de « l'inertie » du Dauphin, et de sa disparition « au sein d'un demi-jour sans gloire et probablement sans vertu [5] ? » Pendant cette première période de sa vie publique, il est loin d'être « enfermé comme au milieu d'une enceinte impénétrable [6], » et l'histoire ne nous voile pas tellement ses traits qu'il ne soit possible d'en tracer une esquisse [7].

Nous pouvons désormais, à la lumière des seuls documents contemporains, nous rendre compte de ce que fut, de quinze à

1. « Et fu depuis commune renommée que il moru dedens brief temps après; et les aucuns maintenoient le contraire. Et fu très lonc temps qu'on ne savoit à Paris, ne ès marces de Picardie, ne en pluiseurs autres païs, se il estoit vivant ou non. Et dura celle esreur depuis ce temps jusques au moix de march ensuivant. » *Chron. anonyme*, citée en note dans Monstrelet, t. IV, p. 132. Les habitants de Tournai envoyèrent, pendant le caresme, « pour savoir la verité de l'estat dudit Daulphin. » Cf. ms. fr. 23018, f. 436, et *Archives législatives de la ville de Reims*, par Varin, 2e partie, t. I, p. 618, note.

2. Voir à ce sujet Arcère, *Hist. de La Rochelle*, t. I, p. 269-70.

3. *Histoire de Charles VII*, par M. Vallet de Viriville, t. I, p. 422.

4. *Id.*, *Ibid.*, p. 159. — Le même historien appelle Charles (p. 465) l' « enfant de la démence. » Les faits, tels qu'il les expose, suffisent pour démentir ces appréciations fantaisistes, où le peintre a *poussé au noir*.

5. *Id.*, *ibid.*, p. 361. Cf. p. 160.

6. *Id.*, *Ibid.*, p. 160.

7. *Id.*, *Ibid.*, p. 202.

vingt ans, ce prince « eslongné par fureur et sedicion de la maison royale, guerroyé de ses ennemis, assailly de glaive et de parolles de ses propres subjetz, doubteusement obey du surplus de son peuple, delaissé de ses aides principaulx où il se devoit fier, despourvu de tresor, enclos de forteresses rebellans[1]. » Alors que certains désertaient sa cause, la regardant comme perdue, lui ne s'est point laissé abattre : mettant, selon l'expression d'un auteur du temps, « son fait et son bon droit ès mains de Dieu[2], » il a résisté énergiquement à tous ses ennemis, de quelque côté qu'ils vinssent. Quatre années de luttes, de déplacements, d'efforts continuels[3], ont ranimé l'ardeur de ses partisans, et inspiré confiance à ceux-là mêmes qui le condamnaient « comme malade jugié à mort et habandonné sans remède[4]. » Il a su affermir son pouvoir dans une bonne partie du royaume, et ramener à sa cause plus d'un adversaire. « Il ne s'armoit mie vollentiers, nous dit un auteur du temps, et n'avoit point chier la guerre s'il s'en eust peu passer[5], » il n'a eu que plus de mérite à triompher de cette répugnance, car il s'est *armé*, nous l'avons vu, à plus d'une reprise. Il a fait preuve d'activité, de bon sens et d'une certaine intelligence des affaires[6]. Ses avantages physiques, son affabilité, ont prévenu le peuple en sa faveur, car il était « moult bel prince, biau parleur à toutes personnes, et piteux envers povres gens[7]. »

Un trait de caractère du jeune prince sur lequel nous devons insister, c'est son empressement à observer les devoirs reli-

1. Alain Chartier, *Quadrilogue invectif*, dans l'édition des *Œuvres* donnée par André du Chesne, p. 439.
2. Raoulet, à la suite de Jean Chartier, t. III, p. 174.
3. « Nous voyons nostre prince qui depuis quatre ans n'a cessé de voyager sans gueres de repos, » écrivait Alain Chartier en 1422, peu avant l'avénement de Charles VII. *Quadrilogue invectif*, p. 446.
4. « Et n'a pas encore trois ans que j'ay veu en plusieurs hommes de tous estatz si enferme et petite foy, que les plusieurs en leur courage fuyoient l'adhesion de leur seigneur et l'aide de leur seigneurie, comme chose perdue et comme malade jugié à mort et habandonné sans remède, qui depuis ont reprins cueur et bonne fiance. » Alain Chartier, *l. c.*, p. 439.
5. Pierre de Fenin, p. 195.
6. Un écrivain, M. de Vidaillan, qui a publié de nos jours une *Histoire des Conseils du Roi*, faite d'après les actes, loue (t. I, p. 218) « la sagesse précoce et l'heureuse activité du Dauphin. »
7. Pierre de Fenin, p. 195 (année 1422).

gieux que nos rois, en dignes petits-fils de saint Louis, avaient coutume de remplir. Ne faut-il voir, dans ces pratiques de dévotion que nous révèlent les documents du temps, qu'une pure affaire de convenances et de décorum, une simple « tradition de famille et dynastique [1] ? » Nous ne le pensons pas : fidèle aux enseignements de son vertueux confesseur Gérard Machet, Charles agissait dans une pensée de foi, et sa piété était sincère [2]. Dès le 6 novembre 1418, nous le voyons revêtir à Loches le surplis, la chape et l'aumusse pour se faire recevoir abbé [3], et, après avoir entendu la messe dans sa stalle, jurer d'observer les statuts du chapitre [4]. Le même jour, il ordonne de payer cinquante livres tournois à un religieux franciscain « pour icelle emploier et convertir, lit-on dans les lettres données à cet effet, selon nostre devocion et entencion, au saint sepulcre où il va de present, et ainsi et selon ce qu'il verra en sa conscience estre le mieulx emploié pour nous [5]. » En 1420, il se fait recevoir chanoine de Notre-Dame du Puy, assiste, revêtu du surplis et de l'aumusse, aux premières vêpres de l'Ascension, et communie le lendemain à la grand-messe [6]. Vers la même époque, il offre à l'église Notre-Dame de Boulogne « une grande image de vermeil doré, qui avait sur la tête une couronne enrichie de perles et de pierreries, et qui tenait une relique en sa main [7]. » Le 15 mars 1420, il fait remettre aux Cordelières de Sainte-Claire de Toulouse une

1. « Dans les hautes régions sociales auxquelles appartenait le Dauphin de France, la piété était particulièrement une tradition de famille et dynastique. L'observation des préceptes de la foi constituait, pour les princes, aux yeux des populations, non seulement un devoir, mais un titre de recommandation spéciale, etc. » Vallet de Viriville, t. I, p. 257.

2. « Mist son fait et son bon droit ès mains de Dieu, *lequel il servoit chaque jour moult devotement*, dit Jean Raoulet, t. III, p. 174. — « Devot à Dieu, » dit Chastellain, t. II, p. 179, en parlant de cette période de sa vie.

3. Charles, comme duc de Touraine, était chanoine-né de la collégiale de Loches.

4. Extrait du Cartulaire de l'église collégiale de Loches, *Collection de Dom Housseau*, t. IX, nº 3829. Cf. Vallet, t. I, p. 137 : « Charles, *par la pente de sa nature*, aussi bien que par habitude et par éducation, témoigna toujours un grand zèle pour ces prérogatives. »

5. Clairambault, 49, p. 3681.

6. *Gallia christiana*, t. II, col. 732; Francisque Mandet, *Histoire du Velay*, t. IV, p. 324-26.

7. Antoine le Roy, *Histoire de Notre-Dame de Boulogne* (1681), p. 60; l'abbé Haigneré, *Histoire de Notre-Dame de Boulogne*, p. 89.

somme de soixante livres tournois, donnée « pour Dieu et en aumosne, pour leur aidier à vivre et afin qu'elles prient Dieu pour nous [1]. » Deux jours avant la bataille de Baugé, le jeudi saint de l'année 1421, vêtu d'un sac de toile, il lave lui-même les pieds de douze pauvres [2]. A la nouvelle de la victoire, il se rend à pied, en actions de grâces, à la cathédrale de Poitiers [3]. Quelques jours après, il se présente, avec le costume de chanoine, en l'église de Marmoutiers, prête le serment accoutumé, et prend part aux distributions de pain, de vin et d'argent qui représentaient sa prébende [4]. Après son accident de La Rochelle, Charles, qui avait pour saint Michel une dévotion particulière [5], envoya au Mont-Saint-Michel une pierre qui s'était détachée au-dessus de sa tête et son buste en cristal, comme *ex-voto* [6]. En même temps, il fonda à la Sainte-Chapelle de Bourges une messe perpétuelle [7].

La maison religieuse du Dauphin se composait, outre son confesseur Gérard Machet, d'un aumônier et de plusieurs chapelains. Chaque jour il entendait dévotement deux ou trois messes, et faisait de nombreuses aumônes [8]. A son entrée

1. Ms. fr. 20902, pièce 57.

2. Archives, KK 50, f. 9 v° — Par lettres du 1er avril 1423, deux cents livres tournois sont versées « pour le mandé que icellui seigneur a fait aux pauvres le jeudi absolu derrenier passé. » Voir f. 87 v°.

3. Jouvenel, p. 390. Par lettres du 8 novembre 1422, Charles VII, en reconnaissance des grâces que Dieu lui a faites en le préservant de ses ennemis, et en mémoire de la victoire de Baugé, prend l'engagement, quand il aura recouvré la seigneurie de Thury, d'y fonder un couvent de Célestins, auquel seront attribués tous les revenus de la seigneurie. Archives, K 68, n° 40.

4. *Armoires* de Baluze, 77, fol. 347; cf. Vallet, t. I, p. 259-60.

5. Voir les lettres du 6 avril 1423, citées par M. S. Luce dans les *Pièces diverses* de son édition de la *Chronique du Mont-Saint-Michel*, t. I, p. 123, note.

6. Vallet de Viriville, t. I, p. 351. Cf. *Hist. du Mont Saint-Michel*, composée en 1714 par un religieux de l'abbaye, ms. fr. 18949, p. 44. Le Héricher dit par erreur (*Hist. du Mont Saint-Michel*, p. 65) que le prince alla lui-même au Mont Saint-Michel. — Dans son *Histoire de l'abbaye du Mont Saint-Michel*, publiée par M. E. de Beaurepaire (Rouen, 1862-63, 2 vol. in-8°), D. Huynes rapporte (t. I, p. 198) que Charles obtint du pape des indulgences pour exciter les fidèles à venir en pèlerinage au Mont et contribuer par leurs aumônes à réparer les murailles.

7. Cette fondation est rappelée dans des lettres en faveur de la Sainte-Chapelle, en date du 28 juillet 1425. Raynal, *Histoire du Berry*, t. III, 1re partie, p. 9.

8. « A Messire Estienne de Montmoret, prestre, aumosnier du Roy, auquel ledit seigneur a voulu et ordonné estre baillé par ledit trésorier la somme de six cens livres par an... pour par ledit aumosnier employer et convertir en aumosnes, par ses lettres du 20 novembre 1422. » Godefroy, *Historiens de Charles VI*, p. 797. — « A Maistre Gérard

dans une ville, sa première visite était pour la cathédrale, où il ne manquait pas de venir s'agenouiller [1].

A côté de la piété, un autre trait du caractère du Dauphin, c'est la bonté : « beau parleur à toutes personnes, piteux envers pauvres gens, » comme le dit Pierre de Fenin [2]. Nous le voyons donner, « en pitié et aumosne, » dix livres tournois à la femme d'un charpentier, « pour lui aidier à aler querir son mary, qui estoit malade et blecié au siège de Montberon, où il estoit alé pour le fait et gouvernement des engins [3]. » Un de ses chevaliers, Jean de Coucy, reçoit deux cents livres pour l'aider à se tirer des mains des Bourguignons, qui l'ont fait prisonnier et mis « à très grande rançon [4]. » Il serait facile de multiplier ces exemples [5].

Sa générosité ne saurait être contestée, et nous en avons fourni de nombreuses preuves dans les pages qui précèdent; elle était accompagnée d'une libéralité qui l'entraînait souvent hors des bornes. Nous l'avons vu également céder avec une regrettable facilité à ses goûts luxueux et à sa passion pour les chevaux. Dès ses jeunes années se révèlent encore certaines tendances qui, chez lui, sont caractéristiques : l'amour de la science et la protection donnée aux savants et aux lettrés [6]. A quinze ans, il faisait acheter des livres de médecine [7] et, durant sa régence, Jean Gerson lui présenta un livre intitulé :

Machet, confesseur du Roy, auquel le Roy, par ses lettres données le 22 novembre 1422, a ordonné cinquante livres de pension par chascun mois, pour et en recompensacion des livraisons que ledit confesseur, à cause de son dit office, avoit accoustumé de prendre en l'hostel dudit seigneur, tant pour sa personne que *pour le chapelain qui chante la seconde messe du Roy.* » Godefroy, p. 797-98. — Cf. Archives, KK 50, f. 14 v°; ms. fr. 6749, fol. 6 v°. — Je me garde bien de citer ici Henri Baude, comme l'a fait M. Vallet (t. I, p. 260, note 1); je m'attache scrupuleusement à ne prendre que des témoignages de cette période du règne.

1. « Dedens trois jours ensuivans, icellui Daulphin par traicté entra à Rouen atout sa puissance, et ala à cheval jusques à la grande église faire son oraison. » Monstrelet, t. III, p. 179, année 1417.

2. Voir ci-dessus, p. 242.

3. Lettres du 24 septembre 1418. Clairambault, 61, p. 4079.

4. Lettres du 26 mars 1419. Clairambault, 35, p. 2637.

5. Voir d'autres faits cités plus haut, p. 198.

6. Simon de Phares nous apprend qu'il était « amateur de science, » et qu'il avait près de lui « deux medecins expers astrologiens, lesquieux il aima moult. » Ms. fr. 1357, f. 152 v°.

7. Lettres du 30 septembre 1418. Clairambault, 21, p. 1715.

Ustrologia theologizata[1]. Il avait dès lors un grand penchant pour tout ce qui touchait à l'artillerie[2].

Si les qualités et les goûts apparaissent déjà, les défauts commencent aussi à se montrer; nous pouvons constater chez le Dauphin une fâcheuse disposition à subir l'ascendant de ceux qui l'entourent et à s'aveugler sur leurs travers jusqu'au point de tout souffrir de leur part. Mais si des influences fatales se font sentir, elles ne sont point encore prédominantes. Pourtant l'année qui précède l'avénement au trône accuse déjà une transformation regrettable : l'ardeur des premières années commence à faire place à une certaine tiédeur, et aux anciens et fidèles conseillers qui ont veillé sur son enfance, le jeune prince semble préférer de nouveaux venus, qui ont su conquérir ses bonnes grâces.

Un autre symptôme, gros de menaces pour l'avenir, sur lequel nous devons nous arrêter, ce sont les rivalités qui se manifestent dans l'entourage du Dauphin. Nous sommes fort peu renseignés à cet égard, mais nous en savons assez pour constater qu'à diverses reprises l'intervention du prince est nécessaire pour arrêter les disputes, et qu'elle n'empêche pas l'effusion du sang. L'incident relatif au comte de Ventadour nous en offre la preuve. Arrêtons-nous un instant sur cette scène, qui nous fera pénétrer dans la vie intime du Dauphin.

Jacques, comte de Ventadour, avait épousé la fille du grand-maître des arbalétriers Torsay : c'était un jeune et brillant seigneur, que le Dauphin avait nommé conseiller et chambellan. Un soir, au mois de mai 1421, Charles étant à la Ferté-Bernard au moment d'aller rejoindre ses troupes devant Montmirail[3], le comte de Ventadour se présenta pour remplir les devoirs de sa charge et assister au coucher de son maître. L'*huis* du *retrait* du Dauphin était gardé par Guichard du Puy, son premier huissier d'armes, lequel dit au comte qu'ordre

1. Ms. fr. 1357, f. 152 v°.
2. Dans des lettres du 20 décembre 1419, nous trouvons, entre autres dons, celui de 41 livres à un canonnier, « en la compensacion du canon que avons eu de lui. » *Chartes royales*, XIV, n° 2.
3. La scène dut se passer le dimanche 31 mai, d'après l'itinéraire.

avait été donné de ne laisser pénétrer personne, et qu'il n'entrerait pas. Le comte répondit que cette défense ne le concernait point. « N'êtes-vous pas homme ? Ne m'en croyez-vous pas ? » reprit brusquement Guichard. — « Je me souviendrai de cette réponse, » dit le comte en se retirant dans l'antichambre. Survint Jean du Cigne, l'un des écuyers d'écurie du Dauphin. Ventadour rentra à sa suite, et se mit à apostropher Guichard ; ils allaient en venir aux mains, quand le premier écuyer Pierre Frotier et les autres gens de la maison du prince qui étaient là, les séparèrent. Le Dauphin, entendant la dispute, sortit de son *retrait* et demanda ce que c'était. Guichard et Ventadour, s'agenouillant tous deux, donnèrent chacun leur explication. A la plainte du comte, Charles répondit : « Ne vous en prenez « point à nos gens, mais dites-nous le, et on leur ordonnera « ce qu'on vous devra faire, car il faut qu'ils fassent ce que « leur avons commandé. »

Le comte se retira en silence, mais avec la vengeance dans le cœur : quatre jours après Guichard du Puy, sortant de l'église, tombait frappé de deux coups d'épée par le comte de Ventadour, qui, le lendemain, était arrêté et mis en prison[1].

Il nous reste maintenant, pour achever de mettre en lumière cette période de la régence du Dauphin, que les historiens, — à l'exception de M. Vallet de Viriville, qui l'a amplement, et, en général, fort bien traitée[2], — ont presque complètement laissée dans l'ombre, d'une part à suivre le prince dans ses relations avec les puissances étrangères, et d'autre part à étudier le rôle de son gouvernement relativement à l'administration du royaume.

1. Tous ces détails sont tirés des lettres de rémission données au comte au mois de juillet suivant. Archives, X^{1a} 9190, f. 195 v°. Cf. X^{1a} 19, au 12 juin 1422. — Il y eut, dans la même année, à Chinon et à Saumur, une querelle, avec effusion de sang, entre André de la Roche et Thibaut de la Haye, chevalier de l'entourage du Dauphin. Voir Archives X^{2a} 18, f. 185 et suivants, au 2 janvier 1430.

2. M. Vallet de Viriville a consacré à cette période la plus grande partie du premier volume de son *Histoire de Charles VII et de son époque* (1862).

CHAPITRE VIII

LA DIPLOMATIE DU DAUPHIN

§ I. — NÉGOCIATIONS AVEC L'ANGLETERRE JUSQU'À LA RUPTURE DES POURPARLERS ENTRE LE DAUPHIN ET HENRI V EN 1419

Relations avec l'Angleterre sous Henri IV : le parti bourguignon et le parti orléanais sollicitent tour à tour l'appui des Anglais. — Attitude agressive de Henri V; il traite séparément avec Jean sans Peur en 1414. — Négociations avant Azincourt : intervention de l'empereur Sigismond à Paris et à Londres; il trompe la France et s'allie contre elle avec l'Angleterre. — Entrevue du roi d'Angleterre et de l'empereur à Calais avec le duc de Bourgogne. — Continuation des négociations entre la France et l'Angleterre. — Déclaration de guerre de l'empereur; nouvelle invasion des Anglais. — On reprend les négociations : conférences de Barneville. — Négociations avec la Savoie. — Intervention du pape Martin V; difficultés faites pour la déclaration d'obédience; les cardinaux-légats échouent dans leur mission. — Le Dauphin fait des ouvertures à Henri V; conférences d'Alençon. — Henri V négocie tour à tour avec les deux partis; trêves avec le Dauphin et avec Charles VI; rupture avec le Dauphin. — Négociations poursuivies avec Charles VI; conférences de Meulan.

L'histoire de nos relations diplomatiques au temps de Charles VII a une si haute importance, elle a été jusqu'ici tellement laissée dans l'ombre, qu'il convient de l'exposer avec les développements nécessaires.

On peut la diviser en deux grandes périodes.

Dans la première, toutes les alliances sont dirigées contre l'Angleterre, depuis longtemps notre ennemie acharnée, qui, après avoir formé contre la France un réseau d'alliances destiné à l'isoler, au milieu de puissances neutres ou hostiles, reprend l'œuvre de la conquête, et la pousse avec une telle vigueur, que l'existence même de la nationalité française est en péril.

Dans la seconde, ce n'est plus contre les Anglais, paralysés par leurs divisions intérieures et bientôt expulsés du territoire, que Charles VII cherche des alliés ; c'est contre une puissance nouvelle, née à l'ombre du trône, qui a grandi au milieu de nos désastres, et dont le développement démesuré menace dans le présent l'indépendance, dans l'avenir la sécurité même de la France. L'Angleterre, réduite à l'impuissance et finalement terrassée, Charles VII se retourne contre la Bourgogne, et, dans une lutte qui n'aura d'autre terme que sa mort, il ne cessera, sans sortir cependant — sauf peut-être à la dernière heure — du terrain diplomatique, de porter à la puissance bourguignonne des coups habiles et réitérés.

Mais si l'on veut se rendre compte de la situation réciproque de la France et de l'Angleterre au moment où le pouvoir arrivait aux mains du Dauphin, il convient de reprendre les choses de plus haut et de jeter un coup d'œil sur les rapports des deux puissances depuis l'avénement de la maison de Lancastre.

Le traité de Brétigny, signé le 8 mai 1360, donnait à l'Angleterre, en souveraineté absolue, le duché de Guyenne avec toutes ses dépendances, les comtés de Ponthieu et de Guines, enfin les villes de Calais et de Montreuil [1]. Grâce à l'épée de Du Guesclin et à une habile politique qui, en ôtant à l'Angleterre l'appui de la Castille, de la Navarre et du duc de Bretagne, l'avait isolé en Europe, Charles V était parvenu à enlever à Édouard III une partie de ses conquêtes ; à sa mort, l'Angleterre ne conservait que Bordeaux et Bayonne, avec une portion de la Guyenne et la ville de Calais.

Sous son successeur, un rapprochement s'opéra entre la France et l'Angleterre : sans toucher au fond du différend et en laissant les choses dans le *statu quo*, une trêve de vingt-huit ans fut conclue, en date du 9 mars 1396, et la main d'Isabelle de France, fille de Charles VI, alors âgée de six ans, fut donnée à Richard, avec une dot de huit cent mille francs [2].

1. Le traité de Brétigny se trouve dans Rymer, t. III, part. II, p. 5, et dans Leibniz, *Codex juris gentium diplomaticus*, p. 208-18 (en français). Il est accompagné de documents complémentaires, qui sont tout au long dans Rymer, p. 5 à 32. — L'acte de renonciation à la couronne est daté de Calais, le 24 octobre.

2. Rymer, t. III, part. II, p. 112-118.

L'usurpation de Henri de Lancastre en 1399, suivie du meurtre de son prédécesseur [1], posa de nouveau la question de paix ou de guerre. A un prince léger, capricieux, violent, passionné pour le faste et les plaisirs [2], qui s'était rendu impopulaire par son mépris des lois et surtout par son second mariage, — car il avait commis « le grand crime qui a perdu tant de rois d'Angleterre [3], » celui de s'allier à une Française, — succédait le représentant d'une branche cadette habile, ambitieuse, entreprenante, qui ne pouvait manquer, le jour où son pouvoir serait solidement assis, de reprendre les desseins interrompus d'Édouard III.

Mais Henri IV, en montant sur le trône, avait intérêt à ne point se créer de complications au dehors ; il chercha à apaiser le juste ressentiment qu'éprouvait la Cour de France au spectacle de la déposition et de la fin violente d'un souverain devenu le gendre du Roi, et à se faire pardonner son usurpation. Dès le mois de mai 1399, il déclarait vouloir observer la trêve conclue par son prédécesseur [4], et au mois de décembre suivant une ambassade était envoyée en France [5], avec mission de renouveler la trêve de vingt-huit ans, et même de faire des ouvertures relativement à une alliance perpétuelle et au mariage du prince de Galles avec une fille de Charles VI. La trêve fut en effet confirmée par lettres du 29 janvier 1400 [6].

1. « Lancastre, dit M. Michelet, fut obligé par les siens de régner, obligé pour leur sûreté de leur laisser tuer Richard. » *Histoire de France*, t. IV, p. 80.

2. « Inerant enim ei crines glauci, facies alba, rotunda et feminea, interdum sanguinis flemmate viciata, lingua brevis et balbuciens, moribus inconstans, quia, spreto antiquorum procerum consilio, juvenibus adhaerebat... In dandis prodigus, in conviviis et indumentis ultra modum splendidus, ad bella contra hostes infortunatus et timidus, in domesticos iram multum accendens, superbia erectus, cupiditate deditus, luxuriae nimis deditus..., etc. » Tel est le portrait tracé par le moine de Evesham qui a écrit sa vie (éd. Hearne, 1729, in-8°, p. 169).

3. Michelet, *l. c.*, p. 281.

4. Par lettres du 18 mai 1399, données à Westminster, et *écrites en français*, Henri IV promettait d'observer les trêves générales conclues en 1396, « vivant lors feu nostre très chier cousin Richart, de bonne memoire, nadgaires Roy d'Engleterre, notre predecesseur, que Dieu assoille, » entre ce prince et « nostre cousin de France. » Original avec sceau, Archives, J 919, n° 1

5. Les ambassadeurs étaient l'évêque de Durham et le comte de Worcester; leurs pouvoirs sont du 29 novembre. Rymer, *l. c.*, p. 170.

6. Rymer, *l. c.*, p. 176. — Voir sur cette ambassade *Proceedings and Ordinances of the privy Council of England*, t. I, p. 102.

Les tentatives que fit la France pour faire rentrer la Guyenne dans l'obéissance; les divers incidents militaires qui se produisirent, tels que le défi du duc d'Orléans, suivi d'une expédition en Guyenne (1402-1403); le débarquement du comte de Saint-Pol dans l'île de Wight (1403); le secours armé donné à Owen Glendower, révolté contre Henri IV (1404); l'attaque de l'Écluse par une flotte anglaise, suivie des sièges de Bourg et de Blaye par le duc d'Orléans et du siège de Calais par le duc de Bourgogne (1405); enfin le « voyage de Mercq, » fait en 1409 sous la direction du comte de Saint-Pol, ne troublèrent que passagèrement les rapports entre les deux Cours; la trêve fut de nouveau confirmée à la date du 27 juin 1403 [1], et le 26 mars 1406 Henri IV donnait pouvoir pour conclure avec la France une paix perpétuelle [2]. La situation resta la même jusqu'en 1411, époque où Jean sans Peur devint maître du pouvoir. Henri IV, qui avait avec lui des alliances commerciales pour la Flandre [3], et préférait traiter avec le duc de Bourgogne qu'avec le duc d'Orléans, accueillit des ouvertures relatives à une alliance perpétuelle entre la France et l'Angleterre et au mariage de la fille aînée du duc Jean avec le prince de Galles (1er septembre 1411) [4]. La coalition des princes étant venue menacer le duc, il fit appel au roi d'Angleterre, qui lui envoya aussitôt un secours armé, à l'aide duquel il occupa Paris (7 octobre 1411) [5].

La politique du roi d'Angleterre tendait à exploiter à son profit les rivalités de parti. Après avoir accueilli les ouvertures du duc de Bourgogne, il prêta une oreille favorable à la requête des princes du sang ligués contre le duc, et qui, en janvier 1412, ne craignirent pas, au mépris de leurs devoirs les plus sacrés, de briguer son alliance [6]. Les ducs de Berry, d'Orléans et de Bourbon, le sire d'Albret et le comte d'Alençon — aux-

1. Rymer, t. IV, part. I, p. 46.
2. Rymer, *l. c.*, p. 95.
3. Voir Michelet, *Histoire de France*, t. IV, p. 102.
4. Rymer, t. IV, part. I, p. 196. Cf. les curieuses instructions qui se trouvent dans *Proceedings and Ordinances*, t. II, p. 19 et suiv.
5. Le duc d'Orléans ayant réclamé près de Henri IV, celui-ci répondit qu'en refusant la demande du duc de Bourgogne, il aurait craint de mécontenter les Anglais (sans doute à cause de leurs rapports avec les Flamands). Religieux, t. IV, p. 474.
6. Pouvoir du 28 janvier; — sauf-conduit du 6 février. Rymer, t. IV, part. II, p. 4 et 5.

quels se joignit, par un acte séparé, le comte d'Armagnac — signèrent à Bourges, le 18 mai 1412, un traité honteux par lequel, reconnaissant les droits du roi d'Angleterre sur le duché de Guyenne [1], ils s'engageaient à tenir de lui en hommage ce qu'ils possédaient dans ce duché; à lui livrer vingt villes et châteaux, dont Bazas, Saint-Macaire, La Réole, etc.; à conquérir pour lui les autres forteresses qui ne leur appartenaient pas; enfin, en ce qui concernait les ducs de Berry et d'Orléans, à ne conserver que durant leur vie les comtés de Poitou et d'Angoulême, qui appartiendraient après eux en pleine souveraineté au roi d'Angleterre, moyennant quoi Henri promettait de les secourir contre le duc de Bourgogne, en mettant en leur disposition, pour trois mois, mille hommes d'armes et trois mille archers [2]. Le duc de Clarence, second fils du roi d'Angleterre, descendit, avec ce corps de troupes, à Saint-Vaast-la-Hogue, au moment où le duc de Bourgogne, emmenant le Roi avec lui, était venu assiéger Bourges, où les princes s'étaient enfermés [3]. Mais quand il s'avança pour marcher à leur secours, il apprit que la paix venait d'être signée (12 juillet) [4]. « Beau neveu, » avait dit le duc de Berry à Jean sans Peur dans l'entrevue ménagée pour amener un accord, « Beau neveu, j'ay mal fait et « vous encores pis. Faisons et mettons peine que le royaume « demeure en paix et tranquillité. » — Et le duc de Bourgogne avait répondu : « Bel oncle, il ne tiendra pas à moy [5]. » Des

1. « Recognescunt quod haec est una et justa querela quam habet pro Ducatu Aquitaniae rehabendo, cum suis juribus et pertinentiis universis et obtinendo, cum sibi debeatur, jure haereditario et successione naturali, ut ipsimet etiam recognescunt. » Rymer, t. IV, part. II, p. 13.

2. Rymer, *l. c.*, p. 12-14; Monstrelet, t. II, p. 339-42 (la date du 8, donnée par Monstrelet, est fautive). — Sur cette double alliance, voir les détails donnés par J. Endell Tyler, *Henry of Monmouth, or memoirs of the Life and character of Henry the fifth* (London, 1838), t. I, p. 266-277. Cf. Extrait d'un ms. contemporain dans B. Williams, édition des *Gesta Henrici quinti* d'un auteur anonyme, appendice, p. 280.

3. Endenture du 8 juin 1412, passée à Westminster, entre Henri IV et Clarence. Rymer, t. IV, part. II, p. 15. Cf. *Proceedings*, t. II, p. 33. — Par lettres en date du 31 mai, adressées au duc de Bourgogne, le comte d'Arundel déclara que s'il prenait parti pour les princes, c'était par le commandement de Henri, prince de Galles, et de son père, dont il était homme (Gachard, *Archives de Dijon*, p. 43).

4. La minute de la convention signée à Bourges porte la date du mardi 12 juillet 1412. Moreau, 1424, n° 56.

5. Jouvenel, p. 244. Cf. Religieux, t. IV, p. 6.

lettres du Roi, en date du 21 juillet, déclarèrent nul et non avenu le traité des princes avec les Anglais [1]. Le duc d'Orléans, pour se débarrasser de ses gênants auxiliaires, qui s'étaient avancés jusqu'à Blois, dut, en son nom et au nom des ducs de Berry et de Bourbon, leur promettre trois cent dix mille francs, et remettre entre leurs mains, comme otages, avec plusieurs de ses serviteurs, son jeune frère le comte d'Angoulême, qui resta prisonnier jusqu'en 1445 [2]. Clarence ne fit que traverser la France et gagna Bordeaux [3].

Au commencement de 1413, le duc de Bourgogne, qui régnait

1. *Lettres des Rois*, etc., t. II, p. 328. Les lettres sont insérées dans d'autres lettres du duc de Berry, en date du 22, signifiant le désaveu de l'alliance au roi d'Angleterre. Semblables lettres furent envoyées par le duc d'Orléans, le duc de Bourbon et le sire d'Albret. Chose curieuse, le duc de Bourgogne écrivit aussi. Voici ce que, dans sa réponse au duc de Berry (à La Chauce, devant Blois, le 6 septembre), le duc de Clarence dit à ce propos : « Et touchant le duc de Bourgoigne, pour ce qu'il rescript, selon nostre semblant, pareillement ainsi que vous faites, de ce avons merveilles, car à ce qu'il ait aucunes alliances à notre dit très redoubté seigneur et père, à notre dit honoré seigneur et frère, à nous ne à nos autres frères, nous vous faysons savoir que non, *ains en a esté de tout refusé*, par ce que nous estions lyez ovesques vous; *et si ce ne feust, nous pensons avoir acceptez ses offres et fermées avec lui aucunes alliances.* » *Ibid.*, p. 352. — Par d'autres lettres données à Auxerre, le 22 août, après le traité conclu entre les princes et le duc de Bourgogne, le roi ordonnait au duc d'Orléans et au comte de Vertus de renoncer à l'alliance anglaise et de signifier cette renonciation à l'*adversaire* d'Angleterre (Archives, K 57, n° 20; *Choix de pièces inédites*, publié par M. Douet d'Arcq, t. I, p. 352); ce que les princes s'empressèrent de faire (lettres du 23 août, K 57, n°s 21 et 22). Mais ce n'était là qu'une formalité : la chose, on le voit, était déjà accomplie.

2. Pouvoir du duc et des autres princes, en date du 15 octobre, à Vincennes, pour traiter avec le duc de Clarence et autres des sommes à payer (Archives, K 59, n° 2); traité de Buzançais, en date du 14 novembre (*id.*, *ibid.*, n° 4); état de répartition d'une somme de 210,000 écus promise à Clarence (14 novembre, Archives, K 59, n° 3). — Il y eut à ce moment des négociations entamées : par lettre du 14 novembre 1412, des commissaires anglais furent désignés pour arrêter les bases d'un traité de paix entre la France et l'Angleterre (Archives, K 57, n° 28). Nous voyons par un compte du temps qu'une aide fut imposée en Poitou pour résister aux Anglais, qui menaçaient d'entrer dans cette province (ms. fr. 6747, f. 16 v° et suiv.).

3. Chose digne de remarque, tandis que le duc de Bourgogne exploitait le tort si grave que s'était donné le parti d'Orléans en appelant les Anglais à son secours, il avait encore quelques-uns des auxiliaires que lui avait amenés l'année précédente le comte d'Arundel. Ce fait est attesté par le moine contemporain Walsingham, qui s'exprime en ces termes sur la duplicité de la politique de son gouvernement (*Historia Brevis*, Londini, 1574, in-fol., p. 425; réimprimée en 1864, par H. Th. Riley, sous le titre d'*Historia anglicana*, t. II, p. 288) : « Unde succrevit multis admiratio, qualiter tam repentina facta sit mutatio, ut sub temporis tantilli spatio contingeret, Anglos velut duo contraria confovere; » il est confirmé de la façon la plus expresse par divers documents qui se trouvent dans les *Titres scellés* de Clairambault. Ce sont les « declaracions des noms et seurnoms de certains gens d'armes et archiers du païs d'Angleterre qui ont servi le Roy en ses dernières armées, auxquelx ledit seigneur donne de present congié pour eulx en aler. » Il paraît y avoir eu cent hommes d'armes et quatre cents archers. Ils furent congédiés en novembre 1412 (Clairam-

alors en maître, entra de nouveau en relations avec l'Angleterre. Henri V venait de succéder à son père, qu'une mort prématurée (20 mars) paraît avoir seule empêché de subir une abdication forcée[1]. C'était un prince âgé de vingt-et-un ans, adonné jusque-là à tous les excès et ayant fait parade des plus ridicules excentricités; mais, dès qu'il fut parvenu au trône, il désavoua les folies de sa jeunesse et se montra un homme nouveau. La chute soudaine de la domination bourguignonne à Paris vint arrêter ces négociations; les ambassadeurs envoyés à Balinghem ne firent que conclure (25 septembre 1413) une trêve comprenant les seules possessions anglaises du Nord, et qui devait durer jusqu'au 1er juin 1414[2].

Dans les conférences de Balinghem, les négociations avaient pris une tournure nouvelle : les ambassadeurs anglais avaient fait entendre que le roi d'Angleterre voulait en revenir au traité de Brétigny, et qu'il exigerait la restitution des possessions enlevées à ses prédécesseurs. Justement alarmé de telles prétentions, le gouvernement français envoya une ambassade en Angleterre, avec mission de prolonger la trêve et de tout faire pour prévenir le coup qui nous menaçait[3]; un traité fut conclu, le 24 janvier 1414, portant prorogation des trêves entre la

bault, vol. 46, p. 3405 et 3406; 53, p. 3988; 85, p. 6708 et 6709; 98, p. 7639). On peut rapprocher ce fait de la déclaration du comte d'Arundel en date du 31 mai 1412, citée plus haut.

1. Il mourut de la lèpre. — On raconte que son fils, le croyant mort, s'était saisi de sa couronne, déposée près du lit royal, et l'avait emportée. Henri IV, revenant soudain à lui, demanda qui avait pris sa couronne, et fit venir le prince de Galles, qui s'excusa en disant qu'il le croyait trépassé, et qu'il avait pris la couronne comme lui appartenant après lui. — « Beau filz, dit le roi en soupirant, comment y auriez vous droit, car je n'en y eus « oncques point, et ce scavez vous bien! » Monstrelet, t. II, p. 338. — Sur le rôle du prince de Galles, voir Turner, t. II, p. 364-65 et 371-73, et Michelet, t. IV, p. 283-84. Turner se trompe en attribuant au prince de Galles l'assistance donnée au duc de Bourgogne, tandis que Henri IV portait assistance aux princes orléanais; l'historien n'a pas su distinguer les dates, et il voit un antagonisme entre le père et le fils, là où apparaît seulement la duplicité de la politique anglaise.

2. Pouvoirs de Henri V du 14 juillet pour traiter à la fois avec son « adversaire de France » et avec le duc de Bourgogne (quatre lettres); pouvoir de Charles VI du 22 août; traité du 25 septembre. Rymer, *l. c.*, p. 40-41 et 48-49.

3. Cette ambassade se composait de l'archevêque de Bourges, du connétable d'Albret et d'un secrétaire du Roi, Gautier Col. Le sauf-conduit de Henri V est du 8 octobre; le pouvoir de Charles VI du 11 novembre; celui de Henri V du 10 janvier 1414. Le 23 janvier un nouveau sauf-conduit fut délivré aux ambassadeurs pour revenir en France. Rymer, *l. c.*, p. 50, 53, 60 et 61. — Cf. Religieux, t. IV, p. 228.

France et l'Angleterre du 2 février 1414 au 2 février 1415 [1].

Ce traité n'était en quelque sorte que le préliminaire de négociations nouvelles, tendant à une pacification que devait cimenter l'alliance de Henri V avec Catherine de France. Dès le 28 janvier, conformément à ce qui avait été convenu, le roi d'Angleterre donnait commission à trois de ses conseillers pour se rendre en France, et prenait l'engagement de ne point contracter mariage avec une autre que Catherine avant le 1er mai [2]. Les ambassadeurs anglais passèrent immédiatement le détroit, accompagnant les envoyés de Charles VI [3]. D'autres pouvoirs plus amples furent donnés à de nouveaux conseillers, pour traiter la double question du mariage et de la reconnaissance des droits du Roi [4].

Pendant que ces négociations se poursuivaient, Henri V entra en pourparlers avec le duc de Bourgogne. Le 23 mai fut signée la convention de Leicester qui, on l'a vu plus haut [5], jetait les bases d'une alliance entre les deux princes; le 4 juin, le roi d'Angleterre, au mépris de l'engagément pris avec la France (et qu'il renouvela le 18 juin) [6], donnait des pouvoirs à ses ambassadeurs, qui allèrent ratifier à Ypres (7 août) avec le duc les arrangements faits à Leicester. Gautier Col, un des secrétaires de Charles VI, qui se trouvait alors en Angleterre [7], put, s'il était un diplomate clairvoyant, surprendre le secret de ces négociations et en instruire son gouvernement.

Henri V et Jean sans Peur s'engageaient dans un réseau

1. Rymer, *l. c.*, p. 62-66. Dans cet acte, rédigé à la fois en latin et en français, et revêtu d'une forme plus solennelle que les précédents, chacune des parties désignait ses alliés, lesquels furent compris dans le traité.

2. Rymer, *l. c.*, p. 66. Par lettres du même jour, le Roi donnait pouvoir à ses ambassadeurs de prolonger ce délai, qui fut en effet successivement reculé jusqu'au 24 juin, puis jusqu'au 1er août.

3. C'étaient Henri, lord Scrope, Hugues Mortimer et Henri Ware; ils arrivèrent le 4 mars, d'après le Religieux de Saint-Denis (t. IV, p. 230).

4. Rymer, t. IV, part. I, p. 77. Ces nouveaux négociateurs étaient, outre Henri Ware, l'évêque de Durham, l'évêque de Norwich, Richard, comte de Salisbury, Richard, seigneur de Grey, Jean Pelham et Robert Watterton.

5. Voir p. 132.

6. Rymer, t. IV, part. II, p. 66 et 81.

7. Des ambassadeurs de France séjournèrent à Leicester du 17 mai au 2 juin (Rymer, *l. c.*, p. 99); le 11 juin, Gautier Col reçut un sauf-conduit pour retourner en France (p. 80).

d'intrigues qui, s'il atteste leur habileté et leur souplesse, porte gravement atteinte à leur caractère. Que dire du roi d'Angleterre qui, tout en concluant une alliance secrète avec le duc, continuait à traiter avec Charles VI [1] ? Que dire surtout du duc de Bourgogne, qui, au moment même où il s'alliait avec Henri V, faisait prendre en son nom, à Arras, des engagements qu'il n'était plus en son pouvoir de tenir [2] ? Nous avons déjà qualifié la conduite du duc avec la sévérité qu'elle mérite. Quant à celle du roi d'Angleterre, nous emprunterons pour l'apprécier les paroles d'un historien anglais qui a jeté sur ces temps le coup d'œil de l'homme d'État : « Henri V, à coup sûr, n'aurait pu conclure avec cet homme sans principe (Jean sans Peur) un traité tel que celui que les deux parties semblent avoir eu en vue, sans la plus signalée mauvaise foi envers la Cour de France, à laquelle il protestait, pendant ce temps, de son vif désir d'arriver à une solution amiable de leur différend... Il fit preuve dans cette intrigue d'une duplicité peu compatible avec les idées généralement reçues sur son caractère ouvert et généreux [3]. »

L'année 1414, qui avait été si activement employée par Henri V en négociations, avait été remplie aussi par des préparatifs militaires. Il semble que, sûr désormais de la connivence de Jean sans Peur, il n'ait plus hésité à prendre les armes, et que les pourparlers avec la France n'aient été poursuivis que

1. 5 juillet 1414 : Nouveau pouvoir, relatif au mariage, donné aux évêques de Durham et de Norwich, et au comte de Salisbury (Rymer, p. 84). L'ambassade partit le 10 juillet, et ne revint que le 3 octobre (voir p. 99 et 105). Elle fut reçue avec magnificence, pendant le siège d'Arras, par le duc de Berry (Religieux, t. IV, p. 376).

18 octobre : Pouvoir pour proroger le terme de l'engagement du roi relatif au mariage avec Catherine de France (Rymer, p. 90).

19 octobre, à Londres : Prorogation jusqu'au 2 février 1415, en vertu de ce pouvoir (p. 96).

5 décembre : Pouvoirs : 1° pour proroger les trêves avec la France ; 2° pour prendre de nouveaux engagements relativement au mariage ; 3° pour conclure le mariage. Ambassade des évêques de Durham et de Norwich, du comte de Dorset et du seigneur de Grey (p. 97-98).

Même date : Pouvoirs aux mêmes (et en outre à Philippe Morgan et à Richard de Holm), pour traiter : 1° du mariage ; 2° de confédération perpétuelle (p. 98).

2. Voir ci-dessus, p. 83.

3. Lord Brougham, *History of England and France under the House of Lancaster*, p. 96.

pour gagner du temps et céder aux vœux du peuple[1]. Dans la session du Parlement qui eut lieu à Leicester en mai, il posa la question et la fit résoudre affirmativement. Comment eût-on pu résister aux pressants arguments invoqués par un des orateurs, le duc d'Exeter, propre oncle du roi? « Si la France, avait-il dit en s'adressant au roi, est la nourrice de l'Écosse, si les pensions de la France sont le soutien de la noblesse écossaise, si l'éducation des Écossais en France est la source de la *pratice and pollicie* en Écosse, attaquez-vous à la France, et la puissance écossaise sera abattue. Si la France est vaincue, de qui attendrait-elle du secours? Du Danemark? Son roi est votre beau-frère. Du Portugal ou de la Castille? Les souverains de ces nations sont vos cousin-germain et neveu. De l'Italie? Elle est trop loin. De l'Allemagne et de la Hongrie? Elles vous sont unies par des traités. Si donc vous vous emparez de la France, l'Écosse est soumise sans coup férir. N'oubliez point, d'ailleurs, que l'Écosse ne vous offre qu'un pays dépourvu de toute richesse et plaisance, un peuple sauvage, belliqueux, inconstant, tandis qu'en France vous trouverez une contrée fertile, plaisante et pleine de ressources *(plentifull)*, un peuple poli *(witty)* et doux *(of good ordre)*, avec de riches cités, de magnifiques villes, d'innombrables châteaux, vingt-quatre duchés puissants, plus de quatre-vingt provinces abondamment peuplées, cent trois évêchés fameux, plus de mille gras *(fat)* monastères, et quatre-vingt-dix mille paroisses *(and parishe churches, as the french writers affirme, XC thousand and mo)*[2]. »

Dans une autre session, tenue à Westminster en novembre, on vota les subsides demandés.

Il ne s'agissait plus que de trouver un prétexte pour déclarer la guerre. La chose était aisée, et c'était la France qui

1. Dans les réunions du Parlement tenues à Leicester, à partir du 30 avril, et à Westminster, à partir du lundi qui suivit la Toussaint, la question de la guerre fut agitée, et résolue par l'affirmative. *Parliamentary History*, t. II, p. 137 et suiv. Les *Proceedings* contiennent (t. II, p. 140-42) la minute d'une séance du conseil tenue à Westminster, et d'où il résulte que la guerre était dès lors décidée, et qu'on ne négociait que pour donner satisfaction au Parlement, et à la requête de *touz les estaz et commune* (p. 150).

2. *Hall's Chronicle*. London, 1809, in-4°, p. 55 et suiv. Cf. *Parliamentary History*, t. II, p. 354.

devait fournir ce prétexte. Déjà, dans l'ambassade envoyée à Charles VI lors du siège d'Arras, les envoyés d'Henri V, oubliant la renonciation inscrite au traité de Brétigny, avaient débuté par demander au nom de leur maître la reconnaissance de ses droits à la couronne de France. En donnant, le 5 décembre, à de nouveaux ambassadeurs des instructions pour traiter avec les conseillers de Charles VI, le roi d'Angleterre ne manqua pas de rendre à l'avance leur mission sans issue possible. Les négociations s'ouvrirent à Paris, où les ambassadeurs arrivèrent dans la dernière quinzaine de janvier[1], et furent reçus avec une grande magnificence[2]. On commença (24 janvier) par prolonger la trêve jusqu'au 1er mai[3]; puis les ambassadeurs anglais produisirent leurs demandes.

C'était la première fois, depuis le traité de Brétigny, que les prétentions de l'Angleterre allaient être solennellement exposées et débattues. Les Anglais commencèrent par demander la restitution du royaume de France, avec tous les droits et prérogatives de la couronne. Après ce préambule de forme, ils formulèrent d'une façon plus sérieuse leurs prétentions : ils exigeaient l'abandon du duché de Normandie, du duché de Touraine avec les comtés d'Anjou et du Maine, du duché de Bretagne, du comté de Flandre, de la partie de la Guyenne que le Roi et ses partisans détenaient, de tout ce qui avait été attribué au roi Édouard par le traité de Brétigny, et du territoire situé entre la rivière de Somme et Gravelines, — le tout en pleine souveraineté. Finalement les ambassadeurs anglais réduisirent leurs demandes aux possessions attribuées à l'Angleterre par le traité de Brétigny, à la moitié du comté de Provence, avec les seigneuries de Beaufort et de Nogent, à seize cent mille écus d'or pour le reliquat de la rançon du roi Jean, enfin à deux millions d'écus d'or pour la dot de la princesse Catherine[4].

1. Rapin-Thoyras, en plaçant (*Histoire d'Angleterre*, t. III, p. 362, et abrégé de Rymer, t. II, p. 110) cette négociation en 1414, a commis une grave erreur, dans laquelle plusieurs historiens anglais, le suivant sans le contrôler, sont tombés avec lui.

2. Voir sur la réception qui leur fut faite et les fêtes qui eurent lieu pendant leur séjour, le Religieux, t. V, p. 408, et Monstrelet, t. III, p. 59-60.

3. Rymer, t. IV, part. I, p. 102.

4. Rymer, t. IV, part. II, p. 106-107.

Telles furent les propositions qu'eurent à débattre, comme représentants de la couronne, le duc de Berry, le comte d'Eu, Guillaume de Boisratier, archevêque de Bourges, Pierre Fresnel, évêque de Noyon, et Guillaume Martel, seigneur de Basqueville. Le duc de Berry, portant la parole au nom du Roi, fit de très larges offres, comprenant la cession de l'Agenais, du Bazadais, du Périgord, du Bigorre, de la Saintonge, du sud de la Charente, du comté d'Angoulême, du Quercy sauf Montauban, du Rouergue, et de divers territoires ou places, plus six cent mille écus d'or pour la dot de Catherine. Acte fut dressé de ces offres au nom du Roi, le 14 mars 1415, et aussi de l'augmentation de la dot, qu'on consentit à porter à huit cent mille écus. Mais les ambassadeurs anglais, déclarant n'avoir de pouvoirs, ni pour rester plus longtemps, ni pour restreindre leurs demandes, prirent congé du Roi, qui promit d'envoyer une ambassade en Angleterre[1].

Pressé par une lettre où, dans un langage ampoulé, le roi d'Angleterre exaltait son amour pour la paix et la modération de ses prétentions[2], Charles VI fit partir le 4 juin son ambassade, l'une des plus nombreuses et des plus solennelles qui aient été envoyées en Angleterre. Elle se composait du comte de Vendôme, grand maître de la maison du Roi, de l'archevêque de Bourges, de Pierre Fresnel, devenu évêque de Lisieux, de Pierre d'Orgecy, seigneur d'Ivry, de Robert de Braquemont et de Gautier Col, avec une suite de six cents personnes[3]. Mais, malgré tous les efforts des ambassadeurs, malgré l'énergie, la véhémence même que déploya l'archevêque de Bourges, on ne put rien obtenir[4]. On dut se borner à proroger

1. Rymer, *l. c.*, p. 107-109.

2. Cette lettre, en date du 7 avril 1415, se trouve dans le Religieux, t. V, p. 500-504. « Qui quidem ambassiatores et nuncii nostri, disait le roi d'Angleterre, varia petierunt et talia conclusive, de quibus ea solum, Deo teste, de causa contentamur, quod de tanto bono pacis contentari debere non ambigimus ipsum Deum. » Henri, en envoyant le sauf-conduit (en date du 13) pour les ambassadeurs, écrivit de nouveau au Roi une lettre (15 avril, *id.*, *ibid.*, p. 506-510), où l'on trouve la même phraséologie sonore et creuse.

3. On a une fort curieuse relation de cette ambassade, publiée dans le *Recueil* de Besse, p. 94 et suiv. Cf. le Religieux, t. V, p. 512 et suiv., et sir Harris Nicolas, *History of the battle of Azincourt* (London, 1832), p. 25-31.

4. Voir Monstrelet, t. III, p. 72 et suiv.; Religieux, t. V, p. 514 et suiv.; Jouvenel, p. 288-89. — Il résulte de la relation de l'ambassade qu'on ajouta à ce qui avait été offert

jusqu'au 15 juillet la trêve que des commissaires des deux parties, réunis à Calais, venaient de prolonger du 24 avril au 8 mai [1]. Les représentants de la France purent assister aux préparatifs militaires qui, dès le mois d'avril [2], se poursuivaient ostensiblement. Dans une réunion tenue à Westminster le 16 avril [3], Henri V avait, en effet, annoncé officiellement au Parlement son intention « de faire un viage à la grâce de Dieu, en sa propre personne, *par le recovirir de son heritage et la redintegracion des droitz de sa corone* [4]. »

Les ambassadeurs étaient de retour à Paris le 27 juillet. Le 28, Henri V remettait à son principal hérant d'armes une lettre portant sommation à Charles VI de lui restituer ce qui lui avait été injustement ravi [5]; le 11 août, il s'embarquait pour la France. On sait l'issue de la campagne : Harfleur tomba le 27 septembre entre ses mains, et le 22 octobre, à Azincourt, un nouveau désastre était inscrit dans nos annales à côté de ceux de Crécy et de Poitiers.

Il semble qu'après un succès aussi prompt et aussi éclatant, Henri V eût dû pousser vigoureusement les hostilités. La puissance française, abattue d'un coup, paraissait à la merci du vainqueur. Le connétable d'Albret et le duc d'Alençon étaient morts; les ducs d'Orléans et de Bourbon, les comtes de Vendôme et d'Eu prisonniers; la meilleure partie de la chevalerie française [6] était tombée sur le champ de bataille, et les forces qui restaient, éparses, paralysées par les rivalités de

à Paris la ville de Limoges et la sénéchaussée du Limousin, et qu'on porta la dot à 850,000 écus (Besse, p. 163). Il y avait à ce moment, à la Cour d'Angleterre, des ambassadeurs de l'empereur, du Roi d'Aragon et du duc de Bourgogne.

1. Traités du 24 avril et du 10 juin, conclus à Calais. Rymer, *l. c.*, p. 113 et 127.

2. En février 1415, on prenait déjà des mesures pour la garde de la mer « durant le viage du Roy. » *Proceedings and ordinances*, t. II, p. 145. Cf. la minute du Conseil tenu en mars ou avril (p. 150-51); Rymer, t. IV, part. I, p. 112 et suiv., et sir Harris Nicolas, *l. c.*, p. 6 et suiv.

3. Il faut remarquer cette date : c'est le lendemain même du jour où Henri V faisait à Charles VI les belles protestations en faveur de la paix qu'on peut lire dans la lettre du 15 avril.

4. Rymer, *l. c.*, p. 112; cf. *Proceedings*, t. II, p. 155 et suiv.

5. Le Religieux en donne le texte, t. V, p. 526-30, et Jouvenel la traduction, p. 289-90. — Jouvenel donne aussi le texte de la réponse de Charles VI, en date du 24 août (p. 291).

6. Ce sont les propres expressions dont se servit le chancelier d'Angleterre, dans un discours prononcé au Parlement le 19 octobre 1416. Tyler, t. II, p. 95.

parti, ne permettaient pas d'opposer une résistance sérieuse à l'ennemi. Mais le roi d'Angleterre ne jugea pas le moment venu : dans cette courte campagne de deux mois, ses pertes avaient été immenses; il n'avait, ni en hommes, ni en argent, des ressources suffisantes. Il voulait, d'ailleurs, s'assurer du concours ou de la neutralité des puissances étrangères avant de recommencer une lutte qui devait être poursuivie sans relâche. Toute l'année 1416 fut employée par lui à des négociations tendant à ce résultat[1].

Il était une puissance qu'on avait longtemps regardée comme exerçant une sorte de suprématie en Europe, et qui — bien que la France n'ait jamais reconnu cette suprématie[2] — lui était unie par d'anciens liens. C'était la puissance impériale. Les alliances entre la France et l'Empire remontaient à Philippe-Auguste. La plupart des successeurs de ce prince, saint Louis, Philippe-le-Bel, Philippe de Valois, avaient conclu des traités avec les empereurs d'Allemagne. L'avénement de la maison de Luxembourg, en 1347, avait placé sur le trône impérial une famille intimement unie à la maison de France[3]. La jeunesse du nouvel empereur, Charles IV, s'était écoulée à la Cour de France; son père avait été tué en combattant à Crécy; sa sœur était la femme du roi Jean. Comme Dauphin,

1. Voir sur les ambassades envoyées en février 1416, *Proceedings*, t. II, p. 191-92. Henri V entretenait des relations avec le duc de Bourgogne, l'archevêque de Cologne, l'empereur et les princes allemands, les rois de Castille, de Portugal, d'Aragon et de Navarre, le roi de Danemark. Dès le début de son règne, Henri IV avait adopté cette habile politique, et ses rapports diplomatiques s'étendaient jusqu'aux cours les plus lointaines, telles que celles de l'empereur de Trébizonde, du roi de Géorgie et même de l'empereur d'Abyssinie. Sir Henry Ellis, *Original letters*, 3d series, t. I, p. 54-55.

2. On peut lire dans les *Grandes chroniques* un trait qui montre le soin avec lequel nos rois maintenaient l'indépendance de la couronne à l'égard de l'empire. Quand l'empereur Charles IV vint à Paris en 1378, lui et son fils, le Roi des Romains, étaient montés sur des *chevaux noirs*, que Charles V avait choisis avec intention pour les donner aux deux princes, par ce motif que les empereurs avaient l'habitude de faire leur entrée dans les villes de leur seigneurie sur un cheval blanc : « Et ne vouloit pas le Roy que en son royaume il le feist ainsi, affin qu'il n'y peust estre noté aucun signe de dominacion (t. VI, p. 368). »

3. « L'ayeul et le père du Roy des Romains, » lit-on dans la réponse qui fut faite au cardinal de Fiesque, envoyé de Martin V, le 16 mars 1418, « et mesmement iceluy Roy des Romains, duquel le Roy est si prouchain de lignage comme fils de son propre cousin germain, ayans tousjours jusques à nagueres esté alliez aux Roys et corone de France, et par alliance par foy et serment. » Extraits des *Registres du Parlement*, dans les *Preuves des libertez de l'église gallicane*, t. I, p. 128-29.

puis comme Roi, Charles V s'allia avec Charles IV et avec son fils Wenceslas. Charles VI conclut en 1390 une ligue offensive et défensive avec celui-ci, et envoya à Trèves des ambassadeurs qui signèrent, le 25 juin 1414, un traité d'alliance avec l'empereur Sigismond, frère de Wenceslas, qui occupait le trône depuis 1410[1]. Aux termes de ce traité, l'empereur s'engageait, pour lui et pour ses frères Wenceslas et Jean, à se montrer toujours « bons, loyaux et parfaits amis » du Roi, de ses fils et des princes du sang[2], de procurer leur honneur, de les protéger contre ceux qui voudraient y porter atteinte, de les aider de toute puissance, conseil, secours et faveur, en particulier contre le duc de Bourgogne, qui était formellement exclu du traité[3].

C'est donc comme allié qu'au retour de son voyage vers le roi d'Aragon et l'anti-pape Benoit XIII, l'empereur, cédant aux sollicitations réitérées de la Cour de France[4], se rendit à Paris (1er mars 1416). Logé au Louvre, aux frais du trésor royal, fêté par la Cour et par les gens d'église, accueilli avec enthousiasme comme le champion de l'unité de l'Église et le défenseur de la foi contre les hérétiques, Sigismond ne tarda point à se révéler aux Parisiens sous un jour moins favorable. Il blessa le sentiment national en tranchant du souverain, dans une séance du Parlement à laquelle il assistait[5]; il compromit sa gravité en

1. Sigismond était né en 1368. Margrave de Brandebourg en 1376, roi de Hongrie le 31 mars 1387, il avait été élu empereur le 20 septembre 1410 par une partie des électeurs, et il le fut par tous le 21 juillet 1411.

2. « Quod a modo in antea et in perpetuum erimus boni, legales et perfecti amici ipsius Domini Caroli Francorum regis, filiorum, nepotum, et aliorum prenominatorum consanguineorum suorum et nostrorum. »

3. Leibniz, *Codex juris gentium Diplomaticum*, p. 307-309; Godefroy, *Historiens de Charles VI*, p. 671-72.

4. Ce point est établi par les lettres de l'empereur à Charles VI (en date de Calais, le 6 septembre 1419), et à Guillaume, *duc de Hollande* (datée de Canterbury), publiées par M. J. Caro, dans *Archiv für Œsterreichische Geschichte*, 1880, vol. LIX, 1re part., p. 109-123, et 101-109. Cf. Janssen, *Frankfurts Reichscorrespondenz*, t. I, p. 296.

5. Il avait armé chevalier Guillaume Seignet, afin qu'il put gagner sa cause en Parlement et devenir sénéchal. — « Et de cet exploit, dit Jouvenel (p. 370), gens de bien furent eshahis comme on luy avoit souffert, veu que autresfois les empereurs ont voulu maintenir droit de souveraineté au royaume de France contre raison. Car le Roy est empereur en ce royaume, et ne le tient que de Dieu et de l'épée seulement, et non d'autre. » Cf. Religieux, t. V, p. 749, et Monstrelet, t. III, p. 137-38 et note. — Ce Guillaume Seignet, objet de la faveur de l'empereur, était un conseiller du roi de Sicile (Religieux, t. IV, p. 213).

affichant publiquement son penchant à la galanterie[1]. Après un séjour de près de deux mois écoulé en réceptions et en fêtes, l'empereur, qui avait témoigné à plusieurs reprises son déplaisir de la division qui régnait entre la France et l'Angleterre, et de « l'ignominieuse captivité des princes des fleurs de lis, [2] » disant qu'il ferait la paix sans qu'il en coûtât aucun sacrifice ou dommage au Roi[3], partit pour l'Angleterre, emmenant à sa suite une ambassade française[4].

Le roi d'Angleterre reçut l'empereur avec grande pompe, et lui conféra l'ordre de la Jarretière. Sigismond, qu'accompagnait Nicolas de Gara, comte palatin de Hongrie, avait mandé le comte de Hainaut (Guillaume de Bavière), beau-frère du dauphin Jean, pour partager avec lui le rôle de médiateur[5]. Le comte arriva à la fin de mai; les négociations relatives à la paix avec la France s'ouvrirent aussitôt[6]. Des préliminaires ayant été arrêtés d'un commun accord, le comte palatin partit,

1. Sigismond, comme le raconte Jouvenel, « eut en volonté de voir des dames et damoiselles de Paris et des bourgeoises, et de les festoyer. » A peine arrivé, il en fit venir environ cent vingt au Louvre et leur donna un grand repas, suivi de danses et de chants; au départ, chacune reçut un anneau ou verge d'or, « qui n'estoit pas de grand prix, mais de peu de valeur. » Cf. Religieux, t. V, p. 746, et *Journal d'un bourgeois de Paris*, p. 69. — « Sigismond, remarque l'historien allemand Pfister, avait toutes les bonnes et mauvaises qualités de son frère Wenceslas; il n'en différait que par un point : il avait plus de penchant pour les femmes que pour le vin. » *Hist. d'Allemagne*, t. VI, p. 58, éd. française.

2. *Ignominiose captivitatis lilia.* Religieux de Saint-Denis, t. V, p. 746. — « Et sembloit, dit Jouvenel, qu'il avoit grant desir de trouver accord ou expedient entre les rois de France et d'Angleterre (p. 329). »

3. « Disant par plusieurs fois à plusieurs notables personnes, prelats, barons et autres qu'il fesoit paix entre le Roy et ses adversaires d'Angleterre sans coustement ou dommaige pour le Roy. » Réponse du 16 mars, déjà citée, *Preuves des libertez de l'Église gallicane*, t. I, p. 129.

4. L'empereur quitta Paris le 8 avril; il était le 29 à Douvres et le 7 mai à Londres. — L'archevêque de Reims, Regnault de Chartres, était le chef de l'ambassade; le sauf-conduit qui lui fut délivré est daté du 26 avril (Rymer, t. IV, part. II, p. 158). Il avait pour collègues le sire de Gaucourt, prisonnier en Angleterre depuis la prise d'Harfleur, et plusieurs autres (Monstrelet, t. III, p. 136 et 146, et Religieux, t. VI, p. 20).

5. On consultera avec grand profit, sur ce curieux épisode diplomatique, deux travaux allemands récents : *Kœnig Sigismund und Heinrich der fünfte von England*, par le Dr Max Lenz (Berlin, 1874, in-8° de 216 p.); *Das Bundniss von Canterbury*, par J. Caro (Gotha, 1880, in-8° de 120 p.). M. Caro a en outre donné, dans le t. LIX de *Archiv für Œsterreichische Geschichte*, sous ce titre : *Aus der Kanzlei Kaiser Sigismunds*, d'importants documents, dont plusieurs se rapportent à ces négociations.

6. Le 2 juin, l'empereur, écrivant de Westminster au Concile de Constance, exprimait l'espoir d'arriver à une heureuse et prompte conclusion. *Spicilegium ecclesiasticum*, dans *Teutschen Reichs-Archiv*, t. I, p. 225-26.

à la tête d'une ambassade (21 juin), avec mission de les soumettre à Charles VI[1]. Une vive discussion s'engagea au sein du Conseil, où le connétable d'Armagnac combattit les propositions faites au nom des deux médiateurs. Finalement, on résolut de ne point y opposer une fin de non recevoir, mais de faire traîner les choses en longueur[2]. Le Roi, conformément à cette décision, écrivit à Sigismond une lettre par laquelle il consentait à traiter sur les bases fixées[3]. Des ambassadeurs anglais se rendirent à Beauvais[4], où ils trouvèrent les représentants de Charles VI. On proposait une trêve de trois ans, pendant laquelle Harfleur resterait aux mains de l'empereur ; une convention personnelle entre le roi de France et le roi d'Angleterre serait tenue près d'Harfleur, à une époque déterminée. Rien ne put être décidé à Beauvais. Les ambassadeurs français n'ignoraient pas que Henri V avait l'intention de réclamer, outre ce qui avait été cédé à l'Angleterre par le traité de Brétigny, la possession d'Harfleur et du territoire avoisinant[5]. Sur ce terrain, il était impossible de s'entendre. On n'aboutit qu'à la rédaction d'un protocole, en date du 29 juillet, stipulant que, le 16 août, au plus tard, les ambassadeurs des deux parties, munis de pouvoirs suffisants, se trouveraient, les uns à Calais, les autres à Boulogne, pour prendre une décision, tant au sujet de l'entrevue projetée entre les deux souverains que de la trêve générale[6].

Pendant le cours de ces négociations, la situation s'était gravement modifiée. En Angleterre, l'un des deux médiateurs, le

1. Religieux de Saint-Denis, t. VI, p. 18-22 ; *Archiv für Œsterreichische Geschichte*, *l. c.*, p. 99.— Nicolas de Gara était accompagné de Bruno della Scala, de Berthold Orsini et de Gian Carlo Visconti. Nous avons trouvé une lettre (sans date) de ce dernier, qui fut écrite pendant cette ambassade. On la trouvera aux *Pièces justificatives*. — Regnault de Chartres et Gaucourt revinrent en France avec l'ambassade : leur sauf-conduit est du 10 juin. Voir Rymer, t. IV, part. III, p. 170, et *Archiv*, p. 107.

2. Religieux, t. VI, p. 22 et suiv.

3. Lettre du 7 juillet 1416. *Archiv*, p. 101.

4. Leurs pouvoirs sont du 28 juin. Rymer, t. IV, part. II, p. 166-67.

5. Voir l'historique des négociations, fait par la chancellerie anglaise, dans un projet de lettre rédigé en mai 1419 pour être soumis aux ambassadeurs de Charles VI (*Lettres des Rois*, etc., t. II, p. 362), et un autre exposé fait un peu plus tard, après la prise de Pontoise (Rymer, t. IV, part. III, p. 129-30).

6. Religieux, t. VI, p. 26.

comte de Hainaut, à la suite d'un différend avec l'empereur, qui lui avait refusé l'investiture de la Hollande pour sa fille Jacqueline, avait brusquement quitté l'Angleterre[1]. En France, les hostilités avaient recommencé[2] : non seulement Harfleur avait été assiégé et bloqué par une flotte, mais Henri V avait pu voir les côtes d'Angleterre menacées par les incursions des Français, et l'île de Wight avait été prise et saccagée[3]. Une expédition, commandée par le duc de Bedford, était à la veille d'être envoyée au secours d'Harfleur. Enfin Sigismond, oubliant bien vite le dessein qui semblait l'avoir amené en Angleterre, s'était laissé séduire par Henri V, et s'apprêtait à conclure une alliance avec lui. Au retour des ambassadeurs qui avaient pris part aux conférences de Beauvais, il manifesta une vive indignation, et cria bien haut que le roi de France manquait à ses engagements. Mais ce n'était qu'une feinte : par un traité signé à Canterbury le 15 août 1416[4], l'empereur, après avoir fulminé contre la France qui, par sa coupable obstination, empêchait tout accord, troublait la paix de l'Église[5], et faisait preuve d'une ambition et d'une cupidité qui s'exerçaient aux dépens des droits de l'Empire[6]; après avoir constaté qu'il avait passé six mois à travailler inutilement à l'apaisement de la querelle entre la France et l'Angleterre, déclarait s'unir à Henri, *roi d'Angle-*

1. Voir à ce sujet Aschbach, *Geschichte Kaiser Sigmund's*, t. II, p. 164 et suiv.; Lenz, *Kœnig Sigismund und Heinrich V*, p. 102-104; Caro, *Der Bundniss von Canterbury*, p. 57.

2. Après sa victoire de Valmont, le connétable d'Armagnac, rappelé à Paris par la conspiration d'Orgemont, avait conclu une trêve du 5 mai au 2 juin. Voir Monstrelet, t. III, p. 141.

3. Voir Monstrelet, t. III, p. 147 et 162; Religieux de Saint-Denis, t. V, p. 760, et t. VI, p. 10 et suiv.; Jouvenel, p. 334; Berry, p. 432, etc. Cf. les détails très précis donnés par Lenz, *l. c.*, p. 94 et suiv.

4. Dès le 2 août, l'archevêque de Westminster avait prescrit des prières publiques pour l'empereur, qui, disait-il, *ad Sanctæ matris Ecclesiæ unionem pacemque inter reges et principes procurandam extra natale solum a diu positus ferventissime laboravit et laborare non desivit adhuc usque*. Rymer, t. IV, p. II, p. 169.

5. « ... Tanquam discordiæ amator et scismatis antiquii alumpnus, detractavit pacem acceptare, quam inquirere se asserebat, ut machinatione pestiferâ pacificum statum et coadunationem ecclesiasticum disturbaret. » Rymer, t. IV, part. II, p. 17.

6. « Idem ipse rex Francorum et cœteri principes suæ prosapiæ, ambitionis et cupiditatis oculos et manus rapaces in messem alienam mittentes, plurima bona et terras, ac jura, ad nos et sacrum Romanum imperium de jure pertinentes et pertinentia, propria auctoritate pro se à dudum usurparunt et detinent occupata... » Rymer, *l. c.*, p. 171.

terre et de France, par un traité d'alliance perpétuelle, envers et contre tous, sauf l'Église romaine et le Souverain Pontife. Ce traité, dirigé spécialement contre Charles VI, avait pour double but, d'une part de sauvegarder les droits de l'Empire et de procurer le recouvrement des possessions détenues injustement par la France ; de l'autre d'amener, au profit du roi d'Angleterre, que l'empereur promettait d'aider à main armée, la « récupération et conquête de son royaume de France » et de tous ses droits héréditaires [1].

Le jour même où le traité de Canterbury était signé, le duc de Bedford remportait devant Harfleur une victoire navale qui fit perdre à la France les avantages conquis à Valmont par le connétable d'Armagnac [2].

Il s'agissait maintenant de ménager un rapprochement entre le duc de Bourgogne et l'empereur [3], et d'enrôler le premier d'une façon plus active dans cette ligue dont Sigismond se faisait le promoteur et où venait d'entrer un des électeurs de l'empire, l'archevêque de Cologne [4] ; ce fut l'objet de l'entrevue de Calais. Henri V ne vint donc pas dans cette ville, comme le prétend Walsingham [5], poussé par un désir de paix, mais cédant au contraire à la soif de conquête qui le dévorait et qu'il voulait à tout prix satisfaire.

1. Le texte du traité est dans Rymer, t. IV, part. II, p. 171 ; cf. Religieux, t. VI, p. 36. — Ce qui se passa entre Sigismond et Henri fut tenu très secret : « Modicum tamen in palam actum est, » dit Gilles de Roye (*Chron. belges*, t. I, p. 170). Mais le fait n'en était pas moins patent, et il excita une vive indignation. Jean de Montreuil s'en fit l'écho dans une curieuse lettre, publiée dans l'*Amplissima Collectio*, t. II, col. 1443 et suiv.

2. Voir, sur cet événement, le récit de l'historien allemand Pauli, *Geschichte von England*, t. V, p. 135 (Gotha, 1858). Certains historiens donnent la date du 14 août.

3. Sigismond s'était toujours montré favorable au parti orléanais, et par un traité en date du 12 septembre 1413, il s'était engagé à seconder le duc d'Orléans contre le duc de Bourgogne (Archives, K 57, n° 30). A Constance, l'empereur avait eu plus d'une fois à se plaindre de celui-ci, et il l'avait vivement combattu dans l'affaire de Jean Petit. *Histoire de l'église gallicane*. 4e éd., t. XX, p. 13 et suiv. — Dès le mois de juillet 1416, un ambassadeur de l'empereur était venu vers le duc, en compagnie du comte de Warwick. Collection de Bourgogne, vol. 100, p. 150-51.

4. Traité d'alliance et d'amitié conclu à Londres le 10 mai 1416, entre Henri V et Théodoric, archevêque-électeur de Cologne, qui devient l'homme lige du roi d'Angleterre, et s'oblige à le secourir avec deux cents hommes d'armes toutes fois qu'il en sera requis ; l'électeur reçoit une pension de mille nobles d'Angleterre. Rymer, t. IV, part. II, p. 159.

5. Thomæ Walsingham, quondam monachi S. Albani, *Historia anglicana*. Éd. de H.-Th. Riley (1864), t. II, p. 317.

Tandis que des négociations illusoires se poursuivaient avec la France et qu'on se préparait de part et d'autre à la conférence projetée [1], Henri V quittait l'Angleterre, en compagnie de son hôte, que saluèrent les acclamations populaires [2], et débarquait avec lui à Calais (4 septembre). Dans des lettres adressées au Roi, à la date du 6 septembre, l'empereur rejetait toute la responsabilité de l'insuccès de sa mission sur les fâcheuses influences qui, prévalant à la Cour [3], avaient amené un revirement subit, et pour faire parade de ses sentiments favorables à la France, il rappelait l'intention qu'il avait manifestée d'instituer pour son héritier au trône de Hongrie, à défaut d'héritier mâle, un des fils de Charles VI [4]. Sigismond écrivit dans le même sens à la Reine Isabeau et au roi de Sicile.

Le mois de septembre fut rempli par les préparatifs de la double conférence dont Calais allait être le théâtre : l'une entre le roi d'Angleterre, l'empereur et le duc de Bourgogne, où le sort de la France allait se jouer; l'autre entre les ambassadeurs de Charles VI et de Henri V, dont l'issue ne pouvait être douteuse.

Nous ne reviendrons pas sur les engagements pris par Jean sans Peur [5]. Henri V eut, nous l'avons vu, son amitié secrète. Sigismond obtint davantage : le duc s'empressa de reconnaître comme suzerain le prince qui venait de se déclarer l'ennemi de son pays, et de lui faire hommage pour les comtés d'Alost et de Bourgogne, lesquels relevaient de l'empire [6]. Ainsi la neutralité ou la connivence du duc de Bourgogne allaient permettre à Henri V de préparer sa conquête, à Sigismond de choisir le moment opportun pour attaquer la France. Tout tournait contre nous, et c'était parmi les princes du sang que nos ennemis trouvaient des auxiliaires!

1. Sauf-conduits du 14 août pour les ambassadeurs de France; pouvoirs du 31 pour traiter avec eux; pouvoirs de Charles VI à ses envoyés en date du 28 août. Rymer, t. IV, part. II, p. 171, 174, 178.

2. Voir *Liber metricus* d'Elmham, p. 141-42, et *Gesta Henrici quinti*, éd. par Benj. Williams, p. 93.

3. *Archiv für Œsterreichische Geschichte*, vol. LIX, p. 109-127.

4. *Id.*, *ibid.*, p. 123 et 125.

5. Voir ci-dessus, p. 138 et suiv.

6. Monstrelet, t. III, p. 163.

Sigismond avait accompli son œuvre de *conciliation :* venu en France comme allié du Roi et comme ami des princes orléanais, avec lesquels il avait toujours entretenu des relations d'amitié, il allait repartir en ennemi. A Londres, il s'était fait Anglais; à Calais il était devenu Bourguignon. Il quitta la France sans visiter le Roi, ainsi qu'il s'y était engagé. A ceux qui lui reprochaient ce mépris de la foi jurée, il répondit à plusieurs reprises : « Mes parents sont en France, mais mes amis sont en Angleterre[1]. » Il poussait d'ailleurs à un tel point l'horreur du nom français, qu'ayant appris, en s'embarquant pour Calais, qu'un jouvenceau du royaume de France avait pris place sur un navire de sa flotte, il entra dans une violente colère : « Qu'il aille au diable, s'écria-t-il, et avec lui tous les Français, car ils l'ont bien mérité[2]! »

La conférence entre les ambassadeurs français et bourguignons s'ouvrit le 3 octobre. Regnault de Chartres, archevêque de Reims, Jean de Vaily, Jean de Fayel, vicomte de Breteuil, et un secrétaire du Roi y représentaient la France[3]; mais tout se borna à la conclusion d'une trêve, dont la durée fut fixée du 9 octobre au 2 février suivant[4].

Ce traité du 9 octobre contient l'énumération des alliances de chacune des deux puissances, et nous permet d'apprécier quelle était leur situation diplomatique.

La France et l'Angleterre revendiquaient comme alliés com-

1. « Parentes mei sunt in Francia, in Anglia sunt amici. » Lettre citée de Jean de Montreuil, col. 1449. Cf. Religieux, t. VI, p. 56. — La conduite de Sigismond a été qualifiée comme elle méritait de l'être dans la réponse, déjà citée, faite par le Conseil au cardinal de Fiesque, envoyé du Pape, le 16 mars 1418 : « Neantmoins icelluy Roy des Romains, si tost qu'il s'est party de l'hostel de France, après les honneurs et courtoisies à luy faiz, feignant qu'il vouloit aler en Angleterre traiter de la paix, en venant contre son serment, loyauté et alliances devant dictes, et le droit de nature, consideré le lignage et mort de son dit ayeul dessusdis, s'est puis nagueres transporté au pays d'Angleterre, et en demonstrant clerement la trayson et mauvaise voulenté par luy pourpensez contre le Roy, s'est alié, joinct et uny avec ledit adversaire d'Angleterre, et en faveur d'icelluy, sans quelque cause, a fait deffier en son nom le Roy, qui oncques ne lui meffist. » *Preuves des libertez de l'Église gallicane*, t. I, p. 129.

2. Lettre de Jean de Montreuil, col. 1451.

3. Saufs-conduits des 6, 9 et 14 septembre, valables jusqu'au 21 septembre; pouvoirs de Henri V du 9 septembre et du 1er octobre. Rymer, t. IV, part. II, p. 174-75.

4. Cette trêve ne comprenait que la contrée entre la Somme et la mer, et le littoral depuis Marck jusqu'à la Norwége. Rymer, *l. c.*, p. 179.

muns, le roi des Romains, le roi de Castille, le roi d'Aragon, le comte de Hainaut, de Hollande et de Zélande, le seigneur des Iles d'Écosse et le seigneur de l'Ile de Man.

Les alliés particuliers à la France étaient : le roi d'Écosse, le roi de Bohême, le roi de Navarre, le duc de Brabant, le duc de Gueldre, le comte de la Marche d'Écosse, la seigneurie de Gênes.

Les alliés particuliers à l'Angleterre étaient : le roi de Danemark, de Suède et de Norwège, le roi de Portugal et le comte palatin du Rhin.

On remarquera que les États italiens, sauf Gênes, ne figurent pas dans cette énumération, et que les États allemands n'y sont qu'imparfaitement représentés. D'autre part, certaines puissances, revendiquées de part et d'autre comme alliées, avaient déjà pris une attitude nouvelle, ou ne devaient point tarder à le faire : l'empereur allait se déclarer notre ennemi ; le comte de Hainaut était inféodé au parti bourguignon ; le roi d'Aragon n'était point pour nous un allié sûr. Par contre, l'alliance de la Castille nous était acquise, et les vaisseaux castillans, unis à ceux de Gênes, avaient pris, dans l'été de 1416, une part active au siège d'Harfleur[1].

Il ne suffisait point à Henri V de nous avoir enlevé l'alliance de l'empereur et d'avoir obtenu l'amitié secrète du duc de Bourgogne ; il voulait encore s'assurer l'appui ou la neutralité des puissances dont le concours pouvait nous être utile en cas de guerre. Ce fut l'objet de missions diplomatiques confiées à de nombreux ambassadeurs, peu après le retour du roi en Angleterre. Deux ambassades solennelles furent envoyés aux rois d'Aragon et de Castille, et la première, après avoir négocié avec le roi Alphonse, devait traiter successivement avec Gênes, avec les princes allemands, avec la Hanse teutonique[1] ; quant à l'Écosse, Henri V tenait son roi en captivité, et était bien

1. Religieux, t. V, p. 748, et t. VI, p. 12 et 34. — On lit dans une lettre de John Forester, orateur de Henri V, datée de Constance le 2 février 1417 : « Also as hyt is seyt (said) opynly that the forsayde Frenche King hath I sent to the Cite of Gene and Provynce a gret soume of golde to wagegte schypis and Galeys ent to destruye zour ordinaunce and zour neveye on Ingeland. » Rymer, t. IV, part. II, p. 193. — En août 1417, nous trouvons des arbalétriers génois au service de la France. *Pièces ori[gin]ales*, 115 : Aste.

1. 2 décembre 1416. Pouvoirs aux évêques de Bath, de Salisbury et de Coventry, à

décidé à ne lui rendre la liberté qu'avec la certitude de n'avoir rien à craindre de ce côté[1].

Pendant qu'il travaillait ainsi à entourer la France d'un réseau d'ennemis et que les préparatifs militaires pour une prochaine expédition se poursuivaient activement, le roi d'Angleterre daigna cependant lui accorder quelques instants de répit. Il délivra (18 janvier 1417) des pouvoirs pour prolonger la trêve de Calais[2], et autorisa (25 janvier) les princes prisonniers à se faire les intermédiaires d'une négociation ayant à la fois pour but la mise en liberté des captifs d'Azincourt et la paix entre les deux pays[3]. Le sire de Gaucourt, mandataire des princes, passa le détroit; mais le duc de Bourbon, qui, paraît-il, avait fait des offres indignes d'un prince du sang[4], en fut pour ses avances compromettantes, et n'obtint même pas l'autorisation de se rendre en France. Avant de se prononcer sur cette médiation des princes, Henri V avait voulu connaître l'avis de l'empereur, sans le conseil duquel rien ne se faisait, et il avait chargé son confident John Tiptoft, dont il avait fait un ambassadeur accrédité près de Sigismond[5], de présenter à celui-ci une note confidentielle où cet incident était exposé[6]. La négociation n'eut pas d'autre suite.

John Typtoft, à Hertonik van Clux et à Ph. Morgan de traiter avec Alphonse, roi d'Aragon (Rymer, t. IV, part. II, p. 183). — *Même date.* Pouvoirs aux mêmes pour traiter avec les princes allemands (p. 184). — *Même date.* Pouvoirs aux mêmes pour traiter avec la Hanse teutonique (p. 185). — *Même date.* Pouvoirs aux mêmes pour traiter avec les Génois (p. 185). — 15 décembre 1416. Instructions donnés à John Seynt-John, à John Stokes et à John Hull, envoyés au roi de Castille (p. 187). — 26 juin 1417. Pouvoirs donnés aux mêmes ambassadeurs (p. 191). Cf. sur cette ambassade, *Proceedings and ordinances*, t. II, p. 205-206. Les ambassadeurs furent pendant quatre-vingt-onze jours occupés à cette négociation.

1. Voir dans Rymer (*l. c.*, p. 186-87) et dans *Proceedings* (t. II, p. 221), les pièces relatives à une négociation entamée en décembre 1416 pour le retour en Écosse du roi Jacques.

2. Rymer, t. IV, part. II, p. 189.

3. *Id.*, *ibid.*

4. Voir le langage que lui prête Henri V, dans une note secrète destinée à être communiquée à l'empereur.

5. « Johannes Tiptoft, chivaler, qui... in comitiva serenissimi et excellentissimi principis fratres Regis præcarissimi Romanorum regis semper Augusti, circa quedam negotia Regis et statum regni suæ Angliæ concernentia, in partibus transmarinis moraturus, habet literas Regis de protectione, per unum annum duraturas. » 1er septembre 1416. Rymer, t. IV, part. II, p. 174.

6. Rymer, *l. c.*, p. 190. Cf. le savant mémoire de Huillard-Bréholles : *La Rançon du duc de Bourbon Jean Ier*. Paris, 1869, in-4°, p. 8-10.

En France, le comte de Hainaut qui, à l'instigation du duc de Bourgogne, travaillait à ramener le duc à la Cour, en compagnie du Dauphin Jean, prit l'initiative de nouveaux pourparlers entre la France et l'Angleterre [1]. Mais la mort subite du Dauphin arrêta cette double négociation.

Le moment était venu où le sort des armes allait en décider. Le 1er août 1417, Henri V débarquait à Touques; le 13, il adressait à Charles VI une lettre où il le sommait, « au nom de Celui qui est le Dieu des vivants et des morts et qui tient dans sa main les droits des souverains, » de reconnaître ses droits héréditaires, et de lui rendre ce qu'il détenait injustement, prenant Dieu à témoin que, s'il refusait de lui faire justice, il serait responsable des maux qui pourraient en résulter [2].

Au moment où Henri V mettait le pied sur le territoire français, il venait de renouveler (31 juillet) sa trêve avec le duc de Bourgogne, qui se préparait à prendre les armes, de son côté, et à marcher sur Paris; un peu auparavant, l'empereur, levant le masque, s'était déclaré notre ennemi.

Dans des lettres datées de Constance, le 22 mars 1417, Sigismond exposait qu'animé d'un sincère désir de paix, il avait cédé jadis aux sollicitations des ambassadeurs de Charles VI et qu'il était venu en personne le visiter, dans l'espoir que les difficultés entre la France et l'Angleterre pourraient être aplanies, et que les affaires de l'Église une fois réglées, une paix durable pourrait être conclue par son intervention. Il s'était montré disposé à oublier les anciennes injures faites au Saint Empire par le Roi de France et ses ancêtres, ainsi que les usurpations et détentions de biens; son amour de la concorde l'aurait même amené à abandonner à la France quelque partie des terres de l'Empire, en dédommagement de ce dont s'était em-

1. Voir le pouvoir délivré par Henri V, en date du 12 mars 1417 (Rymer, *l. c.*, p. 191). — Il existe aussi un sauf-conduit, délivré le 3 avril, à l'archevêque de Reims, Guillaume Seignet et Gautier Col, pour se rendre de Dieppe à Calais (p. 197). — Le Dauphin Jean mourut le 5 avril. — Le 21 avril, Henri donnait pouvoir pour traiter de trêves avec le duc de Bourgogne (p. 197), et par un traité signé à Calais le 8 mai, le comté de Boulogne fut compris dans les trêves conclues jusqu'à la Saint-Michel de l'année 1417. Ce traité fut confirmé par Henri V le 14 mai. — Le 18 mai, le roi d'Angleterre donnait pouvoir pour prolonger les trêves spéciales à la Flandre.

2. Rymer, t. IV, part. III, p. 12.

paré le roi d'Angleterre, et il avait eu la pensée de donner le trône de Hongrie à l'un des fils de Charles VI. Mais ce prince était demeuré sourd à toutes ses avances ; il n'avait cessé de tergiverser ; il avait même prononcé des paroles blessantes à l'égard de l'empereur, ce qui montrait bien qu'il ne voulait point faire la paix. L'empereur croyait donc devoir sortir de sa réserve et mettre un terme à sa mansuétude : il faisait savoir à Charles VI qu'en présence des injures intolérables faites à l'Empire par ses prédécesseurs et par lui, et pour venger les droits méconnus de l'Empire, il faisait alliance avec le roi d'Angleterre, mais que c'était par la seule vertu de sa puissance et à main armée qu'il voulait, avec l'aide de Dieu, vider la querelle [1].

Un mois plus tard (29 avril), l'empereur conclut avec Jean sans Peur, qui s'était de nouveau et formellement reconnu son vassal [2], un traité d'alliance offensive et défensive [4].

Les possessions françaises du sud-est se trouvaient menacées par ce nouvel ennemi. Par des lettres patentes du 2 juin, qui étaient une réponse indirecte au défi du 22 mars, le Dauphin ordonna au gouverneur du Dauphiné de faire assembler les États pour mettre cette province en état de défense : « Il est venu à nostre connaissance, disait le prince, que nostre cousin le Roy des Romains a intencion et propos et s'efforce, par plusieurs estranges et diverses manières et voyes, de faire aucunes grandes entreprises contre nous et en nostre préjudice..., et est commune voix et renommée que nostre dit cousin pretend, par

1. « Non obstante quod guerre inter serenissimos principes et dominos reges Francie et Anglie nunc inchoate sint et vigeant, » lit-on dans le traité signé à Londres le 31 juillet et prolongeant la trêve jusqu'à Pâques 1419. Rymer, t. IV, part. III, p. 10.

2. Original avec le grand sceau impérial sur double queue de parchemin. Archives, J 386, n° 19. Le défi de Sigismond parvint à la Cour de France un peu plus tôt peut-être qu'il ne l'eût voulu et d'une façon peu solennelle. Voici ce qu'on lit au dos de la pièce : « Les deffiances de Sigismond, Roy des Romains contre le Roy, lesquelles, avec le herault qui les apportoit, furent prinses de cas d'aventure, sur mer, par ceulx de Dieppe, et par eulx envoyées au Roy. »

3. « Idem Johannes Burgundie, *tanquam fidelis bonus et prudens noster* VASSALUS *et consanguineus dilectus*, benevolè inclinatus et consentiens... »

4. Ce traité, signé à Constance le 29 avril 1417, se trouve en copie moderne dans le ms. fr. 4628, f. 495 ; il est en original aux Archives de la Côte-d'Or, B 11932, où se trouve également une « copie de copie, » offrant une traduction française du temps.

aucunes pactions et contraux faits entre luy et le Roy d'Angleterre, ancien adversaire de Monseigneur et de nous, transporter nostre dit pays de Dauphiné, en la manière par luy pretendue, à l'un des frères dudit Roy d'Angleterre... Desquelles choses et de la manière que tient nostre dit cousin dessus nommé en ceste besongne, nous nous donnons grant merveille, veu que nous n'avons pas souvenance d'avoir fait aucune chose à son deplaisir, ains avons voulu et vouldrions tousjours luy complaire, et ne croyons pas qu'il peut monstrer estre autrement[1]. » Mais l'empereur était de ceux qui se lancent volontiers dans des entreprises sans s'inquiéter de les mener à leur terme[2]; il en fut ainsi de la prise d'armes contre la France et de l'alliance contractée à Canterbury. Malgré les relations suivies entretenues par Sigismond, soit avec le roi d'Angleterre[3], soit avec le duc de Bourgogne[4], et les promesses formelles faites au premier[5]; malgré ses démarches près des princes allemands et les Génois pour les engager à soutenir les Anglais dans leur

1. *Ordonnances*, t. X, p. 414.

2. C'est la remarque de son historien Aschbach : « Es war ein Hauptfehler in Sigmund's character Vieles zu unternehmen, daher konnte es selten etwas zu Ende führen. » *Geschichte Kaiser Sigmund's*, t. II, p. 155.

3. Le 18 septembre 1417, Sigismond annonce l'envoi d'une ambassade au roi d'Angleterre (Rymer, t. IV, part. III, p. 16). Le 30 septembre, Henri V écrit à Sigismond et lui envoie un ambassadeur (*Archiv*, *l. c.*, p. 139). L'empereur répond en décembre (*Id.*).

4. Le 5 juillet 1417, le duc de Bourgogne reçut à Ypres un chevalier et un docteur envoyés par l'empereur (Gachard, p. 236). — Il nous paraît douteux, malgré le témoignage de Monstrelet, que l'empereur se soit trouvé à Montbéliard avec le duc de Bourgogne à la fin de mai 1418. Sigismond paraît avoir été, vers le 18, à Bâle, où il s'attendait à trouver le duc de Bourgogne, le duc de Savoie et d'autres princes, qui n'y vinrent pas; mais il ne quitta Constance que le 21 mai. On pourrait placer le voyage de Montbéliard entre le 21 et le 29, jour où le duc de Bourgogne quitta cette ville; mais il n'avait pas dépassé Bâle le 30, d'après son historien Aschbach, et nous voyons que le 26 une ambassade allemande était près du duc (Gachard, p. 238). D'ailleurs le traité du 12 mai, entre l'empereur et le duc Frédéric d'Autriche, avait donné satisfaction aux intérêts de Catherine de Bourgogne, que le duc voulait sauvegarder.

5. On lit dans une lettre au roi d'Angleterre en date du 4 août 1417 : « Id tamen firmo et inalterabili intendimus proposito et intencione stabili firmavimus et verbo regio promittimus et pollicemur expresse quod primo die seu kalendas proxime affuturi mensis maii pro recuperatione jurium alterutriusque nostrum, cessantibus excusationibus, allegationibus et subterfugiis doloque et fraude quibusvis, nisi legitimo impedimento utpote gravi mole infirmitatis et indisposicionis corporee, quod divina clemencia avertat, tunc detenti fuerimus et prepediti, in nomine Domini exercituum in fronteriis seu finibus regni Francie, et subsequanter de eisdem fronteriis in vestre regie fraternitatis succursum et presenciam in Franciam cum copiosa gencium armatarum multitudine personaliter constituemus. » *Archiv für Œsterreichische Geschichte*, 1880 (vol. LIX), p. 129-130. Un nouveau traité, auquel il

lutte contre la France[1]; malgré les prétentions sur le Dauphiné, manifestées par certains actes[2]; enfin, malgré le défi au comte d'Armagnac, lancé par l'empereur à la date du 1er septembre 1417, à titre d'allié et de suzerain de Jean sans Peur[3], aucune suite ne fut donnée aux projets d'attaque. Les affaires de l'Église et de l'Empire, la continuation de ses démêlés avec le duc Frédéric d'Autriche[4], puis la mort de son frère et la lutte contre les Hussites en Bohême devaient absorber toute l'attention de Sigismond, et ne point lui laisser le loisir de s'occuper des affaires de France.

Tout en s'efforçant d'arrêter les progrès de l'invasion anglaise, le gouvernement royal, dont le Dauphin, comme lieutenant général du Roi, était devenu le chef, n'abandonna pas les voies diplomatiques. Les difficultés de la défense, qui se compliquaient de l'attaque à main armée entreprise simultanément par le duc de Bourgogne, comme s'il eût été l'auxiliaire du roi d'Angleterre[5], lui en faisaient une loi. En répondant à la lettre de Henri V du 13 août, le Roi lui disait que, comme prince chrétien, voulant à tout prix éviter l'effusion du sang, il était toujours prêt à faire tout ce qui pourrait procurer la paix et la tranquillité, non seulement des deux royaumes, mais de toute la chrétienté, et qu'il enverrait ses ambassadeurs pour traiter de la paix au lieu qui lui serait désigné. Le roi d'Angleterre ne repoussa pas ces ouvertures, et consentit à nommer des ambassadeurs pour négocier avec ceux de Charles VI. Le 24 septembre 1417, « au château royal de Caen, en son duché

est fait allusion dans cette lettre, avait été conclu à Luxembourg entre l'empereur et le roi d'Angleterre. Par une autre lettre, en date du 16 août, l'empereur renouvela ses engagements dans les termes les plus solennels (p. 132).

1. Voir Religieux, t. VI, p. 56. L'empereur ne fut pas heureux dans cette tentative : les Génois lui répondirent par un refus énergique.

2. Sigismond convoqua à Constance, pour Pâques 1418, et ensuite pour la Pentecôte (15 mai), les prélats du Dauphiné, afin de lui faire hommage. Chorier, *Hist. du Dauphiné*, t. II, p. 413.

3. *Archiv*, *l. c.*, p. 133.

4. Ils ne prirent fin que le 12 mai 1418, par un traité signé à Constance. Voir sur ces démêlés Aschbach, *l. c.*, p. 341-50, et Müller, *Histoire de la Confédération suisse*, t. IV, p. 264 et suiv.

5. C'est la remarque que fait la *Chronique antonine* (f. 236) : « Et ce pendant le duc de Bourgongne menoit sa guerre vers Paris, comme s'il tenoit le parti dudit Roy Henry. » Cf. ci-dessus, p. 137.

de Normandie[1], » il fit délivrer un sauf-conduit pour Regnault de Chartres, archevêque de Reims, Jean Tudert, doyen de Paris, Jean de Vaily, président au Parlement, Gilbert Motier, seigneur de la Fayette, Jean Louvet, grand maître de l'hôtel de la Reine, Robert de Tullières et Gautier Col, ambassadeurs de son « adversaire de France, » que celui-ci lui envoyait « pour la tranquilité et le bien commun de toute la chrétienté[2]. » Ces ambassadeurs devaient se rendre, avant le 1er novembre, à un lieu désigné entre Honfleur et Touques[3]. Le 1er octobre suivant, Henri donna au comte de Warwick, à Edouard Courtenay, et à quatre de ses conseillers, deux commissions, l'une pour traiter de toutes les matières se rapportant aux questions en litige entre son adversaire et lui, l'autre pour conclure une trêve[4]. De son côté, Charles VI, par lettres datées du 2 octobre, à Paris, donna des pouvoirs pour traiter avec les représentants de son « adversaire d'Angleterre[5]. »

Au moment où la conférence allait s'ouvrir, il se produisit un fait dont les conséquences n'étaient point sans gravité. Le gouvernement français, voyant d'un côté les Anglais occuper le duché d'Alençon et le comté du Perche, et menacer ainsi le duché d'Anjou et le comté du Maine, où déjà ils s'étaient emparés de plusieurs places; voyant d'un autre côté le duc de Bourgogne maître de Chartres, de Tours, et de la plus grande partie du comté de Vendôme, autorisa, par lettres du 10 novembre[6], la reine de Sicile à conclure avec le roi d'Angleterre une trêve qui mit pour le moment l'Anjou et le Maine à l'abri. Le duc de Bretagne avait, par sa mère, d'anciennes relations avec la maison de Lancastre[7]. Dès le mois d'avril 1417, il était entré en

1. « Apud castrum regis de Cadomo, in ducatu regis prædicto. » Rymer, t. IV, part. III, p. 17.

2. « Pro tranquillitate et communi bono totius Cristianitatis, ut asserit. » *Id.*, *ibid.*

3. Un nouveau sauf-conduit fut délivré à Alençon le 22 octobre, valable jusqu'à la Saint-André (*id.*, *ibid.*, p. 21).

4. Au château de Caen, 1er octobre. Rymer, t. IV, part. III, p. 17 et 18.

5. Ce sont les mêmes que ceux dont lés noms se trouvent dans le sauf-conduit; seulement Jean Louvet est ici remplacé par Guillaume de Meulhon. Rymer, *l. c.*, p. 18.

6. Lettres de Charles VI, autorisant à conclure une trêve qui ne devait point dépasser le 30 septembre 1418. Fontanieu, 109-110.

7. Voir plus haut, p. 105.

pourparlers avec Henri V[1]; en octobre, il sollicita et obtint un sauf-conduit pour se rendre près de lui[2]. Il le joignit à Alençon, où il signa, le 16 novembre, deux traités, l'un en son propre nom, l'autre au nom de la reine Yolande, portant trêve jusqu'au 29 septembre 1418 pour leurs possessions respectives[3].

Le péril était donc conjuré du côté du Maine et de l'Anjou; mais il s'agissait d'arrêter les rapides progrès de l'ennemi en Normandie. Les ambassadeurs français, partis de Paris le 6 octobre, et qui attendirent vainement à Honfleur les envoyés de Henri V, paraissent avoir profité de ce délai pour tenter une démarche personnelle près du roi : deux d'entre eux, le seigneur de la Fayette et Guillaume de Meulhon, se rendirent à Falaise, où ils séjournèrent du 22 octobre au 10 novembre[4]. A cette dernière date, Regnault de Chartres et Robert de Tullières reçurent un sauf-conduit pour se rendre auprès du roi d'Angleterre. Celui-ci, après s'être emparé d'Alençon, se préparait à assiéger Falaise; il ne se pressait pas : peut-être voulait-il connaître l'issue de la campagne du duc de Bourgogne contre Paris. Enfin, après six semaines d'attente, qui d'ailleurs ne furent pas perdues[5], les ambassadeurs reçurent avis de l'arrivée des représentants de la partie adverse : ils n'étaient qu'au nombre de quatre : le sénéchal Walter Hungerford, maître Thomas Chaucer, Philippe Morgan, le négociateur des traités avec Jean sans Peur, et John Kempe.

La conférence s'ouvrit à Barneville[6], le 28 novembre 1417.

1. 13 avril 1417, à Windsor : sauf-conduit délivré par le roi d'Angleterre au duc de Bretagne, pour se rendre près de lui. Rymer, t. IV, part. II, p. 197.

2. Sauf-conduit, valable jusqu'au 16 septembre, délivré le 18 octobre; autre sauf-conduit valable jusqu'au 1er décembre, délivré le 27 octobre. Rymer, t. IV, part. III, p. 20 et 21.

3. Rymer, t. IV, part. III, p. 23 et 24. — Une trêve de dix ans avait pourtant été conclue, à la date du 3 janvier 1414, entre le duc de Bretagne et Henri V (*Ib.*, part. II, p. 57).

4. La Fayette y était à la date du sauf-conduit du 22 octobre; tous deux s'y trouvaient encore à la date de celui du 10 novembre. Rymer, *l. c.*, p. 21 et 23.

5. Les ambassadeurs eurent là, par des Normands qui s'étaient ralliés à Henri V, des renseignements précis sur « les alliances et promesses qui estoient entre luy et le duc de Bourgogne. » Jouvenel, p. 359.

6. « In foresta quadam quasi via media inter villam et castrum de Touke et Hunflew, » dit Elmham (*Vita Henrici Quinti*, p. 126). — Barneville est une petite commune, située à 5 kil. de Honfleur, qui compte aujourd'hui 230 habitants.

L'archevêque de Reims porta la parole au nom de ses collègues. Après un bref exposé des négociations antérieures, il commença par se plaindre de ce qu'on les eût fait attendre aussi longuement, et de ce que, au mépris de tous les usages, en portant atteinte au résultat des négociations, on eût arrêté et retenu prisonniers les hérauts porteurs du sauf-conduit envoyé aux ambassadeurs anglais; il demanda ensuite qu'avant d'aller plus loin, le sauf-conduit du roi d'Angleterre, qui arrivait à son terme, fût renouvelé [1].

Ce fut Philippe Morgan qui lui répondit. Il repoussa avec hauteur les reproches adressés à son gouvernement, et invoqua, comme un des motifs du retard dont on se plaignait, la terreur qu'inspirait la puissance bourguignonne [2] : singulière excuse dans la bouche d'un diplomate qui, mieux que personne, savait à quoi s'en tenir sur les prétendues dispositions hostiles du duc à l'endroit des Anglais !

Chacune des parties produisit alors ses pouvoirs pour traiter tant sur le fond de la question que sur la conclusion de trêves [3]. Mais l'aigreur du ton des plénipotentiaires et leurs prétentions exorbitantes rendaient les négociations bien difficiles. Le roi d'Angleterre, comme le dit Jouvenel des Ursins, « voyait les divisions qui estoient, et luy sembloit bien qu'il auroit tout [4]. » Les offres des ambassadeurs français furent rejetées. On se sépara sans avoir même stipulé de suspension d'armes [5].

Les relations entre les deux Cours ne cessèrent pourtant pas immédiatement. La reine de Sicile, depuis sa trêve avec le roi

1. Protocole de la conférence de Barneville. Rymer, *l. c.*, p. 25-26.

2. « Asserentes se propter potentiam *et per horrescentiam* ducis Burgundiæ in eorum itinere existentis tuto ad locum tractatus venire non posse. » Rymer, *l. c.*

3. Un nouveau pouvoir avait été délivré par Henri V, en date du 18 novembre. Lechaudé d'Anisy, *Rôles normands*, p. 235.

4. Jouvenel, p. 339.

5. Le protocole donné par Rymer s'arrête brusquement après la reproduction des pouvoirs de Charles VI, et l'on y a ajouté un pouvoir de Henri V qui ne se rapporte point à cette négociation, et qui est du 24 octobre de *la 7e année du règne*, c'est-à-dire de 1419. Nous n'avons, pour nous renseigner d'une façon un peu précise sur l'issue de la conférence, que ce passage d'un historique, rédigé en août 1419, qui paraît se rapporter aux conférences de Barneville. « In quo reverà tractatu in aliud pacis medium nolebat pars adversa declinare, nisi quod rex prædictus dimissis adversario suo prædicto omnibus in

d'Angleterre, cherchait, de concert avec le duc de Bretagne, à entrer en négociation avec lui[1]. Pendant le siège de Falaise, un nouveau sauf-conduit fut donné (7 décembre) aux ambassadeurs de France pour se rendre près d'Henri V. Trois jours après la capitulation de cette ville, qui eut lieu le 20 décembre, un sauf-conduit, valable jusqu'au 8 janvier, fut encore délivré à Regnault de Chartres et à Robert de Tullières[2]. Mais ces pourparlers n'aboutirent pas. Les ambassadeurs qui avaient pris part à la conférence de Barneville revinrent à Paris le 20 décembre[3] : devant les exigences anglaises, il fallait renoncer à traiter et ne plus songer qu'à poursuivre la lutte.

Mais, pour lutter, le gouvernement royal avait besoin d'auxiliaires. L'Écosse, la Castille, Gênes, la Savoie, la Lombardie pouvaient lui en fournir. C'est du côté de la Savoie que paraît s'être portée l'attention du gouvernement royal, au commencement de 1418. Il était d'autant plus essentiel d'obtenir le concours du duc Amédée VIII que des liens intimes l'attachaient à l'empereur, duquel il avait obtenu, lors du passage de Sigismond par Chambéry, en février 1416, l'érection de son comté en duché[4]. Deux ambassadeurs furent envoyés pour le requérir, en vertu des traités qui l'unissaient à la France, de se trouver à Paris le 1er mai, « à toute puissance, pour resister aux ennemis anciens du Roy[5]. » Le duc de Savoie répondit qu'il était prêt à servir le Roi et le Dauphin avec toute sa puissance, et fit partir deux envoyés, Guy de Grolée et Martellet de Martel, avec

ducatu Normanniæ conquæsitis, contentaretur cæteris terris ab ipsa parte sibi oblatis; quas teneret ab adversario prædicto tanquam Domino suo ligeo et supremo. » Rymer, t. IV, part. III, p. 130.

1. Sauf-conduit du 22 novembre pour des envoyés de la Reine de Sicile et de Louis son fils, valable jusqu'au 29 septembre 1418. Rymer, t. IV, part. III, p. 25. — Sauf-conduit pour des envoyés du duc de Bretagne. Même date, même durée, *Id.*, *Ibid.* — Dès 1416, Yolande avait envoyé un de ses secrétaires à Henri V pendant qu'il se trouvait à Calais (*Ib.*, part. II, p. 180).

2. Ce sauf-conduit, indiqué dans Lechaudé d'Anisy, p. 249, était valable jusqu'au 1er janvier 1418.

3. Sauf-conduit du 23 décembre. Rymer, t. IV, part. III, p. 33. — Voir sur ces incidents l'historique cité : *Id.*, p. 130.

4. Voir Aschbach, t. II, p. 153-54.

5. C'étaient Odon de Tournon, seigneur de Beauchastel et Guichard de Marzé ou Marsy. — Mémoire publié dans Guichenon, *Histoire généalogique de la maison de Savoie*, t. II, p. 255.

charge d'informer la Cour de France de ses dispositions, mais en même temps d'insister sur ce point : que tant que les divisions intérieures persisteraient dans le royaume, son secours serait de peu de profit; tandis que, si ces divisions cessaient, « par manière que toutes les parties fussent d'une volonté, lors legière chose seroit de deschasser les Englois hors du royaume [1]. » Le duc envoya aussi un de ses serviteurs — que Grolée devait aller rejoindre, — au duc de Bourgogne, pour le mettre au courant de ce qu'il faisait, et de la mission remplie à Paris par ses envoyés, lesquels, nous l'avons vu plus haut [2], furent un instant mêlés aux négociations de La Tombe. Le duc de Savoie prenait ainsi déjà, en quelque sorte, ce rôle de médiateur qu'il devait remplir à plus d'une reprise.

Une autre intervention qui, en des temps différents, eût pu s'exercer d'une façon décisive, se produisit également au mois d'avril 1418. Le schisme qui, pendant de si longues années, avait déchiré l'Église, venait de prendre fin. Dans un conclave tenu à Constance du 7 au 11 novembre 1417, toutes les voix s'étaient réunies sur le cardinal Colonna, proclamé pape sous le nom de Martin V. Sa naissance illustre, sa piété, sa science, l'affabilité de ses manières, sa grande expérience des affaires, son esprit de conciliation, le mettaient à la hauteur de l'importante et difficile mission qui lui incombait. Avant même de quitter Constance, le nouveau pape se préoccupa d'apaiser les différends qui existaient entre les princes chrétiens. Témoin de l'animosité qui régnait entre les Français et les Bourguignons, — car la question du *tyrannicide* avait longuement occupé les Pères du Concile, devant lesquels Jean Petit avait fait l'apologie du meurtre du duc d'Orléans [3], — il résolut de tenter à la fois de réconcilier le duc de Bourgogne avec la Cour et d'amener un rapprochement entre la France et l'Angleterre.

Mais la situation de la France à l'égard du nouveau pape n'était point encore nettement définie. Depuis le retour de l'em-

1. Mémoire cité.
2. Voir p. 82.
3. Voir l'*Histoire de l'Église gallicane*, t. XX, où le P. Berthier a fort bien résumé toute cette controverse, et l'*Histoire du Concile de Constance*, de Lenfant.

pereur à Constance, après son voyage de 1416, la prédominance avait été assurée par lui à l'Angleterre et à la Bourgogne, au détriment de la France. L'élection de Martin V était en grande partie l'œuvre de Sigismond : cela suffisait pour la rendre suspecte au gouvernement français. Louis de Fiesque, cardinal du titre de Saint-Adrien, fut envoyé à Paris avec mission de notifier l'élection de Martin V. Des assemblées de prélats, de docteurs de l'Université et de membres du grand conseil eurent lieu, du 28 février au 16 mars, « pour adviser et conseiller le Roy comment et par quelle manière il devoit proceder à faire au pape Martin, que on disoit estre eleu en concile general lors assemblé à Constance [1]. » Après de longs débats, où fut agitée aussi la question des *libertés gallicanes,* qui passionnait alors si vivement les esprits, et sur laquelle nous reviendrons, on convint des termes de la réponse qui serait faite à « messire Louis de Flisco. » Le Roi, disait-on dans cette réponse, a toujours désiré par dessus toutes choses de voir la paix rétablie dans l'Église, et n'a rien épargné pour y parvenir depuis le commencement du schisme ; son intention est « d'estre et demeurer vers l'Église de Rome en aussi grande reverence et affection que ont esté jusques icy ses predecesseurs et luy ; » il a appris avec joie l'élection du cardinal Colonna, « pour les grands biens que souventes fois a ouy dire de sa personne, et que la maison de la Colonne a le temps passé esté bienvueillante au Roy, à son royaume, et à ses predecesseurs Roys de France ; » mais, pour le moment, absorbé qu'il est par de grandes occupations et affaires, et considérant la grande part prise à l'élection par le roi des Romains, — lequel a trahi la France en s'alliant avec les Anglais et s'est déclaré son ennemi, et qui de plus a empêché, par les « oppressions » et « menaces » faites à ses ambassadeurs, que ceux-ci n'aient au conclave les prérogatives et prééminences appartenant aux rois de France, — il veut attendre pour se prononcer qu'il ait acquis la certitude, par les rapports de ses ambassadeurs, revenant vers lui

1. Extrait des *Registres du Parlement*, dans les *Preuves des libertez de l'Église gallicane*, t. I, p. 126.

en toute franchise et liberté[1], qu'il n'y a eu ni violence ni oppression de la part du roi des Romains ou d'autres, et que l'élection a été duement faite, en pleine liberté, conformément aux saints canons.

Il n'est pas douteux qu'on voulait, avant de se prononcer, que l'ordonnance sur le retour aux « anciennes franchises et libertés » eût été promulguée; car sans cela, disait-on, « ledit soy disant eleu en pape tireroit à luy, et hors de ce royaume et Dauphiné, grandes et excessives finances, desquelles il enrichiroit le Roy des Romains, adversaire du Roy, et lui en pourroit faire guerre[2]. » Ce fut seulement le 14 avril que, par ordonnance du Conseil, les bulles de Martin V, présentées par l'archevêque de Tours et Louis de Fiesque, furent reçues et ouvertes, et que l'on fit obédience au nouveau pape.

Celui-ci n'avait pas attendu que cette formalité fût remplie pour s'occuper de la pacification, qui était un de ses vœux les plus ardents. Par lettres du 5 des ides de février (9 février), il donnait pouvoir au cardinal de Saluces pour se rendre en France et travailler, de concert avec le cardinal de Bar, à la paix entre les rois de France et d'Angleterre[3]. Le 8 des calendes de mars (22 février), il adressait un bref au duc de Bretagne pour l'exhorter à se porter comme médiateur[4]. Le 8 des ides de mars (8 mars), il donnait, dans les termes les plus bienveillants pour la France, des instructions spéciales à Jacques Gelu, archevêque de Tours[5], prélat qui avait joué un grand rôle à Constance. L'archevêque vint à Paris le 15 avril, et exposa, au nom du pape, sa créance au Conseil[6].

Peu après (18 mars), Martin V désigna deux légats, auxquels

1. La situation des ambassadeurs français au concile était telle, en effet, qu'ils purent craindre, à un moment donné, de se voir l'objet des rancunes des Bourguignons. Après le concile, Gerson n'osa pas revenir en France et se retira en Bavière, d'où il se rendit à Lyon un peu plus tard. *Hist. de l'Église gallicane*, t. XX, p. 125. Cf. *Œuvres de Gerson*, t. I, p. 457.

2. *Preuves des libertez*, p. 128-131.

3. Le texte est dans Raynaldi, année 1418, § XXIV des *Annales*.

4. Ms. fr. 2707, f. 122. On a aussi des lettres du 15 des calendes d'avril (18 mars) au duc de Bourgogne et aux princes chrétiens (*Id.*, f. 123).

5. Archives, X[1a] 8604, f. 23 v° (en copie du temps), et Brienne, 5, f. 40 (en copie moderne).

6. *Registres du Parlement*, l. c., p. 136.

il donna ses pleins pouvoirs pour pacifier le différend entre les rois de France et d'Angleterre [1], avec charge de comprendre le roi des Romains dans la paix qui serait conclue [2], et il écrivit même au duc de Clarence et au roi d'Angleterre en faveur de la paix [3]. Mais le choix des légats n'était pas heureux : l'un, le cardinal des Ursins, était connu pour son hostilité envers la France [4]; l'autre, le cardinal de Saint-Marc, Guillaume Fillastre, bien que Bourguignon de naissance, s'était aliéné les bonnes grâces du duc de Bourgogne [5].

Les cardinaux légats, à leur arrivée en France, se mirent en rapport avec le roi d'Angleterre, qui envoya au cardinal de Saint-Marc le sauf-conduit demandé [6]; ils commencèrent par se mêler aux négociations entamées entre la Cour et le duc de Bourgogne. Nous avons vu la part prise par eux aux conférences de La Tombe. L'événement survenu le 29 mai, en faisant passer le gouvernement aux mains du duc, vint compliquer singulièrement la situation et rendre plus difficile la mission des envoyés du Saint-Père.

La Cour et le duc de Bourgogne ne faisaient plus qu'un, mais le Dauphin, échappé comme par miracle, allait constituer un pouvoir nouveau, qui devait promptement rallier les forces vives de la monarchie. Comment amener la conciliation entre le gouvernement du Dauphin et le gouvernement royal dirigé par Jean sans Peur? D'un autre côté, Jean sans Peur, qui ne s'était allié à Henri V que pour satisfaire ses desseins ambitieux, était arrivé à ses fins; et si, comme duc de Bourgogne,

1. 18 mars *(XV Kal. apr.)*. Pouvoir du Pape à ses légats les cardinaux des Ursins et de Saint-Marc. Rymer, t. IV, part. III, p. 41. Cf. *Regeste de Martin V* : Archives, LL[4a], f. 57.

2. Voir une lettre du 3 avril, adressée aux deux légats, relativement à l'attitude de l'empereur, qui se préparait à défier le roi de France. Rymer, t. IV, part. III, p. 45.

3. Le 15 mars, Martin V écrivait au duc de Clarence, frère du roi, pour lui annoncer l'envoi de ses légats et l'exhorter à travailler à la paix (Rymer, p. 48); le 17, veille du jour où il signait ses pouvoirs, il s'adressait à Henri V (Rymer, p. 41).

4. Voir *Hist. de l'Église gallicane*, t. XX, p. 61.

5. « ... Audit cardinal de Saint-March, lequel il (le duc) savoit avoir esté et estre son adversaire et mortel anemy, et qui l'avoit grevé en toutes places et manières qu'il avoit peu. » *Chron. anonyme*, dans Monstrelet, t. VI, p. 251-52.

6. Lettre des cardinaux à Henri V, datée de Troyes, le 24 avril; sauf-conduit du 14 mai, valable pour six mois, donné par le roi d'Angleterre. Rymer, *l. c.*, p. 49 et 52.

il avait intérêt à ménager le roi d'Angleterre, il était obligé, comme chef du pouvoir, de le traiter en ennemi. Avec qui d'ailleurs entamer des négociations? Ne fallait-il pas, avant d'agir près de Henri V, amener un rapprochement entre le Dauphin et le duc?

C'est à ce but que les cardinaux légats s'attachèrent tout d'abord; mais leurs efforts étant demeurés stériles [1], il leur restait peu de choses à faire du côté de Henri V [2]. Le cardinal des Ursins le trouva *intraitable* [3]. Le roi d'Angleterre était tellement enorgueilli par ses conquêtes, qu'il se refusa à accueillir toute proposition de paix.

Il lui en vint pourtant, et de la part même du prince qui venait de lever hardiment sa bannière pour défendre sa couronne contre les Anglais et contre les Bourguignons. Impuissant à combattre à la fois ces deux ennemis, peu confiant dans le succès des négociations entamées avec la Cour, ou plutôt avec le duc de Bourgogne, Charles voulut connaître les dispositions du roi d'Angleterre. Le 18 septembre, de Niort où il se trouvait, il envoya au duc de Clarence, qui commandait sur les frontières du Maine, un de ses maîtres d'hôtel, Guillaume des Baus, accompagné de Chalon, héraut du comte de Tonnerre [4]. Cette ouverture fut accueillie par le duc, qui députa le messager à son frère. Henri V consentit à entrer en négociations avec le Dauphin [5]. Après quelques pourparlers, il donna, en date du 14 octobre, des lettres de sauf-conduit pour six des conseillers du Dauphin, ainsi que pour un secrétaire de la reine de Sicile [6].

1. Voir ci-dessus, p. 107-108, ce que nous avons dit des négociations de septembre 1418 entre le Dauphin et la Cour.

2. Le 21 juin, le cardinal des Ursins était à Louviers près de Henri V, qui ce jour-là délivra à sa demande des lettres en faveur du cardinal de Saint-Marc. Rymer, *l. c.*, p. 57. Cf. lettre de Henri V à la commune de Londres, en date du 21 juillet, dans Delpit, *Collection générale de Documents français*, etc., p. 222.

3. « Certificavit eos *intractabiles* reperisse, » dit le Religieux, t. VI, p. 250.

4. Ordre de paiement du Dauphin en date du 18 septembre. Clairambault, vol. 27, p. 2001.

5. Sauf-conduit de Henri V pour Guillaume des Baus, en date du 3 octobre. Rymer, *l. c.*, p. 66.

6. Il est à remarquer que, dans les lettres de sauf-conduit données le 14 octobre, Henri V, après avoir nommé les ambassadeurs que le Dauphin avait désignés, à savoir les archevêques de Tours et de Sens, le comte de Tonnerre, Rochefort, Torsay, Braquemont, Barbazan,

Et le 24 octobre des pouvoirs furent délivrés par lui à l'archevêque de Canterbury, à l'évêque de Chichester, aux comtes de Warwick et de Salisbury, et à dix autres de ses conseillers, pour se réunir, en un lieu désigné, aux envoyés du Dauphin, et traiter de la conclusion d'un traité d'alliance entre lui et ce prince, et de son mariage avec Catherine de France[1].

Quels étaient les motifs qui déterminaient le roi d'Angleterre et son conseil à accueillir avec tant d'empressement les ouvertures du Dauphin? Nous n'en sommes pas, à cet égard, réduits à des conjectures : les documents anglais vont nous permettre de sonder leur pensée intime[2].

L'allié secret de Henri V, Jean sans Peur, étant parvenu au faîte de la puissance, il n'y avait plus à attendre de sacrifices de sa part; ses vœux une fois comblés, il était homme à faire bon marché des engagements contractés avec les Anglais. On n'avait jamais eu d'ailleurs grande confiance en sa parole[3]. Le Dauphin, au contraire, avait, en quelque sorte, à *conquérir son trône*. N'était-il pas possible, dans cette situation nouvelle, d'obtenir de lui des avantages analogues à ceux qu'on avait espéré tirer, en 1414 et en 1416, de l'alliance bourguignonne? Soit que Charles voulût simplement arrêter les progrès de l'invasion pour n'avoir qu'un ennemi à combattre, soit qu'il cherchât à obtenir du roi d'Angleterre une assistance

Beauvau, Louvet, Vaily et Villebresme, n'accorde le sauf-conduit qu'à six d'entre eux : un archevêque, un comte, deux chevaliers, un clerc et un secrétaire (*Lettres des Rois*, etc., t. II, p. 348). Ce sont eux que nous retrouverons tout à l'heure à Alençon. — Le même jour un sauf-conduit fut délivré à l'archevêque de Reims, le négociateur de mai 1416 et de novembre 1417, qui pourtant ne devait pas prendre part aux conférences d'Alençon. — Notons que d'autres saufs-conduits furent délivrés à l'évêque d'Évreux, à Henri de Chaumont, archidiacre d'Évreux, et à un secrétaire de la Reine de Sicile, Guiot de Pressy (Rymer, t. IV, part. III, p. 66 et 67).

1. Rymer, *l. c.*, p. 67 et 68.

2. Nous trouvons dans les *Proceedings and ordinances of the privy council of England* (t. II, p. 350), un curieux mémoire intitulé : *The causes why that the king disposeth hym to trete with the Dauphin ayeinst the Duc of Bourgoyne been theese that foloweth.* — Ce mémoire se trouve à la Bibliothèque nationale dans la collection Bréquigny, vol. 80, f. 58. Il est cité par Thomas Goodwin dans son *History of Henry the fifth* (London, 1704, in-fol. p. 193-194), ouvrage qui, disons-le en passant, ne se trouve pas à la Bibliothèque nationale.

3. « Esquelles (alliances et promesses) toutesfois il (le roi d'Angleterre) ne se fioit pas trop, et il luy sembloit que son alliance n'estoit pas seure, veu les manières qu'il tenoit contre le Roy son souverain seigneur. » Jouvenel, p. 339.

armée pour triompher du duc de Bourgogne[1], il y avait lieu d'espérer qu'on pourrait profiter de la situation précaire du jeune prince pour lui faire acheter un traité au prix de concessions importantes. Il convenait toutefois de ne s'engager dans cette voie qu'avec prudence, de ne point oublier que, si le roi d'Angleterre avait pleinement qualité pour stipuler en son nom aussi bien qu'au nom de son royaume et de ses sujets, le Dauphin n'était point dans les mêmes conditions, car il n'avait ni l'âge légal, ni les pouvoirs de son père, ni l'autorisation de sa mère, engagée dans le parti contraire et à la discrétion du duc de Bourgogne.

Il était à considérer pourtant que si le roi ne concluait, soit la paix, soit une trêve de longue durée, force lui serait de continuer la guerre ; tout au moins devrait-il rester en armes pour conserver ses conquêtes en Normandie. Dans un cas comme dans l'autre, ce serait une grande charge pour lui et pour son peuple. En outre, on était bien forcé de reconnaître que parmi ceux qui avaient fait leur soumission, il n'y avait aucun homme marquant et peu de gens de qualité, ce qui rendait pour l'avenir la fidélité des populations bien douteuse[2]. La paix semblait donc la meilleure solution.

Mais, si l'on jugeait opportun d'entrer en négociations avec le Dauphin, il convenait de ne le faire qu'à bon escient, et l'on était bien décidé à ne traiter que sur les bases de ce qu'on appelait la « grande paix, » c'est-à-dire du traité de Brétigny, avec l'abandon de la Normandie tout entière. Encore ne devait-on point s'engager définitivement, car il pouvait y avoir des inconvénients à entrer dans la voie des renonciations. Aussi, la meilleure solution paraissait être de conclure d'abord une trêve de longue durée[3].

1. C'était la conviction des Anglais que le Dauphin tendait à ce but : « And it is to wite that the thing that causeth the Dauphin oon most to falle to suche tretee is to have help of the king ayenst the Duc of Bourgno, the which Duc hath in his gouvernance the king's adversaire and also his wyf and thaire doghter K., and is in Paris withowte any grete power of men of armes (p. 352). »

2. « Also it is to considere that in substance there is no man of astate commen ynto the king's obeissance and b..... right fewe gentelmen, the whiche is a thing that causeth the peuple to be ful unstable and is no wonder (p. 351). »

3. « It is thoght that though the Dauphins partie wolde entre that tretee, it schuld

En tout cas, pour que les stipulations faites avec le Dauphin pussent sortir leur plein effet, il importait que ce prince pût mettre son père hors des mains du duc de Bourgogne[1]. C'est pour cela qu'on se montrait si disposé à lui prêter main-forte. On entendait même subordonner à cette condition la conclusion du traité[2]. Mais, en agissant ainsi, on n'entrerait pas pour cela dans la querelle du Dauphin : on se bornerait à exclure le duc de la trêve, et le roi, comme s'il poursuivait sa propre querelle, s'avancerait contre lui avec toute son armée[3]. Il était présumable que, dans ces conjonctures, le Dauphin deviendrait facilement maître de la situation à Paris, et aurait à sa discrétion son père, sa mère et sa sœur[4]. Ce résultat obtenu, il serait tenu de confirmer de nouveau le traité[5]. Cette assistance armée serait donnée gratuitement; mais si le Dauphin désirait aller plus loin, ce serait à ses propres dépens[6], et, en ce cas, le roi, poursuivant toujours sa querelle personnelle, exigerait la Flandre, en dédommagement de ses peines, et devrait recevoir en outre toutes les places qui seraient conquises durant cette campagne[7]. Enfin, il serait stipulé qu'aucune des parties ne

not be admetted finally but..... thai wolke any thing prefere for pees..... and so by alle the beste weyes that may be thought to bring yn the mater of a long treve with whiche trewe shulde be stikked on the foloweth (p. 352-53). »

1. « And it is thoght that sith as much as the seurete of the Dauphin may not be of gret effect finally til the Dauphin have his fader out of the Dukes hand (p. 353). »

2. « First that the king is not lik to have any trete with that partie on lasse (unless) thanne he wol helpe hem ayeinst the fors[aid] Duc... (p. 350). »

3. Ailleurs on prévoyait le cas où le Dauphin demanderait un secours de trois, quatre ou cinq cents hommes d'armes pour un temps déterminé, et où le Roi d'Angleterre ne marcherait pas en personne contre le duc (voir p. 356).

4. « The king setting Normandy in resonnable keping shulde drawe hym with his power to suche place as the duc were. And is supposed that the duc, wittyng the accord betwen the king and the Dauphin, shal not dar abide in Paris, and the peuple of Paris wol in no wyse suffre hym to have out the adversaire thai knowing the forsaid accord betwen the king and the Dauphin, wherby the Dauphin withoute difficulte may have his entent of Paris and his fader, moder and suster there ynne (p. 393). »

5. « And yenne the accord that shal be now maad betwen the king and the Dauphin may be of newe maad or confirmed after as it is thought for the best (*id.*). » — Une nouvelle ratification devait être donnée par le Dauphin à la mort de son père (p. 35).

6. « And that socour and helpe soo doon by the king to the Dauphin it semeth should suffice at the kings cost. And if the Dauphin wolde have any more help of the kings sougetts to serve the Dauphin at the Dauphins cost (*id.*). »

7. « And if the king shulde make any ferther werre (war) to the duc as it is supposed that the Dauphin wol desire, that thenne the king to make werre to the duc alwey in his owen querell and for to have Flaundres for his labour and costage and for the good of rest

pourrait traiter avec le duc de Bourgogne sans l'assentiment de l'autre.

Telles étaient les vues du gouvernement anglais en s'engageant dans cette négociation; elles avaient pour fondement la persuasion où il était que le Dauphin placerait l'intérêt de sa propre querelle au-dessus des intérêts de l'État, et qu'il consentirait à subir les exigences du vainqueur.

Les conférences s'ouvrirent à Alençon le 10 novembre 1418 [1]. On y voyait : comme représentants du Dauphin, Jean de Norry, archevêque de Sens, Louis de Chalon, comte de Tonnerre, Robert de Braquemont, amiral de France, Jean de Vaily, président au Parlement, Jean Tudert, doyen de Paris, et un secrétaire du prince, Jean de Villebresme [2]; comme représentants du roi d'Angleterre, le comte de Salisbury, le seigneur de Grey, Walter Hungerford, Philippe Morgan, Roland Leyntale, William Alington et maître John Stokes.

Après des discussions préliminaires assez vives [3], sur la langue à employer et sur l'ordre à suivre dans la négociation, les ambassadeurs du Dauphin firent connaître leurs offres, qui comprenaient : 1° le duché de Guyenne avec ses dépendances *françaises* de la Saintonge, de l'Angoumois, du Limousin, du Périgord, de l'Agenais, du Quercy, du Rouergue (avec le comté de Rodez), du Bigorre et du comté de Gaure, c'est-à-dire trois fois peut-être l'étendue de la Guyenne anglaise [4]; 2° le comté de Ponthieu; 3° la ville de Calais avec le comté de Guines et les villes de Marck, Sangatte, Hames, etc. Cette offre, pourtant si large, fut repoussée avec dédain; et après de longues discus-

and pees betwen hym and his adversarie, the king halding that as he dooth Normandy, etc. And that the Dauphin and al that party shal delivre to the king or to his (*sic*) alle the townes, castelles or forteresses that thai geten, if thai any wynne, without difficultee (*id*). » — On avait pourtant, à l'égard du duc et de la conquête de la Flandre, quelques scrupules, et on se demandait ce que le roi ferait au cas où, pour prévenir le coup, le duc se déclarerait son homme-lige : voir p. 384.

1. Le protocole de la conférence est dans Rymer, t. IV, part. III, p. 70.

2. Par lettres du 2 novembre, le Dauphin ordonne de payer 300 livres à l'archevêque et autant à Braquemont. Clairambault, vol. 21, p. 6395, et 81, p. 1481.

3. « Magnas altercationes (p. 70). »

4. Voir l'article de M. Aug. Longnon, *Les limites de la France*, dans la *Revue des questions historiques*, t. XVIII, pages 497 et 541-44, et sa *Carte du Royaume de France*, jointe à la *Jeanne d'Arc* de M. Wallon éditée par la maison Didot.

sions, mêlées d'altercations, les conférences demeurèrent un moment interrompues. A leur reprise, les ambassadeurs anglais ayant déclaré de nouveau l'offre « frivole, dérisoire et nulle pour ainsi dire[1], » l'archevêque de Sens prit le lendemain la parole, et déclara qu'il allait produire des offres nouvelles, lesquelles, sans nul doute, seraient jugées suffisantes, mais qu'auparavant il fallait qu'on répondit à cette question : « Le roi d'Angleterre a-t-il réellement l'intention de conclure une alliance avec Monseigneur le Dauphin, et de lui prêter assistance pour combattre et châtier, au royaume de France, ses ennemis, adversaires et rebelles ? »

Après s'être concertés, les ambassadeurs anglais répondirent que c'était intervertir l'ordre de la négociation, et que la *matière principale de la paix* devait passer avant toute autre.

Sur le refus des ambassadeurs français de produire leurs nouvelles offres, Morgan finit par déclarer que ses collègues et lui étaient disposés à répondre à la question posée et à conclure sur ce point, en temps et lieu opportun, si les offres étaient telles qu'on dût s'en contenter.

L'archevêque reprit alors la parole. Après avoir sollicité et obtenu le secret sur l'ouverture qu'il allait faire, il offrit, au nom du Dauphin, toute la partie de la Normandie située au nord de la Seine, le vicomté et la ville de Rouen exceptées, à la condition que, si des conquêtes étaient faites par les princes alliés en Artois et en Flandre, le roi d'Angleterre recevrait l'équivalent de ce qu'on lui abandonnait en Normandie et que dans ce cas il restituerait au Dauphin.

Ces nouvelles offres ayant été repoussées, on alla jusqu'à ajouter aux offres déjà faites, avec la ville de Montreuil, l'équivalent en Normandie des possessions abandonnées par le traité de Brétigny et qu'on entendait réserver, à savoir la Saintonge au nord de la Charente, le comté de Poitiers et la ville de La Rochelle : c'était en quelque sorte l'abandon de la Normandie tout entière.

De nouvelles difficultés s'élevèrent alors sur les conditions

1. « Illam reputabant ipsi omnino vacuam, inanem et quasi nullam (p. 71). »

auxquelles ces terres seraient cédées : serait-ce en hommage? serait-ce en pleine souveraineté? Les ambassadeurs anglais déclarèrent que leur maître avait toujours entendu et formellement déclaré que la cession se ferait en pleine souveraineté; mais les ambassadeurs français s'y refusaient.

Deux envoyés du Dauphin[1], qui avaient été chargés d'une mission secrète près de Henri V, alors devant Rouen, arrivèrent sur ces entrefaites à Alençon, et intervinrent dans les négociations d'une façon assez étrange. Se présentant en quelque sorte comme médiateurs, ils allèrent trouver les ambassadeurs anglais; ils leur dirent en secret que les ambassadeurs du Dauphin avaient pouvoir de faire des offres encore plus amples; ils leur communiquèrent cinq cédules, présentant cinq combinaisons différentes, et proposèrent une trêve de deux mois[2]. Mais, dans la conférence suivante, à laquelle prirent part ces deux personnages, les Anglais, sans se laisser éblouir par leurs avances et voulant serrer de plus près la question, les prirent à part pour leur demander s'ils étaient formellement autorisés à dire au nom de leur maître : *Nous offrons tout ce qui est contenu dans la grande paix*. Ils furent obligés de répondre, après en avoir conféré avec les ambassadeurs de leur parti, qu'ils n'avaient point pouvoir de faire de telles offres, étant sans instructions à cet égard; ils ajoutèrent qu'il y avait là des questions qu'il n'appartenait qu'au Dauphin de trancher, et qu'il convenait de provoquer une convention personnelle entre les deux princes.

Douze jours s'étaient écoulés dans ces négociations. Les ambassadeurs anglais s'étaient efforcés, conformément à leurs

1. Ils sont ainsi désignés dans le protocole : *le seigneur de Séverac et Guitard*. Le premier devait être Amaury, seigneur de Séverac, bientôt maréchal de France; quant au second, c'était évidemment Guitard de Besordon, écuyer d'écurie du Dauphin, que nous avons vu plus haut figurer parmi les signataires du traité de Pouilly.

2. Voici quelles étaient ces combinaisons : 1° Tout ce qui fut cédé par le traité de Brétigny, sauf les terres au nord de la Charente, l'Artois et la Flandre, moyennant l'abandon des prétentions sur la Normandie; — 2° Le duché de Guyenne, sauf ce qui est au nord de la Charente, avec l'équivalent en Normandie, et en outre la Flandre; — 3° Le duché de Guyenne, dans les mêmes conditions, avec compensation sur la Somme, et les comtés d'Artois et de Flandre; — 4° Le duché de Guyenne dans les mêmes conditions, avec tout ce qui a été conquis en Normandie; — 5° L'exécution pure et simple du traité de Brétigny. Rymer, p. 73.

instructions, d'arracher à la partie adverse les concessions les plus étendues[1]; ils n'avaient point encore formulé leurs prétentions : le moment était venu pour eux de le faire. Le chancelier Morgan, après avoir déclaré, en son nom et au nom de ses collègues, que leur intention était de ne pas demander moins que la couronne et le royaume de France, remit aux ambassadeurs français une cédule énonçant leurs exigences; ils réclamaient, en sus de ce qui leur avait été offert, les duchés de Touraine et d'Anjou, le comté de Flandre, le comté du Maine et les seigneuries de Beaufort et de Nogent.

L'archevêque de Sens répondit, au nom de ses collègues, qu'il ne leur appartenait pas de discuter de telles demandes.

Une longue controverse s'éleva, dans laquelle Morgan, se conformant encore aux instructions reçues[2], posa cette question, qui rendait illusoire tout ce qu'on avait fait jusque-là : « En supposant que le roi veuille se contenter de vos offres, quelle garantie pouvez-vous lui offrir quant à ces offres et quant à la paix? » Les ambassadeurs français daignèrent suivre Morgan sur ce terrain, où il ne les amenait que pour arriver aux autres matières à mettre en discussion. Insistant sur la très chrétienne et pieuse intention[3] de son maître en faveur de la paix, sur l'horreur qu'il avait pour l'effusion du sang chrétien et pour les longues guerres, suivies de maux nombreux et irréparables[4], il exposa que le roi s'était montré favorable à des négociations, et que même, « pour la singulière affection qu'il portait au Dauphin, » il avait refusé des offres bien plus grandes de la partie adverse; il protesta, en invoquant le ciel, la terre et toutes les créatures, que le roi et les siens auraient conclu la paix si les offres à eux faites avaient été recevables, et que le Dauphin serait responsable de tous les maux qui pourraient survenir; il termina en suppliant, par les entrailles de Jésus-Christ, les

1. « Whan thay have profred al that may be geten of hem. » Instructions du 20 octobre. Rymer, *l. c.*, p. 68.

2. « And whan thay have dryve thaim to the utmost profir that may be had of them in thes wise, than be id axed of them how they mow make the king sure of suche a Pees. » *Idem.*

3. « Christianissimam et plam intentionem. » Protocole de la conférence, p. 74.

4. « Idemque princeps Christianissimus, super omnia abhorrens effusionem sanguinis christiani et diras guerras quæ multa et irreparabilia mala inducunt. » *Idem.*

ambassadeurs du Dauphin, s'ils n'avaient pas pouvoir de procéder plus avant sur la matière de la paix, de communiquer au moins et de traiter relativement aux autres matières.

L'archevêque ayant repoussé cette proposition, Morgan reprit le lendemain la parole, avec beaucoup de vivacité, et sur le ton de l'ironie. L'archevêque offrit de conclure une trêve de courte durée. Morgan répondit sèchement que, tant que les plénipotentiaires ne seraient pas mieux disposés qu'ils ne l'étaient pour la paix, il ne fallait pas compter sur la conclusion de trêves; que d'ailleurs ils pouvaient s'adresser pour cela au roi, sous leur propre responsabilité.

Les conférences se terminèrent par une nouvelle déclaration de Morgan, prenant Dieu à témoin que, de son côté, on avait fait tout ce qui pouvait faciliter un accord[1].

Pendant la durée des négociations, le Dauphin avait écrit au roi d'Angleterre une lettre[2], dans laquelle il disait que, comme seul fils du Roi, représentant la personne de son père « en son empeschement, » et ayant « la souveraineté en la cure des besoingnes de son Royaulme, » il voulait, par dessus tout, travailler à la paix; qu'il lui avait envoyé, pour lui faire connaître ses intentions, un de ses écuyers, que le roi avait reçu libéralement, et auquel il avait déclaré être plus disposé à entrer en négociation avec le Dauphin qu'avec nul prince qui, au temps passé, lui eût fait des ouvertures; que le Dauphin avait envoyé ses ambassadeurs à Alençon « pour trouver moyen d'appaisement entre les deux royaumes, » et que présentement ils devaient être réunis aux siens. « Veuille Dieu, disait le jeune prince, que l'issue en soit, selon vos désirs et les nôtres, au bien commun de chacune des parties! » Mais le désir qu'il avait de ce résultat, « lequel, écrivait-il, est si grand qu'il passe toute espérance d'y parvenir, » et la nécessité d'abréger les choses, l'engageait à requérir le roi, « de tout son cœur et courage loyal et non feint, » que, au cas où leurs ambassa-

1. Rymer, p. 75. — Il ne faut point oublier que Morgan, qui conduisit toute cette négociation, où l'on cherchait à faire acheter au Dauphin une assistance armée contre le duc de Bourgogne, avait été le grand artisan de l'alliance entre Henri V et Jean sans Peur.
2. Elle était datée de son ost devant Sully, le 15 novembre.

deurs ne s'entendraient pas, il lui fit savoir « de pleine foi, sommairement et ouvertement, » les choses auxquelles finalement il se voulait condescendre, le suppliant de faire ses demandes modérées, « consonans à rayson et plus attrampées en faveur de paix que eslues par l'avantage que fortune variable ou les divisions de ce Royaume » lui avaient donné; de telle sorte que rien ne fût à lui « oultraige ne delaiement de paix du demander, » ni au Dauphin « charge pour le temps advenir au regart de la couronne de France et de ses successeurs de l'ottroyer, » mais, d'un mutuel consentement, à la commune sûreté et prospérité des deux royaumes.

Le Dauphin exprimait, en terminant, le désir qu'une convention fut tenue entre le roi et lui; il affirmait qu'on le trouverait toujours « large à l'octroi, bref à l'accomplissement et ferme à l'observation, » pour tout ce qui serait relatif à la paix, et il espérait que le roi, qui désirait « acquérir renommée en honorables faits, » et voulait, « comme à si haut courage appartient, l'exaucement et exaltation de noblesse et seigneurie, » l'aiderait à « réparer et réprimer les grans et horribles maux et cruautés et séductions par le duc de Bourgogne faits et mis sus, contre toute noblesse, et la maison de France » dont le roi était issu, et que, de son côté, le Dauphin s'emploierait à lui venir en aide où besoin serait [1].

Henri V répondit à Charles par une lettre écrite, non en français, mais en latin, et datée de son ost devant Rouen le 25 novembre. Dans cette lettre, il protestait de son désir de répondre aux avances du Dauphin; mais, retenu qu'il était devant Rouen, il se voyait forcé de remettre jusqu'à l'issue du siège tout arrangement relatif à une convention personnelle. Faisant allusion, en terminant, au passage relatif au duc de Bourgogne, il se bornait à dire que, quand le Dauphin aurait conclu avec lui un traité d'alliance et de confédération, il le trouverait prêt à le soutenir, non seulement contre le duc, mais contre tout autre, conformément au traité [2].

1. Rymer, t. IV, part. III, p. 76.
2. *Id.*, *ibid.*, p. 77.

Tandis que les ouvertures du Dauphin étaient accueillies de la sorte; que les ambassadeurs des deux princes étaient réunis à Alençon, et au moment même où il donnait l'autorisation de prendre en son nom l'engagement de ne point conclure d'alliance avec le duc de Bourgogne avant le 1er janvier, le roi d'Angleterre jouait un double jeu : il était entré en pourparlers avec le gouvernement royal, représenté par le duc de Bourgogne.

Quelques semaines auparavant, un des conseillers et chambellans de Jean sans Peur, Guillaume de Champdivers, accoutumé à remplir près du roi d'Angleterre des missions secrètes, avait apporté à son maître une lettre où Henri V se déclarait prêt à traiter[1]. Cette lettre portait la date du 26 octobre, le jour même où Henri signait les pouvoirs et les instructions donnés à ses ambassadeurs près du Dauphin. Le 5 novembre, en réponse à une lettre que le duc avait fait écrire par le pauvre Roi, pour lui annoncer l'envoi d'ambassadeurs, il faisait délivrer à ceux-ci un sauf-conduit[2]. Le 1er décembre, il donnait pouvoir pour traiter avec les envoyés de Charles VI[3], et les ambassadeurs qu'il désignait étaient justement ceux qui venaient de conférer à Alençon avec les représentants du Dauphin! Cette duplicité a été flétrie, comme elle mérite de l'être, par des plumes anglaises[4].

Dans ces négociations, qui furent conduites avec un grand mystère[5], le cardinal des Ursins apparut comme médiateur. Il se rendit à Pont-de-l'Arche, où les conférences s'ouvrirent au commencement de décembre[6]. Elles n'étaient point achevées

1. Voir lettre de Charles VI du 1er novembre. *Id., Ibid.*, p. 69.
2. Rymer, *l. c.*, p. 69.
3. Rymer, *l. c.*, p. 78.
4. Voir l'ouvrage déjà cité de lord Brougham.
5. Religieux, t. VI, p. 314.
6. Les mêmes difficultés qui s'étaient produites à Alençon se produisirent à Pont-de-l'Arche, et les exigences des Anglais ne furent pas moindres. Voir correspondance du cardinal des Ursins avec le roi d'Angleterre et avec les ambassadeurs de Charles VI, dans Rymer, p. 79-80, et l'historique qui se trouve à la p. 130; cf. Monstrelet, t. III, p. 295; *Chron. anonyme*, t. VI, p. 265. Nous ne voyons pas que, comme le prétend Rapin-Thoyras, les conférences aient été rompues à l'occasion du différend sur la langue dont on devrait se servir officiellement, car, contrairement à ses assertions, les ambassadeurs adoptèrent le moyen terme proposé par le cardinal des Ursins.

que Henri V délivrait aux ambassadeurs du Dauphin, pour se rendre à Louviers, un sauf-conduit valable jusqu'au 20 janvier 1419[1]. C'est à Rouen, dont le roi d'Angleterre venait de se rendre maître (13 janvier) que cette nouvelle conférence se tint, dans les premiers jours de février[2]. La reine de Sicile, qui continuait à être en relations avec Henri V[3], avait sollicité un sauf-conduit pour des envoyés, parmi lesquels figurait Pierre de Brézé, père de celui qui devait plus tard illustrer ce nom[4]. Des trêves, qui devaient durer jusqu'au 23 avril, furent conclues le 12 février, d'une part entre le Dauphin et Henri V, d'autre part entre la reine de Sicile et Henri V, et l'on décida qu'une convention personnelle des deux princes aurait lieu le dimanche de *Lætare Jerusalem* (26 mars), dans un lieu situé entre Évreux et Dreux; cette entrevue devait être précédée d'une conférence des ambassadeurs des parties, fixée au 12 mars[5]. Les trêves furent immédiatement publiées par Henri V[6].

Les négociations avec le Dauphin n'avaient point interrompu les pourparlers avec le gouvernement de Charles VI. Le 4 février, le roi d'Angleterre donnait des pouvoirs pour traiter[7]; le 14, il faisait délivrer des lettres de sauf-conduit à des ambassadeurs de Charles VI, qui se rendirent à Mantes dans les

1. Il était en date du 1er janvier (Rymer, p. 81), et délivré à l'archevêque de Sens, Louis de Chalon, comte de Tonnerre, Jean de Vaily, Jean Tudert, Guillaume Seignet et Jean de Villebresme. — Le 26 décembre, le Dauphin avait fait faire des paiements à ses ambassadeurs (Clairambault, vol. 81, p. 6395, et 108, p. 8463).

2. Pouvoirs de Henri V des 21 et 22 janvier (p. 84 et 85). Sauf-conduit du 31 janvier pour les ambassadeurs nommés ci-dessus, valable jusqu'au 15 février.

3. 24 novembre 1418 : Pouvoirs de Henri V pour traiter de la paix avec Yolande (Rymer, p. 77). — 15 décembre : Sauf-conduit pour Guiot de Pressy, secrétaire de Yolande (*Id.*, p. 80).

4. Sauf-conduit de Henri V, en date du 3 janvier, pour six ambassadeurs (Rymer, p. 81). Pierre de Brézé ne semble pas être venu à Rouen : le 26 janvier, un nouveau sauf-conduit fut donné à deux conseillers de la reine de Sicile; c'étaient Tristan de La Jaille et Philippe de Coetquis. Le 15 février, Henri V commit Roland Leyntale pour les amener près de lui (p. 92).

5. Convention signée à Rouen, le 12 février, *in ecclesia conventuali fratrum prædicatorum Rothomagensi* (p. 91). Le texte de cette convention était connu des Parisiens le 22 février. *Registres du Parlement*, dans Felibien, t. IV, p. 577.

6. Voir les lettres de Henri V en date du 16 février, ordonnant à ses baillis et capitaines de publier la trêve (p. 93).

7. Rymer, t. IV, part. III, p. 139.

derniers jours de février[1]; de nouveaux pouvoirs très amples furent signés le 23 de ce mois[2].

Henri V continuait, on le voit, son double jeu, se réservant de traiter définitivement avec celui de ses adversaires qui lui offrirait les conditions les plus favorables. Il était en même temps en pourparlers avec le comte d'Armagnac et le seigneur d'Albret, avec lesquels il avait, dès le mois de juillet précédent, conclu une trêve[3]. Sur ces entrefaites, le duc de Bretagne vint le trouver à Rouen (commencement de mars)[4]. La situation de ce prince, qui, tout en venant comme représentant du gouvernement royal[5], gardait une sorte de neutralité entre les partis; ses anciennes relations amicales avec le roi d'Angleterre, pouvaient faire espérer que son intervention ne serait pas inutile; mais Henri V, « fier et orgueilleux comme un lion[6], » ne voulut rien rabattre de ses exigences[7]. Le duc, qui était en rapports avec les deux partis, adressa à plusieurs reprises des communications au Dauphin[8]; c'est pendant son séjour à Rouen que Henri V signa les pouvoirs des ambassadeurs qui devaient bientôt se réunir à ceux de Charles[9], et qu'il accorda

1. Rymer, p. 92. Sur la conférence de Mantes, voyez Rymer, p. 105, et *Lettres des Rois*, t. II, p. 363.
2. Rymer, p. 94, 95.
3. Voir plus haut, p. 34-35. La trêve, qui expirait le 25 décembre, fut renouvelée. Voir lettres du roi d'Angleterre, en date du 24 décembre 1418, dans Rymer, *l. c.*, p. 81. Le 15 février 1419, Henri V faisait délivrer un sauf-conduit au comte d'Armagnac et au seigneur d'Albret, pour se rendre près de lui, et prolongeait jusqu'à Pâques la trêve conclue avec eux (*id.*, p. 92 et 94).
4. Voir Elmham, p. 206-207. — Dès le 12 janvier, il était question du voyage du duc (Rymer, p. 82). Le 12 février, Henri V donnait pour lui des lettres de sauf-conduit (*id.*, p. 91). Le duc était encore à Dol le 23 février, et nous voyons qu'il était de retour le 28 mars (D. Morice, t. II, col. 978 et suiv.).
5. Il avait été désigné par Charles VI, en date du 26 février, pour traiter avec le roi d'Angleterre, de concert avec divers ambassadeurs. Voir lettres de Charles VI du 28 mars, dans Rymer, p. 104.
6. Jouvenel, p. 362.
7. On voit par l'historique déjà cité (*Lettres des Rois*, t. II, p. 363-64), que les Anglais ne demandaient rien moins que tout ce que leur avait attribué le traité de Brétigny, plus le duché de Normandie en entier et toutes les récentes conquêtes; c'est le 16 mars que cet ultimatum fut remis (lettres de Henri V, sans date; *ibid.*, p. 369).
8. A Malo le héraut, envoyé vers le Dauphin à Montargis, quinze livres (D. Morice, t. II, col. 981); autre ambassade de Pierre Eder et Olivier de Champvallon, en quittant Rouen (*id.*); troisième ambassade, envoyée de Bayeux (*id.*, col. 982).
9. Lettres du 8 mars, dans Rymer, *l. c.*, p. 97. — Le 9 mars, Henri V donnait pouvoir de délivrer des saufs-conduits aux gens du Dauphin (*id.*).

à un serviteur de ce prince un sauf-conduit pour se rendre en Angleterre auprès d'Arthur de Bretagne, frère du duc, prisonnier depuis Azincourt [1].

Le roi d'Angleterre, après avoir signé un traité avec Jean VI (19 mars) [2], quitta Rouen pour se trouver à l'entrevue, fixée au 26 mars, qu'il devait avoir avec le Dauphin. Mais, à Évreux, où il s'était rendu, il éprouva une mortification qui dut lui être sensible : Charles commençait à apprécier à sa valeur la loyauté de son adversaire; il se fit excuser de ne point venir au rendez-vous [3]. « Le susdit *rewle Regent*, » mandait d'Évreux, le 27, un serviteur du roi à un de ses amis d'Angleterre, « a rompu son engagement de tenir la journée, et a fait le roi *un beau nient* [4]; il n'y a donc plus désormais aucun espoir de paix. Que Dieu mette fin à tout ceci quand il lui plaira !... Je ne vous en écris pas plus long pour cette fois, mais priez pour que nous échangions bientôt cette fastidieuse vie de soudoyers contre notre bonne vie d'Angleterre [5]. »

L'irritation fut à son comble à la Cour du roi d'Angleterre. Mais celui-ci, fort bien renseigné sur les dispositions du gouvernement royal, dirigé par le duc de Bourgogne, ne tarda pas à prendre son parti : le 28 mars, il donnait pouvoir pour traiter avec Charles VI de trêves et de mariage, et pour régler les conditions de l'entrevue entre le Roi et lui. Les ambassadeurs des parties se réunirent à Mantes, où fut faite, au nom de

1. Ce sauf-conduit est délivré à Simon *Vernis* (p. 99); il faut sans doute lire *Verjus*. C'était le nom du premier *queux* (cuisinier) du Dauphin, Guillaume le Fèvre, dit Verjus.

2. Ce traité se trouve dans Brequigny, vol. 80, f. 81; il portait trêve du 19 mars 1419 à Noël suivant.

3. « Licet prædictus rex ad civitatem Ebroicarum non sine magnis laborum attediis (ut de sumptibus taceamus) personaliter accedens dictam conventionem in termino fuisset observare paratus, præfatus tamen Delphinus (aliorum quorumdam, ut putatur, insalubri ductus consilio) ejusdem conventionis observationi intendere non curavit. » Exposé fait après la prise de Pontoise. — Rymer, t. IV, part. III, p. 130. Cf. Elmham, *Vita Henrici quinti*, p. 209-210.

4. « And made the King a *beau nient*. » L'éditeur met en note : « This is in fact an italian phrase : he made the King a *bello niente*. He made him a cypher, he stultified him. » Sir Henri Ellis, *Original letters*, second series, t. I, p. 77.

5. « More write y not at thys time; bote y prey you ye prey for us that we may come sone, oute of thys unlusty soundyours lyf, yn to the lyf of Englond (p. 78). » — « Certes, disait-il encore, tous ces ambassadeurs sur lesquels nous traitons sont *yncongrue*, c'est-à-dire, en vieux langage anglais, *they ben double and fals* (ils sont doubles et faux). Avec de telles sortes de gens, je prie Dieu qu'aucun homme loyal n'ait rien à voir. »

Charles VI, cette importante déclaration qu'il consentait à traiter sur les bases du traité de Brétigny, et à abandonner au roi d'Angleterre la Normandie avec tout ce que ce prince avait conquis en France[1]. Le 7 avril, par une convention signée à Vernon[2], on décida que les deux rois, la reine et la princesse Catherine se trouveraient le 15 mai, de concert avec le duc de Bretagne[3], en un lieu désigné, entre Mantes et Pontoise, et qu'il y aurait jusque-là suspension d'hostilités[4]. Les comtes de Warwick et de Kent partirent aussitôt pour Provins, où se trouvait la Cour. C'est en vain que le Dauphin tenta de prévenir le coup en offrant au roi d'Angleterre de traiter avec lui aux mêmes conditions que « l'autre parti. » On a la teneur d'une déclaration dans ce sens, faite en son nom le 12 mai[5];

1. Les historiens, qui n'ont pas pris la peine de dépouiller attentivement le recueil de Rymer, ne se sont pas aperçu de ce fait capital. Il est consigné dans le pouvoir, en date du 28 mai, donné par Charles VI à ses ambassadeurs, d'abandonner « toutes les choses desquelles concordé fu ou dit traictié de la paix finable faicte à Bretingny..., avec toute la duchié de Normandie et toutes les terres, seigneuries, villes, chasteaulx et lieux qu'il tient de present en nostre royaume (Rymer, p. 105); » et on a publié de nos jours (1847) le texte de la déclaration formelle qui fut faite dans ce sens à Mantes par les envoyés de Charles VI (*Lettres des Rois*, etc., t. II, p. 372-73, d'après Rymer, *Suppl. à Henri V*, t. III, nº 22, dans Brequigny, vol. 80. Cf. l'historique fait en août 1419, dans Rymer, p. 130). Mais si l'on a pu négliger Rymer, il n'était point permis d'ignorer ce qu'on lit dans Jouvenel des Ursins, lequel rapporte en propres termes la teneur des instructions des ambassadeurs (p. 362).

2. Rymer, t. IV, part. III, p. 102 et suiv.

3. « Quod etiam videtur expediens quod intersit illustris princeps dux Britanniæ. » Rymer, p. 105. — Un sauf-conduit, valable jusqu'au 16 mai, fut délivré le 11 avril au duc de Bretagne. Rymer, *l. c.*, p. 107.

4. Ils y étaient le 14 avril (Gachard, p. 240; cf. Monstrelet, t. III, p. 313, et *Chron. anonyme*, t. VI, p. 267). Cette convention fut ratifiée par lettres de Charles VI, données à Provins le 18 avril (Rymer, p. 108-109), et par lettres de Henri V, données à Vernon le 22 avril. Le même jour, Henri donna des pouvoirs aux ambassadeurs qu'il envoyait à Charles VI (*Id.*, p. 109).— Le 6 mai, il donna d'autres pouvoirs pour proroger le jour de la convention, et le 8 mai un traité, signé également à Vernon, la fixa au 29 mai (p. 114-115). — Ce même jour, Henri V délivra de nouveaux pouvoirs à ses ambassadeurs (p. 115-116).

5. « Monseigneur le Regent de France et Daulphin, pour le bien de paix des deux royaumes et avoir amour et alliance avecques très hault et très puissant prince le Roy d'Angleterre, est prest de fère envers ledit très puissant prince des choses que il monstrera duement lui avoir esté passées et accordées par l'autre partie touchans les termes continues en le grant paix (*sic*) et du duchié de Normandie, tandis que le très hault et très puissant prince s'en tendra pour content, et que par ce ne demourra que lesdiz seigneurs n'aient bonne peax, amour et alliance ansemble. » Rymer, *Suppl. à Henri V*, t. III., nº 51 dans Brequigny, 80, f. 94, d'après Tiber. B. 6, f. 10 B. — On lit à la suite : « Ista cedula fuit præsentata domino nostro Regi in castro suo de Vernon super Sayne per Guytardum scutiferum et quemdam clericum secretarium Dauphini, XII de maii. »

tout était convenu entre Henri V et le duc de Bourgogne; les négociations des Anglais avec le Dauphin furent définitivement rompues [1].

Les conférences de Meulan s'ouvrirent le 30 mai. Le roi d'Angleterre était tellement persuadé que les choses étaient arrangées à l'avance, et qu'il n'y avait plus qu'une formalité à remplir que, le 1er juin, il désigna ses deux frères Clarence et Glocester, avec son oncle l'archevêque de Canterbury, le duc d'Exeter et l'évêque de Westminster, pour préparer la conclusion finale du traité [2]. Ne lui avait-on pas accordé à Mantes tout ce qu'il demandait? N'avait-on pas, dans l'entrevue du 30 mai, renouvelé les assurances données [3]? Les historiens qui, pour la plupart, se fiant à Monstrelet, ont affirmé que ce furent les prétentions exorbitantes du roi d'Angleterre qui amenèrent l'échec des négociations, sont tombés dans l'erreur. Quelle fut la cause de cet échec? En jetant les yeux sur les pièces diplomatiques qui nous sont restées [4], nous constatons qu'il ne s'éleva pas, comme dans les conférences antérieures, d'obstacles insurmontables résultant d'exigences auxquelles on n'aurait pas voulu faire droit. « Il survint, dit la chancellerie anglaise dans un document déjà cité plusieurs fois, il survint inopinément une cause de dissentiment : la partie adverse refusa de dresser un acte authentique des stipulations consenties, et relativement à certains articles déjà admis, elle se mit à soulever des difficultés [5]. » Qu'est-ce à dire? Le duc de Bourgogne et la Reine, qui

1. La reine de Sicile, après l'incident de l'entrevue manquée du 26 mars, ne cessa pas ses rapports avec les Anglais. Nous voyons Henri V donner, le 10 avril, un sauf-conduit à deux envoyés de la reine Yolande (Rymer, p. 107); le 27 avril, il donnait pouvoir à Roland Leyntale et à Me Thomas Felde pour traiter de trêves avec ses envoyés (*Id.*, p. 111). Enfin, après l'issue des conférences de Meulan, le 2 juillet, un nouveau sauf-conduit fut donné à deux envoyés de la reine (p. 124).

2. Rymer, t. IV, part. III, p. 119.

3. « Post cujus conventionis initia, singula a præfatis ambassiatoribus, ut præfertur, oblata, per prædictam serenissimam dominam et ducem, cum dicto rege convenientes, eorum propriæ vocis oraculo ratificata fuerunt, et per eosdem ultro præfato regi concessum et concordatum quod præmissa sibi sic, ut præmittitur, remansura, idem rex et hæredes sui in perpetuum tenerent non a Rege seu corona Franciæ vel a quoquam hominum, sed a solo Deo. » Rymer, *l. c.*, p. 130.

4. Propositions du roi d'Angleterre; — Offres du gouvernement royal, avec les observations du roi d'Angleterre; — Historique des négociations, fait par la chancellerie anglaise. Rymer, *l. c.*, p. 120-121 et 130-131.

5. Historique des négociations, p. 130.

avaient pris les devants d'une façon si étrange, se seraient-ils trouvés contraints de revenir sur les engagements contractés par leurs ambassadeurs? Si les documents anglais nous révèlent les difficultés qui surgirent au cours des négociations, un grave historien français[1] nous apprend les divisions qui régnaient dans le Conseil, où se trouvaient des hommes assez bons Français pour ne point consentir à sacrifier les intérêts du royaume. Une discussion s'engagea sur la question de savoir s'il ne fallait point, au lieu de tout céder au roi d'Angleterre, tenter de se rapprocher du Dauphin. Le parti bourguignon et le parti français se trouvèrent aux prises. On vit le conseiller intime du duc de Bourgogne, le futur chancelier de son fils, Nicolas Rolin, prétendre que la paix avec les Anglais était une nécessité qu'il fallait subir, et qu'un si grand bien pouvait être acheté au prix de l'abandon d'une partie du royaume. Un président au Parlement, Jean Rapiout, soutint l'avis contraire. Ce furent les Bourguignons qui l'emportèrent : on décida qu'il fallait traiter avec les Anglais, et qu'il convenait de leur accorder ce qu'ils demandaient[2]. A Paris, où l'on se préoccupait vivement des négociations, on regardait déjà la chose comme conclue; et à ce propos, le fougueux auteur du *Journal d'un bourgeois de Paris* laisse échapper cette exclamation, où la passion politique s'efface devant le cri de la conscience publique : « Et fut une dure chose au Roy de France que lui, qui devoit estre le souverain Roy des Chrestiens, convint qu'il obeist à son ancien ennemy mortel, pour estre contre son enfant et ceulx de la bande[3]. »

Mais, au milieu des discussions qui s'engagèrent[4], le parti

1. Jouvenel, p. 366-68.
2. Jouvenel, *l. c.*
3. *Journal d'un bourgeois de Paris*, p. 124.
4. Nous n'ajoutons pas grande foi, après ce que nous révèlent les documents diplomatiques, au récit de Monstrelet (t. III, p. 321-22) et à l'altercation qui se serait produite entre le duc et le roi d'Angleterre. — Jean sans Peur, pendant la durée des conférences, traita avec Henri V de ses intérêts personnels, et l'on a quelques-uns des actes de cette négociation (Rymer, p. 122-23), qui se dénoua par la conclusion d'un traité signé à Calais le 14 juillet. D'ailleurs, l'attitude de Henri V à l'égard du duc, à la suite des conférences, la continuation des relations entre les deux princes indiquent qu'ils n'étaient rien moins que brouillés. Aussi bien, Jean sans Peur était un grand comédien : les paroles qu'on lui prête ont pu, malgré tout, être prononcées.

français regagna du terrain : il fit si bien qu'il imposa sa loi à la Reine et au duc[1], et qu'il fit avorter les négociations[2]. Le 30 juin, les conférences avec Henri V prirent fin ; le 11 juillet, le traité de Pouilly était signé entre Jean sans Peur et le Dauphin.

1. Nous avons à ce sujet l'aveu d'Isabeau elle-même. Dans la lettre qu'elle adressa le 20 septembre 1419 au roi d'Angleterre, et qu'on a lu plus haut (p. 186-89), elle constate que si elle et le duc avaient traité avec le roi d'Angleterre, tout le monde les aurait abandonnés.

2. Voici ce qu'on lit à ce sujet dans une lettre datée de Mantes, le 14 juillet, et signée R. PRIOUR : « And whanne it (le traité tel qu'il avait été accepté de part et d'autre) was broughte to the point for to have ben engrossed, and fullyth to be maad an ende of, the saide frenssh partie hath comen with diverses demandes and questions, in lettyng and tarygng of that matere, so ferforthe that now at this tyme it is not knowen whethir we shall have werre or pees. » Rymer, *l. c.*, p. 126.

CHAPITRE IX

LA DIPLOMATIE DU DAUPHIN

§ II. — NÉGOCIATIONS AVEC LES DIVERSES PUISSANCES DE 1418 A 1422

Situation faite à la France, en Europe, par la simultanéité de deux gouvernements rivaux. — Relations avec la Castille et avec l'Écosse ; le Dauphin fait échouer les efforts de la politique bourguignonne près de ces deux puissances et obtient d'elles une assistance armée. — Attitude du duc de Savoie. — Influence politique de la reine Yolande : la maison d'Anjou en Lorraine et à Naples. — Continuation des relations avec la Castille et l'Écosse, et ouvertures faites à l'Aragon. — Le meurtre de Montereau consomme l'alliance anglo-bourguignonne : traités d'Arras et de Rouen, bientôt suivis du traité de Troyes. — Accueil que ce traité reçoit en Europe. — Relations du Dauphin avec la cour de Rome : dispositions plus favorables du Pape, qui intervient en faveur de la paix et envoie un légat en France. — Nouveau secours d'Écosse en 1421. — Efforts du roi d'Angleterre pour contrebalancer l'action de la France ; il cherche des auxiliaires en Allemagne et s'allie à la République de Gênes. — Ambassade du Dauphin en Castille. — Ouvertures faites au duc de Milan, qui autorise la levée d'un corps de troupes.

La situation faite à la France, depuis le 29 mai 1418, par la simultanéité de deux gouvernements, l'un, celui du Roi, siégeant à Paris, représenté par la Reine et le duc de Bourgogne ; l'autre, celui du Dauphin, installé dans les provinces du centre, soulevait un problème délicat au point de vue des relations internationales : avec lequel de ces gouvernements les puissances étrangères unies à la France par d'anciens traités, telles que la Castille et l'Écosse, allaient-elles entretenir des rapports? Cette question semble avoir, dès le début, préoccupé le duc de Bourgogne ; car, aussitôt que l'autorité du nom d'Isabeau fut venue couvrir sa rébellion et donner à ses actes une apparence de légalité, il fit — de Troyes où il résidait — des ouvertures au roi de Castille.

Le trône de Castille était alors occupé par un enfant, Jean II, né le 6 mars 1405, dont la sœur avait épousé en 1415 le roi d'Aragon, Alphonse V. D'antiques alliances unissaient la Castille à la France : des traités successifs, conclus en 1274, 1294, 1346, avaient été renouvelés entre Charles V et Henri de Transtamarre, quand l'épée victorieuse de Du Guesclin eut assuré à ce prince la possession du trône (20 novembre 1368)[1]. Au début du règne de Jean II, le traité de Valladolid, dirigé principalement contre l'Angleterre, était venu (décembre 1408) sceller l'alliance intime de la Castille et de la France, et devait, pendant de longues années, demeurer la charte réglant les rapports des deux États[2].

Henri IV, roi d'Angleterre, dont la sœur, Catherine de Lancastre, avait épousé Henri III de Castille, père de Jean II, et exerçait la régence pendant la minorité de celui-ci, avait voulu profiter de ces rapports de familles pour renouer avec la Castille des relations interrompues depuis de longues années[3]. Il en entretenait, et d'assez étroites, avec la Cour d'Aragon qui, bien qu'unie à la France par des liens très anciens[4], les avait laissés se relâcher depuis le milieu du quatorzième siècle, et qui, tandis que la Castille demeurait française, était devenue favorable à l'Angleterre. Peu après son avénement, Henri V signa (28 janvier 1414) un traité avec Jean II, stipulant une trêve générale d'un an[5], laquelle fut ensuite prolongée pour une égale durée[6]. Après la prise

1. Voir Du Mont, *Corps Diplomatique*, t. II, part. I, p. 68. Ce traité fut confirmé en 1387 et 1390. Archives, J 915 nº 9. Sur les relations de la France avec la Castille, voir une note très érudite, dans l'excellente édition du *Victorial*, donnée en 1867 par le comte Albert de Circourt et le comte de Puymaigre, p. 556-559.

2. Voir ce traité dans Du Mont, t. III, p. I, p. 510, et dans Rymer, t. IV, part. I, p. 144.

3. Il est fait allusion à une alliance entre Henri III et Alphonse X, dans des instructions données par Henri V, le 5 décembre 1416 (Rymer, *l. c.*, p. 187) ; elle fut conclue entre 1252 et 1272. Édouard III s'était allié, dans le siècle suivant (janvier 1363) avec Pierre le Cruel ; mais cette alliance avait été éphémère, et l'avénement d'Henri de Transtamarre avait rattaché étroitement la Castille à la France.

4. Traités de 1290, 1293, 1298 et 1352. Archives, J 915.

5. Rymer, t. IV, part. II, p. 67-69.

6. Voir Rymer, *l. c.*, p. 93 et 104.

d'Harfleur et la victoire d'Azincourt, il avait, nous l'avons vu, envoyé une ambassade en Castille pour solliciter une alliance [1]. En janvier 1417, il fit partir de nouveaux ambassadeurs, avec mission de rappeler l'alliance conclue autrefois, et de la renouveler si c'était possible; en cas d'échec, on invoquerait le traité récemment signé entre la Castille et le Portugal [2], afin de faire comprendre l'Angleterre dans la trêve, comme alliée du roi de Portugal; en outre, on devait tout tenter pour rompre l'alliance française [3]. Henri V semble avoir échoué dans cette négociation, mais il resta pourtant en relation avec la Castille [4].

La France fut plus heureuse en Aragon que l'Angleterre ne l'avait été en Castille. Toutes les contestations soulevées dans ce pays par la succession de Jean Ier (mort en 1395) avaient enfin cessé par la renonciation de Yolande d'Aragon, duchesse d'Anjou, et la reconnaissance d'Alphonse V qui, le 2 avril 1416, avait succédé à son père Ferdinand IV, monté sur le trône le 28 juin 1412. Du vivant de celui-ci, et au milieu de ces compétitions, la politique française et la politique anglaise s'étaient rencontrées en Aragon. Charles VI entretint des relations avec don Ferdinand, et même avec son prédécesseur don Martin; il envoya une ambassade chargée de renouveler les alliances avec la France [5]. En 1413, l'Angleterre laissa le duc de Clarence signer un traité d'alliance avec le comte d'Urgel et prêter à celui-ci un concours armé dans sa lutte contre Ferdinand IV [6].

1. Voir plus haut, p. 261. — Pouvoir donné, en date du 13 janvier 1416, à Jean Tiptoft, sénéchal d'Aquitaine, et à d'autres, pour traiter avec le roi de Castille. Rymer, *l. c.*, p. 152.

2. Ce traité est de 1411. Il se trouve dans Leibniz, *Codex diplomaticus*, p. 290-305.

3. Instructions à John Seynt-John et autres, en date du 15 décembre 1416 (Rymer, *l. c.*, p. 187). Leurs pouvoirs sont du 26 janvier 1417 (p. 191).

4. Sauf-conduit du 17 novembre 1417 à Gaya Garcya, venant en la compagnie de Jean de Saint-Pierre (Léchaudé d'Anisy, *Rôles normands*, p. 235). John Hull resta en Castille pendant toute cette année (Voir *Proceedings and ordinances*, t. II, p. 239). Une lettre du roi d'Angleterre, datée de son ost devant Falaise le 10 février (1418), parle du long séjour fait en Castille par John Hull, et ordonne de lui donner une gratification proportionnelle au temps qu'il y a passé (sir H. Ellis, *Original letters*, 3d series, t. I, p. 64).

5. Çurita, *Anales de la Corona de Aragon*, t. III, f. 9 v° et f. 91-92. Voir sur une autre ambassade, envoyée en 1410-1411, après la mort de Martin, le *Recueil* de Besse, p. 81 et suiv., et les documents publiés dans la *Colleccion de documentos ineditos del Archivo general de la Corona di Aragon*, t. I, p. 252 et suiv. Cf. t. X, p. 350 et suiv., *Hist. des Comtes d'Urgel*.

6. Ferreras, *Hist. générale d'Espagne*, t. VI, p. 190. — On vit aussi, dans l'armée du

En 1415, Henri V, ayant sollicité la main de doña Maria, fille aînée de Ferdinand IV, qu'on destinait au roi de Castille, vit ses avances repoussées [1]. En novembre 1416, Charles VI, rappelant la trêve de trente ans conclue avec l'Aragon (1406), faisait délivrer des lettres patentes pour en enjoindre la stricte observation [2]. Enfin l'intervention de la reine Yolande amena entre les deux Cours le rétablissement des rapports diplomatiques : un traité, signé à Barcelone le 4 octobre 1417, entre le roi d'Aragon, d'une part, et le roi Louis de Sicile et le Dauphin, de l'autre, renouvelait les anciennes alliances et confédérations [3].

Tel était, en 1418, l'état des choses en Espagne. La Castille demeurait notre alliée fidèle ; l'Aragon, tout en conservant ses anciennes relations d'amitié avec l'Angleterre, était rentré en rapports avec la France. Ajoutons que le Portugal, où régnait Jean Ier, marié à une sœur d'Henri IV d'Angleterre, était acquis à l'influence anglaise, et que le roi de Navarre Charles III, de la maison d'Évreux, tout en étant fort éloigné de la détestable politique de son père, avait ses relations dans le camp opposé au Dauphin.

Nous avons dit que le duc de Bourgogne avait fait, à la fin de 1417, des ouvertures à la Cour de Castille [4]. Elles ne furent point repoussées, car, dans les derniers jours de janvier 1418, des ambassadeurs de Jean II se trouvaient à Troyes [5]. Une ambas-

comte d'Urgel, des capitaines du parti d'Orléans, tels que Remonnet de la Guerre, Bernard de Coarazo et Aimery de Comminges. *Histoire des Comtes d'Urgel*, dans la *Coleccion* citée, t. X, p. 494, 505, etc.; Ferreras, *l. c.*, p. 193.

1. Çurita, t. III, f. 120.

2. *Recueil* de Besse, p. 112.

3. Çurita, t. III, f. 128 v°. Voir un acte relatif à cette négociation dans le *Recueil* de Besse, p. 116; cf. *Discours préliminaire*.

4. Depuis longtemps Jean sans Peur cherchait à entrer en relations avec la Castille : dès le mois d'octobre 1406, il faisait des ouvertures au roi Henri III. Voir *le Victorial*, p. 347, note 3.

5. Par lettres de la reine Isabeau, en date du 25 janvier 1418, la somme de 40 l. t. était comptée « à Marcus Jehan de Perigne, Alphons et Alvero, serviteurs du comte Damp Frederic, du royaumme d'Espaigne, » en considération de ce qu'ils avaient apporté à la Reine et au duc des lettres closes, et offert à Isabeau « deux mules, un coursier et trois alans (chiens) d'Espaigne. » Archives de la Côte-d'Or, B 1593, *Compte de Pierre Gorremont*, f. 164 v°. — Par lettres du 10 février, le duc ordonna le paiement de douze hanaps et une aiguière en argent doré, donnés aux ambassadeurs d'Espagne prenant congé de lui. Mêmes archives, B 1601, *Compte de Jean de Noident*, f. 177.

sade de Portugal vint aussi, dans le même temps, vers le duc[1]. Le 15 mars, Jean sans Peur fit partir Thibaut, seigneur de Neufchastel, pour l'Espagne, avec mission de traiter d'alliances et de secours armés avec les rois de Castille et d'Aragon[2]. Un peu plus tard, quand, maître de la personne de Charles VI, le duc se fut installé dans la capitale, il envoya un nouvel ambassadeur aux mêmes rois[3]. Au mois de septembre, deux familiers du roi de Castille se trouvaient à la Cour de France[4].

Il était une autre puissance, alliée de temps immémorial à la France[5], que le duc de Bourgogne ne pouvait oublier : nous voulons parler de l'Écosse. Ce pays se trouvait, il est vrai, dans une situation précaire : son roi ayant été, depuis 1405, retenu prisonnier en Angleterre, au mépris de toutes les lois[6], il était sous la régence de Robert Stuart, duc d'Albany, frère de Robert III (mort en 1406). Pourtant l'alliance écossaise n'était

1. Le 27 mars, l'archevêque de Sens donne à dîner aux ambassadeurs de Portugal. Gachard, *Archives de Dijon*, p. 238. — Le 13 avril, mandat de paiement de la reine Isabeau pour présents faits aux ambassadeurs de Portugal, naguères venus à Troyes vers la Reine et le duc. *Compte de Pierre Gorremont*, f. 130.

2. Par lettres de la reine Isabeau, en date du 1er mars, le seigneur de Neufchastel reçut 1,300 l. t., pour l'aider « à aler lors à bonne compagnie ès parties et royaumes d'Aragon et d'Espaigne par devers les Roys, princes et grans seigneurs desdiz royaumes pour faire avecques eulx teles confederacions que bon sera, afin d'avoir d'eulx aide et secours de gens d'armes et de trait à venir en ce royaume en la saison prouchaine d'esté. » L'ambassadeur partit le 15 mars, et son voyage dura trois mois; il était accompagné de Jacques d'Oliveira, dit *Diago*, chevalier portugais établi à la cour du duc en qualité de conseiller et chambellan. *Compte de Pierre Gorremont*, f. 226 v° et 232. Cf. La Barre, t. II, p. 130, note *a*.

3. Paiement de 2,300 l. t., ordonné par lettres de Charles VI du 20 août 1418, pour don à Diago d'Oliveira, chambellan du duc de Bourgogne, et sur les frais du voyage qu'il devait faire, par ordre du Roi, de la Reine et du duc, « par devers les Roys de Castille et d'Aragon, et ailleurs ès parties d'Espaigne, pour aucunes choses touchans grandement le Roy et l'honneur de son Royaume. » *Compte de Pierre Gorremont*, f. 184 et 184 v°, et dans La Barre, t. II, p. 130, note *a*. — Le 29 décembre, Diago donnait quittance de 200 l. t. que le duc, par mandement daté de Beauvais le 7 janvier 1419, ordonna d'allouer aux comptes de son receveur général. B 11935; cf. 1601, f. 119.

4. Le 17 novembre 1418, Charles VI ordonnait de payer 200 l. t., pour don de vaisselle d'argent fait à Alphonse Conserve et à Ponce Ruys, ambassadeurs venus vers lui de la part du roi de Castille et de Léon. *Compte de Pierre Gorremont*, f. 112 v°.

5. Traités de 1326, 1359, 1371, 1390, 1407, dans Brienne, vol. 54.

6. Robert III, voulant sans doute autant soustraire l'héritier du trône, alors âgé de treize ans, aux embûches de son frère, que lui faire donner une éducation française, l'avait envoyé en France. Il avait été pris sur les côtes de Norfolk par les Anglais, et Henri IV ne s'était fait aucun scrupule de le retenir prisonnier. Lord Brougham écrit à ce sujet : « The detention of James may be regarded as one of the darkest passages in the English history. » *History of England and France*, etc., p. 370.

point à négliger. La trève entre l'Angleterre et l'Écosse expirait à Pâques 1418[1], et l'on pouvait, en invoquant les anciens traités et les vieilles sympathies écossaises, compter sur une assistance armée en France[2]. Jean sans Peur fit à l'Écosse des ouvertures[3], comme il en avait fait à la Castille, et il réussit dans cette négociation, car, dans les premiers jours de juillet 1418, l'évêque de Ross et Jean de Lethe, ambassadeurs du duc d'Albany, étaient près de lui pour traiter de l'envoi d'un secours contre les Anglais[4]. Le duc, pour se rendre les Écossais favorables, avait sans doute invoqué l'appui du comte de Douglas, venu en France en avril 1412, et avec lequel il avait conclu alors un traité d'alliance et de confédération[5]. Une convention semble

1. Voir l'acte du 17 mai 1412, dans Rymer, t. IV, part. II, p. 12. Le 7 juin 1417, le roi d'Angleterre donna, pour prolonger la trève (p. 202), des pouvoirs qui furent renouvelés le 8 mars 1418 (t. IV, part. III, p. 39). Le roi d'Écosse est ici nommé *adversario nostro Scotiæ*.

2. En 1416, après Azincourt, il est question de secours d'Écosse (*Ordonnances*, t. X, p. 362), et dès le premier appel adressé par le Dauphin, en juin 1418, nous voyons des Écossais figurer dans des montres passées à Bourges (Clairambault, 56, p. 4286).

3. « A Patrix Legat, escuier du pays d'Escoce, le IIIe jour dudit mois (janvier 1418), pour le recompenser de ses frais venant dudit pays d'Escoce à Troyes par devers ladicte dame (la reine Isabeau) exposer certaines choses à lui enchargées touchant le bien du Roy nostre sire et de son royaume, et pour son retour, XX l. t. » *Compte de Pierre Gorremont*, *l. c.*, f. 235 v°.

4. Dès le 21 avril 1418, le duc faisait des présents à un évêque d'Écosse qui accompagnait en France, dans leur mission en faveur de la paix, au nom du pape, les cardinaux de Saint-Marc et des Ursins (Collection de Bourgogne, 21, f. 50). Cet évêque était l'évêque de Ross. Les deux cardinaux le laissèrent à Troyes, « pour aucunes causes, » et on le décida à se rendre en Écosse vers le régent Albany, au nom de la Reine et du duc (*Compte de Pierre Gorremont*, f. 175, 178 v°, 236 et 239). Mais il ne paraît pas avoir entrepris lui-même ce voyage, et il demeura à Troyes, attendant le résultat des négociations entamées. Ce résultat ne tarda pas, car nous lisons dans le *Compte de Pierre Gorremont* (f. 178) : « A R. P. en Dieu Mgr Grefiin, evesque de Roz au royaume d'Escosse, et à Jehan de Lethe, escuier, *ambassadeurs ès parties de France de par le duc d'Albanie, gouverneur dudit royaume*, C l. t., c'est assavoir à chascun d'eux L l., que la Royne, par ses lettres patentes données le Ve jour de juillet M CCCC XVIII, leur a donnée de sa grace pour eux aidier à deffrayer des despens qu'ilz ont supporté à Troyes en attendant leur expedicion sur le fait de leur dicte ambassade, et aussi pour avoir et faire envoyer de par ladicte dame et Mgr de Bourgogne certaines lettres adreçans audit seigneur d'Albanie et autres seigneurs d'Escosse touchans le fait de la guerre contre les Anglois. » Le 12 août, Charles VI ordonnait de payer à maître Andry de Habilly, premier secrétaire de Jean de Lethe, conseiller du duc d'Albany, mille l. t., « en deducion et rabat de la somme de XXX mil l. t. que ledit seigneur devoit à icellui duc d'Albanie (f. 132 v°). »

5. Original aux Archives de la Côte-d'Or, B 11937. Voir D. Plancher, *Histoire de Bourgogne*, t. III, p. 373. Le comte s'était engagé à venir au secours du duc, dès qu'il en serait requis, avec quatre mille hommes. Jean sans Peur avait aussi été en relations avec le duc d'Albany, auquel il avait fait présent d'une chambre de tapisserie. Laborde, *Les ducs de Bourgogne*, t. I, p. 96.

avoir été faite[1]. Pour en presser l'exécution, le duc envoya en Écosse, au mois d'octobre 1418, un maître des requêtes de l'hôtel du Roi; il fit partir en même temps un maître de navire, chargé du transport des troupes[2].

Au moment où le Dauphin organisait son gouvernement, il se voyait donc, tout à la fois, entouré d'ennemis au dedans et menacé au dehors de perdre les alliés sur lesquels il aurait pu compter. La diplomatie du duc de Bourgogne, comme celle du roi d'Angleterre, faisait le vide autour de lui, et semblait devoir le réduire à une complète impuissance. Nous avons vu plus haut comment, à l'intérieur, il lutta contre la fortune adverse; examinons ce qu'il fit pour conjurer le nouveau péril dont il était menacé.

Une des premières préoccupations de Charles, après sa fuite de Paris, fut de se mettre en rapport avec les puissances étrangères. Nous avons la preuve qu'il envoya aussitôt un ambassadeur au duc de Savoie[3]. Tandis que, s'efforçant d'arrêter les progrès de l'invasion, il entrait en pourparlers avec le roi d'Angleterre, il s'adressa à l'Écosse[4] et à la Castille, ces an-

1. Par lettres du 29 septembre 1418, Charles VI ordonna de payer à Patry Legat, écuyer du royaume d'Écosse, la somme de cent l. t. pour les frais de son voyage en Écosse, « pour illec besongner et faire finance de certain nombre de gens d'armes et de trait, et iceulx faire venir et amener par deça pour servir ledit seigneur en sa guerre. » *Compte de Pierre Gorremont*, f. 241 v°.

2 « A maistre Jehan de Queux, conseillier et maistre des requestes de l'hostel du Roy, III^c l. t. que le Roy nostre dit seigneur, par ses lettres patentes données le XXVII octobre M CCC XVIII, lui a fait bailler et delivrer comptant pour son voyage ouquel ledit seigneur l'envoyoit lors ès parties du royaume d'Escosse par devers le duc d'Albanie et autres seigneurs dudit royaume, pour les prier, requerir et sommer de par ledit seigneur sur aucunes choses touchant ledit fait et aide. » Le même jour le Roi fait payer 300 l. t. à Jean Peris, « maistre et gouverneur de certain navire, » chargé d'amener « certaines gens d'armes et de trait que ledit seigneur envoyoit lors querir ès parties d'Escoce pour le servir et lui aidier à l'encontre de Henry de Lencastre, son adversaire d'Angleterre. » Même compte, f. 242 v°. — Les relations se poursuivirent d'une façon très active : l'Écossais Patrix Legat, qui avait été attaché par le duc à sa personne en qualité d'échanson, recevait 50 l. t. le 5 novembre, « pour aler hastivement ou pays d'Escoce querir des archiers (*id.*, f. 264). » Le 23 novembre, le duc faisait compter à Jean de la Chambre et Thomas Blanc, « du païs d'Escoce, » la somme de 30 fr. « pour faire certain voyage de par mondit seigneur dont il ne veult estre faicte autre mencion. » Le 4 décembre, un de ses valets servants, Philippe Caudebech, accompagnait « certaines personnes du pays d'Escoce » que le duc envoyait de Pontoise à Bruges. Archives de la Côte-d'Or, B 1601, f. 115 et 118.

3. Lettre de Jean Caille du 15 juin. Voir aux *Pièces justificatives*.

4. Dès 1417, avant l'invasion anglaise, le duc d'Orléans était en intelligence avec le régent d'Écosse : on a une lettre de Henri V à ce propos, et l'ordre, en date du 1er juin, de

ciennes et fidèles alliées de la France, dont, dans sa détresse, il espérait avoir l'assistance. Durant les derniers mois de 1418, des ambassadeurs furent envoyés au régent Albany et à Jean II[1]. On manque de détails sur cette double négociation, mais on sait que Charles demandait au premier un secours armé, au second une flotte pour le transport des troupes d'Écosse. Au commencement de 1419, une ambassade écossaise vint trouver le Dauphin et lui promettre l'appui du régent. Nous voyons à cette époque deux chevaliers écossais, qui sans doute avaient accompagné les ambassadeurs, prendre place dans les rangs de l'armée dauphinoise[2]. Avec la Castille, les choses ne marchèrent pas aussi rapidement : la reine-mère venait de mourir[3]; le jeune roi avait été proclamé, bien qu'il ne fût âgé que de treize ans; les conseillers du trône hésitaient à se prononcer. Ils étaient d'ailleurs sollicités des deux côtés à la fois : le duc de Bourgogne avait, nous l'avons dit, envoyé, vers la fin d'août, deux ambassadeurs en Castille. On a la mention d'une réponse dilatoire faite par le Conseil, et s'adressant sans doute à ces ambassadeurs[4]. L'amiral de Braquemont, qui

transférer le duc à Pontefract. Sir Henri Ellis, *Orig. letters*, 1824, t. I, p. 1-2; Rymer, t. IV, part. II, p. 201.

1. Les lettres du Dauphin du 22 mars 1419 nous apprennent qu'à cette date une ambassade écossaise était venue annoncer au Dauphin qu'un secours lui serait donné, et que cette ambassade avait été précédée de l'envoi d'ambassadeurs français en Écosse; — que, d'un autre côté, Jean d'Angennes et Guillaume de Quiefdeville avaient été envoyés en Castille, où le Dauphin renvoya, à la fin de mars 1419, Bertrand Campion, son conseiller et maître d'hôtel, lequel rejoignit les deux ambassadeurs et l'amiral de Braquemont qui se trouvaient encore en Castille. Ms. fr. 20977 (Gaignières, 472), f. 257.

2. « En ce temps vinrent deux chevaliers d'Escosse pour servir monseigneur le Daulphin, l'un nommé messire Thomas Quilsarry et l'autre messire Guillaume de Glas. » Jouvenel, p. 358. — Le R. P. William Forbes Leith, qui prépare un travail sur les Écossais au service de la France, et qui a bien voulu nous communiquer le résultat de ses recherches, estime qu'un envoi assez considérable de troupes précéda l'arrivée de l'armée envoyée dans l'automne de 1419.

3. Catherine de Lancastre fut trouvée morte dans son lit le 1er juin 1418, et l'on dit que sa passion pour le vin ne fut point étrangère à cette fin. Voir Ferreras, t. VI, p. 225.

4. « En esto tiempo venieron embaxadores de Rey de Francia, los quales demandaban ayuda al Rey de naos é galeas contra el Rey de Inglatierra por las alianzas é amistades que entre estos Reges de Francia é de Castilla, habia; á los quales fué respondido que ya veian como la Reyna era fallecida y el Rey no era de edad, y este negocio era grande é convenia para ello llamar á Cortes, é para esto debian haber alguna paciencia; que todos trabajarian como lo mas presto que ser pudiese fuesen respondidos con obra como era razon, segun los debdos é alianzas que entre estos señores Reges de Francia é Castilla habia. » *Crónica del señor Rey don Juan segundo*, etc., par Fernand Perez de Guzman, p. 155-

connaissait à fond la Castille, où il était apparenté aux plus grandes maisons, et qui avait été l'un des négociateurs du traité de Valladolid en 1408 [1], fut envoyé pour aplanir les difficultés [2]. A la fin d'avril 1419, Charles fit encore partir Bertrand Campion, un de ses maîtres d'hôtel, pour presser la conclusion des négociations et prendre les arrangements relatifs à l'envoi des navires. C'était le moment où Jean II venait de faire aux Cortès (7 mars 1419) la déclaration qu'il entendait désormais gouverner par lui-même, et où l'archevêque de Tolède, don Sanche de Royas, avait pris la direction des affaires. Des subsides paraissent avoir été votés par les Cortès dans cette réunion [3]. La nouvelle de la prise de Rouen par le roi d'Angleterre causa une vive impression à la Cour de Castille, et, le 3 avril, on emmena le jeune roi à Ségovie, pour presser l'équipement de la flotte [4].

Tandis qu'on obtenait ce résultat en Castille, le Dauphin reçut une nouvelle ambassade d'Écosse. Le régent Albany, qui semble n'avoir eu pour mobile que la satisfaction de son ambition personnelle [5], voulait-il imiter Henri V dans son double jeu? Toujours est-il que, le 24 mars 1419, le duc de Bourgogne

56. Cette chronique a été réimprimée en 1877 dans la *Biblioteca de autores españoles* de Rivadeneyra : *Crónicas de los reyes de Castilla*, t. II (gr. in-8°) ; voir p. 375. — Le duc de Bretagne agissait aussi en Espagne : le 6 décembre 1418, il envoyait le sire de Juch et Pierre Hoynart en Navarre et en Espagne (Clairambault, 60, p. 4575). En avril 1419, ses ambassadeurs étaient à la Cour de Castille (Perez de Guzman, nouv. éd., p. 379). Dans des lettres du Dauphin du 16 mars 1420, il est accusé d'avoir *detourbé* l'armée castillanne qui, l'année précédente, devait passer en France. Doat, 161, f. 53.

1. Il avait rempli dès 1393 une importante mission (Godefroy, *Annotations aux historiens de Charles VI*, p. 685). Il était connu sous le nom d'*Amiral de Castille*, et avait pris femme à deux reprises en Castille. Voir la notice que MM. de Circourt et de Puymaigre lui ont consacrée, dans leur savante édition du *Victorial*, p. 425 note.

2. Elles ne paraissent pas, d'ailleurs, avoir été sérieuses, car il résulte d'une bulle de Martin V du 8 des ides d'octobre (8 octobre) 1420, que dès 1418, des sommes d'argent avaient été fournies par la Castille au Dauphin. *Spicilegium*, t. IX, p. 301; éd. in-folio, t. III, p. 301.

3. Dès le 5 mars, Henri V était avisé de ce qui se préparait en Castille et prenait des mesures pour s'opposer au passage de la flotte. Rymer, t. IV, part. III, p. 97. En même temps il faisait construire à Bayonne force navires. Lettre de John Alcetre du 25 avril : Sir Henry Ellis, *Original letters*, 2d series, t. I, p. 69.

4. *Crónica*, p. 161.

5. Malgré les ambassades envoyées, à diverses reprises, en Angleterre, pour négocier la mise en liberté du roi Jacques, on prétend que le duc d'Albany n'avait aucun désir de lui voir reprendre possession de son trône, et l'on dit que s'il laissa Henri V opérer tran-

fa[illegible] partir pour l'Écosse trois écuyers de ce pays[1], et que, les 11 a[illegible]il 1419 et jours suivants, à Provins, où résidait alors la Cour il avait à sa table un évêque et deux seigneurs écossais[2]. Le même jour (11 avril), on recevait avis à Tours du [illegible]age de l'ambassade qui se rendait près du Dauphin, et qui traversa la ville le lendemain[3]. C'est problablement pendant le séjour de cette ambassade que Charles, par lettres du 17 mai, retint Guillaume Douglas, chevalier, pour le servir avec cent cinquante hommes d'armes et trois cents archers[4]. Nous avons la preuve que, dès le mois d'avril 1419, il avait auprès de lui, pour sa garde, une compagnie d'hommes d'armes et d'archers écossais[5]. Aussitôt après la conclusion du traité de Pouilly (11 juillet), nous voyons Jean sans Peur charger Jean de Becour, *serviteur du Roy Jacques*, d'aller porter à son maître la nouvelle de la réconciliation opérée entre le Dauphin et le duc[6].

quillement sa conquête de France, c'est que, pour conserver le pouvoir, il avait fait un honteux compromis avec lui. Voir Rapin Thoyras, *Histoire d'Angleterre*, t. III, p. 417.

1. Lettres du duc du 24 mars 1419; quittance de Jean le Brun, Alexandre de Remorgny et Patris Legat du 23. Archives de la Côte-d'Or, B 11926. Le mandat de paiement est visé dans le registre B 1601, f. 118 : les trois écuyers sont envoyés en Écosse, en ambassade « par devers certaines personnes dont mon dit seigneur ne veult autre declaracion estre faicte. »

2. « Et ce jour Monseigneur donna à disner à ung evesque et deux escuiers ambassadeurs d'Escoce... » Ils séjournèrent plusieurs jours, à Provins (*Contrôle de la dépense de l'hôtel du duc*, Archives de la Côte-d'Or, B 324. Communication de M. Garnier). — Ces ambassadeurs étaient Guillaume, évêque d'Orkney, Jean Salberch, chevalier, et Richard de Langlandis, secrétaire du comte de Mar. Les comptes mentionnent en outre maître Robert Greffin et Robert Forest : mandements du duc en date du 28 avril 1419. L'évêque d'Orkney séjourna durant seize jours à Provins (B 1601, f. 53 v°; 1602, f. 180). En outre, le 11 mai 1419 le duc faisait payer 200 fr. à Laurent de Balon, « escuier du pays d'Escoce, nagaires venu de par le duc d'Albanye (B 1601, f. 47). » A ce moment on comptait si bien à la Cour de Charles VI sur un secours d'Écosse que, le 11 avril 1419, des envoyés du duc de Bourgogne, venus à Tournai réclamer le paiement de la rente de 6,000 livres due par la ville, déclarèrent que le produit devait être affecté *à payer les Écossais qui s'offrent à venir servir le Roi*. — *Extraits analytiques des Registres des Consaux*, t. I, p. 176.

3. Archives de Tours, *Registres des Délibérations*, vol. I, part. III (non paginée), au 12 avril 1419, et part. IV, f. 52 v°. Cette ambassade était conduite par Bertrand Campion, qui partit ensuite pour la Castille.

4. *Compte des gens d'armes et de trait employés par le Dauphin*, ms. fr. 7858, f. 361. Cf. Clairambault, 65, p. 5027, et *Pièces originales*, 266 : Bel.

5. Quittances de Guillaume Bel, écuyer du pays d'Écosse, et de Thomas de Ston (Seton) écuyer du pays d'Écosse, capitaines d'hommes d'armes et d'archers à cheval du pays d'Écosse, employés à la garde de la personne du Dauphin. Dom Villevieille, *Titres originaux*, vol. 3, n° 118; Clairambault, vol. 40, p. 3003.

6. Archives de la Côte-d'Or, B 1598, f. 246 v°. Cf. La Barre, t. I, p. 214.

Le 28 juin, fut signée à Ségovie une convention réglant les conditions du secours naval fourni par la Castille : quarante navires armés devaient être mis pour trois mois à la disposition de la France ; le Dauphin s'engageait à payer les frais, évalués à la somme de 119,400 francs d'or[1]. Une ambassade de Castille ne tarda pas à se rendre en France[2]. L'Angleterre était sérieusement menacée : non seulement la Castille facilitait le transport des troupes d'Écosse, mais il était question d'opérer une descente en Guyenne. Dans une lettre en date du 22 juillet, le maire et les jurats de Bayonne faisaient part au roi d'Angleterre de l'arrestation d'un clerc castillan, sur lequel avaient été saisis des papiers établissant qu'outre l'envoi des quarante navires destinés à prendre à Belle-Isle les gens du Dauphin pour aller chercher l'armée d'Écosse, on se proposait à la cour de Castille de diriger une expédition contre la Guyenne et de mettre le siège devant Bayonne[3].

Le conseil anglais prit aussitôt des mesures pour empêcher le passage des navires castillans[4]. Mais il ne tarda pas à recevoir des nouvelles encore plus alarmantes : le 23 juillet, un agent anglais à la cour d'Aragon faisait savoir que quatre galères provençales, bien armées, venaient de passer librement,

1. Voici quel était le contingent militaire fourni par la Castille : « Cum quatuor milibus marinariis et balistariis, ac ducentis armigeris et capitanis, triginta novem militibus patronis. » Le capitaine était tenu de prêter serment au Roi de France et de se trouver avec toutes ses forces, dans l'espace de dix jours, à l'île de Belle-Isle. Le paiement des 119,400 fr. devait s'effectuer dans un délai de quatre ans. Ms. fr. 20977, p. 257.

2. Ferreras nous apprend que don Diego de Anaya, archevêque de Séville, et don Rodrigo Pimentel furent envoyés en France (t. VI, p. 231).

3. « Hun nostre balener arme a pris hun clerc et escrivein du Roy de Castele et de sa armee qui a empris à fere contre vous et contre tous les vostres. Ovecque lequel clerc avons troube le ordenance de le dicte armee, c'est assavoir que ledit Roy de Castele arme XL nefs et a mande az geans d'icelles que à my tout (*mi aoult*) debot à Bele Ysle, et illuecques demourent diz jours, et recevent dedanz lez geans qui (*sic*) vostre adversaire de France et le Daufin leur remetra, e de illuecque encore fassent guerre mortal ; et s'en alent en Escosse et illuecques recevent dedens leurs nefs tous lez geans d'armes qui dedans vondront entrer et alent en France contre vous... Et en otre fumez avisez et enformes plenement que le dit Roy de Castele est en prepons de metre le siege en ceste vostre citee. » Lettre du 22 juillet, dans Rymer, t. IV, part. III, p. 128. Il est à remarquer que, dans les instructions dont le clerc était porteur, et qui furent saisies, il était stipulé qu'ils « ne fassent guerre ni dommage à la terre du duc de Bourgoigne, pour mandement que vostre adversaire ni le Daufin leur fassent. »

4. Lettres du régent Bedford, au nom du roi, en date des 12 et 24 août 1419. Rymer, *l. c.*, p. 131.

sans qu'il ait pu les faire arrêter, et qu'elles faisaient voile vers les côtes d'Angleterre[1]; le 5 septembre, on écrivait de Bayonne que les Espagnols étaient entrés « à grande puissance » dans la terre de Labour, et s'étaient avançés jusque sous les murs de Bayonne, pillant et brûlant tout sur leur passage[2]; qu'il n'était pas douteux que le comte don Fadrique[3], au nom du roi, avec toute la puissance de Castille, et l'infant d'Aragon, avec toute la puissance d'Aragon, allaient assiéger Bayonne et prêter assistance au Dauphin[4]. Qui pouvait prévoir les conséquences d'une campagne entamée simultanément, en Normandie par l'armée dauphinoise, grossie des auxiliaires d'Écosse, et en Guyenne par les troupes de Castille? C'était là un véritable coup de partie. Henri V, qui venait justement de voir le duc de Bourgogne se rapprocher du Dauphin, dut craindre un brusque revers de fortune[5].

Mais au moment où l'alliance de Jean II permettait d'opérer, dans le sud de la France, une si utile diversion; alors que l'amiral de Braquemont, prenant le commandement de la flotte castillane, remportait (janvier 1420) une grande victoire, près de La Rochelle, sur les navires anglais croisant dans ces parages[6], un déplorable conflit éclata à la Cour de Castille. Après la mort de leur père Ferdinand IV, les trois infants d'Aragon, don Jean, don Henri et don Pedro, étaient venus s'établir à la Cour de Jean II, où leur sœur doña Maria fut fiancée au

1. Sir Henry Ellis, *Original Letters*, 2d series, t. I, p. 71. Cet agent faisait savoir en même temps que le roi d'Angleterre pouvait compter sur dix ou douze vaisseaux catalans armés, s'il le désirait.

2. « Et fait tant grant dommage, écrivaient le maire et la commune, que ne se repararoit pour cent mile libres d'exterlinx. » Rymer, p. 132.

3. Don Fadrique, comte de Transtamarre. Voir Çurita, t. III, f. 144 v°, et le *Victorial*, p. 491.

4. Lettre du 5 septembre. Rymer, p. 132.

5. La duchesse de Bourgogne ne s'en alarmait pas moins : le 29 novembre 1419, elle écrivait à la dame de Champdivers, pour la prier de lui faire part des nouvelles que son fils Henri lui avait mandées sur « l'action des Espaignols contre les Anglois. » Collection de Bourgogne, 57, f. 162.

6. Voir Jouvenel, p. 374-75, et Religieux, t. VI, p. 398. C'est à tort que M. Vallet (*Histoire de Charles VII*, t. I, p. 214-16) rattache cet événement à l'ambassade de Jacques Gelu, dont il sera parlé plus loin, car il est antérieur : l'archevêque quitta Tours le 19 janvier; or le 24, le Dauphin, étant à Lyon, donnait une récompense au messager qui lui apportait la nouvelle de la victoire. *Chartes royales*, XIV, n° 5.

jeune roi le 20 octobre 1419. Des luttes d'influence ne tardèrent pas à se produire, et l'infant don Henri finit par lever l'étendard de la révolte (14 juillet 1420)[1]. Il en résulta une période de troubles et d'anarchie qui se prolongea pendant plusieurs années, au grand détriment de la France, ainsi privée des avantages que l'habile politique du Dauphin avait su conquérir.

Si Charles avait réussi du côté de l'Écosse et de la Castille, il ne fut pas aussi heureux en Savoie. Amédée VIII avait épousé une sœur de Jean sans Peur[2] : tout en se maintenant dans une sorte de neutralité, évitant de se rendre aux instances du gouvernement royal qui réclamait de lui une assistance armée[3], il n'en resta pas moins entièrement dévoué aux intérêts du duc de Bourgogne[4]. Le Dauphin s'était, dès le début, mis en rapport avec lui (juin 1418); le duc avait, à son tour, envoyé des ambassadeurs, et ces relations n'avaient point été vues sans ombrage par le parti adverse[5]. Elles se poursuivirent pendant quelque temps : vers le mois de mars 1419, l'évêque de Saint-Papoul et Jean Girard allèrent, de la part du Dauphin, trouver le duc pour traiter diverses affaires, parmi lesquelles était comprise la prolongation d'une trêve entre la reine Yolande et Amédée VIII, relativement à la Provence[6]. Yolande envoya elle-même une ambassade, chargée de poursuivre la revendication de ses intérêts et de régler certaines questions

1. Voir Ferreras, t. VI, p. 233 et suiv. Le *Victorial* contient (p. 479 et suiv.) d'intéressants détails sur cette révolution de palais.

2. Il avait épousé Marie de Bourgogne en mai 1401.

3. On voit par le *Deuxième Compte de Jean Fraignot* que le duc envoya à Amédée VIII les évêques de Langres et de Bayeux, avec mission de le requérir de se mettre en armes pour le service du Roi contre les Anglais. Extraits dans Collection de Bourgogne, vol. 63, f. 119 v°.

4. Des seigneurs savoisiens servaient en Bourgogne sous les ordres des lieutenants du duc. Voir Collection de Bourgogne, 57, f. 129 et 308.

5. Nous voyons la duchesse de Bourgogne s'informer près du duc de Savoie, à la fin d'octobre, si les ambassadeurs envoyés par lui au Dauphin étaient de retour, et quel avait été le résultat de leur ambassade, afin d'en informer son mari. Collection de Bourgogne, 57, f. 307. — En février 1419, Guy de Bar et Jacques de Courtiambles furent envoyés de Provins par Jean sans Peur au duc et à la duchesse de Savoie. Archives de la Côte-d'Or, B 1598, f. 188 v°.

6. Cette ambassade est mentionnée dans le document cité dans la note suivante. — L'évêque de Saint-Papoul repassa par Lyon le 7 juin. *Registres des délibérations*, BB I, f. 79 v°.

en litige[1]. A ce moment Amédée, toujours prêt à intervenir comme pacificateur, était en relations assidues avec le duc de Bourgogne, et surtout avec la duchesse qui, chargée de la direction politique en Bourgogne, ne résidait pas loin de son beau-frère[2]. Le duc de Savoie avait des ambassadeurs à la Cour de France[3], et ne fut point sans doute étranger au rapprochement opéré au mois de juillet 1419 entre le duc de Bourgogne et le Dauphin. Après le meurtre de Montereau, cédant peut-être à des sollicitations de Charles[4], il tenta de ramener le duc Philippe à des sentiments de conciliation, et lui envoya un de ses chevaliers pour l'engager à traiter avec le Dauphin[5]. Mais il se refusa à faire le voyage de Lyon, où celui-ci, se rendant en Languedoc, l'avait mandé par la lettre suivante, qui donnera une idée des relations établies entre l'héritier du trône et le chef d'une maison qui se trouvait encore, à l'égard de la Couronne, dans une sorte de dépendance.

A nostre très chier et très amé cousin le duc de Savoye.

DE PAR LE REGENT, ETC.

Très chier et très amé cousin, pour le desir que savons vous avoir de oir de nos nouvelles et estat, et pour le plaisir que aussy

1. Instructions de la Reine de Sicile à messire Louis de Montjoye, messire Antoine Vezon, messire Jehan Podaire et maître Pierre Franchome, envoyés au duc de Savoie, 14 mars 1419 (Archives, J 201, nº 15). Il y a plusieurs autres pièces relatives à cette négociation particulière, qui se termina par un accord ratifié par Yolande et son fils à Aix, le 20 octobre 1419 (*Id.*, *Ibid.*, nºs 16-21).

2. Le 25 mars 1419, le duc de Savoie avait auprès de lui Jacques de Courtiambles, seigneur de Commarieu, et Guy de Bar, qui revinrent à plusieurs reprises à sa Cour. Collection de Bourgogne, 57, f. 309; Archives de la Côte-d'Or, B 1602, f. 181 vº et 191 vº. — Le 3 novembre, Jean d'Occors, dit Mocorsquin, et Le Moine de Neuville, l'un et l'autre chambellans du duc de Bourgogne, recevaient 140 fr. pour avoir été en ambassade près d'Amédée (Archives de la *Diana*; communication du comte de Poncins, président de la *Diana*). La duchesse de Bourgogne était sans cesse en correspondance avec le duc et la duchesse de Savoie (Collection de Bourgogne, 57, f. 127, 131, 209, etc., et D. Plancher, t. III, p. 509).

3. Ces ambassadeurs séjournèrent à Provins du 30 avril au 8 mai. D. Plancher, *Histoire de Bourgogne*, t. III, p. 509.

4. L'évêque de Saint-Papoul fut renvoyé à ce moment à la Cour de Savoie. Il partit de France le 30 septembre, et était encore près du duc dans les premiers jours de novembre. Archives de Lyon, AA 22, f. 16; BB 1, f. 90.

5. Le duc reçut à Châlons-sur-Marne, entre le 10 et le 21 mars 1420, Philibert Andrenet, ambassadeur d'Amédée VIII, venu dans ce but. La Barre, t. I, p. 234.

prenons de oir des vostres, escrivons de present par devers vous, en vous signifiant, très chier et très amé cousin, que grace à Dieu, nous sommes sain et en bon point de nostre personne, qui ce tout temps vous octroit. Et, en entretenant nostre voyage vers le pays de Lyonnois dont autrefois vous avons escript, sommes nagaires partis de nostre ville de Bourges, et venuz jusqu'en ce pays de Bourbonnois; et pour ce que, au plaisir de Dieu, entendons estre en la ville de Lyon dedans le xve jour de janvier prouchain venant, et que à ce jour mandons ilec venir par devers nous tels et tels[1], et autres seigneurs de sang et lignage de Monseigneur et nostre, pour avoir conseil et avis sur les grans affaires de ce Royaume, et mesmement sur ce qui est à faire pour la conservacion de ceste seigneurie et le reboutement des Anglois anciens ennemis d'icelle, en quoy sommes du tout deliberé d'exposer nostre propre personne en la saison nouvelle, soit par bataille à journées arrestées ou autrement, ainsy que serons conseillez de faire, nous qui, en ce et en toutes autres choses qui si avant toucheroient le bien de mon dit seigneur et de nous, vouldrions user de vostre bon conseil et advis et aide, et que de vous, entre tous autres si prouchains de mon dit seigneur comme vous estes, avons tousjours eu et avons très parfaicte et speciale confiance, vous prions, très chier et très amé cousin, sur tout le plaisir et service que jamais faire nous desirez, et sur tant que vous aimez le bien et conservacion de ceste seigneurie, que incontinent ces lettres veues, vous vous vueilliez disposer et appareiller pour venir devers nous et estre au dit lieu de Lyon dedans ledit terme ou le plus tost après, et au moins de delay que bonnement pourrez, car, pour le grant charge de gens que nous menons, n'y pourrions pas longuement arrester ne sejourner. Et en ce faisant, de quoy ne creons pas que à tel besoing nous doyez faillir, nous ferez ung très agreable plaisir. Et par ce message que pour ce envoyons en haste devers vous, vous veuilliez sur ce rescrire vostre entencion et voulenté, ensemble de vostre dit estat, et autres nouvelles, car d'en oir en bien nous sera moult grant plaisir.

Très chier et très amé cousin, Nostre Seigneur vous ayt en sa sainte garde.

Escript à Moulins, le xxviiie jour de decembre[2].

1. *Sic*, dans la copie sur laquelle nous faisons cette transcription.

2. Copie moderne, ms. fr. nouv. acq. 1001, f. 12. — La pièce, qui était évidemment signée, ne porte point de signature dans cette copie.

Le duc de Savoie n'intervint plus durant la régence de Charles[1]. Tout en restant en relation avec lui[2], il se rangea sans hésitation du côté de ses adversaires, et continua à permettre aux seigneurs savoisiens de soutenir les armes à la main la cause bourguignonne[3].

Nous avons vu l'influence de la reine Yolande se faire sentir dans les négociations avec l'Angleterre et dans les relations avec l'Aragon; elle s'exerça encore en Lorraine et en Italie, avec des chances diverses, et, nous ajouterons, avec des visées qui ne furent point toujours à l'avantage de la France.

Le duc de Lorraine était, comme Jean sans Peur, uni à une princesse de Bavière. Après le meurtre du connétable d'Armagnac, le duc de Bourgogne lui avait offert l'épée de connétable; mais Charles Ier, bien que dévoué au parti bourguignon, avait décliné cet honneur. Il avait pour héritière sa fille aînée, que la reine Isabeau avait voulu faire épouser à son neveu Louis de Bavière, dit le Bossu[4], et dont Henri V avait aussi demandé la main pour son frère le duc de Bedford. L'habile politique de Yolande réussit à faire rompre cette double négociation, et à assurer à la maison d'Anjou la succession de Lorraine : par un traité signé le 20 mars 1419, au château de Foug, près Toul, entre le duc Charles II et le cardinal de Bar[5], les duchés de Lorraine et de Bar devaient être réunis, après la mort des titulaires, au moyen du mariage de René d'Anjou, comte de Guise, petit-neveu du cardinal-duc de Bar qui l'instituait son héritier, avec Isabelle, fille aînée et héritière du duc

1. Nous voyons le duc de Savoie conclure avec le duc de Bourgogne un traité, signé à Paris le 14 décembre 1420, relativement aux entreprises de gens de guerre des deux pays. Bianchi, *Le materie politiche relative all' estero degli archivi di stato Piemontesi*, p. 95.

2. En se rendant auprès de Martin V, au commencement de 1422, l'abbé de Saint-Antoine, ambassadeur du Dauphin, passa par la Cour de Savoie. En mai suivant, des ambassadeurs d'Amédée traversèrent Lyon, se rendant près du Dauphin. Archives de Lyon, *Registres des délibérations*, BB 1, f. 150 v°.

3. Du 29 mars au 4 avril 1422, le duc reçut à Genève la visite du duc Philippe. Chastellain, t. I, p. 293. Voir, sur l'intervention armée des seigneurs savoisiens, Guichenon, t. I, p. 460, et *Histoire de Bourgogne*, t. IV, p. 49-51.

4. Vallet, *Histoire de Charles VII*, t. I, p. 81, note 3, d'après Archives royales de Munich.

5. Voir Lecoy de la Marche, *René d'Anjou*, t. I, p. 53-56.

de Lorraine. Le 24 juin, la reine Yolande, tant en son nom qu'au nom de son fils Louis III, donnait son agrément à ce traité, et le mariage de René et d'Isabelle fut célébré à Nancy le 24 octobre 1420 [1].

Si, par l'alliance de son second fils avec l'héritière du duc de Lorraine, Yolande servait les intérêts de la France, il n'en fut pas de même pour l'aîné, qu'elle lança, tout jeune et sans expérience, à la poursuite d'un trône lointain, legs de son père et de son grand-père.

Jeanne, reine de Naples, de Sicile et de Jérusalem, fille de Charles, duc de Calabre, et de Marie de Valois, était morte de mort violente, en 1382, sans laisser de postérité de ses quatre maris [2]. Par un acte du 29 juin 1380, elle avait adopté Louis, duc d'Anjou, frère de Charles V, qui devait recueillir, pour lui et ses descendants, le royaume de Naples avec les comtés de Provence, de Forcalquier et de Piémont [3]. La couronne transmise à la maison d'Anjou devait être lourde à porter. Louis Ier, s'étant embarqué pour l'Italie en juin 1382, y perdit la vie (21 septembre 1384), sans assurer à son fils la possession du trône. Couronné à Avignon, le 1er novembre 1389, à l'âge de douze ans, par le pape Clément VII, Louis II passa à son tour, à trois reprises, en Italie, et ajouta, du chef de sa femme Yolande, la revendication du trône d'Aragon à celle du trône de Sicile; mais il mourut, lui aussi, prématurément, après un complet insuccès. Enfin, au milieu de l'année 1420 et dans un moment où son concours aurait été fort utile au Dauphin, Louis III, âgé de moins de dix-sept ans [4], partit pour le royaume de Naples, à la tête d'une brillante chevalerie.

Une seconde Jeanne, nièce de la précédente [5], et célèbre dans

1. Lecoy de la Marche, *l. c.*, p. 57-59.

2. Elle avait épousé successivement : 1° André de Hongrie, qu'elle étrangla en 1345; 2° Louis de Tarente, mort en 1362; 3° Jacques d'Aragon, mort en 1375; 4° Othon, duc de Brunswick.

3. Voir Lecoy de la Marche, *René d'Anjou*, t. I, p. 13-14.

4. Il était né le 25 septembre 1403, et était par conséquent un peu plus jeune que le Dauphin Charles.

5. Dernière représentante de la maison française de Sicile, elle était petite-nièce de la première Jeanne par sa mère Marguerite de Duras, dont la mère, Marie de Sicile, était sœur de Jeanne. Par son père, elle était cousine de Jeanne, mais à un degré un peu plus éloigné.

l'histoire par sa légèreté de mœurs[1], était alors sur le trône. Elle avait succédé en 1414 à son frère Ladislas, et venait (2 octobre 1419) d'être couronnée par le cardinal Colonna, frère du pape[2]. Sollicitée de divers côtés, elle n'avait point encore désigné d'héritier[3]. Le pape Martin V trancha la question : par un acte daté de Florence, le 4 décembre 1419, il donna à Louis III d'Anjou et à sa postérité l'investiture du royaume de Naples après la mort de Jeanne[4]. Fort de l'appui du pape, ayant obtenu le concours de l'ancien grand connétable de la Reine, le fameux Sforza Attendolo, le jeune Louis fut proclamé roi, et s'établit à Castellamare, tandis que Sforza occupait Averso. Mais il allait se trouver aux prises avec les plus graves difficultés : la politique napolitaine lui suscita un rival en la personne d'Alphonse V, roi d'Aragon, que la reine Jeanne constitua bientôt son fils adoptif et son héritier, et qui vint prendre possession du royaume[5].

Le roi d'Aragon était un des rares souverains qui reconnaissaient encore Benoit XIII pour pape. L'intervention de ce prince devait avoir pour résultat de rattacher plus étroitement Martin V à la maison d'Anjou. Elle se produisit au mois de septembre 1420, alors qu'Alphonse venait de quitter son royaume pour passer en Sardaigne. Avant son départ, il avait reçu de nouvelles ouvertures du Dauphin[6]. Au mois de janvier 1420, une

1. Mariée à trente-quatre ans avec Guillaume, duc d'Autriche, puis une seconde fois, à quarante-six ans, avec Jacques de Bourbon, comte de la Marche (10 août 1415), elle tenait son mari emprisonné, et vivait avec ses favoris.

2. Elle avait fait remettre à Martin V toutes les possessions du Saint-Siège, usurpées par Ladislas. Sismondi, *Hist. des républ. italiennes*, t. VIII, p. 280, d'après *Giornali napoletani*, dans Muratori, t. XXI, col. 1083.

3. Il avait été question de l'adoption du duc de Bedford, frère de Henri V, comme on le voit par un acte du 12 mars 1419, dans Rymer, t. IV, part. III, p. 98. En mars 1420, Jeanne était encore en relation avec Bedford (p. 159).

4. Cet acte est publié en partie par M. Lecoy de la Marche, *René d'Anjou*, t. II, p. 211-13.

5. Voir Sismondi, *Histoire des républiques italiennes*, t. VIII, p. 296 et suiv.

6. Nous avons trouvé, dans un manuscrit récemment entré à la Bibliothèque nationale (Fr., nouv. acq., 1001, f. 4), et qui nous a déjà fourni de curieux documents, la lettre suivante :

« A TRÈS HAULT ET PUISSANT PRINCE LE ROY D'ARRAGON, MON TRÈS CHER ET TRÈS AMÉ COUSIN, CHARLES, FILS, ETC., RÉGENT, ETC., SALUT ET ENTIÈRE DILECTION. — Très hault et puissant prince, le grant et continuel desir que j'ay de sçavoir au vray de vostre bon estat et santé me fait escrire devers vous. Si vous prie et requierre bien chièrement

grande ambassade[1], dont Jacques Gelu, archevêque de Tours, était le chef, fut envoyée vers les rois de Castille et d'Aragon, avec mission de renouveler les alliances entre la France et ces deux puissances. Tandis que Laurent d'Aredia allait trouver Alphonse V[2], l'archevêque de Tours se rendait à la Cour de Castille. Nous n'avons pas de renseignements sur les résultats de l'ambassade en Aragon, mais ils ne purent être efficaces, car le 7 mai 1420 le roi s'embarquait pour la Sardaigne; de là, il devait passer en Corse, où il fit pendant neuf mois le siège de Bonifazio; puis à Naples, où il débarqua le 6 septembre 1421, et resta jusqu'au mois d'octobre 1423. Quant à la Castille, nous savons que le Dauphin obtint la promesse d'un nouveau secours de vingt galères armées et de soixante gros vaisseaux[3]. Don Juan Enriquez, fils de l'Amirante de Castille, devait prendre le commandement de cette flotte; mais c'est précisément à cette époque qu'éclata (14 juillet 1420) la révolution dont il a été parlé plus haut : l'infant don Henri s'empara de la personne de Jean II, et le tint pendant plusieurs mois sous sa domination.

que vostre plaisir soit de m'en acertener par vos gracieuses lettres le plus souvent que vous sera opportunité, car d'en oir en bien me sera singulier esjouissement et plaisir, et se de moy vous plaist oir, je suis, la grace de Dieu, sain et en bon point, comme ce et autres nouvelles de par deça pourrez plus à plain scavoir par mes amez et feaulx chambellans messires François et Jehan de Villenove, vos chevaliers, qui presentement se trayent devers vous, lesquels en faveur des grans et bons services qu'ils m'ont fait par de ça vous recommande tant que je puis. Très hault et très puissant prince, je prie Nostre Seigneur qu'il vous doint bonne vie et longue. Escript, etc. »

1. Elle se composait de l'archevêque de Tours, de Robert Dauphin, évêque de Chartres, de Pierre de Chantelle, confesseur du Roi, du sire de Pesteil, de Guillaume Bataille et de Laurent de Redya (lettres du Dauphin des 15, 18 et 25 janvier), et avait pour objet, disent les lettres, « d'entretenir et, se mestier est, de renouveler les aliances que mondit seigneur le Roy et mondit seigneur le Regent ont aveeques lesdiz Roys de Castelle et d'Aragon. » Clairambault, vol. 3, p. 51; 8, p. 467, et 40, p. 2983.

2. Lettres du 15 janvier 1420.

3. Voici en quels termes Jacques Gelu rend compte de cette mission dans son autobiographie : « A. D. Millesimo quadringentesimo decimo nono, in januario, recessi a Turonia et ivi in Hispaniam pro petendo succursum a serenissimo rege Castellæ præstandum domino meo illustrissimo regenti Dalphino; quod obtinui. Promisit enim juvare de viginti galeis armatis et LX grossis navibus munitis omnibus; quibus seu quorum hominibus solvit rex prefatus stipendia de suis pecuniis pro tribus mensis et panem pro quatuor. Fuitque constitutus capitaneus flotæ seu armatæ prædictæ admiraldus Hispaniæ. Ivi per mare et redivi per terram, sanus et incolumis, præstante eo qui mari et terræ dominatur, cujus dictis subserviunt universa, applicuique Turoniam sexta junii, A. M. quadringentesimo vigesimo, præstante Altissimo, cui sit laus et honor in seculorum secula. Amen. » — *Vita Jacobi Gelu, apud* Martène, *Thesaurus novus anecdotorum*, t. III, col 1950.

L'expédition n'eut pas lieu[1]. Désormais, nous l'avons dit, la France ne pouvait plus compter sur l'appui de la Castille.

Charles fut plus heureux du côté de l'Écosse, où il trouva un concours effectif. Une ambassade, à la tête de laquelle était Jean de Cranach, conseiller et maître des requêtes de l'hôtel du Dauphin[2], avait été envoyée au duc d'Albany. Longtemps retardée par les hésitations du régent, qui voulait éviter une rupture avec l'Angleterre, et par les lenteurs apportées à la préparation de la flotte, le départ de l'armée auxiliaire fut enfin décidé. Le Parlement avait émis un vote favorable; des marchands de La Rochelle avaient joint leurs navires à ceux des mariniers castillans: vers les derniers jours de septembre 1419, six mille hommes, l'élite de la chevalerie et de l'armée écossaise, s'embarquèrent, sous les ordres de Jean Stuart, comte de Buchan, second fils du duc d'Albany, d'Archibald Douglas, comte de Wigton, et de Jean Stuart de Derneley[3].

1. « En este tiempo el amirante Don Alfonso Enriquez vino alli de Santander donde habia estado por despachar la flota quel Rey embiaba en ayuda al Rey de Francia (c'est-à-dire le Dauphin), en la qual embió por capitan general á Juan Enriquez, su hijo bastardo, é no fué ende bien aposentado é aposentóse en San Francisco é no estuvo ende mas de tres dias porque el Infante no consentia que ningun grande alli estuviese salvo los que conoscidamente eran de su parcialidad. » Perez de Guzman, p. 174; nouv. édit., p. 389. Cf. Ferreras, t. VI, p. 236-241. Il est question de l'envoi de cette flotte dans les *Registres du Parlement de Poitiers*, à la date du mois de juin 1434. X[1a] 9200, f. 240 v°.

2. C'est ce qui résulte d'une lettre du Dauphin au comte de Mar, reproduite plus loin.

3. Les chefs de l'armée d'Écosse n'étaient point encore partis le 21 septembre (Voir Stuart, *Genealogical History*, p. 115; cf. Rymer, t. IV, part. III, p. 131). La date de leur arrivée est établie par le *Compte de l'écurie* (KK 53, f. 5), qui nous montre le comte de Wigton et les autres seigneurs écossais à la Cour, à la fin d'octobre; le nombre des Écossais est fixé d'une manière précise par des lettres du Dauphin en date du 20 décembre 1419, ordonnant le paiement à deux marchands rochellois des frais supplémentaires occasionnés par le long séjour des navires envoyés en Écosse et par la nourriture des 6,000 Écossais pendant quinze jours (*Chartes royales*, XIV, n° 3). — Les historiens écossais n'ont que des notions incomplètes et inexactes sur ce secours. Ils parlent de l'envoi en Écosse du *duc* de Vendôme (lisez *comte*), lequel était alors prisonnier en Angleterre. Voir Patrick Fraser Tytler, t. III, p. 190. Tout ce qu'on a dit, d'ailleurs, à ce sujet, repose sur ce passage d'un chroniqueur contemporain : « Scripsit etiam rex Franciæ D. Rob. duci Albaniæ, gubernatori Scotiæ, pro subsidio virorum armatorum virtute confœderationis regnorum contra regem Henricum quintum Angliæ regnum Franciæ tunc inquietantem. Qui, consilio trium statuum convocato, misit Franciæ secundo genitum suum inclitum militem Johannem Stewart, comitem de Buchain et camerarium Scotiæ, cum ingenti multitudine nobilium militum et armigerorum ad numerum 7000. Qui quam gloriose pro tempore quo illic stetit, se habuit, Francorum laudabiles fassiones eundem ad plenum præconizant... *Johannis de Fordun, Scotichronici continuatio e Waltero Bowero*, t. IV, p. 1207, de l'édition de Th. Hearne. C'est Hector Boece (*Scotorum Historiæ a prima gentis origine*)

Trompant la vigilance du gouvernement anglais, qui avait tout fait pour lui barrer le passage[1], l'armée d'Écosse traversa la mer sans encombre, et débarqua à La Rochelle. A peine arrivés, les chefs se rendirent à Bourges près du Dauphin[2], qui leur fit une brillante réception et leur donna de riches présents[3]. En partant pour son voyage de Languedoc, Charles emmenait sa garde écossaise et une partie du contingent étranger[4], tandis que l'autre partie — la plus considédérable — restait sous les ordres de ses chefs pour prendre part aux opérations militaires dans le nord de la France[5].

Henri V n'avait cessé de compter sur l'alliance bourguignonne : c'est grâce à elle qu'il avait opéré librement sa conquête, et, malgré la réconciliation du duc de Bourgogne et du Dauphin, le roi d'Angleterre continuait à être en rapports assidus avec Jean sans Peur. Le meurtre de celui-ci amena dans ses dispositions un revirement subit : il y vit une occasion, non plus de s'approprier, avec la connivence avouée ou occulte du

qui, le premier, a parlé du comte de Vendôme comme ayant été l'ambassadeur envoyé (éd. de 1574, in-fol., f. 343) ; il a été suivi par Lesley (*De Origine, moribus et rebus gestis Schotorum*, 1578, p. 269), et par Buchanam (*Rerum scoticarum Historia*, 1582, f. 107).

1. Voir lettres des 12 et 24 août 1419, dans Rymer, t. IV, part. III, p. 131.

2. Le *Compte de l'écurie* établit que le Dauphin était à Bourges du 24 au 28 octobre, et fournit la preuve que c'est à cette date qu'eut lieu la réception.

3. On a deux lettres du Dauphin, en date du 13 février 1420, ordonnant de payer à Jean Louvet et à Guillaume d'Avaugour une somme de six cents livres à chacun, « pour icelle somme employer et convertir en achat de vaisselle d'argent par lui fait et en recompensacion de celle que naguières, lorsque nos très chiers et amez cousins les comtes de Bouquin et de Vington et autres seigneurs en leur compaignie, tous du païs d'Escoce, vindrent par devers nous en nostre ville de Bourges, nous feismes prendre de lui pour icelle donner et departir de par nous à nos diz cousins et aus diz gentilshommes de leur compaignie. » *Pièces originales*, vol. 152 et 1763 : AVAUGOUR et LOUVET. — Par mandement du 29 octobre 1419, le Dauphin ordonnançait le paiement d'un cheval donné au comte de Wigton (KK 53, f. 2 v° et 5). Un cheval fut également donné au comte de Buchan avant le départ du prince pour le Languedoc (quittance du 27 mai ; *Id.*, *ibid.*, f. 8 v°). Au retour du Midi, nouveau présent du même genre aux comtes de Buchan et de Wigton, et au connétable d'Écosse, Jean Stuart de Derneley (quittance du 12 août, f. 10).

4. « Sy y alla accompagné... aussi des Écossais, qui estoient nouvellement venus en France. » Berry, p. 439 ; cf. Raoulet dans Chartier, t. III, p. 171. En février, le prince donna un cheval du prix de mille l. t. (faible monnaie) à Thomas Seton, Écossais, capitaine de gens d'armes. KK 53, f. 6. — Monstrelet (t. III, p. 387) mentionne l'arrivée des Écossais en 1419.

5. En février-mars 1420, Tanguy du Chastel et Louis d'Escorailles se rendirent en Touraine, où se trouvait l'armée d'Écosse, pour la diriger vers la Picardie. Clairambault, 29, p. 2185 ; 43, p. 3219 ; 35, p. 2595. — L'armée passa par Orléans le 17 mars. Lottin, *Recherches sur Orléans*, t. I, p. 199.

duc de Bourgogne, une portion du territoire, mais de s'emparer de la couronne elle-même, et il n'eut garde de la laisser échapper. L'histoire de ses négociations avec le nouveau duc, depuis le lendemain de l'événement de Montereau jusqu'à la conclusion du traité d'Arras (2 décembre 1419) ne serait pas sans intérêt; mais elle n'appartient point à notre sujet, et nous devons nous borner à indiquer rapidement les étapes de la route qui conduisit au fatal traité de Troyes, dernier terme d'une politique qui, à travers des phases diverses, devait inévitablement aboutir à la ruine de la France, sacrifiée par des ambitions et des rancunes personnelles au triomphe des intérêts anglais.

A peine les conférences de Meulan avaient-elles pris fin, que le roi d'Angleterre essayait de reprendre les négociations avec Jean sans Peur. Celui-ci, comme si le traité de Pouilly n'eût été qu'un jeu destiné à masquer ses intrigues déloyales, accueillit les ouvertures d'Henri V, et, au mépris de sa parole, entretint avec lui des intelligences. Mais, avant de rien conclure, il lui fallait atteindre le but qu'il s'était proposé en prêtant une oreille favorable aux propositions du Dauphin et en signant le traité de Pouilly : faire revenir le jeune prince à la Cour, afin de l'avoir à sa discrétion. Les démonstrations apparentes contre les Anglais, le manifeste du 5 septembre où le duc avait placé sa signature à côté de celle du Dauphin, tout ce bruit d'armes, vain cliquetis rappelant la levée de boucliers pour la délivrance de Rouen, ne doivent pas nous donner le change. Il serait puéril de croire à la sincérité du duc : Jean sans Peur continua à jouer son double jeu jusqu'au moment où il expia sur le pont de Montereau une vie de fourberies et de crimes.

Mais, le duc mort, sa politique lui survécut, et, nous l'avons vu, à la tête du parti qui allait livrer la France au roi d'Angleterre, se trouvait la propre mère du prince déshérité. C'est aux pieds même du trône occupé par un Roi en démence que l'impulsion fut donnée : la reine Isabeau était initiée à la politique tortueuse de Jean sans Peur; à elle revient le triste honneur de l'avoir fait triompher. Le jeune

Philippe l'eût-il voulu, il eût pu difficilement empêcher la faction dominante de l'emporter; mais il ne paraît avoir opposé qu'une bien faible résistance[1]. Après un rapide voyage en Flandre, le nouveau duc se rendit à Arras, où, dans une assemblée solennelle, tenue le 18 octobre, l'alliance avec le roi d'Angleterre fut décidée[2]. Le 2 décembre fut signé, à Arras, le traité qui livrait la France à Henri V[3]. Il fut suivi d'un second traité, signé à Rouen le 25 décembre, et visant spécialement le Dauphin[4].

Restait à conclure le pacte qui donnait à Henri V la main de Catherine de France et devait faire du roi d'Angleterre l'héritier de Charles VI. Les 24 septembre et 24 octobre, des pouvoirs avaient été délivrés par Henri à ses ambassadeurs. Les conférences s'ouvrirent à Mantes le 26 octobre. Après des trêves partielles, conclues le 20 novembre, une trêve générale fut stipulée (24 décembre)[5]. Puis le duc de Bourgogne se rendit à Troyes, où il arriva le 21 mars 1420, en compagnie des comtes de Warwick et de Kent, et des autres ambassadeurs anglais. Dès le 23, les bases du traité étaient arrêtées; le 9 avril, une convention préliminaire était faite[6]. Le roi d'Angleterre, longtemps attendu, arriva le 20 mai. Le lendemain 21 était signé le traité de Troyes[7].

1. Dès la fin de septembre, Philippe, qui avait envoyé à Henri V, son secrétaire Georges d'Ostende pour lui annoncer la mort de son père, chargea des ambassadeurs de se rendre près du roi d'Angleterre et de solliciter une trêve. Le 9 octobre Henri V délivrait un sauf-conduit à ses envoyés (l'évêque d'Arras, Lannoy, Champdivers, Chauffour et Georges d'Ostende). Collect. de Bourgogne, 25, f. 38 v°; Rymer, t. IV, part. III, p. 134-135. Cf. Monstrelet, t. III, p. 360; Chastellain, t. I, p. 70-71. — La trêve ne fut conclue que le 20 novembre.

2. Voir Monstrelet, t. III, p. 360 et suiv.; Chastellain, t. I, p. 77 et suiv.; *Chron. anon.*, t. VI, p. 282. Il y a dans la collection Moreau, vol. 1425, de curieux documents relatifs aux décisions prises à Arras. Ils ont été analysés par M. Kervyn de Lettenhove dans les notes de son édition de Chastellain.

3. Rymer, t. IV, part. III, p. 140. — Il y a dans la collection Moreau, vol. 802, f. 39 une pièce (en copie moderne) qui est une protestation contre ce « damnable traité, » pour « l'honneur des fleurs de liz et de la couronne de France. » Cette protestation est précédée du texte du traité, traduit en français; elle dut être répandue par les soins des partisans du Dauphin.

4. Rymer, *l. c.*, p. 144. Voir les lettres de ratification du duc, en date du 5 janvier 1420, Rymer, *l. c.*, p. 149, et La Barre, t. I, p. 322.

5. Rymer, t. IV, part. III, p. 141; cf. Religieux, t. VI, p. 380; *Abrégé français*, p. 233, et Monstrelet, t. III, p. 373.

6. Rymer, t. IV, part. III, p. 164.

7. *Ordonnances*, t. XI, p. 86 et suiv.

Par ce traité, le Dauphin était déclaré déchu du trône et déshérité. « Considerez, — faisait-on dire au Roi, — les horribles et énormes crimes et deliz perpetrez au royaume de France par Charles, *soy disant Daulphin de Viennoiz*, il est accordé que nous, ne nostre dit filz le Roy Henry, ne aussi nostre très chier fils Philippe, duc de Bourgongne, ne traicterons aucunement de paix ou de concorde avecques ledit Charles, ne ferons traictier, se non du conseil et assentement de tous et chascun de nous trois, et des trois estaz des deux royaumes dessus diz. » Le roi d'Angleterre, qui devenait l'époux de Catherine et l'« héritier de France, » laissait au Roi l'usufruit de son trône; mais, après le trépas de Charles VI, « la couronne et le royaume de France, avecques tous leurs drois et appartenances, » devaient, au préjudice du Dauphin [1], passer, à titre perpétuel, aux mains du roi d'Angleterre et de ses héritiers. En outre, comme le Roi était « tenu et empesché le plus du temps, » et ne pouvait en personne « entendre ou vacquer à la disposicion des besoignes » du royaume, la « faculté et exercice de gouverner et ordonner la chose publique » était donnée, sa vie durant, au roi d'Angleterre, « avec le conseil des nobles et sages dudit royaume. » Le titre seul restait donc à l'infortuné Charles VI; toute l'autorité passait aux mains de Henri V qui, sous le nom de *Régent*, était le véritable roi [2].

Comment le traité de Troyes allait-il être accueilli en Europe? Grave sujet de préoccupation pour le gouvernement dont le roi d'Angleterre devenait le chef. Il avait été stipulé que les alliés des deux rois qui, dans le délai de huit mois après la notifica-

1. « Lequel, dit l'abrégé français du Religieux de Saint-Denis, ils privoyent du tout de sa succession paternelle à la couronne et royaume de France, sans autres causes ne occasions, fors pour l'apetit et subornacion du duc de Bourgogne. » Édition de J. Chartier, t. III, p. 241.

2. Indépendamment du traité, il y a deux actes du même jour, l'un par lequel Charles VI promulgue la formule du serment à prêter au Roi d'Angleterre, en qualité de Régent du Royaume et d'héritier de la couronne (*Ordonnances*, t. XII, p. 284); l'autre déclarant criminels de lèse-majesté tous ceux qui enfraindront le traité ou qui tiendront à son sujet des propos hostiles (Religieux de Saint-Denis, t. VI, p. 438). Le traité de Troyes fut revêtu, le 6 décembre 1420, de l'approbation d'une prétendue réunion d'États, tenue à Paris, et, le 2 mai 1421, de l'approbation des trois États d'Angleterre (Rymer, t. IV, part. III, p. 192-93, et part. IV, p. 25).

tion faite, voudraient adhérer au traité, y seraient compris. Des lettres furent envoyées à tous les souverains pour le porter à leur connaissance, et solliciter leur adhésion. En Allemagne, où le roi d'Angleterre était en relations intimes avec l'empereur et avec les princes électeurs, la chose ne pouvait souffrir de difficulté[1] : Sigismond donna son approbation par lettres du 31 juillet 1420[2]; le comte palatin du Rhin, qu'on appelait le *duc rouge*, s'empressa également de donner son adhésion; il parut même, avec cinq cents combattants, dans les rangs de l'armée anglaise, au siège de Melun, d'où il envoya un défi au Dauphin[3]. Martin V, malgré les sympathies pour l'Angleterre dont il avait fait preuve jusque-là[4], refusa sa sanction[5]. En Savoie, le duc était gagné par avance[6]. En Espagne, si l'on pouvait espérer un accueil favorable de la part de l'Aragon et de la Navarre, on devait rencontrer une résistance invincible du côté de notre fidèle alliée la Castille : les ouvertures faites, tant de la part du Roi que de Henri V et du duc de Bourgogne[7], furent repoussées, et l'on ne voulut pas

1. Un chevalier flamand, Heretong van Clux, était accrédité près de l'empereur par Henri V. On a une lettre du jour de saint Vital (28 avril) qui est certainement de cette année et dans laquelle l'ambassadeur rend compte à son maître des dispositions et des faits et gestes de Sigismond (*Original letters*, publ. by Sir Henri Ellis, 2d series, t. I, p. 78-82). Après le traité de Troyes, *Her George* et John Stokes furent envoyés en Allemagne par Henri V. Dans une lettre en date du 17 juin, ils rendent compte du début de leur mission. Ils ont présenté les lettres du roi au duc son frère (Louis III le Barbu, comte palatin) et lui ont exposé la paix conclue : *the qwyeh pes as I declarede is mygthy and vertuows, it is fair and graciows and it is swete and amorows.* — Le comte est enchanté de la paix; il va se rendre à Paris avec 4 ou 500 hommes. — Les lettres aux archevêques de Mayence, Trèves et Cologne ont été envoyées. — Ce dernier est prêt à servir le roi à ses propres dépens. — Ils ne savent rien relativement à la venue ni au concours de l'empereur, qui doit être à Prague. *Original letters*, 3d series, t. I, p. 66-70.

2. Rymer, t. IV, part. III, p. 186.

3. Rymer, *l. c.*, p. 187. — Sur la présence de ce prince à Melun et son défi, voir Jouvenel, p. 379; Berry, p. 439-440 ; Monstrelet, t. III, p. 410, et t. IV, p. 23; et Raoulet, p. 168.

4. « Le Pape est bien accointé et très especialement au Roy d'Angleterre, » lit-on dans un document bourguignon relatif aux négociations avec les Anglais. Kervyn, éd. de Chastellain, t. I, p. 84, note (d'après ms. fr. 1278).

5. C'est ce qui ressort d'un document du temps de Louis XI, publié par Leibniz, *Codex juris gentium mantissa*, p. 76.

6. Voir la lettre tout amicale qu'il écrivait le 28 avril 1420 à Henri V. Rymer, *l. c.*, p. 169.

7. Dès le 6 mars 1421, Philippe avait envoyé en Castille Hue de Lannoy. *Deuxième compte de Guy Guillebaut*, dans la Collect. de Bourgogne, vol. 65, f. 139, et La Barre, t. II, p. 207, note.

entendre parler de la conclusion d'une trêve avec l'Angleterre [1]; le roi de Navarre, quelque fût sa sympathie, mit pour condition à son adhésion la restitution des comtés de Champagne et de Brie : on le sollicitait à la fois de donner à la France un concours armé, et d'agir en Castille contre le Dauphin, auquel cette puissance se préparait à donner un nouveau secours; le roi se borna à envoyer des ambassadeurs à la Cour de Jean II [2]. D'autres princes de moindre importance se tinrent sur la réserve, comme le duc de Lorraine, ou se prononcèrent dans un sens opposé, comme le prince d'Orange [3].

En résumé, la situation diplomatique du gouvernement anglo-bourguignon était loin d'être améliorée par ce traité,

1. Créance des ambassadeurs de France, exposée au roi de Castille au nom du roi d'Angleterre (Du Puy, 223, f. 205); Sommations et requêtes faites au roi de Castille par les ambassadeurs du roi de France, considérées les réponses moins suffisantes faites par le roi de Castille aux requêtes des ambassadeurs (*Id.*, p. 206); Créance des rois de France et d'Angleterre à noble prince Dom Jehan, infant d'Aragon, qui a épousé la fille aînée du roi de Navarre (*Id.*, f. 207); Créance des ambassadeurs du duc de Bourgogne au roi de Castille, semblable à celle des ambassadeurs du roi (*Id.*, f. 207 v°).

2. Charles VI avait, par lettre missive du 26 avril 1420, invité le duc de Lorraine à se rendre à Troyes, en invoquant le motif suivant : le Roi, disait-il, devait se rendre le 20 à une convention où l'on ne pouvait espérer avoir grand nombre de seigneurs du sang, tandis que le roi d'Angleterre y viendrait sans doute « grandement et honnorablement accompagnié » (Original signé, Collection de Lorraine, vol VI, n° 155). Après la signature du traité, Henri V envoya au duc un de ses conseillers, porteur d'une copie de l'acte, avec prière de se rendre près de lui. Le duc éluda cette proposition par une lettre en date du 28 mai (Rymer, t. IV, part. III, p. 176). — Henri V écrivit de nouveau au duc de Lorraine le 4 juin 1420, au moment d'aller faire le siége de Sens, pour lui exprimer le regret qu'il ne fût pas venu à Troyes vers « beau père, » lui demandant instamment de venir le trouver à Villeneuve-le-Roi (Original, Collect. de Lorraine, VI, n° 152). — Nous avons en minute la réponse du duc : « Très redoubté et souverain seigneur, » écrivait-il de Nancy le 8 juin suivant, « plaise vous savoir que tantost après le departement de mes conseillers pour aller vers vous, je elu conseil et advis de la guerre que de present ay de faire mon mandement pour tirer sur mez ennemis et gesir aux champs; lequel mandement et autres ordonnances ay fait et suis prest; et ne le puis bonnement laissier ne m'en deporter, car de present est saison et n'y porroie recouvrer. Pour laquelle chose ne puis pour present, en manière que soit, aller vers vous. Si vous plaise de vostre grace m'avoir pour excusé pour ceste fois (*Id.*, *Ibid.*, n° 153). » — Le 12 janvier 1421, en réponse à une sommation de venir vers le roi d'Angleterre le 1er mars, ou au plus tard le 15 mars, le duc répondait encore : « Très redoubté et souverain seigneur, très voluntiers je feusse allé vers vous audit jour, mais je suis tellement oppressé de maladie que je ne l'oseroie, en manière que suit entrepainé (*Id.*, *Ibid.*, n° 154). »

3. Le prince d'Orange était venu au siège de Melun, et fut sollicité de prêter serment d'observer le traité; il répondit « qu'il estoit prest de servir le duc de Bourgongne, mais qu'il fist le serment de mettre le royaume ès mains de l'ennemy ancien et capital du Royaume de France, jamais ne le feroit. » Et il s'en retourna en son pays. Jouvenel p. 382. Cf. Berry, p. 440.

qui devait, au contraire, lui susciter plus d'un embarras : ce n'était pas trop de l'habileté de Henri V pour en faire accepter les résultats par les différentes cours.

La diplomatie du Dauphin ne restait point d'ailleurs inactive : elle profitait soigneusement des avantages acquis, et ne laissait échapper aucune occasion d'en obtenir de nouveaux. Après l'événement de Montereau, une ambassade française, composée de l'évêque de Léon et de Guillaume de Meulhon, se rendit à Florence, où résidait encore Martin V, pour exposer les faits au pape et rétablir la vérité altérée par les envoyés bourguignons. Cette ambassade, à laquelle se joignit un représentant de la reine Yolande, accrédité près du pape [1], fut entendue dans un consistoire secret tenu le 4 décembre 1419 [2]. Elle rappela l'envoi fait par Martin V, alors qu'il était encore à Constance, de deux cardinaux légats qui avaient été « le principe de la paix et l'occasion d'éviter beaucoup de maux ; » le traité juré entre les mains de l'évêque de Léon, qui était venu en France avec le titre de légat, et exposa tout ce qui s'en était ensuivi. Le pape s'était montré jusque-là aussi favorable au parti bourguignon qu'au roi d'Angleterre. Il avait trouvé de ce côté, relativement aux libertés de l'Église, un grand empressement à se rendre à ses désirs [3], et il était en relations assidues avec la Cour de Bourgogne [4]. Il accueillit d'abord assez froidement l'ouverture des ambassadeurs du Dauphin, et se borna à les charger de dire de sa part à leur maître qu'il l'exhortait à marcher davantage sur les traces de ses ancêtres [5]. Les envoyés du duc de Bourgogne, qui avaient l'oreille du pape, s'étaient

1. Il se nommait Nicolas Perrigaud, et était chanoine d'Angers.

2. On remarquera que c'est le jour même où le pape donnait l'investiture du Royaume de Sicile à Louis d'Anjou. Voir plus haut, p. 318.

3. Voir l'ordonnance, en date du 9 septembre 1418, par laquelle Charles VI révoque l'édit du mois de mars précédent, et les lettres des 22 mars et 10 mai 1419 pour la publication et l'exécution de cette ordonnance. *Ordonnances*, t. X, p. 471 et 511 ; t. XI, p. 3.

4. En avril 1419, le duc de Bourgogne envoyait au pape Carlo de Busca et Jérôme de Ballard (Collection de Bourgogne, 65, f. 120). Le 29 novembre 1419, la duchesse de Bourgogne faisait partir un messager pour porter au pape des lettres closes dans lesquelles elle le remerciait « de certaines choses dont le Saint-Père l'avait informée depuis peu par Jean Gobert, archidiacre de Langres, » et le priait de continuer ses bontés à elle et à son fils (Collection de Bourgogne, 57, f. 163).

5. Voir *Lettres des Rois*, etc., t. II, p. 355-59.

efforcé de lui persuader que le Dauphin était en rapport avec Pierre de Luna (l'anti-pape Benoît XIII), et qu'il voulait lui refuser obéissance[1]. Mais bientôt la lumière se fit, et Martin V cessa d'envisager l'attitude du Dauphin à la seule lumière des récits bourguignons.

Une ambassade anglaise se trouvait alors à Florence, et elle avait obtenu une audience du pape. Martin V consentit à entendre à leur tour les ambassadeurs du Dauphin. Nous avons à cet égard un curieux document, qui nous initie aux dispositions du Souverain-Pontife, et nous révèle le changement opéré dans son esprit : c'est une lettre écrite au Dauphin par le cardinal de Saint-Marc, Guillaume Fillastre, le même que nous avons vu, en mai 1418, activement mêlé aux conférences de La Tombe.

A très hault et puissant prince et mon très redoublé seigneur monseigneur le Regent le Royaume, Dauphin de Vienne.

Très haut et très puissant prince et mon très redoubté seigneur, je me recommande à vous tant humblement que je puis, et vous plaise savoir que vos ambaxadeurs, après leur principale ambaxade expediée, comme nagaires vous ay escript, sont demouré pour respondre aux ambaxadeurs d'Engleterre, desquels je vous ay envoyé en effect la proposicion, et aussy aucuns memoires que j'avoye fait, en grant ferveur et voulenté de garder l'onneur du Roy et de vous. Mais pour ce que lesdiz Anglois proposèrent assez honnestement, nous autres estant par de ça avons avisé de respondre sans offense tant que faire se povoit, et n'a esté faicte aucune expresse mention du duc de Bourgogne trespassé. Si ont vos diz ambassadeurs, ce mercredy xxviie jour de decembre, eu audience pareille qu'avoient eu les Anglois. Et l'evesque de Leon a très solennellement et honorablement, et sans offense, proposé, en monstrant le non droit des Anglois en France ne en Normandie, et les causes des traictiez non parfaiz; et tellement que nostre saint Père et les oyans en ont esté bien contens. Si ont les Anglois repliqué, quant aux convenances rompues, ung pou aigrement, car ils sont de aigre nature. Et l'evesque leur a tiercement res-

1. *Id.*, *Ibid.*, p. 358-59. Cf. lettres du 9 septembre 1418.

pondu. Mais, quant au non droit au Royaume, les Anglois n'ont aucunement respondu. Et quant à Normandie, laquelle les Anglois dient tousjours avoir eue, je ay dit que mais les dues de Normandie ont eue Angleterre, et l'ont acquise, et estoit honneur au Roy de France avoir le Roy d'Angleterre et le duc de Normandie son vassal, comme les autres vassaulx de son Royaume. Finablement les deux proposans ont dit que plus en ceste matière ne vouloient parler, et ainsi fut. Si vueilliez, mon très redoubté seigneur, prendre en gré, au moins en patience, ce qui a esté fait. Vray est, mon très redoubté seigneur, que il me semble, par la manière des Anglois et par ce que je puis entendre d'ailleurs de ceux qui scevent de leur entencion, que ils tendent à traictié, et par le moyen de Nostre saint Père, et croy que ad ce sont venus, car ils se sentent de present appetissez de gens et de finance, et craignent les Escoz.

Mon très redoubté seigneur, nostre dit saint Père, pour l'onneur de vous, a donné à messire Guillaume de Meulhon, à ceste feste de Noël, l'espée de la chapelle royale, et fait lire la leçon, laquelle chose est accoustumée estre donnée au plus noble estant en Cour.

Mon très redoubté seigneur, Nostre Seigneur vous doint bonne vie et longue prosperité en vos affaires.

Escript à Florence, le XXIXe jour de decembre CCCC XIX.

Vostre humble serviteur

G. CARDINAL DE SAINT-MARC [1].

Tandis que ses ambassadeurs étaient près du Pape, le Dauphin se dirigeait vers le Midi. A son passage à Lyon, il eut une conférence avec Pierre d'Ailly, cardinal de Cambrai, légat du Saint-Siège à Avignon, venu tout exprès pour l'entretenir [2]. Il était à Vienne quand il fut rejoin par l'évêque de Léon et Guillaume de Meulhon, qui lui rendirent compte de leur mission [3] :

1. Ms. fr. nouv acq., 1001, f. 9 v°.

2. Lettres du Dauphin du 25 janvier, portant don de 500 l. t. au cardinal de Cambrai, pour le récompenser de ses services et en dédommagement des frais de son voyage. Fr. 20881 (Gaignières, 152), f. 25.

3. Lettres du 8 février portant don de 400 l. t. à Guillaume de Meulhon, en sus des 600 l. reçues par lui. Clairamb., 74, p. 5793; lettres du 9 février portant don de 400 l. t. à l'évêque de Léon. Fr. 20883 (Gaignières, 154), f. 73.

le pape, malgré les instances de Robert de Saulx, ambassadeur du duc de Bourgogne, avait refusé de déclarer le Dauphin coupable de violation du traité de Pouilly [1]. On a vu par la lettre du cardinal de Saint-Marc l'insigne honneur accordé au représentant du Dauphin.

Le traité de Troyes, loin de favoriser les dispositions de Martin V à l'égard du parti bourguignon, contribua, au contraire, à l'en éloigner, et fut pour lui une occasion de manisfester hautement sa désapprobation [2]. Le Dauphin, voulant mettre à profit les sympathies du pape, lui envoya en 1421 un de ses plus notables conseillers, Jacques Gelu, archevêque de Tours. Parti le 29 septembre [3], le vénérable prélat resta en Italie jusqu'au mois d'avril 1422; il y fut rejoint par Artaud de Grandval, abbé de Saint-Antoine de Viennois, qui, en se rendant à Rome, avait visité sur sa route les princes du nord de l'Italie [4]. Dans un bref du 2 avril 1422, le pape, répondant à une lettre du Dauphin, apportée par Artaud, exprime son étonnement de ce que Charles se plaignait d'empiétements faits sur ses droits : le pape a toujours poursuivi la pacification; il a pour le Dauphin une tendre affection ; il n'a jamais fait ce qu'on lui reproche et ne le fera jamais; loin de nuire au Dauphin, il veut lui venir en aide, avec l'assistance divine, et le regardera toujours comme son fils très aimé [5]. Cettre lettre, remise à l'archevêque de Tours, qui retournait en France, fut faite en double expédition : le pape, prévoyant le cas ou Jacques Gelu serait retenu en route, avait chargé l'abbé de Saint-Antoine de porter le même texte au Dauphin.

1. *Mémoire de Prosper Bauyn*, dans La Barre, t. I, p. 234. A cette nouvelle, le duc de Bourgogne demanda la révocation du cardinal protecteur de France auprès du Saint-Siège (problablement Guillaume Fillastre), qui s'était montré favorable au Dauphin. — Guillaume de Saulx avait été envoyé à Florence le 24 septembre 1419 (*Id.*, t. II, p. 109, note *c*).

2. Voir ci-dessus, p. 325, note 4.

3. La date est donnée dans l'autobiographie de Jacques Gelu, *Thesaurus novus anecdot.*, t. III, col. 1947.

4. Acte constatant les mesures prises pour le paiement de cet ambassadeur : 28 janvier 1422. Archives de Grenoble, B 2846. Cf. *Gallia Christiana*, t. XVI, col. 199.

5. Lettres du V des Calendes d'avril (25 mars) et du IV des Nones d'avril (2 avril). Originaux, Archives, J 188, nos 82 et 81. Cf. *Regeste de Martin V*, LL[4A], f. 6 et 44.

Martin V avait fait davantage : reprenant ses desseins interrompus de 1418, il avait, au mois de novembre 1421, investi le pieux évêque de Bologne, Nicolas Albergati, de la mission d'aller en France pour tenter d'opérer un rapprochement entre Henri V et le Dauphin [1]. Le pape s'adressa tour à tour à ces deux princes et au duc de Bourgogne, les exhortant à la paix et à la concorde, et insistant sur l'état de l'Europe, les progrès de l'hérésie et les maux de la guerre [2]. L'évêque de Bologne partit le 26 mars 1422 [3] ; il était au mois de juillet à Senlis, où se trouvait alors Charles VI [4], et en septembre à Paris [5]. Mais la mort du roi d'Angleterre, survenue sur ces entrefaites (31 août), vint entraver l'accomplissement de sa mission.

Ni les triomphes militaires, ni les succès diplomatiques de Henri V n'avaient pu ébranler l'antique fidélité de l'Écosse à la France. A peine une armée écossaise était-elle débarquée qu'une autre armée était prête à partir, sous les ordres du comte de Mar, amiral d'Ecosse [6]. Déjà le Dauphin faisait ses préparatifs pour le transport des troupes composant ce précieux renfort [7], quand il apprit qu'il fallait y renoncer : des circonstances fortuites retenaient le comte de Mar en Écosse. Charles décida aussitôt l'envoi d'une ambassade. Nous avons deux lettres, écrites par lui au moment où il se dirigeait vers le Midi, qui jettent quelque lumière sur ces relations avec l'Écosse, restées jusqu'à présent dans une ombre presque complète.

1. On a une lettre (sans date) écrite à ce moment par le pape à l'évêque de Bologne. *Regeste*, f. 27 v° (3e lettre), et une autre lettre datée du VI des Ides de février : Bollandistes, vol. II de mai, p. 181 ; *Vita B. Nic. Albergati*, p. 81 ; Raynaldi, ann. 142' § XXI.

2 Voir les lettres dans Raynaldi, année 1422, §§ 20 et 21. Cf. *Regeste*, f. 1.

3. VII des Calendes d'avril. Sigonius, dans Bollandistes, *l. c.*, p. 182. Nous voyons par les *Registres des délibérations* de Lyon qu'il passa par cette ville le 17 mai. Archives de Lyon, BBI, f. 156 v°.

4. Archives, KK 33, f. 61 et 64 v°.

5. Nous voyons par un acte du 7 février 1429 qu'au mois de juin 1422 Henri V avait envoyé un ambassadeur au Pape. Cf. ms. fr. 4491, f. 13 et 25.

6. C'est ainsi, croyons-nous, qu'il faut interpréter la lettre du Dauphin au comte de Mar, reproduite plus loin, en la comparant avec le document cité dans la note suivante.

7. Nous avons trouvé aux Archives nationales, dans les cartons des *Accords* (X1c 119), des lettres de Charles VII, en date du 21 octobre 1419, portant commission à Guillaume de Lucé, Jean de Contes, dit Minguet, et Jean Merichon, de préparer la flotte nécessaire au transport de la nouvelle armée d'Écosse.

Charles, fils du Roy de France, regent le Royaume, Dauphin de Viennois, duc de Berry et de Touraine, et conte de Poitou, a nos très chers et très amez cousins et aliez les contes de Buchan et de Vigton, salut et entière dilection.

Très chers et très amez cousins et alliez, nous avons ordonné aucuns de nos gens pour aller de par nous par devers biaulx cousins d'Albanie et de Douglaz, vos pères, et aussy par devers aucuns autres seigneurs et nobles du païs d'Escoce, pour leur faire certaines requestes de nostre part, teles que saurés par nos diz gens. Et pour ce que nous scavons bien que vos lettres et prières pourront en ce moult prouffiter, et que ceste chose touche si avant le reliefvement de ceste seigneurie et requiert si grant celerité comme bien le scavez, nous vous prions et requerrons, très chers et très amez cousins et alliez, que à nostre faveur et pour l'amour de nous, vueilliez sur ce escrire semblablement et transmettre de vostre part aucuns des vostres, c est à scavoir chascun de vous une personne notable avecques nos diz gens, par devers nos diz cousins vos pères, et autres vos parens et amis du dit pays d'Escoce, en leur cordialement exhortant à obtemperer à nostre prière, et venir par deça à nostre aide et secours, comme nous y avons entière et parfaite fiance, et vous nous ferez très singulier plaisir. Et nous vueilliez aussy souventes foiz escrire de vostre estat, ensemble de vos nouvelles.

Très chers et très amez cousins et alliez, Nostre Seigneur vous ait en sa sainte garde.

Escrit à Soinvegné (Souvigny) en Bourbonnois, le xxviie jour de decembre cccc xix [1].

Charles, fils du Roy de France, etc. A hault et puissant prince nostre très cher et très amé cousin et alié le conte de Marre et de Garmach, admiral d'Escosse, salut et entière dilection.

Hault et Puissant Prince nostre très cher et amé cousin et allié, nous avons bien sceu par nostre amé et feal conseiller et maistre des requestes de nostre hostel maistre Jehan de Cranach, et autres nos ambaxadeurs dernièrement envoyez par delà, la bonne vou-

1. Copie moderne. Ms. fr. nouv. acq., 1001, f. 11 v°.

lenté et entière affection qu'avez eu et avez à Monseigneur et à nous et à la conservacion de ceste seigneurie, et comment, en demonstrant par effect vostre bon vouloir, vous estiez apprestez et mis sus, à grant et belle compaignie, pour venir en ce Royaume à l'aide et secours de mon dit seigneur et de nous contre les Anglois, anciens et communs ennemis des deux Royaumes, et de vous y employer de corps et de chevance, selon ce que promis l'avez; dont nous vous mercions très affectueusement, et sommes bien contens de vous. Mais, de l'empeschement que avez eu, qui n'est pas par vostre coulpe, comme nous sommes bien informez, avons esté et sommes très desplaisans, car pour la grant fiance que avons en vous, tant pour vostre grant sens et prouesse, comme pour la bonne fortune que avez en guerre, avions entencion, à l'aide des bons parens, vassaulx et subgez de mon dit seigneur et nostres, de vous et des vostres, s'il eust pleu à Dieu que feussiez venu par deça et aussy des autres seigneurs du pays d'Escosse, de livrer en personne bataille aux diz ennemis. Et ce neantmoins, hault et puissant prince nostre très cher et amé cousin et alié, nous sommes fermes en ce propos, et avons toute nostre confiance que, au plaisir de Dieu, lesdiz ennemis seront reboutez à leur confusion. Pourquoy nous vous prions si affectueusement que povons que, en continuant vostre bonne affection et voulenté, vous veuilliez venir par deça le plus tost et hastivement et à tout plus grant nombre de gens que presentement pourrez finer, et de ce ne vueillez faillir, saichant de certain que le plaisir et service que en ce ferez à mon dit seigneur et à nous, sommes bien en voulenté de recognoistre vers vous si avant qu'en serez contens.

Hault et puissant prince nostre très cher et amé cousin et alié, Nostre Seigneur soit garde de vous.

Escript à Souvigny en Bourbonnois, le XXIXe de decembre CCCCXIX[1].

Quel que fût le désir du Dauphin de faire partir sans retard son ambassade, la saison était trop avancée pour qu'elle pût prendre la mer. Il fallait des raisons d'une haute gravité pour qu'on se décidât à laisser repartir pour l'Écosse les comtes de Buchan et de Wigton[2], et pour qu'on leur adjoignît un diplo-

1. Ms. fr. nouv. acq., 1001, f. 13 v°.

1. John Stuart de Derneley resta le seul commandant de l'armée d'Écosse. Des lettres du 22 août 1420 mentionnent trois capitaines écossais auxquels est fait un don de 500 livres à chacun; ce sont Guillaume de Douglas, Thomas Corpatrick, maréchal de l'armée d'Écosse, et Guillaume Duglas. Clairambault, 41, p. 3093.

mate de l'importance de l'archevêque de Reims, Regnault de Chartres[1]. L'ambassade paraît avoir mis à la voile à la fin d'avril 1420[2]; elle devait faire un long séjour en Écosse.

Le roi d'Angleterre, pour parer le coup qui lui était porté par l'intervention d'une armée écossaise, imagina de transporter son prisonnier en France, avec l'espoir que les Écossais, voyant leur roi dans le camp anglais, n'oseraient marcher contre lui. Jacques Ier était à Troyes lors de la signature du traité du 21 mai; il paraît avoir suivi le roi d'Angleterre dans la plupart de ses expéditions[3]. Tandis que Henri V agissait en France auprès du roi d'Écosse pour qu'il empêchât ses sujets de prêter leur appui au Dauphin[4], le conseil d'Angleterre entamait des négociations avec le régent Albany pour la conclusion d'une trêve qui devait être renouvelée de deux mois en deux mois[5].

Sur ces entrefaites on apprit la mort du vieux duc d'Albany[6], qui fut remplacé comme régent par son fils Murdac. Autant le père était violent et ambitieux, autant le fils était mou et nonchalant. Le gouvernement anglais s'empressa de tirer parti de cet événement et agit à la fois auprès du roi d'Écosse prisonnier, du nouveau régent et des seigneurs écossais.

1. Sur la mission diplomatique de l'archevêque de Reims, en compagnie des comtes de Buchan et de Wigton, on a des lettres du Dauphin données à Bourges le 20 mars 1420 (à la relation du conseil) et une quittance de l'archevêque, en date du 21 mars. Ms. fr. 20887 (Gaignières, 158), p. 60. On lit dans la *Chronique de Raoulet* : « Et envoya sire Regnault de Chartres... en Escoce, pour avoir encore sescours et souldoyers. » Raoulet, p. 172. Cf. Jouvenel, p. 388.

2. L'archevêque n'était pas encore parti le 20 avril. On a la preuve que, ce jour-là, il se rendait de Blois à Bourges. Ms. fr. 6211, n°s 201 et 202.

3. Berry, p. 439; Jouvenel, p. 378; Wavrin, t. I, p. 209; Douet d'Arcq, *Choix de pièces inédites*, t. I, p. 410.

4. On a un sauf-conduit donné par Henri V à William Douglas de Drumlanrig pour venir trouver son maître à Corbeil : 30 août 1420. Le même reçut le 7 septembre un sauf-conduit, pour aller « vers les parties de Normandie » près du roi d'Écosse, et revenir trouver le roi d'Angleterre. Rymer, t. III, part. III, p. 188. — Le cruel Henri V ne craignit pas, pour intimider les Écossais, de faire exécuter vingt soldats de ce pays, faits prisonniers à Melun, sous prétexte qu'ils étaient traîtres et rebelles à leur roi. *Scotichronicon*, t. II, p. 462.

5. Pouvoirs donnés le 11 juin à Westminster par le régent Glocester. Rymer, t. IV, part. III, p. 178.

6. Les historiens écossais ne sont pas d'accord sur la date de la mort du régent Albany. Crawfurd (*The lives of the officers of the Crown and State in Scotland*, 1726, in-fol.,

Ce n'est qu'au mois de janvier 1421 que les comtes de Buchan et de Wigton et l'archevêque de Reims, ayant enfin réussi dans leur mission, reprirent la mer pour retourner en France. Ils débarquèrent à La Rochelle avec une armée de quatre à cinq mille hommes[1]. Le Dauphin, qui s'était avancé à la rencontre des Écossais, les accueillit avec empressement et leur fit à Poitiers une brillante réception[2]. C'est grâce au concours de cette armée que fut remportée la victoire de Baugé (22 mars 1421). Henri V venait de passer en Angleterre. Furieux de l'échec que ses armes avaient subi et de la mort de son frère, le duc de Clarence, il mit tout en œuvre pour détacher l'Écosse de la France ; il fit si bien qu'une trêve fut conclue entre l'Angleterre et l'Écosse[3], et que le comte de Douglas (père du comte de Wigton, l'un des chefs de l'armée auxiliaire) prit l'engagement de passer en France pour servir sous ses ordres[4]. Le roi d'Écosse, qui eut la promesse d'être mis en liberté, consentit à épouser Jeanne Beaufort, nièce du cardinal de Wetsminster, et donna l'ordre à ses sujets de quitter le service du Dauphin.

t. I, p. 306) dit que le régent mourut à Stirling le 3 septembre 1419, et il est suivi par Tytler (t. III, p. 191). Le R. P. W. Forbes, si versé dans la connaissance de l'histoire d'Écosse à cette époque, nous a transmis ce fragment d'épitaphe de l'église de Dumferline :

EXCIDIT ROBERTUS. . . . .
ANNO MILLENO QUATER C. X. QUE NOVENO.

Nous lisons dans W. Bower (continuateur de Fordun) : « Anno Domini 1419, obiit Robertus dux Albaniæ, octogenarius et ultra. »

D'un autre côté, Buchanan donne (f. 107 v°) la date du 3 des ides de septembre 1420. Le problème vient d'être résolu par la publication toute récente du tome IV des *Rotuli Scaccarii Regum Scotorum*, où l'on trouve (p. 310 et suiv.) le dernier compte du duc d'Albany : « Scaccarium... domini Roberti ducis Albanie, comitis de Fyf et de Menteth, ac regni Scocie gubernatoris *tentum apud Perth decimo quinto mensis Julii cum continuacione dierum, anno Domini millesimo quadringentesimo vicesimo ac gubernacionis sue quinto decimo.* » On voit, en outre, dans la préface (p. XXXIX), que le duc d'Albany donna une charte à Falkland le 4 août 1420. On est donc en droit de conclure, avec l'éditeur, M. Georges Burnett, que la véritable date de la mort du régent est celle du 3 septembre 1420.

1. Jouvenel, p. 388.
2. Archives, KK 53, f. 2 v° et 13. Voir plus haut, p. 220.
3. Monstrelet, t. IV, p. 26.
4. Voir les lettres de sauf-conduit données (Hovedun, 11 avril) à Archibald, comte de Douglas, et au comte d'Athol; l'endenture passée à Londres le 30 mai avec Douglas, et le traité de Westminster du 31 mai stipulant le retour du roi en Écosse dans le délai de trois mois après que les deux princes seraient revenus de leur campagne de France, moyennant la remise de certains otages. Rymer, t. IV, part. IV, p. 24, 30 et 31.

Mais le comte de Buchan répondit fièrement qu'il ne se croyait pas tenu d'obéir à son roi tant qu'il serait captif et à la merci d'un souverain étranger [1]. Pourtant les négociations entamées par le gouvernement du Dauphin pour obtenir un nouveau contingent de troupes, négociations qui furent poussées assez loin [2], paraissent être restées sans résultat : Charles dut se contenter des auxiliaires que lui avaient amenés Buchan et Wigton.

Henri V n'ayant pu rompre ni l'alliance castillane, ni l'alliance écossaise, fit appel à l'Allemagne. Dans des instructions données en juillet 1420 à des ambassadeurs près du roi de Navarre, il s'était hautement vanté d'avoir l'appui du Saint-Empire [3]. Il sollicita de l'empereur et des princes électeurs une assistance armée [4]. Mais Sigismond était alors absorbé par sa

1. *The History of Scotland from the year 1423 until the year 1542*, by William Drummond (1655, in-fol.), préface; *History of Scotland*, by Tytler, t. III, p. 193. Cf. Bocce, f. 344.

2. Nous apprenons par des lettres du Dauphin, en date du 27 avril 1421 (Archives, J 183, n° 136), qu'à ce moment il était question de faire venir une *nouvelle armée d'Écosse*, et que des mesures avaient été prises dans ce but. Dans les lettres du 8 mai 1421, rendues en faveur de Louvet, le Dauphin dit, en propres termes, qu'il a « fait appoinctier avec nos très chiers et tres amez cousins et alliez les contes de Douglas et de Mar, du pays et royaume d'Escosse, de venir à puissance, ceste presente saison, à nostre aide et secours par deça, à l'encontre desdiz ennemis, moyennant certaine grosse finance qu'il nous convient pour ce baillier et paier, tant pour l'abillement d'iceulx et leurs gens, qui doivent estre en nombre de VI à VIII^{m} combatans, que aussi pour freter et mettre sus et leur transmettre le navire afferent et convenable pour leur dicte venue (Archives de Grenoble, B 3044, f. 102). » Enfin nous voyons, le 17 juin suivant, Guillaume de La Lande, charpentier de vaisseau et bourgeois de La Rochelle, faire son testament en partant pour l'Écosse, où il allait lever des troupes en faveur du Dauphin (communication de M. de Richemond, archiviste de la Charente-Inférieure, au Comité des travaux historiques, juillet 1870; *Revue des Sociétés savantes*, 6e série, t. IV, p. 161).

3. Les ambassadeurs avaient mission de faire ressortir la grande puissance des rois de France et d'Angleterre, maintenant jointe ensemble, et qui chaque jour, augmente, grâce à leurs alliés, comme l'empereur, le duc de Bavière, qui a épousé la sœur du roi d'Angleterre, le duc d'Autriche, le duc de Brabant, le duc de Lorraine, la Hollande, la Zélande, le Hainaut et les grands seigneurs d'Allemagne. Du Puy, 223, f. 220.

4. Voir les instructions données par lui, à la date du 17 décembre, *en son ost à Saint-Pharon devant Meaux*. On y trouve de curieux détails sur les secours que le Dauphin recevait de Castille et d'Écosse : « It may aswel be said and ought not to be unknawen, that thay of Castelle as thay of Scotland come in grete nombre into the service of him that clepeth him *Dauphine*, the kings adversaire, and serve him aswell by water as by land, and be not payed of her wayes past XX or XXIV francs of feble money for the month, the which money is feble that it passath not a good english noble a month; wherefore the king trasteth that now in his nede the forsaid Elizours, which bene his friends and allies, wolde not falle him, atte lest at his resonnable costs, no more than strangers men doo to theim that been his adversaires. » Rymer, t. IV, part. IV, p. 45.

lutte contre les Hussites, pour laquelle toutes les forces allemandes étaient nécessaires[1]. Nous ne voyons pas que la grande ambassade envoyée (janvier 1422) à l'empereur, au comte palatin du Rhin, au duc Henri de Bavière, aux archevêques de Trèves, de Cologne et de Mayence[2], ait produit les résultats que souhaitait le roi d'Angleterre[3]. Henri V frappait d'ailleurs à toutes les portes, car il sollicitait un secours du Portugal[4], et il s'efforçait d'arracher la Navarre à l'influence de la Castille[5].

Il étendit même son action jusqu'en Italie, où il aurait voulu avoir Gênes à sa discrétion. Après avoir vécu, de 1396 à 1409, sous la domination française, la République était retombée dans l'anarchie; elle avait pour doge, depuis le mois de juillet 1415, un homme de grande valeur, Thomas de Campo Fregoso, qui était parvenu à lui assurer une situation moins précaire. Le roi d'Angleterre se mit en rapports avec le doge, et conclut avec lui un traité au mois d'octobre 1417[6]. Depuis lors les rapports de l'Angleterre et de la République de Gênes avaient été constants[7]. Malgré les efforts que paraît avoir faits le Dauphin[8], il n'y avait donc plus à compter pour la France sur les vaisseaux de la République, qui lui avaient été si utiles

1. Voir Monstrelet, t. IV, p. 86, et p. 23-24. — Cf. Aschbach, t. III, *passim*.

2. Pouvoirs, en date du 14 janvier 1422, dans Rymer, *l. c.*, p. 48-49. Cf. *Proceedings and ordinances*, t. III, p. 29.

3. Il faut noter que deux de ces princes (le comte palatin du Rhin et l'archevêque de Cologne), étaient vassaux et hommes liges du roi. Voir instruction, p. 45. — Sur l'attitude de l'empereur, voir les lettres de Herelong van Clux, dans Rymer, p. 63.

4. Pouvoirs du 24 janvier. Rymer, *l. c.*, p. 47.

5. On voit dans un *Mémoire pour le Roy de Navarre* que, pendant le siège de Meaux, le roi d'Angleterre reprit les négociations entamées après le traité de Troyes, et discuta avec l'aumônier du roi de Navarre les conditions du marché. Du Puy, 223, f. 223 vo-25.

6. Rymer, t. IV, part. II, p. 193; *Proceedings and ordinances*, t. II, p. 236.

7. Les 28 novembre 1418 et 27 mai 1419 des saufs-conduits étaient délivrés à des ambassadeurs génois (Rymer, t. IV, part. III, p. 77 et 118). Le 26 février 1419 un pouvoir était donné à des ambassadeurs pour traiter avec le duc et la République (*id.*, *ib.*, p. 96). En 1420, le 4 août, nouveau sauf-conduit à des ambassadeurs de la République pour se rendre en France près de Henri V (*id. ibid.*, p. 187); enfin un sauf-conduit fut encore délivré le 30 mars 1421 à une ambassade qui vint en Angleterre (*id.*, t. IV, part. IV, p. 18).

8. Nous avons rencontré dans le ms. fr. nouv. acq., 1001 (f. 8) la pièce suivante, attestant les relations du Dauphin avec la seigneurie de Gênes :

« THOMÆ DE CAMPO FREGOSO, DUCIS JANUENSIS, AD CAROLUM DELPHINUM. Illustrissime princeps et excellentissime domine, venit ad Dominationis vestræ presentiam spectabilis miles *talis*. Itaque eamdem oramus quatenus placeat relatibus dicti *talis* certam adhibere fidei

dans ses luttes navales contre l'Angleterre. Mais, fidèles au bon souvenir laissé par le gouvernement de Boucicaut, un certain nombre de seigneurs génois étaient restés en France : nous en trouvons dans les rangs de l'armée dauphinoise, au mois de novembre 1418, et jusqu'en 1421 [1]. Enfin un nouveau traité, en date du 29 mai 1421, vint inféoder complètement la République à la cause de l'Angleterre [2]. Celle-ci ne devait pas profiter longtemps du traité : dans le cours de l'année, deux armées milanaises envahirent le territoire de Gênes. Campo Fregoso, se sentant hors d'état de soutenir la lutte, résigna le pouvoir, et s'embarqua (27 septembre) pour les côtes orientales. La seigneurie de Gênes passa aux mains du duc de Milan, dans les conditions qui autrefois avaient été stipulées avec la France.

La tenacité avec laquelle le Dauphin résistait aux assauts de l'Angleterre, l'impossibilité de jouir pleinement des conséquences du traité de Troyes causaient à Henri V un violent déplaisir, dont on trouve la trace dans les documents émanés de sa chancellerie [3]. La victoire de Baugé l'avait rempli de fureur, et ce n'était pas sans indignation qu'il avait vu les côtes anglaises menacées par une flotte espagnole [4]. Ainsi,

plenitudinem, tanquam nobis, paratis si quidem toto cordis affectu in quolibet augmentum et decus Excellentiæ vestræ fidentia. Data Janue, a. M CCCC XX, die IIII januari. THOMAS DE CAMPO FREGOSO, DEI GRATIA JANUENSIUM DUX. — *Illustrissimo principi et excellentissimo domino domino duci Aquitaniæ, Dalphino Viennensi.* »

1. Philippe de Grimaldi reçoit 200 l. t. le 17 novembre 1418 (Clairambault, 55, p. 4209) ; en décembre 1418, Casan de Aurea, Génois, est prisonnier des Anglais (Rymer, t. IV, part. III, p. 80) ; en 1421, le marquis du Garet, Génois (sans doute des marquis de *Caretto*), commande à Rougemont, et est pendu lors de la prise de cette place par Henri V (Berry, p. 442).

2. Pouvoir de Henri V du 1er mai ; pouvoir de Campo Fregoso du 7 février précédent, dans le traité du 29 mai 1421. La ratification du roi est du 26 octobre. Rymer, t. IV, part. IV, p. 28-30 et 42 ; Du Mont, *Corps diplomatique*, t. II, part. II, p. 155.

3. « Procurante tamen antiquo humanæ inimico naturæ, sunt nonnulli, in profundo malitiæ positi, ut Karolus, *Dolphynus Viennie* se nominans, et sui complices, dictæ pacis rupturam totis viribus hanelantes et rebellionis calcaneum, in Dei offensam, ac patris nostri et nostri contumeliam, erigere non verentes, pacis antedictæ gratissima fœdera confringere ac subditos patris nostri et nostros, non sine magna strage Christianorumque sanguinis effusione, invadere in diesque deprædari non desinunt... » Pouvoir pour traiter avec le roi de Portugal, *l. c.*, p. 47.

4. Lettre de Henri V au connétable de l'île de Wight, en date du 19 mars (*Proceed. and ord.*, t. II, p. 302) : « Pour ce que nous sumes creablement enformez que nos ennemys espaignolx sont à present en grant nombre sur la meer armez pour la guerre, purposantz de faire invasion à nostre royalme et en especial en nostre Isle de Wyght, etc. »

malgré la situation précaire de l'Écosse, malgré les divisions régnant en Espagne, où se poursuivait une guerre civile à laquelle l'influence anglaise n'était peut-être pas étrangère, le roi d'Angleterre se voyait plus que jamais entravé dans l'exécution de ses desseins! Saisi d'une pensée de découragement, il se demanda s'il devait pousser plus loin sa conquête. Nous en avons la preuve dans un document postérieur, qui nous révèle les dispositions secrètes de Henri V à cette époque[1]. Reconnaissant que la voie des hostilités était longue, périlleuse, hérissée de difficultés, il confia au duc de Bourgogne et à un petit nombre de conseillers de ce prince « qu'il desiroit bien trouver voye et manière convenable de traittier avecques la partie adverse, tellement que ladicte guerre cessast du tout, » et formula la demande que, « sans sa requeste, » mais par l'intermédiaire de Philippe, le duc de Savoie intervînt en faveur de la paix. Il y eut dans ce but, au mois de mars 1422[2], une entrevue entre les deux ducs, à Genève, où Philippe se rendit sous prétexte de visiter son oncle et sa tante. Amédée VIII consentit à envoyer en France des ambassadeurs pour entamer les négociations[3].

Le Dauphin n'avait garde de se priver des avantages diplomatiques qu'il avait su conquérir : il ne cessait d'entretenir d'intimes relations avec la Castille, et la tenait soigneusement au courant de ses progrès. Regnault de Chartres, à peine revenu d'Écosse, fut envoyé en Espagne, avec Guillaume de Quiefdeville, pour annoncer à Jean II la victoire de Baugé. En septembre suivant, Bertrand de Goulard et Quiefdeville reprirent le chemin de l'Espagne. Le texte de leurs instructions nous a été conservé. Ils avaient charge de remercier le roi du bon vouloir qu'il avait toujours témoigné au Dauphin; de lui faire con-

1. Ce sont des instructions données par Philippe le Bon à ses ambassadeurs envoyés en Angleterre, avant l'ouverture du congrès d'Arras, en avril 1435. Collection de Bourgogne, 99, p. 442.

2. Il arriva à Genève le 29 mars, et en repartit le 4 avril. D. Plancher, *Histoire de Bourgogne*, t. IV, p. 49; Guichenon, *Histoire généalogique de la maison de Savoie*, t. I, p. 460. — Le 16 mars on savait à Lyon que le duc de Bourgogne devait être prochainement à Genève. *Registres des délibérations*, BB 1, f. 146 v°. Sur ce voyage, voir Chastellain, t. I, p. 293-94.

3. Ces ambassadeurs passèrent par Lyon le 17 mai. BB 1, f. 156 v°.

naître les événements favorables à sa cause qui étaient survenus : l'alliance avec le duc de Bretagne, qui avait envoyé son frère Richard au service du Dauphin avec bon nombre de chevaliers et écuyers; l'espérance que faisait concevoir la venue du nouveau secours d'Écosse; l'échec de la campagne entreprise par le roi d'Angleterre à son retour en France; la « destrousse » du duc de Bourgogne par les troupes campées au delà de la Seine. Ils devaient ensuite requérir l'envoi par terre d'une armée commandée par les cousins du roi, les infants d'Aragon, ou tout au moins par un duc ou un comte, dont les ambassadeurs avaient mission d'assurer le meilleur choix [1]. Ils devaient insister près des infants, et, rappelant les services rendus par la France à la Castille, solliciter l'avance de la première mise de fonds, en offrant à cet égard toutes les garanties désirables. Ils devaient enfin demander au roi de faire signifier à tous ses sujets, alliés et voisins, sa détermination d'aider et servir le Dauphin contre tous, et spécialement contre le « commun adversaire de France et de Castille, ses aidans et favorisans, » et de manifester son intention que tous lui fissent guerre et s'employassent de toutes manières « au recouvrement de son frère et allié le Roy de France, detenu par ledit commun adversaire. » S'il était question du « retour des *galées*, » il était recommandé aux ambassadeurs de ne point *irriter* les chevaliers et écuyers qui se trouvaient sur ces navires, mais d'exprimer le regret que le Dauphin avait éprouvé de ce retour, parce qu'au moment où il avait été effectué, ces *galées* pouvaient lui rendre de très grands services, en se portant sur les côtes de Normandie, de Picardie ou d'Angleterre [2].

Cet intéressant document, qui nous initie si bien aux relations existant entre les deux puissances, fait d'autant plus regretter la pénurie d'informations de ce genre pour cette période. C'est à grand peine que nous avons pu rassembler les renseignements permettant de suivre le mouvement diplomatique pendant la régence du Dauphin. Il est permis toutefois

1. Voir à ce sujet un pouvoir qui se trouve dans le ms. f. 5024, f. 151.
2. Ms. lat. 6024, f. 18.

de constater que, sur le terrain des négociations comme sur le terrain de la lutte armée, une activité féconde avait été déployée, et qu'on avait obtenu d'importants résultats.

Le tableau des efforts tentés sous ce rapport serait incomplet si nous ne nous arrêtions un instant à l'Italie, où le Dauphin, voyant la Castille aux prises avec ses divisions intestines [1], ne tarda pas à chercher des auxiliaires.

Le 2 novembre 1421, Gênes, dont — nous l'avons vu — le roi d'Angleterre avait recherché l'alliance, se donnait au duc de Milan. C'est sur ce prince que le Dauphin jeta les yeux comme pouvant lui offrir un utile concours. Philippe-Marie Visconti, monté sur le trône en 1412, était le frère de l'infortunée Valentine, unie à Louis, duc d'Orléans. Son père, Jean Galeas, dont l'empereur Wenceslas avait érigé la seigneurie en duché (11 mai 1395), s'était uni à Charles VI par un traité d'alliance, signé le 31 août 1395 [2]. Succédant à Jean-Marie, son frère, qui, après s'être souillé par tous les crimes, avait été massacré, en haine de sa tyrannie, par des gentilshommes milanais, il était parvenu à un degré de puissance qu'aucun prince italien n'avait atteint depuis longtemps. L'empereur Sigismond, qui voulait soumettre les villes de Lombardie à la juridiction de l'Empire, dut y renoncer. Aidé par un habile général, Carmagnola, le duc de Milan avait conquis tout le pays situé entre l'Adda, le Tessin et les Alpes, et imposé sa loi à tous les petits tyrans qui s'étaient partagé les États de son père. Avant que Gênes s'offrit à lui, Parme, Brescia et Cremone avaient passé successivement sous sa domination [3]. Pourtant Philippe-Marie n'avait point les qualités qui font les grands princes : craintif, astucieux, indécis parfois, poussé tout ensemble par des aspirations généreuses et par des instincts où se retrou-

1. Vers le mois de juin 1421, le roi se décida à prendre les armes pour dompter l'infant don Henri; celui-ci fut arrêté le 14 juin 1422. Ferreras, t. VI, p. 270-71. Cf. Le *Victorial*, p. 493-95, notes.

2. Le texte est dans Leibniz, *Codex Diplomaticus*, p. 259. Leibniz donne aussi (p. 277) un traité par lequel Gabriel-Marie, seigneur de Pise, frère du duc, se déclare vassal de la France (15 avril 1404). Voir, sur les événements qui amenèrent ce traité, le Religieux de Saint-Denis, t. IV, p. 256 et suiv.

3. Voir Sismondi, *Histoire des Républiques Italiennes*, t. VIII, p. 305-32.

vaient la bassesse et la férocité de son frère, c'était bien le type du souverain italien à l'époque de décadence où se trouvait alors l'Europe[1].

L'histoire ne nous fournit aucun détail sur les négociations entamées par le Dauphin avec le duc de Milan. Nous savons seulement qu'au mois de novembre 1421, Charles engageait les terres de son domaine jusqu'à concurrence de six mille écus d'or, pour faire face à la solde des gens d'armes lombards qu'il se proposait d'envoyer chercher[2]. Au mois de février 1422, Artaud de Grandval, abbé de Saint-Antoine de Viennois, en se rendant en ambassade vers le Pape, visita au passage le duc de Savoie, le duc de Milan et d'autres princes italiens[3]. Artaud était accompagné de Bertrand de Saint-Avit et de Philippe de Grimault, qui avaient mission de ramener le corps de troupes dont il s'agissait[4]. Le duc de Milan se prêta de fort bonne grâce à ce qu'on lui demandait : des auxiliaires lombards ne tardèrent point à passer en France, où nous les trouvons aussitôt dans les rangs de l'armée du Dauphin[5]. Ce fut là le point de départ de relations qui devaient se poursuivre, et aboutir,

1. *Vita Philippi Mariæ*, auct. Petro Candido Decembrio, dans Muratori, t. XX, col. 1001 et suiv.

2. Lettres du 26 novembre 1421. *Ordonnances*, t. XI, p. 141-42.

3. La date est fixée par la pièce du 28 janvier 1422, citée plus haut. Archives de Grenoble, B 2846.

4. Même source. Pour cette mission, l'abbé reçut 4,000 l., Saint-Avit 2,000 l., et Grimault 1,000 l. Ces deux derniers devaient « pourchacier et souldoyer gens d'armes et de trait oudit pays (en Italie), pour aler à la nouvelle saison en France ou service de mon dit seigneur. » Saint-Avit et Grimault sont désignés dans l'ordonnance du 26 novembre 1421 comme devant aller chercher, « ou pays de Lombardie, » « certaines gens d'armes et targons. » On trouve dans le Registre B 3045 plusieurs documents relatifs aux sommes versées pour le paiement de ces troupes (f. 169-171). Le 28 février, Regnier de Bouligny, se trouvant à Romans au cours d'une mission qui lui avait été confiée, recommandait, avant de partir pour le Languedoc, que les 5,000 écus d'or nécessaires au paiement des gens d'armes que devaient amener l'abbé de Saint-Antoine et Bertrand de Saint-Avit, « des parties d'Italie, » fussent prêts et remis au trésorier du Dauphiné pour être portés à Avignon. B 2825, f. 140.

5. Le 6 juin 1422, les troupes de Lombardie sont en Dauphiné, prêtes à entrer dans le royaume. Archives de Lyon, BB I, f. 158 v°, et lettre de Groslée, AA 82. Mais déjà des capitaines lombards se trouvaient au service du Dauphin : Borno Cacaran, capitaine lombard, faisait montre à La Charité-sur-Loire le 26 juin 1422; il était depuis longtemps en France, car la montre passée *à Aubigny le 4 mai* (et non le 14) paraît être de 1421, et non de

comme nous le verrons, à la conclusion d'un traité d'alliance.

Ainsi, le gouvernement du Dauphin, pendant ces quatre années de régence, si difficiles, si laborieuses, où il avait eu à lutter contre de nombreux et puissants ennemis, avait réussi à conserver à la France l'amitié et à obtenir le secours effectif de l'Écosse et de la Castille; il avait désarmé l'hostilité du pape Martin V, entretenu de bons rapports avec le duc de Savoie, et tandis qu'au sud de l'Italie le duc d'Anjou s'aidait du prestige du nom français pour s'assurer la possession du royaume de Naples, le nord de la péninsule s'ouvrait à notre action, et le plus considérable des princes italiens s'apprêtait à devenir notre allié.

CHAPITRE X

L'ADMINISTRATION DU DAUPHIN

1418-1422

---

§ 1. — ROYAUTÉ, ADMINISTRATION CENTRALE, PARLEMENT, ÉTATS GÉNÉRAUX, CLERGÉ, NOBLESSE, TIERS-ÉTAT

Situation du pouvoir royal. Anarchie dans l'administration. — Reconstitution de l'administration centrale par le Dauphin : chancelier, Grand Conseil, grands officiers de la Couronne, maison du Prince. — Création du Parlement de Poitiers; son organisation. — Création du Parlement de Toulouse. — États généraux et particuliers : réunion d'États généraux à Clermont en mai 1421. — Clergé : situation de l'Église de France; assemblée tenue en mars 1418; ordonnances rendues par Charles VI et maintenues pendant la régence du Dauphin; relations du Dauphin avec le clergé ordonnance contre les blasphémateurs. — Noblesse : attitude des princes apanagés et des grands feudataires; conduite du Dauphin à leur égard; convocation des nobles du royaume; exemptions du service militaire; lettres d'annoblissement. — Tiers-État : protection dont il est l'objet; relations avec les villes; mesures prises pour leur venir en aide; lettres d'abolition données aux habitants de Tours, de Nîmes, de Béziers; confirmation de privilèges; concessions octroyées.

Jamais la force du principe monarchique n'apparut d'une façon plus éclatante que pendant les dernières années du règne de Charles VI. Partagée en deux camps et devenue le théâtre de luttes acharnées, foulée par un ennemi impitoyable qui poursuivait âprement sa conquête, trahie par ceux-là mêmes qui auraient dû prendre sa défense, la France était tombée bien bas; mais elle pouvait espérer encore, car elle conservait sa dynastie. La Royauté était là; l'institution traditionnelle demeurait, entourée du respect de tous, et c'est sous son égide que le pays allait se relever de ses ruines. Si le roi Charles VI est incapable de s'occuper des affaires de l'État, son fils exerce le pouvoir sous son nom, avec le titre de lieutenant général du royaume. Quand, en mai 1418, le Roi tombe aux mains d'une faction qui livre à la fois Paris à l'anarchie et la France à l'étranger, le Dauphin — vu *l'empêchement* du Roi et comme héritier de la couronne, à qui seul, « par raison et droit naturel, appartient de pourvoir au gouvernement et à l'administration [1] » — exerce les fonctions de régent, et bientôt il en prend officiellement le titre. Le jeune Charles est alors le véritable Roi, reconnu par tous les bons Français aussi bien que par les puissances unies au royaume par des traités, jusqu'au jour où la mort de son père fera passer sur sa tête la couronne que ses ennemis ont vainement tenté de lui ravir.

Assurément si la France, subissant le joug de Jean sans Peur et de son fils, s'était soustraite à l'obéissance du Dauphin, si elle eût accepté le traité qui le déclarait indigne de la couronne et déchu du trône, c'en était fait de notre pays. Au dauphin Charles revient l'honneur d'avoir par son énergique résistance sauvegardé l'indépendance nationale, offrant ainsi la démonstration de cette vérité, attestée par toute notre histoire, que le salut de la France est dans la fidélité au principe de la monarchie traditionnelle.

Mais en se mettant à la tête du mouvement qui, sous son active impulsion, allait empêcher la France de devenir une province anglaise, le Dauphin devait tout d'abord s'occuper de la situation intérieure du royaume.

L'anarchie la plus complète régnait dans l'administration. D'un côté, le gouvernement de Paris, dirigé par la faction bourguignonne; d'un autre, celui de la Reine et du duc de Bourgogne, d'abord installé à Troyes, établi plus tard à Paris, puis transporté de nouveau à Troyes dans l'été de 1419; en

1. Lettres patentes du Dauphin, en date du 13 juin 1418. Voir ci-dessus, chapitre IV, p. 94-95. — Comme le dit un document rédigé en vue de combattre le traité du 2 décembre 1419, le Dauphin est « celui à qui appartient plus que avant le droit de la couronne, l'onneur des fleurs de lis, et le reyaume de France, attendu l'empeschement de son père le Roy. » Archives, X1a 8604, f. 41 v°, et dans La Barre, t. I, p. 316.

troisième lieu, celui du Dauphin, provisoirement installé à Bourges. Tout était à créer : plus de conseil, plus de parlement, plus de chambre des comptes, point d'armée, point de finances. Le personnel entier des cours souveraines et de l'administration était à reconstituer; au centre, il fallait rétablir tous les rouages, brisés subitement; sur les différents points du royaume, on avait à s'assurer l'appui du clergé, de la noblesse, des villes surtout, que le duc de Bourgogne s'efforçait de gagner.

La tâche était immense, et très disproportionnée aux forces du Dauphin. Bien qu'associé de bonne heure aux travaux du conseil royal et investi, par une ordonnance du 14 juin 1417 [1], de la mission de le présider en l'absence de son père, Charles était trop jeune pour avoir pu faire son apprentissage de Roi. Les actes émanés de son initiative personnelle, durant la courte période qui précéda l'invasion du 29 mai 1418, sont peu nombreux, et concernent exclusivement, soit le Dauphiné qu'il avait reçu en apanage le 13 avril 1417 [2], soit les provinces — le duché de Touraine d'abord [3], le duché de Berry et le comté de Poitou ensuite [4] — qui lui avaient été données et qu'il tenait en pairie [5].

Quand on jette un regard attentif sur le personnel de la petite Cour du Dauphin, au lendemain de la fuite de Paris, un fait se dégage dès l'abord : c'est que tout ce qu'il y avait de plus no-

1. *Ordonnances*, t. X, p. 416.
2. *Id.*, t. X, p. 404.
3. 15 juillet 1416. *Ordonnances*, t. X, p. 371.
4. 17 mai 1417. *Ordonnances*, t. X, p. 409.
5. Par lettres du 2 juin, Charles prescrivit la convocation des États du Dauphiné, pour aviser aux mesures à prendre contre une invasion de l'empereur (*Ordonnances*, t. X, p. 414). — Pendant son voyage à Angers, en juin 1417, Charles eut à s'occuper d'une affaire intéressant la sécurité du Poitou. Les États de cette province, réunis à Saumur, exposèrent les maux résultant de la lutte engagée, au sujet de certaines de leurs possessions, par le seigneur de Parthenay et Arthur de Bretagne, comte de Richemont, alors prisonnier en Angleterre. Charles désigna, pour négocier cette affaire, Jean de Vivonne, commandeur de Châtillon; Guillaume Toreau, Guillaume Orry et Guillaume Cardot, maire de Niort; une assignation de 3000 l. t. leur fut faite, et par lettres du 21 juin (dont nous possédons l'original), le Dauphin ordonna d'allouer aux comptes une somme de 70 l. t. sur cette assignation. Le 2 juillet fut signé à Angers, entre le Dauphin et le duc de Bretagne, agissant au nom de son frère, un traité qui tranchait la question en ce qui concernait le comte de Richemont; mais les démêlés avec le seigneur de Parthenay, qui avait embrassé le parti bourguignon, ne se terminèrent pas si vite. Voir *Histoire de Parthenay*, par B. Ledain, p. 312.

table dans le Conseil de Charles VI ne tarda point à se grouper autour du jeune prince. Nous avons enregistré plus haut[1] les noms de ces personnages. On put reconstituer immédiatement les différents services. Le Dauphin eut près de lui son chancelier (Robert le Maçon), qui ne l'avait pas quitté; le seul maréchal alors en exercice (Pierre de Rochefort); l'amiral de France (Robert de Braquemont), et le grand maître des arbalétriers (Jean de Torsay). Le Grand Conseil se trouva bien vite formé. La multiplicité des déplacements du prince et les besoins de l'administration amenèrent même un résultat qu'il faut signaler : il y eut à la fois plusieurs conseils. Indépendamment du conseil particulier qui suivait le Dauphin, il y avait le Grand Conseil, siégeant d'une façon permanente, en son absence, à Poitiers d'abord[2], puis à Bourges[3]. Il y eut un conseil résidant en Languedoc, où fut bientôt organisée une administration spéciale[4] : à Toulouse, en 1422, fut installé un conseil, non plus nomade et — comme il l'avait été au début, — attaché à la personne du lieutenant général du Dauphin, mais indépendant et sédentaire[5]. Il y eut même parfois d'autres conseils, siégeant d'une façon intermittente, à Lyon[6] et à Chinon[7].

Cette vie errante du Dauphin, cette obligation de se transporter d'une extrémité à l'autre du royaume, amena une autre innovation : pendant le voyage du Languedoc, le chancelier étant resté à Bourges pour diriger les affaires, Charles eut près de lui un *vice-chancelier*[8]. Nous avons vu plus haut qu'au

1. Voir chapitre IV, p. 113 et suivants.

2. *Catalogue des actes* (en préparation), lettres des 29 octobre, 13, 18, 20 décembre 1418; 11, 12 janvier, 4 février, 13 mars, 1er avril, 2 mai, 21 août, 27 et 28 septembre 1419, etc.

3. *Catalogue des actes*, lettres des 30 octobre, 19 et 23 novembre, 22 décembre 1419; 2, 15 janvier, et janvier (sans date de jour), 2, 11, 12 février, et février (s. d.), 13, 20, 23, 24, 28 mars, 8 mai, 23 septembre 1420.

4. Dès le 22 janvier 1419, il y avait un conseil en Languedoc; mais c'est après le voyage du Dauphin et à partir de la nomination de Charles de Bourbon, comme lieutenant général (15 septembre 1420), que l'administration spéciale à ce pays fut organisée. Lettres de janvier 1421, 4 mai, 13 juillet, 16 et 17 août, 18 novembre 1421; 7, 22 mars et 30 juillet 1422.

5. Lettres des 16 juin et 24 juillet 1422.

6. Lettres des 31 janvier et 3 février 1420, et 20 octobre 1422.

7. Lettres du 23 avril 1420.

8. Lettres des 23 mars et 29 avril 1420.

commencement de 1422 un nouveau chancelier avait été nommé : par lettres du 3 février, le Dauphin, considérant « que à lui singulièrement et non à autres, attendu la disposition et aussi la détention de la personne du Roi, » appartient de pourvoir à l'office de chancelier du royaume, — vacant depuis le trépas de Henri de Marle[1], massacré à Paris par la faction bourguignonne, — ainsi qu'il avait fait pour les autres offices, et afin que la justice, dont le chancelier est le chef, fût bien administrée, éleva Martin Gouge, évêque de Clermont, à la dignité de chancelier de France[2].

Le chancelier avait la garde du grand sceau. Ce sceau, aux armes du Dauphin, écartelé de France et de Dauphiné[3], était resté à Paris, aux mains des ennemis, et l'on avait dû prendre des précautions contre l'usage qui pouvait en être fait par la faction bourguignonne[4]. Les premières lettres rendues au nom du Dauphin sont scellées du « seel de secret, en l'absence du grant[5]. » Le seel secret était confié à la garde du premier

1. On estimait donc que la charge n'avait pas été remplie par le chancelier du Dauphin, Robert le Maçon, qui pourtant avait exercé si honorablement les fonctions de chancelier du royaume depuis la fuite de Paris.

2. Voici les considérants des lettres de provision, en date du 5 février 1422, qui ne nous sont connues que par un extrait du 4e compte de Guillaume Charrier, rapporté par François du Chesne dans son *Histoire des chanceliers et gardes des sceaux de France* (1680, in-fol., p. 479). « Mondit seigneur veant et connoissant que, depuis le trespassement de messire Henry de Marle, en son vivant chancelier de France, il n'avoit point encore pourveu audit estat et office de chancelier, et ainsi que par grand et meure deliberacion et pour le grand bien de ceste seigneurie il avoit fait aux autres chefs d'office de ce royaume, c'est assavoir tant de connestables (*sic*) et mareschaux de France que autres, de laquelle provision faire, dont depend tout le fait et gouvernement de la justice de cedit royaume, avoit depuis esté et estoit encore de plus en plus urgente necessité à ce que ladicte justice, dont est le chef ledit chancelier, feust bien et convenablement administrée et les affaires du Roy nostre sire et de lui, meurement, et selon les cas qui occurreroient, addressiez et conduits; et considerant que à lui singulièrement et non à autres, attendu la disposition et aussi la detention de la personne du Roy nostre dit seigneur estant ès mains de ses ennemis anciens, appartenoit à faire et donner ladicte provision, comme à celui à qui plus touchoit, recognoissant par experience de fait les très grans sens, prudence, loyauté et souffisance, etc. »

3. *Inventaire des sceaux*, par M. Douet d'Arcq, t. 1, p. 276.

4. Lettres patentes du 13 juin 1418 : « Et pour ce que lesdiz pilleurs et voleurs... prinsdrent noz grans seaulx qui estoient en l'ostel de notre amé et feal chancelier..., vous mandons que à quelxconques lettres ou mandemens seellez dudit seel, vous ne donnez obeissance en aucune manière, jusques ad ce que sur ces choses ayez de nous autres nouvelles. » *Documents pour servir à l'histoire de Lyon*, p. 163. Cf. lettre missive du 29 juin, reproduite plus haut, p. 98-101.

5. Lettres des 13 et 24 juin, 9 juillet, 15 août, 9, 17 et 24 septembre, etc.

chambellan; c'était, nous l'avons vu plus haut, le sire de Barbazan [1].

Nous avons constaté que, parmi les grands officiers de la couronne, trois des titulaires avaient suivi le Dauphin. Les autres, tels que le grand maître d'hôtel du Roi (le comte de Vendôme), le grand bouteiller (Jean, sire d'Estouteville), le grand chancelier (le duc de Bourbon) et un maréchal de France (le sire de Boucicaut), étaient prisonniers en Angleterre. Nul des grands officiers ne resta au service de Charles VI, après qu'il fut tombé aux mains des Bourguignons. Le gouvernement dirigé par Jean sans Peur dut pourvoir aux vacances par la nomination de nouveaux titulaires. C'est ainsi que Claude de Beauvoir, seigneur de Chastelus, et Jean de Villiers, seigneur de l'Isle-Adam, devinrent maréchaux de France (2 juin 1418); que Charles de Lens fut nommé amiral (5 juin); André de Toulongeon, grand maître de l'écurie (16 juillet); Jean de Neufchastel, seigneur de Montagu, grand bouteiller (30 juillet); Robinet de Mailly, grand pannetier (juin); Jean de Berghes, grand veneur (2 juin); Guillaume de Prez, grand fauconnier; Jean Petit, maître de l'artillerie (7 octobre) [2]. — De son côté, après « grande et mure deliberation, » le Dauphin, ayant en vue « le grand bien de sa seigneurie, » s'occupa peu à peu de pourvoir aux charges encore vacantes. Au mois de septembre 1420, au plus tard, il avait désigné le seigneur de la Fayette [3] pour suppléer le maréchal de Boucicaut, qui ne tarda pas à mourir en Angleterre [4]. Au commencement de 1421, Amaury de Séverac

1. Voir ci-dessus, p. 115.

2. Voir le P. Anselme, *Histoire généalogique*, tomes VI, VII et VIII, *passim*. Pour Guillaume de Prez, j'ai trouvé l'indication dans le *Compte de Pierre Gorremont* de 1418, aux Archives de la Côte-d'Or, B 1503, f. 120.

3. Le premier acte où La Fayette prend ce titre, porte la date du 8 septembre 1420 (Clairambault, 21, p. 1483). On a des lettres données, en date du 30 septembre, sous le « seel ordonné pour le fait de la mareschaussée; » ces lettres, données au nom de Gilbert, seigneur de la Fayette, chevalier, *maréchal de France*, portent non plus le « seel commun de la mareschaussée, » mais les armes de La Fayette : de gueules à une bande dentelée d'or, à la bordure de vair (ou semée de cœurs). *Pièces originales*, 119 : FAYETTE, et *Armorial de France*, par Berry, publié par M. Vallet de Viriville, page 82 et note 3. Cf. Raoulet, éd. de Jean Chartier, t. III, p. 170. — C'est à tort par conséquent que le P. Anselme (t. VII, p. 56) recule sa nomination jusqu'en 1421.

4. On a de lui un codicile daté du 21 mai 1421.

fut adjoint au maréchal de la Fayette[1]. Après la victoire de Baugé (22 mars 1421), la charge de connétable, restée vacante depuis la mort du comte d'Armagnac, fut donnée à Jean Stuart, comte de Buchan[2]. Vers le même temps, Louis de Culant fut promu à la dignité d'amiral, vacante par la mort de l'amiral de Braquemont[3]. Le 1er octobre 1420, Pierre Bessonneau, écuyer d'écurie du Dauphin, fut nommé « général maître et visiteur de l'artillerie[4]. » La charge d'aumônier était remplie par Étienne de Montmoret[5]. Celle de grand écuyer, d'abord confiée à Hugues de Noé, fut donnée le 20 septembre 1419 à Pierre Frotier, écuyer d'écurie du Dauphin[6]. Le premier chambellan Barbazan, tombé au pouvoir des ennemis, qui devaient lui faire subir une longue captivité, paraît avoir été suppléé par Guillaume d'Avaugour[7]. Jean, seigneur de Prie, et Guillaume Bellier, capitaine de Chinon, étaient alors, l'un grand pannetier, l'autre grand veneur[8]. Enfin, dès le 20 septembre 1418, nous voyons Guillaume de Chaumont, seigneur de Quitry, remplir la charge de grand maître des eaux et forêts[9].

Dans cette énumération, il ne faut point oublier une charge spéciale, celle de maréchal des guerres du Dauphin, créée à la fin de 1418, et remplie, comme nous l'avons vu[10], par Tanguy du Chastel.

Ainsi, pendant sa régence, Charles pourvut à toutes les

1. Il était maréchal dès le 15 avril 1421 : Mandement de ce jour, Cabinet des Titres : SÉVERAC.

2. Berry, p. 441. Serment du nouveau connétable, Ms. fr. 5271, f. 149 v°. — C'est à tort que le P. Anselme (t. VI, p. 225) recule le fait au 4 avril 1424.

3. Celui-ci ne paraît plus après la date du 28 juin 1419.

4. Le P. Anselme, t. VIII, p. 131. Il est désigné comme maître de l'artillerie dans une quittance de Tanguy du Chastel, du 7 octobre 1420 (D. Morice, t. II, col. 1007).

5. Godefroy, *Historiens de Charles VI*, p. 796-97.

6. Le P. Anselme, t. VIII, p. 472 et 480.

7. Le P. Anselme ne mentionne pas Barbazan parmi les grands chambellans. Le renseignement relatif à Guillaume d'Avaugour est tiré du procès de Barbazan. Ms. fr. 5061, f. 115 v°.

8. Ces deux nominations, mentionnées par le P. Anselme (t. VIII, p. 664 et 700), auraient besoin d'être établies d'une façon plus précise.

9. C'est au moins ce que nous apprennent du Tillet, *Recueil des rois*, etc., p. 421 (éd. de 1607), et le P. Anselme, t. VIII, p. 885. — Par lettres du 14 mai 1419, il fut retenu au service du Dauphin avec six cents hommes d'armes et quatre cents hommes de trait.

10. Voir plus haut, p. 114.

charges de grands officiers, maintenant ainsi intactes les traditions de la monarchie.

Sa maison fut de bonne heure constituée : les comptes qui nous ont été conservés, les documents que nous avons pu recueillir, prouvent qu'elle ne tarda point à être au complet. Le Dauphin avait un premier maître d'hôtel (Thibaud Oudart) et trois maîtres d'hôtel [1]; vingt-quatre écuyers d'écurie [2] et un *écuyer d'honneur* [3]; un premier pannetier (Hervé du Mesnil) et une douzaine de panneticrs [4]; un premier échanson (Philippot d'Erquainvilliers) et une douzaine d'échansons [5]; quatre écuyers tranchants [6]; de nombreux conseillers et chambellans [7]; un plus grand nombre de simples chambellans [8]; puis un *physicien* (Jean Cadart), un chirurgien (Regnault Thierry), un argentier (Denis du Chesne), un maître de la chambre aux deniers, un sergent d'armes, un huissier d'armes, un huissier de salle, un maréchal de l'écurie, un premier valet de chambre et huit valets de chambre dont l'un était en même temps premier barbier [9], un premier *queux;* enfin des fauconniers, des pages, des trompettes, etc.

L'un des premiers soins du Dauphin fut de pourvoir à l'ad-

1. Il n'y avait que quatre maîtres d'hôtel à la fois en exercice. Voici les noms que nous avons relevés pour cette période : Pierre du Puy du Fou, dit *Le Gallois*, Bertrand Campion, Pierre Hérisson, François de La Bourme, Guillaume Claret, Antoine de Varennes, et Richard de Chissé.

2. Nous citerons parmi eux Pierre Frotier, bientôt premier écuyer; Olivier Léer ou Léet, Guitard de Besordon, Colin de La Bigne, Perreau de Montejean, Antoine de Varennes (ensuite maître d'hôtel), Louis de Chalençon, Pierre Eypecat, Jean Rolet, Jean du Cigne, Henri de Pluscallec, Lancelot Rogre, l'Écossais Thomas Seton, Charles Labbé, l'ancien capitaine bourguignon de Tours, etc.

3. On l'appelait *le Petit Plusquallec :* c'était Jean de Pluscallec.

4. Nous citerons Prégent de Coëtivy, plus tard amiral de France; Colin Frotier, frère de Pierre; Rogerin Blosset, Jean du Mesnil.

5. Nous citerons Louis d'Avaugour, Guillaume Quatrebarbes, Jean de Crassay, Jean de Rosnivinen.

6. Parmi eux figure Jean Havart.

7. Nous en avons compté trente, sans épuiser la liste. Tout ce qu'il y a de plus considérable dans l'entourage du prince y figure.

8. Ce titre fut prodigué par le Dauphin, qui souvent n'avait point d'autre moyen de rémunérer les services : nous n'avons pas compté moins de trente-sept chambellans, et sans doute nous ne les connaissons pas tous.

9. Il était encore en fonctions en février 1440. Voir des lettres données en sa faveur, *Ordonnances*, t. XV, p. 309. Il y avait aussi un *tailleur et valet de chambre*, et un *armurier et valet de chambre*.

ministration de la justice : à côté du Conseil, il fallait un Parlement. Le gouvernement qui siégeait dans la capitale n'avait rien eu de plus pressé que de mettre en sa main tous les offices du royaume [1], et de remplacer les membres du Parlement et des autres corps de l'État par des créatures du duc de Bourgogne [2]. Le Dauphin, une fois qu'il fut bien constaté que ses tentatives de conciliation demeureraient vaines, s'occupa de pourvoir à ce besoin. Il avait autour de lui plusieurs membres du Parlement de Paris : par lettres données à Niort, le 21 septembre 1418, il institua son Parlement. Dans ces lettres, le Dauphin rappelle d'abord ce qui s'est passé dans la capitale : les horribles massacres commis avec une scandaleuse impunité ; les mutations faites arbitrairement par le duc de Bourgogne, lequel n'avait nul droit « de soy entremettre du gouvernement du royaume ne de Monseigneur. » Le Dauphin, considérant que le Roi n'était point en sa franchise, mais à la merci du duc, qui « n'a en ce que voir et que connaître, » et que, « en l'absence et durant l'empêchement » du Roi, à lui seul appartient le gouvernement du royaume ; voulant protéger ses sujets et leur faire administrer bonne justice, déclare commettre Jean de Vaily, président au Parlement, quatre anciens maîtres des requêtes, les doyens de Paris et de Senlis, les archidiacres de Meaux et de Poitiers, et huit autres de ses conseillers (en tout dix-sept magistrats), pour « tenir et exercer la Cour et juridiction souveraine du royaume » à Poitiers, avec toutes les prérogatives dont jouissait le Parlement [3].

Le Parlement de Poitiers commença ses travaux le 1er décembre 1418 [4]. Il était composé de ce qu'il y avait de plus an-

1. Lettres des 16 juillet 1418. *Ordonnances*, t. X, p. 457.

2. Lettres des 22 juillet, 2 et 4 août, désignant les membres du Parlement, les maîtres des requêtes de l'hôtel, les membres de la Chambre des comptes, les clercs-notaires de la chancellerie, les huissiers au Parlement. *Ordonnances*, t. X, p. 459-465. — Déjà, en février 1418, le Parlement de Paris avait été cassé par la Reine et le duc de Bourgogne, et un nouveau Parlement avait été établi à Troyes (lettres du 16 février : *Ordonnances*, t. X, p. 436).

3. *Ordonnances*, t. X, p. 477-80.

4. On a conservé une partie des registres de ce Parlement ; ils se trouvent aux Archives, sous les cotes X^{1a} 9190 à 9201 et X^{2a} 18 à 22. Voir sur le Parlement de Poitiers la Notice sur les Archives du Parlement de Paris, par M. Grün, en tête des *Actes du Parlement*, t. I, p. CCXIII-XVI, et une thèse d'un élève de l'École des Chartes, M. D. Neuville, où, à

cien et de plus notable parmi les magistrats qui avaient siégé à Paris au Parlement et au Châtelet[1]. Les causes ne tardèrent pas à y abonder[2], et l'on y fit, selon un grave auteur du temps, « bonne et briefve expedition de justice[3]. » Le Dauphin nomma en même temps Benoît Pidalet aux fonctions de procureur général[4].

Par d'autres lettres, données également le 21 septembre, le Dauphin désigna six des membres du nouveau Parlement pour tenir la chancellerie, en l'absence du chancelier, qui, disait-il, « sera souventes fois hors de nostre dicte ville, en nostre compaignie ou ailleurs où nous le vouldrons envoier pour nos besongnes et affaires[5]. »

Le Parlement de Poitiers fut un moment réuni au Parlement de Paris : par lettres du 19 juillet 1419, données après le traité de Pouilly, Charles VI confirma les arrêts rendus à Poitiers, et évoqua les causes pendantes au prochain Parlement[6]. Mais on n'eut pas le temps de mettre cette mesure à exécution ; l'accord momentané qui s'était opéré fut rompu après le meurtre de Montereau : le Parlement de Poitiers devait conserver son existence propre jusqu'à la soumission de la capitale, en 1436.

Lors de son voyage en Languedoc, le Dauphin institua un autre Parlement à Toulouse. Les lettres de création furent données à Carcassonne le 20 mars 1420. Les considérants en sont remarquables et méritent d'être cités : « Après qu'il a pleu à Dieu nous laisser seul filz de Monseigneur, son vray heritier et

côté d'erreurs de faits et d'appréciations contestables au point de vue de la politique générale, il y a d'intéressantes indications : *le Parlement royal à Poitiers*, dans la *Revue historique*, t. VI, p. 1 et 272.

1. Pasquier dit, en parlant des conseillers qui suivirent le Dauphin, que c'étaient « la plupart des hommes notables de la Cour de Parlement, et singulièrement ceux qui favorisaient sans arrière boutique le Dauphin. » *Les Recherches de la France*, livre II, ch. IV. — Le 11 décembre 1419, le Parlement de Paris nomme deux conseillers en remplacement de Hugues Grimault et Barthélemy Hamelin, « qui avoient delaissié l'estat et service de la Court, et s'estoient transportez en la ville de Poictiers pour estre du conseil de Monseigneur le Daulphin en ycelle ville de Poictiers. » Archives, X[1a] 1480.

2. Voir le registre X[1a] 9195 : il contient 172 feuillets pour les seules années 1418 à 1422.

3. Jouvenel, p. 360.

4. Nous le trouvons en fonction presque aussitôt. — Quittance du 14 janvier 1419. Clairambault, 85, p. 6717.

5. *Ordonnances*, t. X, p. 481.

6. *Ordonnances*, t. XI, p. 15-16.

successeur de sa couronne, — et par ce ayons pris, comme il nous appartenoit et appartient, et à nul autre, attendu les notoires exoines et empeschemens de mondit seigneur, la regence et administration de ce royaume, — la principale cure qu'avons eue et ayons a esté de nourrir et garder les subjects d'icelluy en paix et tranquillité, laquelle chose ne se pourroit bonnement faire sans administrer à tous bonne justice, qui est le souverain bien de toutes choses creées, pour soustenir et maintenir en estat toutes seigneuries, dont la très noble et très chrestienne seigneurie de France a esté sur toutes les autres renommée et recommandée jusqu'à ces douloureuses divisions qui en nos jours y sont survenues, sans que ce soit en rien, Dieu mercy, par le fait et coulpe de mondit seigneur ou de nous. » Il a donc été ordonné que le Parlement siègerait à Poitiers et serait tenu par certains des officiers chassés de la ville de Paris : « en quoy, graces à Nostre Seigneur, la justice de ce royaume est grandement relevée et restaurée. » Mais, vu la distance qui sépare Poitiers du Languedoc et du duché de Guyenne au delà de la Dordogne, et « les grands perils qui sont sur les chemins pour les grandes multitudes de gens d'armes et de trait et autres gens de guerre estant de present sus en plusieurs parties de ce royaume, » les sujets du Roi en ces pays ne pourraient suivre leurs causes et recourir à la justice sans de trop grands dangers, frais et délais. Le Dauphin, à la requête des habitants du Languedoc, voulant, dit-il, les « garder de tous griefs, peines, coustemens et travaux, attendu mesmement la grande et loyale obeissance qu'ilz ont tous temps eue envers mondit seigneur et ont envers nous, comme ilz nous ont par effect monstré, en quoy ils persevereront tousjours, si Dieu plaist, comme promis et juré le nous ont, » déclare ordonner et instituer à Toulouse un Parlement et Cour capitale et souveraine, pour le Languedoc et le duché de Guyenne au sud de la Dordogne, lequel Parlement sera tenu par douze personnes, savoir un prélat et onze notables conseillers, tant clercs que laïques, ayant pouvoir de connaître et de décider de toutes causes, d'appel ou autres, civiles et criminelles [1].

1. *Ordonnances*, t. XI, p. 59-60. Cf. D. Vaissete, t. IV, p. 452.

Par deux autres lettres données à Bourges le 6 novembre 1421, Charles, considérant la multiplicité des causes criminelles qui affluaient au Parlement de Toulouse, décida que cinq des conseillers laïques, appelés avec eux, si bon leur semblait, des juges et conseillers laïques du pays, suffiraient pour juger et rendre arrêt en matière criminelle, et autorisa les président et conseillers au Parlement à s'adjoindre un ou deux conseillers clercs et trois conseillers laïques, « tels qu'ilz verront estre idoines et profitables, » pour besogner avec ceux qui seraient ainsi choisis[1].

Le Parlement de Poitiers suivit en toutes choses « la forme, manière et style que l'on gardait en la Cour du Parlement à Paris[2]. » On commença par expédier les causes des *grands jours* de Berry, d'Auvergne et de Poitou; puis on évoqua les causes pendantes à Paris, celles des pays encore soumis au Dauphin, et enfin les causes d'appel qui étaient fort nombreuses[3]. Dès le début, on se partagea en deux chambres : grand'chambre et chambre criminelle; il y eut aussi une chambre des requêtes, composée des maîtres des requêtes de l'hôtel du Roi[4]. Par lettres du 28 septembre 1419, le Dauphin, considérant que les causes affluaient au Parlement, ordonna que, durant les vacations, dont le terme devait se prolonger jusqu'au 13 novembre, les conseillers vaqueraient à l'examen et au jugement des procès appointés au Conseil et en arrêt, sans toutefois procéder au prononcé des délibérations et jugements, et qu'ils toucheraient leurs gages comme si la Cour siégeait[5].

Les attributions du nouveau Parlement ne comprenaient pas seulement les affaires ressortissant à toute cour souveraine; elles furent étendues à certains actes que commandait la situation exceptionnelle du royaume : c'est ainsi que, par lettres du 25 août 1420, le Dauphin, considérant que les Anglais

1. *Ordonnances*, t. XI, p. 137 et 138.
2. Jouvenel, p. 360.
3. *Idem*.
4. *Le Parlement royal à Poitiers*, par M. D. Neuville, *l. c.*, p. 11-12.
5. Archives, X[1a], 8604, f. 30.

s'avançaient jusque sur les frontières du Poitou, donna commission aux membres du Parlement de visiter toutes les places fortes de cette province, de faire démolir celles qui ne pourraient être mises en état de défense, et de faire ravitailler et réparer les autres [1].

Quant au ressort du Parlement, à l'époque où il fut organisé à Poitiers, on peut le déterminer d'une manière précise à l'aide des arrêts civils prononcés en 1418 et 1419 [2]. Il s'étendait aux provinces suivantes : Orléanais [3], Touraine, Anjou, Poitou, Berry, Marche, Saintonge, La Rochelle et Ile de Ré, Angoumois, Limousin, Auvergne, Lyonnais, Mâconnais et comté de Rodez.

Le jugement suivant a été porté sur le Parlement de Poitiers, par un homme qui fait autorité dans la matière [4] : « Ce parlement ne comptait pas un aussi grand nombre de membres que celui de Paris ; mais il était composé d'hommes honorables, laborieux, dévoués, qui parvinrent à remplir tous les devoirs de leurs charges... Réduit par le malheur des temps, quant à l'étendue de sa juridiction et quant à la portée de son action, il se livra à des travaux aussi variés que les magistrats restés à Paris pour servir les Anglais : ses registres en font foi. »

Après avoir réorganisé le Grand Conseil et le Parlement, après s'être préoccupé de reconstituer le personnel des baillis, sénéchaux et autres officiers royaux [5], le gouvernement du Dauphin avait à pourvoir aux besoins financiers. Pour cela il fallait faire appel au pays, et convoquer les États. Mais le concours

1. *Ordonnances*, t. XII, p. 286.
2. *Le Parlement royal à Poitiers*, p. 20.
3. Je ne sais pourquoi M. Neuville parle du *comté* d'Orléans.
4. M. Grün, dans la Notice qui précède les *Actes du Parlement de Paris*, p. CCXIII.
5. Voici les noms des baillis et sénéchaux que nous avons rencontrés pour cette période.
BAILLIS : *Beaujolais*, Regnier, seigneur de la Buxière ; — *Berry*, Louis, seigneur d'Escorailles ; — *Chartres*, Gilles d'Eschainvillier (*alias d'Eschevillier* et *de Chonvilliers*) ; — *Forez*, Amé Vert ; — *Mâcon*, Ymbert de Grolée ; — *Meaux*, Louis Gast ; — *Melun*, Louis de Culant ; — *Montargis*, Robert de Lairé ; — *Saint-Pierre le Moustier*, Pierre de Montmorin ; — *Touraine*, Guillaume d'Avaugour.
SÉNÉCHAUX : *Agenais*, Arnaud Guilhem, seigneur de Barbazan ; — *Anjou*, Pierre de Beauvau ; — *Auvergne*, Jean de Langhac ; — *Beaucaire*, Guillaume de Meulhon ; — *Bourbonnais*, Gilbert de Chalus ; — *Carcassonne*, Guillaume d'Arlande ; — *Limousin*,

des États n'importait pas seulement pour se procurer les ressources nécessaires ; il était indispensable pour triompher des difficultés de toute nature qui entravaient la marche du pouvoir. Nous avons dit plus haut qu'en juin 1417, voyant le Dauphiné menacé par l'empereur Sigismond, le Dauphin avait convoqué les États de cette province[1]. De son côté, le gouvernement de la Reine et du duc n'avait pas manqué de recourir aux États, soit pour se rendre le Languedoc favorable[2], soit pour couvrir d'une apparence de légalité l'acte qui enlevait à Charles l'héritage du trône[3], et le roi d'Angleterre avait, au mois de janvier 1421, réuni à Rouen les États de Normandie[4].

A peine arrivé à Bourges, le Dauphin se mit en relations avec les États des diverses provinces, et sollicita leur concours[5]; nous avons la preuve que, vers le mois de juin 1418, une aide lui fut octroyée par les États des provinces suivantes : Poitou, Saintonge, Limousin, Périgord, Angoumois et pays de la Marche, dans une assemblée qui paraît avoir été tenue à Limoges[6]. En Languedoc, le comte de Foix, gouverneur au nom du Dauphin,

Geoffroy, seigneur de Mareuil; — *Lyon*, Ymbert de Grolée; — *Périgord*, Arnaud, seigneur de Bourdeille; — *Poitou*, André de Vivonne; — *Quercy*, Raymond, seigneur de Salignac; — *Rouergue*, Arnaud de Carmaing, seigneur de Negrepelisse; — *Toulouse*, Jean de Bonnay.

1. Nous avons mentionné aussi les États de Poitou, tenus à Saumur en juin 1417.

2. Voir les lettres d'Isabeau, en date du 3 avril 1418, autorisant les gens des trois états des sénéchaussées de Toulouse, Carcassonne et Beaucaire, à s'assembler toutefois que bon leur semblerait (*Ordonnances*, t. X, p. 449); une assemblée, convoquée par le prince d'Orange, fut tenue le 26 mars 1419 à Montpellier (D. Vaissete, t. IV, p. 449).

3. Cette assemblée, à laquelle, malgré la pièce publiée dans Rymer (t. IV, part. III, p. 192-93), il est difficile de reconnaître le caractère d'une réunion d'États généraux, eut lieu à Paris les 6 et 10 décembre 1420. Voir, outre Rymer, Monstrelet, t. IV, p. 20; Jouvenel, p. 384-85. Le silence de Chastellain est significatif.

4. *Les États de Normandie sous la domination anglaise*, par Ch. de Beaurepaire, p. 9 et suiv. — Le savant auteur dit qu'il n'y eut pas d'autre réunion du vivant de Henri V. Mais n'est-ce pas à cette période qu'il faut rattacher l'octroi d'une somme de 200,000 livres dont il est question dans une quittance sans date du temps de Charles VI, qui se trouve dans le ms. 26045, n° 5836?

5. Voir aux *Pièces justificatives* la lettre de Jean Caille du 15 juin 1418.

6. Lettres du 19 octobre 1418, portant paiement de 250 l. t. à Pierre Brun, abbé de Saint-Augustin de Limoges, pour avoir été de Limoges à Paris et ensuite de Poitiers à Limoges, « pour le fait de l'aide à nous nagaires octroyé pour le fait de la guerre. » Clairambault, 23, p. 1641. Cf. lettres du 31 octobre, *id.*, 105, p. 8223, et pour l'aide spéciale au Poitou, lettres du 24 septembre, *id.*, 58, p. 4427.

réunit, vers la fin d'avril 1419, les gens des communes, et obtint d'eux un don de soixante-huit mille livres, pour chasser de la province le prince d'Orange et ses Bourguignons [1]. Après la défaite du prince, les États du Languedoc furent convoqués à Toulouse à la date du 15 juillet 1419, et peu après fut tenue à Béziers (2 octobre) une assemblée où l'on vota une crue sur le sel, jusqu'à concurrence de la somme de soixante-huit mille quatre cents livres [2]. Une nouvelle réunion d'États eut lieu dans cette ville à partir du 15 novembre 1419 [3]. Le comte de Foix avait convoqué les États à Carcassonne pour le 15 février 1420; mais le Dauphin étant arrivé sur ces entrefaites et s'étant emparé du gouvernement du Languedoc, cette assemblée fut remplacée par une autre, tenue à Carcassonne le 17 mars, sous la présidence du jeune prince : on lui accorda une aide de 200,000 livres [4]. D'autres réunions d'États eurent lieu en Languedoc en 1421 et 1422 [5].

Le Dauphiné eut, comme le Languedoc, ses réunions d'États. Par lettres données à Amboise, en juillet 1418, le Dauphin ordonnait la convocation des États de la province [6]. Nous savons que dans une autre assemblée, tenue au commencement de 1421, une aide de cent mille florins fut octroyée [7]. En Poitou, une aide de quarante-deux mille francs fut votée en 1420, une de vingt-quatre mille écus en 1421, et une de cent mille francs en 1422 [8]. Des assemblées d'État eurent lieu

1. D. Vaissete, t. IV, p. 449.
2. D. Vaissete, t. IV, p. 450; Cf. lettre du 18 novembre 1421. *Chartes royales*, XIV, nº 12.
3. D. Vaissete, t. IV, p. 450.
4. *Id.*, p. 451-52.
5. Il est fait allusion à une aide de 200,000 livres, octroyée par les États du Languedoc, dans des lettres du 13 mai 1421; mais il s'agit sans doute de l'aide de 1420, car nous voyons par des lettres du 31 juillet 1421 qu'une réunion des États fut tenue en mai 1421 à Narbonne et qu'une aide de 150,000 l. t. y fut votée. Dans des lettres du 22 mars 1422, il est question d'une réunion d'États tenue à Carcassonne en juillet 1421 (Archives, K 60, nº 18). Enfin, dans des lettres du 30 juillet 1422, il est question d'une assemblée des États tenue à Carcassonne, à partir du 8 juillet 1422.
6. Copie sans date, Ms. fr., nouv. acq., 1001, f. 6 vº.
7. Archives, KK 50, f. 3 vº, 23, 33 vº-34 et suiv. — Est-ce de cette aide, ou d'une nouvelle, qu'il est fait mention dans les lettres du 31 mars 1422, comme « derrenièrement octroyée? » *Ordonnances*, t. XI, p. 159.
8. Ms. fr. 26080 (*Quittances*, 89), nº 6330; Fr. 26435 (Collection Blondeau), nº 73. —

également en Auvergne [1], en Limousin [2], en Touraine [3], etc. Mais toutes avaient un caractère local. Si, à Chinon au commencement d'août 1418 [4], à Lyon en janvier 1420 [5], à Selles le 25 janvier 1421 [6], Charles avait tenu des assemblées solennelles, où l'on avait mis en délibération les mesures à prendre — car, suivant une habitude dont il ne se départit point, il ne prenait jamais de résolution importante sans faire appel aux lumières des conseillers du trône, — on n'avait point encore convoqué les *États généraux*. Au commencement de 1421, eut lieu, à Clermont en Auvergne, une assemblée des États des provinces de Languedoil, c'est-à-dire de toutes celles de l'obéissance du Dauphin, en dehors du Dauphiné et du Languedoc. Voici la lettre, en date du 8 février, par laquelle fut faite la convocation :

Une nouvelle assemblée eut lieu à Mirebeau le 1er octobre 1422. Archives de Poitiers, *Registres des délibérations*, vol. II, f. 35.

1. Aide de 9,000 l. t., en février ou mars 1419; aide de 16,000 l. t., en mai 1419 aide de 22,161 (?) fr., le 26 mai 1420; aide de mille hommes à pied, à six francs, le 9 juillet 1420; aide de 80,000 l. t., le 8 janvier 1422; aide de 20,000 écus, le 6 juillet 1422. *Les États provinciaux de la France centrale sous Charles VII*, par M. A. Thomas, t. , 183-84. Voir plus loin, aux *Pièces justificatives*, la lettre de Jean Caille du 15 juin 1418, de laquelle il résulte qu'à ce moment les États d'Auvergne étaient assemblés à Montferrant.

2. Aide octroyée par les États des pays de Limousin, La Marche et Combraille, en 1421. Quittance du 10 septembre 1421, *Pièces originales*, 1999 : MONS. Je cite cette pièce, et non celles des dossiers BRUNET et CHAPOLIE (*Pièces originales*, 541 et 675), parce qu'elle n'est point citée par M. Thomas (p. 223), et qu'elle précise une date. Il y eut en outre d'autres réunions d'États du Bas-Limousin à Tulle, en septembre 1419; du Haut-Limousin à Limoges, en mars 1420 (?) et en juillet 1422; de La Marche, en juillet 1420 et en janvier 1422. Thomas, *l. c.*, t. I, p. 225, 240 et 261, et t. II, p. 1 et suiv.

3. En février 1420, Tanguy du Chastel et Louis d'Escorailles furent envoyés en Touraine, vers les États de ce pays. Lettres du 10 février. Clairambault, 29, p. 2185, et 43, p. 3219. Nous mentionnons plus loin des réunions des États de Touraine en 1422, dans les mois de janvier et de juillet.

4. Voir ci-dessus, p. 103.

5. Voir ci-dessus, p. 197.

6. « Maistre Jehan Bout du Monde, envoié de Selles en Berry à Blois par commandement de messeigneurs les maistres d'ostel, pour d'illec faire venir des blez et vins audit lieu de Selles *pour l'assemblée du Conseil que mondit seigneur le Regent a tenu audit lieu de Selles*, samedi XXVe jour de janvier M CCCC XX, mondit seigneur le Regent audit lieu de Selles, argent, VI l. VIII s. » Archives, KK 50, f. 6 v°. — Il est question de cette assemblée de Selles dans la lettre du Dauphin, en date du 8 février 1421, reproduite ici. On y fit allusion aux États de Clermont, en mai suivant, comme ayant abouti à des mesures « très honorables pour la personne et le gouvernement de monseigneur le Dauphin, et utiles et prouffitables pour le recouvrement de sa seigneurie. » Mémoire de M. Ch. de Grandmaison, cité plus loin. — Voir aussi *Registres du Parlement de Poitiers*, X2a 18, au 13 mai 1426.

A noz tres chiers et bien amez les conseillers, bourgoiz, manans et habitans de la cité et ville de Lyon.

DE PAR LE REGENT LE ROIAUME, DAULPHIN DE VIENNOIS.

Tres chiers et bien amez, pour resister à l'outrageuse entreprinse de l'adversaire d'Angleterre, qui à present tient en sa main et subjection la personne de Monseigneur, dont nous avons si grant et amere desplaisance de cuer que plus ne pourrions avoir, et pour entendre à sa delivrance et le remettre en sa franchise, puissance et auctorité roial, comme il appartient, et aussi au recouvrement de sa seigneurie et nostre, nous avons nagaires fait assembler en ceste ville de Selles aucuns de nostre sang et lignage, et plusieurs prelas, barons, chevaliers et autres personnes notables de divers estas, par l'advis desquelz avons, entre autres choses, ordonné mander en plus grant nombre des bons et loiaulx subgetz de mondit seigneur et nostres de tous estas, au premier jour de may prouchain venant, en la ville de Clermont en Auvergne. Et pour ce vous prions et requerons et neantmoins mandons de par mondit seigneur et nous, sur la loiaulté et obeissance que devez à lui et à nous, et en tant que desirez la conservacion de ceste seigneurie et de vous mesmes, que aux jour et lieu dessus diz vous envoiez par devers nous aucuns des plus notables d'entre vous, en nombre souffisant, pour avoir vostre conseil, confort et aide sur les choses dessus dictes et l'execucion d'icelles; aians les dessus diz que ainsi envoierez bon et souffisant pouvoir de par vous pour consentir, accorder et conclure tout ce qui en ladicte assamblée sera advisié, conseillié et determiné. Et gardez que en ce n'ait point de faulte. Tres chiers et bien amez, Nostre Seigneur soit garde de vous.

Escript à Selles en Berry, le VIIIe jour de fevrier.

CHARLES.

VILLEBRESME [1].

1. Cette circulaire, adressée aux habitants de Lyon, se trouve aux Archives de cette ville, AA 20, f. 23 (original sur papier, avec sceau plaqué). — Par délibération en date du 22 avril, le chapitre de Saint-Martin de Tours décide qu'il envorra ses pouvoirs pour être représenté à l'assemblée des trois États convoqués à Clermont (*Extraits des registres capitulaires*, dans Baluze, 77, f. 347). — Le 24 avril, maîtres Martin d'Argouges et Jean le Saintier partent de Tours pour Clermont en Auvergne, « où les trois estaz estoient mandez par devers le Conseil general de monseigneur le Regent le Royaume; » ils reviennent le 23 mai. Archives de Tours, *Registres des Comptes*, vol. XVIII, f. 105 v°.

La réunion des États, retardée par une maladie de l'archevêque de Bourges, qui avait été désigné pour la présider en l'absence du Dauphin, s'ouvrit le lundi de la Pentecôte, 12 mai, dans l'hôtel de l'évêque. Elle n'était point nombreuse : l'éloignement, les nécessités de la lutte, le danger des chemins, avaient retenu beaucoup de députés. L'archevêque exposa la situation des affaires, les difficultés qu'éprouvait le Régent, le bon vouloir qu'il avait de mettre le Roi et le royaume en franchise et hors des mains de ses ennemis, l'intention où il était, avec l'aide de Dieu et de ses bons sujets, de tenir les champs, car il avait « belle et notable compagnie de gens d'armes et de trait ; » mais, pour les payer, il comptait sur le concours de ses sujets : il lui fallait présentement, pour les frais de la guerre, au moins douze cent mille livres tournois [1].

Nous avons le texte des « Avis proposés par les gens des trois États : » l'âme de la France est tout entière dans ces *avis*, inspirés par un noble patriotisme, qui sont restés ignorés de tous les historiens [2].

Les députés protestent d'abord que, dans leurs observations et requêtes, ils n'entendent toucher ni au gouvernement ni à l'autorité de « Monseigneur le Regent, » mais qu'en tout, comme de vrais sujets, il se soumettent à la « correction et ordonnance » du prince et de son conseil. Ils remercient Dieu de la grâce qu'il a faite au Régent « en ce qu'il l'a preservé de peril, lui a donné vertu, sens, entendement et volonté d'aimer Dieu et soi gouverner catholiquement, et d'ôter le Roi et son royaume de servitude et de captivité ; » ils remercient leur seigneur de ce que, conformément à la volonté de Dieu, « il s'expose en personne à ensuivre sa bonne fortune, et le supplient qu'il y veuille continuer. »

1. Ces détails sont empruntés au compte rendu des députés de la ville de Tours, qui a été publié par M. Ch. de Grandmaison, archiviste d'Indre-et-Loire, dans un intéressant mémoire lu à la Sorbonne en 1876 : *Nouveaux documents sur les États généraux du quinzième siècle*, p. 9.

2. Aussi bien que le fait même, si considérable, d'une réunion d'États généraux en mai 1421. Ni M. Rathery, ni M. Picot n'en parlent. M. Vallet de Viriville seul a signalé la convocation faite à cette assemblée, d'après les *Registres capitulaires de Saint-Martin de Tours* (t. I, p. 261) ; mais, dans son *Mémoire sur les Institutions de Charles VII* (p. 35), il dit que la convocation paraît n'avoir pas été suivie d'effet.

Les députés prient le Dauphin : de « mettre principalement et commettre son fait à Dieu, » de demander les prières et suffrages de « Sainte Église » et des « prud'hommes » de son royaume, par processions, messes ou autres prières, de faire cesser les blasphèmes, de tenir justice en son hôtel et partout en son obéissance, et d' « avoir en révérence Dieu et sainte Église ; »

De ramener à lui, autant qu'il pourra, tous ses parents, en se réconciliant avec eux, de se montrer clément à l'égard de ceux qui se soumettront, d'oublier toutes injures, « *et vincat in bono malum,* de cœur et sans faintise, comme il a accoutumé ; »

De bien conserver ses alliés, tels que les Espagnols ; d'envoyer vers le roi de Navarre, le comte de Foix et autres dont il a été parlé à Selles, dans le cas où cela n'aurait point été fait ;

D'avoir pour recommandées les villes et personnes qui se soumettront, soit en Normandie, soit ailleurs ; de ne souffrir aucun pillage, et d'entrer dans les pays reconquis « comme seigneur recouvrant sa seigneurie et ôtant ses sujets de tyrannie et captivité. »

Ils prient les représentants du Dauphin de considérer que, « d'abondance de cœur et sans considerer leurs possibilités, » ils ont accordé telle somme qui leur a été demandée, et, « comme ravis d'amour et volonté de secourir à toute grande necessité, » ils eussent voté au delà de ce qui leur était possible ; ils supplient donc, « pour Dieu et en aumône, » qu'on se modère à une somme qu'ils puissent accepter, car ils déclarent qu'ils « seront toujours prêts de secourir ; »

Ils demandent que le Dauphin prenne en gré le sacrifice que ses pauvres sujets peuvent supporter présentement ; qu'il lui plaise de n'employer l'argent qu'au fait de la guerre et pour le recouvrement de sa seigneurie, et que celle-ci soit « gouvernée par prud'hommes, en petit nombre, jurés et élus par l'ordonnance » du Dauphin ; que les gens d'armes soient payés, de façon à ne pas vivre sur le pauvre peuple ; que, sous prétexte d'offices de monnaie, de nouveaux annoblissements, etc., personne ne soit excepté de l'aide ; que ce qui a été prêté soit remboursé sur le produit de l'aide, « pour donner bon exemple et occasion d'autres fois prêter; » qu'on fasse immédiatement, avec le concours d' « aucuns prud'hommes du pays, » la répartition de l'aide; qu'il plaise au Dauphin de faire battre de la petite monnaie « en faveur des pauvres, » et de veiller à ce que la monnaie ne soit pas moins bonne qu'il ne l'a ordonné, car on assure que les maîtres des monnaies et gouverneurs « font en ce plusieurs fraudes. »

Finalement, ils prient le Dauphin d'avoir dans son conseil et autour de sa personne de « notables seigneurs, » ainsi qu'il a été avisé par le conseil de Selles, « et, en toutes autres choses, d'avoir considération aux choses avisées audit conseil, lesquelles semblent être très honorables pour sa personne et son gouvernement, utiles et profitables pour le recouvrement de sa seigneurie. »

Deux autres articles concernent l'attitude du Dauphin à l'égard du Pape et du clergé : rappelant le concile de Constance et le futur concile général, on lui recommandait indirectement une grande réserve à l'égard du Saint-Siège, et on le priait de faire garder, à l'exemple de ses prédécesseurs, les droits, juridictions, franchises et libertés ecclésiastiques[1].

L'aide octroyée par les États généraux de Clermont s'élevait à 800,000 livres tournois, dont 100,000 fournies par les gens d'église et 700,000 par le tiers-état[2].

Des assemblées d'États eurent lieu simultanément dans différentes villes, au mois de janvier[3] et au mois de juil-

1. Le texte de ces articles a été publié par M. Ch. de Grandmaison, *l. c.*, p. 10-12.

2. Lettre du 30 mai, aux habitants de Lyon — Il est fait allusion en ces termes à l'aide votée à Clermont dans des lettres du Dauphin du 26 mai 1422 : « L'aide à nous dernièrement octroyée à l'assemblée pour ce naguères faicte à Clermont en Auvergne par les gens des trois estaz des païs de Languedoil estans en l'obeissance de nous, pour le recouvrement de la personne de mondit seigneur, et pour la conduite de la guerre. » *Chartes royales*, XIV, nº 13. — Le premier paiement fut fait en juillet; le second en octobre 1421. Archives de Lyon, CC 65, f. 175 vº et 213 vº. — On a la mention d'un « appointement fait par Robinet d'Étampes, Guillaume Bastard et Guillaume Alabat, commissaires ordonnés en Berry sur le fait de l'aide octroyée aux États de Clermont. » Lettres du 13 novembre 1421. Archives, X[1c] 123. — Les historiens spéciaux, qui se taisent sur ces États de 1421, ne mentionnent pas non plus une réunion d'États qui paraît avoir été tenue à Paris par le gouvernement anglais, au commencement de 1422. Lettres de Charles VI du 13 mars, aux Archives de Reims.

3. Le 28 décembre 1421, on délibère à Tours sur la représentation à envoyer le 8 janvier

let 1422[1]. Dans ces réunions, d'une part on demanda l'octroi d'un emprunt et le rétablissement des aides[2]; de l'autre on insista sur les besoins résultant de l'insuffisance du revenu des monnaies et sur la nécessité de revenir à la forte monnaie[3]. Il est fait allusion aux assemblées d'États tenues en juillet dans des lettres du Dauphin mentionnant « l'aide à lui octroyée par les États des pays à lui obeissans, tant pour fere bonne monnaie que pour la conduite de la guerre[4]. »

« par devers le conseil de Monseigneur le Regent » qui doit se trouver dans la ville. Les commissaires du Dauphin étaient Robert de Rouvres, évêque de Séez, et Jacques Trousseau (*Registres des délibérations*, vol. I, part. v, à la date; *Registres des Comptes*, vol. XIX, f. 84 v° et 89). On voit par les *Comptes de l'écurie* que le Dauphin obtint un subside de 26,250 l. t. (Archives, KK 53, f. 115; cf. f. 118 v°). — Les *Registres des délibérations* de Lyon nous apprennent que les 9-10 janvier 1422 les États de la sénéchaussée, sollicités par deux commissaires du Dauphin de lui accorder une aide de 30,000 francs pour le paiement de deux cent cinquante hommes d'armes pendant six mois, votèrent une aide de 24,000 l. t. (BB I, f. 140 v°-141, 144 v°, 170 v°, 172; CC 65, f. 254). — Les États d'Auvergne se réunirent à Issoire le 8 janvier et votèrent une aide de 80,000 l. t. (Thomas, *l. c.*, t. I, p. 184). — Les États de la Marche accordèrent en janvier une somme de 10,000 l. t. pour leur part de l'aide générale demandée aux différents pays de Languedoil (*Id.*, *ibid.*, p. 261).

1. Nous avons la lettre, en date du 8 juin, par laquelle le Dauphin convoquait les États du Lyonnais pour le 4 juillet (Archives de Lyon, AA 20, f. 27; Thomas, *l. c.*, t. I, p. 41), et une autre lettre missive en date du 15 juin, prescrivant aux chanoines de Saint-Martin de Tours d'envoyer trois ou quatre délégués à l'Assemblée des États qui doit se tenir à Tours en juillet (*Thesaurus novus anecdot.*, t. I, col. 1748-49).

2. « Pour faire un emprunt sur eux de huit mille escus pour le pays de Touraine et pour remettre sus les aides. » Archives de Tours, *Registres des Comptes*, vol. XIX, f. 84 v°.

3. Dans la lettre du Dauphin du 15 juin (*Thesaurus*, *l. c.*), le but de la réunion est indiqué en ces termes : « Pour vous exposer et de par nous notifier aucuns advis euz et deliberez en nostre grant conseil pour le relievement et reparacion des graves inconveniens par vous et les autres bons vassaux et subgiez de ceste seigneurie supportez à cause de l'affoiblissement des monnoies, et sur ce et autres choses touchant et regardant le très grant bien de toute la chose publique et aussi le fait et conduite de la guerre pour le temps à venir par manière non tant grevable à un chascun [que] a esté celle desdictes monnoies, avons chargié aucuns de nos plus especiaux officiers et serviteurs estre le... jour de juillet prouchain venant en nostre ville de Tours, afin de vous bien à plain declairer nostre entencion sur icelles choses, et y prendre final appointement avec vous et autres commis et deputez pour la part des gens des trois estats du pays de Touraine... » L'assemblée eut lieu le 4 juillet; les députés de la ville de Tours avaient été nommés le 23 juin (*Registres des délibérations*, vol. I, part. v). — Les Registres de Lyon nous apprennent que les commissaires envoyés à Lyon demandèrent une aide de huit mille écus d'or, « tant pour fere la bonne monnoye comme pour maintenir la guerre. » L'assemblée conclut que le Dauphin usât de ses monnaies comme il lui plaisait et ne demandât aucune aide à la ville de Lyon jusqu'à ce que les trois états des pays à lui obéissant eussent été convoqués, en suppliant le Dauphin de faire cette convocation à bref délai. On finit pourtant par voter six mille écus (B I, f. 160 v°). — Les États d'Auvergne se réunirent le 6 juillet, et votèrent une aide de 20,000 écus (Thomas, *l. c.*, p. 184). — Dans le même mois, les États du Haut-Limousin votèrent une aide « tant pour mettre sus et faire forgier bonne monnoie que pour le soustenement de la guerre » (*Id.*, *ibid.*, p. 240).

4. Lettres du 27 octobre 1422, visées dans des lettres des consuls, bourgeois et habi-

Le Dauphin ne se priva donc pas, comme le silence de l'histoire aurait pu le faire supposer, du concours des États généraux. Il est établi que, dans le cours de sa régence, il ne cessa de faire appel aux États des différentes provinces, et qu'il tint à Clermont une réunion générale des représentants des pays de Languedoil. Il nous faut maintenant étudier ses rapports avec les différents ordres : clergé, noblesse et tiers-état.

La question des rapports entre l'Église et l'État avait pris, au début du quinzième siècle, pendant le long schisme qui désola l'Église, un caractère nouveau et une importance capitale. Elle se compliquait des démêlés entre les Armagnacs et les Bourguignons, et des luttes soutenues au concile de Constance entre les représentants de la France et ceux du duc de Bourgogne. Dès le début du siècle, un mouvement s'était produit en faveur de ce qu'on appelait les « anciennes franchises et libertés » des Églises de France. Une assemblée du clergé avait été convoquée à Paris; de ses délibérations était sortie l'ordonnance du 18 février 1407[1], qui tranchait, en dehors du Pape et contre le Pape, des questions qui ne pouvaient être résolues que d'un commun accord. Bien que publiée le 5 mai 1408, l'ordonnance ne reçut point d'exécution. On comptait toujours, soit sur le Pape, soit sur le futur concile, pour le règlement des points en litige. Une nouvelle assemblée du clergé de France, tenue en 1414, voulut remettre en vigueur l'ordonnance du 18 février 1407, « afin, disait-on, que l'Église de France et du Dauphiné comparût au concile de Constance en possession et saisine des franchises et libertés dont en ladite ordonnance est faite mention[2]. » Mais la chose demeura en suspens, et le concile, malgré les instances des ambassadeurs français, ne se prononça pas. On voulut alors agir d'autorité : au mois de novembre 1417, une assemblée, non plus du clergé de France, mais composée de toutes les chambres du

tants de Limoges, en date du 12 novembre 1422, par lesquelles le Roi ordonne de payer, sur les produits de l'aide, la somme de mille écus d'or, donnée à la ville de Limoges. Ms. fr. 26046 (*Quittances*, 55), nº 8.

1. *Preuves des libertez de l'Église gallicane*, t. III, p. 13.

2. *Registres du Parlement*, dans le même recueil, t. I, p. 130.

Parlement, des membres du Grand Conseil et d' « autres sages clercs et notables personnes, » se réunit en la grand'chambre du Parlement, à la requête des avocats et procureurs du Roi, pour délibérer sur ce qu'il y avait à faire. La majorité décida que l'ordonnance du 18 février serait mise à exécution. Mais les événements survenus et l'élection du pape Martin V amenèrent des délais. Au mois de février 1418, tandis que le Roi était à Creil, où l'avait emmené le connétable d'Armagnac pendant le siège de Senlis, les conseillers du Dauphin, voulant profiter de l'occasion que leur offrait la reconnaissance du Pape, firent intervenir le jeune prince, qui se rendit au Parlement le 26 février, et fit défendre aux gens de l'Université de donner obéissance au Pape *qu'on disoit avoir esté eslu à Constance,* avant que le Roi et son conseil en eussent délibéré. A la nouvelle de l'élection de Martin V, l'Université s'était empressée d'envoyer à Constance ses rôles de bénéfice : de là l'irritation des gens du Conseil. Un docteur de l'Université, Raoul de la Porte, ayant protesté hautement contre la manière dont étaient conférés les bénéfices depuis qu'ils étaient à la nomination des ordinaires, et demandé que la collation demeurât entre les mains du Pape, l'avocat du Roi, Guillaume le Tur, déclara que le Roi était empereur dans son royaume, ne relevant que de Dieu et ne ressortissant à quelque personne ou seigneur que ce fût[1], et qu'il avait le droit de faire des lois et des ordonnances dans son royaume sans qu'il fût permis de venir contre, directement ni indirectement, — conséquemment par voie d'appel, — sous peine de crime de lèse-majesté; qu'en outre, comme fondateur de la plupart des bénéfices de son royaume et comme protecteur de l'Église de France, il lui appartenait de garder les privilèges et libertés de cette Église, et pour cela de faire des lois et de veiller à leur observation.

1. « C'est chose constante et certaine, écrivait Jérôme Bignon sous le règne de Henri IV, que les Roys de France sont souverains en leur estat, ne tenans leur royaume que de Dieu seul et de l'espée. Cela n'a pas besoin d'autres preuves : chacun en demeure d'accord. » *De l'excellence des Roys et du Royaume de France.* Paris, 1610, p. 255. — Mais la maxime de Guillaume le Tur allait au delà de cette vérité « constante : » elle touchait au domaine spirituel et aux rapports de la royauté avec le Saint-Siège.

Ainsi le conflit éclatait, non plus seulement entre l'Église romaine et la Cour de France, mais au sein même d'une assemblée convoquée pour donner une solution aux questions pendantes. L'Université qui, en 1406, s'était si violemment élevée contre le pouvoir du Pape quand il s'agissait de Benoît XIII, mettait à reconnaître Martin V un empressement qui semblait surtout inspiré par l'intérêt personnel. Raoul de la Porte; Pierre Forget, recteur de l'Université, qui l'avait « advoué; » plusieurs maîtres et écoliers furent un moment emprisonnés. On ne les relâcha que le 7 mars, quand ils eurent fait des excuses au Dauphin[1].

Dans une séance solennelle tenue le 16 mars, la question fut mise en délibération, en même temps que celle de l'obédience à faire au Pape — laquelle, comme nous l'avons vu plus haut, fut ajournée[2]. On communiqua à l'assemblée un long exposé, rédigé à l'avance par le Conseil, concluant à ce qu'une ordonnance fût rendue pour « reduire et remettre à toujours, perpetuellement et dès maintenant, les Églises de France et de Dauphiné en leurs anciennes franchises et libertés[3]. » Ces conclusions ayant été adoptées, une ordonnance fut rendue, dans les derniers jours de mars[4], par laquelle, en considération des graves abus qui s'étaient introduits dans les nominations aux bénéfices, et des plaintes qui s'élevaient de toutes parts contre les pratiques simoniaques et l'exportation hors du royaume d'une grande quantité d'or et d'argent, le Roi déclarait, conformément à la délibération des prélats, gens du Parlement, docteurs et maîtres de l'Université, qu'il serait pourvu aux bénéfices électifs au moyen d'élections régulièrement faites, et aux autres sur la désignation de ceux qui avaient droit de présentation, nonobstant toutes réserves, expectatives et autres grâces semblables, et sans que la Cour romaine de la chambre apostolique pût, sous prétexte de vacance, s'appli-

1. *Registres du Parlement, l. c.*; *Journal d'un bourgeois de Paris*, p. 85, et note de M. Tuetey, le savant éditeur. — Le recteur avait été élargi dès le lendemain.

2. Voir chapitre VIII, p. 280-81.

3. *Registres du Parlement, l. c.*, t. I, p. 130.

4. L'ordonnance est datée « anno M CCCC XVIII°, in mense martii, *post pascha.* » Or, Pâques tomba cette année-là le 27 mars.

quer certaines sommes comme elle l'avait fait dans le passé[1].

Par d'autres lettres du 2 avril, le Roi, précisant davantage, interdisait formellement de faire passer à Rome, lors des vacances des bénéfices, et sous prétexte de négoce, quelques sommes que ce fût, en or, argent, bijoux, etc., et défendait de solliciter du Pape des grâces expectatives[2].

Il semble que, dans l'intervalle qui s'écoula entre la signature et la publication de l'ordonnance sur la « réduction de l'Église de France à ses franchises et libertés anciennes, » on ait eu quelques scrupules : car, le 17 avril, dans une réunion où le chancelier exposa ce qu'avait fait le Dauphin, il fut convenu que le cardinal de Bar, présent à l'assemblée, ferait venir en son hôtel Louis de Fiesque, ambassadeur du Pape, pour le sonder et savoir s'il n'avait aucun pouvoir relativement à cette matière. Sur sa réponse négative, dans une nouvelle réunion tenue le lendemain, on décida de passer outre, et de faire sceller, expédier et publier dans le plus bref délai l'ordonnance en question. Il fut aussi résolu qu'une autre ordonnance interdirait formellement le transport de l'or et de l'argent, monnayé ou non, hors du royaume.

La seconde ordonnance portait, on l'a vu, la date du 2 avril. Le roi était encore à Creil, où se trouvait le grand sceau de la chancellerie. La première ordonnance ne fut présentée au Parlement que le 9 avril. Le cardinal de Bar avait demandé à la revoir avant sa publication; mais le procureur du Roi, voyant qu'il cherchait à gagner du temps, obtint de la Cour que la publication fût faite sans plus de délai : cette formalité fut remplie le 13 avril, veille du jour où l'obédience fut donnée au Pape[3]. L'ordonnance du 2 avril ne fut publiée que le 12 mai.

Le pape Martin V, en présence d'une telle façon d'agir, témoigna un juste mécontentement. C'était le moment où il venait de promulguer, pour la France et les autres nations latines, un concordat, analogue à celui concernant l'Allemagne et l'An-

1. *Ordonnances*, t. X, p. 445.

2. *Ordonnances*, t. X, p. 447. — Ces deux ordonnances sont signées : *Per Regem ad relationem magni consilii tenti in camera Parlamenti per Dominum Delphinum Viennensem.*

3. *Registres du Parlement*, l. c., p. 136.

gleterre, qui avait été lu dans la session du 21 mars 1418[1]. Il ne manqua pas de protester, et les cardinaux légats qui furent envoyés en France eurent mission de s'employer à faire révoquer les deux ordonnances. Sur ces entrefaites, le duc de Bourgogne s'empara du pouvoir : voulant se concilier les bonnes grâces du Pape, il fit rendre le 9 septembre une ordonnance cassant et annulant les précédentes, comme ayant été rendues l'instigation du connétable d'Armagnac et de ses complices, et extorquées au Roi au mépris de l'obéissance due au Souverain Pontife. Ce ne fut pas sans peine qu'il obtint la publication de cette ordonnance : non seulement le procureur général refusa de la faire publier, mais le chancelier ne voulut pas la revêtir du grand sceau; il fallut, pour triompher de cette résistance, de nouvelles lettres en date du 22 mars 1419[2]. L'ordonnance du 9 septembre fut enfin publiée le 31 mars, sous réserve des protestations faites par le Parlement[3].

L'affaire en resta là jusqu'à l'avénement de Charles VII : elle devait être reprise peu après, et être l'occasion de nouveaux débats sur lesquels nous aurons à nous arrêter. Constatons seulement que, malgré la révocation faite sous l'influence du duc de Bourgogne, les ordonnances de mars et avril 1418 n'en eurent pas moins force de loi, et qu'elles furent observées dans les pays soumis à l'autorité du Dauphin. Les faits, d'ailleurs, viennent le démontrer : c'est ainsi que l'évêché de Mende étant venu à vaquer, le temporel de l'évêché fut mis en la main du Dauphin[4], et nous avons en outre la trace de plusieurs

1. Ce concordat comprenait des règlements sur le nombre des cardinaux, les réserves, les annates, les jugements de cour de Rome, les commendes, les indulgences et les dispenses. Il n'y avait que deux points particuliers à la France : l'un réduisait, pour cinq ans, les annates à moitié, en considération des guerres qui désolaient le royaume; l'autre était un privilège accordé à l'Université de Paris pour précéder, une fois seulement, dans la distribution des bénéfices, tous les autres ecclésiastiques ayant des grâces expectatives. *Hist. de l'Église gallicane*, t. XX, p. 114; Héfélé, *Hist. des Conciles*, éd. allem., t. VII, p. 352, 359 et s.; éd. française, t. XI, p. 87, 95 et s. — Le concordat *français*, ou mieux *latin*, car il s'étendait à l'Espagne et à l'Italie, se trouve dans Von der Hardt, *Magnum oecumenicum concilium Constantiense*, t. IV, p. 1566-1570.

2. *Ordonnances*, t. X, p. 511.

3. De nouvelles lettres furent données le 16 mai par Charles VI, portant que ses lettres de révocation ne devaient avoir force de loi qu'à dater du jour de leur publication. *Ordonnances*, t. XI, p. 3. — Cf. lettres du 25 janvier 1422. Archives, X[1a] 8604, f. 79.

4. C'est ce qui résulte de la protestation de Pierre Cousinot datée de 1425. *Preuves des*

présentations par lui faites à des canonicats vacants, conformément aux ordonnances précitées [1], ou de lettres disposant du temporel des évêchés et des abbayes pendant la vacance des titulaires [2].

Le Dauphin fut, nous l'avons vu, le gardien fidèle des traditions religieuses de la royauté ; il n'oubliait point que les rois ses prédécesseurs avaient été appelés, « à leur grant gloire et louenge, Roys très chrestiens, vrays champions et principaux deffenseurs de nostre sainte foy catholique [3]. » Ses ordonnances sont empreintes de ce caractère de foi et de soumission à l'Église qui, à travers de regrettables désordres de mœurs et de fâcheux démêlés avec la cour de Rome, distingua toujours nos rois. Nous avons des lettres, en date du 8 octobre 1420, contre les blasphémateurs [4]. Le Dauphin y déclare qu'ayant « en très grande desplaisance » les blasphèmes qui sont habituellement proférés, et « voulant, comme bon catholique, à son pouvoir, oster ladite mauvaise coutume, » à laquelle il est permis d'attribuer en partie les maux qui affligent le royaume [5], il défend « que aucun, de quelque estat qu'il soit, ne maugroye, renoye, despite ou blasphesme dores en avant le nom de Dieu, ne de la gloriose vierge Marie sa mère, ne les saints ou saintes, » sous peine d'une amende de cinq à vingt sous parisis, doublée ou triplée, en cas de récidive, et au besoin de peine corporelle, « selon l'enormité du cas et la qualité de la personne, à l'arbitrage et discretion de justice. »

libertez, t. III, p. 35. On lit dans un formulaire du temps, à la suite de l'ordonnance de mars 1418 : « Ceste ordonnance eut lieu par especial en l'obeissance du Roy jusques à l'an mil cccc vint et six. » Ms. fr. 5024, f. 71 v°. — Nous avons des lettres du Dauphin, sans date de mois, adressées en 1418 au bailli de Touraine, ordonnant de faire publier l'ordonnance précitée (Ms. lat. 9071, f. 20), et il y est fait allusion dans plusieurs lettres du Dauphin donnant des grâces expectatives.

1. *Catalogue des actes*, lettres des 30 mars 1419, 27 mars, 6 septembre et 10 novembre 1420, 6 février 1421, etc. — Voir sur des collations de bénéfices, *Registres du Parlement de Poitiers*, X[1a], 9197, f. 61 et 81 ; Extraits des *Registres capitulaires de Saint-Martin de Tours*, dans Baluze, 77, f. 346-47.

2. Lettres du 13 novembre 1418. Archives, P 1402[1], cote 1243.

3. Ces expressions se trouvent dans une lettre de la reine Isabeau, en date du 16 février 1418. *Ordonnances*, t. X, p. 437.

4. *Ordonnances*, t. XI, p. 105. — Cf. lettres du 22 décembre 1420, presque identiques. Archives, X[1a] 8604, f. 30 v°.

5. « Doubtans, ainsi que vray semblablement est à doubter, que à ceste occasion nostre

Les membres du clergé qui avaient suivi le Dauphin s'étaient vus privés de leurs bénéfices [1]. Charles était dans la nécessité de les dédommager des pertes subies par eux : il le fit très libéralement. Plusieurs de ses ordonnances attestent ses sentiments à l'égard du clergé : le 13 février 1421, il confirme les privilèges des chanoines d'Angers [2] ; le 27 février 1422, il prend sous sa sauvegarde les trésoriers, chapelains et clercs de sa chapelle royale du Gué de Mauny, près Le Mans [3] ; il accorde des lettres de protection et sauvegarde à l'hôpital d'Aubrac et à l'abbaye de Grandmont [4] ; enfin il rend des ordonnances en faveur des religieux de Sainte-Croix de Poitiers [5] et de l'Université d'Angers [6].

L'anarchie des dernières années avait singulièrement relâché les liens qui unissaient les grands seigneurs féodaux au trône. On avait vu les princes apanagés donner eux-mêmes l'exemple de l'insubordination et de la révolte : plus préoccupés de leurs intérêts personnels que des intérêts de la couronne, ils avaient fait passer leur ambition ou leurs rancunes avant toute autre considération. Les désastres amenés par l'invasion anglaise n'avaient point relevé le sens moral des princes : alors que Jean sans Peur s'alliait secrètement à l'ennemi le plus acharné du royaume, que son fils Philippe traitait publiquement avec les Anglais et leur livrait la France, le duc de Bourbon ne craignait pas de s'abaisser devant le vainqueur au point de lui

dit Createur, entre autres choses, ait permis à venir en ce royaulme plusieurs afflictions, guerres, pestilences, famines et autres tribulacions. »

1. Lettres de Charles VI du 6 décembre 1421. Archives LL 414, f. 60. Cf. LL 215, f. 379 et 510.

2. Lettres indiquées dans la Collection de D. Housseau, vol. IX, n° 3843.

3. Archives, K 180, n° 142.

4. Lettres du 1er avril 1419 et de janvier 1422. Doat, 135, f. 268, et *Ordonnances*, t. XV, p. 575-76. On lit dans ces dernières lettres : « Nos igitur, dictos predecessores domini mei predicti ipsumque in his potissime per que divinus adaugetur cultus et divinis instantes obsequiis ampliori prosequuntur favore, imitari cupientes; contemplantes presertim horum religiosorum morum honestatem et devocionis fervorem quibus aspirare volumus, ut, pro jam dicto domino meo, nobisque ac regia domo, fundant accuracius Deo preces; memorie eciam commendantes accepta servicia que dictis predecessoribus nostris, domino meo, et retroactis temporibus, impendirent ipsi religiosi; quinimo, quod jocunde et reverenter et munificenter nos illac transeuntes exceperunt cum nostra concomitancia... »

5. Lettres du 29 octobre 1418. Collection de D. Fonteneau, vol. V (lat. 18380), f. 709.

6. Lettres sans date, Ms. fr. 5024, f. 73.

faire des offres déshonorantes[1]. Les autres princes prisonniers — le duc d'Orléans à leur tête, — semblaient plus pressés de recouvrer la liberté, à n'importe quel prix, que de conserver intacte et inviolable leur fidélité au trône. En traitant avec Henri V, le gouvernement dirigé par le parti bourguignon avait un devoir strict à remplir : celui de stipuler la mise en liberté des princes du sang restés en Angleterre[2]. Mais ces princes s'étaient jusque-là montrés hostiles à la faction triomphante ; tous n'étaient point disposés à reconnaître Henri V comme futur héritier du trône : on les laissa languir dans leur prison.

En dehors des princes de la maison de Bourgogne (divisée en trois branches : Bourgogne, Brabant, Nevers), le Dauphin avait pour soutiens tous ceux que les liens du sang unissaient à la couronne. Deux des princes de la maison d'Orléans (le duc d'Orléans et le comte d'Angoulême) étaient captifs ; mais Philippe d'Orléans, comte de Vertus, était au premier rang des défenseurs de la cause nationale, et le bâtard d'Orléans commençait sa brillante carrière. La maison d'Anjou était toute dévouée. Le duc d'Alençon, dont le père était mort à Azincourt, bien que sortant à peine de l'enfance, avait déjà pris sa place dans l'armée dauphinoise. Le comte d'Eu, le duc de Bourbon, le comte de Vendôme étaient prisonniers en Angleterre ; mais Charles de Bourbon, fils aîné du duc, avait, aussitôt après l'événement de Montereau, abandonné la cause bourguignonne pour se rallier au Dauphin, et d'autres princes de la maison de Bourbon figuraient, soit dans le Conseil, soit dans les armées.

Le Dauphin avait un si haut sentiment des devoirs de la couronne que, malgré la pénurie de ses finances, il tint à coopérer, et dans une très large mesure, au paiement de la rançon du duc de Bourbon, qui, au mois de janvier 1421, venait de composer avec Henri V pour la somme de cent mille écus. Soit qu'il ignorât combien peu le duc méritait une telle faveur[3],

1. Voir *La rançon du duc de Bourbon Jean Ier*, par Huillard-Bréholles, p. 8-9. Cf. ci-dessus, p. 270.

2. Ce fut la première demande que fit le gouvernement de Charles VII quand, en novembre 1432, les négociations furent rouvertes avec l'Angleterre.

3. Il venait de déclarer la paix signée à Troyes « bonne, saine et juste, » de s'en-

soit qu'il agît dans des vues secrètes que l'histoire ne nous révèle pas, Charles, en même temps qu'il s'employait à lui procurer des ressources [1], lui accorda, par lettres du 19 mai 1421, une somme de cent mille livres tournois, pour l'aider à payer sa « très grosse et excessive rançon [2]. » Le duc d'Orléans ne fut point oublié : par lettres du 9 septembre 1420, il reçut les biens ayant appartenu à un rebelle, Pierre de Menou, jadis condamné à mort pour crime de lèse-majesté [3]; par d'autres lettres du 31 janvier 1421, le Dauphin lui attribua tous les biens, meubles et immeubles qui désormais seraient confisqués, jusqu'à la valeur de quatre mille écus d'or [4]; enfin le profit des gabelles de tous les greniers à sel établis dans les terres appartenant au duc d'Orléans et au comte d'Angoulême leur fut abandonné par lettres du 16 septembre 1422 [5].

Le duc de Bretagne, après avoir longtemps hésité entre les deux partis, s'alliait aux Anglais; son frère, le comte de Richemont, l'un des prisonniers d'Azincourt, récemment mis en liberté, s'était aussitôt déclaré partisan de Henri V. Mais son plus jeune frère Richard, qui avait reçu en apanage le comté d'Étampes [6], demeurait fidèle au traité de Sablé, et combattait dans l'armée du Dauphin.

gager à détacher son fils Charles du parti du Dauphin, etc. Huillard-Bréholles, *l. c.*, p. 12. — Le Dauphin n'avait pas attendu à ce moment pour donner des marques de sa bienveillance à l'égard du duc : il avait prescrit, par lettres du 29 novembre 1418, une trêve d'un mois entre le Bourbonnais et les pays bourguignons voisins, pour mettre à l'abri les possessions du duc prisonnier. Archives, P 1377¹, cote 2827.

1. On a la trace de démarches faites à cet égard auprès du conseil de ville de Lyon : le 4 avril 1421, le conseil répond qu'il ne peut contribuer au paiement de la rançon. Péricaud, *Notes et documents pour servir à l'Histoire de Lyon*, p. 42.

2. Archives, P 1377¹, cote 2858. — C'est par erreur que dans l'*Inventaire des titres de la maison ducale de Bourbon*, dressé par Huillard-Bréholles et continué par M. Lecoy de la Marche, on indique (t. II, p. 219), cet acte comme émanant de Charles VI.

3. « Considerans l'estat de nostre dit frère, lequel, pour le fait de la guerre de mondit seigneur et de nous, a jà long temps esté et encores est prisonnier en la main des Anglois, anciens ennemis de mondit seigneur et de nous, et les très grans et notables services et plaisirs qu'il a faiz à mondit seigneur et à nous, » etc. Archives, K 59, nº 30.

4. « Voulans à nostre povoir subvenir et secourir à la personne et aux affaires de nostre dit frère, comme raison est, et considerans que de present ne lui povons pas aidier de deniers comptans, obstans les grans et excessives charges que nous avons pour le fait de ladicte guerre. » Archives, K 59, nº 32.

5. *Pièces originales*, 2158 : ORLÉANS, 8, nº 400.

6. Lettres du 8 mai 1421. D. Lobineau, t. II, col. 978; D. Morice, t. II, col. 1091; *Ordonnances*, t. XI, p. 121.

Si des princes nous passons aux grands vassaux, nous constatons que, pour la plupart, ils étaient engagés dans le parti du Dauphin; mais certains montraient des velléités d'indépendance menaçantes pour l'avenir. Jean de Grailly, comte de Foix, dont le comté relevait directement de la couronne, avait été, presque en même temps, investi du gouvernement du Languedoc par les deux pouvoirs qui se partageaient la France[1]; il en profita pour trancher du souverain, convoquer lui-même les États, lever la milice, percevoir les impôts, battre monnaie, etc. Le Dauphin, lors de son voyage en Languedoc, dut lui retirer la lieutenance générale, au risque de le jeter dans le parti anglais, que le comte adopta en effet un moment[2]. De ses trois frères, l'un, le captal de Buch, était au service de l'Angleterre; le second, Archambaud, seigneur de Navailles, était attaché à la personne de Jean sans Peur; le troisième, Mathieu, comte de Comminges, qui tenait ce comté du chef de sa femme Marguerite, s'était laissé gagner en 1420 à la cause bourguignonne, et, suivant l'exemple du comte de Foix, avait, au mois de mars 1422, prêté serment au roi d'Angleterre[3]. Le comte d'Armagnac, lieutenant général en Languedoc du vivant de son père le connétable, sans rompre avec le Dauphin, gardait une attitude douteuse, et ne devait pas tarder à favoriser sous main les Anglais[4]; mais son frère Bernard était un des plus fermes champions du Dauphin[5]. Charles,

1. Les lettres de provision du Dauphin sont du mois d'octobre au plus tard (voir ci-dessus, p. 121); celles de Charles VI sont du 20 janvier 1419.

2. Le 30 octobre 1421, le comte de Foix donne pouvoir pour jurer le traité de Troyes. L'instrument du serment prêté porte la date du 3 mars 1422. Voir Rymer, t. IV, part. III, p. 199; part. IV, p. 9, 51 et suiv., 62, 72.

3. Il avait été, par lettres de Charles VI du 1er juillet 1420, investi des droits du vicomte de Narbonne sur le comté de Comminges et de toutes les possessions de celui-ci. Le 8 mars 1422, Henri V donnait commission pour recevoir le serment du comte de Comminges. Rymer, t. IV, part. IV, p. 56.

4. Voir, sur les intrigues du comte Jean IV, ci-dessus, p. 34-35 et 295, et sur ses rapports avec le Dauphin, plusieurs pièces dans Clairambault, 50, p. 3737; 78, p. 6089; 6, p. 267; 12, p. 765; 53, p. 5708; *Pièces originales*, 1063 : LAUR. Cf. Monstrelet, t. III, p. 292; Saint-Remy, t. I, p. 338; Berry, p. 439; Raoulet, dans Chartier, t. III, p. 171, et D. Vaissete, t. IV, p. 455.

5. Il suivit le Dauphin dans son voyage du Languedoc, et reçut de lui : 1° 300 livres tournois pour ses étrennes le 3 janvier 1420; 2° une somme de 2,000 livres au mois de mars. Vers le mois de juillet 1422, il fut le chef de l'entreprise contre le sire de Rochebaron, où il fut armé chevalier (Berry, p. 442).

sire d'Albret, dont le père avait été tué à Azincourt, bien qu'apparenté à la maison royale[1], avait eu, lui aussi, ses heures d'hésitations et de défaillances[2]; il resta néanmoins dans les rangs des partisans du Dauphin[3], ainsi que son frère Guillaume, qui devait jouer un rôle important dans la défense militaire[4]. Tous ces seigneurs du Midi étaient surtout préoccupés de s'assurer la tranquille possession de leurs domaines[5]. Parmi eux, cependant, nous rencontrons, avec Bernard d'Armagnac et Guillaume d'Albret, Guillaume, vicomte de Narbonne, neveu du connétable d'Armagnac, qui brille au premier rang des chefs de l'armée, et devait tomber glorieusement sur le champ de bataille de Verneuil; Hugues, seigneur d'Arpajon, également parent du connétable, conseiller et chambellan du Dauphin dès 1417, et principal lieutenant de Charles de Bourbon quand celui-ci fut appelé au gouvernement du Languedoc[6]; Jean, comte d'Astarac, marié à Jeanne de Bar-

1. Son grand-père avait épousé Marguerite de Bourbon, et par ce mariage était devenu beau-frère de Charles V; son père avait obtenu de Charles VI, en 1389, l'autorisation, pour lui et ses descendants, d'écarteler ses armes de celles de France.

2. Dès le 17 juillet 1418, Charles d'Albret déclarait, par lettres patentes, avoir conclu une trêve avec Jean Tiptoft, envoyé de Henri V, et s'engageait à ne pas souffrir qu'aucune guerre fut faite au roi d'Angleterre (Rymer, t. IV, part. II, p. 58). Le 25 septembre 1420, le sire d'Albret et son frère François donnaient procuration pour faire en leur nom l'hommage qu'ils devaient au roi d'Angleterre comme duc d'Aquitaine (D. Villevieille, *Trésor généalogique*, vol. II, f. 96). Le 5 janvier 1421, Henri V donnait pouvoir pour traiter avec les envoyés de Charles, seigneur d'Albret, et de François d'Albret, seigneur de Saint-Bazeille. Le 16, un accord était conclu avec Henri V, au nom de ces deux seigneurs, qui s'engageaient pour tous leurs parents (Rymer, t. IV, part. III, p. 197-198). Le même jour, le roi d'Angleterre donnait des lettres d'abolition à Charles et à son frère, qui lui avaient fait l'hommage lige pour les terres qu'ils tenaient de lui dans le duché d'Aquitaine, et qui avaient juré le traité de Troyes (Rymer, *l. c.*, p. 198).

3. Le 3 janvier 1420, Charles lui donna 300 livres tournois pour ses étrennes (*Pièces originales*, 24 : ALBRET), et au mois de novembre il lui fit présent d'un cheval (Archives, KK 53, f. 15). Au commencement de 1421, le sire d'Albret et son frère François servaient en Languedoc sous le *gouvernement* de Charles de Bourbon (Clairambault, 79, p. 6230 et 31; 63, p. 4871; 14, p. 899; *Pièces originales*, 24 : ALBRET). On remarquera que c'est à ce moment même que venait d'être signé le traité du 16 janvier 1421.

4. Guillaume d'Albret, seigneur d'Orval, était en 1420 un des lieutenants de Charles de Bourbon en Languedoc.

5. Voir le traité, en date du 16 novembre 1418, par lequel le comte d'Armagnac, en son nom et au nom de Bernard son frère, le comte de Foix, Charles seigneur d'Albret et Jean comte d'Astarac, s'unissent par une ligue et confédération mutuelle. D. Vaissete, t. IV, *preuves*, p. 414. Le texte complet est dans Doat, 213, f. 6. Le comte d'Armagnac et le sire d'Albret étaient beau-frères, le second ayant épousé, le 28 octobre 1417, Anne d'Armagnac, fille du connétable. Le comte de Foix, après la mort de sa première femme (Jeanne de Navarre, morte en 1420), épousa Jeanne d'Albret, sœur de Charles.

6. D. Vaissete, t. IV, p. 455.

bazan, conseiller et chambellan du Dauphin [1]. Mentionnons encore, à l'autre extrémité du Languedoc, Louis de Beaufort, comte d'Alais et marquis de Canilhac, plus tard conseiller et chambellan du Roi.

Si nous remontons vers le centre, nous trouvons Béraud III, dauphin d'Auvergne, comte de Clermont et de Sancerre, qui figure à partir de 1423 à la Cour et dans le Conseil de Charles VII [2]; Bertrand V de la Tour, comte d'Auvergne et de Boulogne, conseiller et chambellan; Pierre, comte de Beaufort, vicomte de Turenne; Armand, vicomte de Polignac (de la maison de Chalençon), lieutenant général en Velay, Gévaudan et Vivarais en février 1419; Jacques, comte de Ventadour, conseiller et chambellan du Dauphin; Louis II de Chalon, comte de Tonnerre, dont les possessions avaient été confisquées par Jean sans Peur en 1412 et que nous avons vu figurer, dès le mois d'octobre 1418, parmi les conseillers du Dauphin [3]; Jean II, baron de Montmorency, qui, pour suivre le parti du Dauphin, avait abandonné tous ses biens [4]; Jean d'Harcourt, comte d'Aumale, lieutenant général du Dauphin en Normandie, dont le cousin germain, Jacques d'Harcourt, seigneur de Montgommery, se rallia à la cause française en 1420 [5]; Guillaume de Chaumont, seigneur de Quitry, qui avait charge à la Cour, et qui reçut en février 1419 le comté de Chaumont en Vexin [6].

En Languedoc, le Dauphin comptait parmi ses auxiliaires les Séverac, les Coarasc, les Caylar, les Levis, les Montpezat, les d'Estissac, les Carmaing (Caraman); en Auvergne, les La Fayette, les Langhac, les Joyeuse, les Montlaur, les d'Apchier, les d'Aubusson, les Trignac, les Des Cars; en Dauphiné, les Grolée, les Roussillon, les Sassenage, les Meulhon. Le Berry,

1. Il fut aussi l'un des principaux auxiliaires de Charles de Bourbon pendant sa lieutenance générale.

2. Dans un permis d'accorder en date du 23 mai 1421, il est parlé de lui en ces termes « Et mesmement en faveur de nostre dit cousin, qui tousjours s'est employé et de jour en jour se emploie ou service de mondit seigneur et de nous. » Archives, X^1c 121.

3. Voir plus haut, p. 287. Il avait épousé Marie de La Trémoille.

4. Ils furent confisqués par les Anglais. Voir *Histoire de la maison de Montmorency*, par André du Chesne, p. 232.

5. Voir Pierre de Fenin, p. 152, et Monstrelet, t. IV, p. 21 et 41.

6. Collection Du Chesne, vol. 4, f. 9.

le Poitou, l'Anjou lui fournissaient ses plus dévoués serviteurs. Dans les pays même occupés par l'ennemi, on rencontre des noms illustres qui viennent grossir cette liste : à elle seule la Normandie avait donné les Graville, les d'Estouteville, les Braquemont, les Montenay, les Bacqueville, les Gamaches; en Picardie, on peut citer le sire de Gaucourt.

Il est donc permis de dire que presque tout ce qui tenait un rang élevé dans la noblesse s'était rangé du côté du Dauphin [1]. Charles récompensa largement — trop largement même parfois, — les services rendus avec tant de dévouement. Mais s'il fit preuve d'une grande libéralité, il sut, dans ces conjonctures critiques, maintenir intacte son autorité. En certaines occasions, il intervint même dans les querelles des grands seigneurs : nous le voyons, en mars 1420, protéger la comtesse de Boulogne, veuve du duc de Berry, contre les mauvais traitements du sire de la Trémoille, son mari [2]; et, en juin suivant, ordonner une enquête relativement aux excès commis par Philippe de Levis et par Antoine, seigneur de Vauvert, son fils, contre Isabelle d'Harcourt, dame de Villars [3]. Mais le pouvoir du Dauphin était trop faible et trop mal assuré pour qu'il pût empêcher d'autres excès plus graves, que commettaient, avec une déplorable facilité, la plupart de ses capitaines, et même certains de ses familiers. Il lui fallut, pendant longtemps encore, fermer les yeux sur des désordres qu'il était impuissant à réprimer.

Le Dauphin, dès sa sortie de Paris, avait convoqué les nobles du royaume [4]. Après Baugé, de nouvelles convocations furent

1. Une des premières marques de confiance que le jeune Dauphin donna à sa noblesse fut de lui confier la garde de ses châtellenies. On lit dans des lettres du 3 novembre 1417 : « Pour ce que, attendu les guerres qui sont de present, il est besoing et necessité de pourveoir aux offices de chastellenies de nostre dit païs du Dalphiné de personnes nobles qui aient frequenté les armes, saichans l'usage et steile des guerres, qui soient souffisans et ydoines pour seurement garder et deffendre en temps de guerres noz chasteaulz et fortresses de nostre dit païs du Dalphiné... » Archives de Grenoble, B 3223 *bis*, f. 119 v°.

2. Lettres du 16 mars 1420.

3. Lettres du 14 juin 1420.

4. Indépendamment de la lettre de Jean Caille aux Lyonnais, en date du 15 juin, cela ressort de lettres patentes de Charles VI du 27 juillet (Arch. de Reims). En août 1418, le Dauphin envoya des lettres closes aux nobles et barons du Limousin (*Pièces originaires*, 675 : CHAPOLIE) : voir aux *Pièces justificatives*. Le 21 mars 1419, on recevait

faites. Mais bien que, comme le rappelait le Dauphin, « de droit les nobles et autres tenant fiefs et arrière-fiefs » fussent tenus de servir, et pour « la défense de la Seigneurie, et pour la défense et seurté d'eux mesmes et de leurs hommes et fiefs[1], » plusieurs n'avaient point obéi à ses mandements[2]. Dans un conseil de guerre tenu à Blois le 5 août 1421, les chefs de l'armée décidèrent que, « pour plus surement aller avant et en plus grand nombre, tous nobles et non nobles qui se pourroient assembler et mettre sus en ce royaume » seraient convoqués : on promulgua une ordonnance du Dauphin, prescrivant de faire crier et publier partout que, « sans aucune excusation ou demeure, tous nobles tenant fiefs ou arrière-fiefs, et autres qui ont accoustumé à soy armer » fussent au rendez-vous donné (pour le 25 août), montés et suffisamment armés, « nonobstant, disait l'ordonnance, quelconques lettres par nous octroyées de non venir à ladicte armée, à quelconques personnes que ce soit, sous l'ombre de garde de forteresse ou autrement, » et sous peine de confiscation de corps et de biens, et d'être réputés « fauteurs des dits ennemis et favorisant le fait d'eux et de leurs alliés. » Enfin, pour vaincre toutes les résistances, le Dauphin voulait que « les dits nobles et gens qui sont tenus le servir en armes selon les droits de noblesse et mesmement en tel besoin qui touche en chef tout le fait de la seigneurie, et qui seront de ce faire defaillans, à l'exemple des autres et pour memoire en temps avenir, soient de ce punis par demolition de leurs maisons et habitations, privation des forteresses, prerogatives et honneurs appartenant à gens nobles, et soient et demeurent asservis aux aides et subsides, comme les gens de peuble, sans plus user d'aucune franchise. Mais les voulons, ajoutent les lettres, estre tenus et reputés pour gens flaches *(sic)*, faillis, reprochés et deshonorés, et indignes de jouir de privilèges de noblesse, et dès maintenant

à Poitiers des lettres du Dauphin, en date du 16 mars, ordonnant « que chascun noble tenant en fief, etc., et autres se abillent et arment pour aller au siège à Partenay, dedans huit jours. » Archives de Poitiers, *Registres des délibérations*, I, f. 60 v°.

1. *Ordonnances*, t. XI, p. 127.

2. « Auz mandements par nous autresfois faits n'y sont plusieurs venus ny comparus. » *Id.*, *Ibid.*

pour lors declarons estre de nostre volonté et intention que leurs biens et heritages soient et demeurent acquis à nous et à nostre domaine[1]. »

On peut constater par ces prescriptions qu'une partie de la noblesse se fatigua vite de la lutte, et qu'à l'élan du premier jour succéda une regrettable tiédeur. Dans son *Quadrilogue invectif*, écrit en 1422, Alain Chartier flétrit ceux qui ne viennent au rendez-vous donné par leur seigneur que « pour manière, » et qui, préférant « les aises de leurs maisons » à « l'honneur de noblesse dont ils les tiennent, » les emporteraient volontiers avec eux, comme les limaçons portent leur coquille[2]. Il fait toucher du doigt deux plaies encore plus fatales que le mauvais vouloir de quelques-uns : d'abord « une si grant arrogance que ceulx qui ne sauroient riens conduire par eulx ne vouldroient armes porter soubz autruy ; » puis une absence complète de discipline : « Oncques ne fu veue à l'ueil ne leue par escript maindre discipline, ne plus fragile justice d'armes, que celle que nous disons tenir sur nostre chevalerie[3]. »

Les exemptions dont il est question dans l'ordonnance du 15 août 1421 étaient données parfois avec une grande facilité, ou, comme on disait alors, « par importunité de requerant. » Nous n'avons pourtant rencontré que deux actes de cette nature émanant de la chancellerie du Dauphin. Par l'un, en date du 23 mai 1421 — par conséquent avant l'ordonnance précitée, — le Dauphin exemptait pour cette fois Jacques de Surgères et les trois gentilshommes qu'il avait dans ses places du Poitou d'aller au voyage fait par le prince pour la « recouvrance » de la Normandie et des autres pays occupés par les Anglais[4] ; par

1. *Ordonnances*, t. XI, p. 126-128. Cf. Ms. fr. 26044 (*Quittances*, 53), nº 5650.

2. « Or advient que sont faictes entreprinses, ou sièges assis, où le bau du prince est crié et le jour souvent nommé pour les champs tenir. Mais plusieurs y viennent pour manière, plus que pour doubte de y faillir ; et pour paour d'avoir honte et reprouche, plus que pour vouloir de bien faire. Et si est en leur choix le tost ou le tard venir, le retour ou la demeure. Et de tels en y a qui tant ayment les aises de leurs maisons plus que l'honneur de noblesse dont ilz les tiennent, que lors qu'ilz sont contrains de partir, voulentiers les portassent avec eulx : comme les lymaz qui tousjours traînent la coquille où ilz se hebergent. » *Quadrilogue invectif*, p. 446.

3. *Quadrilogue invectif*, p. 447-48.

4. « Obstant certaine infermetté de maladie en laquelle il est detenu, et aussi qu'il est jà

l'autre, en date du 24 septembre 1421, Charles dispensait Jean d'Aubusson, chevalier, seigneur de Borne, de se rendre en personne à l'armée, en considération de ce que ses trois frères servaient déjà, avec dix hommes d'armes, et que ses terres et le château dont il avait la garde étaient situés sur la frontière de l'ennemi [1].

Les actes de la chancellerie du Dauphin ne nous sont point tous parvenus; il en est de rares et même d'uniques dans leur genre : tel est le cas pour une lettre d'annoblissement accordée, le 4 octobre 1420, à Jean Vache, bourgeois de Saint-Marcellin en Dauphiné [2]. Nous possédons aussi de curieuses lettres, en date du 3 juin 1422, autorisant un secrétaire du Dauphin, Mathurin Warout, issu de la maison de Famechon en Beauvaisis, à changer son nom, sobriquet donné à un de ses ancêtres qui était, dit l'ordonnance, « un homme très velu ou visaige, ès mains et autre part, » et à reprendre l'ancien nom de Famechon [3]. Mentionnons enfin des lettres données à Carcassonne, en mars 1420, par lesquelles le Dauphin confirmait aux capitouls de Toulouse n'appartenant pas à des familles nobles le privilège d'acquérir des fiefs nobles, et étendait ce privilège aux fiefs ayant juridiction ou justice, ou relevant directement de la couronne [4].

Un fait qui apparaît d'une façon éclatante, quand on étudie les rapports du gouvernement royal, sous Charles VII, avec les différentes classes, c'est la protection accordée au Tiers-État : moins visible dans la période de la régence que plus tard, cette tendance nous est pourtant révélée par plus d'un indice. Fidèle aux habitudes de la Royauté, qui entretenait avec les villes des relations assidues, le Dauphin, à peine sorti de Paris, en juin 1418, s'adresse à ses bonnes villes, pour les exhorter à lui rester fidèles. En dehors de la correspondance suivie qu'il entre-

ancien et debilité de sa personne..., et d'autre part ne pourroit entendre en personne à la garde et gouvernement de ses chastels et forteresses. » Collection de D. Fonteneau, vol. VIII (lat. 18383), p. 171.

1. *Pièces originales*, 130 : AUBUSSON (simple indication); P. Anselme, t. V, p. 334.
2. Copie du XVIIe siècle, sur parchemin, dans Du Puy, 673, f. 122.
3. Archives, X[1a] 8604, f. 54.
4. *Ordonnances*, t. XI, p. 74.

tenait avec beaucoup d'entre elles, et qui était relative, soit aux besoins financiers de son gouvernement, soit aux affaires particulières de la ville, il ne se passait point un événement important sans qu'il n'envoyât aux bourgeois des bonnes villes des lettres missives, relatant les faits, et souvent avec des détails assez circonstanciés. Nous avons déjà reproduit quelques-unes de ces lettres, et malgré les lacunes considérables que présente ce genre de documents [1], nous en rencontrerons un assez grand nombre dans le cours de notre travail [2]. Une cordialité simple et franche, un sincère amour du bien, une patriotique ardeur, et parfois une fermeté vraiment royale éclatent, à travers les formules de style, dans ces documents, émanés plus spécialement de l'initiative privée du prince, écrits par ses secrétaires, et toujours signés de sa main. En outre, le Dauphin recevait sans cesse des messages de ses bonnes villes, et parfois assignait des rendez-vous à leurs envoyés pour traiter avec eux des affaires pendantes [3].

Les besoins des villes étaient immenses. Sans cesse elles demandent, soit une exemption d'impôts, soit l'octroi d'aides pour les dépenses locales et la réparation de leurs fortifications. Un des premiers actes du Dauphin fut d'exempter les habitants de l'Auvergne des aides ayant cours, et à l'occasion desquelles le « pauvre peuple » avait été foulé et opprimé, « par l'oultraige de plusieurs officiers qui, en les cueillant, avoient fait plusieurs pilleries et roberies [4]. » Nous possédons des actes

1. Beaucoup sont perdues et ne se trouvent plus dans les dépôts locaux ; certaines ont été soustraites, et on les retrouve dans les ventes d'autographes.

2. Nous en avons trouvé en particulier près de deux cents à Lyon, auxquelles on a commencé à faire des emprunts. Voir le mémoire de M. Antoine Thomas sur *les États généraux sous Charles VII*, au t. XXIV (année 1878) du *Cabinet historique*, tiré à part, br. in-8°.

3. Les Archives de Tours, de Lyon, de Poitiers, etc., contiennent à cet égard des renseignements abondants. — Le 23 octobre 1421, à Lyon, on décide d'envoyer vers le Dauphin « gens notables et d'estat qui ayent audace de parler à la personne de mon dit seigneur le Dauphin, en ly notiffiant les affayres et necessités de la ville. » Archives de Lyon, BB I, f. 152.

4. « Considerant, disent les lettres, la grant loyaulté, entière sugection, et vraye obeissance en quoy se sont tousjours gouvernez vers mondit seigneur et vers ceux dudit païs, et en recongnoissance d'icelle, afin aussi que les dessusdis, deschargiez et relevez desdictes oppressions, puissent mieulx servir et secourir mondit seigneur et nous contre son adversaire d'Angleterre... » Lettres du 9 juillet 1418. *Ordonnances*, t. X, p. 155-56.

nombreux, accordant aux villes l'autorisation de lever certaines sommes : Poitiers eut 3,000 fr.[1]; Lyon, 5,000 fr.[2]; Tours, 6,000 fr. en plusieurs fois, et diverses aides[3]; Melun, 1,800 fr.[4]. Niort eut une aide sur certains deniers et marchandises[5]; Clermont une aide à prendre pendant quatre ans sur les blés, farines et vins forains, et en outre une somme de 200 fr.[6]; Beauvais, la confirmation, pendant dix ans, d'un octroi de cinq deniers tournois sur chaque quintal de sel vendu au grenier de la ville[7]; Limoges, la continuation pendant deux ans d'un don reçu de Charles VI[8]; enfin, Buis en Dauphiné, un droit de péage[9].

Sans se départir d'une fermeté commandée par les circonstances[10], le Dauphin se montra indulgent envers les villes, même quand elles avaient méconnu son autorité. Dans les lettres d'abolition données le 30 décembre 1418 aux habitants de Tours, après un récit des faits accomplis dans leur ville, tracé avec une extrême bienveillance, le Dauphin, reconnaissant que les Tourangeaux avaient été déçus « par simplesse et ignorance, et aussi par crainte et doubte du duc de Bourgogne, » ajoutait : « Nous, ces choses considerées, qui voulons et desirons par toutes voyes doulces reunir les subgez de mondit seigneur et mettre sous sa dicte obeissance et la nostre, pour honneur

1. 2 décembre 1419, 7 mai 1421, X[1a] 8604, f. 30. Archives de Poitiers, J 610. Cf. J 581. Dès le 18 mai, le Dauphin donnait aux habitants le produit de la dixième partie du vin vendu en détail dans la ville pendant deux ans. Archives de Poitiers, G 11, liasse 9.

2. 16 août 1421. Archives de Lyon, CC, non classé. — Le profit des aides avait été donné à la ville par lettres de Charles VI du 17 juillet 1417. *Compte de Léonard Caille*, CC 392, nº 33.

3. Aide octroyée en février 1419; autres aides les 20 juin et 9 novembre 1420; 2000 l. t. en avril 1421; 2000 l. t. le 7 août; 5000 l. t. le 16 août; 2000 l. t. le 31 octobre; aides les 17 octobre et 23 décembre 1421; autre aide le 22 mai 1422. Archives de Tours, *Registres des délibérations*, I, part. III, au 2 février 1419, et part. V, au 19 novembre 1421; *Registres des Comptes*, XVIII, f. 2 et 12 vº; XIX, f. 9 et 85. Lettres des 7 août et 16 août 1421 : *Pièces à l'appui des Comptes*, CC (non classé); cf. CC 65.

4. 12 février 1420. Bibl. nat., Fr. 20589 (Gaignières, 2775), pièce 43.

5. Juin 1417; 21 août 1419. *Ordonnances*, t. XI, p. 18-20.

6. 30 octobre 1419; 27 janvier 1420. *Ordonnances*, t. XI, p. 26-27 et Fr. 20589, pièce 14.

7. 16 avril 1420. Ms. lat. 9177, f. 224.

8. 8 mai 1420. *Ordonnances*, t. XI, p. 84-85.

9. 21 novembre 1421. *Ordonnances*, t. XI, p. 139.

10. Voir aux *Pièces justificatives* la lettre missive aux habitants de Lyon en date du 8 août 1422.

et reverence de Dieu et des glorieux saints dont les corps reposent en nostre dicte ville, et pour obvier aux grans maulx qui adviendroient se par voye de fait et de force convenoit proceder à ladicte reduction, dont s'ensuivroit la desertion d'icelle ville et de nos subgiez qui y habitent, ce que nous voulons eviter de tout nostre pouvoir, esperans que les dessus diz doient estre et demourer bons et loyaulx vers mondit seigneur et nous, et à la prière de plusieurs de nostre sang et lignaige et autres qui de ce nous ont très humblement requis, voullans preferer misericorde à rigueur de justice, aux diz gens d'eglise, bourgoys et habitans, tant en general comme en particulier, avons remis, quitté et pardonné, » etc.[1].

Dans ses lettres d'abolition aux habitants de Nîmes (4 avril 1420), après avoir constaté que, par ses lettres données à son entrée en Languedoc, il avait accordé abolition générale à tous ceux qui s'étaient soumis ou qui feraient leur soumission dans le délai d'un mois, et qu'à Nîmes les habitants, loin de reconnaître son autorité, avaient refusé de lui ouvrir leurs portes; considérant qu'ils avaient agi ainsi « pour la doubte et crainte d'aucuns estrangiers, gens de guerre, qui les menaçoient de destruire de corps, chevances, et bouter feux en ladicte ville; » qu'ils s'étaient employés « bien liberalement » à réduire la ville en son obéissance, avec promesse de la maintenir dans la soumission, et qu'ils étaient même « fort dolens et repentans des faultes et mesprentures faictes le temps passé; » voulant « preferer misericorde à rigueur de justice, pour reverence de Dieu, et aussi pour contemplacion du saint temps de la glorieuse passion de Nostre Seigneur Jhesus-Crist et de la saincte semaine » où l'on était alors, Charles déclarait donner pleine et entière abolition aux habitants[2].

Toutefois ce pardon n'empêcha pas le Dauphin de faire preuve d'une juste sévérité. Si la plupart des habitants avaient agi sous l'empire de la violence, il y en avait qui s'étaient montrés rebelles. Plusieurs furent exécutés après la prise du

1. Original aux Archives de Tours, EE, liasse 2; — Copie dans la Collection de Dom Housseau, à la Bibl. nat., t. IX, n° 3820.
2. Menard, *Histoire de Nimes*, t. III, *preuves*, p. 212.

château, les consuls furent destitués, les habitants privés du consulat et de la capitainerie de leur ville; enfin, en signe de châtiment, la muraille de la ville fut abattue en un endroit et dans un autre démolie en partie [1]. Ces dégradations étaient encore visibles au temps de l'historien de Nîmes Claude Menard, qui écrivait au dernier siècle [2].

Mais les sévérités du Dauphin n'étaient pas de longue durée quand il avait affaire à des cœurs vraiment repentants. Pour les Nîmois, l'heure du pardon sonna bien vite après celle du châtiment. Par lettres du 22 avril 1420, Charles, considérant que, depuis qu'il a mis le consulat en sa main, il a été informé « que les habitants d'icelle ville de Nysmes ont eu et ont très grant desplaisance des choses advenues à l'encontre de nous, et qu'ils ont très grant desir de estre et eulx tenir bons subgiez, vraiz et loyaulx obeissans à Monseigneur et à nous, sans vouloir jamais faire le contraire, ne eulx departir de l'obeissance de Monseigneur et nostre, » leur restituait le consulat et rétablissait dans leurs fonctions les anciens consuls [3].

D'autres lettres d'abolition furent délivrées le 17 août 1421, — « à la relation de Charles de Bourbon, capitaine général en Guyenne et Languedoc, » — aux habitants de Béziers, qui avaient résisté au lieutenant général du Dauphin et soutenu un siège : un pardon complet leur fut accordé; ils conservèrent leur consulat et tous leurs privilèges [4].

Plusieurs villes du Midi, qui avaient ouvert leurs portes au Dauphin, sollicitèrent le maintien de leurs privilèges : nous avons des lettres du mois de mars 1420, confirmant aux habitants de Montauban les privilèges à eux octroyés par Philippe de Valois [5]; des lettres du 21 avril suivant, confirmant les privilèges des habitants de Sommières, qui avaient suivi le parti bourguignon [6]. Montagnac vit aussi ses privilèges confirmés [7].

1. Jouvenel, p. 376.
2. Menard, t. III, p. 153.
3. *Ordonnances*, t. XI, p. 81, et Menard, t. III, *preuves*, p. 214.
4. *Ordonnances*, t. XI, p. 129. Le traité passé par Charles de Bourbon, en date du 16 août 1421, est dans Doat, vol. 60, f. 201.
5. *Ordonnances*, t. XI, p. 63.
6. *Ordonnances*, t. XVI, p. 180.
7. *Ordonnances*, t. XVI, p. 621.

Limoges et Nîmes obtinrent en 1422 des lettres en faveur de leurs consuls[1]. Des exemptions d'impôts furent accordées à plusieurs villes : ainsi Bagnols, en raison des pertes considérables et de la grande mortalité occasionnées par la guerre, fut déchargée d'une somme de 600 livres formant le reliquat de sa part de contribution à une aide imposée sur le Languedoc[2]; une remise de 200 livres fut faite à Albi le 14 septembre suivant[3]; les villes de Capendu, Marseillette et Roqueserrière furent exemptées le 22 mars 1422 de leur quote-part des impôts votés l'année précédente par les États de Languedoc[4]. Les habitants de Villefranche eurent une remise de 300 livres pour les aider à reconstruire leur église[5]. Un autre avantage fut accordé à La Rochelle, qui obtint de pouvoir tirer des blés du Poitou pour son approvisionnement[6].

Si le Dauphin donnait beaucoup, il demandait encore davantage; il faudrait pouvoir fouiller dans les *Registres des délibérations* qui nous ont été conservés pour se rendre un compte exact de cet échange incessant de plaintes d'un côté, et, de l'autre, de sollicitations sans cesse renouvelées. Tout en cher-

1. *Ordonnances*, t. XV, p. 128; Menard, *Histoire de Nîmes*, t. III, *preuves*, p. 214.
2. *Chartes royales*, XIV, nº 10.
3. « Pour consideration, dit l'ordonnance, des bons et notables et agreables services que ont fait longuement à mon dit seigneur et à nous les consuls, bourgeois, manans et habitans de la cité d'Albi, et que de tout temps ils ont esté et sont bons, vrais et loyaulx subgetz à mon dit seigneur et à nous et à la couronne de France, et esperons que tousjours seront, et pour la consideration aussi de la grant pestilence et mortalité qui, l'année passée et encores nagueres, a esté en la dicte ville, tellement qu'elle est demourée moult affaiblie et depopulée de gens, et pour les relever aucunement des grandes pertes et dommaiges qu'ilz ont eues et souffertes à cause de la division qui a esté et est en ce royaume à l'occasion d'aucuns faulx traistres, rebelles et desobeissans à mon dit seigneur et à nous, et afin que tousjours tenus soient à mon dit seigneur et à nous. » Compayré, *Études historiques sur l'Albigeois*, p. 265.
4. Archives, K 60, nº 18.
5. Doat, 147, f. 231 vº.
6. « Recue avons, dit l'ordonnance, l'umble supplicacion des maire, eschevins et autres manans et habitans en la ville de La Rochelle, contenant que, comme ilz aient esté et soient vraiz, bons et loyaulx subgiez de Monseigneur et de nous, et aient eu et encores aient à supporter plusieurs grans fraix et charges pour garder et conserver la dicte ville en la bonne obeissance de mon dit seigneur et de nous, et resister à l'entreprinse des Angloiz anciens ennemis de ce royaume, qui ont moult desiré et desirent mettre la dicte ville en leur obeissance (que Dieu ne vueille), laquellé les diz supplians ne pourroient garder et preserver des diz ennemis, mesmement en cas de siège, se ilz n'estoient convenablement fourniz et garniz de blez. ... » Lettres du 19 novembre 1419. Archives, X1a, 8604, f. 31 vº.

chant à éluder les demandes, tout en marchandant tant qu'elles pouvaient et en témoignant parfois quelque mauvaise humeur, les villes s'exécutaient le plus souvent. Nous en voyons un exemple par ce qui se passa à Tours en 1419. A peine le Dauphin est-il maître de la ville, qu'il écrit aux habitants de lui envoyer six des plus notables bourgeois « pour ore aucunes choses qu'il avoit à leur dire. » Il fait savoir à ceux-ci qu'il a « neuf mille paies » de gens de guerre, et qu'il requiert les habitants de lui prêter, pour subvenir à cette dépense, 30,000 fr., « tant sur la ville que sur les églises [1]. » Les députés font leur rapport au Conseil le 13 janvier 1419. Le lendemain, nouvelles lettres du Dauphin pour supplier qu'on délivrât à ses envoyés [2] la somme demandée. Les habitants répondent « qu'ilz sont prests d'obeir de corps et de biens à Monseigneur le Daulphin. » Le 15, le conseil de ville se réunit; on remontre aux envoyés du prince « la povreté du païs et la bonne voulenté que les habitans ont à mondit seigneur, » et on les engage à « faire l'impost sur ceux qu'ils voudront adviser. » Le 16 janvier, on constate qu'une somme de 3,000 fr. seulement, sur les 15,000 auxquels la demande avait été réduite, a pu être trouvée. On fait partir alors des messagers pour exposer à Charles la « povreté, indigence et necessité de la ville, » et le supplier de modérer encore ses exigences. La mission eut un plein succès : les envoyés revinrent à Tours le 29 janvier, avec la nouvelle que la somme était abaissée à 4,000 fr. [3] Mais, un mois plus tard, le paiement n'était pas fait. Le Dauphin écrivit alors pour faire contraindre « ceulx qui ont esté imposez à paier le prest. » Le conseil décida qu'ils seraient mandés et contraints de payer [4].

Un don qui était en quelque sorte obligatoire pour les villes, c'était celui de *joyeux avénement*. A la première entrée du prince, il fallait s'exécuter, et faire une offrande digne des ha-

1. *Registres des délibérations*, I, part. IV, f. 47.
2. C'étaient maître Jean Gosset, secrétaire du Roi et du Dauphin, et Jean Vigneron, contrôleur de l'artillerie.
3. Même registre, part. III (non paginée).
4. *Id.*, part. IV, f. 80.

bitants de la cité. Ainsi la ville de Tours offrit au Dauphin, le 30 mars 1421, cent livres de cire neuve en cinquante torches, six grands *lux* (brochets), six grandes carpes et six grandes brèmes [1]. La ville de Lyon donna une somme de quatre mille livres [2]. La ville de Poitiers fit également un présent dont nous ne savons pas la valeur [3]. Quand le Dauphin passa par La Souterraine, se rendant à Limoges, en janvier 1422, les habitants lui donnèrent quatorze cents livres *pour sa dépense* [4].

Parmi les obligations que la guerre imposait, une des plus pénibles, comme une des moins observées, était celle de faire le guet. Plusieurs ordonnances furent rendues pour en assurer l'exécution, soit par des villes qui s'en étaient dispensées [5], soit par des gens des campagnes qui refusaient de se rendre dans ce but au chef-lieu de leur châtellenie [6]. Parfois, pour plus de sûreté, quand la ville était très exposée, on enjoignait aux bourgeois de laisser au capitaine le soin de pourvoir au guet et à la garde : c'est ce qui fut fait à Tours en 1420 [7]; mais ce n'était là qu'une mesure toute transitoire. Enfin, le gouvernement

1. Archives de Tours, *Registres des comptes*, XVIII, f. 108 v°. — En mai 1419, on s'attendait à la venue du Dauphin, et l'on avait décidé de lui faire un don de mille livres. L'avoine achetée pour lui en faire présent fut vendue. *Registres des délibérations*, I, part. IV, f. 54 v° et 58 v°.

2 Cette somme fut prêtée en partie (2,000 livres) par un des conseillers, Pierre de Pompe; on donna en outre 500 livres aux seigneurs de l'entourage du prince. Archives de Lyon, *Registres des délibérations*, BB I, f. 94 v°, 95 v°, 98 v°; CC 65, f. 103 v°.

3. Le Dauphin fit son entrée à Poitiers le 15 août 1418. On lit dans les *Registres des délibérations*, au 4 octobre 1418 (vol. I, f. 66 v°) : « Ordonné que ceux qui n'ont payé leur tauxe pour le present fait à Monseigneur le Dauphin seront executés. »

4. Archives, *Registres du Parlement de Poitiers*, X^{2A} 18, au 28 février 1426.

5. Lettres du 13 avril 1420, ordonnant au sénéchal de Beaucaire, vu le refus de certains habitants de Saint-André de Villeneuve de faire les guet et garde, sous prétexte qu'ils sont ouvriers monnayers, de faire faire les guet et garde par tous les habitants, de quelque condition qu'ils soient, jusqu'à ce qu'il soit autrement ordonné. Ms. lat. 9177, f. 227.

6. Lettres du 28 décembre 1418, ordonnant au sénéchal de Poitou de contraindre les habitants de Saint-Denis-en-Vaux et autres, de la châtellenie de Poitiers, à faire guet et garde à Poitiers. Archives de Poitiers, E 19, liasse 12.

7. On recevait à Tours, le 2 mars 1420, des lettres du Dauphin envoyées à Antoine du Pelle, capitaine de Tours, pour contraindre les gens d'église, bourgeois et habitants à bailler à Guillaume de Bourgon, lieutenant du capitaine, les guets de la ville, pour les asseoir chaque nuit où il lui plairait. Le mandement du Dauphin était du mois de décembre 1419 et avait été présenté au conseil de ville dès le 6 février suivant. *Registres des délibérations*, vol. I, part. IV, f. 65-66.

dut parfois venir en aide aux administrations municipales pour contraindre les habitants des villes à payer leurs impositions [1].

1. Lettres du 13 août 1420, ordonnant de contraindre à payer leurs impositions ceux des habitants de Lyon qui s'y refusaient; lettres du 20 octobre 1422, pour faire contraindre à participer aux charges de la ville toutes personnes demeurant au dehors qui tenaient ou devaient tenir des cens, rentes et héritages à Lyon. Archives de Lyon, CC 343, nos 14 et 16.

CHAPITRE XI

L'ADMINISTRATION DU DAUPHIN

§ II. — FINANCES, MONNAIES, COMMERCE, INDUSTRIE, ARMÉE

Situation financière du gouvernement. — Abolition des aides. — Le Dauphin tire sa principale ressource du produit des monnaies : ordonnances rendues à ce sujet; affaiblissement progressif de la monnaie. — Réforme opérée : retour à la forte monnaie en septembre 1422. — Subsides votés par les États généraux et provinciaux. — Autres ressources : emprunts, engagements et aliénations de terres du domaine; fleuron de la couronne mis en gage. — Bilan financier des années 1421-1422; libéralité du Dauphin : dons d'argent, dons de chevaux, dons de terres; résistance qu'il rencontre dans le conseil du Dauphiné, relativement à l'abandon de terres de son domaine. — Personnel de l'administration financière; absence de réglementation. — État de l'agriculture, du commerce et de l'industrie : interdiction de l'exportation des denrées; création de foires franches; mesures en faveur de l'industrie; situation désastreuse du pays. — Organisation de l'armée : convocation de la noblesse et des milices des bonnes villes; routiers, Écossais, Lombards; garde du Dauphin; artillerie; désordres des gens de guerre; impuissance du pouvoir.

On a vu, par le tableau, nécessairement fort incomplet, que nous venons de présenter des rapports du gouvernement du Dauphin avec les villes, que la question financière dominait alors toutes les autres. C'est, en effet, sur ce point que devait se concentrer l'attention, car on avait à pourvoir à d'immenses besoins, que les circonstances rendaient chaque jour plus impérieux. Le Dauphin avait un Grand Conseil et un Parlement; la noblesse était accourue à son appel; le clergé faisait preuve de dévouement; les villes restées fidèles étaient prêtes à tous les sacrifices; il trouvait enfin, dans les États, soit généraux, soit provinciaux, un concours zélé et un consentement presque unanime aux demandes de subsides présentées en son nom.

Mais comment faire face à des dépenses sans cesse croissantes ? Comment percevoir les impôts dans un pays désorganisé, sillonné par les gens de guerre, déserté souvent par ses habitants, appauvri par les charges effroyables que depuis longtemps il avait à supporter? Écoutons à cet égard un témoin oculaire, qui avait pu sonder la profondeur de l'abîme. « Après nous fault aucunement entendre, dit Alain Chartier dans son *Quadrilogue invectif*, pour congnoistre la difficulté du fait que nous menons, se nostre finance se puet estendre selon nostre necessité... Ce puis-je savoir que la finance, telle que nostre prince la requeult, n'est pas prise de revenue, mais vient par industrie et diligence. Et la despence qu'il fait pour noz affaires n'est pas une chose limitée, mais c'est une droicte abisme où tout se font et despend. Car qui maine guerre ne puet mettre compte ne nombre en la mise, soit sa recepte petite ou grande. Or est le demaine en partie occupé par les ennemis, et de l'autre partie degasté par ceulx qui sur les pays vivent. Et si sont les aides, qui lever se souloient pour la guerre, cessées du tout pour le relievement du peuple. Et se on demande d'autre part quel aide vient au prince de ses subgiez, la response en est clère : car la verité est congneue à chascun... Et se plus large estoit la finance, l'aide et la revenue, assez y a gens et besognes où l'employer : comme souldées de gens d'armes, estatz de seigneurs, mises d'engins de guerre, fraiz d'armées de mer, voyages d'ambassadeurs, presens aux estrangiers, dons à ceux qui servent, biens fais aux aidans, corruptions aux nuisans. Et plus y a, dont je me tais à tant : que ceulx qui sont plus tenuz de servir se font plus chier achapter, et convient traire par largesse les plusieurs à faire le devoir, où loyaulté ne les pourroit mener[1]. »

Les ressources de la Couronne se composaient, en temps ordinaire, des revenus du domaine, des impositions ou aides votées par les États généraux ou provinciaux, du produit des gabelles et des péages. Mais, au milieu de l'anarchie où le pays

1. *Le Quadrilogue invectif*, fait par maistre Alain Chartier, dans l'édition des *Œuvres* donnée par André du Chesne (Paris, 1617, in-4°), p. 441-42.

était plongé, ces ressources, partagées d'ailleurs entre trois pouvoirs — celui du Dauphin, celui de Charles VI, celui du roi d'Angleterre, — étaient bien insuffisantes. Une autre complication résultait de l'attitude prise, dès le début, par le gouvernement de la Reine et du duc de Bourgogne, siégeant à Troyes : par lettres du 30 janvier 1418, Isabeau, rappelant une ordonnance antérieure de Jean sans Peur (1er octobre 1417) avait prescrit que « aucuns quatriesmes, imposicions, vingtiesmes, maletostes, ne autres aides, redevances, subsides ou autres exactions quelconques qui ont esté levez en ce royaume soubz ombre et à l'occasion de la guerre, ne soient imposez..., affin que ung chascun, de quelque estat ou condicion qu'il soit, puisse vendre et acheter toutes denrées et marchandises franchement et quictement, sans pour ce payer aucune redevance, aide, coustume, ou autre exaction quelconque [1]. » Une telle mesure avait naturellement été accueillie avec enthousiasme par les bourgeois des villes, qui s'étaient empressés d'ouvrir leurs portes aux envoyés de la Reine et du duc : c'est ainsi qu'au commencement de 1418 le Languedoc presque entier était devenu bourguignon.

Les moyens auxquels le gouvernement royal avait dû recourir, de 1416 à 1418, pour résister à la fois au roi d'Angleterre et au duc de Bourgogne : aide en mars 1416; nouvelle aide en août; troisième aide en février 1417; quatrième aide en avril [2]; vente de joyaux [3]; emprunts contractés [4], indiquent assez quelle était dès lors la pénurie du trésor. La situation financière du Dauphin, au moment où il eut à organiser son gouvernement, n'était pas moins précaire. Tandis que le duc de Bourgogne, donnant un impudent démenti à ses promesses, remplaçait les

1. Sauf le droit de gabelle, qui était maintenu. *Ordonnances*, t. X, p. 429.

2. Archives de Lyon, CC 65, f. 1 v°, 58 v°, 71 v°.—Lettres des commissaires du Roi en date du 28 juillet 1417, aux mêmes archives.

3. Lettres de Charles VI des 29 juillet, 2 septembre, 21 septembre, 12 octobre, etc., dans le *Compte de la vente des joyaux*, ms. fr. 6747.

4. Obligations de plusieurs marchands de pierreries à eux baillées en gage et sûreté de sommes prêtées en avril 1417. Archives J 426, nos 35[1] à 35[8]. — Emprunts aux officiers royaux et autres : voir décharge du 21 août 1417. *Pièces originales*, 517 : Budé. — Les religieux de Saint-Denis prêtèrent, à des conditions fort onéreuses, une somme de vingt mille francs. Lettres du 22 avril 1418. Ms. fr. 20903, f. 51.

aides pour la guerre par une taille personnelle, levée « sur toutes gens, de quelque estat ou condicion qu'ils soient [1], » le Dauphin en était réduit à tous les expédients. Sur les instances qui lui furent adressées [2], il se vit dans l'obligation d'abolir à son tour les aides. Cette mesure, qui reçut d'abord une exécution partielle [3], ne tarda pas à devenir générale : les aides ne devaient être rétablies qu'en 1436 [4].

Pour pourvoir à ses besoins financiers, le Dauphin s'adressa aux provinces formant son apanage, à toutes celles qui lui restaient fidèles, et à ses bonnes villes ; de même que les hommes, l'argent ne tarda pas à venir : en faisant l'énumération de tous les paiements opérés en vertu de mandements du Dauphin, au lendemain de son installation à Bourges, — mandements qui, pour la plupart, sont accompagnés d'une quittance portant presque la même date, — on est étonné de trouver son trésor aussi promptement garni [5]. Nous avons vu plus haut que les États des provinces du centre avaient voté une aide « pour le fait de la guerre [6], » mais la principale ressource du Dauphin, pendant sa régence, fut le produit des monnaies.

La royauté avait seule le privilège de battre monnaie [7]. Elle pouvait non seulement ordonner la fabrication des nouvelles espèces, mais en régler le cours et bénéficier de ce qu'on

1. Lettres du 14 octobre 1418 : Archives de Reims. La ville, diocèse et élection étaient taxés à 30,000 livres tournois. — Paris dut payer aussitôt 200,000 livres.

2. Le 16 juillet 1418, on désignait à Lyon deux commissaires chargés d'aller vers le Dauphin pour requérir l'abolition des aides. *Registres des délibérations*, BB 1, f. 61.

3. Lettres portant exemption pour l'Auvergne, en date du 9 juillet 1418. *Ordonnances*, t. X, p. 455.

4. On lit en tête des ordonnances du 28 février 1436 : « Instructions et ordonnances faictes et advisées par le Roy nostre seigneur et les seigneurs de son sang et grant conseil sur la manière de lever et gouverner le fait des aides qui souloient avoir cours pour la guerre, lesquelz le Roy nostre dit seigneur, depuis son partement de Paris, abatit, et, du consentement des trois estaz de son obeissance, a remis sus le XXVIIIe jour de fevrier l'an mil IIII^c XXXV. » *Ordonnances*, t. XIII, p. 211.

5. *Catalogue des actes*. Lettres des 24 juin, 26 et 29 juillet ; 7, 15, 16, 26, 30 août ; 1er, 9, 10, 17, 18, 30 septembre, etc.

6. Voir chapitre X, p. 357.

7. « On ne peut doubter que à nous et à nostre majesté royale n'appartiengne seulement et pour le tout, en nostre royaume, le mestier, le fait, la provision et toute l'ordonnance de monnoye, et de faire monnoyer telle monnoye et donner tel cours, pour tel prix, comme il nous plaist et bon nous semble. » Lettres de Philippe de Valois du 16 janvier 1347 : *Ordonnances*, t. II, p. 254. Cf. Lettres du Roi Jean du 20 mars 1361 : *Ordonnances*, t. III, p. 555.

appelait le *droit de seigneuriage*[1]. Elle pouvait même, pour se procurer des ressources, augmenter ou diminuer la valeur des monnaies : « L'altération des monnaies, dit Edgard Boutaric, était un droit royal et seigneurial reconnu au moyen âge, que les besoins pressants du trône et la gravité des circonstances semblaient justifier[2]. »

Le premier soin de Charles, dès qu'il fut investi du titre de Dauphin, avait été de pourvoir aux offices de gardes des monnaies dans ses trois monnaies du Dauphiné[3]. Par lettres du 17 mai 1417, le Roi l'avait autorisé à faire fabriquer dans ce pays telles et semblables espèces que dans les monnaies du royaume, à la double condition de ne point donner aux marchands un prix supérieur du marc d'or et d'argent, et de faire apporter les boîtes en la Chambre des monnaies pour y être vérifiées[4]. Dès le 18 mai, Charles, usant de cette prérogative, prescrivit la fabrication de diverses espèces[5]; dans le même mois il confirma les privilèges des officiers et ouvriers des monnaies de Crémieu et de Romans[6]. Le 29 mai, le Roi ordonnait d'affermer toutes monnaies du royaume[7]. Dans le courant de cette année, et dans les premiers mois de 1418, des ordonnances réglant le cours des monnaies, ou prescrivant la fabrication de nouvelles espèces, furent rendues par Charles VI[8]. Nous savons, par une lettre missive du Dauphin, datée du 26 janvier 1418, que les monnaies royales « besognoient très fort, » et qu'il en venait « grand profit ; » il paraît qu'il

1. Philippe le Bel regardait la monnaie comme un droit domanial dont il pouvait user et abuser; il paraissait tout naturel que le Roi recourût, pour se procurer des ressources, à son « domaine, revenu, profit et emolument de la monnaie, » et l'on indiquait cette voie comme le meilleur moyen de ne point trop charger le peuple du royaume. *Ordonnances*, t. III, p. 218 et 266.

2. *La France sous Philippe le Bel*, p. 325. — Voir la préface de Secousse, dans le tome III des *Ordonnances*, p. CIII-CIV.

3. Lettres du 1er mai 1417, nommant les gardes des monnaies de Crémieu, de Romans et de Mirabel. Archives de Grenoble, B 2824, f. 38, 59, 60 vº, 64, 65, 66.

4. *Ordonnances*, t. X, p. 411.

5. Archives de Grenoble, B 2845 (original), et B 2824, f. 53 vº.

6. *Ordonnances*, t. XX, p. 163; Archives de la Monnaie de Paris, cité par Morin, *Numismatique féodale du Dauphiné*, 1854, in-4º, p. 237.

7. *Ordonnances*, t. X, p. 413.

8. Lettres des 14 juin, 3 août et 21 octobre 1417; 17 et 27 février, 8 mars, 16 avril 1418. *Ordonnances*, t. X, p. 417, 422; Ms. fr. nouv acq., 4139 (non paginé).

n'en était pas de même en Dauphiné, car Charles recommandait au maître de la Chambre des comptes d'y mettre ordre [1].

La reine Isabeau s'était empressée de donner au duc de Bourgogne la haute direction des monnaies [2]; l'occupation de Paris mettait le duc en possession d'une autorité encore plus grande. Il était urgent de prendre des mesures d'une part, pour s'assurer la fidélité des maîtres particuliers et des gardes des monnaies, d'autre part, pour tirer parti des ressources qu'offraient les monnaies de l'obéissance du Dauphin. Nous avons la trace de deux voyages faits, en août, septembre et octobre 1418, vers le trésorier du Dauphiné et les maîtres des monnaies de Lyon et de Saint-Pourçain, « tant pour veoir au juste les estaz des monnoyes et iceux rapporter, comme pour les autres besoingnes et affaires [3]. » A ce moment le prix du marc d'argent fut porté de neuf livres à neuf livres dix sous [4]. Une ordonnance prescrivit la fabrication de moutons d'or, et enjoignit de donner aux marchands quatre-vingt-seize livres tournois du marc d'or fin [5]. Par lettres du 20 décembre 1418, le Dauphin, considérant que, « pour le paiement des gens d'armes et de trait ordonnez et mis sus pour la garde et gouvernement des royaume et seigneurie du Roi, » il était nécessaire « d'avoir et recouvrer briefment très grant finance, » et que le domaine et les revenus du Roi ne lui permettaient pas de la trouver aussi promptement que besoin en était, à cause des grandes charges qui les grevaient et de leur diminution, occasionnée par les guerres advenues au royaume depuis longtemps; et aussi que, « pour l'occupacion et empeschement que a mis et met le duc de Bourgoingne en partie d'icelles revenues, en les applicquant à son prouffit, » à lui, comme seul fils, héritier du Roi et successeur de la couronne et royaume de France, « appar-

1. Voir cette lettre aux *Pièces justificatives*.
2. Lettres du 6 janvier 1418. Collection de Bourgogne, 51, f. 76 v°.
3. Lettres du 30 novembre 1418. Clairambault, 75, p. 5845.
4. Dès le 12 août, Jean de Mareuil, auditeur des Comptes en Dauphiné et commissaire sur le fait des monnaies, parlait de cette *crue*. Archives de Grenoble, B 2824, f. 91 v°.
5. *Ibid.*, et ordonnance du 16 octobre 1418, f. 95 v°. Une lettre missive aux gouverneur et gens du Conseil en Dauphiné, en date du 18 octobre, montre que le Conseil de Dauphiné avait sollicité la *crue* (f. 97).

tient en son absence, lui estant en l'estat qu'il est de present, detenu au pays de France par ses rebelles et desobeissans, pourvoir aux affaires du royaume, » d'autant qu'il lui avait plu l'ordonner son lieutenant général, déclarait commettre et ordonner Pierre Gencien, trésorier de France et général maître des monnaies, et Jean Chastenier, pour faire commandement exprès, de par le Roi et lui, à ses receveurs, maîtres particuliers, gardes et contre-gardes des monnaies du Dauphiné, et à tous autres officiers des monnaies, de leur montrer et bailler par écrit au juste, sous leurs seings manuels, les états et valeur de leurs recettes et monnaies depuis qu'elles appartenaient au Dauphin, et de les contraindre à payer réellement et de fait, au trésorier du Dauphiné, tous les deniers qui apperront être dus, en lui rendant compte à bref délai de tout ce qu'ils auront fait touchant leur commission [1].

C'est à la suite de la mission donnée à Pierre Gencien et à Jean Chastenier que Charles rendit, en date du 27 mars 1419, une ordonnance par laquelle, après avoir constaté l'insuffisance des revenus du domaine, des aides et des autres ressources du trésor, et la nécessité d'avoir à bref délai « une grant finance d'argent » qui, comme le lui avaient affirmé plusieurs de ses conseillers, ne se pouvait trouver « sans mettre sus nouvelle monnoye ; » voulant avant tout, avec l'assistance des princes de son sang et de ses bons et loyaux sujets, pourvoir aux besoins de la guerre, et aussi afin que l'or et l'argent demeurât dans le royaume et qu'il y fût même attiré, prescrivait la fabrication de nouvelles espèces [2]. Les généraux maîtres des monnaies reçurent l'ordre de se transporter dans toutes les monnaies de l'obéissance du Dauphin, pour faire mettre cette ordonnance à exécution [3].

Par lettres du 12 février 1419, le Dauphin avait autorisé le comte de Foix, gouverneur du Languedoc, à changer le siège des ateliers monétaires établis dans les villes rebelles [4]. Dans le même

1. Archives de Grenoble, B. 2825, f. 1.
2. *Idem*, B 2824, 113.
3. *Idem, ibid.*, f. 117.
4. Indiqué dans des lettres de mai 1423. Doat, 214, f. 6.

mois, le gouvernement de Charles VI, avisé qu'il y avait dans le Velay, le Gévaudan, le Vivarais et le Valentinois, de grandes quantités d'or et d'argent propres à être monnayés, prescrivit l'établissement d'une monnaie à Marvejols en Gévaudan[1]; il travaillait ainsi, à son insu, pour le Dauphin, qui ne devait point tarder à être maître de cette contrée. A ce moment, Charles VI prescrivit la fabrication de nouvelles espèces, et donna au duc de Bourgogne le profit de plusieurs monnaies[2]. Mais on éprouvait de grandes difficultés à faire transporter aux hôtels des monnaies, pour les convertir en espèces, les matières d'or et d'argent : il fallait souvent traverser des pays ennemis, et nulle part les routes n'étaient sûres. Des habitants du Puy ayant voulu porter dans les monnaies de Charles VI cinq cents marcs d'argent fin et sept cents marcs de billon, Pierre de Montmorin, bailli de Saint-Pierre-le-Moustier pour le Dauphin, s'en empara au profit de son maître, qui, par lettres du 30 mars 1419, le récompensa de cette prise[3].

Le 17 juin 1419, le Dauphin prescrivit encore la fabrication de nouvelles espèces, savoir des *écus à la couronne*, de 60 deniers de poids, ayant cours pour 50 sous tournois, et de *petits écus* de 120 deniers de poids, ayant cours pour 25 sous tournois. Il invoquait les nécessités de la guerre et les besoins du trésor, auquel le « fait des monnoyes » pouvait seul donner satisfaction, et il ordonnait aux généraux des monnaies de faire donner 140 livres tournois du marc d'or fin, avec faculté d' « augmenter et diminuer les deniers d'or dessus diz en pois, loy et cours, ainsi qu'ilz verront estre affaire, » et de faire fabriquer la monnaie d'argent sur le pied de monnaie 96e et 100e[4]. On ne tarda pas à arriver au pied de monnaie 108e : une nouvelle ordonnance prescrivit de fabriquer des espèces dans ces conditions[5].

Le 20 juin, les commissaires des finances, ayant en leur com-

1. *Ordonnances*, t. X, p. 506.
2. *Ordonnances*, t. X, p. 508-509 et 512; t. XI, p. 7-10.
3. Clairambault, 77, p. 6071; Quittance du 5 avril 1419, *ibid.*
4. Archives de Grenoble, B 2824, f. 136. — Il y a aussi des lettres du 11 juin 1419, prescrivant la fabrication de nouvelles espèces. *Id.*, *ibid.*, f. 128 v°.
5. Lettres du 19 septembre 1419, appliquant la mesure au Dauphiné. B. 2824, f. 141.

pagnie Guillaume de Champeaux, le futur évêque de Laon, l'archidiacre de Passais et Jean Chastenier, secrétaire du Dauphin, partirent avec mission de se rendre compte de l'état des monnaies, et de hâter le paiement des sommes qu'on en pouvait tirer. Cette commission, qui fonctionna pendant deux cent-vingt-six jours, visita successivement les monnaies de Poitiers, Angers, Tours, Bourges, Chinon, etc.[1]. A la suite de cette enquête, Charles, considérant « l'urgente necessité » d'augmenter les revenus de ses monnaies pour pouvoir travailler efficacement au recouvrement du royaume, et agissant « pour le bien, utilité et proffit evident » du Roi et de lui, donna à ferme, pour un an à dater du 1er novembre, vingt-deux monnaies du royaume[2] à Marot de Betons, échevin de Poitiers, qui, de concert avec vingt coassociés, s'en porta soumissionnaire, moyennant une somme annuelle de deux millions cent soixante mille livres tournois, à charge d'y fabriquer certaines espèces dont le poids et la valeur étaient déterminés[3]. Le Dauphin promettait de ne mettre en circulation, pendant la durée du bail, aucune monnaie nouvelle et de ne point changer le cours de la monnaie blanche. Le preneur s'engageait à payer chaque mois une somme de dix-huit mille livres tournois, à partir du 30 novembre ; comme avance et caution, il devait verser à Bourges, avant le 15 novembre, une somme de quatre-vingt-dix-mille livres[4].

Par deux lettres du même jour, le Dauphin ordonna de faire fabriquer, à partir du 1er novembre, dans toutes les monnaies de son obéissance, des *gros* aux conditions fixées[5], et de faire

1. Quittance de Jean Chastenier de 567 l. 10 s. (à 40 sous parisis par jour), 2 février 1420, Clairambault, 30, p. 2201.

2. En voici l'énumération : Tours, Chinon, Angers, Poitiers, La Rochelle, Limoges, Saint-Pourçain, Bourges, Lyon, Guise, Saint-André-les-Avignon, Beaucaire, Montpellier, Toulouse, Le Pont-Saint-Esprit, Crémieu, Romans, Mirabel, Loches, Sens, Mouzon, Villefranche en Rouergue. — Plusieurs de ces monnaies se trouvaient dans des villes qui n'étaient point encore dans l'obéissance du Dauphin; les quatre dernières étaient à créer.

3. Les espèces émises devaient être sur le pied de monnaie 120e; on devait fabriquer des gros ayant cours pour 20 deniers tournois, à 3 deniers 8 grains de loi et de 8 sous 4 deniers de poids; le prix du marc d'argent était établi à 16 l. 10 s. t.

4. Lettres données à Loches, le 12 octobre 1418. *Ordonnances*, t. XI, p. 23-26.

5. Archives de Grenoble, B 2824, f. 148 vo. — Des lettres missives du 24 octobre 1419 furent adressées à cet effet aux gouverneur et gens du conseil du Dauphiné. *Idem*, f. 147.

clore le 31 octobre les boîtes de ses monnaies pour être portées à Bourges et vérifiées par ses généraux maîtres des monnaies[1]. Le 8 novembre, le Dauphin prescrivit de mettre Marot de Betons et ses compagnons en possession de la maîtrise de ses monnaies[2]. Trois mois plus tard, faisant droit aux plaintes de ses sujets du Dauphiné relativement à la rareté de la monnaie divisionnaire[3], il ordonna de fabriquer en Dauphiné de la monnaie noire, jusqu'à concurrence de cinquante marcs, en dédommageant Marot de Betons du préjudice qui lui serait causé[4].

Tandis que le Dauphin se procurait ainsi les ressources nécessaires au fonctionnement de son gouvernement, le Conseil de Charles VI continuait ses incessantes mutations et fabrications d'espèces[5]. C'est seulement en août 1420 que les monnaies situées dans les pays soumis au gouvernement dont le siège était à Paris, et qui étaient au nombre de huit[6], furent affermées pour six mois, moyennant cinq cent mille livres tournois, à une compagnie de marchands changeurs[7].

Mais, malgré l'abandon fait par le Dauphin à Marot de Betons d'un premier versement de vingt mille livres[8], la charge était trop lourde pour le fermier des monnaies : dès le passage de Charles à Lyon (22-26 janvier 1420), Marot et ses compagnons se plaignaient de la concurrence que leur faisaient les monnaies du Languedoc, que le comte de Foix avait affermées, et celles de Mouzon et de Dijon, où l'on donnait aux marchands vingt-quatre ou vingt-cinq francs du marc d'argent, alors qu'ils étaient tenus de n'en donner que dix-huit. Pour

1. Archives de Grenoble, B 2824, f. 145 v°.
2. *Id.*, *ibid.*, f. 162.
3. Lettres du gouverneur du Dauphiné, en date du 4 septembre 1419, mentionnant « la clamour du peuple du Dalphiné. » Minute originale, B 2824 (encartée dans les folios 113-133).
4. *Ordonnances*, t. XI, p. 44.
5. *Ordonnances*, t. X, p. 508, 510, 511 ; t. XI, p. 7, 9, 10, 14, 29, 52, 53, 78, 83, 94.
6. Paris, Tournay, Saint-Quentin, Châlons, Troyes, Mâcon, Nevers et Auxerre.
7. *Ordonnances*, t. XI, p. 96.
8. C'est ce qui résulte de lettres des commissaires des finances en date du 15 novembre 1419. Ms. fr. 11156, 1re partie, f. 74 v° et 101.

les dédommager, le Dauphin, par lettres du 22 avril 1420, leur fit une nouvelle remise de dix mille livres [1]. Peu après, il se vit dans l'obligation de prononcer, sur la demande des bailleurs, la résiliation du bail, à partir du 1er mai, et de remettre en sa main l'administration de ses monnaies [2]. De nouvelles ordonnances réglèrent aussitôt tout ce qui concernait le fait des monnaies [3], et deux commissaires furent désignés pour les mettre à exécution dans les ateliers monétaires du Languedoc, de Lyon et du Dauphiné, que ces commissaires eurent mission de visiter, afin de procéder à la réforme et d'en tirer le meilleur parti [4]. Une commission semblable, mais s'étendant à toutes les monnaies, fut donnée quelques jours plus tard à Jean Gencien, trésorier de France et général maître des monnaies [5].

Le Dauphin prescrivit en même temps la fabrication de nouvelles espèces sur le pied de monnaie 180e [6]. Par ordonnance du 24 août 1420, considérant que, malgré les ordres formels donnés pour que le cours des monnaies fût maintenu au taux fixé par lui, et par « defaut de justice et punition, » les monnaies d'or et d'argent avaient cours pour un prix variable, « en grande deception et dommage » du Roi et de lui, et « de

1. Ms fr. 11156, f. 74 vo et 101.

2. *Id.*, f. 73 et 100. Ces lettres se trouvent aussi dans un *Recueil d'édits et déclarations* conservé dans la Bibliothèque du musée, à la Monnaie (années 1420-26). Voir aussi les lettres des commissaires sur le fait des finances et des généraux maîtres des monnaies, en date du 29 juillet, contenant la liquidation faite avec Marot de Betons et ses compagnons, desquelles il résulte qu'on leur était redevable de 74,574 livres. Ms. fr. 11156, f. 75 vo et 102.

3. Il est fait allusion à ces ordonnances dans les lettres patentes du 26 mai 1420, et dans des lettres missives du surlendemain. Archives de Grenoble, B 2824, f. 171 vo et 172 vo.

4. Lettres de commission données à Regnier de Bouligny et Jean de la Tillaye, en date du 27 mai 1420. B 2825, f. 125.

5. Lettres du 9 juin 1420. B 2825, f. 3. — Il se produisit, au sujet de cette nouvelle commission, un incident assez curieux. Le conseil delphinal auquel Gencien exhiba ses lettres, refusa d'y faire droit, alléguant que les lettres étaient scellées avec de la cire blanche, et qu'elles ne s'adressaient ni au gouverneur, ni à son lieutenant. Mais, prenant en considération la qualité du personnage, le gouverneur du Dauphiné, Gilbert, seigneur de la Fayette, lui délivra une commission pour lui, Jean de la Barre, trésorier, et Jean de Mareuil, auditeur des comptes du Dauphiné. Lettres du 25 août 1420, aux Archives de Grenoble, B 2825, f. 9-13.

6. Lettres du 11 juin 1420, s'appliquant au Dauphiné, et visant d'autres lettres pour tout le royaume. Archives de Grenoble, B 2824, f. 128 vo. Cf. lettres des commissaires Gencien, La Barre et Mareuil, du 3 septembre (B 2825, f. 17). Le détail des espèces est donné par M. Morin, *Numismatique féodale du Dauphiné*, p. 243-44.

tout le peuple, » donna l'ordre de faire crier et publier par tous les lieux de son obéissance qu'aucune monnaie n'aurait cours, sauf dans les conditions suivantes : les doubles d'or pour huit livres tournois ; les demi-doubles pour quatre livres ; les gros pour vingt deniers ; les deniers blancs à l'écu pour dix deniers ; les demi-blancs pour cinq deniers ; les deniers doubles pour deux deniers ; les petits tournois pour un denier, et il décria toutes autres monnaies ; stipulant que, dans chaque sénéchaussée, des personnes compétentes seraient chargées de veiller à l'exécution de son ordonnance, et que les amendes et confiscations auxquelles les délinquants seraient condamnés devraient être appliquées au paiement des gens de guerre [1]. Nous voyons par des lettres du 10 octobre 1420 que le Dauphin tirait pourtant bon profit de ses monnaies [2]. Le 9 novembre, il est fait allusion à de nouvelles ordonnances dont on prescrit l'exécution en Dauphiné [3]. Le 17, une commission fut donnée à Jean Jarze, maître des monnaies, pour visiter les monnaies du Dauphiné [4].

A l'époque où nous sommes arrivés, malgré les plaintes qui retentissaient de toutes parts [5], le gouvernement du Dauphin — aussi bien, d'ailleurs, que le gouvernement de Charles VI [6] — en était arrivé à pratiquer l'avilissement des monnaies jusqu'à la plus extrême limite [7].

En 1421, des commissaires, nommés par le Dauphin, furent

1. *Ordonnances*, t. XI, p. 101-103. — L'original est aux Archives de Grenoble, *titres non classés*.

2. Par ces lettres, la monnaie de Mirabel est affermée et les bailleurs doivent prêter, dans le délai d'un mois, la somme de 12,000 l. t. B. 2825, f. 74. — Un autre bailleur s'engageait à prêter 10,000 l. t. sur le produit de la monnaie de Romans (*Id.*, f. 42).

3. B 2825, f. 28.

4. B 2825, f. 45. La teneur de ces lettres est semblable à celles du 9 juin 1420, citées plus haut. Le même registre contient (f. 58 à 87 v°) l'information faite par Jean Jarze à Romans.

5. Elles se manifestèrent à Paris, au sujet des mesures prises par le gouvernement de Charles VI, dans une assemblée tenue au mois de décembre 1420.

6. Voir les lettres de Charles VI des 31 octobre et 19 décembre 1420, et du 11 février 1421. *Ordonnances*, t. XI, p. 107 et 117.

7. C'est ce qui ressort des comptes de cette année. Archives, KK 53, f. 2 v°, 6, etc. Le 2 janvier 1420, le marc d'or vaut 250 l. t. (f. 2 v°). Le setier d'avoine, qui vaut 40 et 50 sous en janvier, arrive en mars à valoir 60 et 70 sous, et en avril 100 sous (*Id.*, f. 44 et suiv.).

chargés de percevoir le profit des monnaies : Jean de Sarre, dit Vigneron, avait la charge des monnaies de Tours, Chinon, Loches, Angers, Poitiers et La Rochelle ; André de Villeneuve, des monnaies de Bourges, Saint-Pourçain, Limoges, Le Puy, Mouzon, Guise et Villefranche [1]. Les monnaies du Languedoc et du Dauphiné restaient à part : le 4 avril, une commission fut nommée pour visiter ces dernières [2]. Il y avait une monnaie à Pamiers, mais elle avait été supprimée par une ordonnance du Dauphin. Cette mesure n'ayant point été exécutée, la monnaie fabriquée à Pamiers, laquelle était « faible et de mauvais aloi, » fut décriée par lettre du 4 mai 1421 [3]. Le revenu des monnaies continuait à être la principale ressource budgétaire : en parcourant les comptes de la Chambre aux deniers, on rencontre la mention de fréquents voyages faits vers les maîtres particuliers des monnaies pour hâter l'envoi des sommes dont le trésor, de plus en plus appauvri, avait un pressant besoin [4]. On avait même recours aux procédés les moins avouables pour tirer profit des monnaies : aussi le secret était-il strictement recommandé, tant par le Dauphin à ses représentants, que par les commissaires des finances aux gardes des monnaies, relativement aux ordonnances et instructions qui leur étaient envoyées [5]. On en arriva à donner aux changeurs et marchands quarante-deux et même cinquante livres tournois

1. Archives, KK 50, f. 2-3 v°, 23 et 23 v°.

2. Commission à Guillaume Toreau et Jean de Ponchier. Archives de Grenoble, B 2825, f. 101.

3. Données à la relation de Charles de Bourbon, capitaine général en Languedoc et Guyenne. *Ordonnances*, t. XI, p. 120.

4. Archives, KK 50, f. 13-14, 30 v°-33, 62-63 v°, etc.

5. « Si vous prions et neantmoins requerons et sommons, de par mon dit seigneur, que les dictes lettres faciez executer ès dictes monnoyes du Dalphiné, et que la dicte ordonnance soit tenue secrete, car ou revelement peut avoir grant dommaige pour Monseigneur. » Lettre missive des généraux maîtres des monnaies, en date du 15 avril 1421, aux gouverneur et gens du conseil du Dauphiné, Archives de Grenoble, B 2825, f. 35, reproduite par M. Morin, *Numismatique féodale du Dauphiné*, p. 250, note 4. — « Et ces choses tenés secretes, sans les reveller à quelconque personne que ce soit, sous poine de privacion de voz offices et d'emande arbitrayre, fors seulement à l'aissayeur et au maistre particulier, des quelx prenez le serment de non reveller ces choses sur les dictes peines. » Lettre du gouverneur du Dauphiné aux gardes de la monnaie de Crémieu, en date du 22 avril. Morin, *l. c.*, p. 252 note — Le 9 octobre, les généraux des monnaies écrivent au gouverneur de mettre à exécution *certaines choses secrètes* contenues dans des lettres du Dauphin. B 2825, f. 129 v°; cf. Morin, p. 256 note.

du marc d'argent[1]. La fabrication de nouvelles espèces se poursuivait sans relâche[2]. Dans certains ateliers monétaires, les ouvriers refusaient de travailler, à cause de la faiblesse de la monnaie[3]. Il est à présumer que si les choses avaient continué de la sorte, les gardes des monnaies auraient eux-mêmes abandonné leur poste[4].

On commençait à sentir la nécessité de s'arrêter sur cette pente qui ne pouvait aboutir qu'à la ruine. Dès le mois de décembre 1420, le gouvernement de Charles VI, se conformant aux vœux d'une assemblée réunie à Paris, avait pris des mesures pour remédier aux graves inconvénients résultant de l'affaiblissement des monnaies[5]. Mais, prétextant « les grans frauldes, mauvaistiez et deceptions de *celui qui se dit Dauphin* et ceulx de sa partie, » qui faisaient forger à ses armes et coins des gros de petite valeur pour attirer à eux les bons gros qu'il faisait fabriquer et s'enrichir ainsi de sa bonne monnaie, Charles VI — ou plutôt le conseil anglo-bourguignon siégeant à Paris — n'avait pas voulu mettre en circulation la monnaie de fabrication nouvelle[6]. On s'y décida pourtant : des lettres du 26 juin et du 12 octobre 1421 donnèrent cours, au taux de cinq deniers, puis de deux deniers parisis, aux gros qui avaient valu vingt deniers tournois[7]. De son côté, le Dauphin résolut de prendre des mesures décisives. Dans les premiers jours de février, il avait

1. Lettres des généraux maîtres des monnaies en date des 10 août et 8 octobre 1421. B 2825, f. 117 v° et 130.

2. Le 9 août 1421, le gouverneur du Dauphiné écrit qu'on a ordre de faire fabriquer : 1° des écus à la couronne; 2° de petits blancs; 3° des deniers noirs. On donne aux changeurs et marchands soixante-quatre des écus au marc d'or fin. Morin, *l. c.*, p. 253-54. — Le 2 octobre, les généraux maîtres des monnaies ordonnent de faire fabriquer de nouveaux écus à la couronne. *Idem*, p. 255. — Le 8 octobre, les mêmes ordonnent de fabriquer des gros. B 2825, f. 130.

3. Supplique du maître de la monnaie de Mirabel, décembre 1421; lettre des généraux des finances, 11 décembre 1421. B 2825, f. 137.

4. On verra plus loin que le gouvernement du Dauphin se décida à recourir à un emprunt forcé sur les maîtres particuliers et gardes des monnaies du Dauphiné : c'est ce qui résulte de lettres de commissions données, vers la fin de 1421, à Jean Girard, lequel eut charge en même temps de vérifier l'état des monnaies, et les papiers et registres des gardes, contre-gardes et contrôleurs. Ms. fr. 5271, f. 141 v°.

5. Lettres du 19 décembre 1420. *Ordonnances*, t. XI, p. 107.

6. Lettres du 12 octobre 1421. *Ordonnances*, t. XI, p. 133.

7. *Ordonnances*, t. XI, p. 122 et 132.

fait de nouvelles ordonnances sur le fait des monnaies [1], et donné commission à Regnier de Bouligny, auquel un garde des monnaies fut adjoint, de se transporter en Dauphiné pour procéder à une enquête sur l'état des monnaies [2]. Par lettres du 16 mai 1422, Charles prit l'engagement solennel de remettre la monnaie à sa juste valeur [3]. Le 10 juin, dans une lettre missive aux habitants de Lyon, il annonçait qu'une assemblée de ses « plus especiaulx officiers et serviteurs » se tiendrait dans cette ville le 4 juillet, pour remédier aux « grans inconveniens » que ses sujets avaient à supporter par suite de l'affaiblissement des monnaies [4]. Sur plusieurs points du royaume, la même question fut agitée devant des assemblées d'États provinciaux [5]. La mesure ne tarda pas à être mise en exécution. Dans des lettres du 22 septembre, le Dauphin déclara que le malheur des temps l'avait contraint, depuis son départ de Paris, afin de pouvoir résister à la damnable entreprise de son ennemi et adversaire d'Angleterre, et de ses adhérents et complices, à affaiblir les monnaies, dans le but d'en augmenter le profit et de se procurer les ressources nécessaires, « à la moindre grevance et charge » de son peuple; mais que des plaintes lui étaient venues de toutes parts sur le préjudice causé à la chose publique et la ruine qui en résultait pour les

1. Ces ordonnances, que nous ne possédons pas, sont visées dans des lettres du 11 février, prescrivant leur application au Dauphiné. On y lit : « En tenant la chose secrete, ainsi que necessité en est, sur quant que vous et eulx (les maîtres des monnaies) vous povez meffaire. » On voit par ces lettres que le Dauphin avait supprimé dans ses monnaies l'office de contrôleur. Archives de Grenoble, B 2825, f. 140 v°.

2. Lettres du 10 février 1422. *Idem.*, *ibid.*, f. 142. A peine Bouligny commençait-il à remplir sa mission, qu'il fut appelé en Languedoc. Simon Roque, garde de la monnaie de Saint-Pourçain, qui lui avait été associé, continua seul à opérer en son absence. *Idem, ibid.*, f. 140-41. Les monnaies qui faisaient l'objet de son inspection étaient, outre les trois du Dauphiné, Romans, Crémieu et Mirabel, celles de Saint-Pourçain, Le Puy, Villefranche et Lyon. Les trois monnaies du Dauphiné furent affermées le 12 mars; on donnait soixante-dix livres du marc d'argent. A Crémieu et à Romans, le nouveau maître devait prêter six mille livres avant la fin du mois. Morin, p. 259, d'après le registre B 2825, f. 142 et suiv.

3. Ces lettres sont ainsi visées dans l'*Inventaire des titres de la maison ducale de Bourbon*, t. II, p. 221, n° 5179 : « Charles, régent de France, promet de remettre les monnaies à leur juste valeur et envoie des commissaires dans la Marche pour lever des subsides. *Original sur parchemin, signé*, P 1378ª, cote 3055. » — Cette pièce manque aux Archives, dans le registre indiqué.

4. Archives de Lyon, AA 20, f. 27. Voir cette lettre aux *Pièces justificatives*.

5. Voir plus haut, chapitre x, p. 364.

gens de tous états, et en particulier pour les laboureurs et le menu peuple, qui n'ont de quoi vivre sinon de leur labeur et sont condamnés à acheter les vivres à un taux excessif, sans parler du commerce anéanti par l'impossibilité de faire accepter dans les autres pays la monnaie avilie; voulant donc relever ses sujets de la fâcheuse situation à eux faite, « pour la pitié et compassion, dit-il, que nous avons et bien devons avoir des autres tribulacions et misères que en eulx acquittant vers nous de leurs loyaulez ils ont paciamment pourtées et souffertes à cause de la guerre et autrement, » il prescrivait la fabrication d'espèces sur le pied de monnaie 40e; les changeurs devaient recevoir soixante-dix-huit francs du marc d'or fin, et six livres du marc d'argent [1].

Mais la réforme ne s'opéra pas sans difficultés. Les écrivains spéciaux qui ont traité de ces matières ont exposé les perturbations auxquelles donnait lieu toute variation de la monnaie, et plus particulièrement le rehaussement de son taux [2]. Nous n'y insisterons pas. Contentons-nous de dire que la forte monnaie ne fut mise en circulation qu'à la date du 7 novembre [3].

1. Ces lettres, qui se trouvent dans le registre B 2827, f. 1, aux Archives de Grenoble (Cf. B 2825, f. 166), ont été publiées en partie et soigneusement analysées par M. Morin, dans l'estimable ouvrage que nous avons déjà cité, p. 235 note, et 260 et suiv. — Le marc d'argent, dont le prix était fixé à six livres, en valait *quatre-vingt-dix* au mois de juillet. Voici quelles étaient les espèces nouvelles : 1° francs à cheval d'or fin ayant cours pour 16 sous; 2° gros deniers blancs au K couronné, ayant cours pour 16 deniers; 3° blancs deniers à l'écu couronné (8 deniers); 4° petits blancs au Dauphin appelés liards (4 deniers); 5° deniers noirs appelés doubles viennois (2 deniers); 6° deniers noirs (1 denier); 7° autres deniers noirs (une maille). Toutes ces espèces valaient le double en monnaie delphinale. — Dans les lettres d'exécution du gouverneur du Dauphiné, on lit : « Gardez bien, sur tant que vous pourrés offendre Monseigneur, que vous ne soyés sy hardis de reveller le poys ne la loy des dictes monnoyes à quelques personnes que ce soit, ainz la tenés secrete, » etc. Morin, *l. c.*, d'après B 2827, f. 3.

2. Voyez les travaux si remarquables de M. Vuitry, et en particulier son dernier mémoire : *Les monnaies sous les trois premiers Valois* (Paris, 1881, in-8°; extr. du *Compte rendu de l'Académie des sciences morales et politiques*), p. 4 et suiv., 29 et suiv., 64, 120.

3. C'est ce que nous apprennent les *Registres des Comptes* de Tours, vol. XX, f. 3. Cf. vol. XIX, f. 90 v°. En septembre, l'écu valait encore 40 livres (Archives, KK 53, f. 131, et 50, f. 79); en novembre, 30,000 livres tournois de faible monnaie représentaient 1,500 livres de forte monnaie (Ms. fr. 6749, f. 2). Le 18 octobre, le corps de ville de Lyon prenait des mesures pour remédier au retard apporté à la mise en circulation de la *bonne monnaie*, laquelle, disait-on, « n'est pas preste d'avoir cours de deux moys vennans (BB 1, f. 164 v°). »

Nous avons voulu poursuivre jusqu'au bout l'exposé de ce qui concerne les monnaies; il faut maintenant revenir sur nos pas pour examiner les autres sources de revenus et chercher à préciser la situation financière du gouvernement du Dauphin.

Nous avons dit que le Dauphin fit appel aux États. Voici le bilan des sommes reçues, tel que nous permet de le dresser l'état des documents. Les États de Languedoc accordèrent : 1° un impôt sur le sel, jusqu'à concurrence de 68,000 francs, le 2 octobre 1419; 2° 200,000 francs le 17 mars 1420; 3° 150,000 francs en mai 1421; 4° une somme sans doute égale en 1422; 5° un don de joyeux avénement de 22,000 francs. Les États généraux des provinces du Languedoil votèrent à Clermont, en mai 1421, une somme de 800,000 francs. Peu après une aide d'un écu d'or sur chaque *bête aumaille* (gros bétail), d'un mouton d'or sur chaque porc et de soixante sous sur chaque bête à laine, fut imposée dans les pays entre la Loire et l'Allier jusqu'à Lyon [1]. Nous n'avons pas la somme totale votée dans la réunion partielle qui paraît avoir été tenue à Limoges vers le mois de juin 1418, mais nous avons quelques données sur les contingents fournis par chaque province pendant la durée de la régence. Les États du Poitou votèrent : 42,000 francs en décembre 1420; 24,000 écus en 1421; 100,000 francs en 1422. Les États d'Auvergne votèrent : 25,000 francs en 1419; 22,000 environ en 1420; 80,000 le 8 janvier 1422; 20,000 écus le 6 juillet. Les États de Limousin votèrent 24,000 francs en septembre 1419. Les États de la Marche votèrent 10,000 francs en janvier 1422. Les États de Touraine votèrent 26,252 francs à la même date. Les États du Dauphiné votèrent en 1421 100,000 florins; les gens des trois États de l'élection du Lyonnais votèrent 24,000 francs en janvier 1422, et 6,000 écus en juillet [2].

Mais ces sommes étaient bien vite absorbées; en outre, elles étaient d'un recouvrement lent et laborieux : souvent, au mo-

1. Lettres du 23 et du 24 décembre 1421. Archives de Lyon, Pièces non classées.
2. Pour les sources, nous renvoyons aux indications données au chapitre x, dans le paragraphe relatif aux États.

ment où il fallait faire face à des paiements urgents, le trésor était vide. On avait recours alors à des emprunts. Dans l'été de 1418, le président Louvet prêta une somme de 4,500 livres, qui lui fut remboursée par lettres du 25 août[1]. En décembre 1420, Guillaume d'Avaugour prêta 6,000 livres, remboursées le 14 septembre 1421[2]. Dans les premiers mois de 1421, Henri de Pluscallec et deux autres écuyers fournirent 13,000 écus d'or pour le transport de l'armée d'Écosse, et reçurent en gage les châteaux de Taillebourg et de Chastelaillon[3]. En mai 1421, le président Louvet bailla comptant 7,500 moutons d'or, valant 31,875 livres tournois, pour le même objet, et reçut en paiement la chatellenie de Meulhon en Dauphiné[4]. Gabriel de Bernes, écuyer d'écurie du Dauphin, prêta une somme de 2,000 écus d'or, pour le paiement de laquelle la châtellenie de Serre lui fut abandonnée par lettres du 24 août 1422[5]. Le maréchal de la Fayette avait prêté 4,350 livres, dont il donna quittance le 8 avril 1423[6]. Parfois, pour avoir de l'argent comptant, on était obligé de s'adresser aux bonnes villes[7], de puiser dans la bourse des conseillers de la couronne[8], ou même de contracter des emprunts forcés, soit sur les officiers royaux, soit sur des personnes dont les noms figuraient dans des listes dressées à l'avance[9].

1. Voir la quittance de Jean Louvet, en date du 30 octobre 1418, dans Clairambault, vol. 67, p. 5211.

2. Voir la quittance dans D. Morice, t. II, col. 1089. On a la trace d'un autre prêt de 1,000 livres, remboursé en janvier 1422. *Pièces originales*, 152 : AVAUGOUR.

3. Lettres du 27 avril 1421. Archives, J 183, nº 136.

4. Lettres du 8 mai 1421. Archives de Grenoble, B 3044, f. 102.

5. Archives de Grenoble, B 3044, f. 252. Par d'autres lettres, en date du 16 novembre (f. 259), le Dauphin prescrivit le remboursement en argent.

6. Clairambault, 46, p. 3447.

7. Le 31 mai 1421, le Dauphin demandait aux habitants de Lyon de lui prêter 10,000 livres, remboursables sur le produit de l'aide votée par les États généraux assemblés à Clermont. Voir la lettre de ce jour, aux *Pièces justificatives*. Cf. Archives de Lyon, *Registres des délibérations*, BB 1, f. 129 et suiv.

8. C'est ainsi qu'au mois de janvier 1420, Hue, seigneur d'Arpajon, bailla comptant 500 livres pour rétribuer « certains services secrets » rendus par Jean de Varengnes et autres habitants de Toulouse (Clairambault, 136, p. 2319), et qu'en février 1420, Louvet et d'Avaugour fournirent les 1,200 fr. nécessaires pour les dons de vaisselle d'argent faits aux comtes de Buchan et de Vigton (voir plus haut, p. 320).

9. Un *Formulaire* nous fournit des lettres sans date (Fr. 5271, f. 141 vº), où le Dauphin expose qu'il envoie présentement « grosses gens delà les rivières, pour secourir ses bons et loiauls subgiez, assegiez dedens Meaulx » (le siège de Meaux commença le 6 octobre

D'autres fois, on avait recours à n'importe quel expédient[1].

On ne se contenta point d'engager les terres du domaine en nantissement; le moment arriva où, à bout de ressources pour payer les gens de guerre qu'on assemblait de toutes parts, on se vit dans la nécessité de recourir à l'aliénation[2]. Par lettres du 26 novembre 1421, le Dauphin, après « grande et meure deliberacion des gens de son conseil, estans en grant nombre pour ce assemblez, » ordonna de procéder à la vente de deux terres de son domaine en Dauphiné : les châteaux, terres et seigneurie de Morestel et de Saint-Nazaire devaient être engagés à temps ou vendus avec faculté de rachat, jusqu'à concurrence de six mille écus d'or[3]. Conformément à cette ordonnance, la terre de Morestel fut vendue, le 16 mars 1422, à Guillaume de Roussillon, seigneur du Bouchage, pour la somme de 4,200 écus d'or[4]. En mars 1422, la situation était encore plus critique : pour payer les nombreux gens de guerre employés contre l'ennemi et pour faire face à la dépense de ceux qu'on attendait d'Écosse, de Lombardie et d'ailleurs, il

1421 et dura sept mois); que d'autre part qu'il est décidé à se mettre bientôt sur les champs, « à toute puissance, » ce qui ne se peut faire sans « grosses finances; » et que, en attendant le paiement de l'aide octroyé par les pays de son obéissance, il « est besoing de fere emprunts sur officiers et serviteurs de mon dit seigneur et nostres; » le Dauphin donne donc commission à Jean Girard, son conseiller, de se transporter par devers les maîtres particuliers et gardes des monnaies du Dauphiné, et de leur demander le prêt des sommes portées dans ses lettres closes, avec mission de les y contraindre au besoin, « par arrest et emprisonnement de leurs personnes, par prinse, vendue et exploitacion de leurs biens meubles et les suspendre de leurs diz offices. » — Par d'autres lettres, également sans date, que nous trouvons dans le même *Formulaire* (f. 141), le Dauphin donnait commission à Denis du Moulin, maître des requêtes de son hôtel, Bertrand Campion, son maître d'hôtel, et Jean le Vavasseur, de « requerir et demander, tant par voye amiable que aussi de sommacion, se mestier est, à toutes les persönnes escriptes et denommées en certain roole de la date du jour d'uy, signé de nostre main et scellé de nostre seel secret que pour ce à vous avons baillé, ils prestent et aident à mondit seigneur et à nous les sommes contenues audit roole, chascun selon la declaracion et specification d'icellui roole. »

1. Le 27 juin 1422, le Dauphin ordonne de faire finances de 1,500 écus d'or sur la traite des vins d'Anjou et du Maine, pour rembourser Pierre le Carbonnel, serviteur de Jacques d'Harcourt, de l'avance qu'il avait faite de cette somme pour le ravitaillement du Crotoy. *Chartes royales*, XIV, n° 14.

2. Le gouvernement de Charles VI avait, lui aussi, eu recours à ce procédé : voir lettres du 7 décembre 1418 donnant pouvoir d'engager des terres du domaine, jusqu'à concurrence de dix mille livres. *Ordonnances*, t. X, p. 501.

3. *Ordonnances*, t. XI, p. 141.

4. Ms. fr. 89, pièce 21; Archives de Grenoble, B 3044, f. 165; B 3045, f. 5 et 230 v°; *vidimus* original, B 3028.

fallait « avoir grandes finances de toutes parts. » Le produit des monnaies et du domaine était insuffisant : on avait reconnu la nécessité de recourir aux « emprunts, vendicions à temps, et engagement de revenus, chasteaulx, villes et forteresses. » Par lettres du 31 mars, le Dauphin désigna deux commissaires[1] pour se transporter en Dauphiné, et ailleurs où bon leur semblerait, le plus promptement possible, et y faire finances par tous les moyens en leur pouvoir. Les commissaires avaient charge de s'emparer du produit des monnaies, aussi bien que des autres revenus et de l'aide dernièrement octroyée en Dauphiné, nonobstant quelques charges ou assignations, d'emprunter de toutes personnes les plus grandes sommes d'or et d'argent qu'ils pourraient trouver, « par fait de change ou autrement, en quelque manière et à quelque perte que ce soit ou puisse estre, » et, pour cela, d'engager tels rentes, terres, seigneuries, possessions, villes, châteaux et forteresses qu'ils jugeraient convenable, tant en Dauphiné que dans les autres parties du royaume[2].

Nous voyons enfin que le Dauphin, à défaut d'argent, se servait des fleurons de sa couronne : quand, dans l'été de 1422, il envoya en Écosse pour faire venir un nouveau corps de troupes, il remit à ses ambassadeurs, avec tout l'argent qu'on avait pu se procurer, un fleuron de sa couronne[3].

Assurément, nous l'avons dit, les charges financières du Dauphin étaient immenses, et l'on se demande comment il y put subvenir et poursuivre vigoureusement les opérations militaires pendant toute la période de sa régence. Mais n'y eut-il pas de sa part, soit dans les dépenses de son hôtel, soit dans un faste peu en rapport avec sa situation précaire, soit enfin dans une excessive prodigalité, des motifs d'épuisement du trésor ? C'est ce qu'il convient de rechercher, à l'aide des documents du temps, et en particulier des Comptes de l'écurie et de la Chambre

1. C'étaient Regnier de Bouligny, maître des comptes et commissaire sur le fait de toutes finances, et Jean de La Barre, trésorier général du Dauphiné.
2. *Ordonnances*, t. XI, p. 159.
3. Voir lettres du 20 octobre 1422. Archives, J 475, nº 98[3]. Cette pièce a été publiée dans les *Archives historiques du Poitou*, t. II, p. 294.

aux deniers qui, par une heureuse fortune, nous ont été conservés presque intégralement [1].

Essayons de dresser le bilan financier du Dauphin pendant les années 1421 et 1422.

Pour le premier semestre de 1421, la recette de la Chambre aux deniers est de 68,963 l., 13 s., 6 d. parisis ; la dépense de 83,201 l., 19 s., 10 d. parisis. En outre, le compte constate qu'il restait à payer une somme de 13,190 l., 2 s., 2 d. parisis.

Pour le second semestre de 1421, la recette est de 92,984 l., 7 s., 10 d. ; la dépense de 124,778 l., 16 s., 9 ob. Les « debtes demourées à payer » s'élèvent à 26,690 l., 1 s., 9 d.

Pour le premier semestre de 1422, la recette manque ; la dépense est de 189,167 l., 2 s., 3 d. ob. Les dettes sont de 40,475 l., 13 s., 2 d.

Pour les cinq mois courant du 1er juillet au 30 novembre 1422, la recette est de 118,967 l., 6 s., 8 d. ; la dépense de 146, 546 l., 2 s., 2 d. ; les dettes de 27,578 l., 15 s., 6 d. [2].

Il est difficile de dégager de ces chiffres un résultat précis et concluant, à cause des variations perpétuelles du cours de la monnaie ; mais on peut constater ce double fait : le déficit est constant et la dette s'accroît incessamment.

En entrant dans le détail et en recherchant quel fut l'emploi des sommes dépensées, pour la maison ou pour la personne du

1. En voici l'énumération : 1° *Premier compte de l'hôtel* (1er janvier-30 juin 1421). Archives, KK 50, f. 2-21. — 2° *Second compte de l'hôtel* (1er juillet-31 décembre 1421). *Id.*, f. 23-56. — 3° *Troisième compte de l'hôtel* (1er janvier-31 juillet 1422). Les premiers feuillets, comprenant la recette, manquent dans le registre KK 50. Ce registre commence avec les *Despens des journées* (f. 58-78 v°). — 4° *Quatrième compte de l'hôtel* (1er août-30 novembre 1422). Bibl. nat., Fr. 6749. Il est établi en faible monnaie. — Le cinquième compte commence au moment où le cours de la forte monnaie venait d'être rétabli, savoir le 1er décembre 1422, et s'arrête au 30 juin 1423 (KK 50, f. 80-96).

2. Archives, KK 50, *passim* ; Bibl. nat., Fr. 6749. — Je ne me lancerai point ici à la recherche de l'insoluble problème qui consiste à convertir ces sommes en monnaie de nos jours. On peut consulter à ce sujet le savant mémoire de M. de Wailly *sur les variations de la livre tournois* (Paris, impr. impériale, 1857, in-4° de 251 pages, extrait du t. XXI, 2e partie, des *Mémoires de l'Académie des inscriptions et belles-lettres*), et le récent et si remarquable travail de M. Vuitry : *Études sur le régime financier de la France avant la Révolution de 1789* ; le premier volume a seul paru (1878), et s'arrête à l'avénement de Philippe le Bel ; mais la suite nous est déjà connue par les communications faites par l'éminent académicien à l'Académie des sciences morales et politiques, insérées dans le Recueil de ses travaux, et tirées à part. Voir en particulier *les Monnaies sous les trois premiers Valois*. Paris, 1881, in-8° de 140 pages. —

Dauphin, nous constatons les faits suivants. Le maître de la Chambre aux deniers eut à sa disposition [1], pour la dépense ordinaire de l'hôtel durant le premier semestre de 1421, une somme de 37,200 livres tournois [2]; durant le second semestre, une somme de 108,000 livres (soit 18,000 livres par mois) lui fut allouée [3]. Il eut encore deux allocations supplémentaires : l'une de 9,175 livres (lettres du 30 novembre 1421), l'autre de 31,908 livres (lettres du 21 janvier 1422). Cette *crue* de la dépense ordinaire de l'hôtel avait été occasionnée : en août, par la célébration des noces de Richard de Bretagne avec Marguerite d'Orléans ; en octobre et dans les mois suivants, par la « grant affluence et venue de plusieurs chevaliers, escuiers et autres estrangiers [4]. » Ajoutons que, malgré ces allocations, le maître de la Chambre aux deniers eut grand peine, d'une part à faire face aux dépenses courantes, de l'autre à assurer la rentrée de l'argent dont il pouvait disposer.

Le grand maître de l'écurie reçut, du 12 octobre 1419 au 26 septembre 1420, des allocations s'élevant à une somme de de 77,678 livres tournois. Or, la dépense afférente au compte de cette année monta à une somme totale de 61,429 livres tournois, se décomposant ainsi : achats de chevaux, 46,317 livres; harnais de guerre, etc., 7,401 livres; draps de laine et de soie, 1461 livres; forge et ferrure de chevaux, 390 livres ; fourrages, 561 livres; gages d'officiers, 1,586 livres; voyages, chevauchées, etc., 397 livres; dépenses des *journées*, 2,999 livres. Il aurait dû y avoir un excédant de recettes, et pourtant le compte constate que 16,248 livres tournois restaient à payer [5].

Du 3 octobre 1420 au 14 septembre 1421, le grand maître de l'écurie reçut des allocations s'élevant à 95,130 livres tournois.

Pour avoir une idée approximative de la valeur actuelle des sommes énoncées, on peut les multiplier par *quarante*. C'est ce que nous disent tous les auteurs; mais, d'après des érudits distingués, ils se seraient trompés, ne se basant que sur le prix du pain, qui a considérablement baissé depuis quarante ans : il faudrait donc multiplier les sommes (en forte monnaie) qu'on rencontre ici par *soixante* et même par *quatre-vingts*.

1. Par lettres du 30 janvier 1421. Archives, KK 50, f. 21.
2. KK 50, f. 2.
3. *Idem*, f. 23-24.
4. *Idem*, f. 23 v°, 24.
5. KK 53, *passim*.

La dépense de l'année courant du 1er octobre 1420 au 30 septembre 1421 s'éleva à 116,207 livres tournois, se décomposant ainsi : achat de chevaux, 84,792 livres ; harnais de guerre, 11,205 livres ; draps de laine et de soie, 374 livres ; forge et ferrure, 753 livres ; fourrages, 826 livres ; gages d'officiers, 2,646 livres ; voyages et chevauchées, 631 livres ; dépenses des *journées*, 4,969 livres. Le compte constate qu'on redevait au grand maître 11,677 livres.

Le compte comprenant la période comprise entre le 1er octobre 1421 et le 31 décembre 1422 n'est pas moins instructif. Du 5 octobre 1421 au 27 août 1422, des mandements sont délivrés pour une somme de 139,800 livres tournois ; en outre d'autres recettes s'élèvent à 2,095 écus d'or. La dépense est de 174,597 livres tournois et 2,250 écus d'or, se décomposant ainsi (paiements faits en faible monnaie) : achat de chevaux, 99,380 livres (et 1,130 écus d'or) ; harnais, etc., 32,746 livres (et 1,120 écus d'or) ; draps de laine et de soie, 3,510 livres ; forge et ferrure, 2,382 livres ; fourrages, 8,532 livres ; gages d'officiers, 5,978 livres ; voyages et chevauchées, 6,600 livres ; deniers portés en recettes et non reçus, 10,800 livres ; dépenses des *journées*, 3,659 livres. On constate un déficit de 32,462 livres en monnaie et de 155 écus en or.

Remarquons ici que les comptes de l'écurie du Dauphin ne purent jamais être apurés. Malgré tous les soins apportés à leur vérification par la Chambre des comptes, il fut impossible d'arriver à un résultat. En désespoir de cause, le Roi, à la date du 15 avril 1440, délivra à Pierre Frotier des lettres de décharge[1].

Le chapitre des dons est fort curieux, et atteste avec quelle libéralité le Dauphin récompensait les services rendus. Suivant en cela les traditions de son père, Charles regardait comme un devoir de se montrer généreux envers ses serviteurs. Les principes qu'il professait en cette matière se trouvent exposés dans les considérants de l'ordonnance du 7 novembre 1420, en

1. Pour les comptes de la Chambre aux deniers, les trois premiers furent clos le 20 août 1428, et le cinquième le 16 juin 1429 ; mais une nouvelle vérification dut être faite, et la clôture définitive n'eut lieu que le 18 décembre 1435. KK 50, f. 15 v°, 35, 63 v°, etc.

faveur de Robert le Maçon, qu'on a pu lire plus haut [1]. De 1418 à 1422, nous trouvons des dons d'argent, de chevaux et même de terres, montant à des sommes considérables. Tanguy du Chastel, maréchal des guerres du Dauphin, touchait, « pour l'estat de sa personne, » une pension mensuelle de mille livres tournois, dès le mois d'août 1419. Le vicomte de Narbonne, à partir de mai 1419, a 500 livres par mois pour le même objet. Pierre Frotier qui, comme grand maître de l'hôtel, touche 600 livres parisis de pension annuelle (depuis le 20 septembre 1419) reçoit, pour son mariage, une somme de 10,000 livres tournois (lettres du 13 août 1421). Pierre de Beauvau a 600 livres (26 juillet 1418); Hugues de Noé, 2,000 livres (9 février 1420); Tanguy du Chastel, 2,000 livres pour sa femme (27 juillet 1420), et 2,200 livres pour lui (21 décembre 1421). En janvier 1420, pendant son voyage de Languedoc, le Dauphin distribue des étrennes à tous ses conseillers : Regnier de Bouligny, Guillaume de Lucé, Raymond Raguier, Alexandre le Boursier ont chacun 400 livres; Charles de Bourbon, Bernard d'Armagnac, le sire d'Albret, l'archevêque de Bourges, chacun 300; le vicomte de Narbonne, le maréchal de la Fayette, Jean Louvet, Jean Cadart, Guillaume d'Avaugour, Robert Mallière, chacun 200. L'archevêque de Bourges et l'archevêque de Sens ont en outre 200 livres chacun, « pour leur robe. » L'argentier Denis du Chesne a 150 livres. Les huit valets de chambre reçoivent 150 livres à se partager. En outre, nous relevons dans le même mois les dons suivants : le comte d'Aumale, 600 livres; l'évêque de Laon, 400; Adam de Champgiraut, écuyer tranchant, 300

1. Voir chapitre VI, p. 213. — Alain Chartier, qui, dans son éloquent *Quadrilogue invectif*, a sondé d'un œil si clairvoyant et avec un si noble patriotisme les abîmes de la situation, dit à ce propos (p. 412) : « Et combien que règle ci estroicte ne sy doye donner, que la vertu de liberalité, qui tant bien siet en hault seigneur, n'ait tousjours vers le prince son effect, toutesvoies puis-je bien soustenir que celle vertu pour circonstances regarde lieu et temps de donner, et que en temps de habondance et de oysiveté telle donacion seroit dicte euvre de largesse qui maintenant se devroit appeler prodigalité. Bien doivent avoir regard à ce que dit est ceulx qui trop pour eulx y pourchassent, et plus en est sur eulx le peché et la charge que sur le prince, que franchise et noblesse de couraige fait doubter des siens escondnire. » Alain Chartier semble viser le président Louvet, quand il ajoute : « Et quiconques se veulle enrichir avecques ung prince necessiteux et accroistre trop grandement sa substance et son estat des biens de celuy qui peu en a, pour la sienne sauver, monstre par sa privée affection que son courage est indigne de service publicque. »

et 150; Isabeau des Barres, demoiselle, femme d'Antoine de Varennes, écuyer d'écurie, 300; le comte de Ventadour, 200; Henri du Mesnil, premier pannetier, 200; Guillaume du Bec, chambellan, 200; Jean d'Arpajon, chambellan, 120; Jean de Bonnay, sénéchal de Toulouse, 100; Bertrand de Rochefort, chambellan, 100; Pierre de Chantelle, confesseur du roi Charles VI, 100; Morelet de Carville, Rogerin Blosset, Prégent de Coëtivy, tous trois panneliers, 100 chacun; Philibert de Maleret, Jean Gouffier, Jean Boschet, chambellans; Hernauton d'Andines, Guillaume Boniface, Chatart de Rochedragoux, Yvon de Begaignon, 60 chacun; Charles Labbé, écuyer d'écurie, Charles Garnier, Jacques de Villiers, écuyers tranchants, 50 chacun[1]. En outre, le 30 janvier, à Saint-Symphorien d'Auzon, le Dauphin fait distribuer une somme de 1,200 livres à des chevaliers, écuyers, capitaines et gens d'armes de la compagnie du grand maître des arbalétriers Torsay[2].

Si nous nous arrêtions à l'énumération des dons de chevaux, nous aurions une liste encore plus imposante à dresser : tout le personnel de l'entourage du prince y figurerait, depuis les chefs militaires, les seigneurs écossais, jusqu'aux conseillers, aux chambellans, aux officiers de la maison, aux secrétaires, à l'huissier d'armes et au *premier queux*[3].

Les dons de terres, forment aussi un chapitre qui n'est point sans importance. Deux incidents vont nous montrer, d'une part la facilité avec laquelle le Dauphin aliénait son domaine au profit de certains de ses serviteurs, d'autre part la résistance qu'il rencontrait parmi les membres de son Conseil de Dauphiné, gardiens vigilants des lois du royaume.

Guillaume de Martel, seigneur de Grandmont, conseiller et chambellan de Charles VI, puis du Dauphin, n'avait pu, depuis 1407, être mis en possession des châteaux de Saint-Laurent-du-Pont et Meisieu en Dauphiné, achetés par lui avec la permission du Roi. Le 2 octobre 1419, la chancellerie du

1. *Catalogue des actes.* Il faut faire observer que nous n'avons certainement qu'une partie des actes de ce temps.
2. Clairambault, 218, p. 9915.
3. Archives, KK 53, *passim*.

Dauphin lui délivrait, relativement à cette affaire, des lettres de provision [1]. L'année suivante, dans des lettres du mois d'août, rendues pendant son séjour à Jargeau [2] et contresignées par La Fayette, Torsay, Tanguy du Chastel et Louvet [3], Charles donna définitivement à Martel les deux châteaux, en compensation de la somme de six mille livres dont on lui était redevable pour ses gages et dépens. Mais les gens du conseil du Dauphiné ne se tinrent pas pour battus. A la date du 29 août 1420, ils adressèrent de vives remontrances au Dauphin. Son pays de par deçà, lui disaient-ils, est en « bonne disposition; » chacun s'efforce de le seconder dans sa résistance contre l'ennemi; les États se sont réunis et ont voté les sommes demandées. Mais le conseil et les seigneurs ont été « moult emerveillez » de ce qu'on leur ait présenté, au nom de Guillaume de Martel, des lettres par lesquelles le Dauphin lui donnait ses châteaux de Saint-Laurent et de Meisieu. Conformément à leur devoir et au serment qu'ils ont prêté relativement au domaine, ils ont mis la chose en délibération, et d'un avis commun ils ont conclu que, par les motifs qu'ils énumèrent, il ne leur était possible de procéder à l'entérinement de ces lettres. Ils ajoutent que plusieurs des nobles du pays murmuraient fort à ce sujet, car il leur semblait bien étrange que, embesogné comme il l'était, le Dauphin aliénât son domaine d'une façon qui ne lui serait ni honorable, ni profitable; et si la chose venait à effet, on craignait qu'il ne s'en suivît un préjudice irréparable [4].

Le 11 septembre, nouvelle lettre du Dauphin à son conseil en Dauphiné. Il a su par Guillaume de Martel le refus qu'on lui oppose pour l'exécution de ses lettres de don, et il enjoint expressément de le mettre en possession sans plus tarder, en faisant cesser tout débat et opposition de la part de son procureur : « car tel est nostre plaisir. » — « Si en faites tant à ceste foiz, ajoute-il, que plus n'en doyons oïr parler, car plus que

1. Indiqué dans les lettres du 3 août 1420.
2. Du 6 au 12 (*Itinéraire*).
3. Archives de Grenoble, B 3044, f. 34 v°. Le chancelier ne figure pas parmi les signataires, mais on y trouve le *vice-chancelier* Boisratier, archevêque de Bourges.
4. Archives de Grenoble, B 3044, f. 44.

tout nous sentons attenuz au dit Guillaume, et ne l'avons fait sans cause ni sans grant advis et deliberacion [1]. » Quelques jours plus tard le président Louvet joignit ses instances à celles de son maître [2].

Les gens du conseil, loin de se laisser convaincre, revinrent à la charge. Dans une lettre en date du 12 octobre, ils expriment leur étonnement de ce que le Dauphin n'ait fait aucune réponse aux lettres du 29 avril; ni lui ni son conseil ne doivent être bien informés de la matière; ils reproduisent les raisons déjà exposées; ils envoyent un secrétaire, chargé de mettre le prince et son conseil au courant [3]. Des lettres furent adressées en même temps au chancelier, à l'archevêque de Bourges, au maréchal de la Fayette, au président de Provence et à Guillaume Cousinot [4].

Tous ces efforts demeurèrent vains : par lettres du 12 novembre 1420, le Dauphin, considérant les services rendus, tant dans les guerres que dans des missions diplomatiques, par Guillaume de Martel, seigneur de Grandmont en Savoie, lui confirmait le don des deux châteaux et de leurs dépendances, à titre perpétuel [5]. Le conseil de Dauphiné voulut encore résister : des lettres missives de Charles, en date du 1er décembre, lui enjoignirent de mettre un terme à ses délais et d'enregistrer les lettres [6].

Le second incident se rapporte au président Louvet lui-même, et il n'est pas moins significatif.

Par lettres du 29 septembre 1419, le Dauphin avait fait un premier don de terres de son domaine à Louvet : il lui avait octroyé la baronnie de Theis et les châtellenies de Falavier, Pierre et Domnène en Dauphiné [7]. Ce n'était pas sans peine

1. Archives de Grenoble, B 3044, f. 56.
2. *Id.*, *Ibid.*, f. 57.
3. Archives de Grenoble, B 3044, f. 68 v°.
4. *Id.*, *Ibid.*, f. 70 v° à 74 v°.
5. *Id.*, *Ibid.*, f. 76 v° et 88 v°. — Les lettres sont contresignées par le chancelier, les archevêques de Reims et de Bourges, le maréchal du Dauphin (du Chastel), le seigneur de Belleville, le seigneur de Falavier (Louvet), etc.
6. Lettre au gouverneur ou à son lieutenant; lettre aux gens du Conseil. Archives de Grenoble, B 3044, f. 83 et 84.
7. Archives de Grenoble, B 3044, f. 22 v°.

que Louvet avait obtenu l'enregistrement de ce don : prévoyant les difficultés qu'il rencontrerait, il avait fait écrire par le Dauphin lettres sur lettres aux gens des comptes et au procureur général, au trésorier général et au gouverneur du Dauphiné pour enjoindre de la manière la plus formelle de mettre ses lettres à exécution ; il avait même fait donner une mission spéciale, dans ce but, à l'evesque de Saint-Papoul et au seigneur du Bouchage[1], et il avait fini par l'emporter : des lettres données le 13 novembre 1420 — au lendemain même de la date de celles relatives à Guillaume de Martel — mettaient définitivement Louvet en possession de ses quatre seigneuries. Le 8 mai 1421, le président Louvet reçut un nouveau don de terres du domaine : en récompense de ses services et en dédommagement d'un prêt par lui fait spontanément et argent comptant pour les frais de l'armée d'Écosse, lequel prêt montait à 7,000 moutons d'or, valant 31,875 livres tournois, le Dauphin lui abandonna la châtellenie de Meulhon en Dauphiné[2]. Par une lettre missive du 15 mai, Charles informa le gouverneur et les gens de son conseil en Dauphiné du don qu'il venait de faire, et ordonna de mettre son féal conseiller et chambellan en possession dudit château ; car, disait-il, « vous pouvez penser, et aussi le congnoistrez vous assez par noz dictes lettres, que ce n'avions fait sans grant cause et deliberacion[3]. » Pourtant, le 24 juin, revenant sur la décision prise le 8 mai, le Dauphin, « pour certaines causes à ce nous mouvans, » réintégrait la châtellenie de Meulhon dans son domaine ; mais voulant récompenser son conseiller, il lui donnait la châtellenie de Nyons, avec toutes ses dépendances, aux mêmes conditions que la précédente[4]. Quatre jours après, une lettre

1. Trois lettres missives du 30 septembre ; lettre du 1er octobre ; deux lettres du 6 octobre 1419. Il y a encore une lettre, en date du 30 septembre, au trésorier général du Dauphiné. *Id. ibid.*, f. 9 à 14.

2. Archives de Grenoble, B 3044, f. 102 et 117 v°. Les lettres sont contresignées par le comte d'Aumale, Bernard d'Armagnac, le chancelier, les évêques de Laon et de Maillezais, le maréchal de Séverac, le maître des arbalétriers (Torsay), le maréchal de mondit seigneur (du Chastel), etc. Rarement un tel nombre de signatures figure au bas d'un acte : il n'y en a pas moins de dix-huit.

3. Archives de Grenoble, B 3044, f. 107.

4. Lettres données au siège devant Galardon, et contresignées par l'évêque de Tulle

missive du Dauphin prescrivait de faire droit à ses lettres [1].

Mais la substitution ne se fit pas aussi facilement qu'on l'espérait : le Dauphin rencontra la plus sérieuse opposition, et cette fois on fit agir les habitants de Nyons. C'est ce qui ressort d'une lettre missive en date du 20 août, par laquelle Charles, considérant les difficultés qu'ils opposent à l'exécution de ses lettres, ordonne de procéder contre eux et d'en faire telle punition que ce soit exemple aux autres [2]. Nous possédons également une lettre adressée par lui aux habitants pour les amener à composition [3]. Un mandement du 1er octobre, rendu par le gouverneur du Dauphiné au nom du Dauphin, ordonna la mise à exécution des lettres du 24 juin [4].

Nous avons vu plus haut que certaines terres du domaine avaient été engagées ou aliénées pour rembourser des avances faites ou pour se procurer des ressources [5]. D'autres furent l'objet de dons purs et simples. C'est ainsi qu'en janvier 1420 Jean Cadart, conseiller et premier médecin du Dauphin, reçut les château et châtellenie de Beauvoir du Marc, au diocèse de Vienne [6]; que Guillaume d'Avaugour eut la châtellenie d'Ubrils [7]; que le président Louvet reçut, outre la baronnie de Theis et les châtellenies de Domène, la Pierre et Falavier, données plus tard au bâtard d'Orléans [8], la châtellenie de Mirandol [9]; que le bâtard d'Orléans reçut la seigneurie de Vaubonnais [10]; et

Hugues Comberel), le maréchal de Séverac, le maître des arbalétriers (Torsay), le marécha du régent (du Chastel), etc. Archives de Grenoble, B 3044, f. 117 v°.

1. Lettre donnée « en nostre ost devant Galardon, » le 28 juin 1421. B 3044, f. 125 v°.

2. B 3044, f. 134.

3. *Id.*, f. 134 v°. — On trouvera ces deux documents aux *Pièces justificatives*.

4. *Id.*, f. 127.

5. Voir page 406.

6. Lettres du 25 janvier 1420. Archives de Grenoble, B 3044, f. 29 et 185. — Cadart, se fondant sur ce qu'il ne pouvait vacquer à la garde du château, le vendit à Aymard de Beauvoir, seigneur de la Palu, et le Dauphin approuva cette vente par lettres du 11 novembre 1421. *Idem*, f. 191.

7. Lettres du 20 octobre 1420. B 3223 *bis*, f. 174. Voir aux *Pièces justificatives* une lettre missive du Dauphin, en date du 25 avril 1421, relative à l'exécution de ce don. Cf. lettres patentes du 5 août et lettre missive du 26 septembre 1422. B 3044, f. 197 v° et 200 v°.

8. Lettres du 31 juillet 1422. Archives, JJ 187, pièce 59, et Archives de Grenoble, B 3044, f. 207 v°.

9. Lettres du 15 mai 1420. Archives de Grenoble, B 3223 *bis*, f. 171.

10. Lettres du 4 novembre 1421. B 3044, f. 142. Voir sur l'exécution de ce don une lettre missive du Dauphin, en date du 9 novembre 1421, aux *Pièces justificatives*.

qu'enfin un capitaine lombard, Borno Cacaran, connu sous ce nom : *le Borgne Caqueran*, reçut la châtellenie de Cayras [1], bientôt remplacée par la châtellenie de Saint-George d'Espéranche [2].

Il serait superflu de chercher à cette époque la trace d'une organisation sérieuse et d'une réglementation précise en matière financière. Il y avait bien une Chambre des Comptes, établie d'abord à Poitiers, puis à Bourges, puis à Tours, et finalement à Bourges, par lettres du 6 mars 1422 [3]; un receveur général des finances, Jean Merichon [4], auquel succéda bientôt Guillaume Charrier [5]; un trésorier général, Jean Gerbe [6]; deux trésoriers des guerres, Macé Heron et Hémon Raguier [7]; des commissaires sur le fait des finances, siégeant à Bourges [8];

1. Lettres du 24 novembre 1421. B 3044, f. 169.

2. Lettres du 5 février 1422. B 3044, f. 175. Cf. autres lettres, sans date, dans un Formulaire : Ms. fr. 5271, f. 107. Voir aux *Pièces justificatives* une lettre missive du Dauphin, en date du 27 avril 1422, relative à l'exécution de ce don.

3. Blanchard, *Compilation chronologique*, t. I, p 237, d'après *Mémorial de la Chambre des Comptes*, II *bis*, f. 5; Archives, PP 2298, f. 5 v°.

4. On lit dans un état, dressé par les élus en Poitou le 17 mars 1451, des « noms et surnoms de tous ceux qui selon nostre recordance pouvons savoir avoir eu charge de recepte de par le Roy nostre dit seigneur depuis l'an mil cccc xviii jusques à present » : — « *Item*, cellui an m iiii^c xviii, le Roy, à sa venue de Paris, receut maistre Jehan Meurichon receveur general de toutes finances, auquel office ne demoura guieres. — *Item*, après ledit Meurichon, fut feu maistre Guillaume Charrier receveur desdictes finances. » Ms. fr. 26080 (*Quittances*, 89), n° 6330. Jean Merichon figure comme receveur général des finances dans des actes des 24 septembre, 11, 15, 19 et 31 octobre, 10 décembre 1418.

5. Il est qualifié, dans des lettres du 9 janvier 1420, de *commis au fait de la recette générale*, et dans les Comptes (KK 50 et 53, *passim*) de *commis à la recette de toutes finances, tant en Languedoil comme en Languedoc.*

6. Il est ainsi qualifié dans des lettres du 21 juin 1417 (Cabinet de l'auteur), et resta en fonctions pendant toute la régence du Dauphin.

7. Aussitôt après l'installation à Bourges du gouvernement du Dauphin, Regnier de Bouligny, l'un des conseillers du jeune prince, fut « commis au fait de l'office de trésorier des guerres : » il est ainsi désigné dans des actes des 20 juin 1418 et jours suivants (Clairambault, 77, p. 6071; *Pièces originales*, 1668 : Laval; Clairambault, 52, p. 3971; 76, p. 6191; 82, p. 6479, etc.). Nous trouvons Macé Heron qualifié trésorier des guerres, dans une lettre des maréchaux, en date du 1er septembre (*Pièces originales*, 191 : Barbo), et Hémon Raguier, avec la même qualité, dans une quittance du 8 septembre 1418 (*Histoire de Bertrand du Guesclin*, par Paul Hay du Chastelet, p. 423).

8. Ils sont mentionnés comme *nouvellement ordonnés* dans des lettres du Dauphin, en date du 9 novembre 1418. Doat, 213, f. 1. C'étaient Regnier de Bouligny, Guillaume de Lucé et Alexandre le Boursier. Nous avons des lettres rendues, dès le 16 août 1418, au nom des « commissaires ordonnés sur le fait et gouvernement de toutes finances, tant en Languedoil comme en Languedoc, » et contresignées par Jean Chastenier, secrétaire du Dauphin. *Pièces originales*, 1574 : Jaune. — Il y avait aussi des commissaires sur le fait des aides, bien qu'elles aient été supprimées en 1418 : François de l'Hospital est men-

des généraux maîtres des monnaies [1]; un maître de la Chambre aux deniers [2]; un contrôleur et un garde de la même Chambre [3]; un général réformateur des dépenses de l'hôtel [4]; un argentier [5]. Mais aucun des services correspondant à ces diverses fonctions ne fonctionne avec régularité. Les recettes se font très difficilement; les paiements ne sont effectués qu'avec une lenteur extrême, et parfois plusieurs années après la date du mandement du Dauphin. Certaines dépenses faites pour l'hôtel du prince, en 1421 et 1422, ne furent définitivement soldées qu'en 1436 [6]. Les comptes, on l'a vu, ne sont clos que bien tardivement, et leur apuration offre de telles difficultés qu'on est même obligé d'y renoncer.

On peut juger, par la situation financière du Dauphin, de l'état de l'agriculture, du commerce et de l'industrie dans les provinces soumises à son obéissance. Moins malheureuses peut-être que Paris, — où la famine et les épidémies sévissaient d'une façon presque permanente, où les vivres, dont les prix variaient sans cesse, atteignaient un taux exhorbitant, — et que les parties du royaume en proie à l'invasion et victimes de luttes incessantes, elles n'étaient pas moins cruellement éprouvées par les excès des gens de guerre, par l'absence de sécurité dans les communications, par les entraves de toute nature

tionné dans des lettres du 26 juillet 1421, comme l'un des commissaires sur le fait des aides. Anselme, *Histoire généalogique*, t. VII, p. 433.

1. C'étaient Jean Gencien, ainsi qualifié dès le 20 décembre 1418 (Archives de Grenoble, B 2825, f. 1), et qui s'intitule, dans une lettre du 26 juillet 1420, « trésorier de France, général maître des monnaies et commissaire général par tout le royaume sur le fait des dictes monnaies » (B 2821, f. 182); Bernard Braque, mentionné dans des lettres du 20 décembre 1419 (Clairambault, 21, p. 1469); Jean Jarge, mentionné dans des lettres du 17 novembre 1420 (B 2825, f. 45), et Jean de Ponchier, qualifié de général maître des monnaies dans des lettres du 4 avril 1421 (B 2825, f. 101).

2. D'abord Thibaud de la Croix; puis, à partir du 4 janvier 1421, Pierre Pelletier. Archives, KK 50, f. 1.

3. C'étaient Étienne Renverse, dit le Bailly, et Jean Laillier. KK 50, f. 2, 6, 10, etc.

4. François de l'Hospital, nommé par lettres du 15 février 1422 général et seul réformateur sur le fait des dépenses de l'hôtel du Dauphin et de la Dauphine, des provisions et de l'argenterie. Le P. Anselme, *Histoire généalogique*, t. VII, p. 433.

5. Denis du Chesne. Il est mentionné dans des lettres du Dauphin du 15 novembre 1419 (Clairambault, 31, p. 2321). — Il y avait aussi un contrôleur de l'argenterie, Jacques de Caulers, mentionné dans des lettres du 2 mai 1420 (*Idem*, 21, p. 1775).

6. Archives, KK 50, f. 66 v°, 73 v°, 78 v°, 80 v°.

qu'occasionnaient les menaces de guerre, les disettes, les épidémies[1], et aussi, il faut le dire, certaines mesures administratives nécessitées par les circonstances. Ainsi le Dauphin dut interdire, à plusieurs reprises, l'exportation du blé, du vin et d'autres denrées, soit hors du royaume[2], soit hors de certaines provinces plus voisines de l'ennemi[3]. Les ordonnances stipulant cette interdiction présentent un triste tableau de la situation : les pauvres laboureurs ne peuvent ni n'osent labourer, fumer et ensemencer leurs terres; les vivres sont devenus rares et d'un prix excessif[4], « par la convoitise d'aucuns faux marchands » qui vont les vendre aux Anglais, et qui, en particulier dans le Poitou, les transportent par les rivières pour en tirer parti, facilitant ainsi le ravitaillement des places ennemies[5].

1. « Labeur a perdu son esperance; marchandise ne trouve chemin qui la puisse sauvement adresser; tout est proye ce que l'espée ou le glaive ne deffend, » fait dire au *Peuple* Alain Chartier, dans son *Quadrilogue invectif* (p. 417). Et il ajoute : « Que appelé-je guerre? Ce n'est pas guerre qui en ce royaume se maine. C'est une privée volerie, ung larrecin habandonné, force publique soubz umbre d'armes, et violente rapine que faulte de justice et de bonne ordonnance ont fait estre loisibles... Or conviendra il les champs demourer desers, inhabitables, et habandonnez aux bestes sauvages, et ceulx qui par travail de loyalle marchandise ont les aucuns en leurs necessitez secourus, demourer despourveuz et esgarez, et perdre par courroux la vie après les biens (p. 417-18)? »

2. « Par grant et meure deliberacion de conseil, avons voulu et ordonné, voulons et ordonnons par ces presentes que doresenavant il ne voise à aucuns marchans estraingers ne autres, de quelzque estat ou auctorité qu'ilz soient, transporter ou faire transporter aucuns blez, vins, ne autres vivres hors du Royaume, ne aussi avaler aval la rivière de Loire aucuns desdiz blés ou vins, afin que les parties de France ne soient et demeurent depourveues et desgarnies desdiz blés et vins, et que nous et nostre ost n'en puissions estre soustenuz et avitaillez et en avoir deffaulte, se celui ou ceulx qui vouldront mener ou transporter lesdiz vivres n'ont sur ce congié et licence de nous par noz lettres patentes scellées de nostre grant seel... » Lettres du 12 avril 1419 ; Archives, X[1c] 117. — Cf. lettres du 23 septembre 1419. *Ordonnances*, t. XI, p. 20.

3. Lettres du 27 septembre 1419, interdisant l'exportation hors du Poitou. *Ordonnances*, t. XI, p. 22.

4. Par lettres du 20 décembre 1419, le Dauphin donne la somme de 200 livres à Bernard Braque, général maître des monnaies, *attendu la cherté des vivres*. Clairambault, 21, p. 1469.

5. Lettres des 23 et 27 septembre 1419. — Malgré les mesures prises pour mettre cette mesure à exécution (voir lettres des commissaires sur le fait des finances, en date du 31 mars 1420, Clairambault, 88, p. 6915), les exportations continuèrent à se produire sur divers points du royaume : le 18 août 1421, les conseillers de la ville de Lyon écrivaient au gouverneur du Dauphiné pour lui faire savoir qu'on transporte des blés du Dauphiné en Savoie et dans d'autres pays, hors l'obéissance du Dauphin (Archives de Lyon, BB 1, f. 153). Par lettres du mois de janvier 1421, le Dauphin donna son approbation aux mesures prises par Armand, vicomte de Polignac, lieutenant et capitaine général en Velay, Vivarais, Gévaudan et Valentinois, pour faire observer l'interdiction stipulée par ses ordonnances (Archives, K 59, n°s 31 et 31 *bis*).

D'autres ordonnances furent rendues pour empêcher le transport des denrées hors des ports du Languedoc [1], et pour interdire toute relation commerciale avec les Anglais [2]. Nous avons aussi des lettres autorisant, en vue du ravitaillement d'une place, à aller chercher du blé hors du royaume [3].

Pour favoriser le commerce intérieur dans une contrée où il avait des sujets fidèles et ayant besoin d'une protection spéciale, le Dauphin accorda à la ville de Lyon le privilège d'avoir deux foires franches. Dans les lettres données à cet effet, à la date du 9 février 1420, on expose que cette ville, qui est « de très grant circuit en grandeur comme la ville de Paris ou environ, » est en « plusieurs partie inhabitée de gens et foiblement emparée et fortifiée; » qu'en outre, elle est « très petitement peuplée, par mortalitez de pestilences, chertez de vivres, guerres, passages de gens d'armes, et autres charges, dommages et inconveniens; » qu'il importe donc de « l'accroitre et augmenter de peuple, de gens de tous estaz et de biens, comme doit desirer chascun prince en ses bonnes villes et citez. » Dans ce but on y établit, après enquête faite par le bailli de Mâcon, sénéchal de Lyon, et autres commissaires, et après examen de cette enquête par le Dauphin, deux foires et marchés publics chaque année, lesquels seront d'une durée de huit jours et francs de toutes impositions, avec privilège d'user de toutes monnaies, même étrangères, pendant la durée des deux foires [4].

La ville de Castelsarrazin obtint aussi, en mai 1420, le privilège de tenir trois foires par an [5].

1. Lettres du 1er août 1420. Germain, *Histoire du commerce de Montpellier*, t. I, p. 211.
2. Lettres du 13 avril 1421. Archives X1a 8604, f. 32.
3. Lettres sans date, dans un *Formulaire*, Ms. fr. 5053, f. 76.
4. *Ordonnances*, t. XI, p. 45-48. — Ce ne fut pas sans peine que les Lyonnais obtinrent ce privilège : ils l'avaient sollicité dès le mois de décembre 1418, et deux messagers avaient été trouver le Dauphin dans ce but (BB I, f. 68); ils renouvelèrent leur demande en novembre 1419 (BB I, f. 90 et 92); après le passage du Dauphin par Lyon, ils déclarèrent qu'ils refusaient les foires, parce qu'on ne voulait les leur octroyer *franches* (délibération du 29 janvier 1420, *Id.*, f. 99); puis, ils se résignèrent à les prendre telles qu'on les leur donnait (délibération du 7 février, *Id.*, f. 100 v°). Ils finirent, on l'a vu, par obtenir pleine satisfaction. Mais il leur fallut plusieurs mois avant d'avoir leurs lettres expédiées : deux messagers furent envoyés vers le Dauphin, pour les obtenir, au mois de mars, et reçurent pour leur voyage, le 19 mai, une somme de 88 l. 16 s. 8 d. t. (CC 392, n° 38).
5. Doat, 92, f. 548.

L'industrie ne fut pas complètement oubliée. En février 1420, des statuts furent donnés aux tisserands de Vierzon : l'ordonnance constate que Vierzon est devenu le rendez-vous de nombreux ouvriers affluant de plusieurs villes et villages, et elle contient des dispositions fort minutieuses [1]. Les privilèges donnés aux barbiers, en 1410, par le duc de Berry, furent confirmés (janvier 1420), en faveur de Colinet Candillon, « premier barbier et valet de chambre » du Dauphin, et de tous les barbiers résidant en Poitou [2]. Les salines de Passais furent l'objet d'une réglementation [3]. Nous avons des lettres par lesquelles le Dauphin, considérant qu'au nombre des marchandises qui affluent dans la sénéchaussée de Poitiers, il y a une grande quantité de cuirs tannés et à tanner, vendus souvent sans être visités, — ce qui est préjudiciable au peuple, exposé par là à acheter de mauvaise marchandise, — ordonne de faire crier qu'aucun marchand ne vende, sous peine d'amende, des cuirs n'ayant point été visités et *signés* ainsi qu'il appartient [4].

Mais ce qui paralysait surtout le commerce, c'étaient les disettes et le renchérissement des denrées qui en était la conséquence. On eut, sous ce rapport, à traverser des années exceptionnellement malheureuses. L'année 1421 fut terrible, au dire des chroniqueurs [5] : il y eut comme un redoublement de tous les maux dont on souffrait depuis plusieurs années [6]. « Et en bonne verité, dit le *Journal d'un bourgeois de Paris,* il fist le plus long yver que homme eust vu passé avoit quarante ans [7]. » Beaucoup de gens moururent de froid. Au printemps, à Paris, le pain était si cher « que peu de mesnagiers en mangeoient leur saoul [8] ; » quant à la viande et aux légumes, il n'y fallait point songer. La famine sévissait cruellement sur tous les

1. *Ordonnances*, t. XVII, p. 323.
2. *Ordonnances*, t. XV, p. 307.
3. Lettres de 1422, visées dans une ordonnance d'août 1441. *Ordonnances*, t. XV, p. 579.
4. Lettres sans date, dans un *Formulaire*, Ms. fr. 5271, f. 133.
5. *Chronique rouennaise*, à la suite de la *Chronique normande de Pierre Cochon*, édition de M. Ch. de Beaurepaire, p. 344.
6. Voir *Journal d'un bourgeois de Paris*, p. 111 et suivantes.
7. *Idem*, p. 150.
8. *Idem*, p. 151.

points, et une épidémie occasionna une terrible mortalité [1]. Pour comble de malheur, l'hiver reparut de bonne heure : à la Toussaint, il gelait très fort. En outre, les variations continuelles des monnaies, leur affaiblissement porté aux plus extrêmes limites étaient une cause de ruine pour le commerce et l'industrie : le Dauphin constate, dans ses lettres du 22 septembre 1422, citées plus haut [2], que la marchandise était « du tout avilie et aneantie. » Le retour à la forte monnaie, dont les conséquences devaient être favorables à la fortune publique, fut, au moment où le fait se produisit, une nouvelle cause de perturbation : « Quand la monnaie est rehaussée, dit M. Vuitry, la baisse du prix des denrées et des marchandises ne peut être que le résultat des transactions commerciales et l'effet de la concurrence ; elle ne succède jamais à la hausse de la monnaie aussi instantanément que celle-ci, par un acte de l'autorité publique, succède à l'affaiblissement [3]. » Les chroniqueurs constatent que la sage mesure prise par le Dauphin fut tout d'abord la source d'une foule de procès et de dissensions, à cause des marchés faits en faible monnaie, « en quoy il y avoit grande decevance, tromperie et confusion pour les acheteurs [4]. »

Pour achever le tableau de l'administration sous le gouvernement du Dauphin, il nous reste à examiner comment l'armée fut organisée et quelles mesures furent prises pour satisfaire aux besoins de la lutte.

Les armées royales s'étaient jusque-là composées : 1° des nobles qui, sur la convocation du Roi, devaient le servir pendant quarante jours [5], avec un nombre déterminé de vassaux, et formaient la cavalerie; 2° des milices communales, formées par les villes, lesquelles devaient équiper un nombre déterminé de gens

1. Voir ci-dessus, p. 50 et 229. Cf. note de M. Tuetey, dans son édition du *Journal*, p. 151.
2. Voir p. 403.
3. *Les monnaies sous les trois premiers Valois*, p. 65.
4. Berry, p. 495.
5. Ce chiffre a été contesté, et l'on s'est appuyé pour cela sur une ordonnance de saint Louis; mais E. Boutaric le maintient dans son savant ouvrage : *Institutions militaires de la France*, p. 120, 189-90.

qui n'étaient soldés par le Roi que quand ils dépassaient une certaine limite : ces milices formaient l'infanterie ; 3° de troupes soldées, dont l'origine remonte à Philippe-Auguste, qui reçurent successivement les noms de *routiers, brabançons, compagnies,* etc. : mélange de cavalerie et d'infanterie, ces troupes offraient un ramassis d'aventuriers et de gens sans aveu que le Roi prenait temporairement à son service ; 4° de troupes étrangères, composées principalement d'archers et arbalétriers génois.

Mais, dans les moments de détresse, quand le royaume était en danger, il était admis en principe, depuis Philippe le Bel[1], que tout sujet du Roi devait prendre les armes. Charles VI avait, par lettres du 2 février 1418, recouru à ce moyen suprême. Courroucé de tout son cœur des manières que tenait son adversaire d'Angleterre, avec intention de mettre à effet l'outrageux propos qu'il avait de s'attribuer la seigneurie royale, et touché des maux qu'il faisait souffrir à son très amé peuple, le Roi avait convoqué le ban et l'arrière-ban; car, disait-il, « il appert que ès cueurs des diz Anglois est enracinée une mortelle haine contre ceste seigneurie et ses subgietz, et une envie du bien, felicité et bonne renommée de ce dit royaume, à icelui avoir et mettre en destruction, se provision n'y estoit mise par resistance; et avecques ce, selon tout droit, chascune personne, de quelque estat ou condicion qu'elle soit, de quelque dignité qu'elle use, spirituelle ou temporelle, de glesie (d'église) ou de siècle, puet et doit rebouter de soy toute force et violence, et à icelle resister, et encore plus si le bien commun et la seigneurie estoit touchée. » On appelait à la fois les nobles et gens ayant coutume de porter les armes, les prélats et gens d'église pouvant payer de leur personne ou se faire représenter, enfin les bourgeois des bonnes villes et gens du peuple qui, dans chaque paroisse, devaient désigner quatre hommes des plus habiles à porter les armes[2].

1. Voir Boutaric, *Institutions militaires*, p. 235.

2. *Ordonnances*, t. X, p. 434-36. Le rendez-vous était fixé à Chartres, au 1er mai 1418. — Par lettres en date du 6 mai, données à la relation du grand Conseil tenu par le Dauphin, Charles VI exempta les gens d'église, nobles et communs de la basse marche de

Le Dauphin, devenu maître du pouvoir et obligé de pourvoir rapidement aux besoins de la défense, recourut d'abord à la noblesse, et convoqua les nobles des provinces demeurées fidèles[1]. Mais ce n'était plus le temps du service des quarante jours. D'ailleurs, ce service n'avait jamais été partout obligatoire et encore moins gratuit[2]. Il fallait donc assurer une solde à ceux qui répondaient à l'appel du prince. Les gages du chevalier banneret étaient alors de soixante francs par mois; le chevalier bachelier en avait trente et le simple écuyer quinze. Le capitaine d'arbalétriers à cheval avait quarante francs; le connétable vingt-quatre; le simple arbalétrier douze. Le capitaine d'arbalétriers à pied avait trente livres; le connétable seize; l'arbalétrier huit. L'archer à cheval avait dix francs; l'archer à pied sept livres dix sous[3]. Aussitôt que le chevalier banneret, le chevalier bachelier ou l'écuyer étaient à la tête de leur compagnie, le prévôt des maréchaux ou le commissaire désigné par les maréchaux *passait la montre*, c'est à dire qu'il constatait par écrit quel était le nombre des hommes, et son attestation était envoyée, sous le sceau de la maréchaussée, au trésorier des guerres, qui délivrait le mandat pour le paiement de la solde. C'est ce qui se passa à Bourges, et dans les lieux environnants, les 20, 21 et 24 juin 1418, lors de la convocation faite par le Dauphin[4]. Mais il importait de régulariser la situation des chevaliers ou écuyers qui venaient avec tant

Rouergue de venir au rendez-vous fixé, attendu que leur pays était exposé aux attaques des Anglais, et qu'ils ne pouvaient supporter les frais du voyage, ayant déjà payé 8000 l. t. pour le recouvrement de La Réole. Doat, 212, f. 273. — Après l'occupation bourguignonne, une nouvelle convocation fut faite, par lettres de Charles VI du 8 septembre 1418, données à la relation du grand Conseil tenu par le duc de Bourgogne : « tous nobles et non nobles tenant fief ou arrière-fief, ou autres quels qu'ils soient qui ont coutume ou peuvent porter armes ou harnois » devaient se rendre à Beauvais, avant le 15 octobre. Tout homme ayant quatre livres de revenu et au-dessus devait être pourvu d'un cheval, armé comme il appartenait. Archives de Reims.

1. Voir ci-dessus, chap. IV, p. 96, et chap. X, p. 377. Nous avons une lettre missive, datée de Poitiers le 11 août (1418), faisant mention de lettres closes écrites par le Dauphin à plusieurs barons et nobles du Limousin. Voir aux *Pièces justificatives*.

2. Voir Boutaric, *Institutions militaires*, p. 127, 196.

3. C'est le taux fixé par Charles VI dans les lettres de retenue du duc de Bourgogne, avec 4,000 hommes d'armes et 2,000 hommes de trait, en date du 12 août 1418. D. Plancher, t. III, p. CCCIX.

4. Voir plus haut, p. 96.

d'empressement se ranger sous la bannière du prince : c'est ce qui se fit par des lettres de retenue données aux plus considérables d'entre eux. Ces lettres déterminaient le nombre des hommes d'armes et de trait étant sous les ordres de chaque capitaine et la solde que chacun devait recevoir [1]. C'est ainsi que Pierre, seigneur de Beauvau, eut quatre cents hommes d'armes et cinq cents hommes de trait; Guillaume d'Avaugour, cent hommes d'armes et soixante hommes de trait; Pierre de Rochefort, maréchal de France, cinq cents hommes d'armes et trois cents hommes de trait; Jean de Torsay, grand maître des arbalétriers, six cents hommes d'armes et cinq cents hommes de trait; le sire de Barbazan, deux cent quarante hommes d'armes et autant d'hommes de trait; Guillaume Bataille, cent hommes d'armes; Charles le Bouteiller, cent vingt hommes d'armes, etc. [2]. Pendant le second semestre de 1418, de nombreux mandements sont délivrés par le Dauphin pour le paiement des gens de guerre et l'achat de munitions [3].

Mais la noblesse ne fut pas seule convoquée : un appel fut en même temps adressé aux bonnes villes.

Dès le douzième siècle, les communes avaient été organisées militairement; elles devaient le service directement au Roi [4]. Cette obligation avait, à la vérité, été rachetée par beaucoup de villes, moyennant une somme fixe, exigible quand le Roi convoquait son armée, ou moyennant un impôt annuel [5]. Le dédain de la chevalerie, au quatorzième siècle, pour l'infanterie, avait éloigné les milices communales des champs de bataille. A la veille de la défaite d'Azincourt, les bourgeois de Paris offrirent six mille arbalétriers : un des seigneurs de la suite du duc de Berry fit repousser cette offre en disant : « Qu'avons-nous besoin de ces boutiquiers? Nous sommes « trois fois plus nombreux que les Anglais [6] ! » Les compa-

1. Sur ces lettres de *retenue*, voir ms. fr. 7858, f. 339 v°-40, 342 v°, 346 et suiv.

2. Lettres des 29 juillet, 7, 15 août 1418, etc.; montres passées en juin et juillet.

3. Lettres des 29 juillet, 15, 26, 30 août, 9, 18, 24 septembre, 11, 15 octobre, etc.

4. Voir Bréquigny, préface du t. XI des *Ordonnances*, p. XXII, XXIII et XLI.

5. Boutaric a publié l'état de ce qui était dû de sergents par les communes relevant directement du Roi, et par les abbayes de l'ancien domaine de la couronne. *Institutions militaires*, p. 206-207.

6. Religieux de Saint-Denis, t. V, p. 548.

gnies d'archers et d'arbalétriers établies dans les villes pouvaient rendre d'importants services; elles obéissaient à un chef nommé par le Roi, et devaient marcher à sa première réquisition; le Roi pouvait les appeler à son armée dans toute l'étendue du royaume et les garder tout le temps qu'il voulait, mais alors elles étaient soldées à ses propres frais, et non plus aux dépens des villes. Celles-ci avaient, en outre, conservé leurs anciennes milices bourgeoises, qui veillaient à la garde des remparts et dont l'organisation était permanente [1]. Nous voyons en février 1418 les habitants de Lyon faire partir leurs « gens d'armes » pour Villefranche [2]. On a vu plus haut que les *communes* de la basse marche de Rouergue, aussi bien que les gens d'église et les nobles, furent mandés au rendez-vous donné à Chartres pour le 1er mai 1418 [3]. Dans les lettres du 5 août 1421, il est prescrit de faire mettre sur pied le plus grand nombre d'hommes « habiles à défense » que les villes pourront fournir, et, après les avoir choisis et pourvus d'armes selon leur état, de les envoyer au rendez-vous assigné à tous les gens de guerre [4]. Lors de son expédition de La Rochelle, en octobre 1422, le Dauphin avait dans son armée des compagnies franches du Poitou [5]. Les villes fournissaient non seulement des hommes, mais encore des munitions.

Le Dauphin n'avait pas seulement à tenir campagne et à réunir sous sa bannière une nombreuse armée ; il avait à pourvoir à la sûreté de ses places et à mettre partout de bonnes garnisons : nombre de retenues concernent des capitaines préposés à la garde des places. Il y eut même une sorte de répartition des troupes par bailliage. Ainsi le Dauphin ayant, par lettres du 23 octobre 1418, retenu Guillaumme d'Avaugour, bailli de Touraine, pour être employé à la garde et défense de cette province avec deux cents hommes d'armes et cent hommes de

1. Boutaric, *l. c.*, p. 219-21.
2. « Se sont les payemens des gens d'armes de Lion pour aler à Ville Franche, fes le IIIe et le IIIIe jour de fevrier l'an mil IIIIc et XVIIe. » Original, Archives de Lyon, CC 392, no 14.
3. Voir page 124.
4. *Ordonnances*, t. XI, p. 127.
5. Thibeaudeau, *Histoire de Poitou*, t. II, p. 4.

trait[1], détermina quels seraient les postes occupés par les troupes du bailli[2]. Après la campagne de 1421, nous constatons que les troupes, momentanément dispersées, furent envoyées dans des cantonnements qui leur avaient été assignés[3].

Mais les ressources ordinaires ne suffisaient pas. Le Dauphin dut faire appel à ces troupes d'aventuriers dont on achetait bien cher les services, car ils ne se contentaient point de leur solde et vivaient le plus souvent sur le pays. En date du 1er mars 1419, des lettres de protection furent donnés à Amaury de Séverac, chambellan du Dauphin, chargé de rassembler le plus grand nombre possible de gens de guerre[4]. Séverac s'était signalé depuis longtemps par ses hardis exploits : on conservait le souvenir de l'expédition entreprise par lui, dans sa jeunesse, en Lombardie. En revenant, dénué de tout, avec ses compagnons, à travers le Dauphiné, il avait rencontré sur son passage les nobles de ce pays qui avaient voulu lui barrer la route : Séverac les avait taillés en pièce et était rentré avec un riche butin, sans parler des grosses rançons tirées des prisonniers qu'on avait faits[5].

On rechercha aussi le concours d'auxiliaires étrangers[6], et nous avons vu plus haut quel précieux contingent fut fourni par l'Écosse : à la fin de 1419, une armée de six mille hommes

1. *Compte de Macé Heron*, dans D. Morice, t. II, col. 985.

2. Lettres du 26 février 1419, indiquées dans le ms. fr. 7858, f. 340. Il y avait soixante hommes d'armes et quarante-sept arbalétriers à Tours; trente hommes d'armes et vingt arbalétriers à Chinon; vingt hommes d'armes et vingt arbalétriers à Loches; quatre hommes d'armes et quatre arbalétriers à Châtillon; six hommes d'armes et cinq arbalétriers à Rochecorbon.

3. « Monseigneur le Regent, au departir de son ost, bailla certains païs à ses capitaines, pour vivre eulx et leurs gens un certain temps. » Archives de Tours, *Registres des délibérations*, vol. I, part. v, au 27 juillet 1421.

4. *Chartes royales*, XIV, n° 1.

5. Voir Jouvenel, p. 116.

6. Dès le mois de juillet, Nicolas du Carret (*del Caretto*), marquis de Savonne, était employé à la défense de Melun avec seize écuyers, quatre connétables et quatre-vingt arbalétriers (Clairambault, 25, p. 1851 et 1853); Ferrandon de Séville servait dans le même mois sous les ordres de Tanguy du Chastel (*Id.*, 103, p. 8011); Luquin Ris faisait partie de la garnison de Melun avec quarante-six écuyers, un connétable et vingt-huit arbalétriers (*Id.*, 95, p. 7403); le 2 août 1418, Guillaume Chapelain, chevalier, va de Tours, où était l'armée du Dauphin, à Blois et à Orléans, avec mission de faire faire *des cordes pour ses arbalétriers turquois* (*Id.*, 28, p. 2105); en décembre suivant, Sanche Gassies et d'autres capitaines d'arbalétriers figurent au siège de Tours (Archives, K 59, nos 20 44-46).

débarqua en France; une nouvelle armée arriva au commencement de 1421. En 1422, un renfort de gens d'armes lombards vint grossir l'armée du Dauphin. On lui a fait un reproche [1] d'avoir eu recours à des troupes étrangères. Mais la prolongation de la lutte, soutenue à la fois contre les Anglais et contre les Bourguignons, et l'épuisement du royaume, dont la noblesse ne fournissait plus, malgré des appels réitérés, aux besoins de la défense, rendaient cette mesure inévitable. Que fût-il advenu si le Dauphin n'eût pas obtenu ces contingents écossais qui lui permirent de faire face à de si puissants adversaires et de remporter à Baugé une éclatante victoire?

C'est peut-être encore par une nécessité de la situation que fut constitué un corps d'élite, composé d'archers écossais, et chargé de la garde de la personne du prince. L'expérience du passé avait appris aux conseillers du Dauphin que tous les moyens pouvaient être mis au service de l'ambition et de la haine, et les circonstances leur imposaient le devoir de veiller avec un soin jaloux sur la sécurité de leur jeune maître. Quoi qu'il en soit, dès le 5 octobre 1418, Jean Stuart, « escuier du païs d'Escoce, cappitaine d'archiers du dit païs, » déclarait devant la « court du scel » étant à Niort avoir reçu de Macé Heron, trésorier des guerres, la somme de 102 livres 10 sous tournois, sur ses gages et ceux de onze archers de sa compagnie employés contre les Anglais, « en la compaignie et soubz le gouvernement de monseigneur le Dauphin et lieutenant general, du nombre et retenue de cent archiers par lui ordennez au dit cappitaine pour la dicte cause [2]. » Le 22 novembre suivant, par lettres données à Loches, Charles retenait à son service Michel de Normanville, écuyer, capitaine d'archers écossais, pour le servir, avec cent archers, à raison de vingt francs par mois pour lui, et les gages accoutumés pour ses gens. Était-ce là la *garde écossaise?* au moins c'en était le germe. Le 24 avril 1419, Guillaume Bel, écuyer du pays d'Écosse, recevait les gages des treize écuyers de sa compagnie

1. Vallet de Viriville, *Histoire de Charles VII*, t. I, p. 347-48.
2. Original au British Museum, *Additional charters*, n° 11446.

faisant partie des Écossais « ordonnés en la compaignie et soubz le commandement de monseigneur le Regent, au nombre et retenue de trente hommes d'armes et quatre-vingts archiers[1]. » En mai suivant, Thomas de Seton, écuyer du pays d'Écosse, avait sous ses ordres vingt-sept hommes d'armes et cent vingt-trois archers[2], et recevait cinquante francs par mois pour « l'estat de sa personne[3]. » Nous voyons par une quittance de Seton, en date du 8 juin 1419, qu'il était capitaine de vingt-sept hommes d'armes et cent archers à cheval, employés « tant pour accompaignier monseigneur le Regent, pour la seurté de sa personne, » que pour servir le Roi et le Régent contre les Anglais[4]. Thomas de Seton est désigné dans les comptes de l'écurie parmi ceux qui « chevauchent après monseigneur le Regent; » il reçut un cheval pendant la campagne de Languedoc[5], et ne tarda pas à être promu à la charge d'écuyer d'écurie[6]. Par lettres du 9 mars 1420, le Dauphin ordonnait de payer neuf cents livres tournois à Marc Balize, écuyer écossais, pour l'état de sa personne et les gages des gens à lui ordonnés, au nombre de quatre-vingts hommes d'armes et cent hommes de trait[7]. En avril 1420, André Baventin, écuyer du pays d'Écosse, était employé « entour monseigneur le Regent à la garde et seurté de sa personne[8]. »

Mais, indépendamment de sa garde écossaisse, le Dauphin eut d'autres gens de guerre attachés à sa personne. Pendant son voyage du midi, il avait vingt-cinq arbalétriers à cheval

1. Ms. fr. 7858, f. 346 v°.
2. Dom Villevieille, *Titres originaux*, vol. III, n° 118. Cf. quittance du 30 mai 1419, *Pièces originales*, 266 : Bel.
3. Clairambault, 40, p. 3003.
4. Clairambault, 40, p. 3003. — Cf. autre quittance du même, du 10 octobre 1419, ms. fr. 21000 (Gaignières, 781), p. 123.
5. Il est ainsi désigné : « Thomas Ston, Escossoys, cappitaine de gens d'armes. » Le cheval qui lui fut donné, de poil clair brun, était du prix de mille livres tournois. Archives, KK 53, f. 6.
6. On lui donne cette qualité dans les *Comptes de l'écurie*, à la date du 24 septembre 1422, époque où le Dauphin lui fit présent d'un nouveau cheval. Archives, KK 53, f. 122. Un troisième cheval lui fut donné en novembre. *Id.*, *ibid.*, f. 159 v° et 160 v°.
7. Indiqués dans une quittance du 1er avril 1420. Clairambault, 9, p. 513. Cf. lettres des maréchaux du 12 mars, et autre quittance du 3 mai, *Id.*, *ibid.*, p. 513 et 515.
8. Quittance du 24 avril 1420. Clairambault, 10, p. 637. Cf. quittances des 30 mai, 27 août et 30 septembre, *Id.*, *Ib.*, p. 637, et 11, p. 639.

lombards, sous le commandement de Jean Gonsalve, écuyer [1]. Henri du Trec, « écuyer du pays d'Allemagne, » était également employé à la « garde du corps » du prince, en mai 1420 [2]. Il y avait aussi une garde composée de gentilshommes français : le 17 mars 1421, un mandement était donné par le Dauphin pour le paiement de mille livres tournois, devant être employées à l'achat de draps de laine pour la livrée de « certains gentilshommes de la garde dudit seigneur [3]. » Cette garde avait été formée par le grand maître de l'écurie, Pierre Frotier, et était placée sous son commandement [4] : parmi les chevaliers ou écuyers qui en faisaient partie, figurent Louis de Blanchefort, Jean du Vernay, Jean de Villeneuve, Jean Élye, etc. [5].

Dans l'organisation militaire, une part fut faite à l'artillerie. Nous avons vu que, par lettres du 1er octobre 1420, le Dauphin avait nommé Pierre Bessonneau maître général et visiteur de l'artillerie [6]. Il y avait, pour le Languedoc, un « commis au gouvernement de l'artillerie, » sous le commandement de Charles de Bourbon, lieutenant général du Dauphin [7]. Les rares documents que nous possédons permettent de constater que des approvisionnements abondants furent faits, pour pourvoir à la défense des places aussi bien qu'aux besoins de la lutte [8].

1. Quittances de Jean Gonsalve des 12 février et 22 mars 1420. Clairambault, 54, p. 4071.
2. *Comptes de l'écurie*. Archives, KK 53, f. 8.
3. *Idem*, *ibid.*, f. 72. — Huguet de Chillon, marchand à Poitiers, donne, le 14 mai 1421, quittance de cette somme, employée à la confection de certaines huques aux trois couleurs, « lesquelles mon dit seigneur a ordonné estre faicles pour les gens d'armes ordonnés pour la garde de son corps. » *Id.*, *ibid.*, f. 86 vo et 95.
4. Par lettres du 30 mai 1421, le Dauphin ordonnait de payer à Pierre Frotier la somme de 5,340 l. t., pour lui et les gens de sa retenue employés à la garde de la personne du prince : « Qui sont, dit la quittance où ces lettres sont visées, en paies d'hommes d'armes au feur de xxx s. t. pour chascune paye, desservis et à desservir à la garde et seurté de la personne de mondit seigneur le Regent, en la compagnie de Pierre Frotier, premier escuier de corps et maistre de l'escuierie de mondit seigneur le Regent. » Clairambault, 112, p. 8723. Cf. quittance du 8 juin 1421, *Id.*, *ibid.*
5. Clairambault, *l. c.*; Archives, KK 53, f. 76 vo, 77, et 123.
6. Le P. Anselme, *Histoire généalogique*, t. VIII, p. 131. — Le 8 juin 1421, à Tours, on livra à Pierre Bessonneau, maître de l'artillerie, des pièces d'artillerie pour le siège de Boisruffin. Archives de Tours, *Registres des délibérations*, vol I, part. v.
7. Il se nommait Pierre Caresme. Lettres du 7 janvier 1422, données à la relation de Charles de Bourbon. *Id.*, *ibid.*
8. Voir deux inventaires « des arbalestes, traits, artilleries, canons, lances et autres abillemens de guerre » se trouvant au château de Blois, en date des 16 avril 1418 et

Par malheur, les faits qui déjà, sous le pouvoir incertain de Charles VI, avaient donné lieu à de si nombreuses plaintes, ne manquèrent pas de se produire : les désordres des gens de guerre vinrent compliquer la situation, et les populations en arrivèrent à redouter, presque autant que les ennemis, les gens de guerre du Dauphin et surtout les auxiliaires étrangers[1]. A la faveur de l'anarchie qui régnait presque partout, des bandes d'hommes armés se réunissaient et opéraient pour leur propre compte[2]. En août 1420, des « gens d'armes et de compagnie, » *sous ombre* des Anglais, tentèrent d'occuper les forteresses du Poitou qui n'étaient point en état de défense[3]. Des plaintes s'élevaient de toutes parts relativement aux déprédations exercées par les gens du Dauphin, et en particulier par les Écossais, qui faisaient preuve de la plus entière indiscipline. En juin 1422, les habitants de Tours s'adressèrent au bailli d'Avaugour pour lui « remonstrer les maux commis par les gens d'armes tant d'Escosse que d'ailleurs, qui pillent, robent, rançonnent, prennent prisonniers hommes et femmes, emmènent les bestes et beufs, » etc. Le bailli se borna à répondre que, « en tant que touche les grans maulx et inconveniens que font lesdictes gens d'armes, il luy en desplaisoit bien, et que ce n'estoit pas seulement en Touraine, mais partout ailleurs, et que monseigneur le Regent, pour le present, ne y pouvoit pourveoir, mais que du tout il escriproit

2 mars 1422, publiés dans la *Revue des Sociétés savantes*, année 1861 (4e série, t. V), p. 311-316. Cf. *Pièces originales*, 1580 : JONTERON. — Le 15 mai 1421, un marché est passé avec maître Jean Thibaut, maître des œuvres du Dauphin au pays de Touraine, pour faire « deux engins nommés et appelez *Loyllars* (catapultes destinés à lancer de grosses pierres), l'un d'iceulx portant cccc livres poisant, et l'autre ccc livres poisant. » Archives de Tours, *Registres des Comptes*, vol. XVIII, cité par M. de Grandmaison, *Documents sur les arts en Touraine*, p. 124.

1. « En deffault de ceulx dont on se devroit aider, dit Alain Chartier, a fallu prendre ceulx qu'on a peu finer, et faire sa guerre de gens acquis par dons et par prières, au lieu de ceulx que leur devoir et leaulté y semonnoit. Si est faicte la guerre par gens sans terre et sans maisons, ou la graigneur part, que necessité a contrains de vivre sur autruy. Et nostre besoing nous a convaincus à le souffrir. » *Quadrilogue invectif*, p. 447.

2. « A bien enquerir, dit encore Alain Chartier, il sera trouvé que gens de peuple et de bas estat se mettent sus soubz le nom d'armes, et sont coulpables de ces horribles excès. » *Quadrilogue invectif*, p. 427.

3. *Ordonnances*, t. XII, p. 286.

voulentiers à monseigneur le prevost de Paris (Tanguy du Chastel), qui estoit devers monseigneur le Regent, affin qu'il y fust pourveu au mieulx qu'il pourroit[1]. »

Plusieurs ordonnances attestent cependant la « grande desplaisance » qu'éprouvait le Dauphin des « pilleries et oppressions » ayant cours dans le royaume, à cause des guerres[2], et son vif désir d'en préserver ses sujets[3]. Mais tous ses efforts étaient impuissants. Comment eût-il pu remédier à un tel état de choses, alors qu'il avait, dans son armée et dans son entourage même, certains des plus déterminés pillards dont les chroniques fassent mention? Le maréchal de Séverac avait à se reprocher bien des méfaits de ce genre, et le grand maître de l'écurie Frotier devait se faire sous ce rapport une triste célébrité. Quand la concussion, la rapine et la violence partent des chefs mêmes — et ce fut alors trop souvent le cas[4] — la bride est lâchée à toutes les mauvaises passions. Voilà le mal que Charles VII dut subir pendant de longues années, sans

1. Archives de Tours, *Registres des Comptes*, XIX, f. 86 v°. Cf. *Registres des délibérations*, I, part. v, au 14 mai 1422.

2. Lettres du 5 août 1421. *Ordonnances*, t. XI, p. 127.

3. On trouve dans un *Formulaire* (Ms. fr. 5024, f. 122 v°) des lettres du Dauphin, sans date, portant défense « à tous chevaliers, escuiers, cappitaines, rotiers, gouverneurs et conduiseurs de gens d'armes, archiers, arbalestriers et autres gens de guerre, » de se loger dans les terres de son amé et féal conseiller *tel* (il s'agit évidemment de Regnault de Chartres, archevêque de Reims), et d'y prendre ou souffrir « prendre ou fourragier blez, vins, avoines, olives, volailles, bestial, chevaulx, jumens, muletz, mesnaiges utenciles d'ostel, ne autres biens ou choses quelzconques, » sinon du consentement des possesseurs. Cet acte atteste à lui seul la profondeur du mal. — Au mois de janvier 1421, Jean le Saintier alla trouver le Dauphin, au nom de la ville de Tours, pour implorer l'intervention du prince : Charles lui remit trois lettres closes pour les comtes de Buchan et de Wigton, et pour le connétable de l'armée d'Écosse, et par un mandement du 13 janvier ordonna à tous les capitaines de gens d'armes et de trait, et aux commandants des forteresses de la Touraine, de laisser les voituriers apporter librement les vivres à Tours (Archives de Tours, EE, liasse 2). Après la campagne de juin-juillet 1421, le Dauphin ayant, comme nous l'avons vu, réparti ses troupes entre différentes contrées, avait déclaré que « se il y avoit aucuns de ses gens qu'ilz pillassent ou feissent aucuns excès aux champs ne en la ville, que tantost qu'il viendroit à la congnoissance du cappitaine ou de la justice, que incontinent on les pugnist selon les cas. » Des ordres furent donnés dans ce sens par le grand maître des arbalétriers au capitaine et au lieutenant de Tours. Archives de Tours, *Registres des délibérations*, vol. I, part. v, au 27 juillet 1421.

4. Alain Chartier le dit clairement : « D'ung autre inconvenient ne me puis-je taire. C'est que aucuns chiefs et conducteurs de gens prennent l'argent des gaiges de leurs souldoyers sans le leur departir, en les faisant vivre sur le peuple. Si encourent la villaine tache de larrecin, farcie de desloyaulté. Et en soy constituant comme les grans larrons, qui emblent à la seigneurie, nourissent et soustienent une niée d'autres larronneaux, pour rober sur le

qu'il fût possible de l'empêcher. « Or est à juger, écrit Alain Chartier dans le saisissant tableau qu'il a tracé de la situation en 1422, or est à juger l'estat et l'infelicité des princes qui, pour acquerir seigneurie, ou pour demourer seigneurs de celles qui leur appartiennent, sont faiz serfs et subgetz à gens de diverses affections et contraires voulentez, et à pourveoir et avoir l'ueil à choses repugnans, et aux cas qui soubdainement leur surviennent, soit à leur avantage quant bien en veulent user, ou en leur prejudice se obvier n'y sçavent. Dont se puet ensuivre clerement que se le plus saige prince que oncques Dieu mist sur terre estoit environné des pesans affaires et des cuisans poinctures qui pour relever ceste seigneurie opprimée surviennent un chascun jour, dur luy seroit à y pourveoir au bien de la chose publicque et aux divers appetitz des hommes [1]. »

Ce passage peut servir de conclusion à notre aperçu de l'administration du Dauphin, et en même temps au tableau que nous avons essayé de présenter de cette période de la régence de Charles, si imparfaitement connue.

peuple. » *Quadrilogue invectif*, p. 443. — Et il ajoute plus loin (p. 445-46) : « Que diray-je doncques de nous, ne quelle esperance pourray-je prendre en noz entreprinses et armées, se discipline de chevalerie et droicturière justice d'armes n'y sont gardées? Autre chose ne se puet dire, lors que, en ce cas, nous allons comme la nef sans gouvernail et comme le cheval sans frein. »

1. *Quadrilogue invectif*, p. 438-39.

PIÈCES JUSTIFICATIVES

I

Le comte de Ponthieu à la Chambre des Comptes

23 septembre 1415.

A noz tres chiers et bons amis les conseillers et gens des comptes de Monseigneur le Roy à Paris.

DE PAR CHARLES, FILZ DU ROY DE FRANCE ET CONTE DE PONTIEU.

Tres chiers et bons amis, il a pleu à Monseigneur le Roy, pour aucunes causes qui à ce l'ont meu, mesmes par l'advis et deliberacion de mon tres redoubté seigneur Monseigneur de Guienne, nous commettre et ordoaner garde et capitaine de son chastel du Bois de Vincennes, ainsi que plus applain vous est peu apparoir par les lettres que mon dit seigneur nous a sur ce octroyées, lesquelles, affin d'estre par vous verifiez, vous ont esté de par nous presentées par nostre amé et feal chevalier et chambellan Messire Pean de Maillé et nostre chier et bien amé escuier d'escuierie Jehan Rouvreau[1]; quelz pour ceste cause, et mesmement pour recevoir et prendre pour nous et en nostre nom la possession et saisine du dit chastel et des biens et autres choses appartenans à icellui, avons par dela envoiez. Si nous ont iceulx noz chevalier et escuier, depuis leur partement de nous, fait savoir comment ilz n'ont encores peu envers vous obtenir verificacion de nos dictes lettres, ne aucune expedicion en ceste partie, mais a esté et est la besoigne par vous tenue en delay et surseance, ne scavons à quel fin, disans que si promptement ne puet estre expediée, tant par la grant charge d'autres affaires qu'avez entre mains, comme pour ce que encore n'estoit aucune certaineté de la mort du Borne Fouquault, et que

1. *Roureau* et *Roussart*, dans d'autres documents.

plusieurs tenoient qu'il estoit encores en vie, ce qu'à Dieu plaise! Lesquelles choses congnoissons bien estre toutes couleurs de vrayes dilacions en la matiere, ce qui nous semble que ne devriez aucunement faire, mesmement à nous, filz de mon dit seigneur. Et pour ce, tres chiers et bons amis, sommes nous meuz de vous presentement escripre, en vous priant bien acertes que, ces choses par vous considerées et bien pensées, vueillez liberalment verifier les lettres de l'octroy qu'il a pleu à mon dit seigneur nous faire touchant la garde et capitainerie du chastel du dit Bois, et au surplus faire et donner à nos dictes gens en ceste partie, au regard de ce qu'il vous touchera et appartendra, tele et si bonne et prompte expedicion que nous ayons cause d'y congnoistre le desir et bonne voulenté que tenons vous avoir à nous complaire, et aussi d'appercevoir que vostre entencion et vouloir ne sont de mettre ne tenir nos besoignes ou rent, ne en teles et si longues expedicions et delaiz comme les autres mains privilegiez. Et ce faictes par tel maniere qu'il ne nous soit plus besoing d'en rescripre ne envoier devers vous, ne aussi d'en parler à mon dit seigneur, pour nous y pourvoir en vostre difficulté par autre voye. Et en verité, en ces choses faisant, nous ferez si tres agreable plaisir que bien en arons souvenance se le cas y eschiet, ou temps qui vendra. Et affin que mieulx vous appare le contenu en cestes proceder de nostre propre vouloir et puissez congnoistre l'affection que nous y avons, nous avons voulu de nostre main escripre nostre non *(sic)* en icelles. Ce scet Nostre Seigneur, qui vous ait en sa saincte garde.

Escript à Verdnom, le XXIIIe jour de novembre.

CHARLES.

CAMPION [1].

II

Jean Carlo Visconti à la vicomtesse d'Armagnac

9 juillet 1416.

A ma chiere suer et cousine la viscontesse d'Armaignac [2].

Chiere suer et cousine, je me recommande à vous tant comme je puis, desirant de savoir de vostre bon estat et santé, lesquielx Dieu

1. Original sur papier, trace de sceau plaqué en cire rouge. Ms. fr. 20437 (Gaignières, 313), f. 7. Adresse au verso. Au haut, on lit : « Présenté par messire Pean de Maillé, XXVIe de novembre CCCCXV. »

2. Blanche de Bretagne, mariée par contrat du 30 juillet 1406 à Jean d'Armagnac, vicomte de Lomagne, fils de Bernard, comte d'Armagnac, connétable de France. Elle était alors âgée d'environ vingt et un ans.

doint par sa sainte grace qu'ils soient tels comme vostre noble cuer le desire. Et se du mien vous plaist à savoir, à la facon de ceste j'estoie sain et en bon point, graces à Nostre Seigneur, qui [le semblable] vous attroit. Chiere suer et cousine, il est vray que je suis venu à Paris de par l'empereur en ambassade, avecques le grant conte [1], accompagné de plusieurs chevaliers et escuiers estans avec luy et pour traitier la paix d'entre les deux Roys, c'est assavoir de France et d'Angleterre, et est bien vray que, quand je parti d'Angleterre, je laissay la Royne d'Angleterre vostre mere [2] en tres bon point et bonne santé, et aussi fis-je monseigneur de Richemont vostre frere, et tieng, selon ce que je puis appercevoir, que la delivrance de tous les seigneurs qui sont par dela se fera bien brief. Si vous supplie, chiere suer et cousine, que vous ne vous vueilliés point donner de mal temps, ne vous marrir en cuer, pour le sauvement de vostre ame, ce que je pense que vous sarés bien faire, car vous estes assés sages pour dissimuler courroux. Autre chose, chiere suer et cousine, ne vous saroie plus que rescripre, fors que je vous prie qu'il vous plaise ci moy recommander à mon tres chier frere et cousin le visconte vostre marri, et à ma chiere suer et cousine la viscontesse de Nerbonne [3], en vous priant qu'il vous plaise à moy rescripre de vostre estat. Je prie le benoist fils de Dieu qu'il vous ait en sa sainte garde, lequel vous doint bonne vie et longue.

Escript à Paris, le neufiesme jour de juillet.

JEHAN CHARLES, VISCONTES DE MILAIN [4].

III

Le Dauphin aux habitants de Tournai

16 septembre 1417.

A noz chiers et bien amez les Prevosts, Maires, Eschevins et Eswardeurs de la ville de Tournay.

DE PAR LE DAULPHIN DE VIENNOIZ, DUC DE TOURAINE, DE BERRY ET CONTE DE POICTOU.

Chiers et bien amez, combien que Monseigneur et nous aions

1. Nicolas de Gara, comte palatin de Hongrie.

2. Jeanne de Navarre, qui, après la mort de Jean V, duc de Bretagne, avait épousé en 1401 Henri IV, roi d'Angleterre.

3. Marguerite d'Armagnac, sœur du connétable.

4. Il était fils de Carlo Visconti et de Béatrix d'Armagnac, surnommée la *gaye Armagnageolse*. — Cette lettre se trouve en copie moderne dans la collection Doat, vol. IX, f. 295.

tousjours tenu toutes raisonnables manieres et mis Dieu et raison de nostre part, à nostre povoir, en ce qui touche le debat contre le Roy d'Angleterre, ancien adversaire de mon dit seigneur, neantmoins le dessus dit adversaire se est mis sus en armes et en puissance, et venu mettre siege devant la ville de Caen, pour grever la seigneurie de mon dit seigneur et ses loiaulx subgiez. A laquelle entreprise mon dit seigneur et nous, voulans resister de tout nostre povoir, avons en entencion de nous mettre sus en armes sur les champs en noz personnes, et assembler avecques nous le plus grant nombre des subgiez, vassaulx, alliez et bienvueillans de mon dit seigneur et de nous. Si vous prions et neantmoins mandons que incontinent et sans delay vous mettez sus toute telle compaignie de gens que vous avez acoustumé d'envoier vers mon dit seigneur quant il chevauche sus en armes, armez, ordonnez et abillez souffisamment, et ainsi qu'il vous escript. Et en ce ne mettez aucune dilacion, si chier que vous desirez faire plaisir à mon dit seigneur et à nous, et que vous doubtez nous desplaire. Chiers et bien amez, Nostre Seigneur soit garde de vous.

Escript à Paris, le XVIe jour de septembre.

CHARLES.

ALAIN[1].

IV

Le Dauphin à Jean de Mareuil

26 janvier 1418.

A nostre amé et feal conseillier et maistre de la Chambre des comptes de nostre pays du Dauphiné, maistre Jehan de Marueil.

DE PAR LE DAULPHIN DE VIENNOIS, DUC DE TOURAINE ET DE BERRY ET CONTE DE POITOU.

Nostre amé et feal, nous avons sceu que les monnoyes de nostre pays du Dauphiné ne sont pas de tel prouffit et revenue comme ilz souloient, dont nous nous donnons grant merveille et n'en sommes pas bien contens, attendu que les monnoyes de Monseigneur par deça ont besoingné tres fort, et lui en vient tres grant prouffit. Pourquoy nous vous mandons et expressement enjoignons que sur

1. Original sur papier, fragment de sceau en cire rouge. Archives de Tournai. — Communiqué par M. Armand d'Herbomez.

ycelles noz monnoyes, selon l'advis des gens de nostre conseil estans par dela et du vostre, faites tellement et si diligemment pourveoir et besoingnier que nous nous en appercevions, et en telle maniere que ceulx qui ont le gouvernement des dictes monnoyes n'en puissent en aucune maniere estre reprins de negligence. Nostre amé et feal, Nostre Seigneur vous ait en sa saincte garde.

Escript à Paris le XXVIe jour de janvier.

CHARLES.

GOSSET[1].

V

Jean Caille aux conseillers de la ville de Lyon

15 juin 1418.

A mes tres chiers seigneurs mes seigneurs les conseilliours de la ville de Lyon.

Tres chiers et honourés seigneurs, je me recommande à vous tant a sertes come je puis, et vous pleisse savoir que mon seigneur le Daufin est pour le present à Bourges, lequel, comme l'on dit, a grant nombre de gens d'armes, quar tant environ Paris come en sa compagnie, il a bien IIII[m] homes d'armes de l'esta de Monseigneur. Pleisse vous savoir que dernièrement que mon dit seigneur estoit ou pont de Charenton, monseigneur le cardinal de Seint Marc vint à ly et ly dit que pour Dieu y voussit entendre au bien de paix, non ostant l'inconvenient de la ville de Paris. Et sur ce repondit qu'il estoit tous pres, ne james n'avoit failly d'y entendre, non ostant que soubz ombre de paix la trayison avoit esté fecte, don il estoit mout dolant et courroussiés. Dit plus par ceste manière : « Je seay bien qui faront fere à Monseigneur tout ce qu'il « voudront, et quant au regart du governemant je suis contans que « Monseigneur y commecte come bon ly senblera; toutefoys soyent « avisés seux qui haront la charge come y governeront, quar sans « faute une foys nous rendront contre (*sic*). » Si vous sertifie que mon dit seigneur est tous deliberé, pour obier es grans inconveniens que sont sourvenus et pouroient plus sourvenir pour cause de debas, et ausy ayant regart au Roy d'Englaterre qui greve de jour en jour le royaume, de mander et mande deisja tous nous seigneurs

1. Copie du temps. Archives de Grenoble, B 2824, f. 84.

de sont sanc et tous barons, etc., comme la Royne de Cesile et ses enfans, les dus de Bretagnie, de Savoie, d'Alanson, les comte de Foys et meins autres pour aviser et metre fin en cest dolouroux debat; et sans faute est de propos de tenir et acomplir tout ce que par heux sera avisé et conclus, combien que l'on dit que son entente n'est point de soit tenir à Paris, mes vuet vivre en ses pays et visiter ses seignouries, et, comme je entans, vuet avoir le governement de Longadoc et le payis de Lyonnoys, et ne foys point doucte que aucun tractié ne se meete; et sur ce sont mandés tous nous dis seigneurs, à toute lur poissance. Le comte de Foys et le seigneur de Larbrat hont envoyé à ly, et les seigneurs d'Auvernie, pour ly offrir que sont tous pres de le servir; et sont partis les messages pour les aler avancier. Et vous sertifie que les trois estas d'Auvernie sont assamblés à Monferrant pour aviser au fet du payis; et part aujourduy messire Johan de Langiac et un des gens du conseil de mon dit seigneur pour aler à heux, pour lur dire la volunté que monseigneur le Daufin a propoussé de tenir. Et tout ce je vous sertifie, mes tres chiers seigneurs. Monseigneur escript presentement à monseigneur le bailly et de la Faiete, et à vous, lettres clouses et patantes, es quex j'ai escript ne vous escripre; mès le chevauchour a oblié ma lettre; dont je suis bien doulant. Si vous sertifie que mon dit seigneur a grant confiance en la ville et de tout le payis. Si vous suppli que vuilliez aviser en ce que mon dit seigneur vous escript es chouses espediens à fere, quar pour le present est à point. Et vous avise d'une parolle que monseigneur le Daufin dit à monseigneur de Vertus à Gien sur Loire, parlant du debat de cest royaume en ceste maniere: « Monseigneur et nous « verrons meintenant la bonne volunté de nous sugés et vrays « obeissans. » Si vous sertifie que c'est un seigneur de tres grant cuer, et que incontinant qu'il a dit une chouse la vuet maintenir.

Mes tres chiers seigneurs, vuilliez savoir que le payis de Vellay, comme le Puy, etc., de par les estas dudit payis, hont envoyé à mon dit seigneur pour ly ouffrir que sont près de obeyir à ly. Pleisse vous savoir que il a esté dit en plein conseil que la ville de Lion et le payis c'estoit tournés, dont checon fut bien esbayis. Si le me fut dit; et sur ce je escussey la ville, etc. Mès je vous suppli que ce que vous farois, vous fectes pour grant et meure deliberacion. Et me samble, à courrection parlant, que vous avés à rescripre à mon seigneur le Daufin, avant que procedissiés autremant, la cause il a vouluntó de de metre gens au Daufiné, ce besoin fet, etc. Ses chouses dessus vous escrips pour bien aviser, quar je croy que n'et homme qui sache au vray come la chouse ce pourtera, pour ce que le seigneur est joune et si vist : Cet un, etc. Mes seigneurs, j'ai esté à Orliens, et par le moyent maistre Guillaume Cusinot, qui bien ayme la ville et est chancellier de monseigneur d'Orliens, ai faicte la reverranse à monseigneur de Vertus, comme par ses lettres, que vous envoye, puet apparoir. De novieux de Paris, l'on dit que tous le jours il pillient les uns les autres, ausy d'un costel que d'autre, et tuent gens, ne per deffences ne autrement ne si puet remedier. Monseigneur tramet son ayraut (héraut) ou Roy, sur quoy je ne say. L'on atant les anbessours de Paris, que l'on dit que doyvent venir. Autre chouse ne vous escrips, mès je prie au benoit filz de Dieu que vous doint ce que dessirés, à son benoit servis. Escript à Bourges le xve jour de juing.

Le tout votre, JEHAN CAILLE, esleu à Lion.

Pour ce que vous avoye rescrip de vous fere savoir l'esta par mes lettres signés de mon seing manuel, j'ai signé cestes presantes, en vous sertifiant le continu en ycellez, le jour dessus escript, l'an mil IIII^c^ et XVIII.

J. CAILLE[1].

VI

Philippe de Bonnay, sénéchal de Lyon, aux habitants de Lyon

17 juin 1418.

A mes très chers freres et grans amys les conseilliers, bourgoys et habitans de la bonne ville de Lyon.

Tres chers freres et grands amys, je me recomande à vous par moult de foiz. Plaise vous savoir que ung chevaucheur de monseigneur le Dauphin, appellé Guillemin Lescuyer, lequel partit de Bourges lundi après disner, dit de certain que monseigneur le Dauphin a de present plus de xv mille chevaux, et fait moult grant mandement de toutes pars. Et monseigneur de Vertuz est aillyez avecques lui[2], et si devoient avoir arrieres monseigneur de Cler-

1. Original sur papier, Archives de Lyon, AA 84. — M. J. Vaesen, archiviste de la ville de Lyon, a bien voulu revoir et collationner avec soin, sur les originaux, tous les textes tirés des riches archives dont il a la garde.

2. Le comte de Vertus n'avait pas tardé à être informé de ce qui s'était passé dans la nuit du 28 au 29 mai. Le 30, Herment Larchier, sergent d'Orléans, recevait du receveur général du duc d'Orléans soixante sous tournois, « pour aler presentement et hastivement, par le commandement et ordonnance de Monseigneur le comte de Vertus, d'Orliens à Meleun devers Nicole Noel, lieutenant du bailli dudit lieu de Melun et bailli de mon dit

mont[1], car ilz avoient deffié le seigneur de la Tremoille de feu et de sang. Et si a moult bien estably, de bonnes gens d'armes et de gens de trait, Melun, et Meaulx de IIIe hommes d'armes et d'autant de trait, chascun par soy, et tous les passaiges de la rivière de Loyre estably que nulz vivres ne entrent à Paris. Et dit que ambaxeurs de Paris, cardinaulx et autres, viennent devers lui, et qu'ilz lui ont desja envoyé sa cusine, ses robes et chevaux, et son estat et argent, et que la ville de Paris se reppent moult fort de ce qu'elle a fait, et plusieurs autres choses tres grans et notables, la Dieu mercy. Et soyez certains qu'en la foy que je tiens de Dieu, je ne vous vouldroye avoir menti de cecy ne d'autres choses; et pour que je secy que vous estez bien approchez d'aucuns, vous rescrips tout cecy, afin, pour Dieu, que le bon renom que avez eu vous ne perdez pas par fol conseil. Et aussi que je ne seroye pas pardonné se je ne vous mandoye toute verité. Et soyez certains que j'ay veu et lysu les lettres et mandement que monseigneur le Dalphin escript à messire Guillaume de Melun et aussi à maistre Guillaume de Champeaux, pareillement cestes nouvelles. Et monseigneur de Vertuz ala lui mesme parler au seigneur de la Tremoille, et le lundi le prevost se partit pour l'aler querir. Et s'il ne le baille, monseigneur le Dauphin lui fera guerre de feu et de sang. Et dit que monseigneur de Bourgongne ne vient point à Paris, et de Savoye tous ceulx qui ont fait cecy, et qu'il veult tenir le traictié qui a esté parlé. Et pour ce que je n'oseroye demourer à Lyon, pour la morie qui y est, et que Dieu mercy vous n'avez garde de personne du monde, se vous voulez garder voz loyaultez, je vueil aler devers mon dit seigneur pour savoir sa voulenté. Sy vouldroye bien savoir si vostre vouloir et voulenté est point de y envoyer personne du monde, afin de lui esclarsir vostre bon vouloir en ma compaignie, et aumoins que m'envoyessiez en ceste ville personne d'estat des vostres, à qui je puisse parler plus aplein. Et saichez que Barbazen et Lanugot sont dedens Sanserre et ville et chastel, et ont tué tous ceulx qui estoyent dedens, pour ce qu'ilz les vouloyent baillier es ennemis du Roy. Lesquelx ennemis tenoyent assigé le capitaine, mais ma dame a bouté les gens du Roy et de monseigneur le Dauphin dedens le chastel

seigneur à Brye Conte Robert, pour enquerir au vray ou estoit Monseigneur le Daulphin et quel chemin il tenoit après ce qu'il estoit parti de Paris, quant les Bourguignons furent mis dedans, et de tout rapporter la response audit lieu d'Orliens par devers Monseigneur de Vertus, ou ailleurs ou qu'il soit pour le fait de Monseigneur le duc. » *Pièces originales*, 2118 : Noel, nº 48121.

1. Martin Gouge de Charpaignes. Voir ci-dessus, p. 119.

par la pouterle, comme autres foiz a esté fait. Et vous prie que tousjours vous vueillez pensez en vostre cuer le grant serement que avez fait à monseigneur le Dauphin en ma presence. Se vous avez nul vouloir d'envoyer vers moy, envoyez y prestement. Je vous ay escript plusieurs lettres qu'onques n'ay eu response de vous. Tres chers frerez et grans amis, se chose vous plait que je puisse faire, escripvez le moy, et je le feray de tres bon cuer, en priant le Saint-Esperit que vous doint honneur et bonne vie.

Escript à Saint Simphorien le chastel, le XVIIe jour de juing.

PHILIPPON DE BONNAY,
Bailly de Mascon, seneschal et capitaine de Lyon.

Chers freres et bons amys, depuis que vostre lettre a esté escripte, j'ay entendu que vous estes mal content de moy, et aussi que je m'en suy partiz sans vous dire adieu. Sauf vostre grace, comme autres foiz vous ay escript, le vendredi au soir, dont me parti le samedi à matin, je le dis à cinq ou à six des conseilliers que je m'en partiroye le matin comment que ce fust, et n'en doubtez point que je me vouldroye garder de mourir comme un autre. Et je voy que plusieurs de vous autres, que estes nez et norriz du païs et en laer, vous en partez par paour de la mort; car à chaseune foiz que l'en se va esbatre, je n'ay pas acoustumé de dire adieu à chascun. Et se vous saviez les choses que je scey touchans ma personne, je ne vous ay paz si mal servi que j'ay fiance en vous que vous serés bien contens de ma despartie. Et quant il plaira à Dieu, je vous le diray, et se çaura plus au vray. Et il n'y a cellui, s'il avoit esté sans veoir sa femme et son mesnage un an, comme j'ay esté pour vous servir, que l'en se deust tenir pour mal content s'il l'aloit veoir. Et aussi je vous tiens si bons et si loyaulx que par ma personne seule vous ne ferés que tousjours que vostre devoir envers le Roy et monseigneur le Dauphin, et vous savez quel tour l'en me cuida faire à Noel et cellui que de present le m'a cuidé faire[1].

VII

Jean Caille aux conseillers de la ville de Lyon

28 juin 1418.

A mes tres chiers et honourés seigneurs mes seigneurs les conseillours de la ville de Lyon.

Tres chiers et honourés seigneurs, je me recommande à vous

1. Original autographe sur papier. Archives de Lyon, AA 82.

tant a sortes comme je puis. Et vous pleisse savoir qu'yer, qui fu xxvii° jour de juing, monseigneur le Daufin receu vous lettres et veu le contenu en yceIles, en pleine sala, va dire : « Veissi leyaux gens; Monseigneur et nous lur sommes bien tenus; » lesquelx vous lettres je presentei à mon dit seigneur, et le chevauchour le mersia des biens que li aviez fes pour honur de mon dit seigneur. Si vous escrypt mon dit seigneur, ensy que par ses lettres pourreis voyr, et vous suppli de bien aviser au fet de la ville et du payis, quar, au pleissir de Dieu, vous orreis bien brief bonnes novelles, et par les anbessours que Monseigneur a propousé de vous envoyier de novioux, à presant ni à autres que le chevaucheur ne vous die. Tres chiers et honourés seigneurs, le Seint Esperit soit garde de vous.

Escrypt à Aubigny, le xxviii° jour de juing.

Le vostre en tout et par tout,

JEHAN CAILLE,
Esleu à Lion [1].

VIII

Le Dauphin [au sénéchal de Limousin] [2].

14 août 1418.

DE PAR LE DAULPHIN DE VIENNOIS, DUC DE BERRY ET DE TOURAINE ET CONTE DE POICTOU.

Cher et bien amé, nous avons chargié le seigneur de Villar de vous porter certaines lettres closes que nous rescrivons presentement à plusieurs barons et nobles du pais de Lymosin pour le bien de Monseigneur, de nous, et de la seignourie. Si vous mandons et commandons trss expressement que les dictes lettres vous faictes porter et presenter hastivement, nuyt et jour, par propres messages, à ceulx à qui nous les rescrivons, et gardez que en ce n'ait aucune faulte, sur tant que vous doubtez encourir nostre indignacion. Cher et bien amé, Nostre Seigneur soit garde de vous.

Escript à Poictiers, le xiiii° jour d'aoust [3].

1. Original autographe. Archives de Lyon, AA 84.
2. Cette lettre parait avoir été adressée au sénéchal de Limousin, qui était alors Geoffroy, seigneur de Mareuil.
3. Original sur papier (non signé). *Pièces originales*, 675 : CHAPOLIE.

IX

Le Dauphin aux habitants de Lyon

14 octobre 1418.

A noz chiers et bien amez les consulz, bourgois et habitans de la ville de Lyon.

De par le Daulphin de Viennois, duc de Berry et de Touraine, conte de Poictou.

Chiers et bien amez, nous avons receu voz lettres, que par le porteur de cestes envoiées nous avez, par lesqueles nous rescrivez et faites savoir que comme, à un certain jour de ce present mois, feust venu en la ville de Lyon un chevaucheur, rapportant unes lettres scellées du grant seel de Monseigneur en laz de soye et cire vert, faisans mencion de certaine paix, lesqueles lettres et chevaucheur, en obeissant à ce que par noz lettres vous avons autres foiz commandé, c'est assavoir que toutes lettres qui vous vendroient de quelque part que ce feust, se elles n'estoient signées de nostre main, vous nous envoissiez avecques les porteurs, vous avez remis au bailli de Mascon, seneschal de Lyon, pour les nous envoier, afin d'en ordonner à nostre bon plaisir. De ce nous sommes tres contens, et demonstrez bien par effect l'entiere et loyale voulenté que tousjours avez eue et avez envers nous et au bien de mon dit seigneur et de sa seigneurie, dont nous vous remercions de tres bon cuer. Et sur ce vueillez savoir que, ainsi que derrier escript vous avons, par l'advis et conseil et en la presence de belle mere de Sicile, de beau frere de Bretaigne, de beau frere d'Anjou, de beau cousin d'Alençon et de plusieurs prelaz, barons, chevaliers, et autres gens notables en grant nombre, furent faiz à Chinon certains articles dont nous vous avons envoié copie ; auxquelz, combien qu'ilz feussent à la grant charge et foule de mon dit seigneur et de nous, neantmoins, pour honneur et reverence de Dieu, et pour la pitié que nous avons du povre peuple, nous nous accordasmes et condescendismes ; et pour y prendre conclusion se feust trait vers les marches de Paris le dit beau frere de Bretaigne. Et soit avenu que, à une assemblee faicte à Saint-Mor des Fossez, ceulx de

Paris baillerent une cedule en effect contraire aux articles dessus diz, laquele fu en la dicte assemblee accordée, sans y appeler ne oir noz ambaxeurs, que pour ceste cause et matiere y avions envoiez avecques le dit beau frere de Bretaigne, c'est assavoir l'arcevesque de Tours, messire Robert de Braquemont, admiral de France, le doien de Paris et maistre Jehan Chastenier, ainsi qu'ilz nous ont dit et rapporté, et icelle cedule font publier par manière de paix, parmi le royaume, comme vous mesmes le povez appercevoir. Pourquoy nous vous prions de rechief et neantmoins mandons que aus dictes lettres, ne à quelque autre chose qui sur ce vous puisse estre escripte, mandée ou denuncée, vous ne vueillez obeir ne donner foy sans estre premierement acertenez de nostre voulenté sur ce, et par noz lettres signées de nostre main, car nostre entencion n'est pas de accorder la dicte cedule ainsi que elle gist, ne pour quelconque chose qui nous doye avenir consentir ne souffrir que vous ne les autres bons subgez de mon dit seigneur aiez autre gouverneur que mon dit seigneur et nous, et de ce ne doublez. Et, appoinctées aucunes choses de pardeca que entendons briefment faire, nous nous pensons tirer et aler visiter les marches de par dela. Si vueillez tousjours estre bons et loyaux envers mon dit seigneur et nous, comme nous y avons nostre confiance. Et au plaisir de Dieu nous recognoistrons vostre bonne loyauté tant que vous en serez tres contens; et avecques ce faites tous diz prendre et arrester tous telz chevaucheurs et messages, et iceulx bailler au dit seneschal, pour en estre par lui ordonné comme commandé le lui avons; et souvent nous faites savoir de voz nouvelles, ensemble se choses voulez, et nous la ferons de tres bon cuer. Chiers et bien amez, Nostre Seigneur soit garde de vous.

Escript en nostre chastel de Lezignen, le XIIIe jour d'octobre.

CHARLES.

VILLEBRESME [1].

1. Original sur papier avec trace de sceau. Archives de Lyon, AA 22, f. 25.

X.

Le Dauphin aux gens des comptes en Dauphiné

30 septembre 1419.

A nos amez et feaulx les gens des comptes et nostre procureur general en nostre païs du Daulphiné.

De par le Regent le Royaume, Daulphin de Viennois, duc de Berry et de Touraine et conte de Poictou.

Nos amez et feaulx, pour les grans et notables services que nostre amé et feal chevalier et conseiller messire Jehan Louvet, president de Prouvence, a faiz à Monseigneur et à nous, fait continuelement en maintes manieres, et esperons que face ou temps avenir, et pour certaines autres causes et consideracions à ce nous mouvans, nous lui avons donné les chasteaulx et chastellenies de Falavier, de Teiz, de Pierre et de Dommène, si comme il vous apparra par noz lettres sur ce faictes. Et pour ce que nostre plaisir est que le dit don sortisse plenement son effait, nous vous mandons et expressement engoignons que, ces presentes veues, incontinent, toutes excusacions cessans et autres choses arrieres mises, et non obstans quelconques contradicions, vous souffrez, en tant que à vous est, bailler et delivrer à nostre dit conseillier ou à ses procureurs pour lui, la possession et saisine des diz chasteaulx et chastellainies et des drois, fraiz et revenuez d'iceulx, et l'en laissiez joir et user pleinement et paisiblement, ainsi que contenu est en nos dictes lettres, et gardés, comment qu'il soit, que en ce n'ait faulte ne delay aucun, sur quant que vous desirez nous faire plaisir et que doubtez nous courroucier, car se faulte y a, nous monstrerons à ceulx par qui l'empeschement y seroit fait le courroux et desplaisance que y prenrions, et se aucune chose estoit obmise à mettre en nos dictes lettres, pourquoy on porroit avoir occasion de delayer l'enterinement de noz dictes lettres, nous le y ferons mettre quant le nous ferez savoir. Et neantmoins ne voulons que pour ce l'enterinement de noz dictes lettres soit delayé, et creez et ajoustez foy en ce que vous en diront, de par nous, nos amez et feaulx conseillers l'evesque de Saint Papoul, le seigneur de Boscholles[1], ausquelz nous

1. Guillaume de Roussillon, seigneur du Bouchage.

avons chargié de vous en dire nostre volenté. Noz amez et feaulx, Nostre Seigneur soit garde de vous.

Escript à Vierzon, le derrenier jour de septembre.

CHARLES. CHASTENIER [1].

XI

Le Dauphin au gouverneur du Dauphiné

6 octobre 1419.

A nostre amé et feal chevallier, conseiller et chambellan le seigneur de Chassenage, gouverneur de nostre Daulphiné.

DE PAR LE REGENT LE ROYAUME, DAULPHIN DE VIENNOIS, DUC DE BERRY ET DE TOURAINE ET CONTE DE POICTOU.

Nostre amé et feal, nous vous avons autreffoiz signiffié que nous avons donné à nostre amé et feal chevallier, conseiller et chambellan messire Jehan Louvet, president de Prouvence, la terre de Theys et le chastel de Falavier, comme vous apparra par nos lettres sur ce, lesquelles vous portent et bailleront nos amez et feaulx conseillers l'evesque de Saint Papoul et le sire de Boschage ; et pour ce que nostre plaisir est et voulenté que nos diz dons et lettres sortissent leur plain effect, et brief, sans nul delay, nous voulons et vous mandons, sur le service que faire nous desirez et que nous voulez obeir et complaire, que icelles noz lettres vous incontinent mettez de point en point à execution selon leur forme et teneur, et aussi le faites ainsi faire par les gens de noz comptes de par dela, au regart de ce qui touche la chambre de nos diz comptes, et partout ailleurs où mestier sera, car se autrement vous ne autre le faisiez, au contraire de nostre dit don et voulenté, nous y prendrions un grant desplaisir. Voulons en oultre que vous aiez tousjours nostre dit conseiller le president, en tous ses affaires, pour singulierement recommandé. Nostre amé et feal, Nostre Seigneur soit garde de vous.

Escript à Saint Aignen, le VIe jour d'octobre.

Et vueilliez au surplus croire nostre bien amé escuier et eschançon Pierre de Poisieu de ce qu'il vous dira de nostre part.

CHARLES. MALLIÈRE [2].

1. Copie du temps. Archives de Grenoble, B 3044, f. 12.
2. Copie du temps. Archives de Grenoble, B 3044, f. 20.

XII

Le Dauphin aux habitants de Martigny

4 janvier 1420.

DE PAR LE REGENT, ETC.

Vous gens d'eglise, bourgeois et habitans de la ville de Martigny les Nonnains [1], nous tenons vous avoir bien sceu nostre venue en ces marches. Et pour ce que ne savons quelle est vostre entencion, pour les manières qu'avez cy par avant tenues, nous vous mandons et commandons bien expressement, et sur la loyaulté, subgestion et obeissance que vous devez et estes tenuz faire à Monseigneur et à nous, comme son seul fils, que, incontinent ces lettres veues, les six ou les quatre plus notables d'entre vous, ayans pour tous les autres ample et suffisant pouvoir, venez parler à nous, où que soyons, pour nous rendre et faire, au nom de mon dit seigneur et nostre, telle obeissance comme faire devez, sachans de vray, et de ce vous assurons, que se ainsi le faictes, nous nous tiendrons à contens de vous, et, en mettant en oubly toutes choses passées, vous reputerons pour vrays et loyaux subgez, vous maintendrons par vous bien desormais gouvernant en nostre bonne grace, et ne souffrirons qu'à l'occasion des dictes choses passées aucun empeschement ou desplaisir vous soit fait, en corps, ne en bien, en general ne en particulier, en quelque manière que ce soit. Et par ces mesmes presentes donnons bonne seurté de sauf conduit à tous ceulx d'entre vous qui ainsi viendrons par devers nous, auxquels, ne à leurs gens ou chevaux, ne autres biens, ne voulons, ains deffendons, que aucun empeschement ou destourbier leur soit fait ou donné, tant en venant et sejournant par devers nous, comme aussi en eulx retournant, pour quelque cause ou à quelque occasion que ce puist estre. Et ou cas que ainsi ne le ferez, et se prestement n'avons sur ce responce de vous qui nous doye estre agreable, nous vous voulons bien signifier et faire savoir que, sans plus vous en rescrire, nous y pourvoirons, par voie de fait et autrement, de tel et si prompt remède que par effet connoistrez le desplaisir que nous y prendrons, et que trop tard sera de vous en repentir ou de

1. Maintenant Martigny-le-Comte (Saône-et-Loire).

vous donner sur ce autre conseil. Et afin que vous connoissiez que ce vient de nous, nous avons escript nostre nom à ces presentes et icelles fait seeller de nostre seel de secret.

Donné en la ville de Roanne en Forestz, le IIIIe jour de janvier mil CCCC XIX.

CHARLES[1].

XIII

Le Dauphin aux habitants d'Avignon

Vers le 7 mai 1420.

A noz tres chiers et bien amez les scindis et conseil de la cité d'Avignon.

DE PAR LE REGENT LE ROYAUME, DAUPHIN DE VIENNOIS.

Tres chiers et bien amez, nous avons seue l'eschappement du soubzcrestain de Saint Esprit, et les manieres que aucuns de vostre ville y ont tenues, en eulx demonstrant nos ennemis, de favoriser et soustenir l'ennemy de Monseigneur et nostre. Si vous faisons savoir que nous avons en nos mains ceulx qui l'ont delivré, dont nous vous requerrons que vous teniez saisiz de leurs personnes, ou nous vous monstrerons tellement le desplaisir que y aurons prins, que une autre fois aurez cause de vous garder de soustenir et porter les ennemis et rebelles de mon dit seigneur et de nous, qui en tous vos affaires, es temps passez, vous avons esté aidans et favorisans. Et sur ceste matiere rescrivons à Nostre Saint Pere le Pape qu'il nous tiengne pour excusé de ce qui pourroit en advenir.

Tres chers et bien amez, Nostre Seigneur soit garde de vous.

Escript, etc.[2]

XIV

Le lietuenant du gouverneur et les gens du Conseil du Dauphiné au Dauphin

29 août 1420.

A nostre tres redoubté seigneur Monseigneur le Regent, Daulphin de Viennois.

Nostre tres redoubté seigneur, nous nous recommandons à vous

1. Copie moderne. Ms fr. nouv. acq., 1001, f. 13, d'après les manuscrits de Saint-Vincent du Mans.
2. Copie moderne. Ms. fr. nouv. acq., 1001, f. 14. Même provenance.

tant et si humblement comme plus povons, et vous plaise savoir, nostre tres redoubté seigneur, que, la grace Dieu, vostre pays de par deça est en bonne disposicion, et ont grant voulenté et affection les nobles et subgiez d'icellui de resister et contrester à la dampnable entreprinse de voz ennemis. Et pour ce faire ont esté assemblez les trois estas du pays, lesquelz d'un commun accord et consentement, bien voluntoirement et liberalment, ont deliberé de mettre à exequcion les provisions advisées pour la garde et tuhicion du dit pays, derrenierement envoyées par dela. Et en oultre, nostre tres redoubté seigneur, il est vray que, depuis ung pou de temps en ca, de la partie de Guillaume de Martel, ont esté presentées lettres à vostre conseil de par deça, scellées de vostre seel en las de soye et cire vert, par lesquelles vous lui donnez voz chasteaulx de Saint-Laurent du Pont et de Meysieu, de quoy tout le conseil et les seigneurs de par deça ont esté moult esmerveilliez. Et pour vous informer, nostre tres redoubté seigneur, de la verité, et nous excuser envers vous en acquitant nos loyaultez et seremens que avons au regart de vostre demaine, a esté la chose mise en conseil, veuz et visitez les tiltres anciens et la nature et qualité du fief et homage, qui sont liges; et par commune deliberacion de tous a esté conclud que l'en ne povoit proceder à l'enterinement des dictes lettres, pour les causes qui s'ensuivent. Premierement, car vostre advocat fiscal s'est opposé contre les dictes lettres et a requis estre oy, laquelle chose lui a esté octroyée, comme raison est. Secondement le dit chastel de Saint Laurent doit hommage lige, et ne le porroit nul tenir qui feust homme d'autruy, par les ordonnances et coustumes de votre dit pays du Daulphiné. Tiercement, le dit chastel est une des clefz du pays et en frontière contre le pays de Savoye, et la plus principalle, et par laquelle vostre dit pays pourroit estre perdu. Et si a l'en despendu de vostre finance plus de VI^{m} frans pour reparer et emparer le dit chastel. Et murmurent moult fort plusieurs des nobles du pays et subgiez de ceste matiere, et leur semble bien estrange, attendu voz affaires et ceulx de ce pays. Et pour vous, estant embesoignié et occupé comme à present estes, ce ne seroit pas chose honnourable et prouffitable de diminuer et aliener vostre domaine de par deça, qui vous est si bien seant comme chascun scet. Et mesmement seroit charge à ceulx qui le poursuivent, car, quant vous serez au dessus de voz besoignes, qui sera bien brief au plaisir de Dieu, vous pourrez plus franchement et seurement donner et eslargir de voz biens à ceulx qui bien vous auront servi. Et doubte l'en par deça que, se la chose venoit à effect, qu'il n'en advenist un grant inconvenient irreparable. Si vous supplions, nostre tres redoubté seigneur, que sur ce il vous plaise nous avoir et nous tenir pour excusez, et nous mander et commander voz bons plaisirs et commandemens, et nous sommes et serons tousjours prestz, au plaisir de Nostre Seigneur, de les accomplir, comme tenus y sommes et faire le devons. Nostre tres redoubté seigneur, le benoist Filz Saint-Esprit (*sic*) vous ait en sa saincte garde.

Escript à Saint-Marcellin, le XXIXe jour d'aoust.

Voz tres humbles et obeissans serviteurs :

LE SIRE DE SAINT-AHOM,
Chevalier, lieutenant du seigneur de la Fayette, gouverneur,
ET LES GENS DE VOSTRE CONSEIL EN VOSTRE PAYS DU DAULPHINÉ [1].

XV

Le Dauphin aux gouverneur et gens du Conseil et des Comptes en Dauphiné

11 septembre 1420.

A nos amez et feaulx le gouverneur ou son lieutenant et les gens de nostre conseil et des comptes de nostre pays du Daulphiné.

DE PAR LE REGENT DAULPHIN.

Noz amez et feaulz, nous avez sceu par nostre amé et feal conseiller et chambellan Guillaume de Martel le reffuz et difficulté que faiz lui avez de le mettre et retenir en possession de certains chasteaulx de nostre Daulphiné, et de obtemperer à noz lettres patentes à lui sur ce octroyées, en las de soye et cire vert, lesquelles vous a fait presenter; dont nous donnons merveille, veu que, par la teneur de nos dictes lettres, ainsi autentiquement passées et deliberées en nostre presence et conseil, vous est peu apparoir de nostre entencion et voulenté. Si voulons et nous plaist, et de rechief, par ces presentes signées de nostre main, vous mandons et commandons bien expressement et acertes que, sans plus de delay ou difficulté, vous le dit Guillaume, nostre conseiller, ou son procureur pour lui, recevez à la possession d'iceulx chasteaulx, dont il nous

1. Copie du temps. Archives de Grenoble, B 3044, f. 44.

a fait les foy et hommage, et l'en laissiez et souffrez paisiblement joir, tout selon la teneur de nos dictes lettres faisans de ce mencion. Et faites du tout cesser le debat ou opposicion sur ce mis par nostre procureur ou advocat fiscal du dit pays, car tel est nostre plaisir, et ainsi le lui ordonnons et commandons par ces mesmes presentes. Si en faites tant à ceste fois que plus n'en doyons oïr parler, car plus que tout nous sentons attenuz au dit Guillaume, et ne l'avons fait sans cause ne sans grant advis et deliberacion. Nostre Seigneur soit garde de vous.

Escript en notre chastel de Mehun sur Yevre, le xie jour de septembre.

CHARLES.

PICART [1].

XVI

Le président Louvet aux gouverneur et gens du Conseil en Dauphiné

16 septembre 1420.

A mes tres chiers et honnourez seigneurs monseigneur le gouverneur, lieutenant du gouverneur, et messeigneurs du conseil du Daulphiné.

Tres chiers et honnourez seigneurs, je me recommande à vous tant comme je puis, et vous plaise savoir que Guillaume de Martel si a dit à Monseigneur comment vous ne lui avez voulu executer ses lettres du fait des chasteaulx que mon dit seigneur lui a donnez, en soy complaignant très fort, pour ce qu'il lui semble que tout ce qu'on a fait on ne l'a fait que pour delayer, a requis à Monseigneur que sur ce vous vueille escrire. Si vous en rescript mon dit seigneur, et en verité il auroit tres grant plaisir et voulenté de faire du bien au dit Guillaume, car il y est bien tenu. Messeigneurs, le dit Guillaume est bien content de donner toutes les seurtez, ou de lui, ou de ses enfans, qui possibles seront en ceste matiere. Et pour ceste cause va il presentement par devers vous. Je vous prie tant comme je puis que vueilliez faire la besoingne du dit Guillaume, et le expediez briefment, car je scay certainement que Monseigneur a bien besoin de lui; car en verité je scay certainement que Monseigneur sera de lui et des siens bien et loyaument

1. Copie du temps. Archives de Grenoble, B 3044, f. 56, et 3004, f. 26.

servi. Et si croy que les faiz de Monseigneur de par dela n'en vauldront point pix, car je ne faiz point de doubte qu'il ne aime mieulx Monseigneur que seigneur du monde. Tres chiers et honnourez seigneurs, se chose vous plaist moy mander, que je le puisse, je le feray de tres bon cuer. Et je prie à Nostre Seigneur qu'il vous doint bonne vie et longue.

Escript à Mehun sur Yevre, le xvie jour de septembre.

Le vostre,

J. LOUVET, SEIGNEUR DE THEYS ET DE FALAVIER [1].

XVII

Le seigneur de Chaumont-Quitry et le vicomte de Narbonne aux maréchaux de France et au maréchal du Dauphin

29 janvier 1421.

A nos tres chiers seigneurs et freres les mareschaux de France et le mareschal de Monseigneur le Regent.

Messeigneurs les mareschaux, nous nous recommandons à vous, et sommes arrivés ce soir icy, entre sept et huit heures, et sommes entrés dedans la ville le plus secretement que avons peu, pour esperance de demain au matin combatre les ennemis qui estoient devant ceste ville. Mais ils ont esté plus gracieux, car bien deux heures après nostre venue, ils ont mis le feu en leurs logis, et s'en sont alés, et ont laisssié leurs canons et autre cariage. Et demain au matin, au plaisir de Dieu, est l'entencion des chevaliers et escuiers qui sont icy, et de nous avecques, de leur porter la bataille devant Joigny, où nous pensons qu'ils se sont retrais. Et nous semble par le rapport de ceux du païs que se Monseigneur envoie hastivement par deça mil ou mil cinq cens combatans, ou plus, en quoy il y ait une partie d'Escossoys, que l'on avitaillera ceste ville, et prendra l'en grant cop de forteresses, et faira l'en d'autres explois qui seront au tres grant bien, honneur et prouffit de Monseigneur et desole de ses ennemis. Et vous plaise de ce conseiller Monseigneur qu'il y pourvoie hastivement, ou nous faire assavoir

1. Copie du temps. Archives de Grenoble, B 3044, f. 57, et 3004, f. 25.

son bon plaisir. Nostre Seigneur vous doint tout ce que vostre cuer desire.

Escript à Villeneuve le Roy, ce vingt et neufiesme de janvier, une heure après minuit.

G. DE CHAUMONT. G. DE NERBONNE[1].

XVIII

Le Dauphin aux habitants de Tours

20 mars 1421.

A nos tres chiers et bien amez les bourgois, manans et habitans de nostre ville de Tours.

DE PAR LE REGENT LE ROYAUME, DELPHIN DE VIENNOIS.

Tres chiers et bien amez, nous sçavons certainement que de toutes vos jouissances vous avez monstré et monstrez par effet la bonne et loyale voulenté que avez à Monseigneur et à nous, et à l'encontre des Anglois nos ennemiz, dont nous vous mercions ; et soyez certains que le recongnoistrons envers voz tous en temps et en lieu. Et vous prions tres acertes que continuez, en vous tousjours tenant en l'obeissance de mondit seigneur et de nous, et en resistant de toute force à l'encontre de noz diz ennemiz, et en donnant tout aide et faveur à noz genz estant et alans entre les rivières du Loir et de Loire, en esperance de iceux combattre nos diz ennemis. Et souvent nous rescripviez des nouvelles, et nous vous en saurons bon gré. Tres chiers et bien amez, Nostre Seigneur soit garde de vous.

Nostre entencion est d'estre briefment, au plaisir de Nostre Seigneur, à toute puissance par dela, pour donner confort à vous et aux autres bons et loyaulx subgiez de Monseigneur et de nous, et pour quer (*sic*) nos diz ennemiz.

Escript en nostre chastel de Poictiers, le xxe jour de mars.

CHARLES.

CHASTENIER[2].

1. Copie moderne. Doat, IX, f. 277.
2. Original sur papier. Archives de Tours. — On lit au dos : « Présentées par Colin Fremont le xxe jour de mars M CCCC et XX. » Cette lettre a été déjà publiée par M. Luzarche, *Lettres de Tours*, etc., p. 35.

XIX

Le Dauphin aux gouverneur et gens du Conseil en Dauphiné

15 avril 1421.

A noz amés et feaulx le gouverneur et les gens de nostre conseil et des comptes et nostre tresorier general de nostre païs du Daulphiné.

DE PAR LE REGENT DAULPHIN.

Nos amés et feaulx, nous avons sceu comment vous avés fait difficulté de baillier plenement à nostre amé et feal conseiller et chambellan Guillaume d'Avaugour, ou à Philippon Chanteprime pour lui, la possession et saisine de nostre chastel du Bris et de la garde et gouvernement d'icellui que avons balliez au dit Guillaume d'Avaugour, se le dit Philippon ne vous prometoit de rapporter caucion, comme il est acoustumé de faire par dela. Si vous faisons savoir que, en greigneurs choses, avons toute confiance de la personne du dit d'Avaugour, lequel, comme bien savés, est continuelement occupé entour nous en nostre service, telement que par dela ne pouroit bonnement aler, pour baillier la dicte caucion. Et pour ce voulons et nous plaist que, de la promesse que vous en avoit pour lui faicte le dit Philippon, le tenés quicte et deschargé, et que vous faictes et souffrés nostre dit conseiller, et le dit Philippon pour lui, joir à plain de la dicte capitainerie, sans plus vous arrester en aucune maniere au bail de la dicte caucion, car tele est nostre volonté, non obstans les status et ordenances gardés par dela, et quelconques ordonnances, mandemens ou deffences sur ce faictes au contraire. Et affin qu'il vous appere que ce procede de nous, nous avons escript nostre nom à ces presentes.

Escript à Chinon le xve jour d'avril.

CHARLES. PICART[1].

XX

Jean Caille aux conseillers de la ville de Lyon

5 mai 1421.

A mes tres chiers et honourés seigneurs les conseillers de la ville de Lion.

Mes tres chiers et honourés seigneurs, moy estant par desa, j'ai veu serteines cedules qui sont esté misses que tous seux qui sont

1. Copie du temps. Archives de Grenoble, B 3223 *bis*, f. 180.

venus à cest presant consule ce venient souscripre en l'osteil maistre Guillaume Faverot, segreteyre de Monseigneur. Si ai çeu que de Lion n'y a esté personne, ni par monseigneur l'arsevesque, ni par la ville; dont mes seigneurs du Conseil de monseigneur le Regent sont bien esbays et tres malcontans. Et pour ce que je en ai oy parler en maniere qui n'est pleissant ne belle, je vous envoye le present pourtour, afin que vous ayés cause de pourvoir à vostre excusacion. J'ai entendu que monseigneur de Lyon c'est tramis excuser, dont y ne sont pas contans, et suis esbays que einsy ne l'avés feit, combien que je ne le say pas pour vray, mès demein, au pleissir de Dieu, le sarey, et qui est chargié de faire son excusacion.

Meintenant sont venues lettres de par monseigneur le Regent, contenans que Monseigneur est au Mans; que le frere du duc de Bretagnie vient a li au dit luc, à II^{m} combatans. Les Engleis sont à XII milies du Mans. Messeigneurs les mareschaux mandent tous cappitaines qui voudront venir à la journée des Engleis qui s'avancent. L'on tient embrief nous gens asembleront avec les Engloys. Monseigneur mande que checun soit en debvocion, et pour ce, se ferra demain soulenne prosession en ceste ville. Le consule demourra jusques venredi, que sera IXe jour de may. Ce chause vous pleit à moy commander que fere puisse, au bien, honeur et profit de la ville, je suis pres de le fere de bon cuer, comme Dieu seit, qui soit garde de vous.

Escrispt à Aste, le Ve jour de may.

Vostre serviteur, JEHAN CAILLE.

De Lenguadot, Berry, Poyto, Thourreyne, des conseilliers de monseigneur de Bourbon et de Madame hont tramis par desa que li a seigneur competemant. Autre ne vous escript pour le presant.

Escript à Aste comme dessus [1].

XXI

Le Dauphin aux gouverneur et gens du Conseil et des Comptes en Dauphiné

15 mai 1421.

A noz amez et feaulx conseilliers les gouverneur et gens de nostre conseil et des comptes de nostre pays de Daulphiné.

DE PAR LE REGENT LE ROYAUME, DAULPHIN DE VIENNOIS.

Noz amez et feaulx, nous avons nouvellement baillié et delaissié

1. Original autographe. Archives de Lyon, AA 84.

à nostre amé et feal conseillier et chambellan le president de Provence noz chastel, ville et chastellenie de Meulhon, pour les causes que pourrez veoir par noz lettres patentes que sur ce vous envoyons. Si voulons et vous mandons tres expressement, et sur tant que avez à nous obeir, que, incontinent et sans aucun reffus ou difficulté, vous faites baillier et delivrer à nostre dit conseillier et chambellan, ou à ses gens pour lui, la possession et saisine des dictes villes et chastel, sans pour ce les renvoyer par devers nous, car vous pouvez penser, et aussi le congnoisterez vous assez par noz dictes lettres, que ce n'avions fait sans grant cause et deliberacion. Et quelque reffuz ou difficulté que en feissiez, si les lui ferions nous finalement delivrer, et n'en demourrions pas à contens de vous. Si gardez bien que faulte n'y ait. Nostre Seigneur soit garde de vous.

Escript en la ville du Mans, le xve jour de may.

CHARLES.

PIÇART [1].

XXII

Le Dauphin aux habitants de Lyon

30 mai 1421.

A noz chiers et bien amez les bourgois et habitans de Lyon.

DE PAR LE REGENT LE ROYAUME, DAULPHIN DE VIENNOIS, DUC DE BERRY, DE TOURAINE ET CONTE DE POICTOU.

Chiers et bien amez, comme nous, estans derrenierement en la ville de Selles, eussions, par l'advis et deliberacion de plusieurs prelas, nobles et autres gens notables ilec assemblez, ordonner mander et assembler gens de tous estas en la ville de Clermont en Auvergne, au premier jour de may derrenierement passé, pour adviser et prendre conclusion ilec sur ce qui nous estoit et est neccessité de faire pour le recouvrement de la personne de Monseigneur, et de sa seignourie et nostre, et le relievement de ses subgiez, et pour lors eussions eu et avions en voulenté et entencion d'estre ausdis jour et lieu. Mais depuis, en poursuivant la

1. Copie du temps. Archives de Grenoble, B 3044, f. 107.

bonne fortune qu'il a pleu à Dieu nostre createur de nous faire avoir en victoire contre noz anciens ennemis à la journée de Baugé, avons esté conseilliez de aler et entrer en nostre personne ou païs de Normandie à puissance, pourquoi n'avons peu estre aus dis jour et lieu de Clermont. Et pour ce y avons envoié aucuns de noz conseilliers, pour ilec proposer et dire aus dictes gens qui y seroient assemblez noz voulenté et entencion sur ce que desirons à faire, à l'aide de Dieu, et aussi pour declairer les charges que, pour le paiement et souldoyement des gens d'armes estans en nostre compaignie, en grant nombre, avions à faire et supporter, en requerant aide, conseil et consort. Et finablement nous a esté octroyé et accordé au dit lieu de Clermont, par les gens des III estas, un aide de VIII^c M livres tournois : c'est assavoir par les gens d'eglise estans en l'obeissance de mon dit seigneur et de nous en Languedoil, C M livres tournois, et par les gens lays et seculiers estans en icelle obeissance en Languedoil, VII C mil livres tournois. Et pour ce que le dit aide ne pourroit pas si tost ne si promptement estre cueilli et receu comme besoing nous est pour contenter, souldoyer et entretenir les gens d'armes, et que la revenue de noz finances ne puet pas à ce souffire, avons advisé, pour avoir plus promptement finance pour les affaires dessusdiz, de prier et requerir plusieurs de noz bons et loyaulx subgiez de plusieurs bonnes villes que, par emprunct ou autrement, nous vueillent secourir et aider à ce besoing, et nous prester certaines sommes d'argent pour emploier en ce que dit est, afin que, par default de paiement des dictes gens d'armes, et le departement d'iceulx, aucuns inconveniens ne puissent advenir, et entre les autres à vous de la somme de dix mil livres tournois. Si vous prions, tant acertes que nous pouvons, et neantmoins mandons, sur l'amour et feaulté que vous avez et devez avoir à mon dit seigneur et à nous, que de la dicte somme de dix mil livres tournois vous nous vueilliez promptement faire finance sur aucuns de vous en petit nombre, et icelle bailler à Pierre Chevrier, que commis avons en l'eslection de Lyon pour recevoir la part et porcion qui, à cause du dit aide, y sera imposée et assise. Et sans aucun default elle vous sera rendue des premiers deniers qui paiez et reçeus seront à cause du dit aide en la dicte eslection par le commis dessus dit, qui vous en fera et baillera sa lettre obligatoire de nous en baillier et faire avoir tele quictance qu'il appartendra, et sur quelconques villes ou parroisses que bon vous semblera de ladicte eslection. Si ne nous vueilliés de ce faillir à nostre besoing, et de ce que faire en vouldrés rescrivez à noz amez et feaulx conseilliers sur le fait du dit aide, estans à Bourges, pour le nous noctifier. Chiers et bien amez, Nostre Seigneur soit garde de vous. Escript à la Ferté Bernard le penultieme jour de may.

FAVEROT[1].

XXIII

Le Dauphin aux gouverneur et gens du Conseil et des Comptes en Dauphiné

28 juin 1421.

A noz amez et feaulx les gouverneur et gens de nostre conseil et des comptes en nostre pays de Dauphiné.

DE PAR LE REGENT LE ROYAUME, DAULPHIN DE VIENNOIS.

Noz amez et feaulx, par noz lettres patentes que vous envoyons vous pourra apparoir comment, pour certaines causes, nous avons reprins et remis à nostre demaine noz chastel et chastellenie de Meulhon, que avions venduz et transportez à nostre amé et feal conseiller et chambellan le sire de Mirandol, et en ce lieu lui avons baillié noz chastel et chastellenie de Nyhoms. Si voulons et vous mandons expressement que vous bailliez et faictes avoir au dit sire de Mirandol, ou à ses gens pour lui, la possession et saisine des diz chastel et chastellenie de Nyhoms, et l'en faites et souffrez joir et user selon la fourme et teneur de noz dictes lettres patentes, sans y mettre aucune difficulté ou delay, car, se vous le y mettez, si lui ferons nous en la fin avoir, et n'en demourrons pas à contens de vous. Pourquoy, gardez bien qu'il n'y ait faulte, car ceste chose n'avons pas faicte sans grant cause et deliberacion de conseil, comme vous povez assez penser. Noz amez et feaulx, Nostre Seigneur soit garde de vous.

Escript en nostre ost devant Galardon, le XVIIIe jour de juing.

CHARLES.

VILLEBRESME[2].

1. Original sur papier, non signé, avec sceau plaqué, très bien conservé. Archives de Lyon, AA 22, f. 8.
2. Copie du temps. Archives de Grenoble, B 3044, f. 125 v°.

XXIV

Le Dauphin aux habitants de Lyon

9 juillet 1421.

A nos tres chiers et bien amez les gens d'eglise, bourgois, manans et habitans de la ville de Lyon.

DE PAR LE REGENT LE ROYAUME, DAULPHIN DE VIENNOIS.

Tres chiers et bien amez, pour ce que nous savons que tousjours desirez oir et savoir de noz nouvelles, nous avons chevauchié par le pais de Beausse, et icellui recouvert, et mis en nostre obeissance pluseurs places, comme Galardon, Nogent le Roy, Maurepas et autres, et tant que aujourdui en y a peu à nous contraires de cy à Paris. Avons esté devant la ville de Chartres, et leur avons gasté en la plus grant partie leur vivres et blez. Et depuis que l'adversaire d'Angleterre est descendu et retourné à Calais, avons tenu les champs par trois sepmaines; et voyans que, pour la grant chierté et deffaut de vivres et l'indisposicion du temps, tant de maladie comme autrement, les gens de nostre compaignie se departoient chascun jour, et que, pour la grant garnison qui est audit lieu de Chartres, d'Anglois et d'autres, n'y pouryons lors bonnement prouffiter, nous avons ramené jusques cy nostre compagnie. En attendant que vouldra faire nostre dit adversaire ne quel chemin il vouldra faire, et sceu de son convine, nostre entencion est, nostre compaignie jointe avec celle de beau cousin Richart de Bretaigne et autres que nous envoyons presentement, haster de l'aler querir quelque part que savoir le pourrons. Car soiez tous certains que nostre dit adversaire n'a pas amené en tout IIII^{m} combatans, et n'a pas puissance de povoir grever aucunes des bonnes villes de nostre obeissance. Et aussi nous entretenons et tousjours nous entretendrons ensemble compaignie puissant pour lui resister, et secourir partout où il vouldroit porter dommaige. Si vous notiffions ces choses, vous prians que tousjours vueilliez garder vostre loyauté envers Monseigneur et nous, comme y avons nostre confiance, et entendre diligemment à la garde, reparacions et bon gouvernement de vostre ville, en maniere que, par deffaut de ce, aucun inconvenient ne s'en puisse ensuir. Et tousjours vous signiffirons de noz nouvelles, ainsi que elles seurvendront. Tres chiers et bien amez, Nostre Seigneur soit garde de vous.

Escript à Vendosme, le IXe jour de juillet.

CHARLES.

VILLEBRESME [1].

XXV

Le Dauphin aux gouverneur et gens du Conseil et des Comptes en Dauphiné

20 août 1421.

A noz amez et feaulx les gouverneur et gens de nostre conseil et des comptes en nostre pays du Dauphiné.

DE PAR LE REGENT LE ROYAUME, DAULPHIN DE VIENNOIS.

Nos amez et feaulx, nous avons sceu la difficulté que ceulx de Nyoms ont faicte à l'execucion de noz lettres par nous octroyées et bailliées à nostre amé et feal conseiller et sire de Mirandol, sur le joyssement de nostre dicte ville de Nyoms, jusque à la restitucion de certain prest qu'il nous a fait, comme par yceiles et autrement vous est apparu. Dont, comme bien leur escrivons, sommes tres desplaisans et mal contens d'eulx, et se plus y font reffuz, nous voulons et vous mandons tres expressement, et sur tant que nous devez obeir, que vous y procedez à l'encontre d'eulx par voye de fait, et en faites telle punicion que ce soit exemple aux autres, car autrement, et se la chose estoit par vous differée, nous n'en serions pas contens. Et toutes voyes, quoy qu'ilz en facent, gardez comment qu'il soit que, incontinent et sans autre delay, vous lui bailliez et delivrez reaument et de fait la possession du chastel, et qu'il n'y ait aucun deffault, toutes excusacions cessans, car tel est nostre plaisir. Nos amez et feaulx, Nostre Seigneur soit garde de vous.

Escript à Amboise, le XXe jour d'aoust.

CHARLES.

PICART [2].

1. Original sur papier, avec sceau plaqué, recouvert de papier. Archives de Lyon, AA 22, f. 31.
2. Copie du temps. Archives de Grenoble, B 3044, f. 131.

XXVI

Le Dauphin aux habitants de Nyons

20 août 1421.

DE PAR LE REGENT LE ROYAUME, DAULPHIN DE VIENNOIS.

Chiers et bien amez, nous avons bien entendu par nostre amé et feal conseiller le sire de Mirandol, auquel par noz lettres patentes et pour les causes en ycelles contenues avions baillié et delaissié à certain temps, et par manière de gage seulement, noz chastel, ville et chastellenie de Nyoms, que ja soit ce que noz dictes lettres lui aient esté expediées par le gouverneur et gens de nostre conseil et des comptes de nostre pays du Dauphiné, et que de ce et de nostre dicte ordonnance et voulenté vous soit deuement apparu, ce neanmoins vous, de vostre simple voulenté, ou les aucuns de vous, n'y avez voulu obeir et avez esté reffusans et contredisans à l'execution de nos dictes lettres, dont assez ne nous povons merveiller; et tant que faire se peut, en sommes, et non sans cause, mal contens, car en ce faisant n'avez pas donné bon courage ou exemple aux autres noz subgiez de nous obeir et secourir à noz affaires et besoings, se pour yceulx advenoit que nous voulsissions engaigier chose ou aidier de ce qui seroit nostre. Et toutes voyes ne povons nous considerer quelle cause vous peut avoir meu de ce fere, car se vous doubtez que, à l'occasion et ou contempt de nostre dit conseiller, feussiez par aucuns plus grevez et opprimez, vous povez bien penser que, pour l'affection si singuliere que avons à lui, et plus que à nul autre de son estat, nous vous vouldrions en sa faveur porter et soustenir envers et contre tous, et vous avoir de tant que seriez en sa main plus especialement recommandez que devant; et de lui-mesmes et des siens pourriez estre grandement secourus, confortez et supportez. Et se vous avez ymaginacion de retraindre à partir hors de noz mains, vous n'en partez en riens par ce faisant, car se vous estes à lui et soubz lui, vous n'en laissiez pas à estre à nous et soubz nous; car qui est à lui nous reputons bien estre à nous. Et avecques ce ne nous avons bailliez à lui si non à temps et terme, qui pas ne sera long, car desja avons advisé par autre maniere sur le fait de sa recompensacion, et bien brief le ferons de son prest contenter; et par ainsi revendrez comme devant à nostre dicte main. Mais puisque ce lui avons enconvenancié pour sa seurté, et jusques au parfait de son dit payement, nous voulons qu'il se face. Si gardez, comment qu'il soit, et sur tant que nous devez obeir et complaire, que, sans plus de delay ou difficulté, vous obtemperez à l'execucion et enterinement de nos lettres devant dictes, car autrement et se par vostre faulte et desobeissance y convient pourveoir par autre voye, nous vous en ferions si griefvement punir que ce seroit exemple à tous autres. Et de ce ne faites pas doubte.

Escript, etc.[1].

XXVII

Le Dauphin aux gouverneur et gens du Conseil en Dauphiné

9 novembre 1421.

A nos amez et feaulx les gouverneur et gens du conseil de nostre pays du Daulphiné.

De par le Regent le royaume, Daulphin de Viennois.

Noz amez et feaulx, pour aydier à soustenir l'estat de nostre tres chier et amé cousin le bastard d'Orliens, et autres charges que pour nostre service lui convient continuellement supporter, tant en nostre guerre comme autrement, et à ce que plus honourablement se puisse maintenir en nostre compaignie, de nostre volonté, eue sur ce grande et meure deliberacion, lui avons donné, ainsi que par noz lettres patentes sur ce faictes vous pourra plainement apparoir, les terres, chastellenies, chasteaulx, ensemble les fruiz et emolumens, appartenances quelxconques des chasteaulx et chastellenies de Vaunbonoys, Retier, Antrisques, le Perier, Clays, et generalement toutes les terres, chasteaulx, villes et autres appartenances de la dicte terre de Vaunbonoys, estans au bailliage de Gresevodain en nostre pays du Daulphiné. Si vous mandons et expressement enjoignons, et à chascun de vous, sur tout le plaisir et service que faire nous voulés, que à nostre amé et feal maistre Symon Charles, maistre des requestes de nostre hostel, procureur de nostre dit cousin, porteur de cestes, et lequel pour ceste cause

1. Copie du temps. Archives de Grenoble, B 3044, f. 131 v°.

nous envoyons par devers vous, vous vueilliez incontinent baillier et delivrer ou faire baillier et mettre à plaine délivrance les dictes terres, en instituant ledit procureur et luy baillant plaine saisine et possession d'icelles, non obstant privilegez, libertez, franchises, ou ordonnances quelxconques de nostre dit pays, ou des dictes terres et de chascune d'icelles, à ce contraires; et gardez que en ce n'ait aucune faulte ou delay, sur peine de encourir nostre indignacion. Si en faictes tant que vous en doions savoir gré, et que n'ayons cause d'y faire pourveoir, en vostre deffault ou delay, par autre manière; et au surplus croire le dit maistre Symon en ce qu'il vous dira de par nous touchant nostre dit octroy et don, et lui donner au dit fait confort, aide, conseil, en ce qu'il vous requerra de par nous. Noz amez et feaulx, Nostre Seigneur vous ait en sa saincte garde.

Escript à Bourges, le IXe jour de novembre.

CHARLES.

VILLEBRESME [1].

XXVIII

Le Dauphin aux habitants de Lyon

1er décembre 1421.

A noz chiers et bien amez les gens d'eglise, consulz, bourgoys, manans et habitans de la ville de Lyon.

DE PAR LE REGENT LE ROYAUME, DAULPHIN DE VIENNOIS.

Chiers et bien amez, pour remonstrer à vous et autres gens du pais de Lyonnois, tant gens d'eglise comme nobles et autres, certaines choses touchans le tres grant bien de Monseigneur, de nous, de ceste seigneurie, et de vous mesmes, et vous informer de la provision advisée pour faire cesser les pilleries et roberies qui aujourduy se font en ce royaume, affin que les laboureurs puissent faire leur labour, marchandise avoir son cours et le peuple vivre en paix et transquillité, nous avons en nostre conseil ordonné et appoinctié certains nos conseilliers estre en la ville de Lyon le VIIIe jour de janvier prouchain venant. Si vous requerons, et neant-

1 Copie du temps. Archives de Grenoble, B 3044, f. 144 vo.

moins mandons et expressement commandons, sur la foy, loyaulté et obeissance que devez à mondit seigneur et à nous, que aus diz lieu et jour vous envoyez aucunes notables personnes d'entre vous, en tel nombre que bon vous semblera, pour oir ce que par nos diz conseilliers sera dit et remonstré de nostre part. Ayans toutes fois ceulx que ainsi envoyerez à la dicte assemblée puissance souffisant de consentir et acorder de par vous ce que pour le bien de ce royaume et de toute la seigneurie y sera ordonné et appoinctié. Et en ce ne faites faultes quelxconques. Chiers et bien amez, Nostre Seigneur soit garde de vous.

Escript à Bourges, le premier jour de decembre.

CHARLES.

BUDÉ [1].

XXIX

Le Dauphin aux habitants de Lyon

17 avril 1422.

A noz chiers et bien amez les conseillers, bourgois et habitans de la ville de Lyon.

DE PAR LE REGENT LE ROYAULME, DAULPHIN DE VIENNOIS.

Chiers et bien amez, nous avons receu vos lettres, et oy ce que vostre procureur, porteur d'icelles, nous a exposé de vostre part, tant sur le fait de l'abstinence de guerre qui par dela avoit esté avisée que sur le fait de voz foires. Sur quoy vous faisons savoir, au regart de la dicte abstinence, que, veu et consideré la guerre que nous font chascun jour les Bourguignons es parties de par deça, comme entour La Charité et ailleurs, où ilz se sont assemblez pour nous vouloir à tout effort grever, nous sommes semblablement deliberez de les grever et opprimer en toutes marches, et ne voulons point que, tant qu'ilz nous feront telle guerre, aucune abstinence soit prise avec eulx ou païs de par dela; mais voulons et nous plaist que on leur resiste et porte tous dommaiges possibles, et ce escripvons plus au long à nostre seneschal; et la cause en partie pourquoy le faisons, si est plus pour le bien et seurté du dit païs de par dela et de vous mesmes que autrement, car durant la dicte

1. Original sur papier, avec sceau plaqué en cire rouge. Archives de Lyon, AA 22, f. 28.

abstinence, se prise estoit, ilz s'efforceroient cauteleusement, comme bien l'ont de coustume, de prendre aucunes places et autrement nous faire prejudice, et à vous aussi, plus tost et trop plus aiséement que se l'en se tenoit sur sa garde; et quant les frontières seront bien establies, comme ainsi l'entendons faire, nous vous garderons bien qu'ilz ne vous pourront guerres grever. Quant au fait des foires, nostre entencion est de vous entretenir en toutes voz franchises et libertez, et mesmement, en tout ce que, à celle cause et autrement, vous avons octroyé, et de vous avoir en tous voz affaires en especiale recommandacion, comme bien le valez, et l'avez desservi envers Monseigneur et nous. Et de ce ne devez faire doubte. Chiers et bien amez, Nostre Seigneur soit garde [de] vous.

Escript à Bourges, le XVIIe jour d'avril.

CHARLES.

PICART [1].

XXX

Le Dauphin aux gouverneur et gens du Conseil et des Comptes en Dauphiné

27 avril 1422.

A nos amez et feaulx les gouverneur, gens de nostre conseil et des comptes et au tresorier de nostre Daulphiné.

DE PAR LE REGENT LE ROYAUME, DAULPHIN DE VIENNOIS.

Noz amez et feaulx, nous receusmes naguerres les lettres, escriptes à Grenoble le VIIe de ce moys, par lesquelles, entre autres choses, nous faites savoir pour votre excusacion les causes et raisons pour lesquelles avez differé de bailler la possession du chastel de Saint-George d'Esperance au procureur de nostre amé et feal conseiller le Borne Caqueren [2], à qui l'avons donné et delaissié, comme par noz lettres patentes sur ce faictes vous est apparu : c'est assavoir pour ce que noz dictes lettres ne faisoient aucune mencion de l'anullacion d'un autre don par nous paravant fait au dit Borne de nostre chastel de Cayras, et que son dit procureur ne

1. Original sur papier, avec sceau plaqué, recouvert de papier. Archives de Lyon, AA 22, f. 20.

2. Voir sur ce personnage, p. 342, note 5.

vous a point baillées et rendues noz lettres d'icellui don, ne aussi celles de la pension de v^e florins par nous autreffoiz octroyée à ycellui Borne, que pensez pour ce estre adnullée. Sur quoy, et aussi sur la qualité du fief que devra pour ce fere le dit Borne, demandez savoir nostre voulenté et bon plaisir, et où voulons que ledit fief se face, ou par deça ou par dela. Si vous faisons savoir que, des delays si somptueux par vous ainsi donnez, sans grant cause, au dit Borne, nostre conseiller, sommes tres mal contens, car il nous a bien tant desservi que lui doyons mieulx fere. Pour ce voulons, et expressement vous mandons et commandons ceste foys pour toutes, que, sans plus de dilacion ou excusance, vous, à son dit procureur, en faisant pour et au nom de lui tel fief et hommage comme d'ancienneté la place le requiert et le doit, sans plus avant le seurquerir, et lequel fief voulons estre ainsi par vous reçue, vous bailliez et delivrez realement et de fait la possession et saisine du dit chastel de Saint-George et de ses appartenances, tout selon la forme et teneur de noz dessus dictes lettres. Et ne vous arrestez point au fait de la dessus dicte pension, car ce ne vous touche en riens, et vous en devez bien rapporter à nous. Et quant au premier don du dit Cayras, c'est bien nostre entencion qu'il soit voyrement adnullé. Et, se mestier est, le dit Borne vous en fera rendre et bailler noz dictes lettres, combien que pour ce ne vous y deussiez estre arrestez, car il y a renoncié en noz mains. Si gardez, comment que ce soit, et sur peine d'encourir nostre indignacion, que ne vous en faciez plus rescrire, et que le dit Borne n'ait pour ce cause de soy complaindre de nous et de nostre service, car nous y prendrions telle desplaisance que bien le perceuvriez. Nostre Seigneur soit garde de vous.

Escript à Bourges, le XXVIIe jour d'avril.

Et quand vous baillerez la dicte possession au dit procureur de nostre dit conseiller, bailliez lui et delaissiez par inventoire toute l'artillerie, vivres, et autres habillemens estans de par nous dedans le dit chastel, sans aucunement le desamparer de chose qui y soit, jusque à ce que plus à plain sachiez nostre voulenté et ordonnance sur ce.

Escript comme dessus.

CHARLES.

PICART [1].

1. Copie du temps. Archives de Grenoble, B 3044, f. 178.

XXXI

Le Dauphin aux habitants de Lyon

10 juin 1422.

A noz tres chiers et bien amez les conseillers bourgoiz et habitans de la ville de Lion.

De par le Regent le Royaume, Daulphin de Viennois.

Tres chiers et bien amez, pour vous exposer et de par nous notifier aucuns advis euz et deliberez en nostre grant conseil, pour le relievement et reparacion des grans inconveniens par vous et les autres bons vassaulx et subgiez de ceste seigneurie supportez, à cause de l'afoiblissement des monnoies, et sur ce et autres choses touchans et regardans le tres grant bien de toute la chose publique, et aussi le fait et conduite de la guerre pour le temps avenir, par manière non tant grevable à un chascun comme a esté celle des dictes monnoies, avons chargié aucuns de nos plus especiaulx officiers et serviteurs estre le IIIIe jour de juillet prochain venant en la ville de Lion, afin de vous bien à plain declarer nostre entencion sur icelles choses et y prandre final appointement avecques vous et autres commis et deputez pour la part des gens des trois estaz du pays de Lionnoiz. Pourquoy voulons et tres expressement vous mandons que vous ordonnez et deputez trois ou quatre des plus notables d'entre vous, qui soient à icelle assemblée fondez de par vous de povoir souffisant pour oir et consentir de vostre part tout ce qui à la dicte assemblée sera advisé et conclud. Et gardez, toutes excusacions cessans, et meismes sur la loyauté et obeissance que nous devez, que en ce n'ait par vous aucun defaut. Nostre Seigneur vous ait en sa garde.

Escript en nostre ville de Bourges, le Xe jour de juin.

Charles.

Morchesne[1].

1. Original sur papier, avec sceau plaqué, recouvert de papier. Archives de Lyon, AA 20, f. 27.

XXXII

Le Dauphin au maréchal de Séverac.

20 juin 1422.

A nostre amé et feal conseiller de Monseigneur et de nous le sire de Severac, mareschal de France.

DE PAR LE REGENT LE ROYAUME, DAULPHIN DE VIENNOYS.

Nostre amé et feal, pour ce que presentement avons receu lettres de nos gens, qui sont devant la Cherité sur Loyre, par lesquelles ils nous ont fait savoir que nos adversaires se disposent de venir à effort sur eulx dedens deux ou trois jours, nous vous prions bien acertes que, incontinent ces lettres veues, vous tirés hastivement par devers nos dictes gens, à la plus grant compagnie que pourrés. Et quant à vos gens qu'avés envoyés par devers nous pour vos affaires, nous y ferons si brief et tellement appointier que vous en devrés estre bien content. Nostre Seigneur soit garde de vous.

Escript à Bourges, le vingtiesme jour de juin.

CHARLES.

FUMECHON [1].

XXXIII

Le Dauphin aux habitants de Lyon

8 août 1422.

A nos chiers et bien amez les conseilliers, bourgoiz et habitans de la ville de Lion.

DE PAR LE REGENT LE ROYAUME, DAULPHIN DE VIENNOIS.

Tres chiers et bien amez, nous avons sceu comment, aux requeste qui darrenierement vous ont esté faictes de par nous pour le soustenement de nostre guerre et autres affaires qui, pour le recouvrement et conservacion de la seigneurie de Monseigneur et nostre chascun jour nous surviennent, vous n'avez voulu ne voulez obtemperer, ainçois par l'inducion et enortement d'aucuns qui jamais

1. Copie moderne, d'après l'original aux Archives de Rodez. Collection Doat, IX, f. 264.

n'aymèrent ne ayment noz faiz et besoingnes, et bien le demonstrent, y avez donné reffuz et denegacion, dont nous nous donnons grant merveille, et non sans cause, attendu la bonne voulenté que par effect jusques cy nous avez demonstrée et que tenons vous avoir tousjours envers nous, et que tous les autres païs que avons semblablement requis comme vous, nous ont liberalment octroyé et accordé ce qui de par nous leur a esté requis, et aussi que ne povez ignorer les grans charges que avons à supporter, et mesmement pour le fait de l'armée qui est sus de par nous es marches de Masconnois, lesquelles charges nous ne pourrions soustenir sans l'aide des bons et loiaulx subgetz de mondit seigneur et nostres. Pourquoy vueillez rejecter tous telz frustres rappors que vous pevent et pourroient estre faiz, et n'y donnez foy aucune, et es choses dessus dictes faire par maniere que de plus en plus doions estre contens de vous, sans vouloir estre singuliers ne tenir autres voyes que ne tiennent les autres païs à nous obeissans, et mesmement voz voisins, comme les pais d'Auvergne, Bourbonnois, Forests, Beaujeulois et autres, en bien pensant et considerant le dommaige et inconvenient qui, par le contraire faisant, se pourroit ensuir, au prejudice irreparable de mon dit seigneur, de nous et de nostre seigneurie, et à vostre grant charge. Et aussi vous nous trouverez en voz affaires si propices et enclins que par effect apparcevrez les services et plaisirs que nous avez faiz. Tres chiers et bien amez, Nostre Seigneur vous ait en sa saincte garde.

Escript en nostre chastel de Meun sur Èvre, le VIIIe jour d'aoust.

CHARLES.

VILLEBRESME [1].

1. Original sur papier, avec trace de sceau plaqué, en cire rouge. Archives de Lyon AA 22, f. 32.

NOTES SUPPLÉMENTAIRES

I

Le traité de Saint-Maur

(Chapitre IV, p. 107 et 108)

Il paraît ressortir du texte du traité de Saint-Maur, malgré l'ambiguïté des termes, que les ambassadeurs du Dauphin étaient tombés d'accord avec les représentants de la partie adverse sur les termes de la convention : « Et finablement sont cheux et condescendus d'un commun accord en certains points et articles. » (*Ordonnances*, t. X, p. 474.) — Les *Registres du Parlement*, à la date du 16 septembre 1418, contiennent la mention suivante : « Ce jour la Royne, les ducs de Bourgoigne, de Bretaigne, d'Anjou et d'Alençon, *les ambassadeurs et conseillers de monseigneur le Dauphin*, et autres plusieurs du conseil du Roy, furent assemblez ou chastel du Bois de Vincennes pour conclure un traictié qui avoit esté pourparlé entre eulx par plusieurs journées... Et prindrent oudit traictié certaines conclusions et advis agreables à tous les dessusdis, lesquelles conclusions devoient estre rapportées au Roy et à monseigneur le Daulphin pour ratiffier, enteriner et accomplir tout ce qui avoit esté conclud et traictié par les dessusdis seigneurs, ambassadeurs et conseillers. » (Archives X[1A] 1480, f. 147.) — Monstrelet dit aussi : « Firent un' traictié avec les gens du Daulphin *qui y estoient*, par le moien desdiz cardinaulx, lequel sembloit estre bon et prouffitable pour toutes les parties (t. I, p. 288). » Mais le Fèvre de Saint-Remy, qui suit de si près Monstrelet, ne parle pas de la présence des ambassadeurs du Dauphin (t. I, p. 330). Le Religieux de Saint-Denis, lui, dit formellement que les conditions, rédigées à l'avance par le conseil royal, furent remises par écrit au duc de Bretagne, et il présente le traité comme un *projet* concerté entre les fondés de pouvoirs du Roi et de la Reine, le duc de Bourgogne et le duc de Bretagne. Les témoignages de Saint-Remy et du Religieux — tous les deux bourguignons — font déjà naître des doutes.

Si nous consultons les auteurs du parti opposé, Jouvenel nous dit : « Et y out des articles faits *et comme accordez* (p. 355). » Quant à Cousinot, il est plus explicite; il dit formellement : « Sans le consentement des quelz messages, *ne aucune chose appointier en leur presence*, fut illec la paix criée et à Paris (p. 174). » Et la chancellerie du Dauphin, dans des documents que l'histoire n'a point utilisés jusqu'ici, contient la même affirmation, après laquelle le doute ne nous paraît plus permis : « A laquelle convention *noz diz ambaxeurs n'ont esté*..... Et toutes voyes nos diz ambaxeurs *n'y ont esté ouys ni appelez*, comme il apert par les lettres qu'ilz nous ont escriptes sur ce. » (Lettre du Dauphin, en date du 29 septembre, adressée aux gouverneur et gens du Dauphiné, éditée par Mlle Dupont, dans son édition de Pierre de Fenin, p. 272-73.) — « Et soit avenu que, à une assemblée faicte à Saint Mor des Fossez, ceulz de Paris baillèrent une cedule en effect contraire aux articles dessus diz, laquelle fu en la dicte assemblée accordée *sans y appeler ne oïr noz ambaxeurs*....., ainsi qu'ilz nous ont dit et rapporté. » (Lettre du Dauphin, en date du 14 octobre, adressée aux habitants de Lyon. Archives de Lyon, AA 22, fol. 25, éditée ci-dessus, p. 445. — « Pour ce que nous ne savons se vous avez eu noz lettres, nous vous escripvons de rechief ces presentes, et vous certiffions que à icelle paix, que nous desirions moult, nous avions envoyé ambaxadeurs ; mais, en vérité, *ilz n'y furent oncques oys ne appellez*. » (Autre lettre du 31 octobre, aux mêmes. *Id., ibid.*, fol. 23.)

II

Le titre de Régent

(Chapitre IV, p. 120)

M. Vallet de Viriville pense (*Histoire de Charles VII*, t. I, p. 135) que Charles prit le titre de régent dès le 26 octobre 1418, et il invoque, à l'appui de son opinion, un acte de cette date, émané de Henri V, et dont voici les termes : « Cum illustris et potens princeps consanguineus noster carissimus et adversarii Franciæ Dauphinus de Vienna, *regens Franciæ ut dicitur*..... » (Rymer, t. IV, part. III, p. 67.) M. Pardessus prétend, au contraire (*Table chronologique des Ordonnances*, 1847, p. 340, note 1), que les lettres du 21 août 1419 sont le premier document dans lequel Charles Dauphin ait pris la qualité de régent ; jusqu'alors, d'après ce savant, Charles aurait agi comme lieutenant général. Entre ces deux assertions, quelle est la vérité ? C'est ce qu'il faut examiner.

A la date du 30 octobre 1418, le Dauphin rend une ordonnance par laquelle il défend d'obéir aux mandements du Roi pendant sa détention et maladie : cette ordonnance, visée dans celle de Charles VI du 13 novembre 1418, et indiquée par le P. Anselme (*Histoire généalogique*, t. VI, p. 395), semblerait confirmer l'affirmation de M. Vallet. Mais les lettres de Charles VI du 13 novembre nous montrent que le Dauphin ne prenait point encore officiellement le titre de régent. On y lit : « Nostre dit filz, *soy disant nostre lieutenant general* par tout nostre royaume (*Ordonnances*, t. X, p. 490). » — Nous ne relèverons point ici ce que disent Monstrelet (t. III, p. 278), Jouvenel des Ursins (p. 360), le Religieux de Saint-Denis (t. VI, p. 382), Berry (p. 440). — Cousinot, dans la *Geste des nobles* (p. 175), nous fournit une date précise : il dit que Charles prit la régence *après la prise de Tours*, qui eut lieu le 30 décembre 1418; mais il se trompe en prétendant que ce fut dans un grand conseil tenu à Poitiers, car le Dauphin se rendit, non en Poitou, mais en Berry, en quittant Tours. Des lettres du Dauphin, en date des 22 janvier, 4 et 23 février 1419, que nous trouvons dans les *Titres scellés* de Clairambault (vol. 29, 179 et 50), confirment le témoignage de Cousinot, que vient corroborer d'une manière irréfragable un document produit par François du Chesne dans son *Histoire des chanceliers* (1680, in-fol., p. 464), et dont M. Vallet a lui-même cité un extrait dans ses *additions* (t. III, p. 464) : « Ce jour (31 décembre 1418) furent baillées lettres à la cour de par Monsieur Maistre Jean de Vailly, president, en icelles escrites le vingt et sixiesme decembre 1418, au siège devant Tours : par lesquelles icelluy president escrivoit qu'il avoit esté conclud que doresnavant Monsieur le Dauphin en toutes ses lettres, s'appelleroit ou intituleroit Charles, fils du Roy de France, *Regent le Royaume*, Dauphin de Viennois, duc de Berry, de Touraine et comte de Poictou ; et que plus n'y fut mis le titre de lieutenant du Roy. » Nous avons une quittance de Jean Tudert, du 29 décembre, où le prince est qualifié de *Regent le Royaume*. Dans les registres du Parlement de Poitiers, à la date du 22 décembre, le Dauphin ne s'intitule pas encore régent; ce n'est que le 2 janvier qu'il prend ce titre (X[1a] 9193, f. 1 v°). — Ajoutons que Henri V ne se trompait pas complètement, dans ses lettres du 26 octobre : si Charles ne prenait pas *officiellement* le titre de régent, on le lui donnait dès lors assez volontiers, comme le prouve une quittance du 15 octobre 1418, où l'archevêque de Reims est qualifié de « lieutenant du Roy nostre sire et de *Monseigneur le Regent*. » (Clairambault, 84, p. 6603.)

III

L'alliance anglaise de Jean sans Peur

(Chapitre v, p. 141)

Il est fait allusion à l'alliance du duc Jean sans Peur avec les Anglais dans un grand nombre de documents du temps. Charles VI, dans une lettre du 13 mai 1417, adressée aux habitants de Tours (Luzarche, *Lettres de Tours*, p. 16), dit à ce props : « Sans nostre congié et licence il (le duc) a esté par devers lui (le roi d'Angleterre) à Calais, et ont longuement parlementé ensemble, sans nous rien faire savoir des matières parlées entre eulx, et s'envoyent l'un à l'autre gens et ambaxadeurs. » Il en est fait également mention dans la déclaration de Charles VI du 5 septembre 1417 (*Recueil* de Besse, p. 132), et dans les articles rédigés lors des conférences de La Tombe en mai 1418 (Religieux de Saint-Denis, t. VI, p. 212-214, et appendice aux *Mémoires de Fenin*, p. 265), ainsi que dans les *Avis fais pour le bien de la paix*, du 4 août 1418 (même appendice, p. 279-80), et dans le traité de Pouilly du 11 juillet 1419 (Monstrelet, t. III, p. 327). Le passage de ce dernier traité contient, ce nous semble, un aveu implicite de la part du duc : « Et se aucunes alliances ou traitiez avoient esté fait devant la date de ces presentes avecques les dessusdiz ennemis anciens ou aucuns autres à nous prejudiciables, ou à l'un de nous, doresenavant à icelles renonçons et les voulons estre nullez. » — Dans les instructions du Dauphin au comte d'Aumale et dans le récit des faits qui précédèrent l'événement de Montereau, il est parlé très nettement des « traictiés et paccions qui, dès l'assemblée du Roy d'Angleterre et de Monseigneur de Bourgogne faicte à Calais, ont duré et esté continués entre eulx. »

Les auteurs contemporains parlent aussi de cette alliance. Nous avons déjà cité le témoignage de Jouvenel (p. 340), auquel on peut ajouter celui de Thomas Basin (t. I, p. 17 et 26). Une chronique qui n'est point absolument contemporaine, mais qui ne doit pas être négligée, la *Chronique Antonine* (Ms. fr. 1371, f. 236; cf. f. 236 v°) contient, sur l'entrevue de Calais, le passage suivant : « Et avec lui (l'empereur Sigismond) rapassa à Calais le Roy Henry, en la compaignie desquelz le duc Jehan de Bourgongne se trouva. On ne scait qu'ilz y firent; *mais il fu clerement aprez congneu que le duc de Bourgongne avoit entendement au Roy d'Engleterre, car depuis il se manifesta ennemy des Françoys.* » — Dans un autre passage (f. 260), la même chronique dit que l'empereur Sigismond échoua dans sa mission pacificatrice, « obstant ce que le Roy Henry d'Engleterre se tenoit trop fier, tant à cause de la victoire qu'il avoit eue à la bataille d'Agincourt, que *pour l'aliance qu'il avoit prinse avecques Jehan, duc de Bourgongne.* »

Quant aux auteurs anglais, si sobres de détails à ce sujet, voici le passage le plus étendu que nous ayons trouvé. Il émane d'un chapelain de Henri V (*Henrici quinti Angliæ Regis Gesta*, éd. par Benjamin Williams, p. 102-103) :

« Et obviaverunt duci Burgundiæ prope Calesiam dominus Warwici capitaneus villæ et Thomas Erpyngham, senescallus hospitii regii, qui ipsum ad hospitium præparatum pro eo, jam percutiente horâ xi^a per urbis medium conduxerunt. Et horâ tertia post nonam, mitigatâ priùs, ut dicebatur, per regem, antiqua querelâ inter imperatorem et eum, et paratâ viâ, accessit ad imperialem præsentiam. In quo accessu cum adeptus esset ejus aspectum et fecisset duas inclinationes accedendo, et jam de prope ferè in terram tertiam obtulisset, noluit imperator, sed à statione prosiliens eum per brachia sustulit et à latere collocavit. Et sumptis inde speciebus vultu et valedicto, accessit ad regem in castrum. Qui conductus in majorem cameram receptus est a rege per omnia ut apud imperatorem juxtà illorum relata qui utrique accessui affuerunt. Inde ductus in secretiorem cameram usque in crepusculum noctis cum rege solo in mysterio concilii occupatur. Et cùm deinceps *in communione et tractatibus* triduum occupassent, die Jovis rex fecit sibi et optimatibus suis convivium grande extra castrum in tentoriis. Et emensis inde quatuor diebus *in communicatione silentissimâ*, sequenti die martis uterque dux noster, viz. Gloucestriæ et ipse Burgundiæ consimiliter ut à propriis adducti sunt, ad propria reducuntur. Qualem vero conclusionem hæc mystica colloquia et communicationes fuerint operata ultra pectus regium vel taciturnitatem concilii, non transivit. Scio qui scribo quod opinio populi dat eum tenuisse regem nostrum toto isto tempore in amphibiliis. »

TABLE DES MATIÈRES

INTRODUCTION . . . . Page v

LIVRE I : LE COMTE DE PONTHIEU, LE DAUPHIN ET LE RÉGENT

CHAPITRE I. Le comte de Ponthieu. — 22 février 1403-5 avril 1417.

Naissance du comte de Ponthieu. — Il est élevé somptueusement. — Vie scandaleuse de sa mère. — Entourage de l'enfant. — Milieu agité où s'écoulent ses premières années. — Ses fiançailles avec Marie d'Anjou. — Il entre dans la famille de sa fiancée et accompagne Yolande, reine de Sicile, en Anjou et en Provence. — Il devient duc de Touraine à la mort de son frère Louis, puis dauphin à la mort de son frère Jean. 3

CHAPITRE II. Événements politiques et militaires depuis 1417 jusqu'à 1422.

Jean sans Peur tente un accommodement avec la Cour. — La mort du Dauphin Jean renverse ses plans : il prend les armes. — Attaque de Paris. — Soumission de tout le pays chartrain. — Occupation de Troyes, où la reine Isabeau vient s'installer. — Mesures prises par le gouvernement royal pour résister au duc et à la Reine, et s'opposer aux progrès de l'invasion anglaise. — Négociations entre le gouvernement royal et le duc de Bourgogne. Leur rupture, suivie de l'entrée des Bourguignons dans Paris. — Triomphe de la faction bourguignonne. — Le Dauphin organise la résistance à Bourges; ses partisans prennent les armes de tous côtés. — Le duc de Bourgogne à Paris; troubles dans la capitale livrée à l'anarchie. — Semblants de résistance du duc contre l'invasion anglaise. — Henri V s'avance dans la Haute Normandie, où il fait le siège de Rouen, qui capitule au bout de six mois. — Perte de toute la contrée. — Campagne faite par le Dauphin, qui s'empare de Tours. — Négociations entre les diverses parties; elles n'aboutissent pas — Conférences de Meulan. — Le duc de Bourgogne se rapproche du Dauphin. — Il périt à Montereau. — Coalition anglo-bourguignonne contre le Dauphin. — Campagne du Midi : Charles fait rentrer le Languedoc dans la soumission. — Traité de Troyes, suivi de la prise de Sens, de Montereau et de Melun. — Nouvelle campagne du Dauphin, aussitôt interrompue par la mort soudaine du comte de Vertus. — Départ d'Henri V pour l'Angleterre. — Les hostilités se poursuivent entre les Dauphinois et les Anglais, qui perdent la bataille de Baugé. — Marche triomphale du Dauphin, que Chartres arrête sur la route de Paris. — Retour du roi d'Angleterre, qui s'avance jusqu'à Vendôme. — Campagne du duc de Bourgogne dans le Nord : il gagne la bataille de Mons-en-Vimeu. — Siège et prise de Meaux par Henri V. — Le Dauphin perd la plupart de ses possessions dans le Nord. — Campagne contre le duc de Bourgogne dans l'Est. — Henri V meurt au moment où il marchait à son secours. — La mort du roi d'Angleterre est bientôt suivie de celle de Charles VI. 21

CHAPITRE III. Le Dauphin jusqu'à sa fuite de Paris. — 5 avril 1417-29 mai 1418.

Situation de la France en 1417. — Isolement du Dauphin. — Ses gouverneurs : Hugues de Noé; Pierre, seigneur de Beauvau; Hardouin, seigneur de Maillé. — Ses conseillers : Gérard Machet; Robert le Maçon; Jean Louvet, président de Provence, etc. — Influence de la reine Yolande. — La reine Isabeau disparaît de la scène. — Le Dauphin en Touraine et en Anjou. — Il est investi de la lieutenance générale dans tout le royaume. — Le Dauphin à Rouen : fermeté déployée en face de la sédition. — Le Dauphin à Paris : son rôle dans le Conseil, ses lettres aux bonnes villes; sa harangue au Parloir aux bourgeois, sa réponse au héraut Palis. — Évasion de la reine Isabeau, qui

installe un nouveau gouvernement à Troyes. — Confirmation de la lieutenance générale donnée au Dauphin. — Négociations entamées avec le duc de Bourgogne, sous les auspices du duc de Bretagne; conférences de la Tombe. — Résultat favorable, bientôt suivi d'un échec final. — Entrée des Bourguignons à Paris; fuite du Dauphin. . 56

CHAPITRE IV. Le Dauphin depuis sa fuite de Paris jusqu'au meurtre de Montereau. — 29 mai 1418-10 septembre 1419.

Initiative personnelle de Charles. — Il fait sur Paris un retour offensif. — Après l'insuccès de cette démonstration, il s'établit à Bourges, et y organise la résistance. — Circulaire aux bonnes villes. — Le Dauphin se met en campagne. — Lettre écrite d'Aubigny aux habitants de Lyon. — Tentative infructueuse sur Tours; prise d'Azay-le-Rideau. — Reprise des négociations avec la Cour : déclaration du 4 août; intervention du duc de Bretagne; traité de Saint-Maur. — Refus du Dauphin de ratifier le traité; la rupture devient définitive. — Personnel de son gouvernement. — Le Dauphin entre en campagne : prise de Tours. — Le Dauphin prend le titre de Régent. — Organisation militaire; marche vers les frontières de la Bourgogne. — Négociations avec les Parisiens, puis avec la Cour. — Trêve de trois mois, prélude d'un rapprochement entre le Dauphin et le duc de Bourgogne 89

CHAPITRE V. Le meurtre de Montereau. — 10 septembre 1419.

L'assassinat du duc d'Orléans : Jean sans Peur s'en déclare l'auteur. — Son attitude, ses tentatives pour s'emparer du pouvoir jusqu'au traité d'Arras (septembre 1414). — Double violation des engagements contractés par lui à Arras : machinations dans la capitale; alliance secrète avec les Anglais. — Entrevue du Ponceau entre le Dauphin et Jean sans Peur. — Traité de Pouilly. — Duplicité du duc de Bourgogne après le traité. — Il se décide enfin à se rendre à Montereau. — Les deux princes en présence; paroles échangées; altercation; le duc est tué. — Examen des accusations produites contre le Dauphin et ses conseillers 128

CHAPITRE VI. Le Dauphin de Montereau à Baugé. — 10 septembre 1419-22 mars 1421.

Attitude du Dauphin après le meurtre de Montereau : ses lettres au nouveau duc. — Lettre de la reine Ysabeau au roi d'Angleterre. — Le Dauphin s'adresse en vain une dernière fois aux Parisiens. — Son voyage triomphal dans le Midi, qui est entièrement soumis à son obéissance; siège et prise de Nîmes et de Béziers. — Attentat du comte de Penthièvre contre le duc de Bretagne; part de responsabilité du Dauphin et de son gouvernement dans cet événement. — A peine de retour, le Dauphin se remet en campagne; la mort du comte de Vertus vient l'arrêter. — Le Dauphin à Mehun-sur-Yèvre; ordonnance rendue en faveur du chancelier Le Maçon; description du château de Mehun 179

CHAPITRE VII. Le Dauphin de Baugé à son avénement. — 22 mars 1421-21 octobre 1422.

Le Dauphin se porte au-devant de l'armée d'Écosse; grand conseil tenu à Selles. — Charles apprend, par une lettre des comtes de Douglas et de Buchan, la victoire de Baugé; il se rend aussitôt à Tours. — Effets de cette victoire : le duc de Bretagne revient à l'alliance française; traité de Sablé. — Campagne du Dauphin : prise de Montmirail et de Gallardon; lettre adressée aux habitants de Tours; brusque interruption de la campagne. — Lettre aux habitants de Lyon. — Le Dauphin à Bourges; voyage à Limoges. — Célébration du mariage du Dauphin. — Le bâtard d'Orléans épouse la fille du président Louvet; influence croissante de ce personnage; les sceaux sont enlevés à Robert le Maçon et donnés à Martin Gouge. — Voyage de La Rochelle, où Charles échappe miraculeusement à la mort. — Il apprend en revenant à Mehun la mort de son père. — Appréciation du caractère du Dauphin. 217

CHAPITRE VIII. La diplomatie du Dauphin. — § I. Négociations avec l'Angleterre jusqu'à la rupture des pourparlers entre le Dauphin et Henri V en 1419.

Relations avec l'Angleterre sous Henri IV : le parti bourguignon et le parti orléanais sollicitent tour à tour l'appui des Anglais. — Attitude agressive de Henri V; il traite séparément avec Jean sans Peur en 1414. — Négociations avant Azincourt : interven-

tion de l'empereur Sigismond à Paris et à Londres; il trompe la France et s'allie contre elle avec l'Angleterre. — Entrevue du roi d'Angleterre et de l'empereur à Calais avec le duc de Bourgogne. — Continuation des négociations entre la France et l'Angleterre. — Déclaration de guerre de l'empereur; nouvelle invasion des Anglais. — On reprend les négociations : conférences de Barneville. — Négociations avec la Savoie. — Intervention du pape Martin V; difficultés faites pour la déclaration d'obédience; les cardinaux-légats échouent dans leur mission. — Le Dauphin fait des ouvertures à Henri V; conférences d'Alençon. — Henri V négocie tour à tour avec les deux partis; trêves avec le Dauphin et avec Charles VI; rupture avec le Dauphin. — Négociations poursuivies avec Charles VI; conférences de Meulan. 248

CHAPITRE IX. La diplomatie du Dauphin. — § II. Négociations avec les diverses puissances de 1418 à 1422.

Situation faite à la France, en Europe, par la simultanéité de deux gouvernements rivaux. — Relations avec la Castille et avec l'Écosse; le Dauphin fait échouer les efforts de la politique bourguignonne près de ces deux puissances et obtient d'elles une assistance armée. — Attitude du duc de Savoie. — Influence politique de la reine Yolande : la maison d'Anjou en Lorraine et à Naples. — Continuation des relations avec la Castille et l'Écosse, et ouvertures faites à l'Aragon. — Le meurtre de Montereau consomme l'alliance anglo-bourguignonne : traités d'Arras et de Rouen, bientôt suivis du traité de Troyes. — Accueil que ce traité reçoit en Europe. — Relations du Dauphin avec la cour de Rome : dispositions plus favorables du Pape, qui intervient en faveur de la paix et envoie un légat en France. — Nouveau secours d'Écosse en 1421. — Efforts du roi d'Angleterre pour contrebalancer l'action de la France; il cherche des auxiliaires en Allemagne et s'allie à la République de Gênes. — Ambassade du Dauphin en Castille. — Ouvertures faites au duc de Milan, qui autorise la levée d'un corps de troupes . . 301

CHAPITRE X. L'administration du Dauphin. — 1418-1422. — § I. Royauté, administration centrale, Parlement, États généraux, clergé, noblesse, Tiers-État.

Situation du pouvoir royal. Anarchie dans l'administration. — Reconstitution de l'administration centrale par le Dauphin : chancelier, Grand Conseil, grands officiers de la Couronne, maison du Prince. — Création du Parlement de Poitiers; son organisation. — Création du Parlement de Toulouse. — États généraux et particuliers : réunion d'États généraux à Clermont en mai 1421. — Clergé : situation de l'Église de France; assemblée tenue en mars 1418; ordonnances rendues par Charles VI et maintenues pendant la régence du Dauphin; relations du Dauphin avec le clergé; ordonnance contre les blasphémateurs. — Noblesse : attitude des princes apanagés et des grands feudataires; conduite du Dauphin à leur égard; convocation des nobles du royaume; exemptions du service militaire; lettres d'annoblissement. — Tiers-État : protection dont il est l'objet; relations avec les villes; mesures prises pour leur venir en aide; lettres d'abolition données aux habitants de Tours, de Nîmes, de Béziers; confirmation de privilèges; concessions octroyées 344

CHAPITRE XI. L'administration du Dauphin. — § II. Finances, monnaies, commerce, industrie, armée.

Situation financière du gouvernement. — Abolition des aides. — Le Dauphin tire sa principale ressource du produit des monnaies : ordonnances rendues à ce sujet; affaiblissement progressif de la monnaie. — Réforme opérée : retour à la forte monnaie en septembre 1422. — Subsides votés par les États généraux et provinciaux. — Autres ressources : emprunts, engagements et aliénations de terres du domaine; fleurons de la couronne mis en gage. — Bilan financier des années 1421-1422; libéralité du Dauphin : dons d'argent, dons de chevaux, dons de terres; résistance qu'il rencontre dans le conseil du Dauphiné, relativement à l'abandon de terres de son domaine. — Personnel de l'administration financière; absence de réglementation. — État de l'agriculture, du commerce et de l'industrie : interdiction de l'exportation des denrées; création de foires franches; mesures en faveur de l'industrie; situation désastreuse du pays. Organisation de l'armée : convocation de la noblesse et des milices des bonnes villes; routiers, Écossais, Lombards; garde du Dauphin; artillerie; désordres des gens de guerre; impuissance du pouvoir 388

PIÈCES JUSTIFICATIVES.

NOTES SUPPLÉMENTAIRES.

ERRATA

Page 75, ligne 6. Nous avons trouvé (Archives de la Côte-d'Or, B 1622, f. 68), le nom du héraut Palis : il s'appelait Philippe de Croix.

Pages 78, note 3, et 109, note 5, au lieu de : *Pierre de Gorremont*, lisez : *Pierre Gorremont*.

Page 93, lignes 2-3, au lieu de : *nous viendrons contre*, lisez : *nous rendront compte*. Cf. p. 439.

Page 106, ligne 21, au lieu de : *fuir en grand nombre la capitale*, lisez : *de la capitale*.

Page 118, ligne 8 : au lieu de : *Jean Villebresme*, lisez : *Jean de Villebresme*.

Page 149, note, ligne 2 : effacez *Bosredon*.

Page 164, ligne 15, au lieu de : *Jean Geluner*, lisez : *Jean Gelenier*.

Pape 184, ligne 14, au lieu de : *le feu duc, qui*, lisez : *le feu duc, et qui*.

Page 200, ligne 17, au lieu de : *Bouguignons*, lisez : *Bourguignons*.

Page 205, lignes 9 et 10, au lieu de : *qu'il avait aux ennemis*, lisez : *qui le liaient aux ennemis*.

Page 335, note, lignes 14-15, au lieu de *continuanacione*, lisez : *continuacione*.

RENNES, ALPH. LE ROY FILS, IMPRIMEUR BREVETÉ.

I

PREMIÈRE LETTRE MISSIVE

Portant la signature de Charles VII; 28 novembre 1415.
Bibliothèque Nationale, ms. fr. 20437, f. 7.

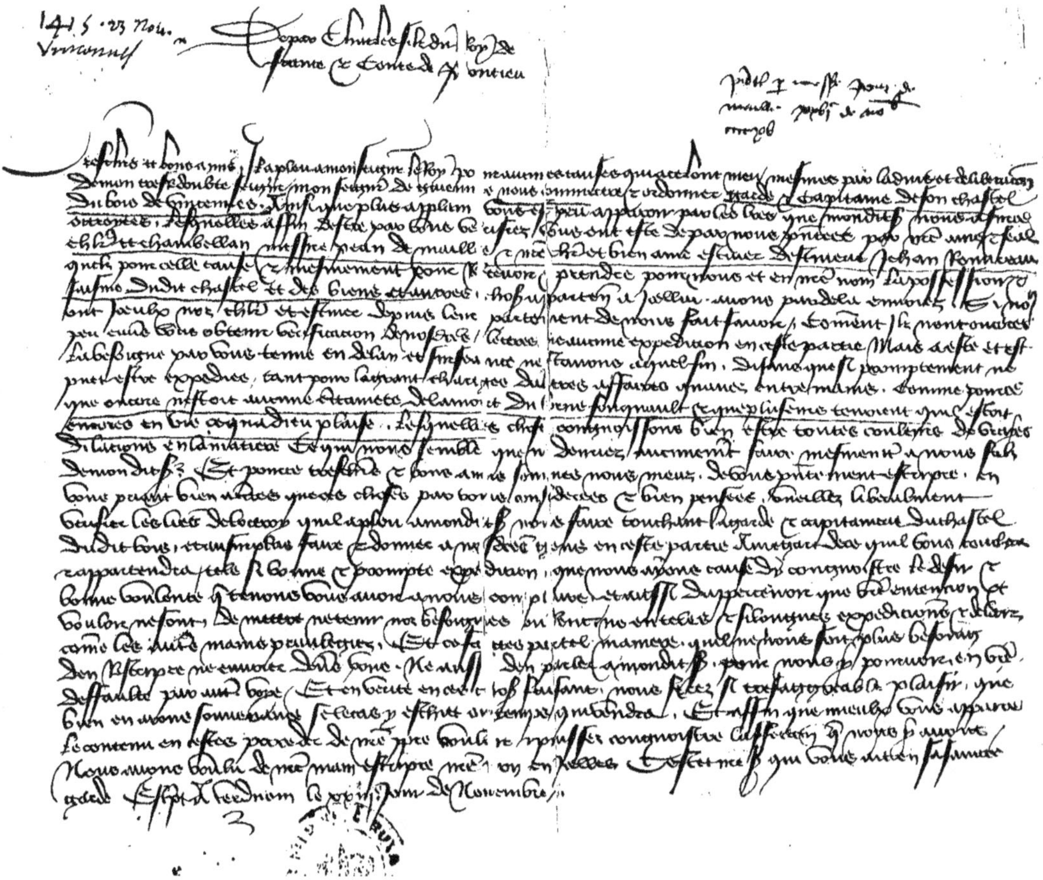

1415 · 23 Nov.
Vernon[illegible]

De par Charles filz du Roy de France et conte de Ponthieu

[illegible]

Treschiers et bons amis, il a pleu a monseigneur le Roy [illegible] certaines causes qui a ce l'ont meu, mesmes par l'advis et deliberacion
de mon tresredoubte seigneur mon seigneur de Guienne a nous commettre et ordonner garde et capitaine de son chastel
du bois de Vincennes. Ainsi que plus a plain vous est ja peu apparoir par les lettres que mondit seigneur nous a [illegible]
ottroyees, lesquelles affin de ce par vous veoir vous ont este de par nous portees par nostre ame et feal
chevalier et chambellan messire Jehan de Mailly [?] et nostre [illegible] et bien ame escuier [illegible] Jehan Fontain[e] [?]
qu'eulx pour celle cause et mesmement pour le tenir [illegible] prendre pour nous et en nostre nom la possession
[illegible]

[illegible] le xxiij jour de Novembre.

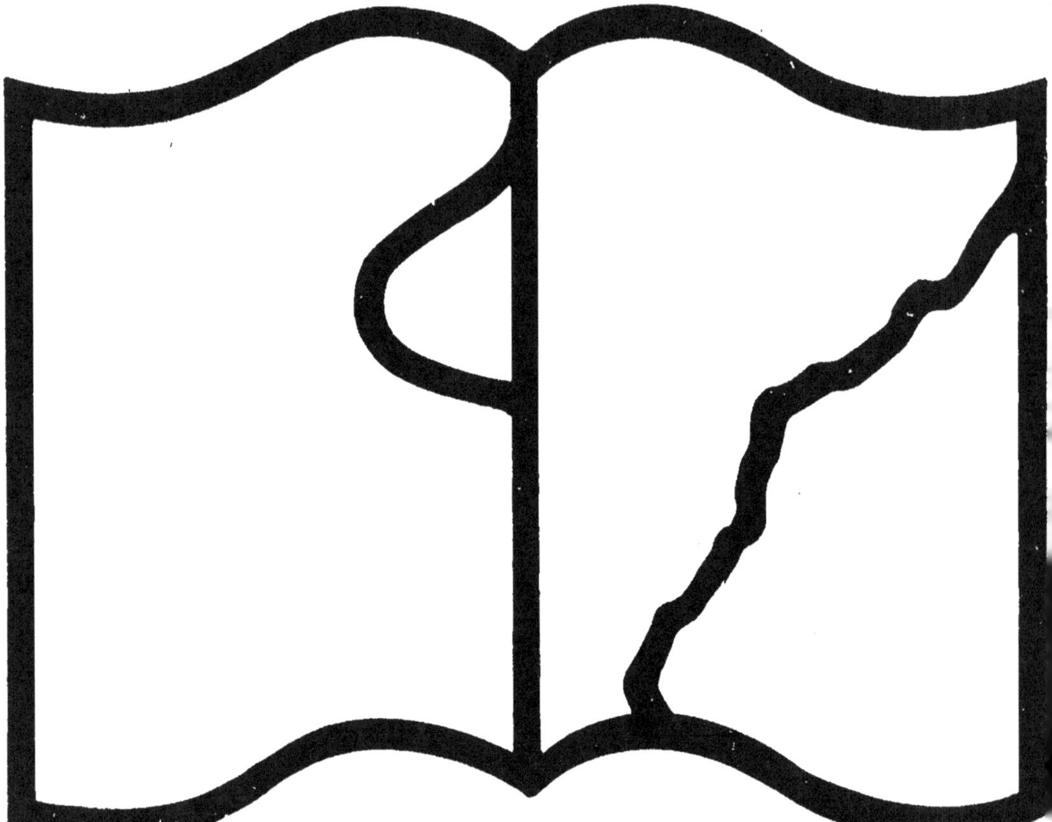

Texte détérioré — reliure défectueuse

NF Z 43-120-11

0 1 2 3 4 5 6 8 9 10

www.ingramcontent.com/pod-product-compliance
Lightning Source LLC
Chambersburg PA
CBHW070411230426
43665CB00012B/1327
* 9 7 8 2 0 1 2 5 4 9 0 5 0 *